코로나19 바이러스
"친환경 99.9% 항균잉크 인쇄"
전격 도입

항균잉크란?

언제 끝날지 모를 코로나19 바이러스
99.9% 항균잉크(V-CLEAN99)를 도입하여 「안심도서」로
독자분들의 건강과 안전을 위해 노력하겠습니다.

시대교왕그룹

Clean Zone

Always **with you**

사람이 길에서 우연하게 만나거나 함께 살아가는 것만이 인연은 아니라고 생각합니다.
책을 펴내는 출판사와 그 책을 읽는 독자의 만남도 소중한 인연입니다.
(주)시대고시기획은 항상 독자의 마음을 헤아리기 위해 노력하고 있습니다.
늘 독자와 함께 하겠습니다.

PREFACE

머리말

코레일은 2022년에 신입사원을 채용할 예정이다. 채용절차는 「입사지원 → 서류검증 → 필기시험 → 실기시험 → 면접시험(인성검사 포함) → 철도적성검사 / 채용신체검사 → 정규직 채용」 순서로 진행하며, 직무능력기반 자기소개서 불성실 기재자, 중복지원자 등을 제외한 서류검증 적격자에 한해 필기시험 응시 기회가 주어진다. 필기시험은 일반공채의 경우 직무수행능력평가와 직업기초능력평가로 진행하며, 보훈추천 / 장애인의 경우 직업기초능력평가로만 평가가 이루어진다. 직업기초능력평가는 의사소통능력, 수리능력, 문제해결능력 3가지 영역으로 진행하며 2021년에는 PSAT형으로 진행되었다. 한편 직무수행능력평가는 직렬별로 상이하므로 반드시 확정된 채용공고를 확인하여 응시하는 직렬에 맞는 학습이 필요하다.

코레일 합격을 위해 (주)시대고시기획에서는 NCS 도서 시리즈 1위의 출간경험을 토대로 다음과 같은 특징을 가진 도서를 출간하였다.

도서의 특징

첫　째 합격으로 이끌 가이드를 통한 채용 흐름 파악!
- 코레일 소개를 통해 채용 흐름을 파악하는 데 도움이 될 수 있도록 하였다.

둘　째 기출복원문제를 통한 출제 유형 파악!
- 2021년 주요 공기업 NCS 및 전공 기출복원문제를 통해 공기업별 필기 유형을 확인할 수 있도록 하였다.
- 2021년 코레일 기출복원문제와 2021 ~ 2019년 코레일 샘플문제를 수록하여 코레일 출제경향을 파악할 수 있도록 하였다.

셋　째 코레일 필기시험 출제영역별 맞춤 기출예상문제로 실력 상승!
- 직업기초능력평가 기출유형＋기출예상문제를 통해 필기시험에 완벽히 대비할 수 있도록 하였다.
- 직렬별 직무수행능력평가 기출예상문제를 통해 전공까지 한권으로 준비할 수 있도록 하였다.

넷　째 최종점검 모의고사로 완벽한 실전 대비!
- 철저한 분석을 통해 실제 유형과 유사한 최종점검 모의고사를 구성하여 자신의 실력을 점검할 수 있도록 하였다.

다섯째 다양한 콘텐츠로 최종 합격까지!
- 코레일 채용 가이드와 면접 기출질문을 통해 채용을 준비하는 데 부족함이 없도록 하였다.
- 온라인 모의고사와 AI면접 응시 쿠폰을 제공하여 채용 전반을 대비할 수 있도록 하였다.

끝으로 본 도서를 통해 코레일 채용을 준비하는 모든 수험생 여러분이 합격의 기쁨을 누리기를 진심으로 기원한다.

NCS직무능력연구소 씀

코레일 이야기

미션	사람 · 세상 · 미래를 잇는 대한민국 철도

비전	대한민국의 내일, 국민의 코레일

핵심가치

안전	고객	소통
국민안전 ｜ 안전역량	고객만족 ｜ 직원행복	미래창조 ｜ 혁신성장

인재상

사람지향 소통인	고객지향 전문인	미래지향 혁신인
사람중심의 사고와 행동을 하는 인성, 열린 마인드로 주변과 소통하고 협력하는 인재	내외부 고객만족을 위해 지속적으로 학습하고 노력하여 담당분야의 전문성을 갖춘 인재	코레일의 글로벌 경쟁력을 높이고 현실에 안주하지 않고 발전을 끊임없이 추구하는 인재

👤 지원자격(공통)

❶ 학력 · 외국어

❷ 연령 : 제한 없음

　　단, 만 19세 미만인 자 및 정년(만 60세)을 초과한 자는 지원할 수 없음

❸ 병역 : 남성의 경우 군필 또는 면제자에 한하며, 고졸전형 및 여성 응시자는 해당 없음

　　※ 전역 예정일이 면접합격자 발표일 이전인 경우 지원 가능(단, 각 시험일에 참석 가능한 자)

❹ 공사 채용 결격사유에 해당하지 않는 자

❺ 면접합격자 발표일 이후부터 근무가 가능한 자

❻ 외국인의 경우 거주(F-2), 재외동포(F-4), 영주권자(F-5)에 한함

👤 전형절차

입사지원　　서류검증　　필기시험　　실기시험　　면접시험 (인성검사 포함)　　철도적성검사/ 채용신체검사　　정규직 채용

👤 필기시험

❶ 직업기초능력평가

채용전형	출제범위	문항 수
일반공채	의사소통능력, 수리능력, 문제해결능력	25문항
보훈 · 장애인		50문항

❷ 직무수행능력평가

채용직렬	채용직무	전공과목	출제범위	문항 수
사무영업	일반, 수송	경영학	경영학원론, 인사관리, 생산관리, 마케팅관리 (재무관리, 회계학 미포함)	25문항
운전(과목 중 택1), 차량		기계일반(차량기계)	열역학, 유체역학, 재료역학, 기계재료, 기계설계	
		전기일반(차량전기)	전기자기학, 회로이론, 제어공학, 전력공학, 전기기기	
토목		토목일반	측량학, 토질역학, 응용역학, 토목시공학, 철근콘크리트	
건축	건축일반	건축일반	건축계획, 건축구조, 건축시공, 건축법규	
	건축설비	건축설비	건축설비	
전기통신		전기이론	전기자기학, 회로이론, 통신이론, 전기공학	

※ 위 채용안내는 2021년 하반기 채용공고를 기준으로 작성하였으므로, 세부내용은 반드시 확정된 채용공고를 확인하시기 바랍니다.

NCS(국가직무능력표준)란 무엇인가?

👤 국가직무능력표준(NCS: National Competency Standards)

산업현장에서 직무 수행에 요구되는 능력(지식, 기술, 태도 등)을 국가가 산업 부문별, 수준별로 체계화한 설명서

👤 직무능력

직무능력 = 직업기초능력 + 직무수행능력

- 직업기초능력 : 직업인으로서 기본적으로 갖추어야 할 공통 능력
- 직무수행능력 : 해당 직무를 수행하는 데 필요한 역량(지식, 기술, 태도)

👤 NCS의 필요성

- 산업현장과 기업에서 인적자원관리 및 개발의 어려움과 비효율성이 발생하는 대표적 요인으로 산업 전반의 '기준' 부재에 주목함
- 직업교육훈련과 자격이 연계되지 않은 상태로 산업현장에서 요구하는 직무수행능력과 괴리되어 실시됨에 따라 인적자원 개발과 개인의 경력개발에 비효율적이며 효과성이 부족하다는 비판을 받음
  ⋯ NCS를 통해 인재육성의 핵심 인프라를 구축하고, 산업장면의 HR 전반에서 비효율성을 해소하여 경쟁력을 향상시키는 노력이 필요함

🙎 NCS 분류

- 일터 중심의 체계적인 NCS 개발과 산업현장 전문가의 직종구조 분석결과를 반영하기 위해 산업현장 직무를 한국고용 직업분류(KECO)에 부합하게 분류함
- 2021년 기준 : 대분류(24개), 중분류(80개), 소분류(257개), 세분류(1,022개)

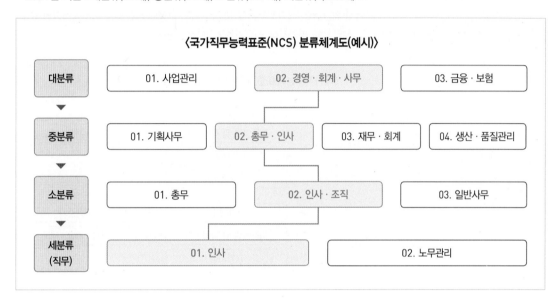

🙎 직업기초능력 영역

모든 직업인들에게 공통적으로 요구되는 기본적인 능력 10가지

❶ **의사소통능력** : 타인의 생각을 파악하고, 자신의 생각을 글과 말을 통해 정확하게 쓰거나 말하는 능력

❷ **수리능력** : 사칙연산, 통계, 확률의 의미를 정확하게 이해하는 능력

❸ **문제해결능력** : 문제 상황을 창조적이고 논리적인 사고를 통해 올바르게 인식하고 해결하는 능력

❹ **자기개발능력** : 스스로 관리하고 개발하는 능력

❺ **자원관리능력** : 자원이 얼마나 필요한지 파악하고 계획하여 업무 수행에 할당하는 능력

❻ **대인관계능력** : 사람들과 문제를 일으키지 않고 원만하게 지내는 능력

❼ **정보능력** : 정보를 수집, 분석, 조직, 관리하여 컴퓨터를 사용해 적절히 활용하는 능력

❽ **기술능력** : 도구, 장치를 포함하여 필요한 기술에 대해 이해하고 업무 수행에 적용하는 능력

❾ **조직이해능력** : 국제적인 추세를 포함하여 조직의 체제와 경영에 대해 이해하는 능력

❿ **직업윤리** : 원만한 직업생활을 위해 필요한 태도, 매너, 올바른 직업관

NCS(국가직무능력표준)란 무엇인가?

👤 NCS 구성

`능력단위`

- 직무는 국가직무능력표준 분류의 세분류를 의미하고, 원칙상 세분류 단위에서 표준이 개발됨
- 능력단위는 국가직무능력표준 분류의 하위단위로, 국가직무능력 표준의 기본 구성요소에 해당되며 능력단위 요소(수행준거, 지식·기술·태도), 적용범위 및 작업상황, 평가지침, 직업기초능력으로 구성됨

〈국가직무능력표준 능력단위 구성〉

👤 NCS의 활용

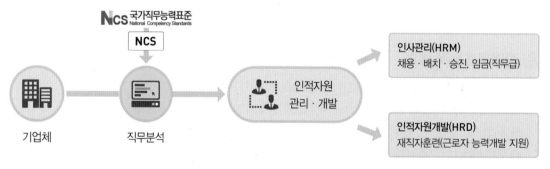

활동 유형	활용범위
채용(블라인드 채용)	채용 단계에 NCS를 활용하여 NCS 매핑 및 직무분석을 통한 공정한 채용 프로세스 구축 및 직무 중심의 블라인드 채용 실현
재직자 훈련(근로자 능력개발 지원)	NCS 활용 패키지의 '평생경력개발경로' 기반 사내 경력개발경로와 수준별 교육훈련 이수 체계도 개발을 통한 현장직무 중심의 재직자 훈련 실시
배치·승진	현장직무 중심의 훈련체계와 배치·승진·체크리스트를 활용한 근로자 배치·승진으로 직급별 인재에 관한 회사의 기대와 역량 간 불일치 해소
임금(직무급 도입)	NCS 기반 직무분석을 바탕으로 기존 관리직·연공급 중심의 임금체계를 직무급(직능급) 구조로 전환

합격을 위한 체크 리스트

📋 시험 전 CHECK LIST

D-1

체크	리스트
☐	수험표를 출력하고 자신의 수험번호를 확인하였는가?
☐	수험표나 공지사항에 안내된 입실 시간 및 유의사항을 확인하였는가?
☐	신분증을 준비하였는가?
☐	컴퓨터용 사인펜 · 수정테이프 · 여분의 필기구를 준비하였는가?
☐	시험시간에 늦지 않도록 알람을 설정해 놓았는가?
☐	고사장 위치를 파악하고 교통편을 확인하였는가?
☐	고사장에서 볼 수 있는 자료집을 준비하였는가?
☐	인성검사에 대비하여 지원한 공사 · 공단의 인재상을 확인하였는가?
☐	확인 체크표의 × 표시한 문제를 한 번 더 확인하였는가?
☐	자신이 취약한 영역을 두 번 이상 학습하였는가?
☐	도서의 모의고사를 통해 자신의 실력을 확인하였는가?

📝 시험 유의사항

D-DAY

체크	리스트
☐	시험 전 화장실을 미리 가야 합니다.
☐	통신기기(휴대폰, 태플릿PC, 무선호출기, 스마트워치, 스마트밴드, 블루투스 이어폰 등)를 가방에 넣어야 합니다.
☐	휴대폰의 전원을 꺼야 합니다.
☐	시험 종료 후 시험지와 답안지는 제출해야 합니다.

💬 시험 후 CHECK LIST

D+1

체크	리스트
☐	시험 후기를 작성하였는가?
☐	상 · 하의와 구두를 포함한 면접복장이 준비되었는가?
☐	지원한 직무의 분석을 하였는가?
☐	단정한 헤어와 손톱 등 용모관리를 깔끔하게 하였는가?
☐	자신의 자기소개서를 다시 한 번 읽어보았는가?
☐	1분 자기소개를 준비하였는가?
☐	도서 내 면접 기출질문을 확인하였는가?
☐	자신이 지원한 직무의 최신 이슈를 정리하였는가?

주요 공기업 적중문제

4차 산업혁명 주제

23 다음 중 글의 제목으로 가장 적절한 것은?

제4차 산업혁명은 인공지능이 기존의 자동화 시스템과 연결되어 효율이 극대화되는 산업 환경의 변화를 의미한다. 2016년 세계경제포럼에서 언급되어, 유행처럼 번지는 용어가 되었다. 학자에 따라 바라보는 견해는 다르지만 대체로 기계학습과 인공지능의 발달이 그 수단으로 꼽힌다.

2010년대 중반부터 드러나기 시작한 제4차 산업혁명은 현재진행형이며, 그 여파는 사회 곳곳에서 드러나고 있다. 현재도 사람을 기계와 인공지능이 대체하고 있으며, 현재 일자리의 80 ~ 99%까지 대체될 것이라고 보는 견해도 있다. 만약 우리가 현재의 경제 구조를 유지한 채로 이와 같은 극단적인 노동 수요 감소를 맞게 된다면, 전후 미국의 대공황 등과는 차원이 다른 끔찍한 대공황이 발생할 것이다. 계속해서 일자리가 줄어들수록 중·하위 계층은 사회에서 밀려날 수밖에 없는데, 반면 자본주의 사회의 특성상 많은 비용을 수반하는 과학기술의 연구는 자본에 종속될 수밖에 없기 때문이다. 물론 지금도 이러한 현상이 없는 것은 아니지만, 아직까지는 단순노동이 필요하기 때문에 노동력을 제공하는 중·하위층들도 불합리한 부분들에 파업과 같은 실력행사를 할 수 있었다. 그러나 앞으로 자동화가 더욱 진행되어 노동의 필요성이 사라진다면 그들을 배려해야 할 당위성은 법과 제도가 아닌 도덕이나 인권과 같은 윤리적인 영역에만 남게 되는 것이다.

반면에, 이를 긍정적으로 생각한다면 이처럼 일자리가 없어졌을 때 극소수에 해당하는 경우를 제외한 나머지 사람들은 노동에서 완전히 해방되어, 인공지능이 제공하는 무제한적인 자원을 마음껏 향유할 수도 있을 것이다. 하지만 이러한 미래는 지금의 자본주의보다는 사회주의 경제 체제에 가깝다. 이 때문에 많은 경제학자와 미래학자들은 제4차 산업혁명 이후의 미래를 장밋빛으로 바꿔나가기 위해, 기본소득제 도입 등의 시도와 같은 고민들을 이어가고 있다.

① 제4차 산업혁명의 의의
② 제4차 산업혁명의 빛과 그늘
③ 제4차 산업혁명의 위험성
④ 제4차 산업혁명에 대한 준비

멤버십 유형별 특징(소외형, 순응형) 키워드

32 다음은 멤버십 유형별 특징을 정리한 자료이다. 다음 자료를 참고하여 각 유형의 멤버십을 가진 사원에 대한 리더의 대처방안으로 가장 적절한 것은?

〈멤버십 유형별 특징〉

소외형	순응형
• 조직에서 자신을 인정해주지 않음 • 적절한 보상이 없음 • 업무 진행에 있어 불공정하고 문제가 있음	• 기존 질서를 따르는 것이 중요하다고 생각함 • 리더의 의견을 거스르는 것은 어려운 일임 • 획일적인 태도와 행동에 익숙함
실무형	**수동형**
• 조직에서 규정준수를 강조함 • 명령과 계획을 빈번하게 변경함	• 조직이 나의 아이디어를 원치 않음 • 노력과 공헌을 해도 아무 소용이 없음 • 리더는 항상 자기 마음대로 함

대구도시철도공사

● 민원 응대 업무 유형 ●

09 K사원은 현재 H공단에서 고객 응대 업무를 맡고 있다. 아래와 같이 고객의 민원에 답변하였을 때, 고객 전화 응대법과 관련하여 적절하지 않은 답변은?

> 고객　: 저기요. 제가 너무 답답해서 이렇게 전화했습니다.
> K사원 : 안녕하세요. 고객님. 상담사 ○○○입니다. 무슨 문제로 전화해주셨나요? … ①
>
> 고객　: 아니, 아직 납부기한이 지나지도 않았는데, 홈페이지에 왜 '납부하지 않은 보험료'로 나오는 건가요? 일 처리를 왜 이렇게 하는 건가요?
> K사원 : 고객님, 이건 저희 실수가 아니라 고객님이 잘못 이해하신 부분 같습니다. … ②
>
> 고객　: 무슨 소리에요? 내가 지금 홈페이지에서 확인하고 왔는데.
> K사원 : 네 고객님. 홈페이지 '납부하지 않은 보험료'로 표시되는 경우에는 고객님께서 다음 달 10일까지 납부하셔야 할 당월분 보험료라고 이해하시면 됩니다. … ③
>
> 고객　: 정말이에요? 나 참 왜 이렇게 헷갈리게 만든 건가요?
> K사원 : 죄송합니다. 고객님. 참고로 이미 보험료를 납부했는데도 '납부하지 않은 보험료'로 표시되는 경우에는 보험료 납부내역이 공단 전산에 반영되는 기준일이 "납부 후 최장 4일 경과한 시점"이기 때문임을 유의해주시기 바랍니다. … ④
>
> 고객　: 알겠습니다. 수고하세요.
> K사원 : 감사합니다. 고객님 좋은 하루 보내세요. 상담사 ○○○이었습니다. …

한국수자원공사

● 수의 규칙성 유형 ●

03 갑은 다음과 같은 규칙에 따라서 알파벳 단어를 숫자로 변환하고자 한다. 주어진 규칙에 따를 때, 〈보기〉에 주어진 규칙 적용 사례 ㉠~㉣을 보고, ㉠~㉣의 각 알파벳 단어에서 알파벳 Z에 해당하는 자연수들을 모두 더한 값으로 적절한 것은?

> 〈규칙〉
> ① 알파벳 'A'부터 'Z'까지 순서대로 자연수를 부여한다.
> 　[예] A=2라고 하면 B=3, C=4, D=5이다.
> ② 단어의 음절에 같은 알파벳이 연속되는 경우 ①에서 부여한 숫자를 알파벳이 연속되는 횟수만큼 거듭제곱한다.
> 　[예] A=2이고 단어가 'AABB'이면 AA는 '2^2'이고, BB는 '3^2'이므로 '49'로 적는다.

> 보기
> ㉠ AAABBCC는 10000001020110404로 변환된다.
> ㉡ CDFE는 3465로 변환된다.
> ㉢ PJJYZZ는 1712126729로 변환된다.
> ㉣ QQTSR는 625282726로 변환된다.

① 154　　　　　　　　　　　② 176
③ 199　　　　　　　　　　　④ 212

주요 공기업 적중문제

BCG 매트릭스와 맥킨지 매트릭스 키워드

☑ 확인 Check! ○ △ ✕

47 다음 중 BCG 매트릭스와 GE&맥킨지 매트릭스에 대한 설명으로 옳은 것을 모두 고른 것은?

> ㄱ. BCG 매트릭스는 미국의 컨설팅업체인 맥킨지에서 개발한 사업포트폴리오 분석 기법이다.
> ㄴ. BCG 매트릭스는 시장성장율과 상대적 시장점유율을 고려하여 사업의 형태를 4개 영역으로 나타낸다.
> ㄷ. GE&맥킨지 매트릭스는 산업매력도와 사업경쟁력을 고려하여 사업의 형태를 6개 영역으로 나타낸다.
> ㄹ. GE&맥킨지 매트릭스에서의 산업매력도는 시장규모, 경쟁구조, 시장 잠재력 등의 요인에 의해 결정된다.
> ㅁ. GE&맥킨지 매트릭스는 BCG 매트릭스의 단점을 보완해준다.

① ㄱ, ㄴ
② ㄱ, ㄴ, ㄷ
③ ㄴ, ㄷ, ㅁ
④ ㄴ, ㄹ, ㅁ
⑤ ㄷ, ㄹ, ㅁ

한글 단축키 유형

65 다음 프로그램에서 최근 작업 문서를 열 때 사용하는 단축키는?

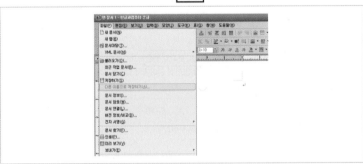

① [Alt]+[N]
② [Ctrl]+[N], [M]
③ [Alt]+[S]
④ [Alt]+[O]
⑤ [Alt]+[F3]

한국도로공사

출발시간, 최소 비용 키워드

※ A씨는 해외시장 조사를 위해 중국으로 출장을 간다. 다음 상황과 〈조건〉을 참고하여 이어지는 질문에 답하시오.
[12~13]

〈상황〉

A씨는 퇴근 후 다음날 있을 출장을 준비하던 중 서류 하나를 회사에 두고 왔다는 것을 발견하였다. 회사 동료에게 전화를 하니 모두 퇴근하였다며 다음날 출근하자마자 자신이 A씨 집으로 퀵서비스를 보내주겠다고 하였다. A씨는 다음 날 아침 일찍 일어나 회사에 들러 직접 서류를 챙긴 후 공항으로 가는 것이 좋을지, 동료의 말대로 퀵서비스를 기다린 후 공항으로 가는 것이 좋을지 고민에 빠졌다.

조건

| 집 | | 회사 | | 공항 |

① 버스 75분(1,200원)
② 택시 40분(5,000원)

① 공항버스 80분(16,000원)
② 택시 60분(50,000원)
③ 지하철 75분(4,050원)

※ 버스는 매시 정각을 기준으로 20분, 지하철은 10분 간격으로 운행한다.

| 회사 | | 집 | | 공항 |

퀵서비스 20분(16,000원)

① 공항버스 90분(9,000원)
② 택시 45분(44,000원)
③ 지하철 80분(3,900원)

※ 버스는 매시 정각을 기준으로 15분, 지하철은 10분 간격으로 운행한다.
※ A씨의 회사 동료는 9시에 출근한다.
※ A씨의 짐은 3kg이며 짐을 이동하는 과정에서 드는 체력 소모를(3,000원/kg)×(시간)으로 계산한다.
※ 제시된 조건 외의 다른 조건은 고려하지 않는다.

☑ 오답 Check! ○ ✕

12 A씨의 비행기는 정오에 출발하므로, 오전 10시에는 공항에 도착하려고 한다. A씨는 적어도 몇 시에 출발해야 하는가?

① 6시 50분
② 7시 20분
③ 7시 45분
④ 8시 20분

☑ 오답 Check! ○ ✕

13 비행기 시간을 고려하지 않는다면, A씨가 공항까지 가는 최소 비용은 얼마인가?(단, A씨가 회사에 들를 경우 오전 7시에 집에서 출발한다)

① 31,500원
② 30,800원
③ 27,400원
④ 26,300원

주요 공기업 적중문제

한국전력공사

● 참, 거짓 논리 유형 ●

23 A, B, C, D, E 5명에게 지난 달 핸드폰 통화 요금이 가장 많이 나온 사람을 1위에서 5위까지 그 순위를 추측하라고 하였더니 각자 예상하는 두 사람의 순위를 다음과 같이 대답하였다. 각자 예상한 순위 중 하나는 참이고, 다른 하나는 거짓이다. 이들의 대답으로 판단할 때 실제 핸드폰 통화 요금이 가장 많이 나온 사람은?

> A : D가 두 번째이고, 내가 세 번째이다.
> B : 내가 가장 많이 나왔고, C가 두 번째로 많이 나왔다.
> C : 내가 세 번째이고, B가 제일 적게 나왔다.
> D : 내가 두 번째이고, E가 네 번째이다.
> E : A가 가장 많이 나왔고, 내가 네 번째이다.

① A   ② B
③ C   ④ D
⑤ E

한국전력공사 송배전담당

● 피뢰기 키워드 ●

46 다음 그림에서 L1은 어떤 크기로 동작하는 기기의 명칭인가?

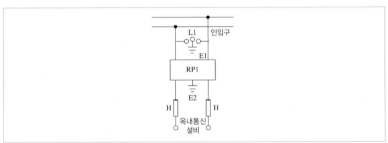

① 교류 1kV 이하에서 동작하는 단로기
② 교류 1kV 이하에서 동작하는 피뢰기
③ 교류 1.5kV 이하에서 동작하는 단로기
④ 교류 1.5kV 이하에서 동작하는 피뢰기

한국공항공사

\<조건\>에 따라 가장 저렴하게 주문하는 방법 유형

45 B씨는 정원이 12명이고 개인 회비가 1인당 20,000원인 모임의 총무이다. 정기 모임을 카페에서 열기로 했는데 음료를 1잔씩 주문하고 음료와 곁들일 디저트도 2인에 한 개씩 시킬 예정이다. \<조건\>에 따라 가장 저렴하게 먹을 수 있는 방법으로 메뉴를 주문한 후 남는 돈은?(단, 2명은 커피를 마시지 못한다)

COFFEE		NON – COFFEE		DESSERT	
아메리카노	3,500원	그린티라테	4,500원	베이글	3,500원
카페라테	4,100원	밀크티라테	4,800원	치즈케이크	4,500원
카푸치노	4,300원	초코라테	5,300원	초코케이크	4,700원
카페모카	4,300원	곡물라테	5,500원	티라미수	5,500원

조건
- 10잔 이상의 음료 또는 디저트를 구매하면 4,500원 이하의 음료 2잔이 무료로 제공된다.
- 세트 메뉴로 음료와 디저트를 구매하면 해당 메뉴 금액의 10%가 할인된다.

① 175,000원
② 178,500원
③ 180,500원
④ 187,500원
⑤ 188,200원

한전KDN

맞춤법 유형

31 문서는 어문규범을 준수하여 한글로 작성하되, 이해하기 쉬운 용어를 사용하여야 한다. 다음은 문서 작성 시 유의해야 할 한글 맞춤법 및 어법에 따른 표기이다. 다음 중 표기가 바르지 않은 것은?

〈한글 맞춤법 및 어법〉

1) 고 / 라고
   앞말이 직접 인용되는 말임을 나타내는 조사는 '라고'이다. '고'는 앞말이 간접 인용되는 말임을 나타내는 격조사이다.
2) 로써 / 로서
   지위나 신분 또는 자격을 나타내는 격조사는 '로서'이며, '로써'는 어떤 일의 수단이나 도구를 나타내는 격조사이다.
3) 율 / 률
   받침이 있는 말 뒤에서는 '렬, 률', 받침이 없는 말이나 'ㄴ' 받침으로 끝나는 말 뒤에서는 '열, 율'로 적는다.
4) 년도 / 연도
   한자음 '녀, 뇨, 뉴, 니'가 단어 첫머리에 올 때는 두음 법칙에 따라 '여, 요, 유, 이'로 적는다. 단, 의존 명사의 경우 두음 법칙을 적용하지 않는다.
5) 연월일의 표기
   아라비아 숫자만으로 연월일을 표시할 경우 마침표는 연월일 다음에 모두 사용해야 한다.

① 이사장은 "이번 기회를 통해 소중함을 깨닫게 되었으면 좋겠다."라고 말했다.
② 모든 것이 말로써 다 표현되는 것은 아니다.

도서 구성

기출복원문제로
출제 경향 파악

- 2021년 주요 공기업 NCS 및 전공 기출
  문제를 통해 공기업 기업별 문제 유형을
  파악할 수 있도록 하였다.
- 2021년 코레일 기출복원문제와 2021~
  2019년 코레일 샘플문제를 통해 코레일
  최신 출제 경향을 파악할 수 있도록 하였다.

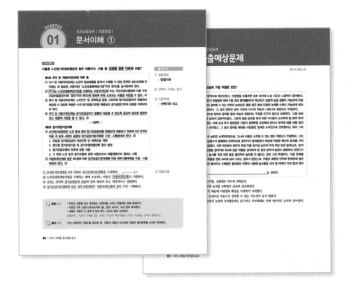

기출유형 및 기출예상문제로
영역별 단계적 학습

- 출제되는 NCS 영역에 대한 기출유형을
  통해 최근 출제되는 문제의 유형을 익히고
  점검할 수 있도록 하였다. 또한, 기출예상
  문제를 통해 NCS 문제유형을 효과적으로
  학습할 수 있도록 하였다.
- 전공 기출예상문제를 통해 필기시험을
  한권으로 준비할 수 있도록 하였다.

FEATURES

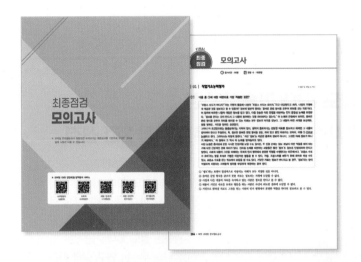

최종점검 모의고사 + OMR을 활용한 실전 연습

최종점검 모의고사와 OMR 답안카드, 모바일 OMR 답안분석 서비스를 통해 실제로 시험을 보는 것처럼 최종 마무리 연습을 할 수 있도록 하였다.

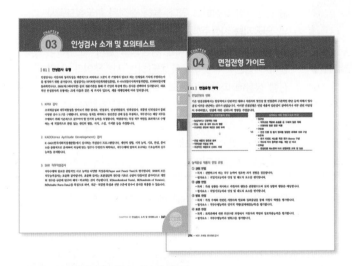

인성검사부터 면접까지 한권으로 최종 마무리

인성검사 모의연습을 통해 인성검사 유형 및 문항을 확인할 수 있도록 하였고, 면접 기출 질문을 통해 실제 면접에서 나오는 질문을 미리 파악하고 연습할 수 있도록 하였다.

상세한 해설로 정답과 오답을 완벽하게 이해

정답과 오답에 대한 상세한 해설을 수록하여 혼자서도 학습을 할 수 있도록 하였다.

뉴스&이슈

2021 철도 10대 기술상 수상
인공지능 자율주행 단락시스템, 완충장치 트롤리 등 2건 선정

한국철도공사(코레일)가 올해의 철도 10대 기술상*에서 '인공지능 자율주행 단락시스템'과 '완충장치가 적용된 20톤 트롤리' 2건을 수상하는 쾌거를 거뒀다고 15일 밝혔다. 한국철도학회가 주관하는 철도 10대 기술상은 매년 철도 기술 분야 혁신을 위해 우수한 연구 실적 10건을 선정하여 표창하고 있다. 올해 선정된 한국철도공사의 '인공지능 자율주행 단락시스템'은 선로 유지보수 작업자의 위치와 이동 형태를 자동으로 감지·분석하여 열차가 접근하지 못하도록 차단하는 시스템이다. 작업 진행 상황에 따라 작업자와 일정한 간격을 유지하면서 자율주행하기 때문에 작업자 안전을 강화하고 유지보수 작업의 신뢰도를 높이는 효과가 기대된다. '완충장치가 적용된 20톤 트롤리'는 기존의 10톤 트롤리를 개량해 운행속도를 높이고(50 → 80km/h), 적재 중량과 작업능력을 2배로 향상시킨 시설 유지보수 장비이다. 철도장비 차량 궤도 이탈사고의 주 원인으로 지목되고 있는 차륜의 형태와 크기를 개량하고 차체를 중량화해, 주행안전성을 확보하고 선로장애 예방에 기여할 수 있다는 점이 높은 평가를 받았다.

정정래 한국철도공사 연구원장은 "철도 유지보수의 기술력을 높일 수 있는 연구 과제를 지속적으로 발굴하고, 작업자와 승객 안전을 위한 혁신에 힘쓰겠다."고 밝혔다.

🔑 Keyword

• 철도 10대 기술상 : 한국 철도학회에서 주최하는 상으로, 1년 여간 국내에서 개발된 철도 분야(차량기계, 전기신호, 궤도토목, 정책운영 등)의 우수한 기술과 제품 등을 발굴 및 선정하고 이를 표창하며 대내외적으로 홍보

🗨 예상 면접 질문

Q 철도에 어떤 기술들이 사용되고 있는지 아는 대로 말해 보시오.

Q 공모전에 참가해 본 경험이 있다면 그에 대해 말해 보시오.

〈2021. 05. 31(월)〉

6월부터 '레일플러스' 카드 사용처 CU편의점으로 확대

6월 1일부터 레일플러스*로 CU편의점에서 간편하게 상품을 결제하고 선불카드 금액 충전과 환불을 받을 수 있다. 한국철도공사(코레일)가 '레일플러스' 교통카드 사용처를 CU편의점까지 확대한다고 31일 밝혔다. 아울러 한국철도공사는 CU와 레일플러스 제휴카드를 선보인다. 'CU 레일플러스'는 전국 CU점포에서 판매하며 2004년 KTX 개통 당시 승차권을 본떠 만들었다. 제휴카드로 CU편의점에서 결제하면 사용금액의 2%가 CU멤버십 포인트로 적립된다. 또한 6월 한 달간 도시락, 햄버거 등 간편식사류 7종을 50% 할인된 가격에 구입할 수 있다. 1회 3천 원까지 할인된다.

김인호 한국철도공사 광역철도본부장은 "레일플러스 교통카드를 주로 이용하는 젊은 세대를 위해 사용처를 지속적으로 확대하고 다양한 혜택을 제공하기 위해 노력하겠다."고 밝혔다.

🔑 Keyword

• 레일플러스 : 지하철과 버스, 기차 승차권을 구입할 수 있는 전국단위 선불 교통카드로 철도역 주차장과 매장, 이마트 24와 스토리웨이 편의점 등에서도 사용할 수 있음

💬 예상 면접 질문

Q 레일플러스를 봤거나 써본 경험이 있다면 말해 보시오.

Q 코레일과 연계하여 어떤 상품을 개발하면 좋을지 말해 보시오.

〈2021. 05. 24.(월)〉

ITX - 청춘 횟수 차감형 할인카드 'N카드' 출시

한국철도공사(코레일)가 다음달 1일부터 경춘선 ITX-청춘 승차권을 할인된 가격에 구입할 수 있는 횟수 차감형 할인카드인 ITX-청춘 N카드*를 출시한다고 밝혔다.

N카드 소지자는 열차별 승차율에 따라 기본 15%, 최대 30%까지 할인된 가격으로 승차권을 구매할 수 있으며, 자유석은 50%가량 저렴하게 이용할 수 있다. 모바일 앱 '코레일톡'에서 이용구간 운임의 5%에 판매하며 최소 10회 이상 사용 시 구입할 수 있다.

한국철도공사는 ITX-청춘 N카드 출시를 기념해 할인행사를 진행한다. N카드를 사용하면 6월과 7월 운행하는 ITX-청춘 승차권을 30% 할인된 가격에 구입할 수 있다. 한편 N카드 판매에 따라 경춘선 ITX-청춘에 적용해 온 15% 특별할인은 이번 달 종료된다. 다만 이번 달 발매한 승차권까지는 기존 할인률이 적용된다.

한국철도공사 관계자는 "ITX-청춘 개통 때부터 적용해 오던 특별할인은 종료되지만 열차를 자주 이용하는 지역 주민의 부담을 덜어 드리기 위해 할인 혜택이 큰 N카드를 도입한다."고 밝혔다.

🔑 Keyword

• ITX-청춘 N카드 : 미리 정한 구간을 일정 횟수(10~30회)만큼 사용할 때 ITX-청춘 승차권을 저렴하게 구입할 수 있는 모바일 카드

📋 예상 면접 질문

Q ITX-청춘 승차권에 대해 알고 있는지, 알고 있다면 어떻게 생각하는지 말해 보시오.

Q 새로운 승차권에 대한 홍보 방안을 제시해 보시오.

〈2021. 05. 20(목)〉

한국철도공사 , 철도차량정비기능장 46명 배출

한국철도공사(코레일)가 제69회 철도차량정비기능장 국가기술자격증 시험에서 46명의 합격자를 배출했다고 20일 밝혔다. **철도차량정비기능장***은 철도차량 정비와 검사 분야에서 최고 수준의 전문 지식과 기술 보유를 인증하는 국가기술자격으로, 9년 이상의 관련분야 실무경력이 있거나 산업기사나 기능사 취득 후 5~7년이 지나야 응시기회가 주어져 자격 요건이 까다롭고 난이도가 높은 시험 중 하나이다.

한국철도공사는 차량정비 전문 인재 양성을 위해 지난 2017년부터 기술 노하우와 지식을 공유하는 사내 스터디 모임을 운영 중이다. 이를 통해 매년 전체 시험 합격자 중 한국철도공사 직원이 75% 이상을 차지하는 성과를 거두고 있다. 한국철도공사는 이번 합격자를 포함해 그동안 309명의 철도차량정비기능장을 배출했다. 이외에도 철도차량기술사 44명 등 다양한 국가기술자격 소지자를 합쳐 1,200여 명의 전문가를 양성하며, 국내 최고 철도차량 유지보수 전문기관의 위상을 확고히 하고 있다.

고준영 한국철도공사 기술본부장은 "직원들이 담당 분야에서 전문가로 성장할 수 있도록 적극 지원하는 등 철도차량 정비역량 강화를 위해 다각적으로 노력하며 안전한 열차운행에 최선을 다하겠다."고 밝혔다.

🔑 Keyword

- 철도차량정비기능장 : 철도동력차정비에 관한 최상급의 숙련기능을 갖고 산업현장에서 작업관리, 소속 기능자의 지도 및 감독, 현장훈련, 경영층과 생산계층을 유기적으로 결합시켜주는 현장의 중간 관리자로서의 역할 업무 수행

💬 예상 면접 질문

Q 코레일에 입사하기 위해 어떤 노력을 했는지 말해 보시오.

Q 다른 지원자에 비해 자신이 더 뛰어나다고 생각하는 능력이 있다면 무엇이 있는지 말해 보시오.

합격후기

합격 선배들이 알려주는
코레일 필기시험 합격기

꾸준함이 답이다!

안녕하세요. 코로나로 혼란스러운 시기임에도 이렇게 합격의 기쁨을 누릴 수 있게 되어 감회가 새롭습니다. 코레일 시험을 준비하던 것이 얼마 되지 않은 것 같은데 벌써 이렇게 겨울이 되고 보니 시간이 참 빠르다는 생각이 듭니다. 사실 특별하게 공부법이라는 것이 없어 이렇게 글을 적자니 부끄러움이 앞서지만 그래도 조금이나마 도움이 되고자 용기를 내 몇 자 적어봅니다.

코레일은 응시자격 요건만 충족하면 적격자 모두 필기시험에 응시할 수 있어서 경쟁률이 치열한 공기업 중 하나입니다. 특히 직업기초능력평가 영역도 의사소통능력, 수리능력, 문제해결능력으로 많지 않아 고득점을 하지 않는다면 채용되기에는 어려움이 있습니다. 하지만 NCS 시험은 범위가 정해진 시험이 아니기 때문에 많은 수험생이 어떻게 공부해야 할지 막막함을 느끼고 계실 것이라 생각합니다.

제 경우에는 시대고시기획에서 출간한 코레일 도서를 바탕으로 기반을 다졌습니다. 책에 수록된 코레일 기출복원문제를 통해 실제 시험 문제가 어떤 식으로 출제되었는지 확인하였고, 이를 바탕으로 직업기초능력평가 문제를 풀며 영역별 문제 유형을 파악했습니다. 실제 시험 시간에 맞추어 모의고사를 풀어보는 방식을 활용하여 기본기를 쌓았습니다. 다음으로는 영역별 도서를 활용하여 영역별 다양한 문제를 풀며 기본서에서 확인했던 사항을 보완해 가는 형식으로 공부를 진행했습니다. 마지막으로 시험 일주일 전에 봉투모의고사를 통해 실제 시험처럼 풀고 오답노트를 작성하였고, 실제 시험장에는 오답노트만 가지고 제가 부족한 부분을 마지막까지 확인했습니다.

사실 NCS 시험을 준비하면서 가장 힘들었던 것이 꾸준히 공부하는 습관이었습니다. 기약 없이 공부를 하다 보니 나태해질 때가 많았습니다. 그러나 꾸준히 계획을 세워 공부하다 보니 쌓이고 쌓여 이렇게 좋은 결과를 얻을 수 있었습니다. 그래서 저는 꾸준하게 노력하는 것만이 합격으로 가는 가장 쉽고 정확한 길이라고 말씀드리고 싶습니다.

이 책의 목차

이 책의 목차

Add+

특별부록

※ 다음 자료를 바탕으로 이어지는 질문에 답하시오. **[1~2]**

〈지역별 폐기물 현황〉

구분	1일 폐기물 배출량	인구수
용산구	305.2톤/일	132,259명
중구	413.7톤/일	394,679명
종로구	339.9톤/일	240,665명
서대문구	240.1톤/일	155,106명
마포구	477.5톤/일	295,767명

〈지역별 위치 및 이동시간〉

다음은 각 지역마다 이동에 걸리는 시간을 표시한 것이다.

구분	용산구	중구	종로구	서대문구	마포구
용산구		50분	200분	150분	100분
중구	50분		60분	70분	100분
종로구	200분	60분		50분	100분
서대문구	150분	70분	50분		80분
마포구	100분	100분	100분	80분	

01 1인당 1일 폐기물 배출량이 가장 많은 곳에 폐기물 처리장을 만든다고 할 때, 어느 구에 설치해야 하는가?(단, 소수점 셋째 자리에서 반올림한다)

① 용산구
② 중구
③ 종로구
④ 서대문구
⑤ 마포구

02 01번의 결과를 참고하여 폐기물 처리장이 설치된 구에서 폐기물 수집 차량이 출발하여 1인당 1일 폐기물 배출량이 많은 순서대로 수거하고 다시 돌아올 때, 걸리는 최소 시간은?

① 3시간 10분
② 4시간 20분
③ 5시간 40분
④ 6시간 00분
⑤ 7시간 10분

03 H팀은 정기행사를 진행하기 위해 공연장을 대여하려 한다. H팀의 상황을 고려하여 공연장을 대여한다고 할 때, 비용은 얼마인가?

〈공연장 대여비용〉

구분	공연준비비	공연장 대여비	소품대여비	보조진행요원비
단가	50만 원	20만 원(1시간)	5만 원(1세트)	5만 원(1인, 1시간)
할인	대여 총비용 150만 원 이상 : 10% (공연준비비 포함)	2시간 이상 : 3% 5시간 이상 : 10% 12시간 이상 : 20%	3세트 : 4% 6세트 : 10% 10세트 : 25%	2시간 이상 : 5% 4시간 이상 : 12% 8시간 이상 : 25%

※ 할인은 각 품목마다 개별적으로 적용된다.

〈H팀 상황〉

A : 저희 총예산은 수입보다 적으면 안 됩니다. 티켓은 4만 원이고, 50명 정도 관람할 것으로 예상됩니다.
B : 공연은 2시간이고, 리허설 시간 2시간이 필요하고, 공연 준비 및 정리를 하려면 공연 앞뒤로 1시간씩은 필요합니다.
C : 소품은 공연 때 2세트 필요하고, 예비로 1세트 더 준비하도록 하죠.
D : 진행은 저희끼리 다 못하니까 주차장을 관리할 인원 1명을 고용해서 공연 시간 동안과 공연 앞뒤로 1시간씩 하는 것이 좋아 보입니다. 총예산이 모자라면 소품 예비 1세트 취소, 진행요원 미고용, 리허설 시간 1시간 순서로 줄이도록 하죠.

① 1,800,000원
② 1,850,000원
③ 1,900,000원
④ 2,050,000원
⑤ 2,100,000원

04 다음 주 당직 근무에 대한 일정표를 작성하고 있다. 작성하고 봤더니 잘못된 점이 보여 수정을 하려 한다. 한 사람만 옮겨 일정표를 완성하려고 할 때, 일정을 변경해야 하는 사람은?

〈당직 근무 규칙〉

- 낮에 2명, 야간에 2명은 항상 당직을 서야 하고, 더 많은 사람이 당직을 설 수도 있다.
- 낮과 야간을 합하여 하루에 최대 6명까지 당직을 설 수 있다.
- 같은 날에 낮과 야간 당직 근무는 함께 설 수 없다.
- 낮과 야간 당직을 합하여 주에 세 번 이상 다섯 번 미만으로 당직을 서야 한다.
- 월요일부터 일요일까지 모두 당직을 선다.

〈당직 근무 일정〉

성명	낮	야간	성명	낮	야간
가	월요일	수요일, 목요일	바	금요일, 일요일	화요일, 수요일
나	월요일, 화요일	수요일, 금요일	사	토요일	수요일, 목요일
다	화요일, 수요일	금요일, 일요일	아	목요일	화요일, 금요일
라	토요일	월요일, 수요일	자	목요일, 금요일	화요일, 토요일
마	월요일, 수요일	화요일, 토요일	차	토요일	목요일, 일요일

① 나
③ 마
⑤ 사

② 라
④ 바

05 다음 중 사례에 나타난 논리적 오류로 옳은 것은?

〈사례〉

A : 내가 어제 귀신과 싸워서 이겼다.
B : 귀신이 있어야 귀신과 싸우지.
A : 내가 봤다니까. 귀신 없는 거 증명할 수 있어?

① 성급한 일반화의 오류
③ 거짓 딜레마의 오류
⑤ 인신공격의 오류

② 무지에 호소하는 오류
④ 대중에 호소하는 오류

06 H공사의 A팀 가 대리, 나 사원, 다 사원, 라 사원, 마 대리 중 1명이 어제 출근하지 않았다. 이와 관련하여 5명의 직원이 다음과 같이 말했고, 이들 중 2명이 거짓말을 한다고 할 때, 다음 중 출근하지 않은 사람은 누구인가?(단, 출근을 하였어도, 미출근 사유를 듣지 못할 수도 있다)

> 가 대리 : 나는 출근했고, 마 대리도 출근했다. 누가 왜 출근하지 않았는지는 알지 못한다.
> 나 사원 : 다 사원은 출근하였다. 가 대리님의 말은 모두 사실이다.
> 다 사원 : 라 사원은 출근하지 않았다.
> 라 사원 : 나 사원의 말은 모두 사실이다.
> 마 대리 : 출근하지 않은 사람은 라 사원이다. 라 사원이 개인 사정으로 인해 출석하지 못한다고 가 대리님에게 전했다.

① 가 대리　　　　　　　　　　　　　② 나 사원
③ 다 사원　　　　　　　　　　　　　④ 라 사원
⑤ 마 대리

07 바이러스를 해결하기 위해 한 제약사에서 신약 A∼E를 연구 중에 있다. 최종 임상실험에 가∼마 5명이 지원하였고, 그 결과가 다음과 같을 때 개발에 성공한 신약은?(단, 성공한 신약을 먹으면 병이 치료된다)

> 가 : A와 B를 먹었고 C는 먹지 않았다. 나머지는 먹었을 수도, 안 먹었을 수도 있다.
> 나 : C와 D를 먹었다. 나머지는 먹었을 수도, 안 먹었을 수도 있다.
> 다 : A와 B를 먹었고 E는 먹지 않았다. 나머지는 먹었을 수도, 안 먹었을 수도 있다.
> 라 : B를 먹었고 A와 D는 먹지 않았다. 나머지는 먹었을 수도, 안 먹었을 수도 있다.
> 마 : A와 D를 먹었고 B, E는 먹지 않았다. 나머지는 먹었을 수도, 안 먹었을 수도 있다.
> ※ 두 명만 병이 치료되었다.
> ※ '나'는 병이 치료되지 않았다.

① A　　　　　　　　　　　　　　　② B
③ C　　　　　　　　　　　　　　　④ D
⑤ E

08 다음 글을 읽고 이해한 내용으로 적절하지 않은 것은?

> 서울특별시는 매일 최소 8번, 30초 이상 손을 규칙적으로 씻는 것을 권장하는 '1830 손 씻기 운동'을 추진했다. 그러나 일정한 시간 간격을 두고 손 씻기를 하는 것과는 별도로 다음과 같은 경우에 손을 씻기를 권장한다.
>
> 음식을 만들기 전후, 음식을 먹기 전, 화장실 사용 후, 놀이터나 헬스장을 사용한 후, 동물과 접촉을 한 후, 기침한 후, 코를 푼 후, 환자와 접촉을 하기 전후, 쓰레기 만진 후, 외출 후 귀가 시, 맨눈으로 손에 불순물이 묻은 것이 확인됐을 때 등 외부에서 손을 사용했을 때 가능한 손 씻기를 수시로 하는 것이 좋다는 것이다. 하루에 몇 번 손을 씻었는지 세보는 것도 습관을 개선하는 방법이다. 손은 얼마나 오래 씻어야 할까? 15 ~ 30초? 손을 씻을 때마다 시계나 타이머를 준비할 수 없으니 생일축하 노래를 처음부터 끝까지 두 번 부르는 데 걸리는 시간이면 된다. 더 구석구석 오래 씻고 싶다면 더 긴 노래를 흥얼거려도 된다.
>
> 그렇다면 손을 어떻게 씻어야 '꼼꼼한' 손 씻기일까? CDC의 5단계부터 WHO의 11단계까지 손 씻기 방법은 다양하다. 질병관리청은 6단계 20초 이상을 권장하고 있다. 흐르는 물에 손을 충분히 적신 뒤 비누를 손에 묻혀 손바닥, 손등, 손가락, 손가락 사이, 손톱 밑까지 구석구석 강렬히 생일축하 노래를 2번 흥얼거리며 문지른 후 다시 흐르는 물로 씻는다고 생각하면 된다. 물론 비누를 사용하는 것이 더 효과적이다. 비누를 사용해 흐르는 물로 20초 이상 씻었을 때 세균을 90% 이상 제거할 수 있다. 하지만 흐르는 물로만 씻어도 상당한 제거 효과가 있다. 반면, 소독력이 있는 항균비누와 시중 일반 비누를 비교했을 때는 별다른 차이가 없는 것으로 나타났다.
>
> 습기가 많은 곳에서 곰팡이가 쉽게 피듯 젖은 손은 미생물의 전이를 돕는다. 그렇기 때문에 손을 건조하는 것 또한 매우 중요하다. 손을 어떻게 말리는 것이 가장 효과적인지에 대해서는 여러 연구가 아직 나오고 있다. 보건복지부는 가장 이상적인 건조 방법으로 일회용 종이 타월 한 장을 사용해 손의 물기를 제거하는 것을 권장했다. 미국 CDC는 깨끗한 수건을 사용해 손을 말리는 것과 자연 건조하는 것을 권장하고 있다.
>
> 손 소독제 또한 손 전체에 구석구석 문지르는 것이 중요하다. 손 씻기 방법과 비슷하다고 생각하면 된다. 손 소독제에는 소독 작용을 하는 에탄올이 함유되어 있다. 세계보건기구(WHO)가 권장하는 손 소독제의 에탄올 비율은 75 ~ 85%, 미국 식품의약처(FDA)는 에탄올 60 ~ 95% 이상을 권장한다. 한국 식품의약품안전처는 외용소독제의 표준 제조기준으로 에탄올 함량 54.7 ~ 70%를 제시한다. 미국 CDC는 손 소독제가 완벽히 마를 때까지 손을 문지를 것을 권고하고 있다. 하지만 손 소독제보다 손을 흐르는 물에 씻는 것이 더 효과적이라는 의견이 지배적이다. 특히 손이 더러워졌다고 느낄 때는 꼭 손을 씻자.

① 손을 규칙적으로 씻기 위해 하루에 몇 번 손을 씻었는지 세보는 것이 좋겠어.
② 손 씻기는 생일축하 노래를 처음부터 끝까지 한 번 부르는 데 걸리는 시간 정도면 충분하겠어.
③ 손 소독제 사용도 중요하지만 무엇보다도 흐르는 물에 손을 씻는 것이 효과적이구나.
④ 손을 깨끗이 씻는 것만큼 손을 제대로 말리는 것도 중요하구나.

09 다음은 국민건강보험공단에서 제공한 외국인 유학생 건강보험 관련 자료이다. 자료에 대한 설명으로 옳지 않은 것은?

<외국인 유학생 건강보험 안내>

- 가입 대상
  유학생, 외국인 및 재외국민
- 가입 시기

체류자격 구분	적용시기
유학, 초중고생	최초입국 시 → 외국인등록일
	외국인등록 후 재입국 시 → 재입국일
초중고생 외의 일반연수	입국일로부터 6개월 후 가입
재외국민 · 재외동포 유학생	입국 후 학교 입학일로 가입 (재학증명서 제출하는 경우)

※ 국내 체류 유학생 중 건강보험에 가입하지 않은 유학생은 2021년 3월 1일자로 당연가입됨

- 가입 절차
  유학생이 공단에 별도로 신고하지 않아도 자동 가입처리
  국내 체류지(거소지)로 건강보험증과 가입안내증 발송
  다만, 아래의 경우 반드시 가까운 지사에 방문하여 신고
  1. 가족(배우자 및 미성년 자녀)과 함께 보험료를 납부하고자 하는 경우
  2. 국내에서 유학 중인 재외국민 또는 재외동포가 가입하는 경우
  3. 체류지(거소지), 여권번호, 체류자격 등에 변경사항이 있는 경우

  ※ 외국의 법령, 외국의 보험, 사용자와의 계약으로 건강보험 급여에 상당하는 의료보장을 받아 건강보험이 필요하지 않는 경우 건강보험 가입 제외 신청 가능

- 건강보험료 부과
  전자고지 · 자동이체 및 환급사전계좌 신청 : 전화, 홈페이지, 외국인민원센터, 공단지사에서 신청

  ※ 우편 대신 이메일 고지서 또는 모바일 고지서 신청 가능
  ※ 자동이체 신청으로 편리한 납부 · 환급사전계좌 등록으로 빠른 지급

① 외국인이 건강보험료를 납부하는 경우 우편, 이메일, 모바일을 통해 고지서를 받아 볼 수 있다.
② 유학생은 본인의 의사에 따라 건강보험 적용을 받지 않을 수 있다.
③ 학업이 끝나고 직장인이 되어 체류자격에 변동이 생긴 경우 인근 건강보험공단 지사에 방문하여 신고하여야 한다.
④ 유학생이 건강보험에 가입하기 위해서는 거소지의 지방자치단체에 신고하여야 한다.

※ 다음은 A기업이 1분기에 해외로부터 반도체를 수입한 거래내역과 거래일의 환율이다. 이어지는 질문에 답하시오.
[10~11]

날짜	수입	환율
1월	4달러	1,000원/달러
2월	3달러	1,120원/달러
3월	2달러	1,180원/달러

※ (평균환율) $=\dfrac{(총 원화금액)}{(환전된 총 달러금액)}$

10 1분기 평균환율은 얼마인가?

① 1,180원/달러   ② 1,120원/달러
③ 1,100원/달러   ④ 1,080원/달러

11 현재 창고에 A기업이 수입한 반도체 재고가 200달러만큼 존재할 때, 10번에서 구한 평균환율로 환산한 창고재고 금액은 얼마인가?

① 200,000원   ② 216,000원
③ 245,000원   ④ 268,000원

12 둘레길이가 456m인 호수둘레를 따라 가로수가 4m 간격으로 일정하게 심어져 있다. 출입구에 심어져 있는 가로수를 기준으로 6m 간격으로 가로수를 옮겨 심으려고 할 때, 옮겨 심어야 하는 가로수는 몇 그루인가?(단, 불필요한 가로수는 제거한다)

① 38그루   ② 37그루
③ 36그루   ④ 35그루

13 다음은 국민보험공단의 재난적 의료비 지원사업에 관한 자료이다. 이에 대해 바르게 알고 있는 사람을 〈보기〉에서 모두 고르면?

〈재난적 의료비 지원사업〉

• 개요

질병·부상 등으로 인한 치료·재활 과정에서 소득·재산 수준 등에 비추어 과도한 의료비가 발생해 경제적 어려움을 겪게 되는 상황으로 의료비 지원이 필요하다고 인정된 사람에게 지원합니다.

• 대상질환

1. 모든 질환으로 인한 입원환자

2. 중증질환으로 외래진료를 받은 환자

※ 중증질환 : 암, 뇌혈관, 심장, 희귀, 중증난치, 중증화상질환

• 소득기준

- 기준중위소득 100% 이하 지원 원칙(건보료 기준)

- 중위소득 100 ~ 200% 이하 연소득 대비 의료비부담비율을 고려해 개별심사 지원

※ 재산 과표 5.4억 원 초과 고액재산보유자는 지원 제외

• 의료비기준

1회 입원에 따른 가구의 연소득 대비 의료비 발생액(법정본인부담, 비급여 및 예비(선별)급여 본인부담)이 기준금액 초과 시 지원

(기초생활수급자, 차상위계층) 80만 원 초과 시 지원

(기준중위소득 50% 이하) 160만 원 초과 시 지원

(기준중위소득 100% 이하) 연소득의 15% 초과 시 지원

보기

가 : 18세로 뇌혈관 치료 때문에 외래진료를 받은 학생에게 이 사업에 대해 알려주었어. 학생의 집은 기준중위소득 100%에 해당되기 때문에 지원을 받을 수 있는 거야.

나 : 이번에 개인 질환으로 입원했는데, 200만 원이 나왔어. 기준중위소득 50%에 해당되는데 지원금을 받을 수 있어 다행이야.

다 : 어머니가 심장이 안 좋으셔서 외래진료를 받고 있는데 돈이 많이 들어. 기준중위소득 200%에 속하는데 현금은 없지만 재산이 5.4억 원이여서 심사에 지원도 못하고 요즘 힘드네.

라 : 요금 열이 많이 나서 근처 병원으로 통원 치료하고 있어. 기초생활수급자인 내 형편으로 볼 때, 지원금을 받는데 문제없겠지?

① 가, 나   ② 가, 다

③ 나, 다   ④ 다, 라

〈국내여비 정액표〉

구분	대상		가군	나군	다군
운임	항공운임		실비(1등석/비지니스)	실비(2등석/이코노미)	
	철도운임		실비(특실)		실비(일반실)
	선박운임		실비(1등급)	실비(2등급)	
	자동차운임	버스운임	실비		
		자가용승용차운임	실비		
일비(1일당)			2만 원		
식비(1일당)			2만 5천 원	2만 원	
숙박비(1박당)			실비	실비(상한액 : 서울특별시 7만 원, 광역시·제주도 6만 원, 그 밖의 지역 5만 원)	

〈실비 단가(1일당 상한액)〉

구분	가군	나군	다군
항공운임	100만 원	50만 원	
철도운임	7만 원		3만 원
선박운임	50만 원	20만 원	
버스운임	1,500원		
자가용승용차운임	20만 원		
숙박비	15만 원	–	–

14 지난 주 출장을 다녀온 A부장의 활동 내역이 다음과 같을 때, A부장이 받을 수 있는 최대 금액은?

〈A부장 활동 내역〉

- 2박 3일 동안 가군으로 출장을 간다.
- 항공은 첫째 날과 셋째 날에 이용한다.
- 철도는 첫째 날과 둘째 날에 이용한다.
- 자가용은 출장 기간 동안 매일 이용한다.

① 315만 5천 원　　　　　② 317만 원
③ 317만 5천 원　　　　　④ 318만 원

15 다음 중 영업팀 3명이 각각 다른 군으로 출장을 간다면, 영업팀 비용의 합은?

- 1박 2일 동안 출장을 간다.
- 비용은 최대로 받는다.
- 항공은 첫째 날에 이용한다.
- 선박은 둘째 날에 이용한다.
- 기차는 출장 기간 동안 매일 이용한다.
- 버스는 출장 기간 동안 매일 이용한다.
- 자가용은 출장 기간 동안 매일 이용한다.
- 나군은 서울에 해당한다.
- 다군은 제주도에 해당한다.

① 485만 9천 원   ② 488만 6천 원
③ 491만 6천 원   ④ 497만 9천 원

16 H공단은 다음과 같은 사유로 부득이하게 필기전형에 응시하지 못한 지원자에게 해당 사유를 증명할 수 있는 서류를 제출하도록 하여 필기전형에 재응시할 수 있는 기회를 부여하였다. 다음 중 필기전형에 재응시할 수 있는 지원자는?

사유	제출 서류
가족의 사망, 친척 장례식	가족관계증명서, 사망입증서
응시자 본인의 수술로 인한 병가	주민등록등본, 입원증명서
국가가 인정하는 전염병 격리 판정	입원증명서, 신분증
국가 위기 단계로 인한 외출 금지	중대장 이상이 발급한 확인서
예견할 수 없는 기후상황	경찰서확인서, 신분증

① 가족의 사망으로 장례식에 가게 되어 사망입증서, 신분증을 제출한 A씨
② 필기전형 기간에 수술을 하게 되어 주민등록등본, 입원증명서를 제출한 B씨
③ 북한의 도발로 인해 시험을 보러 갈 수 없어 경찰서확인서를 제출한 C씨
④ 갑작스런 코로나 감염으로 격리되어 주민등록등본과 신분증을 제출한 D씨
⑤ 태풍으로 인해 모든 교통수단이 마비되어 중대장 이상이 발급한 확인서를 제출한 E씨

17 다음은 한국산업인력공단의 임직원행동강령 제25조 일부이다. 이를 토대로한 발언 중 옳은 것을 〈보기〉에서 모두 고르면?

제25조[금품 등의 수수(收受) 금지]

① 임직원은 직무 관련 여부 및 기부·후원·증여 등 그 명목에 관계없이 동일인으로부터 1회에 100만 원 또는 매 회계연도에 300만 원을 초과하는 금품 등을 받거나 요구 또는 약속해서는 아니 된다.

② 임직원은 직무와 관련하여 대가성 여부를 불문하고 제1항에서 정한 금액 이하의 금품 등을 받거나 요구 또는 약속해서는 아니 된다.

③ 제37조의 외부강의 등에 관한 사례금 또는 다음 각 호의 어느 하나에 해당하는 금품 등은 제1항 또는 제2항에서 수수(收受)를 금지하는 금품 등에 해당하지 아니한다.

1. 공공기관의 장이 소속 임직원이나 파견 임직원에게 지급하거나 상급자가 위로·격려·포상 등의 목적으로 하급자에게 제공하는 금품 등

2. 원활한 직무수행 또는 사교·의례 또는 부조의 목적으로 제공되는 음식물·경조사비·선물 등으로서 별표 2-2에서 정하는 가액 범위 안의 금품 등

3. 사적 거래(증여는 제외한다)로 인한 채무의 이행 등 정당한 권원(權原)에 의하여 제공되는 금품 등

4. 임직원의 친족(민법 제777조에 따른 친족을 말한다)이 제공하는 금품 등

5. 임직원과 관련된 직원상조회·동호인회·동창회·향우회·친목회·종교단체·사회단체 등이 정하는 기준에 따라 구성원에게 제공하는 금품 등 및 그 소속 구성원 등 임직원과 특별히 장기적·지속적인 친분관계를 맺고 있는 자가 질병·재난 등으로 어려운 처지에 있는 임직원에게 제공하는 금품 등

6. 임직원의 직무와 관련된 공식적인 행사에서 주최자가 참석자에게 통상적인 범위에서 일률적으로 제공하는 교통, 숙박, 음식물 등의 금품 등

7. 불특정 다수인에게 배포하기 위한 기념품 또는 홍보용품 등이나 경연·추첨을 통하여 받는 보상 또는 상품 등

8. 그 밖에 사회상규(社會常規)에 따라 허용되는 금품 등

④ 임직원은 제3항 제5호에도 불구하고 같은 호에 따라 특별히 장기적·지속적인 친분관계를 맺고 있는 자가 직무관련자 또는 직무관련임직원으로서 금품 등을 제공한 경우에는 그 수수 사실을 별지 제10호 서식에 따라 소속기관의 장에게 신고하여야 한다.

보기

A : 대가성 여부나 직무와 상관없이 매년 300만 원을 초과하는 금품을 받을 수 없다.

B : 장기적·지속적으로 친분관계를 맺고 있고, 같은 공단에 근무하는 친우로부터 개인 질병에 대한 지원금을 400만 원을 받은 경우는 신고하지 않아도 된다.

C : 상업자 G씨에게 1년 동안 단 한 번, 150만 원을 받은 경우에는 문제가 되지 않는다.

D : 작년에 같은 공단에 근무하는 사촌을 금전적으로 도와주었고, 지난 달 사촌으로부터 200만 원을 받았다. 그러나 직무와 상관없어 신고하지는 않았다.

① A, B   ② A, C

③ A, D   ④ B, D

⑤ C, D

18 다음은 한국산업인력공단 일학습병행 운영규칙이다. 자료에 대한 설명으로 옳지 않은 것은?

〈한국산업인력공단 일학습병행 운영규칙〉

제2조(정의)

이 규칙에서 사용하는 용어의 뜻은 다음과 같다.

1. '사업주'란 고용보험 성립신고 적용 단위의 학습기업 사업주를 말하며, 개인 또는 법인이 될 수 있다.
2. '사업장'이란 고용보험 성립신고 적용 개별 단위사업장으로서 학습기업의 지정단위가 되며 동일한 사업주하에 2개 이상의 사업장이 존재할 수 있다.
3. '훈련과정'이란 학습기업으로 지정된 이후 법 제11조 제1항에 따른 일학습병행을 실시할 수 있는 직종(이하 '일학습병행 직종'이라 한다) 및 해당 직종별 교육훈련기준(이하 '교육훈련기준'이라 한다)을 활용하여 학습기업에 맞게 개발된 규정 제2조 제5호에 따른 일학습병행과정을 말한다.
4. '학습도구'란 학습근로자의 훈련내용, 평가사항 등을 정리하여 제시한 자료를 말한다.
5. '훈련과정 개발·인정시스템(이하 'PDMS'라 한다)'이란 훈련과정 개발신청, 개발, 인정신청, 인정 등 절차를 관리할 수 있도록 운영하는 전산시스템을 말한다.
6. '모니터링'이란 훈련현장 방문, 전화, 면담, 훈련진단, 컨설팅 및 근로자직업능력 개발법 제6조에 따른 직업능력 개발정보망(이하 'HRD-Net'이라 한다) 등을 통하여 얻은 훈련 관련 자료의 조사·분석으로 훈련실태 및 직업능력개발훈련 사업의 부정·부실 등 문제점을 파악하고 이를 시정하거나 연구용역·제도개선 등에 활용하는 일련의 업무를 말한다.
7. '일학습병행 지원기관'이란 일학습병행 기업 발굴, 컨설팅, 홍보 등을 지원하는 일학습전문지원센터, 특화업종(특구) 지원센터, 관계부처전담기관을 말한다.

---

① 학습도구에는 학습근로자의 훈련내용이 정리된 자료여야 한다.
② PDMS는 훈련과정 개발신청부터 인정까지 모든 절차를 관리한다.
③ 특화업종(특구) 지원센터는 일학습병행 지원기관에 속한다.
④ 본사와 지사가 있는 사업장은 신청할 수 없다.
⑤ 한 사업주가 10개의 사업장을 가질 수 있다.

19 다음은 외국인근로자 고용지원업무처리규칙의 일부이다. 자료를 올바르게 이해한 것은?

<hr>

〈외국인근로자 고용지원업무처리규칙〉

제1절 한국어능력시험

제5조(응시자격)

① 외국인고용허가제 한국어능력시험의 응시자격은 다음 각 호와 같다.

　　1. 만 18세 이상 39세 이하인 자(한국어능력시험 접수초일 기준)

　　2. 금고형 이상의 범죄경력이 없는 자

　　3. 대한민국에서 강제퇴거 또는 강제출국 조치를 당한 경력이 없는 자

　　4. 자국으로부터 출국에 제한(결격사유)가 없는 자

② 특별한국어능력시험의 응시자격은 전항의 자격요건을 갖추고 체류만료기간 내 자진 귀국한 외국인근로자로 한다.

제6조(시험기준 및 방법)

① 한국어능력시험은 외국인근로자가 한국생활에서 필요한 기본적인 의사소통능력, 한국문화, 산업안전에 대한 이해를 평가한다.

② 시험문제는 읽기영역 25문항과 듣기영역 25문항으로 하며 객관식 사지선다(四枝選多) 필기시험으로 한다.

③ 시험시간은 읽기영역 40분, 듣기영역 30분으로 한다.

④ 한국어능력시험은 시행방법에 따라 지필기반시험(PBT)과 컴퓨터기반시험(CBT)으로 구분한다.

제20조(수수료 환불) 이사장은 접수기간 중 원서접수를 취소하는 자 또는 접수완료 이후 응시 부적격자로 확인(결정)된 자에게는 응시수수료 전액을 환불할 수 있다.

<hr>

① 만 40세 이상도 외국인고용허가제 한국어능력시험에 응시할 수 있다.

② 한국어능력시험은 컴퓨터기반으로만 볼 수 있다.

③ 응시자격을 갖추고 체류만료기간 내 귀국한 모든 외국인근로자는 특별한국어능력시험에 응시할 수 있다.

④ 대한민국에서 강제출국 조치를 당했다면, 응시수수료 전액을 환불받을 수 있다.

⑤ 시험문제인 읽기영역과 듣기영역은 문항 수와 시험시간이 동일하다.

20 다음은 한국산업인력공단의 HRD 동향 3월호 일부이다. 이를 토대로 고용지원 대책을 마련하려는 것으로 옳지 않은 것은?

> 1. 우선 당장 소득이 없어 생계가 불안정한 취약계층 약 81만 명에게 소득안정지원금을 늦어도 3월 초까지 신속하게 지급하기로 했다. 택배, 배달, 프리랜서 긴급고용안정지원금의 경우 기 수혜자 56.7만 명은 2월 초 지급이 완료됐고, 신규 신청한 17만 명에 대해 소득심사 등을 거쳐 3월 초 일괄 지급할 계획이다.
>
> 2. 코로나19 장기화로 고용유지에 어려움을 겪고 있는 사업주를 지원하기 위해 올해 계획된 고용유지지원금 지원인원(78만 명)의 52%(40만 명)를 1분기 내 집중적으로 지원하기로 했다. 아울러 자금 여력 부족으로 무급휴직을 선택한 기업에 종사하는 근로자의 생계안정을 위해 올해 한시로 무급휴직지원금 지급기간을 90일 연장(180 → 270일)하여 지원하는 한편, 파견·용역 및 10인 미만 사업장 등 취약사업장 근로자에 대한 고용유지지원도 강화해 나가기로 했다.
>
> 3. 고용충격이 가장 클 1분기에 실업자 등 취약계층 보호를 위해 공공·민간부문 일자리사업과 직업훈련도 속도감 있게 추진한다. 1분기에 디지털·신기술 분야 2,000명, 국가기간·전략산업 분야 등 11.5만 명에게 직업훈련을 제공하고, 저소득층 생계비 대부(1 → 2천만 원) 및 훈련수당(11.6 → 30만 원) 확대를 통해 훈련기간 중 저소득층의 생계안정도 함께 지원하기로 했다.
>
> 4. 저소득, 청년 등 고용충격 집중계층의 고용안전망 강화도 차질 없이 추진한다. 올해 계획된 국민취업지원제도 목표인원(59만 명)의 32%(18.9만 명)를 1분기에 신속하게 지원하고, 비경제활동인구로 유입되는 청년층의 구직활동을 촉진하기 위해 1분기에 청년층 5만 명에게 구직 촉진수당(50만 원×6개월) 및 일 경험 프로그램 등 맞춤형 취업지원서비스를 적극 제공할 계획이다.

① 중장년층의 일자리를 확대하기 위한 고용정책을 논의해야 한다.
② 당장 소득이 없어 생계가 불안전한 계층을 조사해야 한다.
③ 코로나19의 장기화로 인한 기업의 피해 규모를 파악해야 한다.
④ 실업자에게 맞춤 훈련을 할 수 있는 프로그램을 기획해야 한다.
⑤ 청년들이 구직하는 데 직접적으로 도움이 되는 일자리 마련을 논의해야 한다.

21 다음 중 한국산업인력공단의 계약사무처리규정 시행규칙에 대한 설명으로 옳은 것은?

〈계약사무처리규정 시행규칙〉

제4조(구매요구서의 접수 및 검토)

① 계약담당은 구매요구서(별지 제1호 서식) 또는 구매계약 요청문서(통칭 이하 "구매요구서"라 한다)를 접수하면 다음 각 호의 사항을 10일 이내에 검토하여야 한다.

1. 품명, 규격(공통사양), 단위, 수량, 시방서, 설계서, 과업지시서, 제안요청서 등
2. 소요예산 및 예산과목, 예산배정액 유무
3. 납품장소 및 납품기한
4. 구매 대상 물품이 정부권장정책상 우선구매대상품목으로 대체구매 가능한지 여부
5. 기타 필요한 사항

② 제1항의 검토결과 미비하거나 부적합하다고 인정될 때에는 즉시 구매요구자에게 통보하여 보완 또는 시정하도록 한다.

③ 계약담당은 제1항 제4호에 의거하여 물품, 용역 등을 구매할 경우에는 구매대상 물품 등이 다음 각 호의 공공구매 촉진 제품에 해당되는지 여부를 우선적으로 검토하여야 한다. 다만, 계약의 특성, 중요성 등 부득이한 사유가 있을 경우에는 해당제품 이외의 물품을 구매할 수 있다.

1. 중소기업 제품
2. 기술개발 제품
3. 여성기업 제품
4. 사회적기업 생산품 및 서비스
5. 중증장애인 생산품
6. 국가유공자 자활용사촌 생산품
7. 녹색제품
8. 장애인표준사업장 제품
9. 사회적 협동조합 제품
10. 장애인기업 제품

④ 구매요구부서장은 제2조 제1항 제3호에 해당하는 계약을 요청하는 경우에는 수의계약사유서가 포함된 별지 제30호 "계약심의위원회 심의요청서"를 계약심의위원회에 제출하여야 한다.

⑤ 계약심의위원회에서 심의를 필하지 못한 경우에는 계약부서의 장은 해당사유를 명시하여 계약심의 종료일로부터 5일 이내에 해당 요청 건을 구매요구부서로 반송하여야 한다.

제4조의2(계약사무의 위임 및 준용)

① 규정 제4조에 따라 각 소관 이사 및 국제인력본부장 및 부설·소속기관의 장(그 보조자를 포함한다)에게 다음 각 호의 계약사무를 위임한다.

1. 소관사업부서에서 수행하는 것이 효율적이고 당해 사업 목적달성에 유리하다고 판단되는 전문적인 지식이나 특정 기술을 요하는 연구용역 또는 특수목적 기술용역(공단 홍보·방송사업을 위한 언론 등에 관련되는 계약, 비예산이 수반되는 용역계약 포함)
2. 소관사업부서에서 사업추진과 관련한 각종 협약서, 약정서 체결, 한국어능력시험 문제지 발간계약에 관한 사항, 출제연금 시 보안·경비에 관한 사항, 위탁 또는 재위탁 사업의 사업자 선정 관련 사항
3. 소관사업부서에서 행사 또는 회의의 개최와 관련하여 일정상 계약담당부서에 물품 구매요구 등의 절차를 거쳐 처리 시에는 사업에 원활을 기할 수 없는 경우

4. 계약담당부서에서 처리하기 곤란한 사업행사와 관련하여 지급되는 연찬행사비 및 직원 복리증진과 관련된 건강검진·식당운영·임직원단체보험·선택적복지제도위탁운영 등과 관련된 계약

5. 소관사업부서에서 수행하는 추정가격 100만 원 미만인 물품의 제조·구입·임차 및 용역계약

6. 사업행사나 홍보 등을 위하여 부상품으로 지급하는 상품권(문화, 도서상품권 등 포함), 기성 출판도서(전자책 포함) 구입

① 모든 대기업 제품은 구입할 수 없다.
② 계약심의위원회에서 심의를 통과하지 못한 경우 사유를 명시하여 반송하여야 한다.
③ 납품장소 및 납품기한은 2주 이내에 검토하여야 한다.
④ 계약심의위원회가 구매요구부서장에게 계약심의위원회 심의요청서를 제출하여야 한다.
⑤ 소관사업부서에서 수행하는 추정가격 100만 원 이상의 용역개발은 계약사무를 위임해야 한다.

22 다음은 NCS 활용 사례이다. 이를 토대로 해결 가능한 사항으로 옳지 않은 것은?

- NCS(National Competency Standards : 국가직무능력표준)란?
  산업현장에서 직무를 수행하는 데 필요한 능력(지식, 기술, 태도)을 국가가 표준화한 것으로, 교육훈련·자격에 NCS를 활용하여 현장중심의 인재를 양성할 수 있도록 지원하고 있다.
- NCS 도입 영향
  1. 직업훈련으로 이직률이 감소하였다.
  2. 교육훈련 프로그램으로 숙련도는 증가하였고, 이직률은 감소하였다.
  3. 교육훈련 프로그램으로 현장기반 실무를 익힐 수 있게 되었고, 로열티를 지급하는 관행을 깰 수 있게 되었다.
  4. NCS를 활용하여 교육과정을 설계함으로써 체계적으로 교육훈련과정을 운영할 수 있고, 이를 통해 산업현장에서 필요로 하는 실무형 인재를 양성할 수 있게 되었다.
  5. 국가기술자격을 직무중심(NCS 활용)으로 개선해서 실제로 그 일을 잘 할 수 있는 사람이 자격증을 취득할 수 있도록 도와준다.
  6. NCS로 직무를 나누고 직무별로, 수준별로 교육하기 시작하면서 신입들의 업무적응력이 눈에 띄게 빨라졌다.
  7. NCS기반 자격을 설계하여 현장과 교육, 자격의 미스매치가 줄어들었다.

① 높은 이직률을 해소하는 데 도움이 된다.
② 로열티를 지급해야 훈련을 받을 수 있다.
③ 업무에 적합한 실무를 익힐 수 있다.
④ 신입사원 교육이 더 쉬워질 수 있다.
⑤ 실무에 필요한 자격을 취득할 수 있다.

※ 다음은 노트북 상품에 대한 자료이다. 이어지는 질문에 답하시오. [23~24]

〈노트북 회사와 상품〉

노트북	가격	속도	모니터	메모리	제조년도
TR-103	150만 원	1.8GHz	13.3인치	4GB	2021년 5월
EY-305	200만 원	1.9GHz	14.5인치	6GB	2021년 4월
WS-508	110만 원	1.7GHz	14인치	3GB	2021년 1월
YG-912	160만 원	2GHz	15인치	5GB	2021년 3월
NJ-648	130만 원	2.1GHz	15인치	2GB	2021년 4월

※ GHz가 높을수록 성능이 좋다.
※ GB가 클수록 성능이 좋다.

〈노트북 평가 점수〉

1위	2위	3위	4위	5위
5점	4점	3점	2점	1점

〈노트북 구입 조건〉

• 같은 순위가 있을 경우 동순위로 하고 차순위는 다다음 순위로 한다.
   예 1위가 TR-103, 2위가 EY-305이고 3위가 WS-508와 YG-912로 동점일 때, 마지막 NJ-648는 5위이다.
• 가격은 낮을수록 점수가 높다.
• 속도는 빠를수록 점수가 높다.
• 모니터는 크기가 클수록 점수가 높다.
• 메모리는 용량이 클수록 점수가 높다.
• 제조년도는 최근 것일수록 점수가 높다.
• 순위가 높은 순서대로 점수를 높게 측정한다.

23 A사원은 점수의 합이 가장 높은 노트북을 구입하려고 한다. 다음 중 어떤 노트북을 구입하겠는가?

① TR-103   ② EY-305
③ WS-508   ④ YG-912
⑤ NJ-648

24 한국산업인력공단은 총 600만 원의 예산으로 5대의 노트북을 구입하려 한다. 노트북 구입 시 모니터 크기 대신 노트북 무게를 기준으로 삼는다고 할 때, 노트북의 무게는 YG-912, TR-103, NJ-648, EY-305, WS-508 순서로 가볍다. 무게가 가벼울수록 점수가 높을 경우, 공단에서 구입할 노트북은?(단, 5대 이상의 노트북을 구입할 경우 노트북에 따라 할인을 제공한다)

<표>

〈할인율〉				
TR-103	EY-305	WS-508	YG-912	NJ-648
10%	할인 불가	10%	10%	30%

① TR-103
② EY-305
③ WS-508
④ YG-912
⑤ NJ-648

25 운송업체는 A~I지점에서 물건을 운반한다. 본사에서 출발하여 B지점과 D지점에서 물건을 수거하고, 본사로 돌아와 물건을 하차하는 데 걸리는 최소시간으로 옳은 것은?(단, 모든 지점을 다 거칠 필요는 없다)

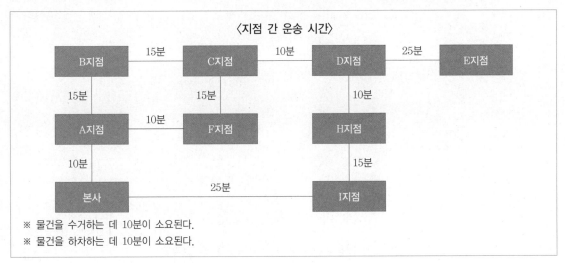

※ 물건을 수거하는 데 10분이 소요된다.
※ 물건을 하차하는 데 10분이 소요된다.

① 1시간 50분
② 2시간
③ 2시간 5분
④ 2시간 10분
⑤ 2시간 15분

※ 다음은 한국산업인력공단에 입사할 신입직원의 희망부서에 대한 자료이다. 자료를 보고 이어지는 질문에 답하시오.
[26~27]

<희망부서 및 추천부서>

구분	1지망	2지망	필기점수	면접점수	추천부서
A사원	개발부	사업부	70	40	홍보부
B사원	개발부	총무부	90	80	사업부
C사원	영업부	개발부	60	70	영업부
D사원	영업부	홍보무	100	50	개발부
E사원	홍보부	총무무	80	90	총무부
F사원	개발부	영업부	80	100	홍보부
G사원	영업부	사업부	50	60	사업부
H사원	총무부	사업부	60	80	영업부
I사원	홍보부	개발부	70	70	총무부
J사원	홍보부	영업부	90	50	총무부

※ 필기점수와 면접점수의 합이 높은 사람이 우선적으로 배정되며, 1지망, 2지망, 추천부서순으로 진행된다.
※ 동점자일 경우 면접점수가 높은 사원이 먼저 배정된다.
※ 1지망을 우선 결정하고 남은 인원으로 2지망을 결정한 후, 남은 인원은 추천부서로 배정된다.
※ 5개의 부서에 각각 2명씩 배정된다.

26 다음 중 B사원이 배정되는 부서는 어디인가?

① 개발부   ② 홍보부
③ 영업부   ④ 총무부
⑤ 사업부

27 다음 중 최종적으로 추천부서와 배정부서가 동일한 사원을 모두 고르면?

① A사원, D사원, I사원   ② B사원, F사원, J사원
③ C사원, G사원, J사원   ④ D사원, H사원, I사원
⑤ E사원, G사원, F사원

항공	숙박(1박)	교통비	일비	식비
실비	• 1 · 2급 : 실비 • 3급 : 80,000원 • 4 · 5 · 6급 : 50,000원	• 서울 · 경기지역 : 1일 10,000원 • 나머지 지역 : 1일 15,000원	30,000원/일	20,000원/일

※ 2급 이상 차이 나는 등급과 출장에 동행하게 된 경우, 높은 등급이 묵는 호텔에서 묵을 수 있는 금액을 지원한다.

1급	2급	3급	4급	5급	6급
이사장	이사	부장	차장	과장	대리

※ 부장, 차장, 과장, 주임의 출장비는 이사장, 이사>부장>차장>과장>대리의 순서로 차등하다(부장부터 일비 만 원씩 감소).
※ 항공은 외국으로 출장을 갈 경우에 해당한다.

┃ 한국산업인력공단 / 자원관리능력

28 다음 중 자료에 대한 설명으로 옳은 것은?

① 외국으로 출장을 다니는 B과장이 항상 같은 객실에서 묵는다면 총비용은 언제나 같다.

② 서울 · 경기지역으로 1박 2일 출장을 가는 C차장의 출장비는 20만 원 이상이다.

③ 같은 조건으로 출장을 간다면 이사장이 이사보다 출장비를 많이 받는다.

④ 이사장과 출장을 함께 가게 된 A대리는 이사장과 같은 호텔, 같은 등급의 객실에서 묵을 수 있다.

⑤ 자동차를 이용해 무박으로 지방 출장을 가는 부장과 차장의 비용은 같다.

┃ 한국산업인력공단 / 자원관리능력

29 K부장과 P차장이 9박 10일로 함께 제주도 출장을 가게 되었다. 동일한 출장비를 제공하기 위하여 P차장의 호텔을 한 단계 업그레이드할 때, P차장이 원래 묵을 수 있는 호텔보다 얼마가 이득인가?

① 230,000원 　　　　　　　　　　② 250,000원

③ 270,000원 　　　　　　　　　　④ 290,000원

⑤ 310,000원

30 A씨는 기간제로 6년을 일하였고, 시간제로 6개월을 근무하였다. 다음과 같은 연차 계산법을 활용하였을 때, A씨의 연차는 며칠인가?(단, 소수점 첫째 자리에서 올림한다)

<연차 계산법>

- 기간제 : [(입사 년×년간 근무일 수)]÷365일×15
- 시간제 : (근무 총 시간)÷365
※ 근무는 1개월을 30일, 1년을 365일로, 1일 8시간 근무로 계산한다.

① 86일   ② 88일
③ 92일   ④ 94일
⑤ 100일

31 다음과 같은 상황에서 A의 의사소통을 저해하는 요소로 가장 적절한 것은?

<상황>

A : K대리, 회의 자료 인쇄했어요?
B : 네? 말씀 안하셔서 몰랐어요.
A : 아니, 사람이 이렇게 센스가 없어서야. 그런 건 알아서 해야지.

① 의사소통 과정에서의 상호작용 부족
② 경쟁적인 메시지
③ 감정의 억제 부족
④ 의사소통에 대한 잘못된 선입견
⑤ 복잡한 메시지

32 다음은 물품을 효과적으로 관리하기 위한 물적자원관리 과정이다. ㉠, ㉡에 들어갈 단어로 적절한 것은?

사용 물품과 보관 물품의 구분 → ___㉠___ 및 ___㉡___ 물품으로의 분류 → 물품 특성에 맞는 보관 장소 선정

	㉠	㉡		㉠	㉡
①	가치	귀중	②	동일	유사
③	진가	쓸모	④	유용	중요
⑤	무게	재질			

※ 다음 상황을 보고 이어지는 질문에 답하시오. [33~34]

<상황>

갑, 을, 병, 정, 무가 서로 가위바위보를 한 번씩 해서 이기면 2점, 비기면 1점, 지면 0점인 게임을 하였다. 갑은 유일하게 한 번도 안 졌고, 무는 유일하게 한 번도 못 이겼다.

33 갑, 을, 병, 정, 무 순서대로 점수가 높았고, 총점이 각각 2점씩 차이가 났다면 갑 ~ 무의 점수를 모두 합한 점수로 옳은 것은?

① 19점
② 20점
③ 21점
④ 22점
⑤ 23점

34 다음 중 게임에서 결과가 결정되는 판은 몇 번째 판인가?

① 6번째 판
② 7번째 판
③ 8번째 판
④ 9번째 판
⑤ 10번째 판

35 다음 중 업무에서 명함 예절로 옳지 않은 것은?

① 명함은 악수하기 전에 건네주어야 한다.
② 명함은 아랫사람이 윗사람에게 먼저 준다.
③ 명함은 오른손으로 준다.
④ 명함을 계속 만지지 않는다.
⑤ 명함을 받으면 바로 명함지갑에 넣지 않고 몇 마디 나눈다.

36 다음 중 상향식 기술선택과 하향식 기술선택에 대한 설명으로 옳지 않은 것은?

① 상향식 기술선택은 연구자나 엔지니어들이 자율적으로 기술을 선택한다.

② 상향식 기술선택은 기술 개발자들의 창의적인 아이디어를 활용할 수 있다.

③ 상향식 기술선택은 기업 간 경쟁에서 승리할 수 없는 기술이 선택될 수 있다.

④ 하향식 기술선택은 단기적인 목표를 설정하고 달성하기 위해 노력한다.

⑤ 하향식 기술선택은 기업이 획득해야 하는 대상 기술과 목표기술수준을 결정한다.

37 다음에서 설명하는 네트워크 혁명 법칙은?

> 반도체의 성능은 24개월마다 2배씩 증가한다.

① 카오의 법칙   ② 무어의 법칙

③ 황의 법칙   ④ 메트칼프의 법칙

⑤ 던바의 법칙

38 다음 중 노하우와 노와이에 대한 설명으로 옳은 것은?

① 노와이는 과학자, 엔지니어 등이 가지고 있는 체화된 기술이다.

② 노하우는 이론적인 지식으로서 과학적인 탐구에 의해 얻어진다.

③ 노하우는 Technique 혹은 Art라고도 부른다.

④ 기술은 원래 노와이의 개념이 강했으나, 시간이 지나면서 노와이와 노하우가 결합하게 되었다.

⑤ 노와이는 기술을 설계하고, 생산하고, 사용하기 위해 필요한 정보, 기술, 절차 등을 갖는 데 필요하다.

※ K부서는 보안을 위해 부서원들만 알 수 있는 비밀번호를 생성하려고 한다. 이를 위해 부서원에게 다음과 같은 메일을 보냈다. 이어지는 질문에 답하시오. **[39~40]**

〈신규 비밀번호 생성방법〉

- 각자의 컴퓨터에 보안을 위해 새로운 비밀번호를 생성하십시오.
- 비밀번호 생성방법은 다음과 같습니다.
  1. 앞 두 자리는 성을 제외한 이름의 첫 자음으로 합니다. → 마동석=ㄷㅅ
  2. 한글의 경우 대응되는 경우 알파벳으로 변형합니다. → ㄷ=C, ㅅ=G
  3. 세 번째와 네 번째 자리는 생년월일의 일로 합니다. → 10월 3일=03
  4. 다섯 번째와 여섯 번째 자리는 첫 번째와 두 번째 자리의 알파벳에 3을 더한 알파벳으로 합니다. → C=F, G=J
  5. 가장 마지막 자리에는 직급의 번호로 합니다. → (사원=01, 대리=11, 과장=12, 차장=22, 부장=03)

---

39 새로 발령을 받은 공효주 사원은 9월 13일생이다. 이 사원이 생성할 비밀번호로 옳은 것은?

① NI13QL11　　　　　　　　　　② NI13QL01

③ NI13JV01　　　　　　　　　　④ NI45QL01

⑤ WK13QL01

40 부서원들이 만든 비밀번호 중 잘못 만들어진 비밀번호는?

① 김민경 사원(12월 6일생) → EA06HD01

② 유오성 대리(2월 25일생) → HG25KJ11

③ 손흥민 과장(3월 30일생) → NE30QH12

④ 김연경 차장(11월 14일생) → HA14KD22

⑤ 황희찬 부장(4월 8일생) → NJ08QN03

※ 약품 공급을 위해 관련 업체들을 사전 조사한 후 가장 좋은 높은 점수의 업체와 계약을 맺으려고 한다. 이어지는 질문에 답하시오. [41~42]

〈후보 업체 사전조사 결과〉

구분	가격 점수	유통성 점수	안정성 점수
A업체	4	7	9
B업체	5	4	8
C업체	6	10	3
D업체	9	6	7
E업체	7	5	8

조건

- 점수는 선정 위원들이 준 점수를 10점 만점으로 부여한 점수의 평균값이다.
- 각 점수를 모두 합하여 1차 점수를 산정하고, 1차 점수가 높은 후보 업체 3개를 1차 선정한다.
- 안정성이 가장 중요하다고 생각되어 1차 선정된 후보 업체 중 안정성 점수에 1 : 1 : 2 가중치로 합산하여 2차 점수를 산정한다.
- 2차 점수가 가장 높은 1개의 업체를 최종적으로 선정한다. 만일 2차 선정된 후보 업체들의 점수가 동일한 경우, 가격 점수가 가장 높은 후보업체를 선정한다.

41 다음 중 최종적으로 선정될 업체는 어디인가?

① A ② B
③ C ④ D
⑤ E

42 처음 조사를 할 때 인지도 점수 부분이 빠진 것을 알고 다시 선정하였다. 업체별 인지도 점수가 다음과 같을 때, 최종적으로 선정될 업체는?

〈업체별 인지도 점수〉

구분	A	B	C	D	E
인지도 점수	6	7	9	5	8

① A ② B
③ C ④ D
⑤ E

43 건강보험심사평가원 A팀은 9월 연차 계획을 짜고 있다. A팀 팀장은 업무에 지장이 가지 않는 범위 내에서 남은 연차 3일을 연속으로 사용해 가족과 여행을 가고자 한다. 〈조건〉을 보고 주어진 날짜 중 A팀 팀장이 여행을 갈 수 있는 날짜는?

조건

- 첫째 주에는 팀원이 연차이므로 연차를 사용할 수 없다.
- 연차는 추석연휴에 붙일 수 없다.
- 매주 월요일에는 부서회의가 있어 연차를 사용할 수 없다.
- 이번 달 안으로 해결해야 하는 프로젝트가 있다. 둘째 주에 2일, 셋째 주에 1일, 넷째 주에 1일 동안 팀장이 포함되어 작업해야 한다. 이 작업은 부서회의가 있는 날에는 하지 않는다.

〈9월 달력〉

일요일	월요일	화요일	수요일	목요일	금요일	토요일
			1	2	3	4
5	6	7	8	9	10	11
12	13	14	15	16	17	18
19	20	21	22	23	24	25
26	27	28	29	30		

※ 주중에만 근무함
※ 20 ~ 22일은 추석 연휴
※ 주말은 휴일이므로 연차는 주중에 사용함

① 8 ~ 10일

② 14 ~ 16일

③ 16 ~ 18일

④ 22 ~ 24일

⑤ 27 ~ 29일

44 다음은 이번 달 O사원의 초과 근무 기록이다. O사원의 연봉은 3,600만 원이고, 시급 산정 시 월평균 근무시간은 200시간이다. O사원이 받는 야근·특근 근무 수당은 얼마인가?(단, 소득세는 고려하지 않는다)

〈이번 달 초과 근무 기록〉

일요일	월요일	화요일	수요일	목요일	금요일	토요일
			1	2 18:00 ~ 19:00	3	4
5 09:00 ~ 11:00	6	7 19:00 ~ 21:00	8	9	10	11
12	13	14	15 18:00 ~ 22:00	16	17	18 13:00 ~ 16:00
19	20 19:00 ~ 20:00	21	22	23	24	25
26	27	28	29 19:00 ~ 23:00	30 18:00 ~ 21:00	31	

〈초과 근무 수당 규정〉

- 평일 야근 수당은 시급에 1.2배를 한다.
- 주말 특근 수당은 시급에 1.5배를 한다.
- 식대는 10,000원을 지급하며(야근·특근 수당에 포함되지 않는다), 평일 야근 시 20시 이상 근무할 경우에 지급한다(주말 특근에는 지급하지 않는다).
- 야근시간은 오후 7 ~ 10시이다(초과시간 수당 미지급).

① 265,500원
② 285,500원
③ 300,000원
④ 310,500원
⑤ 330,500원

45 다음 중 대기오염에 대한 설명으로 옳지 않은 것은?

공장 굴뚝에서 방출된 연기나 자동차의 배기가스 등의 대기오염물질은 기상이나 지형 조건에 의해 다른 지역으로 이동·확산되거나 한 지역에 농축된다. 대기권 중 가장 아래층인 대류권 안에서 기온의 일반적인 연직 분포는 위쪽이 차갑고 아래쪽이 따뜻한 불안정한 상태를 보인다. 이러한 상황에서, 따뜻한 공기는 위로, 차가운 공기는 아래로 이동하는 대류 운동이 일어나게 되고, 이 대류 운동에 의해 대기오염물질이 대류권에 확산된다.

반면, 아래쪽이 차갑고 위쪽이 따뜻한 경우에는 공기층이 매우 안정되기 때문에 대류 운동이 일어나지 않는다. 이와 같이 대류권의 정상적인 기온 분포와 다른 현상을 '기온 역전 현상'이라 하며, 이로 인해 형성된 공기층을 역전층이라 한다. 기온 역전 현상은 일교차가 큰 계절이나, 지표가 눈으로 덮이는 겨울, 호수나 댐 주변 등에서 많이 발생한다. 또한 역전층 상황에서는 지표의 기온이 낮기 때문에 공기 중의 수증기가 응결하여 안개가 형성되는데, 여기에 오염물질이 많이 포함되어 있으면 스모그가 된다. 안개는 해가 뜨면 태양의 복사열로 지표가 데워지면서 곧 사라지지만, 스모그는 오염물질이 포함되어 있어 오래 지속되기도 한다.

자동차 배기가스는 잘 보이지 않기 때문에 이동 양상을 관찰하기 어렵지만, 공장의 오염물질은 연기 형태로 대량 방출되므로 이동 양상을 관찰하기 쉽다. 연기의 형태는 기온과 바람의 연직 분포에 따라 다른 모양을 보이기 때문이다. 즉, 대기가 불안정하고 강한 바람이 불어 대류 혼합이 심할 때에는 연기의 형태가 환상형을 이룬다. 또, 날씨가 맑고 따뜻할수록 대류 운동이 활발하게 일어나기 때문에 연기가 빨리 분산된다. 반면, 평평하고 반듯한 부채형은 밤이나 이른 새벽에 많이 나타난다. 밤이나 새벽에는 지표가 흡수하는 태양 복사열이 거의 없으므로 지표의 온도가 내려가 역전층이 형성되고 대기가 안정되기 때문이다.

지형이나 건물로 인해 발생하는 난류도 대기오염물질의 이동 양상과 밀접한 관계가 있다. 바람이 건물에 부딪쳐 분리되면 건물 뒤에는 소용돌이가 생기면서 공동(Cavity)이 형성된다. 공동 부분과 바람의 주 흐름 간에는 혼합이 별로 없기 때문에 공동 부분에 오염물질이 흘러 들어가면 장기간 머물게 되고, 그 결과 오염 농도가 증가하게 된다. 이러한 공동은 높은 언덕의 뒷부분에서도 생길 수 있다.

오염물질의 이동 양상은 공장 굴뚝의 높이에 따라서도 달라질 수 있다. 건물 앞에 굴뚝이 위치하고 있다고 하자. 굴뚝이 건물보다 높으면 연기가 건물에 부딪치지 않으므로 오염물질이 멀리까지 날려가지만, 굴뚝이 건물보다 낮으면 오염물질이 건물 뒤편의 공동 부분에 갇히게 된다. 따라서 건물이나 건물 가까이에 굴뚝을 세울 때에는 통상적으로 건물 높이의 2.5배 이상으로 세워야 한다.

① 대기오염물질은 발생 지역에만 있는 것이 아니라 이동을 하기도 한다.
② 공장 굴뚝에서 발생하는 오염물질은 굴뚝의 높이에 따라 이동하는 양상이 달라질 수 있다.
③ 높은 건물이나 언덕의 앞부분에 오염물질이 모여 있을 수 있다.
④ 아래쪽에 차가운 공기가 모이고, 위쪽에 뜨거운 공기가 모이면 그렇지 않은 경우보다 스모그가 생기기 쉽다.
⑤ 대기오염의 원인 중 배기가스보다 공장의 오염물질이 추적하기가 더 쉽다.

46 다음 기사문을 읽고 한국동서발전에서 시행하는 사업에 대한 설명으로 옳지 않은 것은?

> 한국동서발전이 울산광역시 울주군과 손잡고 친환경 신재생에너지 사업에 나선다. 앞서 한국동서발전은 작년 9월 경기도 파주시에 8MW급 생활 SOC형 연료전지 1호 사업을 성공적으로 준공한 바 있다.
>
> 한국동서발전은 울주군청에서 한국동서발전 사장과 울주군수, 울주군 경제산업국장 등이 참석한 가운데 '울주 미래 희망에너지 타운 조성' 공동추진 상호협력 협약을 체결했다고 밝혔다.
>
> 미래 희망에너지 타운은 탄소중립시대 울주군이 청정에너지 도시로 도약할 수 있도록 울주군 내 유휴부지에 친환경 에너지 사업을 추진하는 사업이다. 앞서 한국동서발전은 작년에 경기도 파주시에 8MW급 생활 SOC형 연료전지 1호 사업을 성공적으로 준공한 바 있다.
>
> 이번 협약에 따라 울주군은 사업추진에 필요한 유휴부지 정보 제공 등 행정적 지원을 맡고, 한국동서발전은 태양광·풍력·수소융복합·미래 등 테마별 신재생에너지 사업 추진을 담당한다.
>
> 1단계로 울주군 상천리 지역의 도로 유휴부지를 활용해 태양광(0.6MW)과 연료전지(8MW급)를 융합한 '햇빛상생 발전사업'을 내년 3월 착공을 목표로 추진한다. 이 사업은 도시가스 미공급지역인 상천리 주민 117세대에 도시가스 배관 설치를 지원해 주는 '생활 SOC(사회간접자본)형' 연료전지 발전사업이다.
>
> 한국동서발전은 울주군의 약 70%가 산지임을 감안해 자연환경 훼손이 없도록 건물 지붕 등 입체공간과 장기간 유휴부지를 활용해 신재생에너지 설비를 설치한다. 또 사업 추진 시 지역주민을 대상으로 상시 정보를 공개하고, 이익공유와 지역일자리 창출 등 지역사회와의 상생 방안도 적극 모색할 방침이다.

① 한국동서발전은 연료전지 1호 사업을 울주군에 성공적으로 유치하였다.
② 미래 희망에너지 타운 건설 사업은 친환경적인 목적을 가지고 있다.
③ 여러 가지 신재생에너지 사업 중 가장 먼저 활용될 기술은 태양광이다.
④ 미래 희망에너지 타운 건설은 울주군의 자연환경을 고려하여 자연 파괴가 최소화되는 방향으로 시행될 예정이다.
⑤ 미래 희망에너지 타운 사업을 통해서 울주군이 친환경적 도시로 거듭남과 동시에 일자리 창출 등의 효과 등도 받을 수 있을 것으로 기대된다.

47 다음 중 기사문의 내용과 상반된 입장인 것은?

이산화탄소 감축 목표 달성을 위해 신재생에너지를 활용·확산해야 한다는 목소리가 나왔다. 한국산업인력공단과 한국직업능력연구원은 이런 내용을 담은 'ESG(환경·사회·지배구조)를 통한 녹색기술 인력양성 대응 전략'에 대한 2021년 3분기 이슈브리프를 발간했다. 18개 산업별 인적자원개발위원회(ISC)가 발간한 이슈리포트를 토대로 만들어진 이번 이슈브리프는 친환경 산업 구조의 변화를 살펴보고, 이에 대응하기 위한 인력 양성 방안 등이 담겼다. 이슈브리프는 먼저 "세계 각국의 이산화탄소 감축 목표 달성을 위한 실행 전략의 핵심은 신재생에너지를 활용·확산하는 것이므로 다양한 분야에서 기술 개발이 필요하다."고 강조하며 "현장 중심의 실무형 인재 양성을 위해 국가직무능력표준(NCS)을 개발·개선해야 한다."고 제안했다. 그러면서 시멘트 산업에 대해서는 "대표적인 에너지 다소비 업종 중 하나로, 업계는 친환경 원료 개발 등을 통해 온실가스 감축을 위해 노력하고 있다."며 "재학생·재직자를 대상으로 한 탄소중립 특화 교육프로그램 등 정부 지원 교육사업을 활성화해야 한다."고 강조했다.
이외에도 이슈브리프는 섬유 패션산업과 관련해 "정규교육과정에 친환경 섬유 교육 프로그램을 도입해야 한다."며 "4차 산업혁명에 발맞춰 원·부자재 수급부터 생산, 최종제품 판매, 소비까지 전 과정을 분석해 제품 개발에 반영할 수 있는 인력을 양성해야 한다."고 조언했다.

① 화석에너지 사용을 줄이고 신재생에너지로 대체할 때 이산화탄소를 감축할 수 있다.
② 신재생에너지 기술 개발과 더불어, 친환경 산업 구조에 적합한 인재를 양성하는 것도 중요하다.
③ 에너지를 많이 소비하는 산업에서는 특히나 친환경 산업 교육을 할 필요성이 있다.
④ 국가직무능력표준 또한 신재생에너지를 활용할 수 있는 능력을 함양할 수 있는 모델로 개선해야 한다.
⑤ 경쟁이 치열한 산업 분야에서는 이산화탄소 감축보다 산업 규모 성장을 우선 목표로 해야 한다.

48 다음 중 기사문을 읽고 조력발전소에 대한 설명으로 옳지 않은 것은?

조력발전이 다시 주목받고 있다. 민주당 의원은 2021년 10월 18일 환경부 산하기관 대상 국정감사에서 시화호 사례를 들어 새만금 조력발전 필요성을 제기했다. 수질 악화로 몸살을 앓고 있는 새만금호에 조력발전소를 설치해 해수 유통을 실시하여 전기를 생산한다면 환경도 살리고 깨끗한 에너지도 얻을 수 있다는 논리이다. 6월 4일 환경부 장관은 시화호에서 열린 환경의 날 기념식에서 "중기 계획 중 하나로 조력발전을 확대하는 것에 대한 예비타당성조사가 계획된 상태"라며, "타당성 조사 등을 검토한 후에 진행해 나갈 것"이라고 말했다.

하지만 조력발전이 해양생태계를 파괴한다는 상반된 주장도 제기된 바 있다. 2010년 시화호에 조력발전소를 설치할 당시 환경단체들은 "조력발전소가 갯벌을 죽이고 해양생태계를 파괴한다."고 주장한 바 있다. 어업으로 생활을 영위하는 주민들도 설립 초기에 생태계 파괴 우려로 반대의 목소리가 높았다.

1994년, 6년 7개월간의 공사 끝에 방조제 끝막이 공사가 완료되고 시화호는 바다로부터 분리됐다. 그로부터 2년 후 인근 공단 지역에서 흘러든 오염물질로 인해 시화호는 죽음의 호수로 전락했다. 착공 전부터 수질오염에 대한 우려가 끊임없이 제기됐지만 개발 위주의 정책을 바꾸기엔 역부족이었다. 착공 당시 중동 건설경기 침체로 인해 갈 곳을 잃은 건설근로자와 장비들을 놀리지 않고, 국내 경기를 활성화하며 대규모 산업단지가 들어설 '새 땅'을 확보하겠다는 목표를 세웠기 때문에 환경피해에 대한 고려는 우선순위에 들어가지 않았다.

정부는 부랴부랴 담수 방류를 결정하고 하수처리장 신·증설 등 수질개선 대책을 내놨지만 눈에 띄는 성과가 나타나지 않았다. 2000년에는 담수화 계획을 전면 포기했고, 이듬해 해수 상시 유통을 결정했다. 2002년 12월 시화호 방조제에 조력발전소를 건설하기로 확정하고 2004년부터 착공에 들어갔다. 2011년 준공된 시화호 조력발전소는 시설용량 254MW의 세계최대 조력발전소로 기록됐다.

조력발전소의 발전은 밀물이 들어오는 힘으로 수차 발전기를 돌려 전기를 생산하는 방식이다. 썰물 때는 수차가 작동하지 않고 배수만 진행되며, 지난해 12월까지 44억kWh의 전기를 생산했다. 이 발전소에서 연간 생산되는 전력량은 인구 40만 ~ 50만 명의 도시 소비량과 맞먹는다.

제방을 터 바다로 물을 흘려보내고 밀물이 들어오게 하면서 수질은 개선됐다. 상류 주거지역과 공단지역의 하수처리 시설을 확충하면서 오염물질 유입량이 줄어든 것도 수질 개선을 도왔다.

현재 시화호 지역은 눈에 띄게 환경이 개선됐다. 1997년에 17.4mg/L에 이르던 연도별 평균 COD는 해수 유통 이후 낮아졌고, 2020년엔 2.31mg/L를 기록했다. 수질평가지(WQI)에 의한 수질 등급은 정점 및 시기별로 변화가 있지만 2020년의 연평균 수질은 II등급으로 개선됐다. 수질이 개선되면서 시화호 지역의 생태계도 살아나고 있다. 조력발전이 생태계를 살려냈다고 하기보다는 담수화 포기, 해수유통의 영향이라고 보는 것이 타당하다. 조력발전은 해수유통을 결정한 이후 배수 갑문으로 흘러 나가는 물의 흐름을 이용해 전기를 생산하는 것으로 해수유통의 부차적 결과물이기 때문이다.

① 조력발전소에서는 밀물을 통해 전기를 생산하고 있으며, 최근 주목받고 있는 발전소이다.

② 시화호 발전소의 1년 전기 생산량으로 인구 40만의 도시에 전기 공급이 가능하다.

③ 조력발전소가 설치된 이후 시화호의 수질이 악화되었으나, 해수유통을 통해 다시 수질을 회복할 수 있었다.

④ 우리나라에 세계 최대 규모의 조력발전소가 있다.

⑤ 조력발전소를 반대하는 사람들은 조력발전소가 갯벌을 파괴할 것이라고 생각한다.

49 다음 글을 읽고 시력 저하 예방 사업과 그 핵심 내용의 연결로 옳지 않은 것은?

예전에 비해 안경이나 콘택트렌즈 등 일상생활을 영위하기 위해 시력 보조 도구를 사용해야 하는 사람들이 증가하고 있는 추세이다. 이는 모니터나 서류 같은 시각 자료들을 오랫동안 보아야 하는 현대인들의 생활 패턴과도 관계가 있다고 할 수 있다. 근시와 난시 같은 시력 저하의 문제도 심각하지만, 그와 별개로 안압 증가 등의 이유로 시력에 영구적인 손상을 입어 시각 장애 판정을 받거나, 사고로 실명이 될 수도 있다. 옛말에 몸이 천 냥이라면 눈이 구백 냥이라는 말이 있듯이, 시력은 우리 생활에서 중요한 부분을 차지하기 때문에 문제가 생겼을 때, 그만큼 일상생활조차 힘들어질 수 있다. 그래서 한국실명예방재단에서는 다양한 이유로 생길 수 있는 시력 저하에 대해서 예방할 수 있는 여러 사업을 시행하고 있다.

첫 번째로 '눈 건강 교육'을 시행하고 있다. 눈 건강 교육 사업이란 흔히 노안이라고 하는 노인 저시력 현상 원인에 대한 교육과 전문가들의 상담을 제공함으로써, 노인 집단에서 저시력 위험군을 선별하여 미리 적절한 치료를 받을 수 있도록 하고 개안 수술, 재활 기구 및 재활 훈련을 지원하는 사업이다. 노인분들을 대상으로 하는 사업이기 때문에 어르신들의 영구적인 시각 장애나 실명 등을 예방할 수 있고, 특히 의료 서비스에서 소외되어 있는 취약 계층의 어르신들께 큰 도움이 될 수 있다.

또한, 비슷한 맥락에서 취약 계층의 눈 건강 보호를 위하여 '안과 취약지역 눈 검진' 사업 또한 시행하고 있다. 안과 관련 진료를 받기 힘든 의료 사각지대에 있는 취약계층에 해당하는 어르신과 어린이, 외국인 근로자를 대상으로 안과의사 등 전문 인력을 포함한 이동검진팀이 지역을 순회하면서 무료 안과검진을 실시하고 있다. 눈 관련 질병은 조기에 발견하여 치료를 받으면 치료의 효과가 극대화될 수 있기 때문에 정기적인 안과검진이 더욱 중요하다. 그러나 정기적인 검진을 받기 힘든 분들을 위하여 이동검진을 통한 조기발견과 적기 치료를 추구하고 있다. 재단은 전국 시·군·구 보건소로부터 검진신청을 받아 안과의사를 포함한 이동 안과 검진팀이 의료장비와 안약, 돋보기를 준비하여 환자에게 치료 및 상담과 수술이 필요한 저소득층에게는 지역 안과와 연계하여 수술비를 지원하고 있다. 안과 취약지역 눈 검진 일정은 매년 초 지역 시·군·구보건소에서 재단에 신청, 일정을 편성하고 있으며, 개별신청은 받지 않는다.

① 눈 건강 교육 – 저시력 문제에 취약한 노인층을 사업의 대상으로 한다.
② 눈 건강 교육 – 사업을 통해 개안 수술과 재활 훈련을 지원받을 수 있다.
③ 안과 취약지역 눈 검진 – 취약 계층 안구 질환의 조기발견과 적기 치료가 사업의 목표이다.
④ 안과 취약지역 눈 검진 – 수술이 필요한 경우 서울에 위치한 재단 연계 병원에서 수술 받게 된다.
⑤ 안과 취약지역 눈 검진 – 보건소를 통하지 않고 개인이 직접 신청할 수는 없다.

50 다음은 한국가스안전공사의 고객 불만사항에 대한 처리 프로세스이다. ㉠, ㉡에 들어갈 말로 옳은 것은?

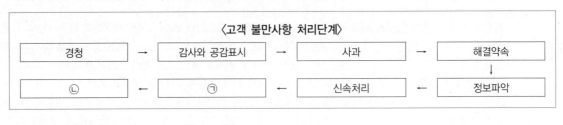

〈고객 불만사항 처리단계〉

| 경청 | → | 감사와 공감표시 | → | 사과 | → | 해결약속 |

| ㉡ | ← | ㉠ | ← | 신속처리 | ← | 정보파악 |

	㉠	㉡
①	처리내용 내부 확인	처리 확인과 사과
②	처리내용 내부 확인	피드백
③	처리 확인과 사과	고객평가 수신
④	처리 확인과 사과	피드백
⑤	처리사항 재안내	피드백

51 다음은 한국가스안전공사 신입직원에 대한 정기교육 내용이다. 명함예절로 옳지 않은 설명의 개수를 구하면?

〈명함예절〉

ㄱ. 협력사 및 관계기관 직원과 만나는 경우, 올바른 명함예절을 준수하도록 한다.

ㄴ. 명함은 명함 지갑에서 꺼내어 상대에게 건넨다.

ㄷ. 상대방이 명함을 건네면 정중하게 받아 즉시 명함 지갑에 넣는다.

ㄹ. 동시에 명함을 꺼낼 때에는 왼손으로 서로 교환하고, 받은 명함은 오른손으로 옮기도록 한다.

ㅁ. 윗사람과 만난다면 먼저 명함을 꺼내도록 한다.

ㅂ. 타인으로부터 받은 명함이나 자신의 명함은 구겨지지 않도록 보관한다.

ㅅ. 윗사람으로부터 명함을 받을 때는 오른손으로만 받는다.

① 5개 ② 4개

③ 3개 ④ 2개

⑤ 1개

52 다음은 데이터와 정보의 관계를 나타내는 DIKW 피라미드이다. 피라미드와 관련된 내용으로 옳지 않은 것을 〈보기〉에서 모두 고르면?

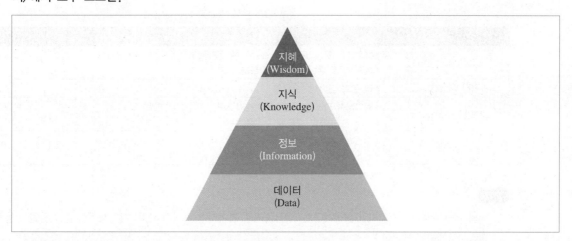

보기

ㄱ. 지혜란 상호 연결된 정보 패턴을 이해하여 이를 토대로 예측한 결과물이다.

ㄴ. 데이터란 객관적 사실로서 다른 데이터와 상관관계가 없는 가공 전 순수한 수치 및 기호이다.

ㄷ. 지식이란 정보들을 구조화하여 유의미한 정보로 분류한 것으로서, 비가 오면 집이 습해지니 가습기를 가동하는 행동양식을 사례로 들 수 있다.

ㄹ. 정보란 가공 및 처리를 통해 데이터 간 연관관계를 나타낸 것으로서, A가게보다 B가게의 물건 가격이 더 저렴하므로 B가게에서 물건을 구매할 것이라고 판단하는 것을 사례로 들 수 있다.

---

① ㄱ, ㄴ   ② ㄱ, ㄹ

③ ㄴ, ㄷ   ④ ㄴ, ㄹ

⑤ ㄷ, ㄹ

53 SWOT 분석 결과가 다음과 같을 때, 〈보기〉 중 한국가스공사에 대한 SWOT 분석 내용으로 옳은 것을 모두 고르면?

〈SWOT 분석 결과〉

구분	분석 결과
강점(Strength)	• 해외 가스공급기관 대비 높은 LNG 구매력 • 세계적으로 우수한 배관 인프라
약점(Weakness)	• 타 연료 대비 높은 단가
기회(Opportunity)	• 북아시아 가스관 사업 추진 논의 지속 • 수소 자원 개발 고도화 추진중
위협(Threat)	• 천연가스에 대한 수요 감소 추세 • 원전 재가동 확대 전망에 따른 에너지 점유율 감소 가능성

보기

ㄱ. 해외 기관 대비 LNG 확보가 용이하다는 점을 근거로 북아시아 가스관 사업 추진 시 우수한 효율을 이용하는 것은 SO전략에 해당한다.
ㄴ. 지속적으로 감소할 것으로 전망되는 천연가스 수요를 북아시아 가스관 사업을 통해 확보하는 것은 ST전략에 해당한다.
ㄷ. 수소 자원 개발을 고도화하여 다른 연료 대비 상대적으로 높았던 공급단가를 낮추려는 R&D 사업 추진은 WO전략에 해당한다.
ㄹ. 높은 LNG 확보 능력을 이용해 상대적으로 높은 가스 공급단가가 더욱 상승하는 것을 방지하는 것은 WT전략에 해당한다.

① ㄱ, ㄴ
② ㄱ, ㄷ
③ ㄴ, ㄷ
④ ㄴ, ㄹ
⑤ ㄷ, ㄹ

54 다음 자료에서 설명하는 일화를 의미하는 사자성어로 옳은 것은?

남의 환심을 얻기 위해 말을 번지르르하게 하거나 얼굴 표정을 통해 아첨을 하는 사람을 두고 이르는 말로 신라 신문왕 때 설총이 한 화왕계라는 이야기가 유명하다.

① 유비무환(有備無患)
② 경이원지(敬而遠之)
③ 만년지계(萬年之計)
④ 교언영색(巧言令色)
⑤ 단기지계(斷機之戒)

55 다음 중 글에 대한 설명으로 옳지 않은 것은?

우리나라 역시 미래 경제성장의 동력으로 수소경제를 선정하고, 수소경제 선도국가로 도약하기 위해 2019년 수소차와 연료전지를 양대 축으로 하는 '수소경제 활성화 로드맵'과 '수소 인프라 및 충전소 구축방안'을 발표했다. 이어서 2020년 2월에는 '수소경제'를 체계적으로 추진하기 위하여 '수소경제 육성 및 안전관리에 관한 법률'을 세계 최초로 공포했고, 전국 지자체들은 지역별 여건과 특성에 맞는 수소 산업 육성에 참여하고 있다. 한국가스공사도 수소경제에 발맞춰 '수소 사업 추진 로드맵'을 수립, 친환경 에너지 공기업의 책임을 다하고 있다. 정부의 수소 사업에 민간이 선제적으로 참여하기는 쉽지 않은 만큼, 인프라 확충 및 민간의 참여 활성화를 위해서는 공공기관의 선도적인 투자가 필수이다. 이에 한국가스공사는 기존의 천연가스 인프라망을 활용한 수소경제의 마중물 역할을 해 나갈 계획이다. 1983년 우리나라 최초의 천연가스회사로 출발, 뜨거운 열정과 치열한 노력으로 일궈온 기술과 인프라는 우리나라가 수소경제 선도국가로 나아가는 데 든든한 디딤돌이 될 것이다. 아울러 지난 수년간의 천연가스 설비 건설, 운영, 공급 경험을 기반으로 국민에게 경제적이고 안정적인 수소 공급 서비스를 제공하기 위해 힘쓸 것이다. 수소 관련 설비, 운영 등 전반적인 과정에서 한국가스공사가 안전관리 및 최적화에 주도적인 역할을 할 것으로 기대된다. 한국가스공사의 '수소 사업 추진 로드맵'은 국가의 수소 사업을 든든하게 지원하는 역할뿐만 아니라, 공사의 미래 성장 동력을 마련, 수소 에너지를 주도하는 글로벌 기업으로 도약하기 위한 시작이 될 것이다. 한국가스공사는 천연가스 산업의 불모지였던 우리나라에 최초로 LNG를 도입하였고, 이제는 1,156만kL 규모의 LNG 저장 용량과 4,908km의 배관망을 갖춘 국내 최고의 에너지 기업이자, 세계 곳곳에서 다양한 프로젝트를 수행하는 글로벌 기업으로 성장했다. 그 과정에서 변화하는 국내외 에너지 시장을 선도하기 위한 도전과 노력을 멈추지 않았고, 다가올 수소 사회를 위한 준비도 차근차근 진행 중이다. 저탄소 에너지로의 전환은 전 인류에게 주어진 과제이고, 수소 에너지 시대를 향한 경쟁은 이미 시작됐다. 한국가스공사는 이를 기회로 삼고자 한다. 이미 2018년 12월, 한국가스공사법 개정을 통해 수소 에너지의 생산과 공급 관련 사업을 추가하였고, 수소 시장 활성화와 산업 발전을 위해 수소 인프라 구축에 선제적으로 투자하고 있다. 점차 감소하는 천연가스 사용량을 보완·대체하기 위해 수소 발전과 연료전지 사업 등 새로운 시장 발굴에 힘쓰고 있으며, 천연가스와 더불어 수소로 상품을 다양화하여 세계적인 종합 가스 기업으로 도약해 나갈 것이다.

① 수소 관리에 관한 법률은 2019년에 발표됐다.
② 한국가스공사는 원래 천연가스회사로 설립됐다.
③ 한국가스공사는 수소 기술 활성화를 위해 기존의 천연가스 인프라를 활용할 예정이다.
④ LNG는 한국가스공사에 의해 우리나라에 최초로 도입됐다.
⑤ 한국가스공사는 2018년 수소 에너지를 새로운 사업으로 추가하였다.

| 01 | 경영

정답 및 해설 p.15

| 한국수자원공사

01 다음 중 슈퍼리더십(Super Leadership)에 대한 설명으로 적절하지 않은 것은?

① 슈퍼리더십은 구성원의 개인의 능력을 중시해 인재를 영입하고 육성하는 조직문화를 만든다.

② 진정한 리더십은 구성원의 자각에서 비롯되기 때문에 구성원의 잠재력을 발현할 수 있게 하는 것이 리더의 역할이라고 생각한다.

③ 자기 밑에 뛰어난 인재가 없다고 말하는 리더는 무능하며, 성공적인 리더가 되기 위해서는 평범한 사람을 인재로 키울 수 있는 능력이 있어야 한다.

④ 슈퍼리더십은 부하로 하여금 자발적으로 리더십을 발휘할 수 있도록 부하의 능력개발 및 이를 발휘할 수 있는 여건을 조성하는 리더의 행위를 강조하고 있다.

⑤ 슈퍼리더십은 부하에게 지적자극을 일으키고, 카리스마를 통한 비전을 제시하는 리더십이다.

| 한국수자원공사

02 다음 중 E-비즈니스 유형과 관련하여 정부와 기업 간의 거래과정을 모두 포함하며, 기업이 국가사업 입찰 등 전자적으로 참여하는 전자정부 시스템과 관련 있는 것은?

① B2B
② B2C
③ C2B
④ C2C
⑤ B2G

| 한국수자원공사

03 다음 중 기업이 다각화전략을 시행하는 목적으로 적절하지 않은 것은?

① 새로운 성장동력을 찾아 기업 자체의 성장성을 위하여 실시한다.

② 개별 사업부문들의 경기순환에 의한 리스크를 줄이기 위함이다.

③ 범위의 경제성 또는 시너지 효과는 실질적으로 기업의 이익을 증대시키는 방법이다.

④ 어떤 한 사업분야에서 가격경쟁이 치열하다면 다른 사업분야에서 나오는 수익으로 가격 경쟁을 가져갈 수 있다.

⑤ 하나의 사업분야에 집중화하여 제품이나 서비스의 품질을 향상시켜 소비자들로부터 프리미엄이라는 인식을 심어 한 분야에서 독보적인 자리를 유지하기 위함이다.

04 다음 중 역직승진의 특징에 대한 설명으로 가장 적절한 것은?

① 종업원이 갖추고 있는 자격에 따라 승진시키는 방식이다.

② 구성원들의 능력신장을 유도하고 승진정체 현상을 감소시키는 데 유용하다.

③ 상위직책 자리가 공석으로 비게 되든지 또는 새로운 직책이 신설되든지 해야 한다는 점에서 승진정체현상이 발생할 가능성이 높다.

④ 직무 내용상 실질적 변화 없이 직위 명칭 또는 자격 호칭 등의 상승만 이뤄지게 하는 형식적 승진을 시키는 경우에 해당된다.

⑤ 종업원의 근속연수, 연령 등 개인적인 연공과 신분에 따라 자동적으로 승진시키는 방식이다.

05 〈보기〉에서 설명하고 있는 내부인력 공급예측 방법에 해당하는 것은?

> **보기**
>
> 인적자원의 필요에 대비하고 기업의 인적자원 이용가능성을 평가하기 위하여 만들어진 종업원의 기본적인 정보를 입력한 데이터베이스이다.

① 기능목록   ② 대체도

③ 마코브분석   ④ 추세분석

⑤ 광고모집

06 다음 중 지식근로자에 대한 특징으로 적절하지 않은 것은?

① 지식근로자는 일상 업무수행에서 IT를 사용하며 직접적으로 직무작업 프로세스의 효율성과 효과성에 영향을 미치는 사람으로 지식을 창출하고 가공, 분배하며 지식을 적용하여 기업의 제품과 서비스를 추가한다.

② 지식근로자는 독특한 가치를 가지고 있으며 조직의 문화를 이해하고 받아들이며 개인 및 전문적 성장을 기업의 비전 및 전략 목표의 달성과 일치시킨다.

③ 지식근로자는 업무수행에 있어 객관적 사실과 자신이 경험한 것을 바탕으로 논리적으로 판단하여 사고할 줄 아는 능력을 지녔으며, 새로운 지식에 대해 스스로 능동적으로 학습을 한다.

④ 지식근로자는 정보를 활용하고 사고하며 부가가치를 변화시킬 것을 권유하는 업무를 맡는데, 주로 평가하고 감독하며 의사결정하고 일정을 수립하는 활동을 한다.

⑤ 지식근로자는 주로 반복적인 작업으로 인해 쉽게 피로감을 느낄 수 있으며, 이러한 업무특성을 고려하여 순환근무와 같은 제도의 도입을 통해 생산성을 향상시킬 수 있다.

07 다음 중 MMF(Money Market Fund)에 대한 설명으로 적절하지 않은 것은?

① CMA처럼 수시 입출금이 가능하고 하루만 예치해도 운용 실적에 따른 이익금을 받을 수 있기 때문에 단기자금 운용에 적합하다.

② 법적으로 우량채권에만 투자하도록 되어있기 때문에 손실에 대한 위험은 매우 낮다.

③ 이자지급방식으로 확정금리형 상품이다.

④ 상품의 운용기간 만기 설정은 30일 이상 180일 이내이다.

⑤ 언제든지 수시입출이 가능하나 입금 후 29일 이내에 인출 요청을 할 때는 중도해지수수료를 물어야 하므로 원금 손실이 발생할 수 있다.

08 다음 중 기업의 안정성 측정을 위하여 사용되는 지표로, 고정자산(비유동자산)을 자기자본으로 나눈 값의 백분율로 계산하여 자본의 유동성을 나타내는 것은?

① 고정비율(Fixed Assets Ratio)

② 활동성비율(Activity Ratio)

③ 자본회전율(Turnover Ratio of Capital)

④ 유동비율(Current Ratio)

⑤ 부채비율(Debt Ratio)

09 다음 중 회계연도 개시일까지 본예산이 국회에서 통과되지 못했을 경우 예산이 확정될 때까지 잠정 조치로 실행되는 예산으로, 의회의 의결이 있어야 하며 1개월분의 예산이라는 제한이 존재하는 예산을 의미하는 말은?

① 준예산(Quasi-Budget)　　　　　　　　② 가예산(Provisional Budget)

③ 정부예산(Government Budget)　　　　 ④ 잠정예산(Tentative Budget)

⑤ 확정예산(Fixed Budget)

10 다음 중 B2B에 대한 설명으로 적절하지 않은 것은?

① 타겟시장이 비교적 작아 시장에 진출하기 위해 전문성이 강조된다.

② 기업이 고객이기 때문에 고객별 전략 수립, 실행이 중요하다.

③ 고객사와 공급사간의 지속적인 관계 유지가 중요하다.

④ 판매 사이클이 비교적 길기 때문에 사후관리가 중요하다.

⑤ 전자상거래의 수단, 관리 및 TV광고나 홍보활동이 중요하다.

11 다음 중 민츠버그가 조직구성론에서 제시한 다섯 가지 조직형태에 해당하지 않는 것은?

① 단순구조 조직   ② 기계적 관료제 조직
③ 전문적 관료제 조직   ④ 매트릭스 조직
⑤ 사업부제 조직

12 다음 사례를 읽고 사례 속 리더가 보인 권력의 종류로 가장 적절한 것은?

〈사례〉

평소 자신의 팀원들과 돈독한 친분을 유지하며 팀원들로부터 충성심과 존경을 한 몸에 받는 A팀장이 얼마 전 진행
하던 프로젝트의 최종 마무리 작업을 앞두고 뜻밖에 사고를 당해 병원에 입원하게 되었다. 해당 프로젝트의 마무리
가 시급한 시점에 다급히 자신의 팀원들에게 업무를 인계하게 되었고 팀원들은 모두가 한마음 한뜻이 되어 늦은
시간까지 자발적으로 근무하여 무사히 프로젝트를 마무리할 수 있었다.

① 합법적 권력   ② 보상적 권력
③ 강압적 권력   ④ 전문적 권력
⑤ 준거적 권력

13 다음 중 스캔론 플랜(Scanlon Plan)에 대한 설명으로 적절하지 않은 것은?

① 스캔론 플랜은 1930년대에 Joseph Scanlon에 의해 가장 먼저 개발된 집단성과배분제도이다.
② 스캔론 플랜의 목적은 종업원들의 잠재력을 극대화시켜 작업능률을 향상시켜 경영성과를 향상시킬 수 있는 기회
   를 제공하는 것이다.
③ 종업원의 노력으로 작업능률의 향상은 비용절감을 가져오고 비용절감은 동일한 매출액에서도 기업이익이 증가
   한다.
④ 스캔론 플랜은 판매가치에 대한 인건비 비율로 성과를 배분하는 제도이다.
⑤ 산업공학기법을 이용한 공식을 통해 보너스를 산정한다는 점에서 다른 제도들과 큰 차이점을 갖는다.

14 다음 중 인간관계론에 대한 설명으로 적절하지 않은 것은?

① 경제학, 행정학에서 1930년대 대공황 이후 과학적 관리론의 한계로부터 발전된 이론이다.

② 인간을 기계적으로만 취급할 것이 아니라 조직구성원들의 사회적·심리적 욕구와 조직 내 비공식집단 등을 중시한다.

③ 메이요(G. Elton Mayo) 등 하버드 대학의 경영학 교수들이 진행한 호손 실험에 의해 본격적으로 이론적 틀이 마련되었다.

④ 행정조직이나 민간조직을 단순한 기계적인 구조로만 보고 오직 이 시스템의 개선만으로 능률성을 추구하려 하였다.

⑤ 조직구성원의 생산성은 물질적인 요인으로만 자극받는 것이 아니라 감정·기분과 같은 사회심리적 요인에 의해서도 크게 영향을 받는다.

15 다음 중 시스템 이론에 대한 대화에서 올바르지 않은 말을 한 사람을 〈보기〉에서 고르면?

> **보기**
>
> 창민 : 시스템 이론이란 자연과학에서 보편화되어 온 일반 시스템 이론을 경영학 연구에 응용한 것이다.
>
> 철수 : 시스템은 외부환경과 상호작용이 일어나느냐의 여부에 따라 개방시스템과 폐쇄시스템으로 나누어지는데, 일반적으로 시스템 이론은 개방시스템을 의미한다.
>
> 영희 : 시스템의 기본구조에 의하면 투입은 각종 자원을 뜻하는데, 인적자원과 물적자원, 재무자원, 정보 등 기업이 목적달성을 위해 투입하는 모든 에너지가 여기에 속한다.
>
> 준수 : 시스템 이론에서 조직이라는 것은 각종 상호의존적인 요인들의 총합체이므로 관리자는 조직의 목표를 달성하기 위해 조직 내의 모든 요인들이 적절히 상호작용하고 조화로우며 균형을 이룰 수 있게 해야 한다.
>
> 정인 : 시스템 이론은 모든 상황에 동일하게 적용될 수 있는 이론은 없다고 보면서, 상황과 조직이 어떠한 관계를 맺고 있으며 이들 간에 어떠한 관계가 성립할 때 조직 유효성이 높아지는가를 연구하는 이론이다.

① 창민   ② 철수

③ 영희   ④ 준수

⑤ 정인

16 메이요(G. Elton Mayo) 등 하버드 대학의 교수들이 진행한 실험으로 과학적 관리법의 한계를 벗어나 비공식 조직에 대한 중요성을 강조한 경영이론에 해당하는 것은?

① 관료제 이론   ② 리더십 상황이론

③ 시스템이론   ④ 인간관계론

⑤ 욕구단계 이론

17 다음 중 자원기반관점(RBV; Resource Based View)에 대한 설명으로 적절하지 않은 것은?

① RBV 관점에서 인적자원은 기업의 지속적인 경쟁력 확보의 주요한 원천이라고 말할 수 있다.

② RBV 관점에서 기업의 전략과 성과의 주요 결정요인은 기업 내부의 자원과 핵심역량의 보유가 기업경쟁력의 원천이라 주장한다.

③ 경쟁 우위의 원천이 되는 자원은 이질성(Heterogeneous)과 비이동성(Immobile)을 가정한다.

④ 기업이 보유한 가치(Value), 희소성(Rare), 모방불가능(Inimitablity), 대체불가능성(Non-substitutability) 자원들은 경쟁우위를 창출할 수 있다.

⑤ RBV 관점에서 주요 결정요인은 진입장벽, 제품차별화 정도, 사업들의 산업집중도 등이다.

18 다음 중 빈칸에 들어갈 용어로 적절한 것은?

> _____에 의하면 자기와 타인의 행동에 대해 그 원인을 추론하려는 성향을 행동의 특이성, 합의성, 일관성에 의하여 결정된다고 한다. 이상의 세 가지 결정요인으로 _____을 설명한 까닭에 그의 이론을 큐빅모델이라고 하기도 한다.

① 맥그리거의 X-Y 이론   ② 매슬로우 욕구5단계 이론
③ 마이클포터 5요인 이론   ④ 막스 베버의 합리화 이론
⑤ 캘리의 귀인 이론

19 다음 중 조직 내 갈등에 관한 설명으로 적절하지 않은 것은?

① 갈등은 조직 내 문제의 인식과 문제해결 방안을 모색하도록 도와주는 순기능이 있다.

② 갈등이 심화될 경우 개인의 심리상태에 부정적 영향을 미치고, 불안정과 혼돈을 초래하는 역기능이 있다.

③ 갈등의 정도가 너무 높을 경우 조직 내 혼란과 분열이 초래되어 조직의 생산성이 낮아진다.

④ 갈등에 대한 전통적 견해는 조직과 개인에게 악영향을 미치는 요인으로 보고 갈등은 회피하여야 하는 것으로 간주한다.

⑤ 행동주의적 견해에 따르면 갈등은 조직의 성과를 향상시키는 데 절대적으로 필요하다고 강조한다.

20 다음 중 직무평가방법에 대한 설명으로 적절하지 않은 것은?

① 직무평가란 직무별 보상수준을 결정하기 위해 직무의 상대적인 가치를 비교·분석하는 일련의 평가 과정이다. 이러한 평가 과정으로는 주로 서열법, 직무분류법, 점수법, 요소비교법이 해당한다.

② 서열법은 전체적이고 포괄적인 관점에서 각 직무를 상호 비교하여 순위를 결정하는 방법이다.

③ 직무분류법은 서로 다른 직무를 함께 묶어서 직무를 분류하고 그 분류된 직무의 난이도와 책임 정도에 따라 등급을 매긴 후 그 등급에 맞는 급료를 정하는 것이다.

④ 요소비교법은 기준직무가치를 합리적으로 설정해 놓으면 한 직무를 다른 직무와 객관적으로 평가하여 비교할 수 있다는 장점이 있다.

⑤ 점수법은 평가요소 종목의 선택과 각 항목에 점수를 배정하는 방법에서 중요도를 설정하는 데 어려움이 있다.

21 다음 중 글의 내용과 관련 있는 적대적 M&A 방어수단으로 적절한 것은?

> 지난 2003년 ㈜SK의 경영 및 사업이 혼란스러운 틈을 타서 자산운용회사 ㈜소버린이 ㈜SK 주식을 15%가량 경영 참여 목적으로 매입하였다. ㈜소버린의 매수로 인해 경영권을 위협받는 상태가 되자 ㈜SK 자체에서 경영권 방어를 위한 주식을 매수하게 되고, 이때 하나은행, 신한은행, 산업은행 3개사가 ㈜SK의 지분을 1.5% ~ 2%가량 각각 매입해 ㈜SK 경영권 방어에 도움을 주는 역할을 수행하였다.

① 백기사(White Knight)　　　　　　　　② 포이즌 필(Poison Pill)
③ 황금주(Golden Share)　　　　　　　　④ 차등의결권주
⑤ 황금낙하산(Golden Parachute)

22 다음 중 무형자산의 회계처리에 관한 설명으로 적절하지 않은 것은?

① 무형자산을 최초로 인식할 때에는 원가로 측정한다.

② 내용연수가 비한정인 무형자산에 대해서는 상각을 하지 않는다.

③ 최초에 비용으로 인식한 무형항목에 대한 지출은 그 이후에 무형자산의 원가로 인식할 수 없다.

④ 내부적으로 창출한 영업권은 자산으로 인식한다.

⑤ 무형자산의 상각방법은 자산의 경제적 효익이 소비되는 형태를 반영한 방법이어야 한다.

23 다음 동기부여이론 중 내용이론에 해당하지 않는 것은?

① 매슬로우 욕구단계이론　　　　　　　　② 허츠버그 2요인이론
③ 앨더퍼의 ERG이론　　　　　　　　　　④ 아담스의 공정성이론
⑤ 맥클리랜드의 성취동기이론

24 다음 중 BCG 매트릭스와 GE 매트릭스의 차이점으로 적절하지 않은 것은?

① BCG 매트릭스는 총 4칸으로 구성되며 GE 매트릭스는 총 9칸으로 구성된다.
② BCG 매트릭스는 시장을 시장점유율과 상대적 시장점유율로 분석하고, GE 매트릭스는 장기 산업 매력도와 사업 단위 경쟁력으로 시장을 분석한다.
③ BCG 매트릭스에서 현금의 흐름이 가장 많은 것은 캐쉬카우(Cash Cow) 사업부이다.
④ GE 매트릭스는 투자수익률(ROI)을 강조한다.
⑤ BCG 매트릭스에서 상대적 시장점유율이 1보다 크다는 것은 시장점유율이 50% 이상이라는 것을 의미한다.

25 ㈜태양은 가격이 800만 원인 기계의 구입 여부를 검토하고 있는데, 만약 오늘 기계를 구입한다면 구입시점으로 1년 뒤 1,100만 원, 2년 뒤 1,210만 원의 수입이 예상된다. 이자율이 10%라면 기계를 구입할 때의 순현재가치는 얼마인가?(단, 기계의 잔존가치는 0이며 계산 시 소수점 첫째 자리에서 버림한다)

① 800만 원
② 900만 원
③ 1,000만 원
④ 1,100만 원
⑤ 1,200만 원

26 다음 중 직무확대에 대한 설명으로 적절하지 않은 것은?

① 한 직무에서 수행되는 과업의 수를 증가시키는 것을 말한다.
② 종업원으로 하여금 중심과업에 다른 관련 직무를 더하여 수행하게 함으로써 개인의 직무를 넓게 확대한다.
③ 기업이 직원들의 능력을 개발하고 여러 가지 업무를 할 수 있도록 하여 인적자원의 운용 효율을 증가시킨다.
④ 근로자가 스스로 계획하고 실행하여 그 결과에 따른 피드백을 수집하고 수정해 나가며 일의 자부심을 느끼고 책임감을 느끼며 자발성을 높이는 직무의 수직적 확대 기법이다.
⑤ 다양한 업무를 진행하며 종업원의 능력이 개발되고 종합적인 시각을 가질 수 있다는 장점이 있다.

27 다음 중 직무분석에 관한 설명으로 가장 적절한 것은?

① 연공급제도를 실시하기 위해서는 직무분석이 선행되어야 한다.
② 직무기술서와 직무명세서는 직무분석의 2차적 결과물이다.
③ 직무기술서는 특정직무를 수행함에 있어서 갖추어야 할 직무담당자의 자격요건을 정리한 문서이다.
④ 직무명세서란 직무분석의 결과로 얻어진 직무정보를 정리한 문서이다.
⑤ 직무명세서에는 직무의 명칭, 책임과 권한, 요구되는 육체적 능력이 기술되어 있다.

28 다음 중 마케팅에 관한 내용으로 적절하지 않은 것은?

① 마케팅이란 소비자의 필요와 욕구를 충족시키기 위해 시장에서 교환이 일어날 수 있도록 계획하고 실행하는 과정이다.

② 미시적 마케팅이란 개별기업이 기업의 목표를 달성하기 위한 수단으로 수행하는 개별기업의 마케팅 활동을 의미한다.

③ 선행적 마케팅이란 생산이 이루어진 이전의 마케팅 활동을 의미하는 것으로 대표적인 활동으로는 경로, 가격, 판촉 등이 해당한다.

④ 거시적 마케팅이란 사회적 입장에서 유통기구와 기능을 분석하는 마케팅 활동을 의미한다.

⑤ 고압적 마케팅이란 소비자의 욕구에 관계없이 기업의 입장에서 생산 가능한 제품을 생산하여 강압적으로 판매하는 형태를 의미한다.

29 다음 중 디마케팅(Demarketing)에 관한 설명으로 적절하지 않은 것은?

① 디마케팅은 소비를 억제하고자 하는 마케팅 기법이다.

② 디마케팅의 목적 중 하나는 무분별하게 고객을 늘리기보다 실제로 수익에 도움이 되는 고객에게만 집중적인 서비스를 제공하여 수익을 증대하는 것이다.

③ 디마케팅은 초과수요의 상황에서 수요를 감소시키기 위한 방법으로도 사용된다.

④ 디마케팅 전략은 이익추구활동과 연관이 있을 뿐 공익활동과는 전혀 관계가 없다.

⑤ 휴면계정을 삭제하거나, 우량고객에게만 별도의 제작선물을 보내는 것도 디마케팅 전략의 예이다.

30 다음 중 ESG경영에 대한 설명으로 적절하지 않은 것은?

① ESG는 기업의 비재무적 요소인 "환경(Environment), 사회(Social), 지배구조(Governance)"의 약자이다.

② ESG는 기업 재무제표에는 드러나지 않지만, 중장기적 기업 가치에 막대한 영향을 미치는 지속가능성 평가 지표이다.

③ ESG는 기업의 행동이 미치는 영향 등을 구체화하고 그 노력을 측정 가능하도록 지표화하여 투자를 이끌어낸다.

④ ESG 평가가 높을수록 단순히 사회적 평판이 좋은 기업이라기보다 리스크에 강한 기업이라 할 수 있다.

⑤ ESG경영의 핵심은 이윤 추구를 위한 비용 절감과 효율을 최우선으로 착한 기업을 키워나가는 것을 목적으로 한다.

31 다음 중 X이론적 인간관과 동기부여전략에 해당하는 것을 〈보기〉에서 모두 고르면?

> **보기**
>
> ㄱ. 천성적 나태 　　　　　　　　　ㄴ. 변화 지향적
> ㄷ. 자율적 활동 　　　　　　　　　ㄹ. 민주적 관리
> ㅁ. 어리석은 존재 　　　　　　　　ㅂ. 타율적 관리
> ㅅ. 변화에 저항적 　　　　　　　　ㅇ. 높은 책임감

① ㄱ, ㄴ, ㄷ, ㄹ 　　　　　　　　② ㄱ, ㄴ, ㄹ, ㄷ
③ ㄱ, ㅁ, ㅂ, ㅅ 　　　　　　　　④ ㄴ, ㄷ, ㄹ, ㅇ
⑤ ㄴ, ㄹ, ㅁ, ㅅ

32 다음 중 편의품에 대한 설명으로 옳지 않은 것은?

① 제품을 구매할 때 시간이나 노력을 많이 들이지 않는 제품으로서 쉽고 편리하게 구입할 수 있다.
② 가격이 비교적 저렴해 빈번히 구매하는 제품이다.
③ 비교적 많은 대체품이 존재한다.
④ 폭 넓은 유통망 체계를 구축하고 있다.
⑤ 소수의 대리점이 넓은 상권을 포괄하여 운영한다.

33 다음 중 저량(Stock)변수에 해당하는 것을 〈보기〉에서 모두 고르면?

> **보기**
>
> ㄱ. GDP 　　　　　　　　　　　　ㄴ. 국제수지
> ㄷ. 외환보유액 　　　　　　　　　ㄹ. 인구수
> ㅁ. 생산량 　　　　　　　　　　　ㅂ. 재무상태표
> ㅅ. 손익계산서 　　　　　　　　　ㅇ. 통화량

① ㄱ, ㄴ, ㄷ, ㄹ 　　　　　　　　② ㄱ, ㄴ, ㅁ, ㅅ
③ ㄷ, ㄹ, ㅂ, ㅇ 　　　　　　　　④ ㄷ, ㄹ, ㅁ, ㅅ
⑤ ㅁ, ㅂ, ㅅ, ㅇ

| LH 한국토지주택공사(2020)

01 다음 중 바닥판과 보의 바닥, 슬래브 밑면 거푸집 설계 시 고려해야 할 하중으로 옳은 것은?

① 작업하중, 충격하중　　　　　　　　② 고정하중, 측압

③ 작업하중, 측압　　　　　　　　　　④ 충격하중, 풍하중

⑤ 작업하중, 풍하중

| LH 한국토지주택공사(2020)

02 다음 중 보일링(Boiling) 현상에 대한 설명으로 옳지 않은 것은?

① 흙막이벽을 깊게 설치하여 방지한다.

② 점착력이 강한 모래에서 주로 발생한다.

③ 벽체 전체에 미치는 저항과 벽체 하단의 지지력이 없어진다.

④ 배수 시설을 설치하여 주변 수위를 낮춘다.

⑤ 모래지반을 굴착할 때 굴착 바닥면으로 뒷면의 모래가 솟아오르는 현상이다.

| LH 한국토지주택공사(2020)

03 다음은 아파트 평면 형식에 따른 분류를 나타낸 자료이다. ㉠ ~ ㉣에 들어갈 용어가 올바르게 연결된 것은?

- ㉠ : 건물 중앙에 엘리베이터와 계단을 배치하고, 그 주위에 많은 단위 주거를 집중하여 배치하는 형식
- ㉡ : 건물의 중앙에 있는 복도 양측으로 단위 주거가 배치된 형식
- ㉢ : 건물의 한 쪽 긴 복도에서 단위 주거에 들어가는 형식
- ㉣ : 계단실 또는 엘리베이터 홀에서 직접 단위 주거에 들어가는 형식

	㉠	㉡	㉢	㉣
①	계단실형	중복도형	편복도형	집중형
②	집중형	중복도형	계단실형	편복도형
③	집중형	편복도형	중복도형	계단실형
④	집중형	중복도형	편복도형	계단실형
⑤	중복도형	집중형	편복도형	계단실형

| 03 | 기계

정답 및 해설 p.21

01 다음 중 프로판 가스(Propane Gas)에 대한 설명으로 옳지 않은 것은?

① 공기보다 무겁다.
② 유독한 일산화탄소 성분이 있다.
③ 폭발할 위험이 있다.
④ 액화 수소 가스이다.
⑤ 가정용 연료로 많이 사용된다.

02 표준성분이 Al – Cu – Ni – Mg으로 구성되어 있으며, 내열성 주물로서 내연기관의 실린더나 피스톤으로 많이 사용되는 합금은?

① 실루민
② 하이드로날륨
③ 두랄루민
④ Y합금
⑤ 코비탈륨

03 피스톤 – 실린더 장치에 120kPa, 70℃의 공기 $0.5m^3$이 들어 있다. 이 공기가 온도를 일정하게 유지하면서 $0.1m^3$까지 압축될 때, 행해진 일은?

① 약 -55.5kJ
② 약 -65.6kJ
③ 약 -78.4kJ
④ 약 -96.6kJ
⑤ 약 -101.2kJ

04 탄성한도 내 인장 하중을 받는 봉이 있다. 응력을 4배로 증가시키면 최대 탄성에너지는 몇 배가 되는가?

① 4배
② 8배
③ $\frac{1}{4}$배
④ $\frac{1}{8}$배
⑤ 16배

CHAPTER 02 2021년 주요 공기업 전공 기출복원문제 • 49

05 다음 중 바깥지름 $d_1 = 5$cm이고, 안지름 $d_2 = 3$cm인 중공원 단면의 극관성모멘트 I_p는?

① 약 25.2cm^4

② 약 34.8cm^4

③ 약 53.4cm^4

④ 약 62.5cm^4

⑤ 약 71.2cm^4

06 다음 중 베인펌프의 일반적인 특징에 대한 설명으로 옳은 것은?

① 베인의 마모에 의한 압력저하가 발생되기 쉽다.

② 펌프 중량에 비해서 형상치수가 크다.

③ 송출 압력의 맥동이 크다.

④ 작동유의 점도 제한이 있다.

⑤ 비교적 부품이 적으며, 간단한 구조로 되어 있다.

07 〈보기〉 중 방정식 $\dfrac{1}{\rho}\dfrac{\partial p}{\partial s} + V\dfrac{\partial V}{\partial s} + g\dfrac{dZ}{ds} = 0$을 유도하는 데 필요한 가정을 모두 고르면?

> **보기**
> ㉠ 유체는 마찰이 없다.
> ㉡ 비압축성 유체
> ㉢ 정상유동
> ㉣ 유체입자는 유선을 따라 움직인다.

① ㉠, ㉢

② ㉡, ㉢

③ ㉠, ㉡, ㉢

④ ㉠, ㉢, ㉣

⑤ ㉡, ㉢, ㉣

08 다음 중 V벨트의 특징으로 옳은 것은?

① 접촉 면적이 작아서 큰 동력 전달에는 불리하다.

② 평벨트보다는 잘 벗겨진다.

③ 효율이 크지만 구조가 복잡하다.

④ 미끄럼이 적고 속도비가 크다.

⑤ 고속운전에는 적합하지 않다.

09 (가) ~ (다)는 경도 시험의 종류이다. 〈보기〉에서 옳은 것을 골라 올바르게 짝지은 것은?

> (가) 원뿔형 다이아몬드나 강구를 누르는 방법
> (나) 낙하시킨 추의 반발높이를 이용
> (다) 구형 누르개를 일정한 시험하중으로 압입

보기

> ㉠ 쇼어 경도(H_S)
> ㉡ 브리넬 경도(H_B)
> ㉢ 로크웰 경도(H_R)

	(가)	(나)	(다)
①	㉠	㉡	㉢
②	㉡	㉠	㉢
③	㉡	㉢	㉠
④	㉢	㉠	㉡
⑤	㉢	㉡	㉠

정답 및 해설 p.23

| 한국전력공사

01 다음 중 송전선로를 연가할 때의 주된 목적으로 옳은 것은?

① 직격뢰의 방지
② 코로나의 방지
③ 선로정수의 평형
④ 유도뢰의 방지
⑤ 페란티효과의 방지

| 한국전력공사

02 선간전압이 5,500V, 피상전력이 550kVA, 역률이 0.6인 3상 부하가 있다. 부하의 역률을 0.8로 개선하는 데 필요한 전력용 콘덴서 용량은 얼마인가?

① 약 38kVA
② 약 82kVA
③ 약 125kVA
④ 약 182kVA
⑤ 약 192kVA

| 한국전력공사

03 N회 감긴 환상코일의 단면적이 $S\text{m}^2$이고 평균길이가 $l\text{m}$일 때, 이 코일의 권수는 3배로 증가시키고 인덕턴스를 일정하게 유지하기 위한 조건으로 옳은 것은?

① 단면적을 $\dfrac{1}{9}$배로 한다.

② 비투자율을 $\dfrac{1}{3}$배로 한다.

③ 비투자율을 3배로 한다.
④ 전류의 세기를 9배로 한다.
⑤ 길이를 3배로 한다.

| 한국전력공사

04 다음 중 고압회로의 큰 전류를 적은 전류로 변성하여 사용하는 전류 변성기를 뜻하는 것은?

① 계기용 변압기(PT)
② 과전압 계전기(OVR)
③ 지락 계전기(OCR)
④ 계기용 변류기(CT)
⑤ 단락방향 계전기(DSR)

05 도전율 σ, 투자율 μ인 도체에 교류 전류가 흐를 때, 표피효과의 영향에 대한 설명으로 옳은 것은?

① σ가 작을수록 커진다.
② σ가 클수록 작아진다.
③ μ가 작을수록 커진다.
④ μ가 클수록 작아진다.
⑤ 주파수가 높을수록 커진다.

06 다음 중 피뢰기의 구비조건으로 옳지 않은 것은?

① 속류의 차단능력이 충분할 것
② 상용 주파 방전개시전압이 낮을 것
③ 제한전압이 낮을 것
④ 충격방전개시 전압이 낮을 것
⑤ 방전 내량이 클 것

07 (가) ~ (다)에 해당하는 용어를 〈보기〉에서 찾아 올바르게 짝지은 것은?

(가) 고진공 중에서 고속도 확산을 이용
(나) 대기압 이용, 저압용 선로에 적용
(다) 고성능 절연 특성의 특수가스를 흡수

보기
㉠ ACB
㉡ VCB
㉢ GCB

	(가)	(나)	(다)
①	㉠	㉡	㉢
②	㉡	㉠	㉢
③	㉡	㉢	㉠
④	㉢	㉠	㉡
⑤	㉢	㉡	㉠

08 다음과 같이 전압 V와 저항 R로 구성되는 회로단자 A – B간에 적당한 저항 R_L을 접속하여 R_L에서 소비되는 전력을 최대로 하게 했다. 이때, R_L에서 소비되는 전력 P는?

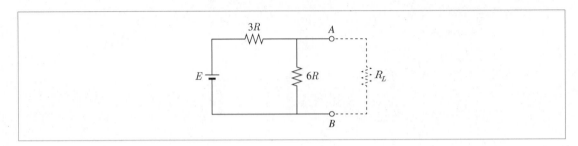

① $\dfrac{E}{R^2}$

② $\dfrac{E}{2R^2}$

③ $\dfrac{E}{3R^2}$

④ $\dfrac{E}{9R^2}$

⑤ $\dfrac{2E^2}{9R}$

09 다음 그림과 같은 회로에서 R_L에 흐르는 전류는 무엇인가?

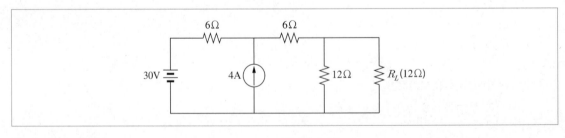

① 약 1A

② 약 1.5A

③ 약 2A

④ 약 3A

⑤ 약 4.5A

┃ 부산교통공사

10 정삼각형 배치의 선간거리가 10m이고 전선의 지름이 2cm인 3상 가공 송전선의 1선의 정전용량은 몇 mF/km인가?

① 약 0.00804mF/km   ② 약 0.01608mF/km

③ 약 0.02413mF/km   ④ 약 0.03216mF/km

⑤ 약 0.04826mF/km

┃ 한전KPS

11 다음 중 직류 및 교류 송전에 대한 설명으로 옳지 않은 것은?

① 교류 송전은 유도장해가 발생한다.

② 교규 송전은 차단 및 전압의 승압과 강압이 쉽다.

③ 직류 송전은 비동기 연계가 가능하다.

④ 직류 송전은 코로나손 및 전력손실이 작다.

⑤ 직류 송전은 차단기 설치 및 전압의 변성이 쉽다.

┃ 한전KPS

12 선로 용량 4,400kVA의 회로에 사용하는 4,400+440[V]의 3상 유도 전압조정기의 정격 용량은 몇 kVA인가?

① 400kVA   ② 500kVA

③ 800kVA   ④ 1,200kVA

⑤ 1,600kVA

┃ 한국동서발전

13 다음 중 정전계와 도체의 성질에 대한 설명으로 옳은 것은?

① 대전도체의 내부 전위는 항상 0이다.

② 도체의 표면 전하밀도가 σ[m]일 때, 전계의 세기는 $\dfrac{\sigma}{\epsilon_0}$[V/m]이다.

③ 도체 표면의 전하밀도는 표면의 곡률이 클수록 작다.

④ 전기력선은 도체 내부에 존재한다.

⑤ 단위전하에서는 1개의 전기력선이 출입한다.

14 다음 중 자성체에 대한 설명으로 옳은 것은?

① 전자석의 재료는 보자력이 크고 히스테리시스 면적이 작아야 한다.

② $\mu_s > 1$이면 역자성체, $\mu_s < 1$이면 상자성체이다.

③ 강자성체는 자구가 존재하지 않고 Al, Si 등이 이에 속한다.

④ 강자성체의 세 가지 특징은 와전류 특성, 히스테리시스 특성, 포화 특성이다.

⑤ 영구 자석 재료는 전류 자속 밀도가 크고, 보자력이 커야 한다.

15 비투자율 800의 철심이 든 환상 솔레노이드의 권수는 1,200회, 평균 반지름은 10cm, 철심의 단면적은 25cm²이다. 이 솔레노이드에 4A의 전류를 흘릴 때 철심 내 자속은 몇 Wb인가?

① 0.0096Wb

② 0.0192Wb

③ 0.192Wb

④ 0.96Wb

⑤ 1.92Wb

16 다음 중 a, b 두 점 사이에 흐르는 전류는 몇 A인가?

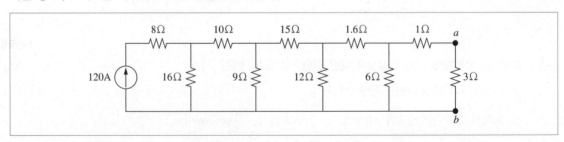

① 1A

② 2A

③ 3A

④ 6A

⑤ 9A

17 다음 중 a, b 두 점간의 전위차로 올바른 것은?

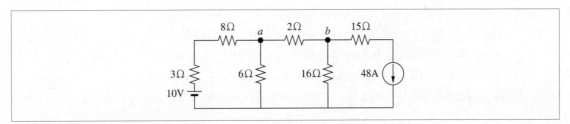

① 33V

② 46.2V

③ 68V

④ 77.6V

⑤ 80V

18 다음 중 $f(t) = \mathcal{L}^{-1}\left[\dfrac{-4(5s-9)}{s(s+2)(s^2-8s+18)}\right]$ 의 값은?

① $1 - e^{-t} - e^{2t}\sin 2t$

② $1 - e^{-t} - e^{2t}\sin 4t$

③ $1 - e^{-2t} - e^{4t}\sin 4t$

④ $1 - e^{-2t} - e^{4t}\sin 2t$

⑤ $1 - e^{-4t} - e^{4t}\sin 2t$

19 다음 중 전기자권선법에 대한 설명으로 옳지 않은 것은?

① 전절권은 코일 간격이 극 간격과 같은 것이다.

② 단절권 계수는 $K_p = \sin\dfrac{n\beta\pi}{2}$ 이고, 여기서 $\beta = \dfrac{(자극피치)}{(권선피치)}$ 이다.

③ 총 코일 수는 $\dfrac{(총\ 슬롯\ 수)\times(층\ 수)}{2}$ 의 공식을 통해 구할 수 있다.

④ 분포권과 단절권을 사용해 기전력의 파형을 개선할 수 있다.

⑤ 분포권 계수는 $K_d = \dfrac{\sin\dfrac{n\pi}{2m}}{q\sin\dfrac{n\pi}{2mq}}$ 이고, $m = (상수)$, $q = (매극\ 매상당\ 슬롯\ 수)$ 이다.

20 다음 중 동기발전기 전기자 반작용에 대한 설명으로 옳은 것은?

① 앞선역률일 경우, 즉 전류가 전압보다 90° 앞설 때는, 교차 자화 작용을 한다.
② 뒤진역률일 경우, 즉 전류가 전압보다 90° 뒤질 때는, 증자작용을 한다.
③ 계자전류에 의한 자속이 전기자전류에 의한 자속에 영향을 주는 현상이다.
④ 전기자 전류에 의해 발생한 자기장이 계자 자속에 영향을 주는 현상이다.
⑤ 유기 기전력과 전기자 전류가 동상인 경우 직축 반작용을 한다.

21 다음 중 변압기의 병렬운전이 가능한 조건으로 옳은 것은?

① 각 변압기의 손실비가 같아야 한다.
② 부하의 분담이 용량에 비례하고 누설 임피던스에 반비례해야 한다.
③ Δ-Δ 결선과 Δ-Y결선으로 병렬 운전이 가능하다.
④ 변압기의 출력이 같아야 한다.
⑤ 변압기의 저항과 리액턴스가 반드시 같아야 한다.

22 3상 3선식 송전선로에서 각 선의 대지 정전용량이 0.8712μF이고, 선간 정전용량이 0.3382μF이다. 1선의 작용 정전용량은 몇 μF인가?

① 1.8141
② 1.5476
③ 1.8858
④ 3.6282
⑤ 3.7716

23 ㉠ ~ ㉢에 들어갈 수치로 적절한 것은?

> 수도관을 접지극로 사용하는 경우에는 지중에 매설되어 있고, 수도관 지름이 ____㉠____ mm 이상이거나, 여기에서
> 분기한 안지름 ____㉠____ mm 미만인 분기점으로부터 ____㉡____ m 이내의 부분에서 대지와의 전기저항 값은
> ____㉢____ Ω 이하를 유지하여야 한다. 다만, 분기점으로부터의 거리가 ____㉡____ m를 초과한다면 수도관로와
> 대지 사이의 전기저항 값은 ____㉣____ Ω 이하를 유지하여야 한다.

	㉠	㉡	㉢	㉣
①	60	3	2	3
②	60	5	3	2
③	75	3	2	3
④	75	5	3	2
⑤	75	10	3	2

정답 및 해설 p.30

| 01 | 2021년

| 의사소통능력(하반기)

01 다음 글에서 ㉠을 설명하기 위해 사용한 방식으로 적절한 것은?

> 134년 전인 1884년 10월 13일, 국제 자오선 회의에서 영국의 그리니치 자오선을 본초 자오선으로 채택하면서 지구 상의 모든 지역은 하나의 시간을 공유하게 됐다. 본초 자오선을 정하기 전, 인류 대부분은 태양의 위치로 시간을 파악했다. 그림자가 생기지 않는 정오를 시간의 기준점으로 삼았는데, 관측 지점마다 시간이 다를 수밖에 없었다. 지역 간 이동이 활발하지 않던 그 시절에는 지구상에 수많은 시간이 공존했던 것이다. 그러나 세계가 확장하고 지역 과 지역을 넘나들면서 문제가 발생했다.
>
> 기차의 발명이 변화의 시초였다. 기차는 공간을 빠르고 편리하게 이동할 수 있어 산업혁명의 바탕이 됐지만, 지역마 다 다른 시간의 충돌을 야기했다. 역마다 시계를 다시 맞춰야 했고, 시간이 엉킬 경우 충돌 등 대형 사고가 일어날 가능성도 높았다. 이런 문제점을 공식 제기하고 세계 표준시 도입을 주창한 인물이 '세계 표준시의 아버지' 샌퍼드 플레밍이다. 그는 1876년 아일랜드의 시골 역에서 그 지역의 시각과 자기 손목시계의 시각이 달라 기차를 놓치고 다음 날 런던에서 출발하는 배까지 타지 못했다. 당시의 경험을 바탕으로 기준시의 필요성을 주창하고 경도를 기준 으로 시간을 정하는 구체적 방안까지 제안했다. 그의 주장이 받아들여진 결과가 1884년 미국 워싱턴에서 열린 국제 자오선 회의다.
>
> 시간을 하나로 통일하는 회의 과정에서는 영국이 주장하는 그리니치 표준시와 프랑스가 밀어붙인 파리 표준시가 충돌했다. 자존심을 건 시간 전쟁이었다. 결과는 그리니치 표준시의 일방적인 승리로 끝났다. 이미 30년 이상 영국 의 그리니치 표준시를 기준 삼아 기차 시간표를 사용해 왔고, 미국의 철도 회사도 이를 따르고 있다는 게 이유였다. 당시 결정한 그리니치 표준시(GMT)는 1972년 원자시계를 도입하면서 협정세계시(UTC)로 대체했지만, 여전히 GMT 표기를 사용하는 경우도 많다. 둘의 차이는 1초보다 작다.
>
> ㉠ 표준시를 도입했다는 건 완전히 새로운 세상이 열렸음을 의미한다. 세계의 모든 인구가 하나의 표준시에 맞춰 일상을 살고, 국가마다 다른 철도와 선박, 항공 시간을 체계적으로 정리할 수 있게 됐다. 지구 곳곳에 파편처럼 흩어 져 살아가던 인류가 하나의 세계로 통합된 것이다.
>
> 협정세계시에 따르면 한국의 표준시는 UTC+ 09:00이다. 그리니치보다 9시간 빠르다는 의미다. 우리나라가 표준 시를 처음으로 도입한 것은 고종의 대한제국 시절이며 동경 127.5도를 기준으로 UTC+ 08:30, 그러니까 지금보다 30분 빠른 표준시를 썼다. 현재 한국은 동경 135도를 기준으로 한 표준시를 쓰고 있다.

① ㉠을 일정한 기준에 따라 나누고, 각각의 장점과 단점을 열거하고 있다.

② ㉠에 적용된 과학적 원리를 검토하고, 역사적 변천 과정을 되짚어보고 있다.

③ ㉠의 본격적인 도입에 따라 야기된 문제점을 지적하고, 대안을 모색하고 있다.

④ ㉠이 한국에 적용되게 된 시기를 살펴보고, 다른 나라들의 사례와 비교하고 있다.

⑤ ㉠의 필요성이 대두되게 된 배경과 도입과정을 밝히고, 그에 따른 의의를 설명하고 있다.

02 다음 중 ㉠ ~ ㉢에 들어갈 단어를 올바르게 짝지은 것은?

> • 희소금속은 매장량이 적지만 산업적 수요가 큰 금속원소로, 극소수 국가에 ____㉠____ 된 금속을 말한다.
> • 어느 폐자원재활용업체의 대표는 2100년이 되면 지하자원이 거의 사라질 것이므로 나머지 부분을 도시 곳곳에 ____㉡____ 한 지상자원(스마트폰 같은 '도시광산')이 채울 것이라고 예견했다.
> • 많은 전문가들이 투자에는 투기적 성격이 ____㉢____ 되어 있고, 투기 역시 투자적 기능을 가지고 있어서 상호 교집합적 성격의 투자와 투기를 구별하는 것은 별 의미가 없다고 말한다.

	㉠	㉡	㉢
①	혼재(混在)	편재(偏在)	산재(散在)
②	편재(偏在)	산재(散在)	혼재(混在)
③	혼재(混在)	산재(散在)	편재(偏在)
④	편재(偏在)	혼재(混在)	잔재(殘在)
⑤	잔재(殘在)	산재(散在)	혼재(混在)

03 A직원은 철도연계 여행프로그램에 대한 만족도 조사를 실시했다. 만족도 조사 내용이 다음과 같을 때, 응답자 전체의 만족도의 평균 점수는 몇 점인가?(단, 소수점 둘째 자리에서 반올림한다)

> • 주요 수요층인 20 ~ 40대를 대상으로 만족도 조사를 실시했다.
> • 20대 조사 대상자는 총 20명이었고, 평균 점수는 10점 만점에 8.2점이었다.
> • 30대 조사 대상자는 총 32명이었고, 평균 점수는 10점 만점에 7.6점이었다.
> • 40대 조사 대상자는 총 30명이었고, 평균 점수는 10점 만점에 7.0점이었다.

① 7.5점   ② 7.6점
③ 7.7점   ④ 8.0점
⑤ 8.2점

04 다음은 2020년 공항철도 여객수송실적을 나타낸 자료이다. 자료에 대한 해석으로 옳은 것은?

〈2020년 월별 여객수송실적〉

(단위 : 천 명)

월	수송인원	승차인원	유입인원
1월	5,822	2,843	2,979
2월	5,520	2,703	( )
3월	6,331	3,029	3,302
4월	6,237	3,009	3,228
5월	6,533	3,150	3,383
6월	6,361	3,102	3,259
7월	6,431	3,164	3,267
8월	( )	3,103	3,617
9월	6,333	2,853	3,480
10월	6,875	3,048	3,827
11월	6,717	( )	3,794
12월	6,910	3,010	3,900

※ 유입인원 : 다른 철도를 이용하다가 공항철도로 환승하여 최종 종착지에 내린 승객의 수
※ (수송인원)=(승차인원)+(유입인원)

① 2020년 공항철도의 수송인원은 매월 증가하고 있다.
② 2020년 3분기 공항철도 총 수송인원은 1,950만 명 이상이다.
③ 2월 공항철도 유입인원은 1월에 비해 16만 2천 명 감소하였다.
④ 11월은 승차인원이 가장 적은 달로, 6월보다 18만 1천 명 더 적었다.
⑤ 8월은 수송인원이 가장 많았던 달로, 12월보다 19만 명 더 많았다.

05 다음은 사내 워크숍을 준비하기 위해 조사한 정보이다. 자료를 바탕으로 C가 반드시 참석하는 경우, 현 부서의 참석자를 타당하게 추론한 것은?(단, 부서의 총 인원은 A~E 5명이다)

[정보 1] B가 워크숍에 참여하면 E는 참여할 수 없다.
[정보 2] D는 B와 E 모두가 참여하지 않을 경우에만 참석한다.
[정보 3] A가 워크숍에 갈 경우 B 혹은 D 중의 한 명이 함께 참석한다.
[정보 4] C가 워크숍에 참석하면 D는 참석하지 않는다.
[정보 5] C가 워크숍에 참여하면 A도 참여한다.

① A, B, C
② A, C, D
③ A, C, D, E
④ A, B, C, D
⑤ A, B, C, E

06 A ~ E약국은 공휴일마다 2곳씩만 영업을 한다. 〈조건〉이 다음과 같을 때 반드시 참인 것은?(단, 한 달간 각 약국의 공휴일 영업일수는 같다)

> **조건**
> • 이번 달 공휴일은 총 5일이다.
> • 오늘은 세 번째 공휴일이며 A약국, C약국이 영업을 한다.
> • D약국은 오늘을 포함하여 이번 달에는 더 이상 공휴일에 영업을 하지 않는다.
> • E약국은 마지막 공휴일에 영업을 한다.
> • A약국과 E약국은 이번 달에 한번씩 D약국과 영업을 했다.

① A약국은 이번 달에 두 번의 공휴일을 연달아 영업한다.
② 이번 달에 B약국, E약국이 함께 영업하는 공휴일은 없다.
③ B약국은 두 번째, 네 번째 공휴일에 영업을 한다.
④ 네 번째 공휴일에 영업하는 약국은 B와 C이다.
⑤ E약국은 첫 번째, 다섯 번째 공휴일에 영업을 한다.

07 다음 글에서 사용한 설명 방법에 해당하는 것을 〈보기〉에서 모두 고르면?

> 사물인터넷(Internet of Things)은 단어의 뜻 그대로 '사물들(Things)'이 '서로 연결된(Internet)' 것 혹은 '사물들로 구성된 인터넷'을 말한다. 기존의 인터넷이 컴퓨터나 무선 인터넷이 가능했던 휴대전화들이 서로 연결되어 구성되었던 것과는 달리, 사물인터넷은 책상, 자동차, 나무, 애완견 등 세상에 존재하는 모든 사물들이 연결되어 구성된 인터넷이라 할 수 있다. 사물인터넷은 연결되는 대상에 있어서 책상이나 자동차처럼 단순히 유형의 사물에만 국한되지 않으며, 교실, 커피숍, 버스정류장 등 공간은 물론 상점의 결제 프로세스 등 무형의 사물까지도 그 대상에 포함한다. 사물인터넷의 표면적인 정의는 사물, 사람, 장소, 프로세스 등 유·무형의 사물들이 연결된 것을 의미하지만, 본질에서는 이러한 사물들이 연결되어 진일보한 새로운 서비스를 제공하는 것을 의미한다. 즉, 두 가지 이상의 사물들이 연결됨으로써 개별적인 사물들이 제공하지 못했던 새로운 기능을 제공하는 것이다.
> 가령 침대와 실내등이 연결되었다고 가정해보자. 지금까지는 침대에서 일어나서 실내등을 켜거나 꺼야 했지만, 사물인터넷 시대에는 침대가 사람이 자고 있는지를 스스로 인지한 후 자동으로 실내등이 켜지거나 꺼지도록 할 수 있게 된다. 마치 사물들끼리 서로 대화를 함으로써 사람들을 위한 편리한 기능을 수행하게 되는 것이다.
> 이처럼 편리한 기능들을 수행하기 위해서는 침대나 실내등과 같은 현실 세계에 존재하는 유형의 사물들을 인터넷이라는 가상의 공간에 존재하는 것으로 만들어줘야 한다. 그리고 스마트폰이나 인터넷상의 어딘가에 '사람이 잠들면 실내등을 끈다.'거나 혹은 '사람이 깨어나면 실내등을 켠다.'와 같은 설정을 미리 해 놓으면 새로운 사물인터넷 서비스를 이용할 수 있게 된다.

> **보기**
> ㉠ 인용   ㉡ 구분   ㉢ 예시   ㉣ 역설   ㉤ 대조

① ㉠, ㉣   ② ㉡, ㉢
③ ㉢, ㉤   ④ ㉠, ㉣, ㉤
⑤ ㉡, ㉢, ㉤

08 다음 글에 대한 설명으로 옳지 않은 것은?

> 수용미학은 1960년 말 서독 문예학계에서 시작된 문학 연구의 한 방법론이다. 이 새로운 문학 연구 방법론은 문학 작품의 역사성과 예술성이 독자, 즉 수용자의 작품 체험 속에 내재해 있다고 전제한다. 따라서 이 이론은 문학 텍스트 이해의 기준을 수용자의 '심미적 경험'에 두고, 문학 작품의 역사적, 심미적 연관성을 성찰하여 작품의 예술성을 해명하려는 새로운 이론이다. 이 이론의 주창자인 야우스는 기존의 문학 연구의 여러 방법들이 문학 작품 자체만을 관찰하는 '작품 내재적인 형식 – 심미적 관찰방법'과 작품과 관련된 주변 세계도 함께 관찰하는 '작품 외재적인 역사 – 사회적 관찰방법'으로 크게 구별된다고 보았다. 그는 이 양 극단의 연구 방법론에 대한 시각이 무엇보다도 역사적 인식 뿐만 아니라, 심미적 인식과 역사적 인식의 간격을 해결하기 위해서, 문학작품의 이해는 작가와 독자 사이에 텍스트와 독자 간의 대화를 통한 '작가 – 작품 – 독자'의 삼각관계 사이에서 이루어진다고 보았다. 따라서 그는 작가 – 작품 중심적인 이론의 접근 방식에서 텍스트 – 독자 중심적인 작품의 이해로 전환할 것을 강조한다.
> 따라서 수용미학은 '작품이란 그 생성과 수용방식과는 무관하게 영향을 미치고 작용한다.'는 전제하에, 문학 텍스트의 자율성만을 중시한 고전미학의 작품 해석 태도를 비판한다. 이것은 수용미학이 문학 텍스트를 '작가 – 작품 – 독자 간의 의사소통 과정'을 담고 있는 '소통 담당자'로 정의하고 있기 때문이다. 여기서 예술 작품이란 하나의 고정된 의미를 전달하는 '진리의 현현 양식'이 아니라 수용자의 작품 경험에서 그 내용의 의미가 비로소 활성화되고 구체화되는 '경험을 전달하는 매개체'로 해석된다. 이러한 견해에 따르면, 수용자를 통해 탄생된 '작품'은 작가의 생산물인 '텍스트' 이상의 것으로, 곧 텍스트가 '독자의 의식 속에서 재정비되어 다시 구성된 것'을 의미한다. 이처럼 작가에 의해 생산된 '텍스트'와 독자에 의해 다시 탄생하게 되는 '작품'을 구분하는 것은, 문학작품에 작가에 의해 생산된 '예술적인 것'과 독자에 의해서 이루어지는 '심미적인 것'이라는 양극이 내포되어 있음을 시사한다.
> 그러므로 수용미학은 텍스트의 구조와 독서구조가 수용자의 심미적 경험에서 얽혀 짜이는 가운데 심미적으로 구체화되는 과정에 해석의 초점을 둔다. 따라서 수용미학적 해석은 "텍스트의 의미가 무엇인가?"하는 문제보다 오히려 "그것이 어떻게 파악되는가?"에 주목한다. 그러므로 수용미학은 문학작품에 대한 우리의 인식을 생산에서 수용으로 전환할 것을 촉구한다.

① 수용미학은 1960년대 말 시작된 새로운 문예학적 연구 방법론을 의미한다.
② 수용미학의 주창자들은 기존의 문학 연구가 사회적 관찰방법을 도외시한다고 본다.
③ 수용미학은 문학 텍스트의 자율성에 근거했던 과거의 문학 연구 방법론을 비판한다.
④ 수용미학에 따르면 작가에 의해 생산된 텍스트는 독자에 의해 작품으로 재탄생한다.
⑤ 수용미학은 실제 독자의 이해 과정에 초점을 맞추어 파악하려는 이론이다.

09 다음은 한국의 금융소득 상위 1%에 관한 자료이다. 자료에 대해 올바르게 설명을 한 사람을 〈보기〉에서 모두 고르면?(단, 모든 계산은 소수점 둘째 자리에서 반올림한다)

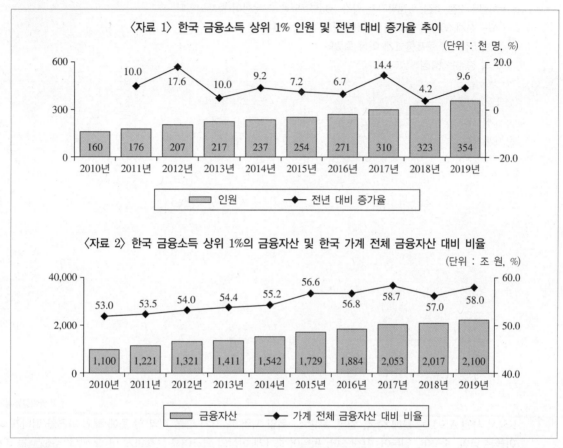

〈자료 1〉 한국 금융소득 상위 1% 인원 및 전년 대비 증가율 추이
(단위 : 천 명, %)

〈자료 2〉 한국 금융소득 상위 1%의 금융자산 및 한국 가계 전체 금융자산 대비 비율
(단위 : 조 원, %)

> **보기**
>
> A : 2019년 한국 금융소득 상위 1% 인원은 2010년 대비 2.2배 증가했어.
> B : 2019년 한국 가계 전체 금융자산은 2010년 대비 1.7배 증가했어.
> C : 2019년의 한국 금융소득 상위 1%의 금융자산은 2010년 대비 1.9배 증가한 걸 보니, 2010년 대비 2019년에 상위 1%의 금융자산이 가계 전체 금융자산에 비해 더 많은 비율로 증가했네.

① A
② B
③ A, C
④ B, C
⑤ A, B, C

10 A수험자가 K기업 신입채용 필기시험에 응시한 결과가 다음과 같을 때, A가 맞힌 2점짜리 문항의 개수는?

> • 시험은 2점, 3점, 5점짜리가 각각 10문항씩 총 30문항이 출제되었다.
> • A는 전체 30문항 중에서 22개를 맞고, 8개는 틀렸다.
> • A는 5점짜리 문제를 1개 이상 틀렸다.
> • A의 총점은 81점이었다.

① 1개   ② 3개

③ 5개   ④ 7개

⑤ 9개

11 K공사 사원 A ~ D는 올해 중국, 일본, 프랑스, 독일 지역 중 각기 다른 지역 한 곳에 해외 파견을 떠나게 되었다. 이들은 영어, 중국어, 일본어, 프랑스어, 독일어 중 1개 이상의 외국어를 능통하게 할 줄 안다. 〈조건〉을 바탕으로 올바른 설명을 고르면?

> **조건**
> • 일본, 독일, 프랑스 지역에 해외 파견을 떠나는 사원은 해당 국가의 언어를 능통하게 한다.
> • 중국, 프랑스 지역에 해외 파견을 떠나는 사원은 영어도 능통하게 한다.
> • 일본어, 프랑스어, 독일어를 능통하게 하는 사원은 각각 1명이다.
> • 사원 4명 중 영어가 능통한 사원은 3명이며, 중국어가 능통한 사원은 2명이다.
> • A는 영어와 독일어를 능통하게 한다.
> • C가 능통하게 할 수 있는 외국어는 중국어와 일본어뿐이다.
> • B가 능통하게 할 수 있는 외국어 중 한 개는 C와 겹친다.

① A는 세 개의 외국어를 능통하게 할 수 있다.
② B는 두 개의 외국어를 능통하게 할 수 있다.
③ C는 중국에 파견 근무를 떠난다.
④ D가 어느 국가로 파견 근무를 떠나는지는 알 수 없다.
⑤ A와 C가 능통하게 할 수 있는 외국어 중 한 개는 동일하다.

12 Z마트의 배송 담당자는 아래 공문과 배송 주문 목록에 따라 물품을 배송해야 한다. 다음 중 설명으로 옳지 않은 것은?

〈배송 관리 개선 방안〉

1. 배송물품 수거 시간

   매일 오전 10시, 오후 4시(단, 수요일과 금요일은 오후 2시 배송 있음)

   ※ 각 수거시간 이후에 집하장에 배출된 물품은 다음 수거시간에 수거

2. 수거 시간별 배송 예정 시간

   오전 수거 물품은 당일 오후 배송 완료 예정입니다.

   오후 수거 물품은 당일 오후에서 익일 오전 사이에 배송 완료 예정입니다.

   ※ 당일 배송이 불가한 신선 식품과 냉동 식품은 반드시 냉동 창고에 따로 보관하므로 확인 요망

3. 배송 거리 분할

   점포별 관할 구역인 K동 내부일 경우 근거리, 관할 구역 외일 경우(행정구역이 다른 경우) 장거리로 취급합니다.

   장거리 배송의 경우 배송 완료 예정 시간에 1일이 추가됩니다.

4. 배송 물품 집하장 : 지하 1층 고객만족센터 우측 보관소

   ※ 냉동 창고 보관용 물품은 지하 2층 중앙 창고 내부의 냉동고에 보관

5. 아울러 배송 물품을 차량에 적재하는 데 소요되는 시간이 1시간 이내가 될 수 있도록 배송지원 사원을 배치하였으니 배송지원팀에 문의하여 적극 활용바랍니다.

   ※ 배송지원팀 P대리(내선 1234)에게 연락바람

2021년 9월 2일 월요일

〈고객 배송 요청 내역 목록(9월 2일 오전 9시 현재 기준)〉

고객명	A	B	C	D	E
희망 배송시기	월요일 오후	최대한 빨리	수요일 오전	목요일 오후	목요일 오후
배송 지역	K동	K동	K동	K동	I동
특이 사항	신선식품			냉동식품	신선식품

① A고객의 배송을 하기 위해서는 금일 오전 10시 배송을 준비해야 한다.

② 오늘 배송을 준비하기 위해서는 지하 1층 고객만족센터의 보관소를 방문해야 한다.

③ 내일 오후에 준비하는 배송 상품은 C고객을 위한 것이다.

④ D고객과 E고객의 상품 배송을 위해서는 9월 4일 오후 2시 배송을 이용하면 된다.

⑤ 9월 3일 오전에는 배송을 준비할 필요가 없다.

13 경찰관 또는 소방관을 직업으로 갖는 네 사람 A ~ D에 대하여 다음이 모두 참일 때, 항상 옳은 것은?

> (가) A, B, C, D는 모두 같은 직장의 동료가 있다.
> (나) A가 소방관이면 B가 소방관이거나 C가 경찰관이다.
> (다) C가 경찰관이면 D는 소방관이다.
> (라) D는 A의 상관이다.

① A, B의 직업은 다르다.
② A, C의 직업은 다르다.
③ B, C의 직업은 같다.
④ C, D의 직업은 같다.
⑤ B, D의 직업은 다르다.

14 1 ~ 5번 학생들이 다음 규칙에 맞추어 아래와 같이 배열되어 있는 번호의 의자에 앉아 있다. 다음 중 옳은 것은?

> (가) 세 명의 학생이 자기의 번호와 일치하지 않는 번호의 의자에 앉아 있다.
> (나) 2명의 학생은 자기의 번호보다 작은 번호의 의자에 앉아 있다.
> (다) 홀수 번호의 학생들은 모두 홀수 번호의 의자에 앉아 있다.

1	2	3	4	5

① 1번 학생은 5번 의자에 앉아 있다.
② 2번 학생은 4번 의자에 앉아 있다.
③ 3번 학생은 3번 의자에 앉아 있다.
④ 4번 학생은 2번 의자에 앉아 있다.
⑤ 5번 학생은 1번 의자에 앉아 있다.

15 다음은 미래교통전략연구소의 교통정책 연구방향과 과제에 관한 글이다. 글에서 획득할 수 있는 정보로 옳지 않은 것은?

지금 인류문명에 새로운 시대가 다가오고 있다. 인공지능, 사물인터넷(IoT), 증강현실(AR) 등 그간 경험하지 않은 신기술이 출현하고 있다. 인간의 역할과 삶의 방식, 사회경제시스템, 산업구조 등을 근본적으로 바꿀 기술이다. 4차 산업혁명은 먼 미래가 아니라 이미 현실화되고 있다. 2016년 겪었던 '알파고 쇼크' 또한 4차 산업혁명이 가져올 변화의 위력을 보여준 사례라고 볼 수 있다.

교통부문도 4차 산업혁명과 무관하지 않다. 교통수단·서비스·운영 등을 혁신할 신 교통기술이 출현하고 있다. 자율주행자동차와 같이 상상이 현실이 되고 있고, 하이퍼루프(Hyperloop)처럼 항공기보다 월등히 빠른 초고속교통수단이 개발 중이다. 신 교통기술의 등장으로 교통체계, 이동행태, 운수산업, 교통안전 등은 급속한 변화가 예상된다.

따라서 미래교통전략연구소는 4차 산업혁명과 신 교통기술이 가진 산업적 의미와 국가 발전에 미치는 영향에 관해 연구할 것이다. 1차 산업혁명의 진행 과정에서는 교통부문이 중요한 변화를 이끌었다. 증기·가솔린자동차, 증기기관차, 동력비행기 등 이전 시기에 없던 신 교통기술이 등장했기 때문이다. 그런 신 교통기술은 산업 측면에서 중요한 의미가 있다. 자동차·철도·항공기산업 등 이전 시기에 없던 신산업이 등장하는 계기가 됐다는 점이다. 그 후 신산업은 20세기를 대표하는 주류산업으로 발전했다. 신 교통기술이 교통부문의 혁신에 한정되지 않고 산업구조 변화와 신산업 발전에 중요한 역할을 하게 되었기 때문이다.

현재 4차 산업혁명의 진행 상황은 1차 산업혁명과 유사하다. 4차 산업혁명을 대표하는 주요 신기술인 자율주행자동차, 드론, 하이퍼루프 등은 교통부문과 관련이 있다. 과거 1차 산업혁명 때 증기·가솔린 자동차, 증기기관차, 동력비행기 등 교통부문에서 신기술이 개발된 것과 같다. 더욱이 신 교통기술이 도로·철도·항공부문을 중심으로 등장하는 점도 1차 산업혁명과 마찬가지다.

1차 산업혁명의 진행 과정에 비추어 볼 때, 4차 산업혁명에서도 신산업이 출현할 것으로 예상된다. 드론, 자율주행자동차, 하이퍼루프 등은 기존에 없던 신 교통기술이기 때문이다. 이들은 신산업으로 발전할 수 있고 21세기 주류산업으로 성장할 가능성이 크다. 그래서 자동차·철도 등과 전혀 관련이 없던 업체들 또한 신 교통기술 사업에 진출하고 개발을 주도하고자 시도한다. 그만큼 신 교통기술이 가진 산업적 가치와 파급력을 주목하고 있다는 것이다. 그리하여 신 교통기술의 산업적 의미와 국가 발전에 미치는 영향에 관한 연구가 필요하고 중요하다.

이처럼 파급력이 크고 폭넓기 때문에 신 교통기술이 가져올 변화에 대한 검토가 필요하기 때문에 미래교통전략연구소는 4차 산업혁명의 진행과 신 교통기술의 출현에 대비하는 전략을 마련해야 한다. 그 중 하나가 '국가 미래교통 전략 2050' 보고서이다. 국가 차원의 미래전략을 수립하는 목적은 4차 산업혁명의 진행과 신 교통기술의 출현을 도전의 기회로 삼고, 4차 교통혁명시대를 선도하기 위함이다. 이를 위해, 한국뿐 아니라 글로벌 차원에서 사회경제·교통물류부문의 메가트렌드를 분석해야 한다. 또한 미래의 교통물류 미래상을 구상하고 그 영향에 관해 제시해야 한다. 그 안에는 미래변화에 대비한 정책방향, 추진과제, 관련 법·제도 정비 그리고 추진계획도 포함한다.

① 국가 차원의 미래전략 수립의 목적
② 신 교통기술에 대비하기 위한 세부전략
③ 1차 산업혁명과 4차 산업혁명의 유사점
④ 4차 산업혁명으로 인한 위력적인 변화 사례
⑤ '국가 미래교통 전략 2050' 보고서 작성 방향

16 아래의 [지문 B]는 [지문 A]의 점선 박스 내의 '부분 자율주행시스템 안전기준 1. ~ 6.'과 관련된 내용이다. 다음 중 [지문 B]의 가. ~ 바.는 각각 어떤 안전기준에 해당하는가?

[지문 A – 국토교통부 보도자료(2020. 1. 3)]

2020년 7월부터는 자동차로유지기능이 탑재된 레벨3 자율차의 출시·판매가 가능해진다. '자동차로유지기능'은 운전자가 운전대를 잡지 않더라도 자율주행시스템이 스스로 안전하게 차선을 유지하면서 주행하고 긴급상황 등에 대응하는 기능이다. 국토교통부는 자율주행차가 안전하게 제작되고 상용화될 수 있도록 부분 자율주행차(레벨3) 안전기준을 세계 최초로 도입했다고 밝혔다.

기존 안전기준상의 첨단조향장치(레벨2)는 운전자를 "지원"하는 기능으로, 차로유지기능을 작동시키더라도 운전자의 책임 아래 운전을 수행하므로 운전대를 잡은 채로 운행해야 하며, 운전대에서 손을 떼면 잠시 후 경고 알람이 울리게 되어 있었다. 이번 부분 자율주행(레벨3) 안전기준 도입을 통해, 지정된 작동영역 안에서는 자율차의 책임 아래 손을 떼고도 지속적인 차로유지 자율주행이 가능해진다.

이번에 제정된 레벨3 안전기준은 국토교통부가 추진한 연구의 성과를 바탕으로 UN 산하 자동차 안전기준국제조화포럼(UN / ECE / WP.29)에서 논의되고 있는 국제 동향과 국내 업계·학계 등 의견수렴을 거쳐 마련되었다.

> 안전기준 1.
부분 자율주행시스템으로 운행 중 운전자가 운전전환을 받아야 하는 고속도로 출구, 예기치 못한 전방의 도로공사 등 시스템 작동영역을 벗어난 상황에 대비하여 운전자 착석 여부 등을 감지하여 운전 가능 여부가 확인되었을 경우에만 작동한다.

> 안전기준 2.
부분 자율주행시스템이 안전하게 자동차로유지기능을 구현할 수 있도록 감지 성능에 따른 최대속도 및 속도에 따른 앞 차량과의 최소안전거리를 제시한다.

> 안전기준 3.
자율주행 중 고속도로 출구와 같이 작동영역을 벗어날 것이 예정된 경우 운전자가 운전하도록 15초 전 경고(운전전환 요구)를 발생시키고, 예상되지 않은 상황(갑작스러운 도로 공사 등)이 발생한 경우에는 즉시 경고(운전전환 요구)한다.

> 안전기준 4.
충돌이 임박한 상황 등 운전자가 운전전환 요구에 대응할 수 있는 시간이 충분하지 않은 경우에는 시스템이 비상운행 기준에 따라 최대한 감속 및 비상조향 등으로 대응한다.

> 안전기준 5.
운전전환 요구에도 불구하고 10초 이내에 운전자의 대응이 없으면 안전을 위해 감속, 비상경고신호 작동 등 위험최소화운행을 시행한다.

> 안전기준 6.
자율주행시스템에 고장이 발생하더라도 안전에 중대한 위험을 끼치지 않도록 시스템 이중화 등을 고려하여 설계한다.

[지문 B]

가. 긴급한 비상 상황의 경우 　　　　　　　　　나. 운전전환 요구 시 경고방법
다. 운전전환 작동 전 준수사항 　　　　　　　라. 시스템 고장에 대비하기 위한 방안
마. 자율주행 시 안전 확보가 필요한 경우 　　바. 운전자 대응이 필요한 상황에서 반응이 없는 경우

	안전기준 1.	안전기준 2.	안전기준 3.	안전기준 4.	안전기준 5.	안전기준 6.
①	가.	나.	라.	바.	다.	마.
②	나.	마.	다.	라.	가.	바.
③	다.	마.	나.	가.	바.	라.
④	마.	라.	나.	바.	다.	가.
⑤	바.	라.	다.	가.	마.	나.

17 다음 중 (가)와 (나)에 들어갈 문서의 종류로 적절한 것은?

___(가)___ 란 어떠한 물품의 구매를 진행해도 좋을지 승낙 받는 문서이고, ___(나)___ 는 ___(가)___ 에 의하여 승낙 받은 물품대금을 지급하겠다는 문서이다. 즉, ___(가)___ 는 ___(나)___ 를 작성하기 전 물품구매의 가능 여부를 승인받는 문서라 할 수 있다. 각각의 서식은 회사마다 규정이 다르기 때문에 다소 차이가 있으나, 엄격히 따져본다면 ___(가)___ 는 사전승인을 받는 것이고, ___(나)___ 는 자금 집행의 결과 및 회계처리를 나타내는 것이다.

	(가)	(나)		(가)	(나)
①	지출품의서	결산보고서	②	구매견적서	정산보고서
③	지출결의서	구매견적서	④	구매품의서	지출결의서
⑤	결산보고서	구매품의서			

18 길이가 6km인 터널의 양쪽에서 150m 길이의 A열차와 200m 길이의 B열차가 동시에 진입하였다. B열차가 터널을 완전히 빠져나오는 시간이 A열차가 터널을 완전히 빠져나오는 시간보다 10초 더 짧았다. B열차가 A열차보다 분당 3km가 더 빠를 때, 터널 안에서 A열차가 B열차를 마주친 순간부터 B열차를 완전히 지나가는데 필요한 시간은?

① 1초   ② 1.5초

③ 2초   ④ 2.5초

⑤ 3초

19 서로 질량이 다른 A ~ F를 양팔 저울에 올려서 비교한 결과는 다음과 같다. 양팔 저울의 오른쪽에 E와 F를 같이 올려 놓았을 때, 양팔 저울의 균형을 맞추기 위해서 왼쪽에 올려 놓아야 할 저울추를 모두 고르면?

> (가) A와 C를 같은 쪽에 올렸을 때는 E를 다른 쪽에 올렸을 때 균형을 이룬다.
> (나) B와 F를 왼쪽에 올렸을 때, C와 E를 오른쪽에 올리면 균형을 이룬다.
> (다) C와 D를 왼쪽에 올렸을 때, A와 F를 오른쪽에 올리면 균형을 이룬다.
> (라) B, C, E를 같은 쪽에 올렸을 때, D, F를 다른 쪽에 올리면 균형을 이룬다.
> (마) A와 D를 왼쪽에 올렸을 때, B와 C를 오른쪽에 올리면 균형을 이룬다.

① A, B, C   ② A, C, D

③ A, B, D   ④ B, C, D

⑤ A, B, C, D

20 다음 투자안은 1년 투자만 가능하고 부분적으로는 투자가 불가능하다. 2,000원을 투자하는 경우 수익이 극대화되는 투자방법은?(단, 투자하고 남는 금액의 수익률은 0%이다)

〈투자별 금액 및 수익률〉

투자안	투자금액	연수익률
A	1,600원	11%
B	1,400원	10%
C	1,200원	9%
D	800원	7%
E	600원	5%

① A   ② B+E

③ C+D   ④ C+E

⑤ D+E

21 다음은 지난 10년간 우리나라 일부 품목의 소비자 물가지수 그래프이다. 자료에 대한 설명으로 옳지 않은 것은?

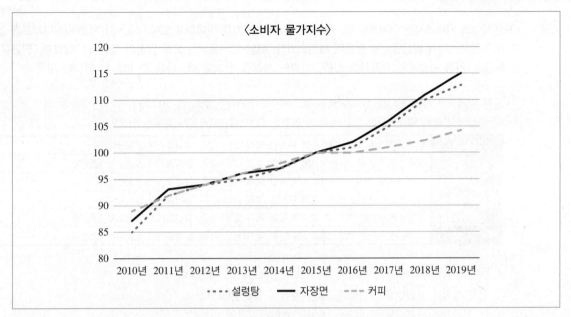

〈소비자 물가지수〉

········ 설렁탕   ── 자장면   ─ ─ ─ 커피

① 제시한 모든 품목의 소비자 물가지수는 2015년 물가를 100으로 하여 등락률을 산정했다.

② 자장면 가격은 2015년 대비 최근까지 가장 많이 오른 음식이다.

③ 설렁탕은 2010년부터 2015년까지 가장 많이 오른 음식이다.

④ 2019년 현재 가장 비싼 품목은 자장면이다.

⑤ 2015년 대비 2019년은 '자장면, 설렁탕, 커피' 순서로 가격이 올랐다.

22 Y프랜차이즈 카페에서는 디저트로 빵, 케이크, 마카롱, 쿠키를 판매하고 있다. 최근 각 지점에서 디저트를 섭취하고 땅콩 알레르기가 발생했다는 민원이 제기되었다. 해당 디저트에는 모두 땅콩이 들어가지 않으며, 땅콩을 사용한 제품과 인접 시설에서 제조하고 있다. 아래의 사례를 참고할 때, 다음 중 반드시 거짓인 것은?

- 땅콩 알레르기 유발 원인이 된 디저트는 빵, 케이크, 마카롱, 쿠키 중 하나이다.
- 각 지점에서 땅콩 알레르기가 있는 손님이 섭취한 디저트와 알레르기 유무는 아래와 같다.

A지점	빵과 케이크를 먹고, 마카롱과 쿠키를 먹지 않은 경우, 알레르기가 발생했다.
B지점	빵과 마카롱을 먹고, 케이크와 쿠키를 먹지 않은 경우, 알레르기가 발생하지 않았다.
C지점	빵과 쿠키를 먹고, 케이크와 마카롱을 먹지 않은 경우, 알레르기가 발생했다.
D지점	케이크와 마카롱을 먹고, 빵과 쿠키를 먹지 않은 경우, 알레르기가 발생했다.
E지점	케이크와 쿠키를 먹고, 빵과 마카롱을 먹지 않은 경우, 알레르기가 발생하지 않았다.
F지점	마카롱과 쿠키를 먹고, 빵과 케이크를 먹지 않은 경우, 알레르기가 발생하지 않았다.

① A, B, D지점의 사례만을 고려하면, 케이크가 알레르기의 원인이다.

② A, C, E지점의 사례만을 고려하면, 빵이 알레르기의 원인이다.

③ B, D, F지점의 사례만을 고려하면, 케이크가 알레르기의 원인이다.

④ C, D, F지점의 사례만을 고려하면, 마카롱이 알레르기의 원인이다.

⑤ D, E, F지점의 사례만을 고려하면, 쿠키는 알레르기의 원인이 아니다.

23 K회사에서는 신입사원이 입사하면 서울 지역 내 5개 지점을 선정하여 순환근무를 하며 업무환경과 분위기를 익히도록 하고 있다. 입사동기인 A～E의 순환근무 상황에 대해 알려진 사실이 다음과 같을 때, 반드시 참인 것은?

- 각 지점에는 한 번에 한 명의 신입사원만 근무할 수 있다.
- 5개의 지점은 강남, 구로, 마포, 잠실, 종로이며, 모든 지점에 한 번씩 배치된다.
- 지금은 세 번째 순환근무 기간이고 현재 근무하는 지점은 다음과 같다.
  [A – 잠실, B – 종로, C – 강남, D – 구로, E – 마포]
- C와 B는 구로에서 근무한 적이 있다.
- D의 다음 근무지는 강남이고, 종로에서 가장 마지막에 근무한다.
- E와 D는 잠실에서 근무한 적이 있다.
- 마포에서 아직 근무하지 않은 사람은 A와 B이다.
- B가 현재 근무하는 지점은 E의 첫 순환근무지이고, E가 현재 근무하는 지점은 A의 다음 순환근무지이다.

① E는 아직 구로에서 근무하지 않았다.
② C는 아직 마포에서 근무하지 않았다.
③ 다음 순환근무 기간에 잠실에서 근무하는 사람은 C이다.
④ 지금까지 강남에서 근무한 사람은 A, E, B이다.
⑤ 강남에서 가장 먼저 근무한 사람은 D이다.

24 다음 중 글에 제시된 '사회적경제'의 개념으로 적절하지 않은 것은?

자연과 공존을 중시하며 환경오염, 기후변화, 자원부족 등을 극복하기 위한 노력이 증대되고 있다. 또한, 자본주의 시장경제의 전개 과정에서 발생한 다양한 사회문제에 대응하여 대안적 삶을 모색하고 공생사회를 지향하는 가치관이 확산되고 있다. 이러한 흐름 속에서 부상한 사회적경제는 이윤의 극대화를 최고 가치로 삼는 시장경제와 달리, 사람의 가치에 우위를 두는 사람 중심의 경제활동이자, 여러 경제주체를 존중하는 다양성의 경제이다. 사회적경제는 국가, 시장, 공동체의 중간 영역으로 정의되기도 한다. 이러한 정의는 사회적경제가 공식 경제와 비공식 경제, 영리와 비영리, 공과 사의 경계에 존재함을 의미하고, 궁극적으로 국가 공동체가 새로운 거버넌스의 원리에 따라 재구성되어야 한다는 것을 의미한다.
최근에 들어 우리 사회뿐만 아니라 세계적 흐름으로 발전하고 있는 사회적경제는 시장경제에 위기가 도래하면 부상하고, 그 위기가 진정되면 가라앉는 특징을 보인다. 복지국가 담론에 대한 회의 혹은 자본주의 시장 실패에 대한 대안이나 보완책으로 자주 거론되고 있다. 또한, 양극화 해소나 일자리 창출 등의 공동이익과 사회적 가치의 실현을 위한 상호협력과 사회연대라는 요구와 관련된다.

① 기존의 복지국가 담론
② 자본주의 시장 실패의 대안 모델
③ 공식 경제와 비공식 경제의 경계
④ 사람의 가치를 존중하는 사람 중심의 경제
⑤ 상호협력과 사회연대를 바탕으로 한 경제적 활동

25 다음 중 글의 내용과 일치하지 않는 것은?

시간 예술이라고 지칭되는 음악에서 템포의 완급은 대단히 중요하다. 동일곡이지만 템포의 기준을 어떻게 잡아서 재현해 내느냐에 따라서 그 음악의 악상은 달라진다. 그런데 이처럼 중요한 템포의 인지 감각도 문화권에 따라, 혹은 민족에 따라서 상이할 수 있으니, 동일한 속도의 음악을 듣고도 누구는 빠르게 느끼는 데 비해서 누구는 느린 것으로 인지하는 것이다. 결국 문화권에 따라서 템포의 인지 감각이 다를 수도 있다는 사실은 바꿔 말해서 서로 문화적 배경이 다르면 사람에 따라 적절하다고 생각하는 모데라토의 템포도 큰 차이가 있을 수 있다는 말과 같다. 한국의 전통 음악은 서양 고전 음악에 비해서 비교적 속도가 느린 것이 분명하다. 대표적 정악곡(正樂曲)인 '수제천 (壽齊天)'이나 '상령산(上靈山)' 등의 음악을 들어보면 수긍할 것이다. 또한, 이 같은 구체적인 음악의 예가 아니더라도 국악의 첫인상을 일단 '느리다'고 간주해 버리는 일반의 통념을 보더라도 전래의 한국 음악이 보편적인 서구 음악에 비해서 느린 것은 틀림없다고 하겠다.

그런데 한국의 전통 음악이 서구 음악에 비해서 상대적으로 속도가 느린 이유는 무엇일까? 이에 대한 해답도 여러 가지 문화적 혹은 민족적인 특질과 연결해서 생각할 때 결코 간단한 문제가 아니겠지만, 여기서는 일단 템포의 계량적 단위인 박(Beat)의 준거를 어디에 두느냐에 따라서 템포 관념의 차등이 생겼다는 가설 하에 설명을 하기로 한다. 한국의 전통 문화를 보면 그 저변의 잠재의식 속에는 호흡을 중시하는 징후가 역력함을 알 수 있는데, 이 점은 심장의 고동을 중시하는 서양과는 상당히 다른 특성이다. 우리의 문화 속에는 호흡에 얽힌 생활 용어가 한두 가지가 아니다. 숨을 한 번 내쉬고 들이마시는 동안을 하나의 시간 단위로 설정하여 일식간(一息間) 혹은 이식간(二息間)이니 하는 양식척(量息尺)을 써 왔다. 그리고 감정이 격앙되었을 때는 긴 호흡을 해서 감정을 누그러뜨리거나 건강을 위해 단전 호흡법을 수련한다. 이것은 모두 호흡을 중시하고 호흡에 뿌리를 둔 문화 양식의 예들이다. 더욱이 심장의 정지를 사망으로 단정하는 서양과는 달리 우리의 경우에는 '숨이 끊어졌다.'는 말로 유명을 달리했음을 표현한다. 이와 같이 확실히 호흡의 문제는 모든 생리 현상에서부터 문화 현상에 이르기까지 우리의 의식 저변에 두루 퍼져있는 민족의 공통적 문화소가 아닐 수 없다.

이와 같은 동서양 간의 상호 이질적인 의식 성향을 염두에 두고 각자의 음악을 관찰해 보면, 서양의 템포 개념은 맥박, 곧 심장의 고동에 기준을 두고 있으며, 우리의 그것은 호흡의 주기, 즉 폐부의 운동에 뿌리를 두고 있음을 알 수 있다. 서양의 경우 박자의 단위인 박을 비트(Beat), 혹은 펄스(Pulse)라고 한다. 펄스라는 말이 곧 인체의 맥박을 의미하듯이 서양 음악은 원초적으로 심장을 기준으로 출발한 것이다. 이에 비해 한국의 전통 음악은 모음 변화를 일으켜 가면서까지 길게 끌며 호흡의 리듬을 타고 있음을 볼 때, 근원적으로 호흡에 뿌리를 둔 음악임을 알 수 있다. 결국 한국 음악에서 안온한 마음을 느낄 수 있는 모데라토의 기준 속도는, 1분간 심장의 박동 수와 호흡의 주기와의 차이처럼, 서양 음악의 그것에 비하면 무려 3배쯤 느린 것임을 알 수 있다.

① 각 민족의 문화에는 민족의식이 반영되어 있다.
② 서양 음악은 심장 박동 수를 박자의 준거로 삼았다.
③ 템포의 완급을 바꾸어도 악상은 변하지 않는다.
④ 우리 음악은 서양 음악에 비해 상대적으로 느리다.
⑤ 우리 음악의 박자는 호흡 주기에 뿌리를 두고 있다.

26 다음 중 밑줄 친 ㉠의 의미와 가장 유사한 것은?

흔히 말하는 결단이란 용기라든가 과단성을 전제로 한다. 거센 세상을 살아가노라면 때로는 중대한 고비가 나타난다. 그럴 때 과감하게 발 벗고 나서서 자신을 ㉠ 던질 수 있는 용기를 통해 결단이 이루어질 수 있을 것이다. 그럼에도 내 자신은 사람됨이 전혀 그렇지 못하다.

① 승리의 여신이 우리 선수들에게 미소를 던졌다.

② 그는 유능한 기사였지만 결국 돌을 던지고 말았다.

③ 최동원은 직구 위주의 강속구를 던지는 정통파 투수였다.

④ 그 사건이 승승장구하던 김 대리의 앞날에 어두운 그림자를 던졌다.

⑤ 물론 인간은 이따금 어떤 추상적인 사상이나 이념에 일생을 던져 몰입하는 수가 있지.

27 K기업 영업부는 야유회에서 4개의 팀으로 나누어서 철봉에 오래 매달리기 시합을 하였다. 각 팀별 기록에 대한 정보가 다음과 같을 때, A팀 4번 선수와 B팀 2번 선수 기록의 평균은?

〈팀별 철봉 오래 매달리기 기록〉

(단위 : 초)

구분	1번 선수	2번 선수	3번 선수	4번 선수	5번 선수
A팀	32	46	42	( )	42
B팀	48	( )	36	53	55
C팀	51	30	46	45	53
D팀	36	50	40	52	42

• C팀의 평균은 A팀보다 3초 길다.
• D팀의 평균은 B팀보다 2초 짧다.

① 39초

② 40초

③ 41초

④ 42초

⑤ 43초

28 신입사원 A는 각 부서별 소모품 구매업무를 맡게 되었다. 아래 자료를 참고할 때, 가장 저렴한 가격에 소모품을 구입할 수 있는 업체는 어디인가?

<소모품별 1회 구매수량 및 구매 제한가격>

구분	A물품	B물품	C물품	D물품	E물품
1회 구매수량	2묶음	3묶음	2묶음	2묶음	2묶음
구매 제한가격	25,000원	5,000원	5,000원	3,000원	23,000원

※ 물품 신청 시 1회 구매수량은 부서에 상관없이 매달 일정하다.(예 A물품은 2묶음, B물품은 3묶음 단위이다)
※ 물품은 제한된 가격 내에서 구매해야 하며, 구매 제한 가격을 넘는 경우에는 구매할 수 없다(단, 총 구매가격에는 제한이 없다).

<소모품 구매 신청서>

구분	A물품	B물품	C물품	D물품	E물품
부서 1	○		○		○
부서 2		○	○	○	
부서 3	○		○	○	○
부서 4		○	○		○
부서 5	○		○	○	○

<소모품 구매 신청서>

(단위 : 원)

구분	A물품	B물품	C물품	D물품	E물품
가 업체	12,400	1,600	2,400	1,400	11,000
나 업체	12,200	1,600	2,450	1,400	11,200
다 업체	12,400	1,500	2,550	1,500	11,500
라 업체	12,500	1,500	2,400	1,300	11,300
마 업체	12,300	1,700	2,500	1,500	11,100

※ 물품 단가는 한 묶음 당 가격이다.

① 가 업체   ② 나 업체
③ 다 업체   ④ 라 업체
⑤ 마 업체

29 다음은 우리나라 19세 이상 성인의 흡연율과 고위험 음주율을 조사한 자료이다. 제시된 자료에 대한 해석으로 옳지 않은 것은?

〈연도별 19세 이상 성인의 흡연율과 고위험 음주율〉

(단위 : %)

구분	흡연율			고위험 음주율		
	전체	남자	여자	전체	남자	여자
2011년	26.3	46.8	6.5	13.6	23.1	4.4
2012년	25.0	43.3	7.4	13.4	21.9	5.3
2013년	23.2	41.4	5.7	11.9	19.4	4.8
2014년	23.3	42.3	5.1	13.1	20.6	5.9
2015년	21.6	38.3	5.3	12.7	20.5	5.1
2016년	22.6	39.4	6.1	13.2	21.2	5.4

※ 고위험 음주율 : 1회 평균 음주량이 남자 7잔 이상, 여자 5잔 이상이며, 주 2회 이상 음주

〈2016년 연령대별 흡연율과 고위험 음주율〉

(단위 : %)

구분	흡연율			고위험 음주율		
	전체	남자	여자	전체	남자	여자
19 ~ 29세	25.4	41.7	7.2	13.8	17.7	9.6
30 ~ 39세	30.4	51.5	7.6	16.4	23.5	8.6
40 ~ 49세	25.0	43.9	5.6	15.8	25.7	5.7
50 ~ 59세	22.7	38.2	7.1	15.4	26.0	4.9
60 ~ 69세	14.6	25.7	4.0	9.0	17.5	0.9
70세 이상	9.1	18.0	3.4	2.7	6.3	0.3

① 2016년 50대 이상 연령대의 전체 흡연율 합은 연도별 19세 이상 성인의 전체 흡연율보다 낮다.

② 2016년 여자의 경우, 연령대가 높아질수록 고위험 음주율은 감소한다.

③ 2016년 고위험 음주율은 남자는 50대, 여자는 19 ~ 29세 연령대에서 가장 높다.

④ 2016년 19세 이상 성인의 전체 흡연율 및 고위험 음주율은 2011년 대비 감소하였다.

⑤ 조사기간 중 19세 이상 성인의 흡연율은 남자는 2011년도, 여자는 2012년도에 가장 높다.

30 해외로 출장을 가는 김 대리는 다음과 같이 이동하려고 계획하고 있다. 연착 없이 계획대로 출장지에 도착했다면, 도착했을 때의 현지 시각은?

• 서울 시각으로 5일 오후 1시 35분에 출발하는 비행기를 타고, 경유지 한 곳을 거쳐 출장지에 도착한다.

• 경유지는 서울보다 1시간 빠르고, 출장지는 경유지보다 2시간 느리다.

• 첫 번째 비행은 3시간 45분이 소요된다.

• 경유지에서 3시간 50분을 대기하고 출발한다.

• 두 번째 비행은 9시간 25분이 소요된다.

---

① 오전 5시 35분   ② 오전 6시

③ 오후 5시 35분   ④ 오후 6시

⑤ 오전 7시

PART 1

2021년 코레일
기출복원문제

| 01 | 사무영업직

정답 및 해설 p.40

| 의사소통능력(하반기)

01 다음 글의 핵심 내용으로 옳은 것은?

> BMO 금속 및 광업 관련 리서치 보고서에 따르면 최근 가격 강세를 지속해 온 알루미늄, 구리, 니켈 등 산업금속들이 4분기 중 공급부족 심화와 가격 상승세가 전망된다. 산업금속이란 산업에 필수적으로 사용되는 금속들을 말하는데, 앞서 제시한 알루미늄, 구리, 니켈뿐만 아니라 비교적 단단한 금속에 속하는 은이나 금 등도 모두 산업에 많이 사용될 수 있는 금속이므로 산업금속의 카테고리에 속한다고 할 수 있다. 이러한 산업금속은 물품을 생산하는 기계의 부품으로서 필요하기도 하고, 전자제품 등의 소재로 쓰이기도 하기 때문에 특정 분야의 산업이 활성화되면 특정 금속의 가격이 뛰거나 심각한 공급난을 겪기도 한다.
>
> 지난 4일 금융투자업계에 따르면 최근 전세계적인 경제 회복 조짐과 함께 탈 탄소 트렌드, 즉 '그린 열풍'에 따른 수요 증가로 산업금속 가격이 초강세이다. 런던금속거래소에서 발표한 자료에 따르면 올해 들어 지난달까지 알루미늄은 20.7%, 구리는 47.8%, 니켈은 15.9% 각 가격이 상승했다. 자료에서도 알 수 있듯이 구리 수요를 필두로 알루미늄, 니켈 등 전반적인 산업금속 섹터의 수요량이 증가하였다. 이는 전기자동차 산업의 확충과 관련이 있다. 전기자동차의 핵심적인 부품인 배터리를 만드는 데 구리와 니켈이 사용되기 때문이다. 이때, 배터리 소재 중 니켈의 비중을 높이면 배터리의 용량을 키울 수 있으나 배터리의 안정성이 저하된다. 기존의 전기자동차 배터리는 니켈의 사용량이 높았기 때문에 더욱 안정성 문제가 제기되어 왔다. 그래서 연구 끝에 적정량의 구리를 배합하는 것이 배터리 성능과 안정성을 모두 향상시키기 위해서 중요하다는 것을 밝혀내었다. 구리가 전기자동차 산업의 핵심 금속인 셈이다.
>
> 이처럼 전기자동차와 배터리 등 친환경 산업에 필수적인 금속들의 수요는 증가하는 반면, 세계 각국의 환경 규제 강화로 인해 금속의 생산은 오히려 감소하고 있기 때문에 산업금속에 대한 공급난과 가격 인상이 우려되고 있다.

① 전기자동차의 배터리 성능을 향상하는 기술
② 세계적인 '그린 열풍' 현상 발생의 원인
③ 필수적인 산업금속 공급난으로 인한 문제
④ 전기자동차 확충에 따른 구리 수요의 증가 상황
⑤ 탈 탄소 산업의 대표 주자인 전기자동차 산업

02 다음 글에서 공공재·공공자원의 실패에 대한 해결책으로 옳지 않은 것은?

재화와 서비스는 소비를 막을 수 있는지에 따라 배제성이 있는 재화와 배제성이 없는 재화로 분류한다. 또 어떤 사람이 소비하면 다른 사람이 소비할 기회가 줄어드는지에 따라 경합성이 있는 재화와 경합성이 없는 재화로 구분한다. 공공재는 배제성과 경합성이 없는 재화이며, 공공자원은 배제성이 없으면서 경합성이 있는 재화이다.

공공재는 수많은 사람에게 일정한 혜택을 주는 것으로 사회적으로 반드시 생산돼야 하는 재화이다. 하지만 공공재는 '무임 승차자' 문제를 낳는다. 무임 승차자 문제란 사람들이 어떤 재화와 서비스의 소비로 일정한 혜택을 보지만, 어떤 비용도 지불하지 않는 것을 말한다. 이런 공공재가 가진 무임 승차자 문제 때문에 공공재는 사회 전체가 필요로 하는 수준보다 부족하게 생산되거나 아예 생산되지 않을 수 있다. 어떤 사람이 막대한 비용을 들여 누구나 공짜로 소비할 수 있는 국방 서비스, 치안 서비스 같은 공공재를 제공하려고 하겠는가.

공공재와 마찬가지로 공공자원 역시 원하는 사람이면 누구나 공짜로 사용할 수 있다. 그러나 어떤 사람이 공공자원을 사용하면 다른 사람은 사용에 제한을 받는다. 배제성은 없으나 재화의 경합성만이 존재하는 이러한 특성 때문에 공공자원은 '공공자원의 비극'이라는 새로운 형태의 문제를 낳는다. 공공자원의 비극이란 모두가 함께 사용할 수 있는 공공자원을 아무도 아껴 쓰려고 노력하지 않기 때문에 머지않아 황폐해지고 마는 현상이다.

바닷속의 물고기는 어느 특정한 사람의 소유가 아니기 때문에 누구나 잡을 수 있다. 먼저 잡는 사람이 임자인 셈이다. 하지만 물고기의 수량이 한정돼 있다면 나중에 잡는 사람은 잡을 물고기가 없을 수도 있다. 이런 생각에 너도 나도 앞다투어 물고기를 잡게 되면 얼마 가지 않아 물고기는 사라지고 말 것이다. 이른바 공공자원의 비극이 발생하는 것이다. 공공자원은 사회 전체가 필요로 하는 수준보다 지나치게 많이 자원을 낭비하는 결과를 초래한다.

이와 같은 공공재와 공공자원이 가지는 문제를 해결하는 방안은 무엇일까? 공공재는 사회적으로 매우 필요한 재화와 서비스인데도 시장에서 생산되지 않는다. 정부는 공공재의 특성을 가지는 재화와 서비스를 직접 생산해 공급한다. 예를 들어 정부는 국방, 치안 서비스 등을 비롯해 철도, 도로, 항만, 댐 등 원활한 경제 활동을 간접적으로 뒷받침해 주는 사회간접자본을 생산한다. 이때 사회간접자본의 생산량은 일반적인 상품의 생산량보다 예측이 까다로울 수 있는데, 이용하는 사람이 국민 전체이기 때문에 그 수가 절대적으로 많을 뿐만 아니라 배제성과 경합성이 없는 공공재로서의 성격을 띠기 때문에 그러한 면도 있다. 이러한 문제를 해결하기 위해서 국가는 공공투자사업 전 사회적 편익과 비용을 분석하여 적절한 사업의 투자 규모 및 진행 여부를 결정한다.

공공자원은 어느 누구의 소유도 아니다. 너도 나도 공공자원을 사용하면 금세 고갈되고 말 것이다. 정부는 각종 규제로 공공자원을 보호한다. 공공자원을 보호하기 위한 규제는 크게 사용 제한과 사용 할당으로 구분할 수 있다. 사용 제한은 공공자원을 민간이 이용할 수 없도록 막아두는 것이다. 예를 들면 주인이 없는 산을 개발 제한 구역으로 설정하여 벌목을 하거나 개발하여 수익을 창출하는 행위를 할 수 없도록 하는 것이다. 사용 할당은 모두가 사용하는 것이 아닌, 일정 기간에 일정한 사람만 사용할 수 있도록 이용 설정을 해두는 것을 말한다. 예를 들어 어부가 포획할 수 있는 수산물의 수량과 시기를 정해 놓는 법이 있다. 이렇게 되면 무분별하게 공공자원이 사용되는 것을 피하고 사회적으로 필요한 수준에서 공공자원을 사용할 수 있다.

① 항상 붐비는 공용 주차장을 요일별로 이용 가능한 자동차를 정하여 사용한다.
② 주인 없는 목초지에서 풀을 먹일 수 있는 소의 마리 수를 제한한다.
③ 치안 불안 해소를 위해 지역마다 CCTV를 설치한다.
④ 가로수의 은행을 따는 사람들에게 벌금을 부과한다.
⑤ 국립공원에 사는 야생동물을 사냥하지 못하도록 하는 법을 제정한다.

03 다음 글의 논지를 강화하기 위한 내용으로 옳지 않은 것은?

> 뉴턴은 이렇게 말했다. "플라톤은 내 친구이다. 아리스토텔레스는 내 친구이다. 하지만 진리야말로 누구보다 소중한 내 친구이다." 케임브리지에서 뉴턴에게 새로운 전환점을 준 사람이 있다. 수학자이며 당대 최고의 교수였던 아이작 배로우(Isaac Barrow)였다. 배로우는 뉴턴에게 수학과 기하학을 가르치고 그의 탁월함을 발견하여 후원자가 됐다. 이처럼 뉴턴은 타고난 천재가 아니라, 자신의 피나는 노력과 위대한 스승들의 도움을 통해 후천적으로 키워진 것이다.
>
> 뉴턴이 시대를 관통하는 천재로 여겨진 것은 "사과는 왜 땅에 수직으로 떨어질까?"라는 질문에서 시작했다. 이 질문을 던진 지 20여 년이 지나고 마침내 모든 물체가 땅으로 떨어지는 것은 지구 중력에 의한 만유인력이라는 개념을 발견한 것이 계기가 되었다. 사과가 떨어지는 것을 관찰하여 온갖 질문을 던지고, 새로운 가설을 만든 후에 그것을 증명하기 위해 오랜 시간 연구하고 실험을 한 결과가 위대한 발견으로 이어진 것이다. 위대한 발명이나 발견은 어느 한 순간 섬광처럼 오는 것이 아니다. 시작 단계의 작은 아이디어가 질문과 논쟁을 통해 점차 다른 아이디어들과 충돌하고 합쳐지면서 숙성의 시간을 갖고, 그런 후에야 세상에 유익한 발명이나 발견이 나오는 것이다.
>
> 이전부터 천재가 선천적인 것인지, 후천적인 것인지에 관한 논란은 계속되어 왔다. 과거에는 천재가 신적인 영감을 받아 선천적으로 탄생한다는 주장이 힘을 얻었다. 플라톤의 저서 『이온』에도 음유 시인이 기술이나 지식이 아닌 신적인 힘과 영감을 받는 존재임이 언급된다. 그러나 아리스토텔레스의 『시학』은 『이온』과 조금 다른 관점을 취하고 있다. 기본적으로 시가 모방미학이라는 입장은 같지만, 아리스토텔레스는 이것이 신적인 힘을 모방한 것이 아닌 인간의 모방이라고 믿었다.
>
> 최근 연구에 의하면 천재라 불리는 모든 사람들이 선천적으로 타고난 것이 아니고 후천적인 학습을 통해 수준을 점차 더 높은 단계로 발전시켰다고 한다. 선천적 재능과 후천적 학습을 모두 거친 절충적 천재가 각광받는 것이다. 이것이 우리에게 주는 시사점은 비록 지금은 창의적이지 않더라도 꾸준히 포기하지 말고 창의성을 개발하고 실현하는 방법을 배워서 실천한다면 모두가 창의적인 사람이 될 수 있다는 교훈이다. 타고난 천재가 아니고 훈련과 노력으로 새롭게 태어나는 창재(창의적인 인재)로 거듭나야 한다.

① 칸트는 천재가 선천적인 것이라고 하였다.
② 세계적인 발레리나 강수진은 고된 연습으로 발이 기형적으로 변해버렸다.
③ 1만 시간의 법칙은 한 분야에서 전문가가 되기 위해서는 최소 1만 시간의 훈련이 필요하다는 것이다.
④ 뉴턴뿐만 아니라 아인슈타인 역시 끊임없는 연구와 노력을 통해 천재로 인정받았다.
⑤ 신적인 것보다 연습이 영감을 가져다주는 경우가 있다.

04 (가) ~ (마)에 들어갈 말로 적절하지 않은 것은?

> "언론의 잘못된 보도나 마음에 들지 않는 논조조차도 그것이 토론되는 과정에서 옳은 방향으로 흘러가게끔 하는 것이 옳은 방향이다." 문재인 대통령이 야당 정치인이었던 2014년, 서울외신기자클럽(SFCC) 토론회에 나와 마이크에 대고 밝힌 공개 입장이다. 언론은 _____(가)_____ 해야 한다. 이것이 지역 신문이라 할지라도 언론이 표준어를 사용하는 이유이다.
>
> 2021년 8월 25일, 언론중재법 개정안이 국회 본회의를 통과할 것이 확실시된다. 정부 침묵으로 일관해 왔다. 청와대 핵심 관계자들은 이 개정안에 대한 입장을 묻는 국내 일부 매체에 영어 표현인 "None of My Business"라는 답을 내놨다고 한다.
>
> 그사이 이 개정안에 대한 국제 사회의 _____(나)_____ 은/는 높아지고 있다. 이 개정안이 시대착오적이며 대권의 오남용이고 더 나아가 아이들에게 좋지 않은 영향을 줄 수 있다는 것이 논란의 요지이다. SFCC는 지난 20일 이사회 전체 명의로 성명을 냈다. 그 내용을 그대로 옮기자면 다음과 같다. "_____(다)_____ 내용을 담은 언론중재법 개정안을 국회에서 강행 처리하려는 움직임에 깊은 우려를 표한다."며 "이 법안이 국회에서 전광석화로 처리되기보다 '돌다리도 두들겨 보고 건너라.'는 한국 속담처럼 심사숙고하며 _____(라)_____ 을/를 기대한다."고 밝혔다.
>
> 다만, 언론이 우리 사회에서 발생하는 다양한 전투만을 중계하는 것으로 기능하는 건 _____(마)_____ 우리나라뿐만 아니라 일본 헌법, 독일 헌법 등에서 공통적으로 말하는 것처럼 언론이 자유를 가지고 대중에게 생각할 거리를 끊임없이 던져주어야 한다. 이러한 언론의 기능을 잘 수행하기 위해서는 언론의 힘과 언론에 가해지는 규제의 정도가 항상 적절하도록 절제하는 법칙이 필요하다.

① (가) – 모두가 읽기 쉽고 편향된 어조를 사용하는 것을 지양
② (나) – 규탄의 목소리
③ (다) – 언론의 자유를 심각하게 위축시킬 수 있는
④ (라) – 보편화된 언어 사용
⑤ (마) – 바람직하지 않다.

05 (가) ~ (마) 문단에 대한 설명으로 옳은 것은?

(가) 현재 각종 SNS 및 동영상 게재 사이트에서 흔하게 접할 수 있는 콘텐츠 중 하나가 ASMR이다. 그러다 보니 자주 접하는 ASMR의 이름의 뜻에 대해 다수의 네티즌들이 궁금해 하고 있다. ASMR은 자율감각 쾌락반응으로, 뇌를 자극해 심리적인 안정을 유도하는 것을 말한다.

(나) 힐링을 얻고자 하는 청취자들이 ASMR의 특정 소리를 들으면 이 소리가 일종의 트리거(Trigger)로 작용해 팅글(Tingle : 기분 좋게 소름 돋는 느낌)을 느끼게 한다. 트리거로 작용하는 소리는 사람에 따라 다를 수 있다. 이는 청취자마다 삶의 경험이나 취향 등에서 뚜렷한 차이를 보이기 때문이다.

(다) ASMR 현상은 시각적, 청각적 혹은 인지적 자극에 반응한 뇌가 신체 뒷부분에 분포하는 자율 신경계에 신경 전달 물질을 촉진하며 심리적 안정감을 느끼게 한다. 일상생활에서 편안하게 느꼈던 소리를 들으면, 그때 느낀 긍정적인 감정을 다시 느끼면서 스트레스 정도를 낮출 수 있고 불면증과 흥분 상태 개선에 도움이 되며 안정감을 받을 수 있다. 소곤소곤 귓속말하는 소리, 자연의 소리, 특정 사물을 반복적으로 두드리는 소리 등이 담긴 영상 속 소리 등을 예로 들 수 있다.

(라) 최근 유튜버를 비롯한 연예인들이 ASMR 코너를 만들어 대중과 소통 중이다. 요즘은 청포도 젤리나 교효 젤리 등 식감이나 씹는 소리가 좋은 음식으로 먹방 ASMR을 하기도 한다. 많은 사람들이 ASMR을 진행하기 때문에 인기 있는 ASMR 콘텐츠가 되기 위해서는 세분화된 분야를 공략하거나 다른 사람들과 차별화하는 전략이 필요하게 되었다.

(마) 독특한 ASMR 채널로 대중의 사랑을 받고 있는 것은 공감각적인 ASMR이다. 공감각은 시각, 청각, 촉각 등 우리의 오감 중에서 하나의 감각만을 자극하는 것이 아니라, 2개 이상의 감각이 결합하여 자극받을 수 있도록 하는 것이다. 공감각적인 ASMR이 많은 인기를 끌고 있는 만큼 앞으로의 ASMR 콘텐츠들은 공감각적인 콘텐츠로 대체될 것이라는 이야기가 대두되었다.

---

① (가) - ASMR을 자주 접하는 사람들의 특징은 일상에 지친 현대인이다.
② (나) - 많은 사람들이 선호하는 트리거는 소곤거리는 소리이다.
③ (다) - 신체의 자율 신경계가 뇌에 특정 신경 전달 물질을 전달한다.
④ (라) - 연예인들은 일반인보다 ASMR에 많이 도전하는 경향이 있다.
⑤ (마) - 공감각적인 경험을 바탕으로 한 ASMR로 대체될 전망이다.

06 다음 중 그리스 수학에 대한 내용으로 옳은 것은?

> '20세기 최고의 수학자'로 불리는 프랑스의 장피에르 세르 명예교수는 경북 포항시 효자동에 위치한 포스텍 수리과
> 학관 3층 교수 휴게실에서 '수학이 우리에게 왜 필요한가.'를 묻는 첫 질문에 이같이 대답했다.
> "교수님은 평생 수학의 즐거움, 학문(공부)하는 기쁨에 빠져 있었죠. 후회는 없나요? 수학자가 안 됐으면 어떤 인생
> 을 살았을까요?"
> "내가 굉장히 좋아했던 선배 수학자가 있었어요. 지금은 돌아가셨죠. 그분은 라틴어와 그리스어 등 언어에 굉장히
> 뛰어났습니다. 그만큼 재능이 풍부했지만 본인은 수학 외엔 다른 일을 안 하셨어요. 나보다 스무 살 위의 앙드레
> 베유 같은 이는 뛰어난 수학적 재능을 타고 태어났습니다. 하지만 나는 수학적 재능은 없는 대신 호기심이 많았습니
> 다. 누가 써놓은 걸 이해하려 하기보다 새로운 걸 발견하는 데 관심이 있었죠. 남이 이미 해놓은 것에는 별로 흥미가
> 없었어요. 수학 논문들도 재미있어 보이는 것만 골라서 읽었으니까요."
> "학문이란 과거의 거인들로부터 받은 선물을 미래의 아이들에게 전달하는 일이라고 누군가 이야기했습니다. 그 비
> 유에 대해 어떻게 생각하세요?"
> "학자의 첫 번째 임무는 새로운 것을 발견하려는 진리의 추구입니다. 전달(교육)은 그다음이죠. 우리는 발견한 진리
> 를 혼자만 알고 있을 게 아니라, 출판(Publish : 넓은 의미의 '보급'에 해당하는 원로학자의 비유)해서 퍼트릴 의무
> 는 갖고 있습니다."
> 장피에르 교수는 고대부터 이어져 온 고대 그리스 수학자의 정신을 잘 나타내고 있다고 볼 수 있다. 그가 생각하는
> 학자에 대한 입장처럼 고대 그리스 수학자들에게 수학과 과학은 사람들에게 새로운 진리를 알려주고 놀라움을 주는
> 것이었다. 이때의 수학자들에게 수학이라는 학문은 순수한 앎의 기쁨을 깨닫게 해 주는 것이었다. 그래서 고대 그리
> 스에서는 수학을 연구하는 다양한 학파가 등장했을 뿐만 아니라 많은 사람의 연구를 통해 짧은 시간에 폭발적인
> 혁신을 이룩할 수 있었다.

① 그리스 수학을 연구하는 학파는 그리 많지 않았다.
② 그리스의 수학자들은 학문적 성취보다는 교육을 통해 후대를 양성하는 것에 집중했다.
③ 그리스 수학은 장기간에 걸쳐 점진적으로 발전하였다.
④ 고대 수학자들에게 수학은 새로운 사실을 발견하는 순수한 학문적 기쁨이었다.
⑤ 그리스 수학은 도형 위주로 특히 폭발적인 발전을 했다.

07 다음 중 글의 내용으로 옳은 것은?

> 미국 로체스터대 교수 겸 노화연구센터 공동책임자인 베라 고부노바는 KAIST 글로벌전략연구소가 '포스트 코로나, 포스트 휴먼 – 의료·바이오 혁명'을 주제로 개최한 제3차 온라인 국제포럼에서 "대다수 포유동물보다 긴 수명을 가진 박쥐는 바이러스를 체내에 보유하고 있으면서도 염증 반응이 일어나지 않는다."며 "박쥐의 염증 억제 전략을 생물학적으로 이해하면 코로나19는 물론 자가면역질환 등 다양한 염증 질환 치료제에 활용할 수 있을 것"이라고 말했다.
>
> 박쥐는 밀도가 높은 군집 생활을 한다. 또한, 포유류 중 유일하게 날개를 지닌 생물로서 뛰어난 비행 능력과 비행 중에도 고온의 체온을 유지하는 것 등의 능력으로 먼 거리까지 무리를 지어 날아다니기 때문에 쉽게 질병에 노출되기도 한다. 그럼에도 오랜 기간 지구상에 존재하며 바이러스에 대항하는 면역 기능이 발달된 것으로 추정된다. 박쥐는 에볼라나 코로나바이러스에 감염돼도 염증 반응이 일어나지 않기 때문에 대표적인 바이러스 숙주로 지목되고 있다.
>
> 고부노바 교수는 "인간이 도시에 모여 산 것도, 비행기를 타고 돌아다닌 것도 사실상 약 100년 정도로 오래되지 않아 박쥐만큼 바이러스 대항 능력이 강하지 않다."며 "박쥐처럼 약 6,000 ~ 7,000만 년에 걸쳐 진화할 수도 없다."고 설명했다. 그러면서 "박쥐 연구를 통해 박쥐의 면역체계를 이해하고 바이러스에 따른 다양한 염증 반응 치료제를 개발하는 전략이 필요하다."고 강조했다.
>
> 고부노바 교수는 "이 같은 비교생물학을 통해 노화를 억제하고 퇴행성 질환에 대응하기 위한 방법을 찾을 수 있다."며 "안전성이 확인된 연구 결과물들을 임상에 적용해 더욱 발전해 나가는 것이 필요하다."고 밝혔다.

① 박쥐의 수명은 긴 편이지만 평균적인 포유류 생물의 수명보다는 짧다.
② 박쥐는 날개가 있는 유일한 포유류지만 짧은 거리만 날아서 이동이 가능하다.
③ 박쥐는 현재까지도 바이러스에 취약한 생물이지만 긴 기간 지구상에 존재할 수 있었다.
④ 박쥐가 많은 바이러스를 보유하고 있는 것은 무리생활과 더불어 수명과도 관련이 있다.
⑤ 박쥐의 면역은 인간에 직접 적용할 수 없기에 연구가 무의미하다.

08 다음 글의 서술 방식의 특징으로 옳은 것은?

> 현대의 도시에서는 정말 다양한 형태를 가진 건축물들을 볼 수 있다. 형태뿐만 아니라 건물 외벽에 주로 사용된 소재 또한 유리나 콘크리트 등 다양하다. 이렇듯 현대에는 몇 가지로 규정하는 것이 아예 불가능할 만큼 다양한 건축양식이 존재한다. 그러나 다양하고 복잡한 현대의 건축양식에 비해 고대의 건축양식은 매우 제한적이었다. 그리스 시기에는 주주식, 주열식, 원형식 신전을 중심으로 몇 가지의 공통된 건축양식을 보인다. 이러한 신전 중심의 그리스 건축양식은 시기가 지나면서 다른 건축물에 영향을 주었다. 신전에만 쓰이던 건축양식이 점차 다른 건물들의 건축에도 사용이 되며 확대되었던 것이다. 대표적으로 그리스 연못으로 신전에 쓰이던 기둥의 양식들을 바탕으로 회랑을 구성하기도 하였다.
>
> 헬레니즘 시기를 맞이하면서 건축양식을 포함하여 예술 분야가 더욱 발전하며 고대 그리스 시기에 비해 다양한 건축양식이 생겨났다. 뿐만 아니라 건축 기술이 발달하면서 조금 더 다양한 형태의 건축이 가능해졌다. 다층구조나 창문이 있는 벽을 포함한 건축양식 등 필요에 따라서 실용적이고 실측적인 건축양식이 나오기 시작한 것이다. 또한 연극의 유행으로 극장이나 무대 등의 건축양식도 등장하기 시작하였다.
>
> 로마 시대에 이르러서는 원형 경기장이나 온천, 목욕탕 등 특수한 목적을 가진 건축물들에도 아름다운 건축양식이 적용되었다. 현재에도 많은 사람들이 관광지로서 찾을 만큼, 로마시민들의 위락시설들에는 다양하고 아름다운 건축양식들이 적용되었다.

① 역사적 순서대로 주제의 변천에 대해서 서술하고 있다.
② 전문가의 말을 인용하여 신뢰도를 높이고 있다.
③ 비유적인 표현 방법을 사용하여 문학적인 느낌을 주고 있다.
④ 현대에서 찾을 수 있는 건축물의 예시를 들어 독자의 이해를 돕고 있다.
⑤ 각 시대별 건축양식을 비교하여 서술하고 있다.

09 다음 글의 제목으로 가장 적절한 것은?

요즘은 대체의학의 홍수시대라고 하여도 지나친 표현이 아니다. 우리가 먹거나 마시는 대부분의 비타민제나 건강음료 및 건강보조식품이 대체의학에서 나오지 않은 것이 없을 정도이니 말이다. 이러한 대체요법의 만연으로 한의계를 비롯한 제도권 의료계에서는 많은 경제적 위협을 받고 있다.

대체의학에 대한 정의는 일반적으로 현대의학의 표준화된 치료 이외에 환자들이 이용하는 치료법으로써 아직 증명되지는 않았으나, 혹은 일반 의료의 보조요법으로 과학자나 임상의사의 평가에 의해 증명되지는 않았으나 현재 예방, 진단, 치료에 사용되는 어떤 검사나 치료법 등을 통틀어 지칭하는 용어로 알려져 있다.

그러나 요즈음 우리나라에서 말하는 대체의학은 한마디로 정의하여 전통적인 한의학과 서양의학이 아닌 그 외의 의학을 통틀어 대체의학이라 부르고 있다. 원래는 1970년대 초반 동양의학의 침술이 미국의학계와 일반인들에게 유입되고 특별한 관심을 불러일으키면서 서양의학자들은 이들의 혼잡을 정리하기 위해 서양의학 이외의 다양한 전통의학과 민간요법을 통틀어 '대체의학'이라 부르기 시작했다. 그런 이유로 구미 각국에서는 한의학도 대체의학에 포함시키고 있으나 의료 이원화된 우리나라에서만은 한의학도 제도권 내의 공식 의학에 속하기 때문에 대체의학에서는 제외되고 있다.

서양에서 시작된 대체의학은 서양의 정통의학에서 부족한 부분을 보완하거나 대체할 새로운 치료의학에 대한 관심으로 시작하였으나 지금의 대체의학은 질병을 관찰함에 있어 부분적이기 보다는 전일(全一)적이며 질병 중심적이기 보다는 환자 중심적이고 인위적이기 보다는 자연적인 치료를 주장하는 인간중심의 한의학에 관심을 갖게 되면서 전반적인 상태나 영양 등은 물론 환자의 정신적, 사회적, 환경적인 부분까지 관찰하여 조화와 균형을 이루게 하는 치료법으로 거듭 진화하고 있으며 현재는 보완대체의학에서 보완통합의학으로, 다시 통합의학이라는 용어로 변모되어가고 있다.

대체의학을 분류하는 방법이 다양하지만 서양에서 분류한 세 가지 유형으로 구분하여 대표적인 것들을 소개하자면 다음과 같다. 첫째, 동양의학적 보완대체요법으로 침술, 기공치료, 명상요법, 요가, 아유르베다 의학, 자연요법, 생약요법, 아로마요법, 반사요법, 봉침요법, 접촉요법, 심령치료법, 기도요법 등이며 둘째, 서양의학적 보완대체요법으로는 최면요법, 신경 – 언어 프로그램 요법, 심상유도 요법, 바이오피드백 요법(생체되먹이 요법), 분자정형치료, 응용운동학, 중금속제거 요법, 해독요법, 영양보충 요법, 효소요법, 산소요법, 생물학적 치과치료법, 정골의학, 족부의학, 근자극요법, 두개천골자극 요법, 에너지의학, 롤핑요법, 세포치료법, 테이핑요법, 홍채진단학 등이 있고 셋째, 동서의학 접목형 보완대체요법으로는 동종요법, 양자의학, 식이요법, 절식요법, 주스요법, 장요법, 수치료, 광선요법, 뇨요법 등의 치료법이 있고, 요즘은 여기에다 미술치료, 음악치료 등의 새로운 치료법이 대두되고 있으며 이미 일부의 양·한방 의료계에서는 이들 중의 일부를 임상에 접목시키고 있다.

그러나 한의학으로 모든 질병을 정복하려는 우를 범해서는 아니 된다. 한의학으로 모든 질병이 정복되어진다면 서양의학이 존재할 수 없으며 대체의학이 새롭게 21세기를 지배할 이유가 없다. 한의학은 대체의학이 아니다. 마찬가지로 대체의학 역시 한의학이 아니며 서양의학도 아니다. 대체의학은 새로운 의학이다. 우리가 개척하고 정복해야 할 미지의 의학이다.

① 대체의학의 의미와 종류
② 대체의학이 지니는 문제점
③ 대체의학에 따른 부작용 사례
④ 대체의학의 한계와 개선방향
⑤ 대체의학의 연구 현황과 미래

10 다음 글의 내용과 일치하는 것은?

플라톤의 '파이드로스'에는 소크라테스가 파이드로스에게 문자의 발명에 관한 옛 이야기를 하는 대목이 있다. 이 옛 이야기에 따르면 문자뿐 아니라 숫자와 여러 문명의 이기를 고안해낸 발명의 신(토이트)이 이집트의 왕(타무스)에게 자신이 발명한 문자를 온 백성에게 사용하게 하면 이집트 백성이 더욱더 현명하게 될 것이라는 이야기를 한다. 그러나 타무스왕은 문자는 인간을 더욱 이성적이게 하고 인간의 기억을 확장시킬 도구라는 토이트신의 주장에 대해 강한 거부감을 표현한다. '죽은' 문자는 백성들을 현명하게 만들기는커녕 도리어 생동감 있고 살아있는 기억력을 퇴보시킬 것이고, 문자로 적혀진 많은 글들을 다른 여타의 상황해석 없이 그저 글로 적혀진 대로만 읽게 되어 원뜻과는 동떨어지게 된다는 오해의 소지가 다분하다는 것이다.

우리 시대의 주요한 화두이기도한 구어문화(Orality)에 대립되는 문자문화(Literacy)의 비역동성과 수동성에 대한 비판은 이제 막 알파벳이 보급되고 문자문화가 전래의 구술적 신화문화를 대체한 플라톤 시기에 이미 논의되어진 것이다. 실제의 말과 사고는 본질적으로 언제나 실제 인간끼리 주고받는 콘텍스트하에 존재하는데, 문자와 글쓰기는 이러한 콘텍스트를 떠나 비현실적이고 비자연적인 세계 속에서 수동적으로 이뤄진다. 글쓰기와 마찬가지로 인쇄술과 컴퓨터는 끊임없이 동적인 소리를 정지된 공간으로 환원하고, 말을 그 살아있는 현재로부터 분리시키고 있다. 물론 인류의 문자화가 결코 '폐해'만을 낳았던 것이 아니라는 주장도 만만치 않다. 지난 20년간 컴퓨터공학과 인터넷의 발전이 얼마나 우리의 주변을 변화시켰던가. 고대의 신화적이고 구어문화 중심적인 사회에서 문자사회로의 이행기에 있어서 문자의 사용은 신이나 지배자의 명령하는 목소리에 점령되지 않는 자유공간을 만들어 내기도 했다는 주장에 주목할 필요가 있을 것이다.

이러한 주장의 근저에는 마치 소크라테스의 입을 통해서 플라톤이 주장하는 바와 맥이 닿는 것이 아닐까? 언어 행위의 근간이 되는 변증법적 작용을 무시하는 언술행위의 문자적 고착화에 대한 비판은 궁극적으로 우리가 살아가는 세상은 결코 어떠한 규정적인 개념화와 그 기계적인 강제로도 담아낼 수 없다는 것이다. 역으로 현실적인 층위에서의 물리적인 강제의 억압에 의해 말살되어질 위기에 처한 진리의 소리는 기념비적인 언술행위의 문자화를 통해서 저장되어야 한다는 것이 아닐까?

이러한 문화적 기억력의 여과과정은 결국 삶의 의미에 대한 성찰에 기반한 문화적 구성원들의 가치 판단에 의해서 이뤄질 뿐이다. 문화적 기억력에 대한 성찰과 가치 판단이 부재한 시대의 새로운 매체는 단지 댓글 파노라마에 불과할 것이기 때문이다.

① 타무스 왕은 문자를 살아있고 생동감 있는 것으로, 기억력을 죽은 것으로 생각했어.
② 플라톤 시기에는 문자문화가 구술적 신화문화를 대체하기 시작한 시기였어.
③ 문자와 글쓰기는 항상 콘텍스트하에서 이뤄지는 행위야.
④ 문자 문화로 인해 진리의 소리는 물리적인 강제의 억압에 의해 말살되었어.
⑤ 문화적 기억력이 바탕에 있다면 새로운 매체는 댓글 파노라마로 자리잡을 거야.

11 다음 글은 2019년 철도종합시험선로에 관한 내용이다. 글을 읽고 추론한 것으로 옳지 않은 것은?

> 국토교통부는 3월 15일 오송 철도시설기지에서 철도종합시험선로의 준공식을 개최했다. 준공식에는 국토교통부 철도국장을 비롯해 한국철도시설공단, 한국철도기술연구원 등 국내 유관기관뿐만 아니라 Attila Kiss 국제철도협력기구(OSJD) 사무총장, 미국·중국·러시아 철도연구원 등 국내·외 관계자 300여 명이 참석했다.
>
> 준공식에 하루 앞선 14일에는 서울 코엑스 아셈볼룸에서 한국철도기술연구원이 철도종합시험선로의 준공 등을 기념하는 국제 심포지엄을 개최하기도 했다. 그동안, 프랑스·독일·미국 등 해외 철도선진국에서는 시험용 철도선로를 구축·운영하여 개발품에 대한 성능시험을 안전하고 신속하게 실시할 수 있도록 지원해 온 반면, 우리나라는 개발품에 대한 성능시험을 시험용 철도선로가 아닌 KTX·전동차 등이 운행하고 있는 영업선로에서 실시함으로써 시험 중 사고의 위험에 노출되어 있고, 충분한 시험시간 확보도 곤란한 문제가 있었다.
>
> 이에 따라 국토교통부는 2014년부터 철도종합시험선로 구축사업에 착수하였으며, 2018년까지 총 2,399억 원을 투입해 충북 청원군～세종시 전동면 일대에 13km 연장의 시험용 선로를 구축했다.
>
> 철도종합시험선로에는 급곡선(회전반경 250m)·급구배(경사 35‰) 및 교량(9개)·터널(6개) 등을 설치하여 국내·외에서 요구하는 다양한 종류의 성능시험이 모두 가능하도록 하였으며, 특히, 1개 교량은 새로운 교량형식·공법에 대한 시험이 가능하도록 교량의 교각·상부가 자유롭게 변경될 수 있는 구조로 구축했다.
>
> 또한 세계 최초로 고속·일반철도 차량용 교류전력(AC)과 도시철도 전동차용 직류전력(DC)을 모두 공급할 수 있도록 하고, 각종 철도신호·통신장치를 설치함으로써 KTX·전동차 등 다양한 철도차량이 주행할 수 있다. 철도종합시험선로를 구축하고 본격적으로 운영함에 따라 우리나라 철도기술개발을 촉진하고 기술경쟁력을 제고하는 데 기여할 것으로 기대된다. 개발자는 철도종합시험선로에서 원하는 시간에 신속히 기술을 검증할 수 있고, 철도운영기관은 충분히 검증된 기술을 도입함으로써 기술 결함으로 인한 철도사고·장애 등 위험을 최소화할 수 있다. 또한 기존에는 개발자가 해외 수출을 위해 현지에서 실시하던 성능시험을 앞으로는 철도종합시험선로에서 실시함으로써 성능시험에 소요되는 비용과 시간을 절감할 수 있다.
>
> 2019년에는 종합시험선로에서 우리나라 기업이 호주에 수출할 전동차량에 대한 주행시험을 실시할 예정으로, 당초 호주 현지에서 실시하기로 했던 시험을 국내에서 실시함으로써 제품의 완성도를 더욱 높이고, 시험 시간도 단축할 수 있을 것으로 예상된다. 국토교통부 관계자는 "철도종합시험선로가 15일 준공식을 시작으로 운영이 본격화되면 철도의 안전 확보와 철도산업 발전에 핵심적인 역할을 할 것으로 기대된다."고 밝혔다.

① 준공식 하루 전에는 코엑스에서 기념행사가 열렸다.
② 이전에는 실제 승객이 타고 있는 열차와의 사고 위험성이 존재했다.
③ 다른 나라의 시험선로에서는 교류전력과 직류전력이 모두 공급되지 않는다.
④ 시험선로 설치 이전에는 해외에서 시험을 실시해야 하는 경우도 있었다.
⑤ 15일부터 종합시험선로가 운행될 예정이다.

12 다음 글의 내용과 일치하는 것은?

4차 산업혁명에서 '혁명'은 말 그대로 큰 변화를 가져오는 것을 의미한다. 좀 더 풀어 설명하면 산업혁명은 '기술의 등장으로 인한 사회의 큰 변화'를 의미하는 것으로 이해할 수 있다. 사회적인 변화가 있었기 때문에 도시 모습도 당연히 변화됐다. 좀 더 엄밀히 말하면 특정 기술이 사회와 도시 모습을 바꾼 것이다.

1차 산업혁명은 열에너지 기술 등장으로 인한 교통수단과 생산이 자동화되는 시기다. 이때 철도를 움직이게 하기 위한 교통기반 시설이 갖춰지게 됐다. 2차 산업혁명은 전기 에너지기반의 컨베이어 벨트 체계가 들어서기 시작할 때다. 이 시기에는 도시에 공장이 들어섬으로 인해 대량생산이 일어나게 된다. 3차 산업혁명은 '인터넷'이 등장한 시기다. 전 세계가 연결되고 정보 공유가 활발히 일어났다. 도시 모델 역시 '정보 공유형'의 특성을 가졌다. 이러한 도시를 유 시티(U-City)라고 한다. 유 시티는 '유비쿼터스 시티(Ubiquitous City)'의 줄임말로, 유비쿼터스는 '어디에나 존재하는'이라는 뜻을 가지고 있다. 정리하면 유 시티는 '장소와 시간에 구애받지 않고 시민들에게 정보를 제공하는 도시'로 정의할 수 있는데 인터넷 기술이 도시 모습에 영향을 미쳤음을 알 수 있다.

그렇다면 4차 산업혁명은 무엇이고, 스마트 시티는 기존 유 시티와 어떻게 다를까? 4차 산업혁명은 한마디로 산업 전 분야와 정보통신기술(ICT) 융합으로 생겨난 혁명으로, 핵심기술은 ICBM(IoT·Cloud·BigData·Mobile)이다. ICBM은 사물인터넷, 클라우드, 빅데이터 그리고 모바일이 결합한 기술로 정의하는데, 센서 역할을 하는 사물인터넷이 정보를 모아서 클라우드에 보낸다. 그러면 빅데이터는 이를 분석하고 사용자에게 서비스 형태로 모바일로 제공한다. 얼핏 들으면 기존 인터넷 시대와 다른 점이 없어 보인다. 그러나 두 가지 관점에서 명확히 다르다. 우선 연결 범위가 넓어졌다. 사물인터넷 등장으로 연결되는 기기 수가 증가하고 있다. 과거 인터넷 시대에는 컴퓨터, 휴대전화만 연결 대상이었다. 그러나 지금은 자동차, 세탁기 등이 연결 대상이 되어가고 있다. 참고로 시장 조사 전문 기관 '스태티스타(Statista)'에 따르면 사물인터넷 수는 2020년에 300억 기기가 인터넷으로 연결될 전망이다. 또 하나 인터넷 시대와 다른 점은 정보의 가공 수준이다. 빅데이터는 3V로 정의할 수 있는데, Velocity(속도), Volume(규모) 그리고 Variety(다양성)이다. 실제로는 속도와 규모로 빅데이터 여부를 나누는 것은 애매하다. 중요 부분은 '다양성'이라고 할 수 있는데, 빅데이터는 기계학습을 기반으로 비정형 데이터도 분석할 수 있다는 장점이 있다. 기존 분석 방식은 사람이 입력한 공식에 따라 처리하게 하는 '지식공학'이었다면, 현재 주목받는 기계학습 방식은 데이터를 주면 시스템이 알아서 공식을 만들고 문제를 푸는 방식이다. 이러한 방식은 적용 범위를 넓게 할 뿐만 아니라 분석 수준도 깊게 했다. 예를 들어 고양이를 비교하는 시스템을 개발한다고 해 보자. 사람이 고양이를 정의하는 공식을 만들어내는 것은 매우 복잡하고 오차 범위가 넓어서 적용이 어렵다. 반면에 시스템에 수많은 고양이 사진을 주고 스스로 고양이 정의를 내리게 한다면 어떨까?

바둑 천재 이세돌을 이긴 알파고를 예로 더 들어보자. 사람이 바둑으로 이세돌을 이길 수 있게 공식을 짤 수 있을까? 개발자가 이세돌보다 바둑을 더 잘 두지 않는 이상 어려울 것이다. 정리하면 4차 산업혁명은 '초연결'과 '지능화'라는 특성을 가진다. 그리고 이러한 특성은 스마트 시티에 그대로 적용되는 것이다.

스마트 시티 추진을 위해 반드시 염두에 둬야 할 점은 반드시 '시민'을 중심으로 이뤄져야 한다는 것이다. 두바이는 스마트 시티의 평가지표로 '행복계량기'를 설치해 시민이 행복 정도를 입력할 수 있도록 했다. 한 발 더 나아가 미국 뉴욕시는 뉴욕시민이 'NYC BIG' 앱을 통해 뉴욕의 문제점을 지적하고 서로 논의할 수 있게 했으며, 싱가포르는 '버추얼 싱가포르(3차원 가상도시 플랫폼)'를 통해 국민들에게 정보를 공유하고 제안할 수 있게 한다.

스마트 시티의 성공은 '인공지능'과의 접목을 통한 기술 향상이 아니다. 스마트 시티 추진의 목적은 바로 시민의 '행복'이다.

① 1차 산업혁명 때는 컨베이어 벨트를 이용한 자동화 기술이 들어섰다.
② 과거 인터넷 시대에는 자동차, 세탁기에만 인터넷 연결이 가능했다.
③ 4차 산업혁명 시대의 도시는 '정보 공유형' 특성을 가진다.
④ 빅데이터는 속도, 규모, 연결성으로 정의할 수 있다.
⑤ 스마트 시티는 인공지능 기술 향상만으로 성공할 수 없다.

13 다음 글을 읽고 추론할 수 없는 것은?

> 삼국통일을 이룩한 신라는 경덕왕(742 ~ 765) 대에 이르러 안정된 왕권과 정치제도를 바탕으로 문화적 황금기를 맞이하게 되었다. 불교문화 역시 융성기를 맞이하여 석굴암, 불국사를 비롯한 많은 건축물과 조형물을 건립함으로써 당시의 문화적 수준과 역량을 지금까지 전하고 있다.
>
> 석탑에 있어서도 시원 양식과 전형기를 거치면서 성립된 양식이 이때에 이르러 통일된 수법으로 정착되어, 이후 건립되는 모든 석탑의 근원적인 양식이 되고 있다. 건립된 석탑으로는 나원리 오층석탑, 구황동 삼층석탑, 장항리 오층석탑, 불국사 삼층석탑, 갈항사지 삼층석탑, 원원사지 삼층석탑 그리고 경주 외에 청도 봉기동 삼층석탑과 창녕 술정리 동삼층석탑 등이 있다. 이들은 대부분 불국사 삼층석탑의 양식을 모형으로 건립되었다. 이러한 석탑이 경주에 밀집되어 있는 이유는 통일된 석탑양식이 지방으로까지 파급되지 못하였음을 보여주고 있다.
>
> 이 통일된 수법을 가장 대표하는 석탑이 불국사 삼층석탑이다. 부재의 단일화를 통해 규모는 축소되었으나, 목조건축의 양식을 완벽하게 재현하고 있고, 양식적인 면에서도 초기적인 양식을 벗어나 높은 완성도를 보이고 있다. 그 특징을 살펴보면 첫 번째로 이층기단으로 상·하층기단부가 모두 2개의 탱주와 1개의 우주로 이루어져 있다. 하층기단갑석의 상면에는 호각형 2단의 상층기단면석 받침이, 상층기단갑석의 상면에는 각형 2단의 1층 탑신석 받침이 마련되었고, 하면에는 각형 1단의 부연이 마련되었다. 두 번째로 탑신석과 옥개석은 각각 1석으로 구성되어 있으며, 1층 탑신에 비해 2·3층 탑신이 낮게 만들어져 체감율에 있어 안정감을 주고 있다. 옥개석은 5단의 옥개받침과 각형 2단의 탑신받침을 가지고 있으며, 낙수면의 경사는 완만하고, 처마는 수평을 이루다가 전각에 이르러 날렵한 반전을 보이고 있다. 세 번째로 상륜부는 대부분 결실되어 노반석만 남아 있다.

① 경덕왕 때 불교문화가 번창할 수 있었던 것은 안정된 정치 체제가 바탕이 되었기 때문이다.
② 장항리 오층석탑은 불국사 삼층석탑과 동일한 양식으로 지어졌다.
③ 경덕왕 때 통일된 석탑 양식은 경주뿐만 아니라 전 지역으로 유행했다.
④ 이전에는 시원 양식을 사용해 석탑을 만들었다.
⑤ 탑신부에서 안정감이 느껴지는 것은 아래층보다 위층을 낮게 만들었기 때문이다.

14 다음 제시문을 읽고 일치하는 것을 고르면?

개인의 소득을 결정하는 데에는 다양한 요인들이 작용한다. 가장 중요한 변수가 어떤 직업일 것이다. 일반적으로 전문직의 경우 고소득이 보장되며 단순노무직의 경우 저소득층의 분포가 많다. 직업의 선택에 영향을 미치는 요인 가운데 가장 중요한 것이 개인의 학력과 능력일 것이다. 그러나 개인의 학력과 능력을 결정하는 배경변수로 무수히 많은 요인들이 작용한다. 그 가운데에서는 개인의 노력이나 선택과 관련된 요인들이 있고 그것과 무관한 환경적 요인들이 있다. 상급학교에 진학하기 위해 얼마나 공부를 열심히 했는가, 어떤 전공을 선택했는가, 직장에서 요구하는 숙련과 지식을 습득하기 위해 얼마나 노력을 했는가 하는 것들이 전자에 해당된다. 반면 부모가 얼마나 자식의 교육을 위해 투자했는가, 어떤 환경에서 성장했는가, 개인의 성이나 연령은 무엇인가 등은 개인의 선택과 무관한 대표적인 환경적 요인일 것이다. 심지어 운(불운)도 개인의 직업과 소득을 결정하는 데 직·간접적으로 작용한다. 환경적 요인에 대한 국가의 개입이 정당화될 수 있는 근거는 그러한 요인들이 개인의 통제를 벗어난(Beyond One's Control) 요인이라는 것이다. 따라서 개인이 어찌할 수 없는 이유로 발생한 불리함(저소득)에 대해 전적으로 개인에게 책임을 묻는 것은 분배정의론의 관점에서 정당하다고 보기 힘들다. 부모의 학력은 전적으로 개인(자녀)이 선택할 수 없는 변수이다. 그런데 부모의 학력은 부모의 소득과 직결되기 쉽고 따라서 자녀에 대한 교육비지출 등 교육투자의 격차를 발생시키기 쉽다. 동일한 능력을 가졌다고 가정했을 때, 가난한 부모에게서 태어나고 성장한 자녀들은 부유한 부모에게서 태어나서 성장한 사람에 비해 본인의 학력과 직업적 능력을 취득할 기회를 상대적으로 박탈당했다고 볼 수 있다. 그 결과 저소득층 자녀들은 고소득층 자녀에 비해 상대적으로 낮은 소득을 얻을 확률이 높다. 이러한 현상이 극단적으로 심화된다면 이른바 빈부격차의 대물림 현상이 나타날 것이다. 이와 같이 부모의 학력이 자녀 세대의 소득에 영향을 미친다면, 자녀 세대의 입장에서는 본인의 노력과 무관한 요인에 의해 경제적 불이익을 당하는 것이다. 기회의 균등 원칙은 이러한 분배적 부정의를 해소하기 위한 정책적 개입을 정당화한다.

외국의 경우와 비교하여 볼 때, 사회민주주의 국가의 경우에는 이미 현재의 조세 정책으로도 충분히 기회균등화 효과를 거두고 있음을 확인하였다. 반면 미국, 이탈리아, 스페인 등 영미권이나 남유럽 국가의 경우 우리나라의 경우와 유사하거나 더 심한 기회의 불평등 양상을 보여주었다.

따라서 부모의 학력이 자녀의 소득에 영향을 미치는 효과를 차단하기 위해서는 더욱 적극적인 재정 정책이 필요하다. 세율을 보다 높이고 대신 이전지출의 크기를 늘리는 것이 세율을 낮추고 이전지출을 줄이는 것에 비해 재분배효과가 더욱 있으리라는 것은 자명한 사실이다. 기회균등화의 관점에서 볼 때 우리나라의 재분배 정책은 훨씬 강화되어야 한다는 시사점을 얻을 수 있다.

① 개인의 학력과 능력은 개인의 노력이나 선택에 의해서 결정된다.
② 분배정의론의 관점에서 개인의 선택에 의한 불리함에 대해 개인에게 책임을 묻는 것은 정당하지 않다.
③ 부모의 학력이 자녀의 소득에 영향을 미치는 현상이 심화된다면 빈부격차의 대물림 현상이 나타날 것이다.
④ 사회민주주의 국가의 경우 더 심한 기회의 불평등 양상이 나타나는 것으로 확인된다.
⑤ 이전지출을 줄이는 것은 세율을 낮추는 것보다 재분배효과가 더욱 클 것으로 전망된다.

15 다음 글의 내용과 일치하는 것은?

먹거리의 안전에 대한 고민

원산지 표시제, 더 나아가 먹거리에 대한 표시제의 이점은 무엇일까? 원산지나 지리적 표시제품의 경우, 소비자 입장에서는 더 친근하게 여길 뿐만 아니라 품질에 대한 믿음 역시 강해져 구매로 이어질 가능성이 높다. 표시제는 단순한 제도 차원이 아닌 표시제의 실체에 대한 공감이 전제되어야 하며, 그 실체가 해당 품목의 부류를 대표할 수 있는 전형성을 갖추고 있어야 한다. 이러한 제품이 반복적·지속적으로 소비자들에게 노출될 경우 자연스럽게 뇌에 각인될 수 있다. 바로 단순노출효과가 나타나기 때문이다.

그런데 특히 먹거리가 그 대상이라면 좀 더 복잡해진다. 먹거리는 생명과 직결될 정도로 품질에 대한 관여가 높고, 사람들마다 그 평가기준이 상이하며, 똑같은 개인일지라도 처해있는 상황에 따라 그 기준이 달라진다.

원산지 효과는 선택의 스트레스를 줄여준다

소비자는 불확실한 상황에서 제품이나 서비스 구매에 따른 의사결정을 하는 과정에서 선택의 스트레스를 많이 받게 된다. 흔히 겪게 되는 이와 같은 선택에 따른 스트레스를 야기시키는 주된 이유 중 하나는 선택의 폭이 넓을 때 발생한다. 즉 제품의 종류가 대여섯 가지일 때보다 20여 가지인 경우, 대안 선택을 결정하기 어려울 뿐 아니라 선택에 따른 후회감 역시 커지게 된다. 비록 최선의 선택 혹은 적어도 차선의 선택일지라도, 선택에서 제외된 나머지 대안들에 대한 미련이 강하게 남아 있기에 후회감으로 나타나게 마련이다.

특히 구입하는 제품이 공산품이 아닌 먹거리인 경우 이러한 스트레스는 더욱 커지게 마련이다. 이때 상당수의 주부들은 마트에서 식료품을 구입하면서 원산지와 생산자 등이 명시된 제품을 주로 선택하게 된다. 그만큼 가시적으로 구분하기 어려운 상황에서 원산지는 하나의 믿음에 대한 징표로 작용된다고 여기기 때문이다.

원산지 효과는 유명 브랜드에 버금가

일반적으로 원산지나 생산자 정보와 같은 생산여건이 소비자의 선택에 미치는 영향은 어느 정도일까? 일반적으로 명품이나 브랜드를 보고 구입하는 것과 유사한 양상을 띨까? 과연 원산지 효과는 어느 정도일까? 이에 대한 대답은 원산지나 생산자 정보가 선택에 따른 스트레스를 얼마나 줄여줄 수 있으며, 이로 인해 의사결정을 얼마나 신속하게 진행시킬 수 있느냐에 달려 있다. 선택에 따른 스트레스는 우리들로 하여금 선택을 망설이게 하거나 잘못된 대안을 선택하게 만들기 때문이다.

더 비싸더라도 원산지 표시제품을 사는 이유

원산지나 지리적 표시제 혹은 환경인증제를 포함한 각종 인증 마크가 있는 경우, 일반 제품에 비해 가격이 10% 정도 비싸지만 판매량은 더 높다고 한다. 이처럼 소비자가 그 비용을 흔쾌히 감수하려는 이유는 뭘까? 또 소비자들이 비싸게 주면서 얻고자 하는 것은 뭘까? 이 역시 선택의 스트레스를 줄이려는 노력과 무관치 않다. 제품으로부터 얻게 될 이득보다 혹시나 발생할지 모르는 손실이나 손해를 더 두려워하는 소비자의 심리 때문이다.

소비자들은 원산지나 지리적 표시제를 시행하는 농수산물이 10% 정도 더 비싸더라도 손쉽게 손이 간다. 특히 먹거리인 경우에는 가시적 품질지표가 부족하기 때문에 손실회피성향이 더 강하게 나타날 수 있기 때문이다. 더욱이 먹거리는 사람의 생명이나 가족의 건강과도 직결되는 제품 특성으로 인해 품질이나 신뢰에 대한 관여가 높다. 따라서 비록 10% 더 비싼 가격을 치르더라도 혹여나 있을지 모를 손실을 회피할 수 있는 안전장치로 가시적 표시인 원산지나 지리적 표시제를 선호하게 된다. 뿐만 아니라 소비자는 가격 – 품질의 연상 인식이 강하게 작용하기 때문에 비싼 만큼 품질 역시 더 좋을 것이라고 쉽게 믿게 된다.

원산지와 지리적 표시제에는 더 큰 책임감이 따른다

만약 원산지 효과가 소비자에게 부정적으로 비춰질 경우, 특히 이러한 제품이 먹거리일 경우 소비자들이 겪게 되는 심리적 고통은 이만저만이 아니다. 일반 제품에 대한 소비자들의 불만이나 불신은 제품불매운동처럼 극단적인 상황으로 이어질 가능성은 상대적으로 낮다. 하지만 먹거리처럼 원산지 표시가 매우 중요한 판단 지표로 작용되는 제품인 경우 소비자들의 불신은 매우 커진다. 단순히 불평불만에 그치지 않고 이보다 더 강력한 불평행동을 하게 된다. 물론 재구매는 꿈도 꾸기 어려운 상황일 것이다. 품질이나 디자인이 조금 맘에 들지 않는다면 험담이나 회사에 불평을 제기하거나 환불 / 교환 등을 하겠지만, 원산지를 속인 먹거리는 두 번 다시 구매목록에 오르지 못할 것이다. 따라서 원산지나 지리적 표시제를 시행하는 생산자 입장에서는 소비자들의 믿음과 신뢰를 얻기 위해서 더욱 막강한 책임감이 필수적이다.

원산지 표시제는 이와 같이 익명성을 탈피시켜 궁극적으로 사회적 태만을 줄일 수 있는 방안이다. 결국 원산지나 지리적 표시제는 생산자에게 유리한 브랜드자산 구축의 계기를 줄 수 있는 동시에, 생산자로 하여금 대소비자 책임감 부여라는 '양날의 칼'로 다가올 것이다.

① 먹거리는 불특정 다수를 상대로 단순노출효과를 이끌어 내기에 효과적이다.
② 소비자는 최선의 선택을 하게 될 경우 후회감이 0이 된다.
③ 소비자의 선택에 따른 스트레스를 줄여 주는 제품은 다른 제품보다 매출량이 높다.
④ 일반 제품보다 비싼 원산지 표시 제품을 구매할 때, 보통 소비자들은 선택의 스트레스를 더 많이 받는다.
⑤ 생산자는 원산지 표시제를 통해 사회적 태만을 소비자에게 전가한다.

16 다음 제시문의 내용과 일치하지 않는 것은?

흰 눈이 센 바람에 휘몰아치며, 영하 20 ~ 40℃를 넘나드는 히말라야 산을 등반하는 산악인들의 인내심과 위험을 무릅쓰면서도 한발씩 내딛는 용기에는 저절로 고개를 숙여 경의를 표하게 된다. 이런 얘기를 들으면서도, 필자는 조금은 다른 면을 생각하면서 고개를 갸웃거린 적이 있었다. 그런 힘든 등반을 하면서 입고 간 옷이 너무 무거웠다거나 보온이 덜 되어 추위를 견디기 힘들었다고, 또 통기성이 충분하지 못해 옷이 땀에 흠뻑 젖었다는 불평을 하는 것을 들어본 적이 없다. 이런 문제가 비교적 잘 해결되고 있는 것을 보면, 등반가들이 입은 옷은 무언가 특수한 처리가 되어 있는 것이 아닐까? 특히 방수와 통기성이라는 서로 모순인 조건을 만족시키는 것을 보면, 등산복에 사용하는 특수한 천의 정체가 궁금해진다.

특수한 기능을 가진 옷감은 주로 고분자의 화학적, 물리적 특성을 이용해 만든다. 이런 옷감들의 제조에는 섬유를 만드는 고분자 재료의 화학 구조는 물론 물리적 구조 또한 매우 중요하다. 방수 – 통기성 의복에 사용된 천의 과학적 디자인은 바람, 비, 체열 손실로부터 우리 신체를 보호해 준다. 이런 기능뿐만 아니라 입은 특수복이 편하게 느껴져야 함도 필수적이다. 방수와 수분 투과성을 동시에 지니는 직물은 크게 세 가지 종류가 있다. 첫 번째가 고밀도 천, 두 번째가 수지 코팅 천, 마지막이 필름 적층 천이다.

고밀도 천으로 방수와 통기성을 지닌 천을 만들 때는 흔히 면이나 합성섬유의 가는 장섬유를 사용하며, 능직법(綾織法)을 사용한다. 면은 물에 젖으므로 방수력이 폴리에스테르(폴리에스터)보다는 뒤지지만, 가는 면사를 사용해 능직법으로 짠 천은 물에 젖더라도 면섬유들이 횡축 방향으로 팽윤해 천의 세공 크기를 줄여 물이 쉽게 투과하지 못해 방수력이 늘어난다. 고밀도 천으로는 2차 세계대전 중 영국 맨체스터에서 개발된 벤타일(Ventail)이 유명하다. 면과 다른 소수성 합성섬유의 경우에는 실의 굵기와 직조법으로 세공 크기를 조절하여 방수력을 늘린다.

고밀도 천과는 다르게, 수지 코팅 천은 고분자 물질을 기본 천 표면에 코팅하여 만든다. 코팅하는 막은 미세 동공막 모양을 가지고 있는 소수성 수지나 동공막을 지니지 않는 친수성 막을 사용하는데, 미세 동공의 크기는 수증기 분자는 통과할 수 있으나 아주 작은 물방울은 통과할 수 없을 정도로 조절한다. 주로 사용되는 코팅 재질은 폴리우레탄이다.

마지막으로 적층 방수 – 통기성 천은 얇은 막층[최대 두께 : $10\mu m (1\mu m = 10^{-6} m)$]이 천 가운데에 있으며, 이 적층이 방수 – 통기성을 컨트롤한다. 적층으로 사용하는 막에는 마이크로 세공막과 친수성 막이 널리 사용되고 있다. 마이크로 세공막의 세공 크기는 작은 물방울 크기의 20,000분의 1 정도로 작아 물방울은 통과하지 못하지만, 수증기 분자는 쉽게 통과한다. 마이크로 세공막으로는 폴리테트라플루오로에틸렌과 폴리플루오르화비닐리덴이라는 플루오린(불소, 플루오르)계 합성수지 박막이 주로 사용되며, 대표적 천으로는 널리 알려진 고어 – 텍스(Gore–Tex)가 있다. 친수성 막으로는 흔히 폴리에스테르나 폴리우레탄 고분자 내부에 친수성이 큰 폴리산화에틸렌을 포함할 수 있도록, 화학적으로 변형을 가해 사용한다.

방수 – 통기성 직물재료 이야기는 일단 여기서 잠깐 중단하고 이제는 직물 내에서 수증기가 어떻게 움직이는지 알아보자. 수분이 직물을 통해 이동하는 메커니즘은 모세관을 타고 액체기둥이 올라가는 모세관 현상과 같은 원리이다. 모세관의 지름과 내면의 표면에너지에 따라 올라가는 액체기둥의 높이가 결정된다. 지름이 작을수록 액체가 모세관을 따라 잘 올라가는데, 직물에서 섬유가닥 사이의 작은 공간이 모세관 노릇을 하기 때문에 미세 섬유일수록 모세관의 크기가 작아 모세관 현상이 잘 일어난다. 모세관 내부 벽의 표면에너지는 화학구조가 결정하며, 친수성 섬유의 표면은 소수성 섬유 표면보다 표면에너지가 커 수분을 더 쉽게 흡수하지만, 소수성 섬유는 반대로 수분을 흡수하지 않는다.

등산복과 같은 기능성 특수복에서 수분의 제거는 체온을 조절하며 근육의 운동을 돕고, 피로를 지연시키기 때문에 매우 중요하다. 면 같은 천연섬유는 운동량이 약할 때에는 적합하지만, 운동량이 클 때는 폴리에스테르나 나일론 같은 합성섬유가 더 좋다. 합성섬유가 면보다 흡습성이 낮지만 오히려 모세관 현상으로 운동할 때 생기는 땀이 쉽게 제거되기 때문이다.

나일론을 기초 직물로 한 섬유는 폴리에스테르보다 수분에 더 빨리 젖지만, 극세사로 천을 짜면 공기투과성이 낮아 체온보호 성능이 우수하다. 이런 이유 때문에 등산복보다는 수영복, 사이클링복에 많이 쓰인다. 운동 시 생기는 땀을 피부에서 빨리 제거하려면 흡습성이 좋은 면이나 비스코스 레이온 등이 유리해 보이지만, 이들은 수분을 붙들고 있으려는 특성이 강해 잘 마르지 않는다는 단점도 있다. 이런 이유 때문에 모양이 잘 변하지 않고, 속히 마르는 합성섬유가 기초 직물로 더 넓게 쓰인다.

① 벤타일과 같이 능직법으로 짠 천은 물에 젖게 되면 방수력이 늘어난다.
② 수지 코팅천은 미세 동공의 크기는 수증기 분자는 통과할 수 있으나 아주 작은 물방울은 통과할 수 없을 정도로 조절한다.
③ 고어 – 텍스와 같은 천은 세공막의 세공 크기가 작은 물방울 크기의 20,000분의 1 정도로 작아 물방울은 통과하지 못하지만, 수증기 분자는 쉽게 통과한다.
④ 폴리에스테르나 나일론 같은 합성섬유는 운동량이 약할 때에는 적합하지만, 운동량이 클 때는 수분에 더 빨리 젖기 때문에 땀이 쉽게 제거되지 않는다.
⑤ 나일론을 기초 직물로 한 섬유는 폴리에스테르보다 수분에 더 빨리 젖으며 수영복이나 사이클링복에 많이 쓰인다.

17 다음 자료를 보고 추론한 것으로 옳지 않은 것은?

구분		올더스 헉슬리	조지 오웰
경고		스스로 압제를 환영하며, 사고력을 무력화하는 테크놀로지를 떠받을 것이다.	외부의 압제에 지배당할 것이다.
두려움		굳이 서적을 금지할 이유가 없어지는 것에 대한 두려움	서적을 금지에 대한 두려움
		지나친 정보 과잉으로 수동적이고 이기적인 존재가 될 것 같은 두려움	정보 통제에 대한 두려움
		비현실적 상황에 진실이 압도당할 것에 대한 두려움	진실 은폐에 대한 두려움
		가장현실, 약물중독 따위에 몰두함으로 인해 하찮은 문화로 전락할 것에 대한 두려움	통제에 의한 문화가 감옥이 될 것에 대한 두려움
		우리가 좋아서 집착하는 것이 오히려 우리를 파괴할 것에 대한 두려움	우리가 증오하는 것이 우리를 파괴할 것 같은 두려움
통제		즐길 것을 통해서	고통을 가해서

– 닐 포스트먼, 『죽도록 즐기기』

① 조지 오웰은 개인의 자유가 침해되는 상황을 경계하고 있다.
② 올더스 헉슬리는 개인들이 통제를 기꺼이 받아들일 것이라고 전망했다.
③ 조지 오웰은 사람들이 너무 많은 정보를 접하는 상황에 대해 두려워했다.
④ 올더스 헉슬리는 쾌락을 통해 사람들을 움직일 수 있다고 본다.
⑤ 두 사람 모두 사람들은 자기 파멸에 대해 두려움을 느낀다고 본다.

※ 다음은 코레일의 맞춤형 우대예약 서비스에 대한 자료이다. 자료를 보고 이어지는 질문에 답하시오. [18~19]

〈맞춤형 우대예약 서비스(원콜 서비스)〉

• 경로고객 및 장애인 등 인터넷 예약이 어려운 고객을 위한 우대예약 서비스입니다.
• 대상고객
  만 65세 이상의 경로고객, 장애인, 상이등급이 있는 국가유공자
• 가입 방법
  역에 대상자 자격을 확인할 수 있는 신분증, 복지카드, 유공자증 등을 제시하고 서비스를 신청하시기 바랍니다.
• 신청 방법
  역 방문 → 대상자 확인(주민등록증, 복지카드, 국가유공자 등) → 신청서 작성 및 제출 → 개인정보 입력 및 활용 동의
  → 결제 신용카드 정보 등록
  ※ 기존 우대서비스 대상자는 추가등록 없이 서비스 이용이 가능합니다.
• 제공서비스
  1. 철도고객센터로 전화 시 상담원 우선 연결
  2. 승차권 대금 결제기한을 열차출발 20분 전까지 유보
  3. 원콜(One-Call) : 전화상으로 결제·발권(전화 예약 후 역에서 발권하는 불편 개선)

원콜(One-Call) 서비스란?
• 맞춤형 우대서비스 대상자가 철도고객센터에서 전화 예약 후 역에서 대기 후 승차권을 구매해야 하는 불편함을 개선하고,
  보다 쉽고 편리하게 열차 이용이 가능하도록 전화상으로 결제·발권이 가능한 원스톱 예약·발권 서비스를 개발
• 대상 고객이 결제·발권까지 원하는 경우
  일반휴대폰 / 코레일톡 미설치자 : '승차권 대용문자' 발권
  코레일톡 설치자(스마트폰) : 승차권 대용문자+스마트폰 티켓 혼용 발권
  ※ 승차권 대용문자 : 승차권 대신 사용이 가능하도록 휴대폰으로 전송하는 문자메시지(열차 내에서는 승차권에 표시된 대상자 이름과
    승무원 단말기에 표시된 이름과 신분증을 같이 확인하여 유효한 승차권 여부 및 대상자임을 확인)
  ※ 1회 예약 및 발권 가능 매수는 2매입니다.
  ※ 공공할인(경로, 장애인, 어린이 등)과 중복할인이 되지 않습니다.
• 주의사항
  승차권 전화 예약 후 결제기한 3회 초과로 자동 취소 시 6개월 간 서비스 제한
  ☞ 1월 1일과 7월 1일 기준으로 반기별 예약 부도 실적이 3회 이상인 경우 다음 산정일까지 우대서비스 제한
• 원콜(One-Call) 서비스를 이용한 전화 결제·발권 방법
  ① 철도고객센터 전화 → ② 상담원 자동·우선연결 → ③ 대상자 유형에 따라 예약 안내 → ④ 승차권 예약(상담원)
  → ⑤ 사전등록된 신용카드 정보로 결제(ARS) → ⑥ 고객의 선택에 따라 상담원 안내에 맞춰 승차권 대용문자 단독 발권
  또는 승차권 대용문자+스마트폰 티켓 혼용발권 선택 → ⑦ 발권완료(☞ 고객의 휴대폰으로 승차권과 동일하게 대용으로
  사용이 가능한 문자 전송)
  − 코레일톡 사용가능 여부에 따라 '승차권 대용문자' or '승차권 대용문자'+'스마트폰 티켓' 선택
  − 휴대폰을 이용한 승차권 발권을 원하지 않는 경우 전화 예약 후 역창구 발권 가능
  − 열차 내에서는 승차권 대용 문자의 운송정보와 승객의 신분증, 승무원 이동단말기 정보를 동시에 확인하여 정당한 이용
    대상자임을 확인(대상자 외 타인 이용 적발 시, 무임승차 적용)

---

18 다음 중 맞춤형 우대예약 서비스에 대한 설명으로 옳은 것은?

① 모든 국가유공가는 해당 서비스를 이용할 수 있다.

② 전화를 통해서는 맞춤형 우대예약 서비스를 이용할 수 없다.

③ 신청을 위해서는 반드시 신분증을 지참하여야 한다.

④ 원콜 서비스를 이용하기 위해서는 반드시 신용카드를 사전등록하여야 한다.

⑤ 해당 서비스 이용에 따른 발권 방식은 이용자가 선택할 수 없다.

19 A씨는 맞춤형 우대예약 서비스를 이용하여 서울에서 대전으로 가는 KTX를 예매하고자 한다. A씨가 전화를 통해 발권 및 결제를 희망한다고 할 때, 다음 〈보기〉에서 옳지 않은 설명을 모두 고르면?

> **보기**
>
> ㄱ. A씨는 철도고객센터에 전화한 후, ARS를 통해서만 승차권을 예약이 가능하다.
> ㄴ. 예약한 승차권은 복수의 방식으로 발급받을 수 있다.
> ㄷ. 예약한 승차권은 별도 신청을 통해 타인에게 양도할 수 있다.
> ㄹ. 예약 부도가 반복되는 경우, 서비스 이용이 제한될 수 있다.

① ㄱ, ㄴ   ② ㄱ, ㄷ

③ ㄴ, ㄷ   ④ ㄴ, ㄹ

⑤ ㄷ, ㄹ

※ 다음은 N스크린(스마트폰, VOD, PC)의 영향력을 파악하기 위한 통합시청점유율과 기존시청점유율에 대한 자료이다. 자료를 보고 이어지는 질문에 답하시오. **[20~21]**

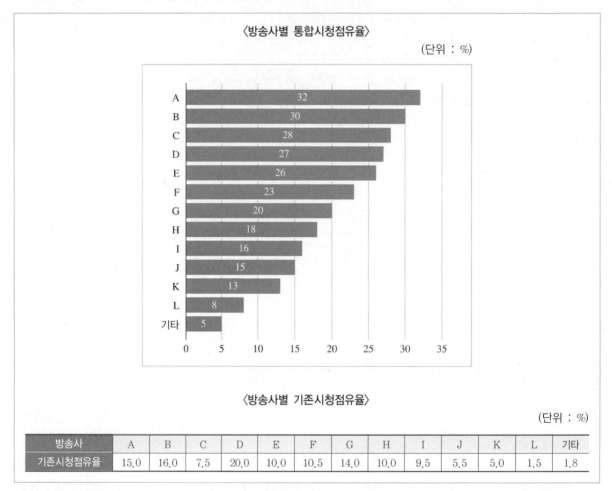

〈방송사별 통합시청점유율〉

(단위 : %)

〈방송사별 기존시청점유율〉

(단위 : %)

방송사	A	B	C	D	E	F	G	H	I	J	K	L	기타
기존시청점유율	15.0	16.0	7.5	20.0	10.0	10.5	14.0	10.0	9.5	5.5	5.0	1.5	1.8

20 다음 중 방송사별 시청점유율에 대한 설명으로 옳지 않은 것은?

① 통합시청점유율 순위와 기존시청점유율 순위가 같은 방송사는 B, J, K이다.

② 기존시청점유율이 가장 높은 방송사는 D이다.

③ 기존시청점유율이 다섯 번째로 높은 방송사는 F이다.

④ 기타를 제외한 통합시청점유율과 기존시청점유율의 차이가 가장 작은 방송사는 G이다.

⑤ 기타를 제외한 통합시청점유율과 기존시청점유율의 차이가 가장 큰 방송사는 A이다.

21 다음은 N스크린 영향을 표시한 그래프이다. (가) ~ (마)에 들어갈 방송국이 옳게 짝지어진 것은?

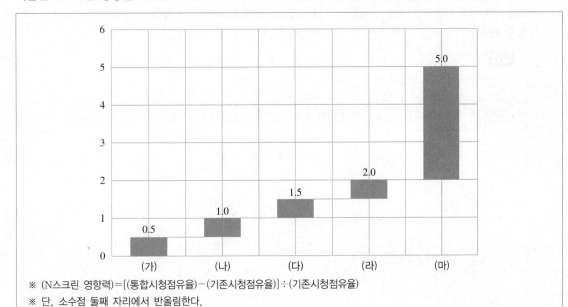

※ (N스크린 영향력)=[(통합시청점유율)−(기존시청점유율)]÷(기존시청점유율)

※ 단, 소수점 둘째 자리에서 반올림한다.

① (가)=A

② (나)=C

③ (다)=F

④ (라)=H

⑤ (마)=K

22 A씨의 부서는 총 7명이며 회사 차를 타고 미팅 장소로 이동하려고 한다. 운전석에는 운전면허증을 가진 사람이 앉고, 한 대의 차량으로 모두 이동한다. 다음 〈조건〉에 따라 회사 차에 앉을 때 A씨가 부장님의 옆자리에 앉지 않을 확률은?

> **조건**
> • 운전면허증을 가지고 있는 사람은 A씨를 포함하여 3명이다.
> • A씨 부서의 부장님은 1명이다.
> • 부장님은 운전면허증을 가지고 있지 않으며 조수석인 ★ 자리에 앉지 않는다.

〈회사 차 좌석〉

① 0.3   ② 0.45
③ 0.5   ④ 0.7
⑤ 0.84

23 다음 자료에 대한 〈보기〉의 설명으로 옳은 것을 모두 고르면?

〈결혼할 의향이 없는 1인 가구의 비중〉

(단위 : %)

구분	2019년		2020년	
	남성	여성	남성	여성
20대	8.2	4.2	15.1	15.5
30대	6.3	13.9	18.8	19.4
40대	18.6	29.5	22.1	35.5
50대	24.3	45.1	20.8	44.9

〈1인 생활 지속기간 예상〉

(단위 : %)

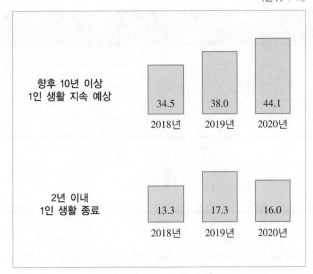

보기

ㄱ. 20대 남성은 30대 남성보다 1인 가구의 비중이 더 높다.

ㄴ. 30대 이상에서 결혼할 의향이 없는 1인 가구의 비중은 여성이 더 높다.

ㄷ. 2020년에서는 40대 남성이 남성 중 제일 높은 1인 가구 비중을 차지한다.

ㄹ. 2년 이내 1인 생활을 종료하는 1인 가구의 비중은 2018년부터 꾸준히 증가하였다.

① ㄱ
② ㄴ
③ ㄱ, ㄴ
④ ㄴ, ㄷ
⑤ ㄷ, ㄹ

※ 다음 자동차 수출 자료를 보고, 이어지는 질문에 답하시오. [24~25]

〈자동차 수출액〉

(단위 : 백만 달러)

구분	2019년		2020년		
	3분기	4분기	1분기	2분기	3분기
A사	342	452	163	263	234
B사	213	312	153	121	153
C사	202	153	322	261	312
D사	351	264	253	273	312
E사	92	134	262	317	324

〈자동차 수출 대수〉

(단위 : 백 대)

구분	2019년		2020년		
	3분기	4분기	1분기	2분기	3분기
A사	551	954	532	754	642
B사	935	845	904	912	845
C사	253	242	153	125	164
D사	921	955	963	964	954
E사	2,462	1,816	2,201	2,365	2,707

24 〈보기〉에서 설명이 옳지 않은 것은 모두 몇 개인가?(단, 각 회사별 한 종류의 차만 판매하였다)

보기

ㄱ. 2019년 3분기 전체 자동차 수출액은 2020년 3분기 전체 자동차 수출액보다 적다.
ㄴ. 2020년 1분기에 가장 고가의 차를 수출한 회사는 A사이다.
ㄷ. C사의 자동차 수출 대수는 2019년 3분기 이후 계속 감소하였다.
ㄹ. E사의 자동차 수출액은 2019년 3분기 이후 계속 증가하였다.

① 0개
② 1개
③ 2개
④ 3개
⑤ 4개

25 다음은 자동차 수출 자료를 토대로 만든 표일 때, ㉠+㉡+㉢의 값을 구하면?(단, 2020년 4분기 자동차 수출 대수는 2분기 자동차 수출 대수와 같으며, 2019년 1분기와 2분기의 자동차 수출액 합은 2019년 3분기와 4분기의 합과 같다)

〈자료〉

(전체 수출액 단위 : 백만 달러, 전체 수출 대수: 백 대)

구분	2019년		2020년		
	3분기	4분기	1분기	2분기	3분기
전체 수출액					
전체 수출 대수			㉠		

구분		A사	B사	C사	D사	E사
2019년	전체 수출액	㉡				
	전체 수출 대수					
2020년	전체 수출액					
	전체 수출 대수					㉢

① 13,312

② 15,979

③ 16,197

④ 17,253

⑤ 20,541

26 A씨는 마스크 5부제에 따라 3월 9일이 월요일인 주의 평일에 공적마스크를 구매했다. A씨가 다음에 구입할 수 있는 날짜와 출생 연도 끝자리가 올바르게 연결된 것을 고르면?

> - 공적마스크를 구매하는 인원을 제한하기 위해 마스크 5부제를 실시하고 있다.
> - 마스크를 1차로 구매하고, 36일 이후에 마스크를 2차로 구매했다.
> - 주중에 구매하지 못한 사람은 주말에 구매할 수 있다.
> - 주말은 토요일, 일요일이다.

〈마스크 구매 가능 요일〉

태어난 연도의 끝자리	구매가능 요일	태어난 연도의 끝자리	구매가능 요일
1, 6	월요일	2, 7	화요일
3, 8	수요일	4, 9	목요일
5, 0	금요일		

① 4월 7일 – 2

② 4월 23일 – 4

③ 5월 7일 – 9

④ 5월 13일 – 3

⑤ 5월 15일 – 0

27 오늘 철도씨는 종합병원에 방문하여 A ~ C과 진료를 모두 받아야 한다. 〈조건〉이 다음과 같을 때, 가장 빠르게 진료를 받을 수 있는 경로는?(단, 주어진 조건 외에는 고려하지 않는다)

조건

> - 모든 과의 진료와 예약은 오전 9시 시작이다.
> - 모든 과의 점심시간은 오후 12시 30분부터 1시 30분이다.
> - A과와 C과는 본관에 있고 B과는 별관동에 있다. 본관과 별관동 이동에는 셔틀로 약 30분이 소요되며, 점심시간에는 셔틀이 운행하지 않는다.
> - A과는 오전 10시부터 오후 3시까지만 진료를 한다.
> - B과는 점심시간 후에 사람이 몰려 약 1시간의 대기시간이 필요하다.
> - A과 진료는 단순 진료로 30분 정도 소요될 예정이다.
> - B과 진료는 치료가 필요하여 1시간 정도 소요될 예정이다.
> - C과 진료는 정밀 검사가 필요하여 2시간 정도 소요될 예정이다.

① A – B – C

② A – C – B

③ B – C – A

④ C – B – A

⑤ C – A – B

※ 다음은 원탁 테이블 3개가 있는 어느 카페의 하루 방문자 현황이다. 다음 자료를 읽고 이어지는 질문에 답하시오.
 [28~29]

- 카페에서 보유한 원탁에 대한 정보는 다음과 같으며, 카페는 각 원탁을 1개씩 보유하고 있다.
  - 2인용 원탁 : 1 ~ 2인만 앉을 수 있음
  - 4인용 원탁 : 1 ~ 4인만 앉을 수 있음
  - 6인용 원탁 : 3 ~ 6인만 앉을 수 있음
- 방문한 인원수에 맞추어 원탁을 배정하며 가능한 작은 원탁을 우선 배정한다.
- 함께 온 일행은 같이 앉을 수 있는 자리가 없다면 입장할 수 없다.
- 함께 온 일행들은 함께 앉을 수 있으면 같은 원탁에 앉고, 항상 함께 온 일행과 함께 나간다.
- 한 번 들어온 손님은 반드시 1시간 동안 머문 후 나간다.
- 카페 영업시간은 오전 9시부터 오후 10시까지이다.
- 각 시각별로 새로운 고객 입장 및 새로운 고객 입장 전 기존 고객에 대한 정보는 다음과 같다. 이 외에 새로운 고객은 없다.

시간	새로운 고객	기존 고객	시간	새로운 고객	기존 고객
09:20	2	0	15:10	5	
10:10	1		16:45	2	
12:40	3		17:50	5	
13:30	5		18:40	6	
14:20	4		19:50	1	

※ 새로운 고객은 같이 온 일행이다.

28 다음 중 오후 3시 15분에 카페에 앉아 있는 손님은 총 몇 명인가?

① 1명
② 4명
③ 5명
④ 7명
⑤ 9명

29 다음 〈보기〉의 설명 중 옳지 않은 것을 모두 고르면?

> 보기
>
> ㄱ. 오후 6시 정각에 카페에 있는 손님은 5명이다.
> ㄴ. 카페를 방문한 손님 중 돌아간 일행은 없다.
> ㄷ. 오전에는 총 3명의 손님이 방문하였다.
> ㄹ. 오후 2시 정각에는 2인용 원탁에 손님이 앉아 있었다.

① ㄱ, ㄴ
② ㄱ, ㄷ
③ ㄴ, ㄷ
④ ㄴ, ㄹ
⑤ ㄷ, ㄹ

※ 다음은 A~E약물에 대한 자료이다. 〈조건〉을 바탕으로 이어지는 질문에 답하시오. [30~31]

약 종류	1주 복용 횟수	복용 시기	혼용하면 안 되는 약	복용 우선순위
A	4회	식후	B, C, E	3
B	4회	식후	A, C	1
C	3회	식전	A, B	2
D	5회	식전	–	5
E	4회	식후	A	4

조건

• S씨는 모든 약을 복용해야 한다.
• 혼용하면 안 되는 약은 한 끼니를 전후하여 혼용해서는 안 된다.
 – 아침 전후 or 점심 전후 or 저녁 전후는 혼용 불가
• 약은 우선순위대로 최대한 빨리 복용하여야 한다.
• 식사는 아침, 점심, 저녁만 해당한다.
• 하루 최대 6회까지 복용할 수 있다.
• 약은 한번 복용하기 시작하면 해당 약을 모두 먹을 때까지 중단 없이 복용하여야 한다.
• 모든 약은 하루 최대 1회 복용할 수 있다.

| 문제해결능력(상반기)

30 〈조건〉을 고려할 때, 모든 약의 복용이 완료되는 시점으로 적절한 것은?

① 4일 차 점심　　　　　　　　　② 4일 차 저녁
③ 5일 차 아침　　　　　　　　　④ 5일 차 저녁
⑤ 6일 차 아침

| 문제해결능력(상반기)

31 다음 〈보기〉의 설명 중 S씨의 A~E약물 복용에 대하여 옳은 설명을 모두 고르면?

보기

ㄱ. 하루에 A~E를 모두 복용할 수 있다.
ㄴ. D는 점심에만 복용한다.
ㄷ. 최단 시일 내에 모든 약을 복용하기 위해서는 A는 저녁에만 복용하여야 한다.
ㄹ. A와 C를 동시에 복용하는 날은 총 2일이다.

① ㄱ, ㄴ　　　　　　　　　　　② ㄱ, ㄷ
③ ㄴ, ㄷ　　　　　　　　　　　④ ㄴ, ㄹ
⑤ ㄷ, ㄹ

※ 택배기사 A씨는 다음 자료에 근거하여 근무를 한다. 다음 〈조건〉을 보고 이어지는 질문에 답하시오. [32~33]

조건

- 한 번 배송을 다녀오면 10분간 휴식한다.
- 한 번 배송으로 소요되는 총 시간은 50분을 초과할 수 없다.
- 같은 물류창고에 있는 물건은 3개까지 가져갈 수 있다.
- 특수택배 물품의 배송이 모두 완료되어야 보통택배 물품을 배송할 수 있다.
- 특수택배의 배송번호는 '특'으로 시작하며, 보통택배의 배송번호는 '보'로 시작한다.
- 2개를 동시에 가져가서 배송하면, 각 상품별 왕복 배송시간의 총합에서 5분이 감소하고, 3개를 동시에 가져가서 배송하면 10분이 감소한다.

〈배송표〉

배송 번호	물류창고	왕복 배송시간
특01	가	10분
특02	나	15분
특03	나	10분
보01	가	10분
보02	나	15분
보03	다	20분
보04	다	10분
보05	다	25분
보06	가	10분

| 문제해결능력(상반기)

32 다음 〈보기〉의 설명 중 옳지 않은 것을 모두 고르면?

보기

ㄱ. 나 창고에 있는 택배 물품은 한 번에 전부 가지고 나가서 배송할 수 있다.
ㄴ. 특수택배 상품을 모두 배송하는 데에 최소 30분이 소요된다.
ㄷ. 다 창고에 있는 보통택배를 한 번에 배송할 수 있다.

① ㄱ
② ㄱ, ㄴ
③ ㄱ, ㄷ
④ ㄴ, ㄷ
⑤ ㄱ, ㄴ, ㄷ

| 문제해결능력(상반기)

33 A씨가 근무를 오전 9시에 시작한다고 할 때, 가장 빨리 모든 택배의 배송을 완료한 시간으로 적절한 것은?

① 10시
② 10시 5분
③ 10시 25분
④ 10시 45분
⑤ 11시 15분

※ B씨는 여름휴가철을 맞아 휴가를 다녀오려고 한다. 다음 상황을 고려하여 휴가를 가고자 할 때, 이어지는 질문에 답하시오. [34~35]

〈여행경로 선정조건〉

• 항공편 왕복 예산은 80만 원이다.
• 휴가지 후보는 태국, 싱가포르, 베트남이다.
• 중국을 경유하면 총 비행금액의 20%가 할인된다.
• 다음 표에 제시된 항공편만 이용 가능하다.

〈항공편 정보〉

비행편		출발시간	도착시간	금액
갈 때	인천 – 베트남	09:10	14:30	341,000원
	인천 – 싱가포르	10:20	15:10	580,000원
	인천 – 중국	10:30	14:10	210,000원
	중국 – 베트남	13:40	16:40	310,000원
	인천 – 태국	10:20	15:20	298,000원
	중국 – 싱가포르	14:10	17:50	405,000원
올 때	태국 – 인천	18:10	21:20	203,000원
	중국 – 인천	18:50	22:10	222,000원
	베트남 – 인천	19:00	21:50	195,000원
	싱가포르 – 인천	19:30	22:30	304,000원
	베트남 – 중국	19:10	21:40	211,000원
	싱가포르 – 중국	20:10	23:20	174,000원

※ 항공편은 한국 시간 기준이다.

34 〈보기〉에서 설명이 옳은 것을 모두 고르면?

보기

ㄱ. 인천에서 중국을 경유해서 베트남으로 갈 경우 싱가포르로 직항해서 가는 것보다 편도 비용이 15만 원 이상 저렴하다.
ㄴ. 직항 항공편만을 선택할 때, 왕복 항공편 비용이 가장 적게 드는 여행지로 여행을 간다면 베트남으로 여행을 갈 것이다.
ㄷ. 베트남으로 여행을 다녀오는 경우, 왕복 항공편 최소비용은 60만 원 미만이다.

① ㄱ
② ㄱ, ㄴ
③ ㄱ, ㄷ
④ ㄴ, ㄷ
⑤ ㄱ, ㄴ, ㄷ

35 B씨는 여행지 선정 기준을 바꾸어, 태국, 싱가포르, 베트남 중 최소 왕복 소요시간이 가장 짧은 곳을 여행지로 선정하기로 하였다. 다음 중 B씨가 여행지로 선정할 국가와 그 국가에 대한 최소 왕복 소요시간이 올바르게 연결된 것은?

	여행지	최소 왕복 소요시간
①	태국	8시간 20분
②	싱가포르	7시간 50분
③	싱가포르	8시간 10분
④	베트남	7시간 50분
⑤	베트남	9시간 40분

36 다음 중 이슈 트리(Issue Tree)의 장점에 대한 설명으로 적절하지 않은 것은?

① 문제해결을 위해 세분화가 이루어지면 업무에서 감당 가능한 단위가 된다.
② 누락과 중복을 미연에 확인하여 대처가 가능하다.
③ 원인이나 해결책을 구체적으로 찾아 낼 수 있다.
④ 개인과 이해관계자의 서로 다른 차별화된 개념정리를 가능하게 하여 조직 전체에 업무처리 효율이 증가한다.
⑤ 이슈 간의 논리적 구조를 통해 문제해결의 완성도를 높인다.

37 다음 중 맥킨지사의 MECE(Mutually Exclusive Collectively Exhaustive)법에 대한 설명으로 적절하지 않은 것은?

① MECE는 다양한 항목들이 서로 겹치지 않으면서 그 항목들의 모음이 전체가 되는 것을 의미한다.
② 수학적으로 풀면 전체집합(U)은 각 A, B, C집합을 포함하고 여집합이 없는 상태이며 A, B, C 각 집합은 교집합이 없어야 하는 상태이다.
③ MECE가 기획을 하는 데 있어서 많은 도움이 되는 이유는 명확성과 간결성을 가지는 사고방식이기 때문이다.
④ 사고 자체를 단계적으로 구축하여 그것을 정리하고 보다 효과적으로 사용할 수 있게끔 하는 데 도움을 준다.
⑤ 창의적인 문제해결이 필요한 경우에도 MECE를 활용하여 문제를 간략하게 해결할 수 있다.

38 〈조건〉을 참고할 때, A국가의 부가가치 노동생산성을 올바르게 구한 것은?(단, 단위는 시간당이며 USD를 기준으로 한다)

> 조건
> • A국가의 2021년도 1분기 GDP는 USD 기준 약 3,200억이다(분기 공시이며 연산 환산값은 4이다).
> • A국가의 2021년도 1분기 노동인구수는 5천만 명이다.
> • A국가의 2021년도 1분기 평균노동시간은 40시간이다.

① 100달러　　　　　　　　　　　　② 120달러
③ 130달러　　　　　　　　　　　　④ 140달러
⑤ 160달러

39 다음 중 테일러의 과학적 관리법(Scientific Management)에 대한 설명으로 적절하지 않은 것은?

① 테일러리즘(Taylorism)이라고도 불리며, 20세기 초부터 주목받은 과업수행의 분석과 혼합에 대한 관리 이론이다.
② 이론의 핵심 목표는 경제적 효율성, 특히 노동생산성 증진에 있다.
③ 이론의 목적은 모든 관계자에게 과학적인 경영 활동의 조직적 협력에 의한 생산성을 높여 높은 임금을 실현할 수 있다는 인식을 갖게 하는 데 있다.
④ 과학적 관리와 공평한 이익 배분을 통해 생산성과 효율성을 향상하는 것이 기업과 노동자 모두가 성장할 수 있는 길이라는 테일러의 사상은 현대 경영학의 기초가 되었다.
⑤ 테일러의 과학적 관리법은 전문적인 지식과 역량이 요구되는 일에 적합하며, 노동자들의 자율성과 창의성을 고려하여 생산성을 높인다는 점이 장점이다.

40 다음 중 포드 시스템에 대한 설명으로 적절하지 않은 것은?

① 동일한 제품을 대량 생산함으로써 고객들의 요구에 부응하고 생산원가는 낮추고 임금은 올려 줄 수 있는 생산방법이다.
② 대량생산방식으로 자동차의 이동조립법을 확립한 시스템이다.
③ 포드시스템의 주요한 수단은 이동식조립법과 생산 표준화 3S[단순화(Simplification), 표준화(Standardization), 전문화(Specialization)]라 할 수 있다.
④ 작업시스템 유동화로 인한 작업속도 강제화로 작업자의 인간성이 무시된다는 결점이 존재한다.
⑤ 설비투자비가 낮아져 제품 생산단가를 낮출 수 있었으며, 조업도는 숙련된 노동자 중심으로 생산 표준화 3S를 실현하였다.

41 다음 중 리더의 구성원 교환이론(LMX; Leader Member eXchange theory)에 대한 설명으로 적절하지 않은 것은?

① 구성원들의 업무와 관련된 태도와 행동들은 리더가 그들을 다루는 방식에 달려있다.

② 리더가 여러 구성원들을 동일하게 다루지 않는다고 주장한다.

③ LMX 이론의 목표는 구성원, 팀, 조직에 리더십이 미치는 영향을 설명하는 것이다.

④ 조직의 모든 구성원들의 동일한 차원으로 리더십에 반응한다.

⑤ 이론에 따르면 리더는 팀의 구성원들과 강한 신뢰감, 감정, 존중이 전제된 관계를 형성한다.

42 5가지 주문 작업을 1대의 기계에서 처리하고자 한다. 납기일과 남은 시간 그리고 잔여처리시간이 다음과 같을 때 최소납기일우선법(EDD; Earlist Due Date)을 기준으로 작업순서를 결정하여 최우선적으로 시작할 작업은 무엇인가?

주문작업	납기일	남은 시간	잔여처리시간
A	20일	19일	10일
B	31일	30일	5일
C	18일	17일	3일
D	15일	14일	6일
E	12일	11일	9일

① A   ② B

③ C   ④ D

⑤ E

43 푸시 앤 풀(Push and Pull)기법 중 푸시 전략(Push Strategy)에 대한 설명으로 옳은 것을 〈보기〉에서 모두 고르면?

> 보기
>
> ㉠ 제조업자가 중간상을 대상으로 적극적인 촉진전략을 사용하여 도매상, 소매상들이 자사의 제품을 소비자에게 적극적으로 판매하도록 유도하는 방법이다.
> ㉡ 인적판매와 중간상 판촉의 중요성이 증가하게 되고, 최종소비자를 대상으로 하는 광고의 중요성은 상대적으로 감소하게 된다.
> ㉢ 제조업자가 최종소비자를 대상으로 적극적인 촉진을 사용하여 소비자가 자사의 제품을 적극적으로 찾게 함으로써 중간상들이 자발적으로 자사 제품을 취급하게 만드는 전략이다.
> ㉣ 최종소비자를 대상으로 하는 광고와 소비자 판촉의 중요성이 증가하게 된다.

① ㉠, ㉡
② ㉠, ㉣
③ ㉡, ㉢
④ ㉡, ㉣
⑤ ㉢, ㉣

44 다음 자료에서 설명하는 재고관리기법을 의미하는 말은?

> • 원자재, 부품, 구성품, 중간조립품 등과 같은 종속수요품목의 주문량과 주문시기를 결정하는 컴퓨터시스템으로, 원자재 등의 재고관리가 주목적이다.
> • 상위품목의 생산계획이 변경되면, 부품의 수요량과 재고 보충시기를 '자동적으로' 갱신하여 효과적으로 대응할 수 있다.
> • 종속수요품 각각에 대하여 수요예측을 별도로 할 필요가 없다.

① DRP(Distribution Resource Planning)
② MRP(Material Requirements Planning)
③ Postponement
④ JIT(Just In Time)
⑤ SCM(Supply Chain Management)

45 다음 중 인적평가센터법에 대한 설명으로 적절하지 않은 것은?

① 한 번에 1명의 피평가자가 다수의 평가자들을 평가한다.
② 참가자들에게 주어지는 조건들은 가급적 동등한 보통 참가자들의 행동을 주로 평가한다.
③ 평가의 기준이 사전에 정해져 있어 평가자의 주관적 판단을 감소시킨다.
④ 실용성을 최대화하기 위해 평가자와 피평가자가 모두 사전에 철저한 훈련을 받는다.
⑤ 실제로 담당할 직무와 관련성이 높은 행동들을 위주로 평가하기 때문에 예측타당성이 큰 편이다.

46 다음 중 비구조화 면접(Unstructured Interview)에 대한 설명으로 적절하지 않은 것은?

① 비표준화 면접 또는 비통제적 면접, 비지시적 면접이라고도 한다.
② 조사해야 할 주제만 사전에 주어지고 준비된 구체적인 질문이 없이 진행되는 면접이다.
③ 질문 문항이나 순서가 미리 정해져 있지 않고 면접 상황에 따라 자유롭게 결정된다.
④ 면접진행 후 자료의 수량적 표준화와 통계처리가 용이한 장점이 있다.
⑤ 비구조화 면접은 시간과 비용이 소요된다는 단점이 있다.

47 다음 중 경영자에 관한 설명으로 적절하지 않은 것은?

① 최고경영자란 기업의 최상부에 있는 경영자로서 기업의 전반적인 운영에 대한 책임을 지고 있으며 기업의 전략목표를 설정한다.
② 중간경영자란 일선경영자와 최고경영자의 중간에 위치하여 이들을 연결하는 역할을 담당한다.
③ 하위경영자는 일선경영자라고도 불리우며, 근로자들의 작업과 활동을 감독하고 조정한다.
④ 소유경영자는 소유와 경영이 분리되지 않은 상태에서 자본가가 직접 경영하는 경영자이다.
⑤ 카츠(L. Katz)는 경영자에게 필요한 능력으로 개념능력(Conceptual Skill), 인간능력(Human Skill), 의사소통능력(Commuication Skill)을 제시하였다.

48 다음 중 우리나라의 공기업에 대한 설명으로 적절하지 않은 것은?

① 자산규모가 2조 원 이상이고, 총수입액 중 자체수입액이 85% 이상인 공기업은 준시장형 공기업에 해당한다.
② 공공기관운영법 제4조에 따라 지정된 공공기관은 동법 제5조에 따른 정원, 총수입액, 자산규모, 자체수입비율 기준에 따라 공기업·준정부기관·기타공공기관으로 구분한다.
③ 공기업이란 직원 정원이 50명, 총수입액이 30억 원, 자산규모가 10억 원 이상이면서 총수입액 중 자체수입액이 차지하는 비중이 50% 이상인 공공기관을 말한다.
④ 공기업은 손익 계산에 근거하여 사업성 여부를 고려하는 민간 부문에 맡겨서는 적정한 수준의 서비스가 이루어지지 않는 공공 서비스를 제공하기 위해 필요하다.
⑤ 공기업의 상임임원과 직원은 그 직무 외의 영리를 목적으로 하는 업무에 종사하지 못한다.

49 민츠버그(H. Mintzberg)는 여러 형태의 경영자를 조사하여 공통적으로 수행하는 경영자의 역할을 10가지로 정리하였다. 다음 자료에서 설명하는 역할로 옳은 것은?

> 경영자는 기업의 존속과 발전을 위해 조직과 환경을 탐색하고 발전과 성장을 위한 의사결정을 담당하는 역할을 맡는다.

① 대표자적 역할   ② 연락자적 역할
③ 정보수집자적 역할   ④ 대변자적 역할
⑤ 기업가적 역할

50 다음 자료에서 설명하는 형태의 전략을 지칭하는 용어는?

> 경쟁자나 남들보다 먼저 새로운 제품을 새로이 시장에 진입하기보다는 선도전략을 취하는 기업들을 뒤따라가면서 이를 분석하고 일정 정도의 불확실성이 해소되기를 기다렸다가 새로이 시장에 진입하거나 새로운 제품이나 서비스의 시장에 진입하고자 한다. 이는 혁신성에서 선도전략보다는 낮고 보수전략보다는 높은 전략적 위치에 있는 것이라고 볼 수 있다.

① 공격형 전략   ② 분석형 전략
③ 방어형 전략   ④ 반응형 전략
⑤ 다각형 전략

51 다음 중 슈하트 관리도에 대한 설명을 바르게 한 사람은 총 몇 명인가?

> 진영 : 슈하트 관리도의 정규성에서 가정으로 관리한계는 확률분포를 기초로 생성된다.
> 준호 : 슈하트 관리도의 정규성에서 가정으로 $\pm3\sigma$ 관리한계 안에서 벗어날 확률은 0.27%(1종 오류의 확률)이다.
> 민영 : 관리도 정규성 내의 각 구역별로 데이터가 출현할 확률을 계산하여 구역법칙을 적용한다.
> 아현 : 관리도의 독립성에서 데이터들 사이는 서로 부분 집단적이어야 한다.

① 1명   ② 2명
③ 3명   ④ 4명
⑤ 0명

52 다음 중 거래비용이론에 대한 설명으로 옳지 않은 것은?

① 거래비용이론은 기업과 시장 사이의 효율적인 경계를 설명하는 이론이다.

② 기업의 생산 활동은 경제적인 거래의 연속으로 정의될 수 있다.

③ 거래 당사자들은 자기중심적인 이기적 성향을 가지므로 거래의 당사자들이 거래를 성실하게 수행할 수 있도록 하는 감독비용이 발생하게 된다.

④ 자산의 고정성이 높을 경우, 거래에 소요되는 비용은 상대적으로 감소한다.

⑤ 거래비용이론이 설명하는 조직 내부적 거래란 곧 조직의 관료적 체계를 통해 이루어지는 거래의 조정과 관리를 의미한다.

53 다음 중 적대적 인수합병(M&A) 시도에 대한 방어 수단을 〈보기〉에서 모두 고르면?

> 보기
> ㄱ. 그린메일　　　　　　　　　ㄴ. 황금낙하산
> ㄷ. 곰의 포옹　　　　　　　　　ㄹ. 팩맨
> ㅁ. 독약조항

① ㄱ, ㄴ, ㄷ　　　　　　　　　　② ㄱ, ㄷ, ㅁ
③ ㄴ, ㄹ, ㅁ　　　　　　　　　　④ ㄴ, ㄷ, ㄹ, ㅁ
⑤ ㄱ, ㄴ, ㄷ, ㅁ

54 다음 중 피시바인의 다속성태도모형에 대한 설명으로 옳지 않은 것은?

① 속성에 대한 신념이란 소비자가 제품 속성에 대하여 가지고 있는 정보와 의견 등을 의미한다.

② 속성에 대한 평가란 각 속성이 소비자들의 욕구 충족에 얼마나 기여하는가를 나타내는 것으로 전체 태도 형성에 있어서 속성의 중요도(가중치)의 역할을 한다.

③ 다속성태도모형은 신념의 강도와 제품속성에 대한 평가로 표현된다.

④ 다속성태도모형은 구매대안 평가방식 중 비보완적 방식에 해당한다.

⑤ 다속성태도모형은 소비자의 태도와 행동을 동일시한다.

55 다음 중 (가) ~ (다)에 들어갈 단어를 올바르게 짝지은 것은?

- 카이제곱 검정(Chi-squared Test)은 카이제곱 분포에 기초한 통계적 방법으로 관찰된 빈도가 기대되는 빈도와 의미있게 다른지의 여부를 검정하기 위해 사용되는 검정방법이다.
- 카이제곱 검정은 크게 동질성 검정과 _____(가)_____ 검정 두 가지 유형으로 구분할 수 있다. 동질성 검정은 변인의 분포가 이항분포나 정규분포와 _____(나)_____ 라는 가정을 전제로 하며, _____(가)_____ 검정은 변인이 두 개 이상일 때 사용되고 기대빈도와 _____(다)_____ 와의 차이를 통해 기대빈도의 진위여부를 밝힌다.

　　　(가)　　　(나)　　　　(다)
① 유사성　　상이하다　　고차빈도
② 성장성　　상이하다　　고차빈도
③ 성장성　　동일하다　　정밀빈도분포
④ 독립성　　동일하다　　관찰빈도
⑤ 독립성　　유사하다　　관찰빈도

56 다음 중 학습조직에 대한 설명으로 옳지 않은 것은?

① 학습조직이란 일상적으로 학습을 계속 진행해 나가며 스스로 발전하여 환경 변화에 빠르게 적응할 수 있는 조직이다.
② 학습을 통해 스스로 진화하는 특성을 가진 집단이며, 기업에서는 이를 업무에 적용함으로써 집단의 역량 제고를 유도할 수 있다.
③ 조직학습 행위의 일상화·습관화로 인해 언제라도 새로운 환경에 적합한 자기변신을 할 수 있는 조직을 말한다.
④ 학습조직을 조직 내에 도입하기 위해서는 순환의 개념이 학습조직 구축의 핵심개념으로 정착되어야 한다.
⑤ 학습조직을 정착시키기 위한 구체적인 실행방안으로는 일과 학습의 명확한 구분점이 존재하여야 한다는 것이며, 이는 지속적인 학습을 촉진시키는 역할을 한다.

57 다음 중 매슬로의 욕구체계이론과 앨더퍼의 ERG이론의 차이점으로 옳지 않은 것은?

① 욕구체계이론은 추구하는 욕구가 얼마나 절실하며 기초적인가에 따라 구분하였지만, ERG이론은 욕구충족을 위한 행동의 추상성에 따라 분류하였다.

② 욕구체계이론은 가장 우세한 하나의 욕구에 의해 하나의 행동이 유발된다고 보았지만, ERG이론은 두 가지 이상의 욕구가 복합적으로 작용하여 행동을 유발한다고 보았다.

③ 욕구체계이론은 만족진행법에 입각하고 있고, ERG이론은 만족진행법을 인정하지만 상위 욕구 불충족 시 하위 욕구로 되돌아온다는 좌절퇴행접근법 또한 인정하고 있다.

④ 욕구체계이론은 인간이 처한 상태에 따라 단 하나의 욕구를 추구하는 것으로 보는 것과 달리, ERG이론은 어떤 시점에 있어서나 한 가지 이상의 욕구가 작동한다는 사실을 주장하고 있다.

⑤ 욕구체계이론은 인간의 욕구를 동기부여 요인으로 보고 대상으로 삼아왔지만, ERG이론은 인간의 욕구를 동기부여 대상으로 생각하지 않고 다양한 요인을 동시에 고려한다.

58 다음 중 단속 생산방식이 적합한 경우는?

① 제품의 납품일이 가까워 신속하고 빠르게 생산하여야 하는 경우
② 단위당 생산원가를 낮게 책정하여야 하는 경우
③ 공장에 구비된 기계설비가 특수목적인 전용설비인 경우
④ 분기별로 거래처에서 동일한 품목을 일정량 주문하는 암묵적 패턴이 존재하는 경우
⑤ 다양한 품종을 주문이 들어오는 시점부터 소량만 생산하는 경우

59 다음 중 페스팅거(L. Festinger)의 인지부조화이론에 대한 설명으로 옳지 않은 것은?

① 구매 후 부조화란 제품을 구매, 소비, 처분한 후에 그러한 의사결정이 올바른 것이었는가에 대하여서 확신하지 못하는 경험을 의미한다.

② 제품을 반품할 수 없을 경우 구매 후 부조화는 더욱 커지게 된다.

③ 가격이 높은 제품일수록 구매 후 부조화는 더욱 작아지게 된다.

④ 구매 후 부조화를 줄이기 위해서는 긍정적인 정보는 더욱 검색하고, 부정적인 정보는 차단한다.

⑤ 안내 책자를 제공하거나 피드백을 통한 구매자의 선택이 훌륭하였음을 확인시키는 활동은 구매 후 부조화를 감소시키기 위한 것이다.

60 다음 중 시장세분화에 관한 설명으로 옳지 않은 것은?

① 제품사용상황, 사용량은 행동적 세분화 기준변수에 속한다.

② 효과적인 시장세분화를 위해서는 시장의 규모가 측정 가능해야 한다.

③ 시장세분화를 통해 소비자들의 다양한 욕구를 보다 잘 만족시킬 수 있다.

④ 하나의 특정한 시장세분화 기준변수가 모든 상황에서 가장 효과적인 것은 아니다.

⑤ 시장세분화에서는 동일한 세분시장 내에 있는 소비자들의 이질성이 극대화되도록 해야 한다.

61 다음 중 경제적주문량모형(EOQ)이 성립하기 위한 가정으로 올바르지 않은 것은?

① 단위당 재고유지비용과 1회당 재고주문비용은 주문량과 관계없이 일정하다.

② 주문량은 한 번에 모두 도착한다.

③ 연간 재고 수요량을 정확히 파악하고 있다.

④ 구입단가는 주문량과 관계없이 일정하다.

⑤ 재고 부족현상이 발생할 수 있으며, 주문 시 정확한 리드타임이 적용된다.

62 ㈜한국공장의 A생산설비는 목표제품생산주기가 96초이고, 순과업시간이 300초일 때, 이론적인 최소 작업장 수는 몇 개가 되어야 하는가?

① 3개　　　　　　　　　　　　② 4개

③ 5개　　　　　　　　　　　　④ 6개

⑤ 7개

63 다음 중 시스템이론(System Theory)에 대한 설명으로 적절하지 않은 것은 무엇인가?

① 시스템이론의 가장 핵심적인 원리는 전체나 부분을 볼 때 서로의 상호 연관성을 관련지어 생각하지 않고는 둘 다 제대로 이해할 수 없다는 것이다.

② 시스템이론은 1차 대전 이후 독일의 생물학자인 베르탈란피(L. von Bertalanffy)가 여러 학문분야의 통합을 위한 공통적인 사고와 연구의 틀을 찾으려는 노력으로 발표된 이론이다.

③ 시스템(System)이란 전체를 구성하는 상호 관련된 부분들의 집합을 말하며 전체와 이를 구성하고 있는 부분, 부분들 사이 및 부분들과 개체와의 상호 연관성들로 구성된다.

④ 시스템이론을 개관해 보면 근본적으로 시스템이란 서로 연관된 부분이 집합되어 만들어진 개체를 뜻하는데 하위 시스템으로서 개체, 이를 구성하는 요소, 요소간, 개체와 요소간의 상호관련성 등이 강조되고 있다.

⑤ 시스템이론은 경영활동을 기술활동, 상업활동, 재무활동, 회계활동, 관리활동, 보호활동으로 구분한다.

64 다음 중 제품수명주기(PLC)에서 성숙기에 해당하는 설명으로 옳은 것은?

① 제품의 인지도가 낮고 잠재 구매고객이 정확하게 파악되지 않는 경우가 많기 때문에 이익이 많이 창출되지 않는다.

② 좋은 품질의 제품을 내놓는 것과 동시에 제품 인지도를 높이기 위한 마케팅, 세일즈 프로모션에 많은 투자가 필요한 시기이다.

③ 경쟁 심화로 인한 과도한 가격인하나 판매촉진 비용의 증대로 이윤이 감소하기도 하며, 경쟁에서 밀린 업체들은 시장을 떠나기도 한다.

④ 제품이 어느 정도 인지도를 얻게 됨에 따라 판매가 급속도로 증가하는 시기이다.

⑤ 제품은 시간이 지남에 따라 과도한 경쟁, 트렌드의 변화, 기술혁신에 따른 기존 제품의 불필요, 열악한 시장환경과 같은 여러 가지 요소들이 작용한다.

65 다음 중 켈리의 공변(입방체)모형에서 내적 귀인에 해당하는 경우는?

① 특이성이 높다.　　　　　　　　② 합치성이 높다.

③ 일관성이 낮다.　　　　　　　　④ 일관성이 높다.

⑤ 특이성과 합치성이 높다.

| 문제해결능력(하반기)

01 K병원은 다음과 같은 내용으로 저소득층 지원사업을 시행하려고 한다. 〈보기〉 중 이 사업의 지원을 받을 수 있는 사람을 모두 고르면?

〈저소득층 지원사업〉

- 사업개요
  저소득층을 대상으로 S병원에서 자체적으로 시행하는 의료 지원사업
- 지원내역
  - 진료비 전액 지원(입원비 제외)
  - 출장 진료 가능
  - 약, 수술 등의 비용은 제외
- 지원대상
  - A지역 거주민만 해당
  - 차상위계층
  - 장애인
  - 기초생활 수급자
  - 한부모 가정
  - 청소년가장
- 유의점
  - 한 가구에 한 명만 지원받을 수 있습니다.
  - 지원대상의 부양가족도 지원받을 수 있습니다.

보기

ㄱ. 저는 A지역에서 살다가 B지역으로 이사한 고등학생입니다. 이번에 몸이 아파서 진찰을 받으려고 합니다.

ㄴ. A지역에 홀로 할아버지를 모시고 사는 청년입니다. 차상위계층에 속하는데 할아버지께서 거동이 불편하셔서 출장 진료를 부탁하려 합니다.

ㄷ. 혼자 애를 기르고 있는 사람으로 A지역에 거주합니다. 아기가 열이 많이 나서 S병원에 입원시키려고 합니다.

ㄹ. 기초생활 수급을 받고 있는 A지역의 4인 가족입니다. 단체로 진료를 받고 가장 진료비가 많이 나온 가족의 비용을 지원받고 싶습니다.

① ㄱ, ㄴ　　　　　　　　　　② ㄱ, ㄷ
③ ㄴ, ㄷ　　　　　　　　　　④ ㄴ, ㄹ
⑤ ㄷ, ㄹ

※ 어떤 의사는 다음 규칙으로 회진을 한다. 자료를 보고 이어지는 질문에 답하시오. [2~3]

〈병실 위치〉

101호	102호	103호	104호
105호	106호	107호	108호

〈환자 정보〉

환자	호실	일정
A	101호	09:00 ~ 09:40 정기 검사
B	107호	11:00 ~ 12:00 오전 진료
C	102호	10:20 ~ 11:00 오전 진료
D	106호	10:20 ~ 11:00 재활 치료
E	103호	10:00 ~ 10:30 친구 문병
F	101호	08:30 ~ 09:45 가족 문병

〈회진규칙〉

• 회진은 한 번에 모든 환자를 순서대로 순회한다.
• 101호부터 회진을 시작한다.
• 같은 방에 있는 환자는 연속으로 회진한다.
• 회진은 9시 30분부터 12시까지 완료한다.
• 환자의 일정이 있는 시간은 기다린다.
• 회진은 환자 한 명마다 10분이 소요된다.
• 각 방을 이동하는데 옆방(예 105호 옆방은 106호)은 행동 수치 1이, 마주보는 방(예 104호 마주보는 방 108호)은 행동 수치 2가 소요된다(시간에 적용하지는 않는다).
• 방을 이동하는 데 소요되는 행동 수치가 가장 적게 되도록 회진한다.

| 문제해결능력(하반기)

02 다음 중 의사가 세 번째로 회진하는 환자는?(단, 주어진 규칙 외의 다른 조건은 고려하지 않는다)

① B환자
② C환자
③ D환자
④ E환자
⑤ F환자

| 문제해결능력(하반기)

03 다음 중 의사의 회진에 대한 설명으로 옳은 것은?

① 의사가 마지막으로 회진하는 환자는 E환자이다.
② 의사가 네 번째로 회진하는 환자는 B환자이다.
③ 회진은 11시 전에 모두 마칠 수 있다.
④ E환자의 회진 순서가 B환자보다 먼저이다.
⑤ 10시부터 회진을 시작하면 마지막에 회진받는 환자가 바뀐다.

04 다음은 직원 A의 퇴직금에 대한 자료이다. 직원 A가 받을 퇴직금은 얼마인가?(단, 직원 A는 퇴직금 조건을 모두 만족하고, 주어진 조건 외에는 고려하지 않으며, 1,000원 미만은 절사한다)

〈퇴직금 산정기준〉

• 근무한 개월에 따라 1년 미만이라도 정해진 기준에 따라 지급한다.
• 평균임금에는 기본급과 상여금, 기타수당 등이 포함된다.
• 실비에는 교통비, 식비, 출장비 등이 포함된다.
• 1일 평균임금은 퇴직일 이전 3개월간에 지급받은 임금총액을 퇴직일 이전 3개월간의 근무일수의 합으로 나눠서 구한다.
• 1일 평균임금 산정기간과 총근무일수 중 육아휴직 기간이 있는 경우에는 그 기간과 그 기간 중에 지급된 임금은 평균임금 산정기준이 되는 기간과 임금의 총액에서 각각 뺀다.
• 실비는 평균임금에 포함되지 않는다.
• (퇴직금)=(1일 평균임금)×30일×$\dfrac{(총\ 근무일수)}{360일}$

〈직원 A의 월급 명세서〉

(단위 : 만 원)

월	월 기본급	상여금	교통비	식비	기타수당	근무일수	기타
1월	160	–	20	20	25	31일	–
2월	160	–	20	20	25	28일	–
3월	160	–	20	20	25	31일	–
4월	160	–	20	20	25	22일	–
5월	160	–	20	20	–	16일	육아휴직 (10일)
6월	160	160	20	20	25	22일	7월 1일 퇴직

① 1,145,000원　　　　　　　　② 1,289,000원
③ 1,376,000원　　　　　　　　④ 1,596,000원
⑤ 1,675,000원

05 A씨는 TV를 구매하였다. TV의 가로와 세로 비율은 4:3이고 대각선은 40인치이다. 이 TV의 가로와 세로 길이의 차이는 몇 cm인가?(단, 1인치는 2.5cm이다)

① 10cm　　　　　　　　② 20cm
③ 30cm　　　　　　　　④ 40cm
⑤ 50cm

06 회사 전체 사원을 대상으로 한 명을 뽑았을 때, 신입사원이면서 남자일 확률은?

> • 전체 사원 중 한 명을 뽑았을 때, 신입사원일 확률은 0.8이다.
> • 기존 사원 중 한 명을 뽑았을 때, 여자일 확률은 0.6이다.
> • 전체 사원 중 한 명을 뽑았을 때, 남자일 확률은 0.4이다.

① 20%   ② 30%
③ 40%   ④ 50%
⑤ 60%

07 M씨는 뒷산에 등산을 갔다. 오르막길 A는 1.5km/h로 이동하였고, 내리막길 B는 4km/h로 이동하였다. A로 올라가 정상에서 쉬고, B로 내려오는 데 총 6시간 30분이 걸렸으며, 정상에서는 30분 동안 휴식을 하였다. 오르막길과 내리막길이 총 14km일 때, A의 거리는?

① 2km   ② 4km
③ 6km   ④ 8km
⑤ 10km

08 〈조건〉을 토대로 K가 하루에 섭취할 수 있는 카페인으로 마실 수 있는 커피의 경우의 수는?(단, 최소한 한 가지 종류의 커피만을 마시는 경우까지 포함한다)

> **조건**
> • K는 하루에 400mg의 카페인을 섭취할 수 있다.
> • K는 오늘 이미 200mg의 카페인을 섭취하였다.
> • 인스턴트 커피의 카페인 함유량은 50mg이다.
> • 핸드드립 커피의 카페인 함유량은 75mg이다.

① 2가지   ② 4가지
③ 6가지   ④ 8가지
⑤ 10가지

09 경사가 일정한 두 점 A, B 사이에 표고 150m의 등고선은 점 B로부터 수평거리로 얼마만큼 떨어져 있는가?(단, A, B 사이의 수평거리는 340m이며, A점의 표고는 178m이고, B점의 표고는 116m이다)

① 약 178.45m

② 약 180.24m

③ 약 182.55m

④ 약 184.34m

⑤ 약 186.45m

10 확폭량이 S인 노선에서의 반지름(R)을 4배로 한다고 할 때, 확폭량(S')은?

① $1S'$

② $2S'$

③ $4S'$

④ $\dfrac{1}{4}S'$

⑤ $\dfrac{1}{8}S'$

11 길이가 4m인 철근콘크리트 캔틸레버보의 처짐을 계산하지 않는 경우, 보의 최소두께는?(단, $f_{ck}=30$MPa, $f_y=300$MPa이다)

① 약 328.29mm

② 약 429.29mm

③ 약 513.29mm

④ 약 662.29mm

⑤ 약 721.29mm

12 다음 중 콘크리트 다짐 특성에 대한 설명으로 옳지 않은 것은?

① 콘크리트 타설 직후 바로 충분히 다져서 콘크리트가 철근 및 매설물 등의 주위와 거푸집까지 잘 채워져 밀실한 콘크리트가 되도록 한다.

② 거푸집 진동기는 거푸집의 적절한 위치에 단단히 설치하여야 한다.

③ 재진동을 할 경우에는 콘크리트에 나쁜 영향이 생기지 않도록 초결이 발생하기 전에 실시하여야 한다.

④ 거푸집널에 접하는 콘크리트는 가능하면 평탄한 표면이 얻어지도록 타설하고 다져야 한다.

⑤ 슬럼프 150mm 이하의 된비빔콘크리트에 거푸집 진동기를 사용하지만, 얇은 벽 거푸집 진동기의 사용이 곤란한 장소에는 내부 진동기를 사용한다.

13 다음 중 옹벽의 설계 및 해석에 대한 설명으로 옳지 않은 것은?

① 저판은 뒷부벽 또는 앞부벽 간의 거리를 경간으로 두고 고정보 또는 연속보로 설계한다.

② 앞부벽은 직사각형보로 설계하고, 뒷부벽은 T형보로 설계한다.

③ 저판의 뒷굽판은 정확한 방법이 사용되지 않는 한, 뒷굽판 상부에 재하되는 모든 하중을 지지하도록 설계한다.

④ 옹벽의 전면벽은 2변 지지된 3방향 슬래브로 설계한다.

⑤ 활동에 대한 효과적인 저항을 위해 활동 방지벽과 저판을 일체로 만들어야 한다.

14 단철근 직사각형 보에서 부재축에 직각인 전단보강철근이 부담해야 할 전단력 $V_s = 250\text{kN}$일 때, 전단보강철근의 간격 s는 최대 얼마 이하인가?(단, $A_v = 158\text{mm}^2$, $f_{yt} = 400\text{MPa}$, $f_{ck} = 28\text{MPa}$, $b_w = 300\text{mm}$, $d = 450\text{mm}$이다)

① 200mm
② 205mm
③ 225mm
④ 240mm
⑤ 255mm

15 250mm×400mm 직사각형 단면을 가진 길이가 8m인 양단힌지 기둥이 있다. 이 기둥의 세장비(λ)는?

① 약 54.98
② 약 69.28
③ 약 75.18
④ 약 92.78
⑤ 약 115.58

16 길이가 10m인 철근을 300MPa의 인장응력으로 인장하였더니 그 길이가 15mm만큼 늘어났다. 이 철근의 탄성계수는 어떻게 되는가?

① $2.0 \times 10^5 \text{MPa}$
② $2.1 \times 10^5 \text{MPa}$
③ $2.2 \times 10^5 \text{MPa}$
④ $2.3 \times 10^5 \text{MPa}$
⑤ $2.4 \times 10^5 \text{MPa}$

17 단면이 150mm×350mm인 장주의 길이가 5m일 때, 좌굴하중은?(단, 기둥의 지지상태는 일단고정 일단힌지, $E=20,000\text{MPa}$이다)

① 약 759.376kN
② 약 820.335kN
③ 약 842.155kN
④ 약 863.590kN
⑤ 약 885.905kN

18 어떠한 지반의 포화단위중량이 1.88t/m^3인 흙에서의 한계동수경사 i_c는?

① 0.80
② 0.81
③ 0.86
④ 0.88
⑤ 1.00

19 다음 중 테르자기(Terzaghi)의 1차원 압밀 이론의 가정조건으로 옳지 않은 것은?

① 흙은 균질하고 완전하게 포화되어 있다.
② 토립자와 물은 비압축성이다.
③ Darcy의 법칙이 타당하게 사용된다.
④ 압밀 진행 중인 흙의 성질은 변할 수 있다.
⑤ 압력과 간극비 사이에는 직선적인 관계가 성립된다.

20 옹벽의 뒷면과 흙의 마찰각이 0인 연직옹벽에서 지표면이 수평인 경우, Rankine 토압과 Coulomb 토압은 어떻게 되는가?

① Rankine의 토압은 Coulomb의 토압보다 크다.
② Rankine의 토압은 Coulomb의 토압보다 작다.
③ Rankine의 토압은 Coulomb의 토압보다 1만큼 크다.
④ Rankine의 토압은 Coulomb의 토압보다 1만큼 작다.
⑤ Rankine의 토압은 Coulomb의 토압과 같다.

01 다음 중 밑줄 친 부분이 의미하는 것은?

사진이 아주 강력한 힘을 발휘할 때가 있다. 사람의 눈으로 도저히 볼 수 없는 세계를 펼쳐 보일 때이다. 영월에서 열리는 동강국제사진제(7월 5일 ~ 9월 29일)에서도 이런 사진을 보았다. 독일 예술대학에 처음으로 사진학과를 창설한 쿤스트아카데미 뒤셀도르프(베어학파) 출신 작가들의 사진이 전시된 국제주제전에 걸린 클라우디아 페렌켐퍼의 사진에 나는 압도당했다. 소형 곤충 사진인데, 눈으로는 관측 불가능한 영역이 거대하게 확대되어 포착되었다. 이런 사진을 '포토 매크로그래피'라 부르는데 요즘 유행하는 예술적인 과학 사진의 가장 흔한 형태 중 하나이다. 쉽게 현미경 사진이라 생각하면 된다. 요즘은 수백만 배를 확대해 원자도 관측이 가능하다.

인류는 수많은 사진을 찍었지만 세상을 바꾼 사진의 목록에는 과학 사진이 다수를 차지한다. 1915년 알베르트 아인슈타인은 '일반상대성이론'을 발표해 중력이 공간을 휘게 한다고 주장했다. 아인슈타인은 수성의 근일점에 매우 미세한 차이가 있고 이것은 바로 중력이 빛을 휘어지게 하기 때문이라고 했다. 아직은 가설이었다. 영국 왕립천문학회 소속 천문학자 아서 스탠리 에딩턴이 검증에 나섰다. 그는 1919년 대형 카메라와 탐사대를 이끌고 아프리카의 오지 섬 프린시페로 배를 타고 가 한 달간 촬영 준비를 한 끝에 6분간 일식 사진을 찍었다. 이 사진을 통해 별빛이 태양에 의해 휜다는 것을 포착했다. '과학 사진이 바로 이런 것이다.'라고 증명한 쾌거였다. 이 사진으로 아인슈타인의 주장은 가설에서 이론이 되었다.

그 후로도 인류에 큰 영향을 끼친 과학 사진은 많았다. 그중에서도 우주배경복사의 불균일성을 발견한 사진이 압권이었다. 우주 생성은 늘 과학자들의 연구 대상이었다. '빅뱅 이론'은 우주가 대폭발로 생겼다고 본다. 어떻게 증명할 것인가? 먼저 러시아 출신의 미국 물리학자 조지 가모는 대폭발 이후 광자의 형태로 방출된 복사(우주배경복사)의 일부가 우주에 남아 있다는 가설을 제시했다. 1964년 미국 벨연구소의 아노 펜지어스와 로버트 윌슨은 4,080MHz 대역에서 들려오는 초단파 잡음이 우주에서 온다는 것을 알면서 우주배경복사를 발견했다. 그런데 우리 우주에 항성과 행성이 있기에 우주배경복사는 균일하지 않아야 한다. 과학자들의 다음 목표는 우주배경복사의 미세한 온도 차이 확인이었다. 이를 위해 1989년 미국 물리학자 조지 스무트가 주도한 '코비 프로젝트'가 시작되었다. 미국 항공우주국(나사)이 쏘아 올린 우주망원경 코비가 사진을 전송했고, 그 사진에서 10만 분의 1 정도 온도 차를 발견했다. 이 사진은 우리가 보는 가시광선이 아니라 '태초의 빛'의 흔적인 마이크로파를 찍은 것이었다. 이런 과학 사진을 비가시광선 사진이라 부른다.

과학 사진은 생경하다. 인간이 전에 본 일이 없기 때문이다. 그래서 아름답다. 이 또한 전에 느껴보지 못한 아름다움이다. 이런 미학은 재빠르게 기존 예술의 틈으로 파고들어갈 것이다. 사진이 회화에 비해 압도적으로 유리한 자리를 차지할 수 있는 분야이기도 하다.

① 과학의 힘으로 세상이 변화하는 모습
② 한 장의 사진에서 느껴지는 사진사의 의도
③ 가시광선에 의한 색감의 조화
④ 인간의 눈으로 확인할 수 없는 세계가 지닌 아름다움
⑤ 인간의 눈에서 보이는 자연 그대로의 모습

02 다음 글의 중심 내용으로 가장 적절한 것은?

> 그리스 철학의 집대성자라고도 불리는 철학자 아리스토텔레스는 자연의 모든 물체는 '자연의 사다리'에 의해 계급화되어 있다고 생각했다. 자연의 사다리는 아래서부터 무생물, 식물, 동물, 인간, 그리고 신인데, 이러한 계급에 맞춰 각각에 일정한 기준을 부여했다. 18세기 유럽 철학계와 과학계에서는 이러한 자연의 사다리 사상이 크게 유행했으며, 사다리의 상층인 신과 인간에게는 높은 이성과 가치가 있고, 그 아래인 동물과 식물에게는 인간보다 낮은 가치가 있다고 보기 시작했다.
>
> 이처럼 서양의 자연관은 인간과 자연을 동일시하던 고대에서 벗어나 인간만이 영혼이 있으며, 이에 따라 인간만이 자연을 지배할 수 있다고 믿는 기독교 중심의 중세시대를 지나, 여러 철학자들을 거쳐 점차 인간이 자연보다 우월한 자연지배관으로 모습이 바뀌기 시작했다. 이러한 자연관을 토대로 서양에서는 자연스럽게 산업혁명 등을 통한 대량소비와 대량생산의 경제성장구조와 가치체계가 발전되어 왔다.
>
> 동양의 자연관 역시 동양철학과 불교 등의 이념과 함께 고대에서 중세시대를 지나게 되었다. 하지만 서양의 인간중심 철학과 달리 동양철학과 불교에서는 자연과 인간을 동일선상에 놓거나 둘의 조화를 중요시하여 합일론을 주장했다. 이들의 사상은 노자와 장자의 무위자연의 도, 불교의 윤회사상 등에서 살펴볼 수 있다. 대량소비와 대량생산으로 대표되는 자본주의의 한계와 함께 지구온난화, 자원고갈, 생태계 파괴가 대두되는 요즘 동양의 자연관이 주목받고 있다.

① 서양철학에서 나타나는 부작용
② 자연의 사다리와 산업혁명
③ 철학과 지구온난화의 상관관계
④ 서양의 자연관과 동양의 자연관의 차이
⑤ 서양철학의 문제점과 동양철학을 통한 해결법

03 다음 중 경량전철에 대비되는 PRT의 장점이 아닌 것은?

> PRT(Personal Rapid Transit : 소형궤도차량)는 무인 경량전철처럼 제어시스템을 활용하여 무인으로 운행되는 전기차량으로, 소위 개인형 고속 전철이나 무인 고속 택시로 불린다. 전체적인 형태는 놀이동산 등에서 볼 수 있는 모노레일과 비슷하다. PRT의 특징은 저소음인 동시에 배기가스 배출이 없다는 점이며, 설치비 또한 경량전철에 비하여 2분의 1에서 4분의 1가량으로 크게 낮은 수준이다.
>
> 크기도 지하철 및 무인 경량전철보다 작으므로 복잡한 도심 속에서도 공간을 확보하기 쉬우며, 자연스럽게 지상에서의 접근성 또한 용이하다. 대개 경량전철의 경우 3층 이상 높이에서 운행되기 때문에 이들을 이용하기 위해서는 계단으로 걸어 올라갈 필요가 있으나, PRT의 경우 2층 높이로 엘리베이터를 통해 승강장까지 오르내리기 쉽다. PRT의 장점은 운행방식에서도 나타난다. 정해진 시간에 역과 정류소에 정차하는 일반적인 경량전철과 달리 PRT는 승차자가 나타날 경우 차량이 2 ~ 30초 내 도착하는 등 택시와 같이 탑승과정이 신속하고 개인적이다. 운행시간에서도 일정시간 동안만 무인 혹은 유인운전으로 운행되는 경량전철과 달리 PRT는 24시간 무인운전을 통해 운행된다는 장점을 내세우고 있다.
>
> 이러한 PRT의 강점이 최초로 주목받기 시작했던 것은 1970년대 미국이었다. 당시 미국에서는 꿈의 교통수단으로 많은 기대를 모았으나, 정작 당시의 철도기술로는 수백 대가 넘는 PRT 차량이 원하는 장소까지 논스톱으로 주행 가능한 무인제어 환경을 구축하는 것이 불가능했고, 수송인원 또한 버스나 지하철에 비해 한정되었기에 상업화가 지연된 상황이었다. 하지만 최근에는 IT기술의 눈부신 발전과 함께 친환경 문제가 대두되며 PRT가 다시금 주목을 받고 있다.

① 탑승자를 원하는 지점에 신속하고 정확하게 데려다 줄 수 있다.
② 경량전철에 비하여 최대 4분의 1가량 설치비가 저렴하다.
③ 무인운전을 통해 운행되기 때문에 무인 경량전철에 비해 많은 인건비를 절감할 수 있다.
④ 소음이 적고 경량전철보다 작기 때문에 복잡한 도심 속에서도 운행이 가능하다.
⑤ 탑승자의 접근성이 경량전철에 비해 용이하다.

04 다음 중 민속문화와 대중문화의 차이로 옳지 않은 것은?

문화는 하나의 집단을 이루는 사람들의 독특한 전통을 구성하는 관습적 믿음, 사회적 형태, 물질적 특성으로 나타나는 일종의 실체이다. 문화는 모든 사람들의 일상생활에서의 생존활동, 즉 의식주와 관련된 활동들로부터 형성된다. 지리학자들은 특정 사회관습의 기원과 확산, 그리고 특정 사회관습과 다른 사회적 특성들의 통합을 연구한다. 이는 크게 고립된 촌락 지역에 거주하는 규모가 작고 동질적인 집단에 의해 전통적으로 공유되는 민속문화(Folk Culture), 특정 관습을 공유하는 규모가 크고 이질적인 사회에서 나타나는 대중문화(Popular Culture)로 구분된다.

다수의 민속문화에 의해 지배되는 경관은 시간의 흐름에 따라 거의 변화하지 않는다. 이에 비해 현대의 통신매체는 대중적 관습이 자주 변화하도록 촉진시킨다. 결과적으로 민속문화는 특정 시기에 장소마다 다양하게 나타나는 경향이 있지만, 대중문화는 특정 장소에서 시기에 따라 달라지는 경향이 크다.

사회적 관습은 문화의 중심지역, 즉 혁신의 발상지에서 유래한다. 민속문화는 흔히 확인되지 않은 기원자를 통해서, 잘 알려지지 않은 시기에, 출처가 밝혀지지 않은 미상의 발상지로부터 발생한다. 민속문화는 고립된 장소로부터 독립적으로 기원하여 여러 개의 발상지를 가질 수 있다. 예를 들어, 민속 노래는 보통 익명으로 작곡되며 구두로 전파된다. 노래는 환경 조건의 변화에 따라 다음 세대로 전달되며 변형되지만, 그 소재는 대다수 사람들에게 익숙한 일상생활의 사건들로부터 빈번하게 얻어진다.

민속문화와 달리 대중문화는 대부분이 선진국, 특히 북아메리카, 서부 유럽, 일본의 산물이다. 대중음악과 패스트푸드가 대중문화의 좋은 예이다. 대중문화는 산업기술의 진보와 증가된 여가시간이 결합하면서 발생한 것이다. 오늘날 우리가 알고 있는 대중음악은 1900년경에 시작되었다. 그 당시 미국과 서부 유럽에서 대중음악에 의한 엔터테인먼트는 영국에서 뮤직 홀(Music Hall)로 불리고, 미국에서 보드빌(Vaudeville)이라고 불린 버라이어티쇼였다. 음악 산업은 뮤직홀과 보드빌에 노래를 제공하기 위해 뉴욕의 틴 팬 앨리(Tin Pan Alley)라고 알려진 구역에서 발달하였다. 틴 팬 앨리라는 명칭은 송 플러거(Song Plugger : 뉴욕의 파퓰러 송 악보 출판사가 고용한 선전 담당의 피아니스트)라고 불린 사람들이 악보 출판인들에게 음악의 곡조를 들려주기 위해 격렬하게 연타한 피아노 사운드로부터 유래하였다.

많은 스포츠가 고립된 민속문화로 시작되었으며, 다른 민속문화처럼 개인의 이동을 통해 확산되었다. 그러나 현대의 조직된 스포츠의 확산은 대중문화의 특징을 보여준다. 축구는 11세기 잉글랜드에서 민속문화로 시작되었으며, 19세기 전 세계 대중문화의 일부가 되었다. 축구의 기원은 명확하지 않다. 1863년 다수의 브리티시 축구 클럽들이 경기 규칙을 표준화하고, 프로 리그를 조직하기 위해 풋볼협회(Football Association)를 결성하였다. 풋볼 협회의 'Association' 단어가 축약되어 'Assoc'으로, 그리고 조금 변형되어 마침내 'Soccer'라는 용어가 만들어졌다. 여가 시간 동안 조직된 위락 활동을 공장 노동자들에게 제공하기 위해 클럽들이 교회에 의해 조직되었다. 영국에서 스포츠가 공식적인 조직으로 만들어진 것은 축구가 민속문화에서 대중문화로 전환된 것을 나타낸다.

① 민속문화는 규모가 작고, 동질적인 집단에 의해 전통적으로 공유된다.
② 대중문화는 서부 유럽이나 북아메리카 등 선진국에서 발생하였다.
③ 민속문화는 출처가 밝혀지지 않은 미상의 발상지로부터 발생한다.
④ 민속문화는 대중문화로 변하기도 한다.
⑤ 민속문화는 특정 장소에서 시기마다 달라지는 경향이 있지만, 대중문화는 특정 시기에서 장소에 따라 다양해지는 경향이 크다.

05 다음 글에 대한 설명으로 옳은 것은?

> 마스크 5부제는 대한민국 정부가 2020년 3월 5일 내놓은 '마스크 수급 안정화 대책'에 포함된 내용이다. 코로나바이러스감염증19 확진자 증가로 마스크 수요가 급증함에도 수급이 불안정한 상황에 따른 대책으로, 2020년 3월 9일부터 5월 31일까지 시행되었다. 원활하지 않은 마스크의 공급으로 인해 구매가 어려워지자, 지정된 날에 공적 마스크를 1인당 최대 2개까지만 구입할 수 있도록 제한하였고(2020년 4월 27일부터는 총 3장까지 구매가 가능해졌다), 구매 이력은 전산에 별도 등록되어 같은 주에는 중복 구매가 불가능하며, 다음 주에 구매가 가능했다.
>
> 마스크를 구매하기 위해서는 주민등록증이나 운전면허증, 여권 등 법정신분증을 제시해야 했으며, 외국인이라면 건강보험증과 외국인등록증을 함께 보여줘야 했다. 미성년자의 경우 부모의 신분증과 주민등록등본을 지참하여 부모가 동행해서 구매하거나 여권, 청소년증, 혹은 학생증과 주민등록등본을 제시해야 했으며, 본인 확인이 불가능하다면 마스크를 혼자 구매할 수 없었다.
>
> 다만, 만 10세 이하의 아이, 80세 이상의 어르신, 장기요양 수급자, 임신부의 경우에는 대리 구매가 가능했다. 함께 사는 만 10살 이하의 아이, 80세 이상의 어르신의 몫을 대신 구매하려면 대리 구매자의 신분증과 주민등록등본 혹은 가족관계증명서를 함께 제시해야 했다. 장기요양 수급자의 경우 대리 구매 시 장기요양인증서, 장애인은 장애인등록증을 지참하면 되었다. 임신부의 경우 대리 구매자의 신분증과 주민등록등본, 임신확인서를 제시해 대리 구매를 할 수 있었다.

① 4월 27일부터는 날짜에 관계없이 인당 3개의 마스크를 구매할 수 있다.

② 7살인 자녀의 마스크를 구매하기 위해선 가족관계증명서만 지참하면 된다.

③ 마스크를 이미 구매했더라도 대리 구매를 통해 추가로 마스크 구매가 가능하다.

④ 외국인이 마스크를 구매하기 위해선 외국인등록증과 건강보험증을 제시해야 한다.

⑤ 임신부가 사용할 마스크를 대리 구매하기 위해선 총 2개의 증명서를 지참해야 한다.

06 다음 글을 읽고 올바르게 추론한 것은?

> 지난해 12만 마리 이상의 강아지가 버려졌다는 조사 결과가 나왔다. 동물보호 관련 단체는 강아지 번식장 등에 대한 적절한 규제가 필요하다고 주장했다.
>
> 27일 동물권 단체 동물구조119가 동물보호관리시스템 데이터를 분석해 발표한 자료에 따르면 유기견은 2016년 8만 8,531마리, 2017년 10만 840마리, 2018년 11만 8,710마리, 2019년 13만 3,504마리로 꾸준히 증가하다가 지난해 12만 8,719마리로 감소했다. 단체는 "유기견 발생 수가 작년 대비 소폭 하락했으나 큰 의미를 부여하긴 힘들다."고 지적했다.
>
> 지난해 유기견 발생 지역은 경기도가 2만 6,931마리로 가장 많았다. 경기 지역의 유기견은 2018년부터 매해 2만 5,000마리 ~ 2만 8,000마리 수준을 유지하고 있다. 단체는 "시골개, 떠돌이개 등이 지속적으로 유입됐기 때문"이라며 "중성화가 절실히 필요하다."고 강조했다.

① 경기 지역에서의 유기견 수는 항상 2만 5,000마리 이상을 유지했다.
② 경기 지역은 항상 버려지는 강아지가 가장 많이 발견되는 지역이다.
③ 매년 전체 유기견 수는 증가하는 추세이다.
④ 경기 지역 유기견 수가 감소하지 않는 것은 타 지역에서 지속적인 유입이 있었기 때문이다.
⑤ 적절한 유기견 관련 규제를 마련했음에도 지속적인 문제가 발생하고 있다.

07 다음 글에 대한 설명으로 옳은 것은?

> 국토교통부는 도로로 운송하던 화물을 철도로 전환하여 운송하는 사업자 또는 화주들에게 보조금을 지급하기 위한 지원 사업 대상자 선정 공모를 3월 18일(목) ~ 28일(일) 11일간 실시한다. 그리고 공모에 신청한 사업자들의 도로 → 철도 전환물량 등 운송계획 등을 검토한 후 4월 중 지원 대상자를 선정할 계획이라고 밝혔다.
> 2021년 보조금 지원 총액은 28.8억 원이며, 지원 대상자는 전환화물의 규모 등에 따라 선정하되, 우수물류기업과 중소기업은 각각 예산의 50%와 20% 범위 내에서 우선 선정할 계획이다. 올해에는 최근 철도화물 운송량 지속 감소 등을 감안하여 보조금 지급 기준을 낮추어 지원할 계획이다.
> 이에 따라 예년보다 철도전환 물량이 늘어난 경우에는 공제율 없이 증가 물량의 100%를 지원 대상으로 산정토록 제도도 개선하였다. 철도 전환교통 지원 사업은 지구온난화, 에너지위기 등에 대응하여, 탄소 배출량이 적고 에너지 효율이 높은 철도물류의 활성화를 위해 철도와 도로의 물류비 차액을 보조, 지급하는 제도이다. 2010부터 시행하고 있는 본 사업은 작년까지 총 325억 원의 보조금 지원을 통해 76억 톤·km의 화물을 도로에서 철도로 전환하여 약 194만 톤의 탄소 배출을 줄인 바 있다. 이는 약 1백만 대의 화물자동차 운행을 대체한 수치로서, 약 3억 그루의 나무심기 효과라고 할 수 있다.
> 국토교통부 철도운영과는 "온실가스 배출 저감을 실천할 수 있는 전환교통사업에 물류사업자 분들의 적극적인 참여를 기대한다."면서, "2050 탄소중립을 위해 철도물류의 역할이 어느 때보다 중요한 만큼 재정당국과 협의하여 관련 예산 규모와 지원대상 기업 등을 지속적으로 확대해 나갈 계획이다."라고 밝혔다.
> ※ 사회·환경적 비용 : 도로대비 철도 약 1/2(철도 28.62, 도로 60.52 / 단위 : 원/톤·km)
> ※ 76억 톤·km=총 운송량 2,583만 톤×평균 운송거리 295km
> ※ 화물자동차 1백만 대=총 운송량 2,583만 톤÷화물자동차 운송량 24톤/대

① 대상자는 공모가 끝나는 3월 28일에 발표된다.
② 우수물류기업의 경우 예산 20% 내에서 우선 선정할 계획이다.
③ 작년에는 올해보다 대상자에 선정되기가 까다로웠다.
④ 전년보다 철도전환 물량이 늘어난 기업의 경우 전체 물량의 100%를 지원 대상으로 산정한다.
⑤ 이 사업을 통해 작년에만 약 194만 톤의 탄소 배출량이 감소했다.

※ 다음은 방송 서비스 시장 매출액에 대한 자료이다. 이어지는 질문에 답하시오. [8~9]

〈방송 서비스 시장 매출액〉

(단위 : 십억 원)

매출 구분	통계분류		2017년
매출액	합계		1,531,422
	방송사 매출액	소계	942,790
		판매수입	913,480
		라이선스 수입	7,577
		간접광고 수입	5,439
		협찬	5,726
		기타	10,568
	방송사 이외 매출액	소계	588,632
		판매수입	430,177
		기타	158,455

〈연도별 매출액 추이〉

08 다음 자료를 읽고 판단한 것으로 옳지 않은 것은?(단, 소수점 이하 둘째 자리에서 반올림한다)

① 방송사 매출액은 전체 매출액의 60% 이상이다.
② 라이선스 수입은 전체 매출액의 약 0.5%이다.
③ 방송사 이외 매출액은 전체 매출액의 25% 이상이다.
④ 방송사의 기타수입은 방송사 매출액의 약 0.7%이다.
⑤ 매출액은 2013년이 가장 낮다.

09 2015 ~ 2016년 방송 서비스 시장 매출액 정보가 다음과 같을 때, 자료에 대한 설명으로 옳지 않은 것은?

〈2015 ~ 2016년 방송 서비스 시장 매출액〉

(단위 : 십억 원)

매출 구분	통계분류		2015년	2016년
매출액	합계		(가)	(나)
	방송사 매출액	소계	748,208	(다)
		판매수입	( )	819,351
		라이선스 수입	6,356	4,881
		간접광고 수입	3,413	22,793
		협찬	(라)	5,601
		기타	4,818	3,248
	방송사 이외 매출액	소계	395,290	572,939
		판매수입	182,949	404,403
		기타	(마)	168,536

① (가)는 (나)보다 작다.
② (다)와 2015년 방송사 매출액의 차이는 100,000십억 원 이상이다.
③ (라)는 2017년 협찬 매출액보다 작다.
④ (마)는 2017년 방송사 이외 판매수입보다 작다.
⑤ 2016년 방송사 매출액 판매수입은 (마)의 3배 이상이다.

10 A ~ C팀에 대한 근무 만족도 조사를 한 결과 근무 만족도 평균이 〈보기〉와 같을 때 이에 대한 설명으로 옳은 것은?

> **보기**
>
> • A팀은 근무 만족도 평균이 80이다.
> • B팀은 근무 만족도 평균이 90이다.
> • C팀은 근무 만족도 평균이 40이다.
> • A팀과 B팀의 근무 만족도 평균은 88이다.
> • B팀과 C팀의 근무 만족도 평균은 70이다.

① C팀의 사원 수는 짝수이다.
② A팀의 사원의 근무 만족도 평균이 가장 낮다.
③ B팀의 사원 수는 A팀 사원 수의 2배이다.
④ C팀의 사원 수는 A팀 사원 수의 3배이다.
⑤ A ~ C팀의 근무 만족도 평균은 70이 넘지 않는다.

11 다음은 국내 자동차와 주요 국가의 자동차 등록에 대한 자료이다. 자료에 대한 설명으로 옳지 않은 것은?(단, 자동차 1대당 인구 수는 소수점 둘째 자리에서 반올림한다)

〈국내 연도별 자동차 등록 대수〉

국가	자동차 등록 대수(만 대)	인구 수(만 명)	자동차 1대당 인구 수(명)
미국	25,034	30,041	1.2
일본	7,625	12,963	1.7
중국	4,735	134,001	( )
독일	4,412	8,383	1.9
이탈리아	4,162	5,827	1.4
러시아	3,835	14,190	3.7
프랑스	3,726	6,334	1.7
영국	3,612	6,140	( )
스페인	2,864	4,582	1.6
브라질	2,778	19,446	7
멕시코	2,557	10,739	4.2
캐나다	2,134	3,414	1.6
폴란드	1,926	3,852	( )
한국	1,687	4,892	( )

① 중국의 자동차 1대당 인구 수는 멕시코의 자동차 1대당 인구 수의 6배 이상이다.
② 폴란드의 자동차 1대당 인구 수는 2이다.
③ 폴란드의 자동차 1대당 인구 수는 러시아와 스페인 전체 인구에서의 자동차 1대당 인구 수보다 적다.
④ 한국의 자동차 1대당 인구 수는 미국과 일본의 자동차 1대당 인구 수의 합과 같다.
⑤ 한국의 자동차 1대당 인구 수는 러시아와 스페인 전체 인구에서의 자동차 1대당 인구 수보다 적다.

12 A사진사는 다음과 〈조건〉과 같이 사진을 인화하여 고객에게 배송하려고 한다. 5×7 사이즈 사진은 최대 몇 장을 인화할 수 있는가?

> 조건
> • 1장 인화하는 가격은 4×6 사이즈는 150원, 5×7 사이즈는 300원, 8×10 사이즈는 1,000원이다.
> • 사진을 인화하는 데 든 총비용은 21,000원이며, 배송비는 무료이다.
> • 각 사진 사이즈는 적어도 1개 이상 인화하였다.

① 36장 ② 42장
③ 48장 ④ 59장
⑤ 61장

13 다음은 사거리 신호등에 대한 정보이다. 오전 8시 정각에 좌회전 신호가 켜졌다면, 오전 9시 정각의 신호로 옳은 것은?

> • 정지 신호는 1분 10초 동안 켜진다.
> • 좌회전 신호는 20초 동안 켜진다.
> • 직진 신호는 1분 40초 동안 켜진다.
> • 정지 신호 다음에 좌회전 신호, 좌회전 신호 다음에 직진 신호, 직진 신호 다음에 정지 신호가 켜진다.
> • 세 가지 신호는 계속 반복된다.

① 정지 신호가 켜진다.
② 좌회전 신호가 켜진다.
③ 직진 신호가 켜진다.
④ 정지 신호가 켜져 있다.
⑤ 직진 신호가 켜져 있다.

14 어느 기업에서는 보안을 위해서 8자리의 비밀번호 입력을 요구하고 있다. 비밀번호는 알파벳과, 숫자, 특수문자가 각각 1개 이상 구성이 되어있어야 하며 연속된 숫자들은 소수로 구성이 되어야 한다. 다음 중 비밀번호가 될 수 없는 수는?

① Acelot3@   ② 17@@ab31
③ 59a41b@@   ④ 2a3b5c7!
⑤ 73a@91b@

15 두께 4.5mm, 폭 30mm 강재에 13.5kN의 인장력이 작용한다. 폭의 수축량은 몇 mm인가?(단, 푸아송 비는 0.4이고, 탄성계수 $E=230\text{GPa}$이다)

① $0.783\times10^{-3}\text{mm}$ ② $1.543\times10^{-3}\text{mm}$
③ $2.256\times10^{-3}\text{mm}$ ④ $3.217\times10^{-3}\text{mm}$
⑤ $4.825\times10^{-3}\text{mm}$

16 다음 그림과 같이 길이 2m의 사각 단면인 외팔보에서 집중 하중 P가 작용할 때, 자유단의 처짐량은 얼마인가?
(단, 재료의 탄성계수 $E = 300\text{GPa}$이며, 소수점 둘째 자리에서 반올림한다)

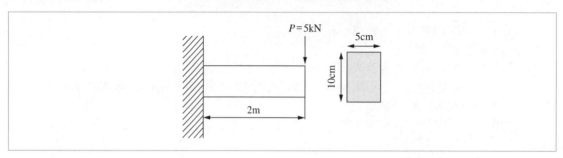

① 10.7mm

② 21.5mm

③ 38.9mm

④ 42.7mm

⑤ 52.1mm

17 다음 그림과 같이 볼트에 축하중 Q가 작용할 때 볼트 머리부에 생기는 전단응력 τ를 볼트에 생기는 인장응력 σ의 0.8배까지 허용하게 된다면, 볼트의 지름 d는 머리의 높이 H의 몇 배인가?

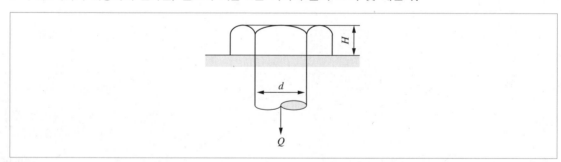

① $\dfrac{8}{5}$ 배

② $\dfrac{16}{5}$ 배

③ $\dfrac{5}{8}$ 배

④ $\dfrac{5}{16}$ 배

⑤ $\dfrac{5}{32}$ 배

18 다음 그림과 같은 외팔보에서 자유단으로부터 3m 떨어진 C점에 집중 하중 $P=9$kN이 작용할 때, 자유단의 처짐각 θ_A와 처짐량 δ_A는 얼마인가?(단, $E=200$GPa, $I=250$cm^{4}이다)

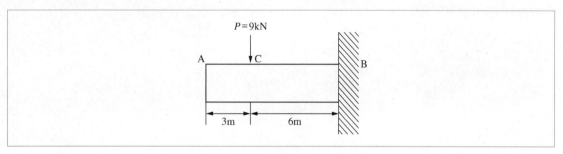

① 125.8cm ② 152.2cm
③ 187.5cm ④ 226.8cm
⑤ 235.4cm

19 지름 3m, 두께 3cm의 얇은 원통에 860kPa의 내압이 작용할 때, 이 원통에 발생하는 최대 전단응력은 몇 MPa인가?

① -8.2MPa ② -10.75MPa
③ 10.75MPa ④ -15.85MPa
⑤ 15.85MPa

20 디젤 사이클 엔진이 초온 500K, 초압 200KPa, 최고 온도 7,000K, 최고 압력 5MPa로 작동할 때 열효율은 몇 %인가?(단, $k=1.50$이다)

① 34% ② 43%
③ 55% ④ 58%
⑤ 61%

21 가역 사이클로 작동되는 이상적인 기관(냉동기 및 열펌프 겸용)이 −15℃의 저열원에서 열을 흡수하여 50℃의 고열원으로 열을 방출한다. 이때 냉동기의 성능(성적)계수와 열펌프의 성능계수로 옳은 것은?(단, 소수점 둘째 자리에서 반올림한다)

① 3.97, 4.97   ② 4.97, 5.97

③ 5.97, 6.97   ④ 6.97, 7.97

⑤ 7.97, 8.97

22 다음 그림과 같은 계단 단면의 중실 원형축의 양단을 고정하고 계단 단면부에 비틀림 모멘트 T가 작용할 경우, 지름 D_1과 D_2의 축에 작용하는 비틀림 모멘트의 비 $\dfrac{T_1}{T_2}$은?(단, $D_1 = 9\text{cm}$, $D_2 = 3\text{cm}$, $l_1 = 50\text{cm}$, $l_2 = 20\text{cm}$ 이다)

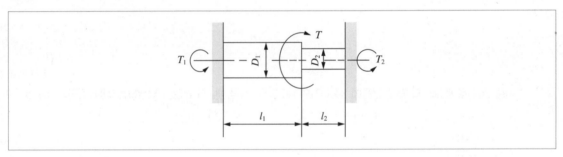

① 10.4   ② 25.2

③ 32.4   ④ 53.8

⑤ 62.6

23 다음 중 표준대기압을 나타낸 수치가 아닌 것은?

① 14.7psi   ② 101,325Pa

③ 760Torr   ④ 10.33kg/cm²

⑤ 760mmHg

24 체적이 10m³인 유체의 무게가 50,000N이었다면 이 유체의 비중량(γ), 밀도(ρ), 비중(S)은 각각 얼마인가? (단, 소수점 둘째 자리에서 반올림한다)

① $\gamma = 3,000 \text{N/m}^3$, $\rho = 509.7 \text{N} \cdot \text{s}^2/\text{m}^4$, $S = 0.5$

② $\gamma = 3,000 \text{N/m}^3$, $\rho = 312.5 \text{N} \cdot \text{s}^2/\text{m}^4$, $S = 0.5$

③ $\gamma = 5,000 \text{N/m}^3$, $\rho = 509.7 \text{N} \cdot \text{s}^2/\text{m}^4$, $S = 0.5$

④ $\gamma = 3,000 \text{N/m}^3$, $\rho = 312.5 \text{N} \cdot \text{s}^2/\text{m}^4$, $S = 0.6$

⑤ $\gamma = 5,000 \text{N/m}^3$, $\rho = 509.7 \text{N} \cdot \text{s}^2/\text{m}^4$, $S = 0.6$

25 다음 중 800kPa, 110℃의 CO_2(이산화탄소)의 비중량은?(단, 소수점 넷째 자리에서 반올림한다)

① 11.05kg/m^3　　　　　　② 11.05N/m^3

③ 110kg/m^3　　　　　　　④ 110N/m^3

⑤ 115N/m^3

26 다음 중 압축률의 차원을 절대단위계로 바르게 표시한 것은?

① $M^{-2}LT^2$　　　　　　　② $M^{-1}LT^2$

③ MLT^2　　　　　　　　　④ $M^{-2}LT$

⑤ $M^{-2}L^2T$

27 다음 중 비중이 0.7인 어떤 유체의 비체적은 얼마인가?

① $143 \text{m}^3/\text{N}$　　　　　　　② 700N/m^3

③ $7.85 \text{m}^3/\text{kg}$　　　　　　④ $1.43 \times 10^{-3} \text{m}^3/\text{kg}$

⑤ $1.43 \times 10^{-3} \text{m}^3/\text{N}$

28 다음 중 레이놀즈수에 대한 설명으로 옳지 않은 것은?

① 층류와 난류를 구별하여 주는 척도가 된다.

② 레이놀즈수가 작은 경우에는 점성력이 크게 영향을 미친다.

③ 층류에서 난류로 변하는 레이놀즈수를 하임계 레이놀즈수라고 한다.

④ 관성력과 점성력의 비를 나타낸다.

⑤ 유동단면의 형상이 변하면 임계 레이놀즈수도 변한다.

29 투영면적이 $4.8m^2$이고, 속도가 100km/h인 자동차의 저항력이 300kg이다. 이 중 30%는 마찰저항이고, 나머지는 바람에 의한 항력이다. 항력계수는 얼마인가?(단, $\gamma = 1.25kg/m^3$이다)

① 약 2.45

② 약 6.78

③ 약 0.89

④ 약 5.75

⑤ 약 9.64

30 금속의 비중이 무거운 순서로 올바르게 나열한 것을 〈보기〉에서 모두 고르면?

> **보기**
>
> ㄱ. Ir>Pb>Cu
> ㄴ. Ti>Fe>Al
> ㄷ. Ir>Fe>Mg
> ㄹ. Pt>Fe>Ag

① ㄱ, ㄴ

② ㄱ, ㄷ

③ ㄴ, ㄷ

④ ㄴ, ㄹ

⑤ ㄷ, ㄹ

31 다음 중 금속과 그 비중의 연결이 올바르지 않은 것은?

① Fe(7.87)

② Mo(1.22)

③ Al(2.74)

④ Pb(11.36)

⑤ Zn(10.49)

32 다음 동력 전달용 기계요소가 아닌 것은?

① 축   ② 스프링
③ 커플링   ④ 베어링
⑤ 벨트

33 다음 중 불변강의 종류가 아닌 것은?

① 초인바   ② 플래티나이트
③ 코엘린바   ④ 퍼멀로이
⑤ 인코넬

34 다음 중 접종 백선화를 억제시키고 흑연의 형상을 균일하게 하기 위하여 $Ca-Si$ 분말을 접종 첨가하여 흑연의 핵 형성을 촉진시키는 주철은?

① 가단주철   ② 합금주철
③ 미하나이트주철   ④ 구상흑연주철
⑤ 칠드주철

35 니켈 – 크롬강에서 강인성을 증가시키고 질량효과를 감소시키며, 뜨임메짐을 방지하기 위해 첨가하는 원소로 가장 적합한 것은?

① Mn   ② V
③ W   ④ Mo
⑤ P

PART 1
PART 2
PART 3
PART 4
PART 5

36 (가) ~ (다)는 항온열처리의 종류이다. 〈보기〉에서 옳은 것을 골라 올바르게 짝지은 것은?

> (가) Ms점과 Mf점 사이에서 항온처리하며, 마텐자이트와 베이나이트의 혼합 조직을 얻는다.
> (나) 특정 온도로 유지 후 공기 중에서 냉각, 베이나이트 조직을 얻는다.
> (다) 과랭 오스테나이트에서 소성 가공을 한 후 마텐자이트화한다.

> **보기**
> ㉠ 오스템퍼링
> ㉡ 오스포밍
> ㉢ 마템퍼링

	(가)	(나)	(다)
①	㉠	㉡	㉢
②	㉡	㉠	㉢
③	㉡	㉢	㉠
④	㉢	㉠	㉡
⑤	㉢	㉡	㉠

37 다음 내용과 관련된 시험 방법은?

> • 해머의 낙하 높이와 반발 높이
> • 끝에 다이아몬드가 부착된 해머를 시편 표면에 낙하
> • 반발 높이가 높을수록 시편의 경도가 높음

① 피로 시험　　　　　　　　　② 브리넬 경도 시험
③ 샤르피식 시험　　　　　　　④ 로크웰 경도 시험
⑤ 쇼어 경도 시험

38 다음 중 조밀육방격자들로만 이루어진 금속은?

① W, Ni, Mo, Cr　　　　　　② Mg, Ce, Ti, Y
③ V, Li, Ce, Zn　　　　　　④ Mg, Ti, Zn, Cr
⑤ Zn, Ag, Ni, Y

39 다음 중 핀(Pin)의 종류에 대한 설명으로 옳지 않은 것은?

① 테이퍼 핀은 보통 $\frac{1}{50}$ 정도의 테이퍼를 가진다.

② 평행 핀은 분해·조립하는 부품 맞춤면의 관계 위치를 일정하게 할 때 주로 사용한다.

③ 분할 핀은 축에 끼워진 부품이 빠지는 것을 막는 데 사용된다.

④ 스프링 핀은 2개의 봉을 연결하여 2개의 봉이 상대각운동을 할 수 있도록 하는 데 사용한다.

⑤ 조인트 핀은 2개 부품을 연결할 때 사용된다.

40 다음 중 아크용접의 종류로 옳은 것을 〈보기〉에서 모두 고르면?

보기

가. 산소 – 아세틸렌　　　　　　　　　　나. 불활성가스
다. 원자수소　　　　　　　　　　　　　　라. 프로젝션
마. 서브머지드

① 가, 다　　　　　　　　　　　　② 나, 라
③ 나, 다, 라　　　　　　　　　　④ 나, 다, 마
⑤ 다, 라, 마

41 정상 2차원 속도장 $\vec{V}=4x\vec{i}-4y\vec{j}$ 내의 한 점 (3, 5)에서 유선의 기울기 $\frac{dy}{dx}$ 는?

① $\frac{3}{5}$　　　　　　　　　　　　② $-\frac{3}{5}$

③ $\frac{5}{3}$　　　　　　　　　　　　④ $-\frac{5}{3}$

⑤ -1

42 다음 중 원통커플링의 종류로 옳은 것을 〈보기〉에서 모두 고르면?

보기

ㄱ. 슬리브 커플링　　　　　　　　ㄴ. 플랜지 커플링
ㄷ. 셀러 커플링　　　　　　　　　ㄹ. 반중첩 커플링
ㅁ. 올덤 커플링

① ㄱ, ㄷ　　　　　　　　　　　② ㄴ, ㄹ
③ ㄱ, ㄷ, ㄹ　　　　　　　　　④ ㄴ, ㄷ, ㅁ
⑤ ㄷ, ㄹ, ㅁ

43 횡탄성계수와 종탄성계수의 관계식으로 옳은 것은?[단, 전단탄성계수(G), 종탄성계수(E), 체적탄성계수(K), 푸아송 수(m)이다]

① $G = \dfrac{E}{2(m+1)}$　　　　　② $G = \dfrac{mE}{2(m+2)}$

③ $G = \dfrac{mE}{2(m+1)}$　　　　　④ $G = \dfrac{mE}{(m+1)}$

⑤ $G = \dfrac{mE}{(2m+1)}$

44 온도가 1,000K와 200K인 두 열에너지 저장소 사이에서 작동하는 카르노 열기관의 열효율은?

① 50%　　　　　　　　　　　② 60%
③ 70%　　　　　　　　　　　④ 80%
⑤ 90%

45 다음 중 냉매 종류 중에서 암모니아의 장점이 아닌 것은?

① 우수한 열수송능력　　　　　② 높은 성능계수
③ 누선 탐지 용이성　　　　　　④ 오존층 무영향
⑤ 무독성

46 가스 동력 사이클 중 2개의 등온과정과 2개의 정압과정으로 구성된 사이클은?

① 스털링 사이클   ② 디젤 사이클
③ 앳킨스 사이클   ④ 사바테 사이클
⑤ 에릭슨 사이클

47 비눗방울 직경이 5cm이고, 내부 초과압력 $40N/m^2$일 때 표면장력은?

① 0.25   ② 0.5
③ 0.75   ④ 1
⑤ 1.25

48 다음은 증기 압축 냉동 사이클 구성요소이다. 냉매의 순환경로로 옳은 것은?

ㄱ. 증발기	ㄴ. 압축기
ㄷ. 팽창밸브	ㄹ. 응축기

① ㄹ - ㄴ - ㄷ - ㄱ   ② ㄴ - ㄷ - ㄹ - ㄱ
③ ㄴ - ㄹ - ㄷ - ㄱ   ④ ㄴ - ㄹ - ㄱ - ㄷ
⑤ ㄱ - ㄹ - ㄷ - ㄴ

49 다음 중 자기저항이 2배가 되게 하기 위한 방법은 무엇인가?

① 자로의 길이를 $\frac{1}{2}$배로, 철심의 단면적을 2배가 되게 한다.
② 자로의 길이를 2배로, 철심의 단면적을 2배가 되게 한다.
③ 자로의 길이를 4배로, 철심의 단면적을 2배가 되게 한다.
④ 자로의 길이를 4배로, 철심의 단면적을 $\frac{1}{2}$배가 되게 한다.
⑤ 자로의 길이를 2배로, 철심의 단면적을 4배가 되게 한다.

50 〈보기〉 중 비유전율에 관련된 설명으로 옳은 것은 몇 개인가?

> 보기
>
> ㄱ. 모든 유전체의 비유전율은 1보다 크다.
> ㄴ. 비유전율의 단위는 [C/m]이다.
> ㄷ. 어떤 물질의 비유전율은 진공 중의 유전율에 대한 물질의 유전율의 비이다.
> ㄹ. 비유전율은 절연물의 종류에 따라 다르다.
> ㅁ. 산화티탄 자기의 비유전율이 유리의 비유전율보다 크다.
> ㅂ. 진공 중의 비유전율은 0이다.
> ㅅ. 진공 중의 유전율은 $\frac{1}{36\pi} \times 10^9$[F/m]로 나타낼 수 있다.

① 0개   ② 1개
③ 2개   ④ 3개
⑤ 4개

51 송전선로에서 전선의 도약으로 인한 상간의 혼촉이 발생될 것을 방지하기 위해서 사용하는 방법은?

① 아킹혼   ② 오프셋
③ 댐퍼   ④ 가공지선
⑤ 매설지선

52 다음 중 송전선로의 이상전압 방지대책과 관련된 설명으로 옳지 않은 것은?

① 개폐서지의 이상전압을 감쇄할 목적으로 쓰이는 것은 개폐저항기이다.
② 가공지선을 설치하는 가장 큰 이유는 전압강하를 방지하기 위함이다.
③ 가공지선의 차폐각이 작을수록 차폐효과가 크다.
④ 철탑의 탑각 접지저항이 커지면 역섬락이 발생하게 된다.
⑤ 개폐 이상 전압은 무부하일 때가 전부하일 때보다 더 크다.

53 다음 직류 전동기의 속도제어방식 중 부하변동이 심한 곳에 적용하는 것은?

① 계자 제어 방식   ② 직렬 방식
③ 일그너 방식   ④ 저항 방식
⑤ 워드 레오너드 방식

54 다음 중 동기발전기의 기전력의 파형을 개선하는 데 적합하지 않은 방법은?

① 공극의 길이를 크게 한다.
② 전기자 권선을 성형결선으로 한다.
③ 매극 매상의 슬롯수를 크게 한다.
④ 단절권, 집중권을 채용한다.
⑤ 전기자 슬롯을 스큐슬롯으로 한다.

55 다음 중 단상 직권 정류자 전동기와 관련된 설명으로 옳은 것은?

① 아트킨손형 전동기에 해당된다.
② 부하에 관계없이 회전수가 일정한 전동기이다.
③ 보상권선의 역할은 역률개선 및 정류작용 개선이다.
④ 교류 전압을 가하면 회전 방향이 변한다.
⑤ 계자 권선과 전기자 권선이 병렬로 되어 있다.

56 ㉠ ~ ㉤에 들어갈 말을 올바르게 짝지은 것은?

- 이상적인 전압원은 내부 저항이 ___㉠___ 이고, 이상적인 전류원은 내부 저항이 ___㉡___ 이다.
- 전압원과 전류원이 혼합된 회로망에서, 회로 내 어느 한 지로에 흐르는 전류는 각 전원이 단독으로 존재할 때의 전류를 각각 합하여 구하는 정리는 ___㉢___ 의 정리라고 한다.
- ___㉢___ 의 정리에서 먼저, 한 개의 전원을 취하고 나머지 전원은 모두 없앤다. 이때 나머지 전압원은 ___㉣___ , 전류원은 ___㉤___ 시킨다.

	㉠	㉡	㉢	㉣	㉤
①	0	0	노튼	개방	단락
②	0	∞	중첩	개방	단락
③	0	∞	중첩	단락	개방
④	∞	0	테브난	단락	개방
⑤	∞	0	밀만	단락	개방

57 FM 변조에서 신호주파수가 10KHz, 주파수 변조파의 대역폭은 120KHz일 때, 최대 주파수 편이는 몇 KHz인가?

① 10KHz
② 30KHz
③ 50KHz
④ 70KHz
⑤ 90KHz

58 다음 중 PLL회로의 구성요소로 맞게 짝지어진 것은?

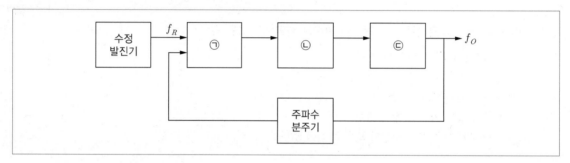

	㉠	㉡	㉢
①	VCO	루프필터	VCO
②	위상 검출기	VCO	HPF
③	위상 검출기	HPF	VCO
④	위상 비교기	루프필터	VCO
⑤	위상 비교기	VCO	루프필터

59 다음 중 OFDM에 관한 설명으로 적절하지 않은 것은?

① 변조신호는 PAPR(Peak to Average Power Ratio)이 낮다.
② FFT를 이용한 고속의 신호처리가 가능하다.
③ 다중 경로 페이딩에 강하다.
④ 위상잡음 및 송수신단간의 반송파 주파수 Offset에 민감하다.
⑤ 주파수 효율성이 높은 편이다.

60 서로 다른 두 자극 $\pm m$이 미소거리 l만큼 떨어져 있다. 다른 요소는 변화시키지 않고 미소거리만 2배로 변화시켰을 때의 자기모멘트는?

① $\frac{1}{2}ml[\text{Wb}\cdot\text{m}]$

② $ml[\text{Wb}\cdot\text{m}]$

③ $2ml[\text{Wb}\cdot\text{m}]$

④ $4ml[\text{Wb}\cdot\text{m}]$

⑤ $6ml[\text{Wb}\cdot\text{m}]$

61 다음 중 키르히호프의 법칙에 대한 설명으로 옳지 않은 것은?

① 키르히호프 제1법칙은 전류에 대한 법칙이고, 제2법칙은 전압에 대한 법칙이다.

② 키르히호프 제1법칙에 의하면 전하는 접합점에서 생기기도 하고 없어지기도 한다.

③ 키르히호프 제1법칙은 전하 보존법칙을 따른다.

④ 키르히호프 제2법칙에서 임의의 폐회로에서 회로 내의 모든 전위차의 합은 0이다.

⑤ 키르히호프 제2법칙은 직류와 교류에 모두 적용할 수 있다.

62 다음은 동기발전기 냉각 방식 중 수소 냉각 방식의 특징으로 옳지 않은 것은?

① 냉각효과가 커서 발전기 용량을 증가시킬 수 있다.

② 수소가스 누설감지 장치가 없어도 사용할 수 있다.

③ 공기 냉각 방식에 비해 소음이 적다.

④ 코로나 현상이 발생하기 어렵다.

⑤ 발전기의 점검과 보수가 어렵다.

63 다음 중 변압기의 철심이 갖추어야 할 성질로 옳지 않은 것은?

① 성층 철심을 사용해야 한다.
② 전기저항이 커야 한다.
③ 히스테리시스 손실이 작아야 한다.
④ 히스테리시스 계수가 작아야 한다.
⑤ 비투자율이 커야 하고 저항률이 작아야 한다.

64 다음 중 안정도 향상 대책으로 옳지 않은 것은?

① 중간 조상 방식을 채용한다.
② 발전기와 변압기의 임피던스를 작게 한다.
③ 복도체 또는 다도체 방식을 사용한다.
④ 계통연계를 한다.
⑤ 단락비가 작은 기기를 채용한다.

65 다음 중 무선 통신시스템에서 변조의 목적으로 옳지 않은 것은?

① 전송 중에 손상된 파형을 원래 정보신호 파형으로 복원하기 위해
② 주파수분할 등을 통해 한 개의 전송매체에 여러 정보를 동시에 전송이 가능하게 하기 위해
③ 안테나 크기를 작게 하기 위해
④ 잡음 등 불필요한 신호를 제거하기 위해
⑤ 높은 주파수에서 대역폭을 효율적으로 사용하기 위해

정답 및 해설 p.72

01 K기업의 1 ~ 3년 차 근무를 마친 사원들은 인사이동 시기를 맞아 근무지를 이동해야 한다. 근무지 이동 규정과 각 사원들이 근무지 이동을 신청한 내용이 다음과 같을 때, 이에 대한 설명으로 옳지 않은 것은?

〈근무지 이동 규정〉

• 수도권 지역은 여의도, 종로, 영등포이고, 지방의 지역은 광주, 제주, 대구이다.
• 2번 이상 같은 지역을 신청할 수 없다. 예 여의도 → 여의도(×)
• 3년 연속 같은 수도권 지역이나 지방 지역을 신청할 수 없다.
• 2, 3년 차보다 1년 차 신입 및 1년 차 근무를 마친 직원이 신청한 내용을 우선적으로 반영한다.
• 1년 차 신입은 전년도 평가 점수를 100점으로 한다.
• A ~ E직원은 서로 다른 곳에 배치된다.
• 같은 지역으로의 이동을 신청한 경우 전년도 평가 점수가 더 높은 사람을 배정한다.
• 규정에 부합하지 않게 이동 신청을 한 경우, 신청한 곳에 배정받을 수 없다.

〈근무지 이동 신청〉

직원	1년 차 근무지	2년 차 근무지	3년 차 근무지	신청지	전년도 평가
A	대구	–	–	종로	–
B	여의도	광주	–	영등포	92
C	종로	대구	여의도	미정	88
D	영등포	종로	–	여의도	91
E	광주	영등포	제주	여의도	89

① B는 영등포로 이동하게 될 것이다.
② C는 지방 지역으로 이동하고, E는 여의도로 이동하게 될 것이다.
③ A는 대구를 1년 차 근무지로 신청하였을 것이다.
④ D는 자신의 신청지로 이동하게 될 것이다.
⑤ C가 제주로 이동한다면, D는 광주나 대구로 이동하게 된다.

02 다음 중 송전선의 안정도를 증진시키는 방법으로 옳지 않은 것은?

① 발전기의 단락비를 크게 한다.
② 고속도 재폐로 방식을 채용한다.
③ 조속기의 동작을 빠르게 한다.
④ 선로의 병렬 회선수를 줄이거나 복도체 또는 다도체 방식을 사용한다.
⑤ 계통연계를 한다.

03 다음 그림과 같은 회로의 공진 주파수 $f[\text{Hz}]$는?

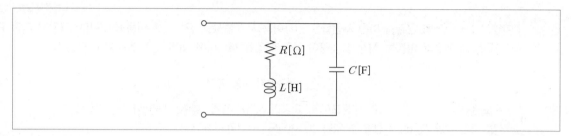

① $\dfrac{1}{2\pi}\sqrt{\dfrac{1}{LC}-\dfrac{R^2}{L^2}}$

② $\dfrac{1}{2\pi}\sqrt{\dfrac{1}{LC}-\dfrac{R^2}{C}}$

③ $\dfrac{1}{2\pi\sqrt{LC}}$

④ $\dfrac{1}{2\pi}\sqrt{\dfrac{C}{L}}$

⑤ $\dfrac{1}{2\pi}\sqrt{\dfrac{L}{C}}$

04 다음 중 정전계에 대한 설명으로 옳지 않은 것은?

① 단위 전하에서 나오는 전기력선의 수는 $\dfrac{1}{\epsilon_0}$개 이다.

② 전기력선과 등전위면은 서로 직교한다.

③ 정전계는 정전 에너지가 최소인 분포이다.

④ 도체 표면의 전하 밀도는 표면의 곡률이 큰 부분일수록 작다.

⑤ 도체 내부의 전계는 0이다.

05 무한 평면 도체와 $d[\text{m}]$ 떨어져 평행한 무한장 직선 도체에 $\rho[\text{C/m}]$의 전하 분포가 주어졌을 때, 직선 도체가 단위 길이당 받는 힘은?(단, 공간의 유전율은 ϵ이다)

① $-\dfrac{\rho}{\pi\epsilon d}$

② $-\dfrac{\rho}{2\pi\epsilon d}$

③ $\dfrac{\rho}{4\pi\epsilon d}$

④ $\dfrac{\rho^2}{2\pi\epsilon d}$

⑤ $\dfrac{\rho^2}{4\pi\epsilon d}$

06 비유전율 $\epsilon_s = 51$인 유전체 내의 한 점에서 전계의 세기가 $E = 10^2$[V/m]일 때, 이 점의 분극의 세기 P[C/m^2]는?

① 4.43×10^{-6}

② 4.43×10^{-7}

③ 4.43×10^{-8}

④ $\dfrac{10^{-6}}{36\pi}$

⑤ $\dfrac{10^{-6}}{72\pi}$

07 다음과 같은 그림에서 부하저항 R_L에 최대 전력을 공급하려면 R_L의 값은 몇 Ω인가?

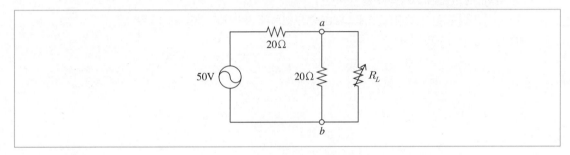

① 15.625

② 31.25

③ 62.5

④ 125

⑤ 250

08 $s^2 + 9s + 81 = 0$의 특성 방정식을 갖는 시스템에서 단위 계단 함수 입력 시 최대 오버슈트(Maximum Overshoot)가 발생하는 시간은 몇 sec인가?

① 약 0.403sec

② 약 0.604sec

③ 약 0.806sec

④ 약 1.206sec

⑤ 약 2.412sec

09 다음 중 지락 사고 시 일정 전압 이상이 되면 동작하는 계전기는?

① 영상 변류기
② 비율차동 계전기
③ 지락 과전압 계전기
④ 선택 지락 계전기
⑤ 과전류 계전기

10 다음 중 거리 계전기의 특징으로 옳은 것은?

① 계전기 설치점에서 고장점까지의 임피던스로 고장여부를 판별한다.
② 발전기의 내부 단락사고를 검출하는 데 사용되지 않는다.
③ 다회선에서 접지 고장 회선을 선택한다.
④ 중성점 저항 접지 방식의 병행 2회선 송전 선로의 지락사고 차단에 사용된다.
⑤ 방향성을 가지고 있다.

11 120Hz 24극 회전자 외경 2m의 동기 발전기에 있어서 자극면의 주변 속도는?

① 약 59.8m/s
② 약 60.8m/s
③ 약 61.8m/s
④ 약 62.8m/s
⑤ 약 63.8m/s

12 다음 중 정상특성과 응답 속응성을 동시에 개선하는 제어동작은?

① 비례동작(P동작)
② 적분동작(I동작)
③ 비례미분동작(PD동작)
④ 비례적분동작(PI동작)
⑤ 비례적분미분동작(PID동작)

13 2차 제어계에서 최대 오버슈트가 발생하는 시간 t_P와 고유주파수 w_n, 감쇠계수 δ 사이의 관계식은?

① $t_P = \dfrac{2\pi}{w_n \sqrt{1-\delta^2}}$

② $t_P = \dfrac{\pi}{w_n \sqrt{1-\delta^2}}$

③ $t_P = \dfrac{2\pi}{w_n \sqrt{1-2\delta^2}}$

④ $t_P = \dfrac{\pi}{w_n \sqrt{1-2\delta^2}}$

⑤ $t_P = \dfrac{\pi}{2w_n \sqrt{1-\delta^2}}$

14 다음 중 전기력선의 성질로 옳지 않은 것은?

① 전하가 없는 곳에서는 전기력선의 발생과 소멸이 없고 연속적이다.
② 전기력선은 자신만의 폐곡선을 만든다.
③ 전기력선은 등전위면과 직교한다.
④ 전기력선은 도체 표면에서 수직으로 출입한다.
⑤ 전기력선 밀도는 전계의 세기와 같다.

15 다음 중 동기기에 대한 설명으로 옳지 않은 것은?

① 고정자코일은 전기자권선으로 유기 기전력을 발생시키는 부분이다.
② 일반적으로 동기기의 기전력은 유도 기전력, 변압기의 기전력은 유기 기전력라고 한다.
③ 동기기의 회전자는 회전계자형과 회전전기자형으로 구분된다.
④ 동기기의 안전도를 증진하는 방법으로는 단락비를 크게 하고, 동기화 리액턴스를 작게 하는 것이 있다.
⑤ 여자장치는 전기를 공급하여 전자석을 만드는 부분이다.

PART 2

직업기초능력평가

CHAPTER 01

의사소통능력

합격 CHEAT KEY

의사소통능력을 채택하지 않는 공사·공단이 없을 만큼 필기시험에서 중요도가 높은 영역이다. 또한, 일부 공사·공단을 제외하고 의사소통능력의 문제 출제 비중이 가장 높은 편이다. 이러한 점을 볼 때, 의사소통능력은 공사·공단 NCS를 준비하는 수험생이라면 정복해야 하는 숙명의 과목이다.

국가직무능력표준에 따르면 의사소통능력의 세부 유형은 문서이해, 문서작성, 의사표현, 경청, 기초외국어로 나눌 수 있다. 문서이해·문서작성과 같은 제시문에 대한 주제, 일치 문제의 출제 비중이 높으며, 공문서·기획서·보고서·설명서 등 문서의 특성을 파악하는 문제도 일부 공사·공단에서 출제되고 있다. 따라서 이러한 분석을 바탕으로 전략을 세우는 것이 매우 중요하다.

01 문제에서 요구하는 바를 먼저 파악하라!

의사소통능력에서 가장 중요한 것은 제한된 시간 안에 빠르고 정확하게 답을 찾아내는 것이다. 그러기 위해서는 우리가 의사소통능력을 공부하는 이유를 잊지 말아야 한다. 우리는 지식을 쌓기 위해 의사소통능력 지문을 보는 것이 아니다. 의사소통능력에서는 지문이 아니라 문제가 주인공이다! 지문을 보기 전에 문제를 먼저 파악해야 한다. 주제찾기 문제라면 첫 문장과 마지막 문장 또는 접속어를 주목하자! 내용일치 문제라면 지문과 문항의 일치 / 불일치 여부만 파악한 뒤 빠져 나오자! 지문에 빠져드는 순간 소중한 시험 시간은 속절없이 흘러 버린다!

02 잠재되어 있는 언어능력을 발휘하라!

의사소통능력에는 끝이 없다! 의사소통의 방대함에 포기한 적이 있는가? 세상에 글은 많고 우리가 학습할 수 있는 시간은 한정적이다. 이를 극복할 수 있는 방법은 다양한 글을 접하는 것이다. 실제 시험장에서 어떤 내용의 지문이 나올지 아무도 예측할 수 없다. 따라서 평소에 신문, 소설, 보고서 등 여러 글을 접하는 것이 필요하다. 잠재되어 있는 글에 대한 안목이 시험장에서 빛을 발할 것이다.

03 상황을 가정하라!

업무 수행에 있어 상황에 따른 언어 표현은 중요하다. 같은 말이라도 상황에 따라 다르게 해석될 수 있기 때문이다. 그런 의미에서 자신의 의견을 효과적으로 전달할 수 있는 능력을 평가하는 것은 당연하다. 따라서 다양한 상황에서의 언어표현능력을 함양하기 위한 연습의 과정이 요구된다. 업무를 수행하면서 발생할 수 있는 여러 상황을 가정하고 그에 따른 올바른 언어표현을 정리하는 것이 필요하다. 의사표현 영역의 경우 출제 빈도가 높지는 않지만 상황에 따른 판단력을 평가하는 문항인 만큼 대비하는 것이 필요하다.

04 말하는 이의 입장에서 생각하라!

잘 듣는 것 또한 하나의 능력이다. 상대방의 이야기에 귀 기울이고 공감하는 태도는 업무를 수행하는 관계 속에서 필요한 요소이다. 그런 의미에서 다양한 상황에서의 듣는 능력을 평가하는 것이다. 말하는 이가 요구하는 듣는 이의 태도를 파악하고, 이에 따른 판단을 할 수 있도록 언제나 말하는 사람의 입장이 되는 연습이 필요하다.

05 반복만이 살길이다!

학창 시절 외국어를 공부하던 때를 떠올려 보자! 셀 수 없이 많은 표현들을 익히기 위해 얼마나 많은 반복의 과정을 거쳤는가? 의사소통능력 역시 그러하다. 하나의 문제 유형을 마스터하기 위해 가장 중요한 것은 바로 여러 번, 많이 풀어 보는 것이다.

┌연속출제─

다음은 노인장기요양보험법의 일부 내용이다. 다음 중 법령을 잘못 이해한 것은?

제4조 국가 및 지방자치단체의 책무 등

① 국가 및 지방자치단체는 노인이 일상생활을 혼자서 수행할 수 있는 온전한 심신상태를 유지하는 데 필요한 사업(이하 "노인성질환예방사업"이라 한다)을 실시하여야 한다.

② 국가는 노인성질환예방사업을 수행하는 지방자치단체 또는 국민건강보험법에 따른 국민건강보험공단(이하 "공단"이라 한다)에 대하여 이에 소요되는 비용을 지원할 수 있다. ❷

③ 국가 및 지방자치단체는 노인인구 및 지역특성 등을 고려하여 장기요양급여가 원활하게 제공될 수 있도록 적정한 수의 장기요양기관을 확충하고 장기요양기관의 설립을 지원하여야 한다.

④ 국가 및 지방자치단체는 장기요양급여가 원활히 제공될 수 있도록 공단에 필요한 행정적 또는 재정적 지원을 할 수 있다. ❸

··· (생략) ···

제6조 장기요양기본계획

① 보건복지부장관은 노인 등에 대한 장기요양급여를 원활하게 제공하기 위하여 5년 단위로 다음 각 호의 사항이 포함된 장기요양기본계획을 수립 · 시행하여야 한다. ❶

  1. 연도별 장기요양급여 대상인원 및 재원조달 계획
  2. 연도별 장기요양기관 및 장기요양전문인력 관리 방안
  3. 장기요양요원의 처우에 관한 사항
  4. 그 밖에 노인 등의 장기요양에 관한 사항으로서 대통령령으로 정하는 사항

② 지방자치단체의 장은 제1항에 따른 장기요양기본계획에 따라 세부시행계획을 수립 · 시행하여야 한다. ❹

---

① 보건복지부장관은 5년 단위로 장기요양기본계획을 수립한다.
　　　　　　　　　　　　　　　　　　　　　　　　┌──── 국가
✔ 노인성질환예방사업을 수행하는 데에 소요되는 비용은 지방자치단체가 지원한다.

③ 국가는 공단의 장기요양급여 제공에 있어 행정적 또는 재정적으로 지원한다.

④ 장기요양기본계획에 따른 세부시행계획은 지방자치단체의 장이 수립 · 시행한다.

풀이순서

1) 질문의도
　: 법령이해

2) 선택지 키워드 찾기

3) 지문독해
　: 선택지와 비교

4) 정답도출

📋 **유형 분석** ・주어진 지문을 읽고 일치하는 선택지를 고르는 전형적인 독해 문제이다.
・지문은 주로 신문기사(보도자료 등), 업무 보고서, 시사 등이 제시된다.
・대체로 지문이 긴 경우가 많아 푸는 시간이 많이 소요된다.
응용문제 : 지문의 주제를 찾는 문제나 지문의 핵심내용을 근거로 추론하는 문제가 출제된다.

📋 **풀이 전략** 먼저 선택지의 키워드를 체크한 후, 지문의 내용과 비교하며 내용의 일치유무를 신속히 판단한다.

문서이해 ②

┌연속출제┐

다음은 외국인 건강보험 제도변경에 대한 안내문이다. 다음 안내문을 이해한 내용 으로 적절하지 않은 것은?

〈외국인 건강보험 제도변경 안내〉

• 6개월 이상 체류하는 경우 건강보험 당연 가입
  − 유학 또는 결혼이민의 경우는 입국하여 외국인 등록한 날 가입 ❶
    ※ 가입 제외 신청 대상 : 외국의 법령 · 보험 및 사용자의 계약에 따라 법 제41조에 따른 요양 급여에 상당하는 의료보장을 받을 수 있는 경우
• 자격은 등록된 체류지(거소지)에 따라 개인별로 관리(취득)되며, 건강보험료도 개인별로 부과
  − 다만, 같은 체류지(거소지)에 배우자 및 만 19세 미만 자녀와 함께 거주하여 가족 단위로 보험료 납부를 원하는 경우에는 가족관계를 확인할 수 있는 서류를 지참하여 방문 신청 필요 ❷
• 매월 25일까지 다음 달 보험료 납부 ❺-1
• 보험료 미납하면 불이익 발생
  − 병 · 의원 이용 시 건강보험 혜택 제한
  − 비자 연장 등 각종 체류 허가 제한(법무부 출입국 · 외국인 관서) ❹
  − 기한을 정하여 독촉하고, 그래도 납부하지 않으면 소득, 재산, 예금 등 압류하여 강제 징수 ❺-2
    ※ 건강보험 혜택은 대한민국 국민과 동일(입원, 외래진료, 중증질환, 건강검진 등) ❸

---

① 외국인 유학생 A씨의 경우 체류 기간과 관계없이 외국인 등록을 한 날에 건강보험에 가입된다.
② 배우자와 국내에 함께 체류 중인 외국인 B씨가 가족 단위로 보험료를 납부하고자 할 경우에는 별도의 신청이 필요하다.
③ 보험료를 매월 납부하고 있는 외국인 C씨의 경우 외래진료 시에는 보험 혜택을 받을 수 있지만, 건강검진은 제공되지 않는다.
④ 보험료가 미납된 외국인 D씨가 비자 연장을 신청할 경우 신청이 제한될 수 있다.
⑤ 건강보험에 가입된 외국인 E씨는 보험료를 매월 25일까지 납부하여야 하며, 독촉 기한에도 납부하지 않을 경우 소득이나 재산이 압류될 수 있다.

풀이순서

1) 질문의도
   : 내용이해 → 적용

2) 지문파악

4) 지문독해
   : 선택지와 비교

3) 선택지 키워드 찾기

📑 **유형** 분석
- 주어진 지문에 대한 이해를 바탕으로 유추할 수 있는 내용을 고르는 문제이다.
- 지문은 주로 업무 보고서, 기획서, 보도자료 등이 제시된다.
- 일반적인 독해 문제와는 달리 선택지의 내용이 애매모호한 경우가 많으므로 꼼꼼히 살펴보아야 한다.

📑 **풀이** 전략
주어진 지문이 어떠한 내용을 다루고 있는지 파악한 후 선택지의 키워드를 체크한다. 그러고 나서 지문의 내용에서 도출할 수 있는 내용을 선택지에서 찾아야 한다.

안심Touch

┌─연속출제─┐

다음 중 밑줄 친 단어와 <u>의미가 유사</u>한 것은?

> 흑사병은 페스트균에 의해 발생하는 급성 열성 감염병으로, 쥐에 기생하는 벼룩에 의해 사람
> 에게 전파된다. 국가위생건강위원회의 자료에 따르면 중국에서는 최근에도 <u>간헐적</u>으로 흑사
> 병 확진 판정이 나온 바 있다. 지난 2014년에는 중국 북서부에서 38세의 남성이 흑사병으로
> 목숨을 잃었으며, 2016년과 2017년에도 각각 1건씩 발병 사례가 확인됐다.

① 근근이   ② 자못

③ <u>이따금</u>   ④ 빈번히

⑤ 흔히

풀이순서

1) 질문의도
   : 유의어

2) 지문파악
   : 문맥을 보고 단어의
   뜻 유추

3) 정답도출

📋 **유형 분석**
- 주어진 지문에서 밑줄 친 단어의 유의어를 찾는 문제이다.
- 자료는 지문, 보고서, 약관, 공지 사항 등 다양하게 제시된다.
- 다른 문제들에 비해 쉬운 편에 속하지만 실수를 하기 쉽다.

  응용문제 : 틀린 단어를 올바르게 고치는 등 맞춤법과 관련된 문제가 출제된다.

📋 **풀이 전략**
앞뒤 문장을 읽어 문맥을 파악하여 밑줄 친 단어의 의미를 찾는다.

문서작성 ②

┌연속출제┐

다음 중 공문서 작성 요령으로 적절하지 않은 것은?

① 전문 용어 사용을 지양한다.

☞ 1. → 1) → (1) → 가. → 가)와 같이 항목을 순서대로 표시한다.

③ 첨부물이 있다면 붙임 표시문 다음에 '끝'을 표시한다.

④ 뜻을 정확하게 전달하기 위해 괄호 안에 한자를 함께 적을 수 있다.

⑤ 쌍점(:)은 앞말에 붙여 쓰고 뒷말과는 띄어 쓴다.

풀이순서

1) 질문의도
   : 문서작성 방법

2) 선택지 확인
   : 공문서 작성법

3) 정답도출
   : 공문서의 번호체계
   는 1. → 가. → (1)
   → (가) → 1)과 같
   이 적용한다.

📋 **유형** 분석
- 실무에서 적용할 수 있는 공문서 작성 방법의 개념을 익히고 있는지 평가하는 문제이다.
- 지문은 실제 문서 형식, 조언하는 말하기, 조언하는 대화가 주로 제시된다.

응용문제 : 문서 유형별 문서작성 방법에 대한 내용이 출제된다. 맞고 틀리고의 문제가 아니라 적합한 방법을 묻는 것이기 때문에 구분이 안 되어 있으면 틀리기 쉽다.

📋 **풀이** 전략
공문서 작성법을 익히고 해당 내용이 올바르게 적용되었는지 파악한다.

안심Touch

┌연속출제┐

다음 빈칸에 들어갈 경청 단계가 차례대로 연결된 것은?

풀이순서

1) 질문의도
  : 경청 방법

〈경청의 5단계〉

단계	경청 정도	내용
㉠	0%	상대방은 이야기를 하지만, 듣는 사람에게 전달되는 내용은 하나도 없는 단계
㉡	30%	상대방의 이야기를 듣는 태도는 취하고 있지만, 자기 생각 속에 빠져 있어 이야기의 내용이 전달되지 않는 단계
㉢	50%	상대방의 이야기를 듣기는 하나, 자신이 듣고 싶은 내용을 선택적으로 듣는 단계
㉣	70%	상대방이 어떤 이야기를 하는지 내용에 집중하면서 듣는 단계
㉤	100%	상대방의 이야기에 집중하면서 의도와 목적을 추측하고, 이해한 내용을 상대방에게 확인하면서 듣는 단계

2) 지문파악
  : 경청 정도에 따른
    단계

	㉠	㉡	㉢	㉣	㉤
①	선택적 듣기	무시	듣는 척하기	공감적 듣기	적극적 듣기
②	듣는 척하기	무시	선택적 듣기	적극적 듣기	공감적 듣기
③	듣는 척하기	무시	선택적 듣기	공감적 듣기	적극적 듣기
④	무시	듣는 척하기	선택적 듣기	적극적 듣기	공감적 듣기

3) 정답도출

📋 **유형 분석** • 경청 단계에 대해 이해하고 있는지를 묻는 문제이다.
　　　　　　　• 경청 방법에 대한 지식이 있어도 대화 상황이나 예가 제시되었을 때 그 자료를 해석하지 못하면 소용이 없다.
　　　　　　　　지식과 예를 연결지어 학습해야 한다.
　　　　　　　응용문제 : 경청하는 태도와 방법에 대한 질문, 경청을 방해하는 요인 등의 지식을 묻는 문제들이 출제된다.

📋 **풀이 전략** 　경청하는 단계에 대한 지식을 익히고 문제에 적용한다.

의사표현

┌연속출제┐

다음 제시문에 나타난 의사소통의 저해요인으로 가장 적절한 것은?

'말하지 않아도 알아요.' TV 광고 음악에 많은 사람이 공감했던 것과 같이 과거 우리 사회에서는 자신의 의견을 직접적으로 드러내지 않는 것을 미덕이라고 생각했다. 하지만 직접 말하지 않아도 상대가 눈치껏 판단하고 행동해주길 바라는 '눈치' 문화가 오히려 의사소통 과정에서의 불신과 오해를 낳는다.

① 의사소통 기법의 미숙
② 부족한 표현 능력
③ 평가적이며 판단적인 태도
④ 선입견과 고정관념
⑤ 폐쇄적인 의사소통 분위기

풀이순서

1) 질문의도
: 의사소통 저해요인

2) 지문파악
: 과거의 미덕
→ 불신과 오해

3) 정답도출
: 사회적으로 미덕으로 인식되던 긍정적 고정관념이 시대가 변함에 따라 불신과 오해를 낳는 이유가 되었다는 것이 제시문의 내용이다.

 유형 분석
- 상황에 적합한 의사표현법에 대한 이해를 묻는 문제이다.
- 의사표현 방법에 대한 지식이 있어도 대화 상황이나 예가 제시되었을 때 그 자료를 해석하지 못하면 소용이 없다. 지식과 예를 연결지어 학습해야 한다.

  응용문제 : 의사표현방법, 의사표현을 방해하는 요인 등의 지식을 묻는 문제들이 출제된다.

풀이 전략
의사소통의 저해요인에 대한 지식을 익히고 문제에 적용한다.

01 다음 글의 빈칸에 들어갈 진술로 가장 적절한 것은?

> 조선 후기에는 이앙법이 전국적으로 확산되었다. 이앙법을 수용하면 잡초 제거에 드는 시간과 노동력이 줄어든다. 상당수 역사학자들은 조선 후기 이앙법의 확대 수용 결과 광작(廣作)이 확산되고 상업적 농업 경영이 가능하게 되었다고 생각한다. 즉, 한 사람이 경작할 수 있는 면적이 늘어남은 물론 많은 양의 다양한 농작물 수확이 가능하게 되어 판매까지 활성화되었다는 것이다. 그 결과 양반과 농민 가운데 다수의 부농이 나타나게 되었다고 주장한다.
> 그런데 A는 조선 후기에 다수의 양반이 광작을 통해 부농이 되었다는 주장을 근거가 없다고 비판한다. 그에 의하면 조선 전기에는 자녀 균분 상속이 일반적이었다. 그런데 균분 상속을 하게 되면 자식들이 소유하게 될 땅의 면적이 선대에 비해 줄어들게 된다. 이에 조선 후기 양반들은 가문의 경제력을 보전해야 한다고 생각해 대를 이을 장자에게만 전답을 상속해 주기 시작했고, 그 결과 장자를 제외한 사람들은 영세한 소작인으로 전락했다는 것이 그의 주장이다.
> 또한 A는 조선 후기의 대다수 농민은 소작인이었으며, 그나마 이들이 소작할 수 있는 땅도 적었다고 주장한다. 그는 반복된 자연재해로 전답의 상당수가 황폐해져 전체적으로 경작지가 줄어들었기 때문에 이앙법 확산의 효과를 기대하기 어려운 여건이었다고 하였다. 이런 여건에서 정부의 재정 지출 증가로 농민의 부세 부담 또한 늘어났고, 늘어난 부세를 부담하기 위해 한정된 경작지에 되도록 많은 작물을 경작하려 한 결과 집약적 농업이 성행하게 되었다고 보았다. 그런데 집약적으로 농사를 짓게 되면 농업 생산력이 높아질 리 없다는 것이 그의 주장이다. 가령 면화를 재배하면서도 동시에 다른 작물을 면화 사이에 심어 기르는 경우가 많았는데, 이렇듯 제한된 면적에 한꺼번에 많은 양의 작물을 재배하면 지력이 떨어지고 수확량은 줄어들어 자연히 시장에 농산물을 내다 팔 여력이 거의 없게 된다는 것이다.
> 요컨대 A의 주장은 _____ 는 것이다.

① 이앙법의 확산 효과는 시기별, 신분별로 다르게 나타났다.
② 자녀 균분 상속제가 사라져 농작물 수확량이 급속히 감소하였다.
③ 집약적 농업이 성행하였기 때문에 이앙법의 확산을 기대하기 어려웠다.
④ 조선 후기에는 양반이든 농민이든 부농으로 성장할 수 있는 가능성이 높지 않았다.
⑤ 대다수 농민이 광작과 상업적 농업에 주력했음에도 불구하고 자연재해로 인해 생산력은 오히려 낮아졌다.

많은 재화나 서비스는 경합성과 배제성을 지닌 '사유재'이다. 여기서 경합성이란 한 사람이 어떤 재화나 서비스를 소비하면 다른 사람의 소비를 제한하는 특성을 의미하며, 배제성이란 공급자에게 대가를 지불하지 않으면 그 재화를 소비하지 못하는 특성을 의미한다. 반면 '공공재'란 사유재와는 반대로 비경합적이면서도 비배제적인 특성을 가진 재화나 서비스를 말한다.

그러나 우리 주위에서는 이렇듯 순수한 사유재나 공공재와는 또 다른 특성을 지닌 재화나 서비스도 많이 찾아볼 수 있다. 예를 들어 영화 관람이라는 소비 행위는 비경합적이지만 배제가 가능하다. 왜냐하면 영화는 사람들과 동시에 즐길 수 있으나 대가를 지불하지 않고서는 영화관에 입장할 수 없기 때문이다. 마찬가지로 케이블 TV를 즐기기 위해서는 시청료를 지불해야 한다.

비배제적이지만 경합적인 재화들도 찾아낼 수 있다. 예를 들어 출퇴근 시간대의 무료 도로를 생각해 보자. 자가용으로 집을 출발해서 직장에 도달하는 동안 도로에 진입하는 데에 요금을 지불하지 않으므로 도로의 소비는 비배제적이다. 하지만 출퇴근 시간대의 체증이 심한 도로는 내가 그 도로에 존재함으로 인해서 다른 사람의 소비를 제한하게 된다. 따라서 출퇴근 시간대의 도로 사용은 경합적인 성격을 갖는다. 이러한 내용을 표로 정리하면 다음과 같다.

경합성 \\ 배제성	배제적	비배제적
경합적	a	b
비경합적	c	d

① 체증이 심한 유료 도로 이용은 a에 해당한다.
② 케이블 TV 시청은 b에 해당한다.
③ 사먹는 아이스크림과 같은 사유재는 b에 해당한다.
④ 국방 서비스와 같은 공공재는 c에 해당한다.
⑤ 영화 관람이라는 소비 행위는 d에 해당한다.

03 다음 중 (가) ~ (라)의 관계를 올바르게 파악한 사람을 〈보기〉에서 모두 고르면?

> (가) 도덕성의 기초는 이성이지 동정심이 아니다. 동정심은 타인의 고통을 공유하려는 선한 마음이지만, 그것은 일관적이지 않으며 때로는 변덕스럽고 편협하다.
>
> (나) 인간의 동정심은 신뢰할 만하지 않다. 예컨대, 같은 종류의 불행을 당했다고 해도 내 가족에 대해서는 동정심이 일어나지만 모르는 사람에 대해서는 동정심이 생기지 않기도 한다.
>
> (다) 도덕성의 기초는 이성이 아니라 오히려 동정심이다. 즉 동정심은 타인의 곤경을 자신의 곤경처럼 느끼며 타인의 고난을 위로해 주고 싶은 욕구이다. 타인의 고통을 나의 고통처럼 느끼고, 그로부터 타인의 고통을 막으려는 행동이 나오게 된다. 이렇게 동정심은 도덕성의 원천이 된다.
>
> (라) 동정심과 도덕성의 관계에서 중요한 문제는 어떻게 동정심을 함양할 것인가의 문제이지, 그 자체로 도덕성의 기초가 될 수 있는지 없는지의 문제가 아니다. 동정심은 전적으로 신뢰할 만한 것은 아니며 때로는 왜곡될 수도 있다. 그렇다고 그 때문에 도덕성의 기반에서 동정심을 완전히 제거하는 것은 도덕의 풍부한 원천을 모두 내다 버리는 것과 같다. 오히려 동정심이나 공감의 능력은 성숙하게 함양해야 하는 도덕적 소질에 가까운 것이다.

보기

> 갑 : (가)와 (다)는 양립할 수 없는 주장이다.
> 을 : (나)는 (가)를 지지하는 관계이다.
> 병 : (가)와 (라)는 동정심의 도덕적 역할을 전적으로 부정하고 있다.
> 정 : (나)와 (라)는 모순관계이다.

① 갑, 을
② 을, 정
③ 갑, 을, 병
④ 갑, 병, 정
⑤ 을, 병, 정

04 다음 글의 논지를 비판하는 진술로 가장 적절한 것은?

> 자신의 스마트폰 없이는 도무지 일과를 진행하지 못하는 K의 경우를 생각해 보자. 그의 일과표는 전부 그의 스마트폰에 저장되어 있어서 그의 스마트폰은 적절한 때가 되면 그가 해야 할 일을 알려줄 뿐만 아니라 약속 장소로 가기 위해 무엇을 타고 어떻게 움직여야 할지까지 알려 준다. K는 어릴 때 보통 사람보다 기억력이 매우 나쁘다는 진단을 받았지만 스마트폰 덕분에 어느 동료에게도 뒤지지 않는 업무 능력을 발휘하고 있다. 이와 같은 경우, K는 스마트폰 덕분에 인지 능력이 보강된 것으로 볼 수 있는데, 그 보강된 인지 능력을 K 자신의 것으로 볼 수 있는가? 이 물음에 대한 답은 긍정이다. 즉 우리는 K의 스마트폰이 그 자체로 K의 인지 능력 일부를 실현하고 있다고 보아야 한다. 그런 판단의 기준은 명료하다. 스마트폰의 메커니즘이 K의 손바닥 위나 책상 위가 아니라 그의 두뇌 속에서 작동하고 있다고 가정해 보면 된다. 물론 사실과 다른 가정이지만 만일 그렇게 가정한다면 우리는 필경 K 자신이 모든 일과를 정확하게 기억하고 있고 또 약속 장소를 잘 찾아간다고 평가할 것이다. 이처럼 '만일 K의 두뇌 속에서 일어난다면'이라는 상황을 가정했을 때 그것을 K 자신의 기억이나 판단이라고 인정할 수 있다면, 그런 과정은 K 자신의 인지 능력이라고 평가해야 한다.

① K가 자신이 미리 적어 놓은 메모를 참조해서 기억력 시험 문제에 답한다면 누구도 K가 그 문제의 답을 기억한다고 인정하지 않는다.

② K가 종이 위에 연필로 써가며 253×87 같은 곱셈을 할 경우 종이와 연필의 도움을 받은 연산 능력 역시 K 자신의 인지 능력으로 인정해야 한다.

③ K가 집에 두고 나온 스마트폰에 원격으로 접속하여 거기 담긴 모든 정보를 알아낼 수 있다면 그는 그 스마트폰을 손에 가지고 있는 것과 다름없다.

④ 스마트폰의 모든 기능을 두뇌 속에서 작동하게 하는 것이 두뇌 밖에서 작동하게 하는 경우보다 우리의 기억력과 인지 능력을 향상시키지 않는다.

⑤ 전화번호를 찾으려는 사람의 이름조차 기억이 나지 않을 때에도 스마트폰에 저장된 전화번호 목록을 보면서 그 사람의 이름을 상기하고 전화번호를 알아낼 수 있다.

05   다음 기사를 읽고 전선업계를 비판한 내용으로 적절한 것은?

국내 전선산업은 구릿값 변동에 밀접하게 맞물려 성장과 침체를 거듭해 왔다. 케이블 원가의 60% 이상을 전기동이 차지하고, 회사의 매출·이익과 연관되다 보니 전선업계는 구리 관련 이슈에 매번 민감한 반응을 보일 수밖에 없는 상황이다. 특히 2017년은 전선업계에 그 어느 때보다도 구리 관련 이슈가 많았던 해로 기억될 전망이다. 계속해서 하향곡선을 그리던 국제 구리 시세가 5년 만에 오름세로 반전, 전선 산업에 직·간접적으로 영향을 주기 시작했고, S공사가 지중배전케이블의 구리 – 알루미늄 도체 성능 비교에 나서는 등 크고 작은 사건들이 일어났기 때문이다. 전선업계는 지난해 말, 수년간 약세를 보였던 구릿값이 강세로 돌아서자 기대감 섞인 시선을 보냈다. 수년 전의 경험을 바탕으로, 전선업계가 직면해있던 만성적인 수급 불균형과 경기침체로 인한 위기를 조금이나마 해소할 계기가 될 것이라는 장밋빛 전망이 나왔던 것이다. 2009년부터 2011년까지 구리가 전선업계의 역사적 호황을 이끌었던 사례가 있다. 2008년 톤당 2,700달러대였던 구릿값은 2011년 1만 달러를 돌파하며 끝없이 치솟았고, 전선업체들의 성장을 이끌었다.

그 이전만 해도 경제위기와 공급과잉 등으로 어려움을 겪었던 전선업계는 구릿값 상승 기류를 타고 분위기를 반전시켰다. 그러나 막상 지난해 11월 이후 상승세를 이어가고 있는 구리 시세가 시장에 적용되기 시작한 2017년에 들어서자, 이 같은 업계 기대감은 산산조각 났다. 오히려 빠르게 치솟는 구릿값을 시장가격이 따라잡지 못하면서, 기업의 수익성에 부정적 영향을 미치는 등 부작용이 이어지고 있기 때문이다. 지난해 11월 1일 4,862.5달러였던 구리시세가 올해 10월 27일 7,073.50달러까지 45.5%가량 오르면서, 전선업체들의 매출도 대부분 올랐다. 반면 영업이익은 전년과 비슷한 수준이거나 반대로 줄어든 곳이 많았다.

무엇보다 불공정계약이 만연한 것도 동값 위기를 키우고 있다. 업계에 따르면 계약 체결 후 제품을 납품하고 수금하는 과정에서 전선업체와 구매자 간 불공정거래 문제가 심각한 상황이다. 전선업계는 구릿값이 상승할 경우 기존 계약금액을 동결한 상태에서 결제를 진행하고, 반대로 구릿값이 떨어지면 그만큼의 차액을 계약금에서 차감해줄 것을 요구하는 등의 불공정거래 행위가 여전히 이어지고 있다고 입을 모으고 있다.

① 개구리 올챙이 적 생각 못 한다더니 구릿값이 비쌌을 때 생각 못 하고 있네.
② 소 잃고 외양간 고친다더니 구릿값이 올라가니깐 후회하고 있구나.
③ 등잔 밑이 어둡다더니 전선업계는 자신들의 문제를 이해하지 못하는군.
④ 달면 삼키고 쓰면 뱉는다더니 자기의 이익만을 생각하고 있구나.
⑤ 떡 줄 사람은 꿈도 안 꾸는데 김칫국부터 마신다더니 구릿값이 내려가기만을 바라고 있네.

다음 글의 글쓴이의 주장을 비판하기 위한 탐구 활동으로 가장 적절한 것은?

기술은 그 내부적인 발전 경로를 이미 가지고 있으며, 따라서 어떤 특정한 기술(혹은 인공물)이 출현하는 것은 '필연적'인 결과라고 생각하는 사람들이 많다. 이러한 통념을 약간 다르게 표현하자면, 기술의 발전 경로는 이전의 인공물보다 '기술적으로 보다 우수한' 인공물들이 차례차례 등장하는, 인공물들의 연쇄로 파악할 수 있다는 것이다. 그리고 기술의 발전 경로가 '단일한' 것으로 보고, 따라서 어떤 특정한 기능을 갖는 인공물을 만들어 내는 데 있어서 '유일하게 가장 좋은' 설계 방식이나 생산 방식이 있을 수 있다고 가정한다. 이와 같은 생각을 종합하면 기술의 발전은 결코 사회적인 힘이 가로막을 수 없는 것일 뿐 아니라 단일한 경로를 따르는 것이므로, 사람들이 할 수 있는 일은 이미 정해져 있는 기술의 발전 경로를 열심히 추적해 가는 것밖에 남지 않게 된다는 결론이 나온다.

그러나 다양한 사례 연구에 의하면 어떤 특정 기술이나 인공물을 만들어 낼 때, 그것이 특정한 형태가 되도록 하는 데 중요한 역할을 하는 것은 그 과정에 참여하고 있는 엔지니어, 자본가, 소비자, 은행, 정부 등의 이해관계나 가치 체계임이 밝혀졌다. 이렇게 보면 기술은 사회적으로 형성된 것이며, 이미 그 속에 사회적 가치를 반영하고 있는 셈이 된다. 뿐만 아니라 복수의 기술이 서로 경쟁하여 그중 하나가 사회에서 주도권을 잡는 과정을 분석해본 결과, 이 과정에서 중요한 역할을 하는 것은 기술적 우수성이나 사회적 유용성이 아닌, 관련된 사회집단들의 정치적·경제적 영향력인 것으로 드러났다고 한다. 결국 현재에 이르는 기술 발전의 궤적은 결코 필연적이고 단일한 것이 아니었으며, '다르게' 될 수도 있었음을 암시하고 있는 것이다.

① 논거가 되는 연구 결과를 반박할 수 있는 다른 연구 자료를 조사한다.
② 사회 변화에 따라 가치 체계의 변동이 일어나게 되는 원인을 분석한다.
③ 기술 개발에 관계자들의 이해관계나 가치가 작용한 실제 사례를 조사한다.
④ 글쓴이가 문제 삼고 있는 통념에 변화가 생기게 된 계기를 분석한다.
⑤ 글쓴이가 통념을 종합하여 이끌어낸 결론의 타당성을 검토한다.

07 다음 글을 읽고, 이를 비판하기 위한 근거로 적절하지 않은 것은?

> 태어날 때부터 텔레비전을 좋아하거나 싫어하는 아이는 없다. 다만, 좋아하도록 습관이 들 뿐이다. 이는 부모가 텔레비전을 시청하는 태도나 시청하는 시간을 잘 선도하면 바람직한 방향으로 습관이 형성될 수도 있다는 점을 시사해 준다. 텔레비전을 많이 보는 아이들보다 적게 보는 아이들이 행실도 바르고, 지능도 높으며, 학업 성적도 좋다는 사실을 밝혀 낸 연구 결과도 있다. 부모의 시청 시간과 아이들의 시청 행위 사이에도 깊은 관계가 있다. 일반적으로, 텔레비전을 장시간 시청하는 가족일수록 가족 간의 대화나 가족끼리 하는 공동 행위가 적다. 결과적으로 텔레비전과 거리가 멀수록 좋은 가정이 된다는 말이다.

① 가족끼리 저녁 시간에 같은 텔레비전 프로그램을 보면서 대화하는 경우도 많다.
② 텔레비전 프로그램에는 교육적인 요소도 많이 있고 학습을 위한 전문방송도 있다.
③ 여가 시간에 텔레비전을 시청하는 것은 개인의 휴식에 도움이 된다.
④ 가족 내에서도 개인주의가 만연하는 시대에 드라마를 시청하는 시간만이라도 가족들이 모이는 시간을 가질 수 있다.
⑤ 텔레비전을 통해 정보와 지식을 습득하여 학업에 이용하는 학생들도 증가하고 있다.

08 다음 글에 나오는 논증에 대한 반박으로 적절하지 않은 것은?

> 윤리와 관련하여 가장 광범위하게 받아들여진 사실 가운데 하나는 옳은 것과 그른 것에 대한 광범위한 불일치가 과거부터 현재까지 항상 있었고, 아마도 앞으로도 계속 있을 것이라는 점이다. 가령 육식이 올바른지를 두고 한 문화에 속해 있는 사람들의 판단은 다른 문화에 속해 있는 사람들의 판단과 굉장히 다르다. 그뿐만 아니라 한 문화에 속한 사람들의 판단은 시대마다 아주 다르기도 하다. 심지어 우리는 동일한 문화와 시대 안에서도 하나의 행위에 대해 서로 다른 윤리적 판단을 하는 경우를 볼 수 있다.
> 이러한 사실이 의미하는 바는 사람들의 윤리적 기준이 시간과 장소 그리고 그들이 사는 상황에 따라 달라진다는 것이다. 그러므로 올바른 윤리적 기준은 그것을 적용하는 사람에 따라 상대적이다. 이것이 바로 윤리적 상대주의의 핵심 논지이다. 따라서 우리는 윤리적 상대주의가 참이라는 결론을 내려야 한다.

① 사람들의 윤리적 판단은 그들이 사는 지역에 따라 크게 다르지 않다.
② 윤리적 판단이 다르다고 해서 윤리적 기준도 반드시 달라지는 것은 아니다.
③ 윤리적 상대주의가 옳다고 해서 사람들의 윤리적 판단이 항상 서로 다른 것은 아니다.
④ 인류학자들에 따르면 문화에 따른 판단의 차이에도 불구하고 일부 윤리적 기준은 보편적으로 신봉되고 있다.
⑤ 서로 다른 윤리적 판단이 존재하는 경우에도 그중에 올바른 판단은 하나뿐이며, 그런 올바른 판단을 옳게 만들어 주는 객관적 기준이 존재한다.

다음 중 빈칸에 들어갈 말로 가장 적절한 것은?

글은 회사에서 쓰는 보고서, 제안서, 품의서, 기획안, 발표문, 홍보문과 학창시절 써야 하는 자기소개서, 과제 리포트, 그리고 서평, 기행문 등 종류가 많다.

글을 쓸 때 가장 중요한 것은 독자가 무엇을 기대하는지 파악하는 것이다. 따라서 글에서 무엇을 알고 싶어 하는지, 무엇을 줘야 독자가 만족할 것인지를 파악하는 것이 중요하다. "독자가 무엇을 원하는지 안다는 것은 글을 어떻게 써야 하는지 아는 것이다." 그러나 대부분 이를 소홀히 한다. 글에 있어서 무게중심은 읽는 사람이 아니라, 쓰는 사람에게 있다. '내가 많이 알고 있는 것처럼 보여야겠다. 내가 글을 잘 쓰는 것처럼 보여야겠다.'라는 생각이 앞설수록 중언부언하게 되고, 불필요한 수식어와 수사법을 남발한다. 이때 독자는 헷갈리고 화가 나게 된다.

독자에게 필요한 것은 글이 자신에게 전하고자 하는 내용이 무엇인가 하는 것이다. 그리고 그 전하고자 하는 내용이 자신에게 어떤 도움을 주는가 하는 것이다. 모르던 것을 알게 해 주는지, 새로운 관점과 해석을 제공해 주는지, 통찰을 주는지, 감동을 주는지, 하다못해 웃음을 주는지 하는 것이다. 예를 들어 자기소개서를 읽었는데, 그 사람이 어떤 사람인지 확연히 그려지면 합격이다. 제안서를 읽고 제안한 내용에 관해 확신이 들면 성공이다.

그렇다면 글은 어떻게 썰야 할까? 방법은 간단하다. 먼저 구어체로 쓰는 것이다. 그래야 읽는 사람이 말을 듣듯이 편하게 읽는다. 눈으로 읽는 것 같지만 독자는 스스로 소리 내 귀로 듣는다. 구어체로 쓰기 위해서는 누군가를 만나 먼저 말해 보는 것이 중요하다. "내가 무슨 글을 써야 하는데, 주로 이런 내용이야." 이렇게 말하다 쓸거리가 정리될 뿐만 아니라 없던 생각도 새롭게 생겨난다. 그리고 말할 때 느낌이 글에서 살아난다.

글을 쓸 때도 독자를 앞에 앉혀놓고 써야 한다. 독자는 구체적으로 한 사람 정해놓고 쓰는 게 좋다. 연애편지 쓰는 것처럼. 그러면 그 사람의 목소리를 들으며 쓸 수 있다. '아, 됐고 결론이 뭐야?' 또는 '다짜고짜 무슨 말이야, 좀 쉽게 설명해봐.' 뭐 이런 소리 말이다.

_____ 대상이 막연하지 않기 때문에 읽는 사람이 공감할 확률이 높아진다. 나를 위해 무언가를 전해 주려고 노력한다는 것을 느끼면서 고마워한다. 말을 심하게 더듬는 사람이 내게 무엇인가를 전해 주려고 노력하는 모습을 상상해 보라. 그런 진심이 전해지면 된다. 글을 유려하게 잘 쓰고 박식한 것보다 더 독자의 심금을 울린다. 글에도 표정과 느낌이 있다. 독자를 위하는 마음으로 쓰면 그 마음이 전해진다.

① 무엇이 틀렸는지 알고 잘 고쳐 쓰면 된다.
② 독자를 정해놓고 쓰면 진정성이 살아난다.
③ 독자에게 주는 것이 없으면 백전백패다.
④ 글을 일정한 시간, 장소에서 습관적으로 쓰라.
⑤ 구성력을 향상시키기 위해 책 목차를 즐겨보라.

10 다음 글의 내용과 일치하지 않는 것은?

> 1895년 파리의 예술상 사무엘 빙(Samuel Bing)은 '아르 누보의 집(La maison de l'Art nouveau)'이라는 이름의 예술 갤러리를 개장했다. 이 갤러리에서 열린, 그가 기획한 '아르 누보(L'Art nouveau)'라는 제목의 전시는 많은 파장을 불러일으켰는데, 이 전시회의 포스터에는 다음과 같은 내용이 쓰여 있다.
>
> "예술가와 장인들에게 알림 : 1895년 10월 1일, 파리 프로방스 거리 22번지 사무엘 빙 소유의 갤러리에서 '아르 누보'라는 전시회가 열림. 카테고리 구분 없이 모든 종류의 예술적 생산물을 전시하는 전시회로서 기존의 예술 전시 품 및 장식, 가구, 실용품과 같은 응용 예술 작품들을 포함함. 근대적 정신과 조화되는 개인적 개념을 선언하는, 모든 예술 작품들의 전시가 허용됨"
>
> 이 전시는 기존의 순수 예술 전시와 비교했을 때 여러 가지의 차이점이 있다. 첫째, 일상용품을 제작하는 장인들도 대상으로 삼고 있다. 둘째, 전시 대상은 '장식, 가구, 실용품'과 같은 일상 용품을 포함시켰다. 셋째, 개인적 창작을 장려하였다. 넷째, 이 전시회로 인하여 개별 작품들은 근대정신이라는 기치 아래 국제적으로 모일 수 있었다. 마지막으로 이 전시가 열리는 갤러리는 '메종(Maison)', 즉 집으로 불렸다.
>
> 그러나 엄연히 말하자면 사무엘 빙이 아르 누보를 창안한 것은 아니었다. 그의 역할은 새로운 예술을 발견하고 자신의 갤러리를 통해 전시해 알린 것이었다. 아르 누보라는 명칭 또한, 앙리 반 드 벨드(Henry van de velde)나 빅토르 오르타(Victor Horta)와 같은 벨기에 건축가들의 동향을 소개할 때 현지에서 이미 사용되던 표현이었다. 특히 벨기에 아르 누보의 시발점이자 중요한 상징이었던 반 드 벨드의 자택을 방문한 것은 사무엘 빙에게 있어 결정적인 계기가 되었다.

① 사무엘 빙은 '아르 누보'가 열리기 전 벨기에를 방문하였다.
② '아르 누보'에는 기존 전시회에 전시될 수 없었던 작품들도 전시가 가능했다.
③ 사무엘 빙이 '아르 누보'를 창안한 것은 1895년이다.
④ '아르 누보'가 열린 갤러리는 집(Maison)으로 불렸다.
⑤ '아르 누보'는 예술 작가가 아니라도 작품을 전시할 수 있었다.

11 다음은 도로명주소와 관련된 기사이다. 다음 중 빈칸에 들어갈 말로 적절하지 않은 것은?

군포시는 최근 도로명주소 활성화를 위한 시민 설문 조사를 실시한 결과 시민들의 인지도와 사용 만족도가 모두 높은 것으로 나타났다고 밝혔다. 이번 설문 조사는 군포 시민 300명을 대상으로 인지도, 활용 분야, 만족도 등 9개 항목에 대한 1 : 1 대면조사 방법으로 진행되었다.

설문 조사 결과 자택 주소 인지도는 94.7%로 높게 나타났으며, 활용 분야는 _____ 등이 있고, 도로명주소를 알게 된 경로는 우편, 택배, 안내시설 등이 차지했다. 또 만족도에서는 '만족' 65.3%, '보통' 25.7%, '불만족' 9.0%로 다수가 만족하는 것으로 집계되었으며, 불만족 사유로는 '어느 위치인지 모르겠다.'는 응답이 가장 높은 40.3%를 차지했다. 그리고 도로명주소 활용도를 높이는 방법에 대해 '안내시설 확대'가 36.0%로 가장 많았으며, 발전 방향으로는 전체 응답자의 절반 가까운 49.4%가 지속적인 홍보 및 교육 강화의 필요성에 대해 의견을 제시했다.

군포시는 이번 결과를 바탕으로 연말까지 훼손 또는 망실된 도로명판을 정비하고 골목길·버스정류장 등에 안내시설을 추가로 설치할 예정이다. 또한 시민 서포터즈단의 내실 있는 운영과 대규모 행사를 중심으로 한 다양한 홍보 활동을 강화해 나갈 계획이다.

군포시 관계자는 '도로명주소 사용 생활화 및 위치 찾기 편의성 증대를 통해 시민들의 도로명주소 사용 만족도가 보다 향상될 수 있도록 최선을 다하겠다.'고 말했다. 한편, 도로명주소는 기존 지번을 대신해 도로명과 건물번호로 알기 쉽게 표기하는 주소체계로 지난 2014년 전면 시행되었으며, 군포시는 도로명판·건물번호판 등의 안내시설 10,375개를 설치·관리하고 있다.

① 우편·택배 등의 물류 유통 위치정보 확인
② 응급구조 상황에서의 위치정보 확인
③ 관광지에서의 위치정보 확인
④ 생활편의시설 위치정보 확인
⑤ 부동산 가격 및 위치정보 확인

12 다음 글의 내용과 일치하지 않는 진술은?

> 최근 거론되고 있는 건 전자 판옵티콘(Panopticon)이다. 각종 전자 감시 기술은 프라이버시에 근본적인 위협으로 대두되고 있다. '감시'는 거대한 성장 산업으로 비약적인 발전을 거듭하고 있다. 2003년 7월 '노동자 감시 근절을 위한 연대모임'이 조사한 바에 따르면, 한국에서 전체 사업장의 90%가 한 가지 이상의 방법으로 노동자 감시를 하고 있는 것으로 밝혀졌다. '24시간 감시에 숨이 막힌다.'는 말까지 나오고 있다.
> 최근 러시아에서는 공무원들의 근무 태만을 감시하기 위해 공무원들에게 감지기를 부착시켜 놓고 인공위성 추적 시스템을 도입하는 방안을 둘러싸고 논란이 벌어지고 있다. 전자 감시 기술은 인간의 신체 속에까지 파고 들어갈 만반의 준비를 갖추고 있다. 어린아이의 몸에 감시 장치를 내장하면 아이의 안전을 염려할 필요는 없겠지만, 그게 과연 좋기만 한 것인지, 또 그 기술이 다른 좋지 않는 목적에 사용될 위험은 없는 것인지 따져볼 일이다. 감시를 위한 것이 아니라 하더라도 전자 기술에 의한 정보의 집적은 언제든 개인의 프라이버시를 위협할 수 있다.

① 전자 기술의 발전이 순기능만을 가지는 것은 아니구나.
② 직장은 개인의 생활공간이라기보다 공공장소로 보아야 하므로 프라이버시의 보호를 바라는 것은 지나친 요구인 것 같아.
③ 감시를 당하는 사람은 언제나 감시당하고 있다는 생각 때문에 자기 검열을 강화하게 될 거야.
④ 전자 기술 사용의 일상화는 의도하지 않은 프라이버시 침해를 야기할 수도 있어.
⑤ 전자 감시 기술의 발달은 필연적이므로 프라이버시를 위협할 수도 있어.

13 다음 글의 빈칸에 들어갈 내용으로 가장 적절한 것은?

> 알레르기는 도시화와 산업화가 진행되는 지역에서 매우 빠르게 증가하고 있는데, 알레르기의 발병 원인에 대한 20세기의 지배적 이론은 알레르기는 병원균의 침입에 의해 발생하는 감염성 질병이라는 것이다. 하지만 1989년 영국 의사 S는 이 전통적인 이론에 맞서 다음 가설을 제시했다. _____ S는 1958년 3월 둘째 주에 태어난 17,000명 이상의 영국 어린이를 대상으로 그들이 23세가 될 때까지 수집한 개인 정보 데이터베이스를 분석하여, 이 가설을 뒷받침하는 증거를 찾았다. 이들의 가족 관계, 사회적 지위, 경제력, 거주 지역, 건강 등의 정보를 비교 분석한 결과, 두 개 항목이 꽃가루 알레르기와 상관관계를 가졌다. 첫째, 함께 자란 형제자매의 수이다. 외동으로 자란 아이의 경우 형제가 서넛인 아이에 비해 꽃가루 알레르기에 취약했다. 둘째, 가족 관계에서 차지하는 서열이다. 동생이 많은 아이보다 손위 형제가 많은 아이가 알레르기에 걸릴 확률이 낮았다.
> S의 주장에 따르면 가족 구성원이 많은 집에 사는 아이들은 가족 구성원, 특히 손위 형제들이 집안으로 끌고 들어오는 온갖 병균에 의한 잦은 감염 덕분에 장기적으로는 알레르기 예방에 오히려 유리하다. S는 유년기에 겪은 이런 감염이 꽃가루 알레르기를 비롯한 알레르기성 질환으로부터 아이들을 보호해 왔다고 생각했다.

① 알레르기는 유년기에 병원균 노출의 기회가 적을수록 발생 확률이 높아진다.
② 알레르기는 가족 관계에서 서열이 높은 가족 구성원에게 더 많이 발생한다.
③ 알레르기는 성인보다 유년기의 아이들에게 더 많이 발생한다.
④ 알레르기는 도시화에 따른 전염병의 증가로 인해 유발된다.
⑤ 알레르기는 형제가 많을수록 발생 확률이 낮아진다.

14 다음 글을 읽고 알 수 있는 내용으로 가장 적절한 것은?

딸의 생일 선물을 깜빡 잊은 아빠가 "내일 우리 집보다 더 큰 곰 인형 사 올게."라고 말했을 때, 아빠가 발화한 문장은 상황에 적절한 발화인가 아닌가?

발화의 적절성 판단은 상황에 의존하고 있다. 화행(話行) 이론은 요청, 명령, 질문, 약속, 충고 등의 발화가 상황에 적절한지를 판단하는 기준으로 적절성 조건을 제공한다. 적절성 조건은 상황에 대한 배경적 정보와 관련되는 예비 조건, 그 행위에 대한 진실된 심리적 태도와 관련되는 진지성 조건, 그 행위가 본래의 취지대로 이행되도록 만드는 발화 효과와 관련되는 기본 조건으로 나뉜다. 어떤 발화가 적절한 것으로 판정되기 위해서는 이 세 가지 조건이 전부 충족되어야 한다.

적절성 조건을 요청의 경우에 적용해 보자. 청자가 그 행위를 할 능력이 있음을 화자가 믿는 것이 예비 조건, 청자가 그 행위를 하기를 화자가 원하는 것이 진지성 조건, 화자가 청자로 하여금 그 행위를 하게 하고자 하는 것이 기본 조건이다. "산타 할아버지를 만나게 해 주세요."라는 발화는, 산타클로스의 존재를 믿는 아들의 입장에서는 적절한 발화이지만 수행할 능력이 없는 부모의 입장에서는 예비 조건을 어긴 요청이 된다. "저 좀 미워해 주세요."라는 요청은, 화자가 진심으로 원하는 상황이라면 적절하지만 진심으로 원하지 않는 상황이라면 진지성 조건을 어긴 요청이 된다. "저 달 좀 따다 주세요."라는 요청은, 화자가 청자로 하여금 정말로 달을 따러 가게 하지 않을 것이므로 기본 조건을 어긴 요청이 된다.

둘 이상의 조건을 어긴 발화도 있다. 앞서 예로 들었던 "저 달 좀 따다 주세요."의 경우, 화자는 청자가 달을 따다 줄 능력이 없음을 알고 있고 달을 따다 주기를 진심으로 원하지도 않으며, 달을 따러 가게 할 생각도 없는 것이 일반적인 상황이므로, 세 조건을 전부 어기고 있다. 그런데도 이 발화가 동서고금을 막론하고 빈번히 사용되고 또 용인되는 이유는 무엇일까? 화자는 이 발화가 세 조건을 전부 어기고 있음을 알고 있지만 오히려 이를 이용해서 모종의 목적을 이루고자 하고 청자 또한 그런 점을 이해하기 때문에, 이 발화는 적절하지는 않지만 유효한 의사소통의 방법으로 용인된다.

화행 이론은 적절성 조건을 이용하여 상황에 따라 달라지는 발화의 적절성에 대해 유용한 설명을 제공한다. 그러나 발화가 이루어지는 상황은 너무나 복잡다단하여 이것만으로 발화와 상황의 상호 관계를 다 설명할 수는 없다. 이러한 한계는 발화 상황과 연관 지어 언어를 이해하고 설명하려는 언어 이론의 공통적 한계이기도 하다.

① 적절성 조건을 어긴 문장은 문법적으로도 잘못이다.
② 예비 조건은 다른 적절성 조건들보다 우선 적용된다.
③ 적절성 조건이 가장 잘 적용되는 발화 행위는 요청이다.
④ 하나의 발화도 상황에 따라 적절성 여부가 달라질 수 있다.
⑤ 적절성 조건을 어긴 발화는 그렇지 않은 발화보다 의사소통에 효과적이다.

15 다음 중 글의 내용과 일치하지 않는 것은?

도로법에 따르면 국가가 관리하는 간선도로는 고속도로와 일반국도이다. 도로의 구조·시설 기준에 관한 규칙에서는 주간선도로를 고속도로, 일반국도, 특별시도·광역시도로 분류하고 있다. 도로법, 도로의 구조·시설 기준에 관한 규칙에서 제시한 간선도로의 범주에는 고속도로, 자동차전용도로, 일반국도, 특별시도·광역시도가 포함된다. 간선도로는 접근성에 비해 이동성이 강조되며 국가도로망에서 중심적 역할을 하고 있어 통과교통량이 많고, 장거리 통행의 비율이 높아 차량당 평균 통행거리가 긴 특성을 가진다. 또한, 자동차전용도로 등 고규격 도로설계를 통한 빠른 통행속도를 지향한다.

미국의 사례를 보면 도로의 기능을 이동성과 접근성으로 구분하고 간선도로는 이동성이 중요하다고 제시하고 있다. 높은 수준의 이동성을 제공하는 도로를 '간선도로', 높은 수준의 접근성을 제공하는 도로를 '국지도로'로 분류하고 두 가지 기능이 적절히 섞인 도로를 '집산도로'로 구분하고 있다.

이동성과 접근성 이외에도 간선도로의 중요한 요인으로 통행 효율성, 접근지점, 제한속도, 노선간격, 교통량, 주행거리 등을 꼽고 있다. 통행 효율성 측면에서 사람들이 경로를 선택할 때 우선적으로 고려하는 도로는 가장 적게 막히면서 최단 시간에 갈 수 있는 도로이며 간선도로는 이러한 서비스를 제공한다. 접근지점 측면에서 간선도로는 완전 또는 부분적으로 접근이 제한된 형태로 나타나거나, 교통의 흐름을 방해하는 진출입을 최소한으로 한다. 따라서 장거리 통행은 주로 간선도로상에서 이루어진다. 속도 측면에서 간선도로는 이동성을 높이기 위해 제한속도가 높으며 평면 교차로의 수가 적거나 거의 없다. 노선 간격은 집산도로보다는 넓은 간격을 두고 설치된다.

또 다른 간선도로의 중요한 특징은 교통량이 많고 차량주행거리가 긴 장거리 통행이 많이 발생하고, 이에 따라 일별 차량통행거리가 높다는 점이다. 공간적으로 봤을 때 간선도로는 주 전체를 가로지르며 인구가 많은 지역을 연결한다.

① 간선도로란 국가도로망에서 중심적인 역할을 하는 중요한 기능을 수행하는 도로이다.
② 간선도로는 차량당 평균 통행거리가 긴 특성을 가지고 있어 이동성이 강조된다.
③ 간선도로는 가장 적게 막히면서 최단 시간에 갈 수 있어 경로를 선택할 때 우선적으로 고려하는 도로이다.
④ 간선도로는 평면 교차로의 수를 최소화하여 접근성을 높이고, 인구가 많은 지역들을 연결한다.
⑤ 간선도로는 넓은 간격으로 설치되고, 제한속도를 높여 차량주행거리가 긴 장거리 통행에 적합하다.

16 다음은 전자정부 서비스 이용에 대한 실태를 조사한 기사이다. 다음 기사 내용과 일치하지 않는 것은?

> 우리 국민 10명 중 9명은 전자정부 서비스를 이용했고, 이용자의 96.6%가 서비스에 만족한 것으로 나타났다. 이용자들은 정부 관련 정보 검색 및 민원 신청과 교부 서비스를 주로 사용했다.
>
> 전자정부 서비스의 인지도는 전년 대비 0.3%p 상승해 90.7%였고, 특히 16 ~ 39세 연령층에서 인지도는 100%에 달했다. 이들 중 51.5%는 인터넷에서 직접 검색해 전자정부 서비스를 알게 되었고, 49.2%는 지인, 42.1%는 언론 매체를 통해 인지했다고 응답했다. 전자정부 서비스의 이용률은 전년 대비 0.9%p 상승해 86.7%를 기록했다. 이들 대부분(98.9%)이 향후에도 계속 이용할 의향이 있고 95.7%는 주위 사람들에게 이용을 추천할 의향이 있는 것으로 나타났다. 전자정부 서비스 이용자의 86.7%는 정보 검색 및 조회, 83.6%는 행정 · 민원의 신청, 열람 및 교부를 목적으로 전자정부 서비스를 이용했다. 생활 · 여가 분야에서 날씨ON, 레츠코레일, 대한민국 구석구석, 국가교통정보센터, 인터넷우체국 등을 이용한 응답자도 많았다. 전자정부서비스 만족도는 전년 대비 0.8%p가 상승해 96.6%를 기록했고, 전 연령층에서 90% 이상의 만족도가 나타났다. 전자정부 서비스 만족 이유로는 '신속하게 처리할 수 있어서(55.1%)', '편리한 시간과 장소에서 이용할 수 있어서(54.7%)', '쉽고 간편해서(45.1%)' 등이 있다.
>
> 지난해 전자정부서비스 이용실태 조사결과에 따르면 고령층으로 갈수록 인지도와 이용률은 낮은 반면 만족도는 전 연령층에서 고르게 높았다. 60 ~ 74세 고령층에서 전자정부 서비스를 인지(62.4%)하고 이용(54.3%)하는 비율은 낮지만, 이용 경험이 있는 이용자의 만족도는 92.1%로 다른 연령층과 같이 높게 나타났다. 고령층의 전자정부서비스 이용 활성화를 위해서는 전자정부 서비스 이용을 시도할 수 있도록 유도해 이용경험을 만드는 것이 중요한 것으로 분석되었다.

① 전자정부 서비스 실태를 인지도와 이용률, 만족도로 분류하여 조사하였다.
② 전자정부 서비스 이용자의 86.7%가 '정보 검색 및 조회'를 목적으로 서비스를 이용했다.
③ 전자정부 서비스를 향후에도 계속 이용할 의향이 있다고 이용자의 98.9%가 답했다.
④ 전자정부 서비스의 만족 이유는 '쉽고 간편해서'가 45.1%로 가장 높았다.
⑤ 전자정부 서비스는 고령층으로 갈수록 인지도와 이용률은 낮아진다.

17 다음 기사를 읽고 이해한 내용으로 적절하지 않은 것은?

> K공사가 비정규직의 정규직 전환 문제를 일단락 지었다. 지난해 '공공부문 비정규직 근로자 정규직 전환 가이드라인'이 발표된 지 1년 1개월 만에 비정규직 제로화로 국정과제를 마무리한 것이다. 지난 두 차례의 노사합의로 비정규직 5,492명의 정규직 전환을 결정했던 K공사는 이번에 노사 간 이견이 있었던 나머지 1,230명에 대해서 전문가 조정에 따라 전환방식을 합의했다.
> 전문가들은 노사가 공동개최한 직무설명회, 현장실사 및 관계자 면담 등을 통해 이견 직무에 대한 전환방식을 최종 확정했다. 국민의 생명·안전과 밀접한 관련이 있는 KTX 중·경정비 안전관리자, KTX 도장 관련 부품 분해·조립 업무 종사자 등 총 34명을 공사에서 직접 고용하고, 그 외 광역전철 역무, 건축물 유지보수 업무종사자 등 1,196명은 계열사에서 직접 고용하도록 했다. 이번 조정 결과를 포함해 앞으로 K공사는 정규직 전환 대상 근로자 총 6,769명 중 국민의 생명·안전업무와 관련된 업무 종사자 1,466명과 전문직 등 기존 직접 고용 비정규직 47명은 K공사에서 직접 고용하고, 5,256명은 K공사 계열사에서 직접 고용한다.
> K공사가 직접 고용한 기간제 근로자는 정규직전환 심의위원회에서 상시·지속 여부, 직무 성격 등을 심의해 47명을 전환대상으로 선정했고, 이들은 이미 올해부터 정규직 직원으로 근무하고 있다. K공사가 외부에 위탁한 업무를 수행하는 간접고용 용역근로자 중 청소·경비·시설관리 직종 종사자 3,750명에 대해서도 이미 올해 7 ~ 8월에 걸쳐 2,282명을 K공사 계열사로 전환 임용했다. 나머지 1,468명은 기존 계약이 종료되는 내년부터 단계적으로 K공사 계열사로 임용될 예정이다. 간접고용 용역근로자 중 국민의 생명·안전과 밀접한 관련이 있는 차량 정비와 선로·전기·스크린도어 유지보수 등 업무 종사자 1,466명은 10월부터 K공사가 직접 고용한다. 광역전철역무, 건축물 유지보수 등을 담당하는 1,506명은 기존 용역계약이 종료되는 내년부터 단계적으로 전환 임용할 계획이다. K공사는 '비정규직 없는 세상, 질 좋은 일자리 창출을 위해 노사와 전문가 힘을 모았다.'며 '특히 국민의 생명과 안전에 관련된 업무를 K공사가 직접 수행하게 된 것은 더 안전한 철도 서비스의 발판이 될 것'이라고 밝혔다.

① 전문가들의 조정을 통해 1,230명의 정규직 전환방식에 관한 노사 간 합의가 이루어졌다.
② 정규직 전환 대상자 중 2,329명이 이미 정규직으로 전환되어 근무하고 있다.
③ 간접고용 용역근로자 중 청소·경비·시설관리 직종 종사자 1,468명은 현재 비정규직 직원이다.
④ 정규직 전환 대상자 중 K공사의 직접 고용 대상자는 총 1,513명이다.
⑤ 정규직 전환 대상자 중 K공사 계열사에서 직접 고용할 근로자는 총 6,769명이다.

과학 연구는 많은 자원을 소비하지만 과학 연구에 사용할 수 있는 자원은 제한되어 있다. 따라서 우리는 제한된 자원을 서로 경쟁적인 관계에 있는 연구 프로그램들에 어떻게 배분하는 것이 옳은가라는 물음에 직면한다. 이 물음에 관해 생각해 보기 위해 상충하는 두 연구 프로그램 A와 B가 있다고 해 보자. 현재로서는 A가 B보다 유망해 보이지만 어떤 것이 최종적으로 성공하게 될지 아직 아무도 모른다. 양자의 관계를 고려하면, A가 성공하고 B가 실패하거나, A가 실패하고 B가 성공하거나, 아니면 둘 다 실패하거나 셋 중 하나이다. 합리적 관점에서 보면 A와 B가 모두 작동할 수 있을 정도로, 그리고 그것들이 매달리고 있는 문제가 해결될 확률을 극대화하는 방향으로 자원을 배분해야 한다. 그렇게 하려면 자원을 어떻게 배분해야 할까?

이 물음에 답하려면 구체적인 사항들에 대한 세세한 정보가 필요하겠지만, 한 쪽에 모든 자원을 투입하고 다른 쪽에는 아무 것도 배분하지 않는 것은 어떤 경우에도 현명한 방법이 아니다. 심지어 A가 B보다 훨씬 유망해 보이는 경우라도 A만 선택하여 지원하는 '선택과 집중' 전략보다는 '나누어 걸기' 전략이 더 바람직하다. 이유는 간단하다. 현재 유망한 연구 프로그램이 쇠락의 길을 걷게 될 수도 있고 반대로 현재 성과가 미미한 연구 프로그램이 얼마 뒤 눈부신 성공을 거둘 가능성이 있기 때문이다. 따라서 현명한 사회에서는 대부분의 자원을 A에 배분하더라도 적어도 어느 정도의 자원은 B에 배분할 것이다. 다른 조건이 동일하다고 가정하면, 현재 시점에서 평가된 각 연구 프로그램의 성공 확률에 비례하는 방식으로 자원을 배분하는 것이 합리적일 것이다. 이런 원칙은 한 영역에 셋 이상 다수의 상충하는 연구 프로그램이 경쟁하고 있는 경우에도 똑같이 적용될 수 있다. 물론 적절한 주기로 연구 프로그램을 평가하여 자원 배분의 비율을 조정하는 일은 잊지 않아야 한다.

① 선택과 집중 전략은 기업의 투자 전략으로 바람직하지 않다.
② 연구 프로그램들에 대한 현재의 비교 평가 결과는 몇 년 안에 확연히 달라질 수도 있다.
③ 상충하는 연구 프로그램들이 모두 작동하기 위해서는 배분 가능한 것 이상의 자원이 필요한 경우가 발생할 수 있다.
④ 연구 프로그램이 아무리 많다고 하더라도 그것들 중에 최종적으로 성공하게 되는 것이 하나도 없을 가능성이 존재한다.
⑤ 과학 연구에 투입되는 자원의 배분은 사회의 성패와 관련된 것이므로 한 사람이나 몇몇 사람의 생각으로 결정해서는 안 된다.

19 다음 글과 상황을 근거로 판단할 때 옳은 것은?

제1조(과세대상) 주권(株券)의 양도에 대해서는 이 법에 따라 증권거래세를 부과한다.
제2조(납세의무자) 주권을 양도하는 자는 납세의무를 진다. 다만 금융투자업자를 통하여 주권을 양도하는 경우에는 해당 금융투자업자가 증권거래세를 납부하여야 한다.
제3조(과세표준) 주권을 양도하는 경우에 증권거래세의 과세표준은 그 주권의 양도가액(주당 양도금액에 양도 주권 수를 곱한 금액)이다.
제4조(세율) 주권의 양도에 대한 세율은 양도가액의 1천분의 5로 한다.
제5조(탄력세율) X 또는 Y증권시장에서 양도되는 주권에 대하여는 제4조(세율)의 규정에도 불구하고 다음의 세율에 의한다.
1. X증권시장 : 양도가액의 1천분의 1.5
2. Y증권시장 : 양도가액의 1천분의 3

〈상황〉

투자자 갑은 금융투자업자 乙을 통해 다음 3건의 주권을 양도하였다.
• A회사의 주권 100주를 주당 15,000원에 양수하였다가 이를 주당 30,000원에 X증권시장에서 전량 양도하였다.
• B회사의 주권 200주를 주당 10,000원에 Y증권시장에서 양도하였다.
• C회사의 주권 200주를 X 및 Y증권시장을 통하지 않고 주당 50,000원에 양도하였다.

① 증권거래세는 갑이 직접 납부하여야 한다.
② 납부되어야 할 증권거래세액의 총합은 6만 원 이하이다.
③ 갑의 3건의 주권 양도는 모두 탄력세율을 적용받는다.
④ 갑의 A회사 주권 양도에 따른 증권거래세 과세표준은 150만 원이다.
⑤ 갑이 乙을 통해 Y증권시장에서 C회사의 주권 200주 전량을 주당 50,000원에 양도할 수 있다면 증권거래세액은 20,000원 감소한다.

20 다음 글에서 〈보기〉가 들어갈 위치로 가장 적절한 곳은?

휴대폰은 어린이들이 자신의 속마음을 고백하기도 하고, 그가 하는 말을 들어주기도 하며, 또 자신의 호주머니나 입 속에 다 쑤셔 넣기도 하는 곰돌이 인형과 유사하다. 다른 점이 있다면, 곰돌이 인형은 휴대폰과는 달리 말하는 사람에게 주의 깊게 귀를 기울여 준다는 것이다. (가)

휴대폰이 제기하는 핵심 문제는 바로 이러한 모순 가운데 있다. 곰돌이 인형과 달리 휴대폰을 통해 듣는 목소리는 우리가 듣기를 바라는 것과는 다른 대답을 자주 한다. 그것은 특히 우리가 대화 상대자와 다른 시간과 다른 장소 그리고 다른 정신상태에 처해 있기 때문이다. (나)

그리 오래 전 일도 아니지만, 우리가 시·공간적으로 떨어져 있는 상대와 대화를 나누고 싶을 때 할 수 있는 일이란 기껏해야 독백을 하거나 글쓰기에 호소하는 것밖에 없었다. 하지만 글을 써본 사람이라면 펜을 가지고 구어(口語)적 사고를 진행시킨다는 것이 얼마나 어려운 일인지 잘 안다. (다)

반면 우리가 머릿속에 떠오르는 말들에 따라, 그때그때 우리가 취하는 어조와 몸짓들은 얼마나 다양한가! 휴대폰으로 말미암아 우리는 혼자 말하는 행복을 되찾게 되었다. 더 이상 독백의 기쁨을 만끽하기 위해서 혼자 숨어들 필요가 없는 것이다. (라)

어린이에게 자신이 보호받고 있다는 느낌을 주기 위해 발명된 곰돌이 인형을 어린이는 가장 좋은 대화 상대자로 이용한다. 마찬가지로 통신 수단으로 발명된 휴대폰은 고독 속에서 우리를 안도시키는 절대적 수단이 될 것이다. (마)

> **보기**
>
> 곰돌이 인형에게 이야기하는 어린이가 곰돌이 인형이 자기 말을 듣고 있다고 믿는 이유는 곰돌이 인형이 결코 대답하는 법이 없기 때문이다. 만일 곰돌이 인형이 대답을 한다면 그것은 어린이가 자신의 마음속에서 듣는 말일 것이다.

① (가) ② (나)
③ (다) ④ (라)
⑤ (마)

21 다음 글에서 알 수 없는 것은?

> 루머는 구전과 인터넷을 통해 확산되고, 그 과정에서 여러 사람들의 의견이 더해진다. 루머는 특히 사회적 불안감이 형성되었을 때 빠르게 확산되는데, 이는 사람들이 사회적·개인적 불안감을 해소하기 위한 수단으로 루머에 의지하기 때문이다.
>
> 나아가 루머가 확산되는 데는 사회적 동조가 중요한 영향을 미친다. 사회적 동조란 '다수의 의견이나 사회적 규범에 개인의 의견과 행동을 맞추거나 동화시키는 경향'을 뜻한다. 사회적 동조는 루머가 사실로 인식되고 대중적으로 수용되는 과정에서도 큰 영향력을 행사한다.
>
> 사회적 동조는 개인이 어떤 정보에 대해 판단하거나 그에 대한 태도를 결정하는 데 정당성을 제공한다. 다수의 의견을 따름으로써 어떤 정보를 믿는 것에 대한 합리적 이유를 갖게 되는 것이다. 실제로 루머에 대한 지지 댓글을 많이 본 사람들은 루머에 대한 반박 댓글을 많이 본 사람들에 비해 루머를 사실로 믿는 경향이 더욱 강한 것으로 나타났다. 또한, 사회적 동조가 있는 상태에서는 개인의 성향과 상관없이 루머를 사실이라고 믿는 경우가 많았다.
>
> 사회적 동조의 또 다른 역할은 사람들이 자신의 의견을 제시할 때 사회적 분위기를 고려하게 하는 것이다. 소속된 집단으로부터 소외되지 않기 위해서 다수에 의해 지지되는 의견을 따라가는 현상이 발생하기도 한다. 이와 같은 현상은 개인주의 문화권보다는 집단주의 문화권에 있는 사람들에게서 더 잘 나타난다. 집단주의 문화권 사람들은 루머를 믿는 사람들로부터 루머에 대한 정보를 얻고 그것을 근거로 하여 판단하며, 다른 사람들의 의견에 개인의 생각을 일치시키는 경향이 두드러진다.

① 사람들은 루머를 사회적 불안감을 해소하기 위한 수단으로 삼기도 한다.

② 사회적 동조는 개인이 루머를 사실로 받아들이는 결정을 함에 있어 정당성을 제공한다.

③ 집단주의 문화권에서는 개인주의 문화권보다 사회적 동조가 루머의 확산에 미치는 영향이 더 크게 나타난다.

④ 루머에 대한 반박 댓글을 많이 본 사람들이 지지 댓글을 많이 본 사람들보다 루머를 사실로 믿는 경향이 더 약하다.

⑤ 사회적 동조가 있을 때, 충동적인 사람들은 충동적이지 않은 사람들에 비해 루머를 사실로 믿는 경향이 더 강하다.

22 다음 글에서 추론할 수 있는 내용은?

> 어떤 시점에 당신만이 느끼는 어떤 감각을 지시하여 'W'라는 용어의 의미로 삼는다고 해 보자. 그 이후에 가끔 그 감각을 느끼게 되면, "'W'라고 불리는 그 감각이 나타났다."고 당신은 말할 것이다. 그렇지만 그 경우에 당신이 그 용어를 올바로 사용했는지 그렇지 않은지를 어떻게 결정할 수 있는가? 만에 하나 첫 번째 감각을 잘못 기억할 수도 있는 것이고, 혹은 실제로는 단지 희미하고 어렴풋한 유사성밖에 없는데도 첫 번째 감각과 두 번째 감각 사이에 밀접한 유사성이 있는 것으로 착각할 수도 있다. 더구나 그것이 착각인지 아닌지를 판단할 근거가 없다. 만약 'W'라는 용어의 의미가 당신만이 느끼는 그 감각에만 해당한다면, 'W'라는 용어의 올바른 사용과 잘못된 사용을 구분할 방법은 어디에도 없게 될 것이다. 올바른 적용에 관해 결정을 내릴 수 없는 용어는 아무런 의미도 갖지 않는다.

① 본인만이 느끼는 감각을 지시하는 용어는 아무 의미도 없다.
② 어떤 용어도 구체적 사례를 통해서 의미를 얻게 될 수 없다.
③ 감각을 지시하는 용어는 사용하는 사람에 따라 상대적인 의미를 갖는다.
④ 감각을 지시하는 용어의 의미는 그것이 무엇을 지시하는가와 아무 상관이 없다.
⑤ 감각을 지시하는 용어의 의미는 다른 사람들과 공유하는 의미로 확장될 수 있다.

23 다음은 문서 작성 시 유의해야 할 한글 맞춤법 및 어법에 따른 표기이다. 다음 중 표기가 바르지 않은 것은?

> 〈한글 맞춤법 및 어법〉
>
> 1) 고 / 라고
> 앞말이 직접 인용되는 말임을 나타내는 조사는 '라고'이다. '고'는 앞말이 간접 인용되는 말임을 나타내는 격조사이다.
> 2) 로써 / 로서
> 지위나 신분 또는 자격을 나타내는 격조사는 '로서'이며, '로써'는 어떤 일의 수단이나 도구를 나타내는 격조사이다.
> 3) 율 / 률
> 받침이 있는 말 뒤에서는 '렬, 률', 받침이 없는 말이나 'ㄴ' 받침으로 끝나는 말 뒤에서는 '열, 율'로 적는다.
> 4) 년도 / 연도
> 한자음 '녀, 뇨, 뉴, 니'가 단어 첫머리에 올 때는 두음 법칙에 따라 '여, 요, 유, 이'로 적는다. 단, 의존 명사의 경우 두음 법칙을 적용하지 않는다.
> 5) 연월일의 표기
> 아라비아 숫자만으로 연월일을 표시할 경우 마침표는 연월일 다음에 모두 사용해야 한다.

① 이사장은 "이번 기회를 통해 소중함을 깨닫게 되었으면 좋겠다."<u>라고</u> 말했다.
② 모든 것이 <u>말로써</u> 다 표현되는 것은 아니다.
③ 올해의 상반기 목표 <u>성장률</u>을 달성하기 위해서는 모두가 함께 노력해야 한다.
④ 노인 일자리 추가 지원 사업을 시작한 지 반 <u>연도</u> 되지 않아 지원이 끝이 났다.
⑤ 시험 원서 접수는 <u>2020. 01. 01.</u>에 마감됩니다.

24 다음 글에서 〈보기〉가 들어갈 위치로 가장 적절한 곳은?

(가) '원시인'이라는 말은 아프리카·남태평양·아메리카 및 아시아 등지의 지역에 사는 원주민을 일컫는 일반적인 명칭이다. 원주민들이 유럽인들에 의해 발견된 것은 주로 15세기에서 19세기 사이였으며, 어떤 경우에는 20세기까지 포함되기도 한다. 현대에 발견되는 원시인은 대부분 선사 시대인이나 현대 유럽인과 신체적으로 다르지만, 그들을 원시인이라고 판단하는 기준은 그들의 신체적 특징이 아닌 문화적 발달단계에 의한 것이다. 원시인의 문화적 발달단계는 혹자가 '야만적'이라고 표현하는 단계부터 비교적 고도로 발달된 단계까지 다양하다. 그래서 원시인이라는 단어는 그 자체의 의미상 규정이 명확하지 않다.

(나) 우리들 자신의 문명을 표준으로 삼는 일조차 그 문명의 어떤 측면이나 특징을 결정적인 것으로 생각하는가 하는 문제가 발생한다. 보통 규범 체계, 과학 지식, 기술적 성과와 같은 요소를 생각할 수 있다. 이러한 측면에서 원시 문화를 살펴보면, 현대의 문화와 동일한 종류는 아니지만, 같은 기준선상에서의 평가가 가능하다. 대부분의 원시 부족은 고도로 발달된 규범 체계를 갖고 있었다. 헌법으로 규정된 국가조직과 관습으로 규정된 부족조직 사이에는 본질적인 차이가 없으며, 원시인들 또한 국가를 형성하기도 했다. 또한 원시인들의 법은 단순한 체계를 가지고 있었지만 정교한 현대의 법체계와 마찬가지로 효과적인 강제력을 지니고 있었다. 과학이나 기술 수준 역시 마찬가지다. 폴리네시아의 선원들은 천문학 지식이 매우 풍부하였는데 그것은 상당한 정도의 과학적 관찰을 필요로 하는 일이었다. 에스키모인은 황폐한 국토에 내장되어 있는 빈곤한 자원을 최대한 활용할 수 있는 기술을 발전시켰다. 현대의 유럽인이 같은 조건 하에서 생활한다면, 북극지방의 생활에 적응하기 위하여 그들보다 더 좋은 도구를 만들어 내지 못할 것이며, 에스키모인의 생활 양식을 응용해야 한다.

(다) 원시인을 말 그대로 원시인이라고 느낄 수 있는 부분은 그나마 종교적인 면에서일 뿐이다. 우리의 관점에서 보면 다양한 형태의 원시종교는 비논리적이지는 않더라도 매우 불합리하다. 원시종교에서는 주술이 중요한 역할을 담당하지만, 문명사회에서는 주술이나 주술사의 힘을 믿는 경우는 거의 찾아볼 수 없다.

> **보기**
>
> '문명인'과 구분하여 '원시인'에 대해 적당한 정의를 내리는 일은 불가능하지 않지만 어려운 일이다.

① (가)의 앞   ② (가)의 뒤
③ (나)의 앞   ④ (나)의 뒤
⑤ (다)의 앞

25 다음 글의 '나'의 입장에서 비판할 수 있는 것들을 〈보기〉 중에서 모두 고르면?

어떤 사람이 내게 말했다.

"어제 저녁, 어떤 사람이 몽둥이로 개를 때려죽이는 것을 보았네. 그 모습이 불쌍해 마음이 너무 아팠네. 그래서 이제부터는 개고기나 돼지고기를 먹지 않을 생각이네."

그 말을 듣고, 내가 말했다.

"어제 저녁, 어떤 사람이 화로 옆에서 이를 잡아 태워 죽이는 것을 보고 마음이 무척 아팠네. 그래서 다시는 이를 잡지 않겠다고 맹세를 하였네."

그러자 그 사람은 화를 내며 말했다.

"이는 하찮은 존재가 아닌가? 나는 큰 동물이 죽는 것을 보고 불쌍한 생각이 들어 말한 것인데, 그대는 어찌 그런 사소한 것이 죽는 것과 비교하는가? 그대는 지금 나를 놀리는 것인가?"

나는 좀 구체적으로 설명할 필요를 느꼈다.

"무릇 살아 있는 것은 사람으로부터 소, 말, 돼지, 양, 곤충, 개미에 이르기까지 모두 사는 것을 원하고 죽는 것을 싫어한다네. 어찌 큰 것만 죽음을 싫어하고 작은 것은 싫어하지 않겠는가? 그렇다면 개와 이의 죽음은 같은 것이겠지. 그래서 이를 들어 말한 것이지, 어찌 그대를 놀리려는 뜻이 있었겠는가? 내 말을 믿지 못하거든, 그대의 열손가락을 깨물어 보게나. 엄지손가락만 아프고 나머지 손가락은 안 아프겠는가? 우리 몸에 있는 것은 크고 작은 마디를 막론하고 그 아픔은 모두 같은 것일세. 더구나 개나 이나 각기 생명을 받아 태어났는데, 어찌 하나는 죽음을 싫어하고 하나는 좋아하겠는가? 그대는 눈을 감고 조용히 생각해 보게. 그리하여 달팽이의 뿔을 소의 뿔과 같이 보고, 메추리를 큰 붕새와 동일하게 보도록 노력하게나. 그런 뒤에야 내가 그대와 더불어 도(道)를 말할 수 있을 걸세."

> **보기**
>
> ㉠ 중동의 분쟁에는 관심을 집중하지만, 아프리카에서 굶주림으로 죽어가는 아이들에게는 침묵하는 세계 여론
> ㉡ 우리의 역사를 객관적인 관점에서 평가해야 한다고 주장하는 한 대학의 교수
> ㉢ 집안일은 전통적으로 여자들이 해야 하는 일이므로, 남자는 집안일을 할 필요가 없다고 생각하는 아버지
> ㉣ 외국인 노동자들에게 적절한 임금과 근로조건을 제공해 주지 않으려 하는 한 기업의 대표
> ㉤ 구체적인 자료를 통해 범죄 사실을 입증하려는 검사

① ㉠, ㉡, ㉣
② ㉠, ㉢, ㉣
③ ㉡, ㉣, ㉤
④ ㉠, ㉡, ㉢, ㉣
⑤ ㉠, ㉢, ㉣, ㉤

CHAPTER 02

수리능력

합격 CHEAT KEY

수리능력은 사칙연산·통계·확률의 의미를 정확하게 이해하고 이를 업무에 적용하는 능력으로, 기초연산과 기초통계, 도표분석 및 작성의 문제 유형으로 출제된다. 수리능력 역시 채택하지 않는 공사·공단이 거의 없을 만큼 필기시험에서 중요도가 높은 영역이다.

수리능력은 NCS기반 채용을 진행한 거의 모든 기업에서 다루었으며, 문항 수는 전체의 평균 16% 정도로 많이 출제되었다. 특히, 난이도가 높은 공사·공단의 시험에서는 도표분석, 즉 자료해석 유형의 문제가 많이 출제되고 있고, 응용수리 역시 꾸준히 출제하는 공사·공단이 많기 때문에 기초연산과 기초통계에 대한 공식의 암기와 자료해석능력을 기를 수 있는 꾸준한 연습이 필요하다.

01 응용수리능력의 공식은 반드시 암기하라!

응용수리능력은 지문이 짧지만, 풀이 과정은 긴 문제도 자주 볼 수 있다. 그렇기 때문에 응용수리능력의 공식을 반드시 암기하여 문제의 상황에 맞는 공식을 적절하게 적용하여 답을 도출해야 한다. 따라서 문제에서 묻는 것을 정확하게 파악하여 그에 맞는 공식을 적절하게 적용하는 꾸준한 노력과 공식을 암기하는 연습이 필요하다.

02 통계에서의 사건이 동시에 발생하는지 개별적으로 발생하는지 구분하라!

통계에서는 사건이 개별적으로 발생했을 때, 경우의 수는 합의 법칙, 확률은 덧셈정리를 활용하여 계산하며, 사건이 동시에 발생했을 때, 경우의 수는 곱의 법칙, 확률은 곱셈정리를 활용하여 계산한다. 특히, 기초통계능력에서 출제되는 문제 중 순열과 조합의 계산 방법이 필요한 문제도 다수이므로 순열(순서대로 나열)과 조합(순서에 상관없이 나열)의 차이점을 숙지하는 것 또한 중요하다. 통계 문제에서의 사건 발생 여부만 잘 판단하여도 계산과 공식을 적용하기가 수월하므로 문제의 의도를 잘 파악하는 것이 중요하다.

03 자료의 해석은 자료에서 즉시 확인할 수 있는 지문부터 확인하라!

대부분의 공사·공단 취업준비생들이 어려워 하는 영역이 수리영역 중 도표분석, 즉 자료해석능력이다. 자료는 표 또는 그래프로 제시되고, 쉬운 지문은 증가 혹은 감소 추이, 간단한 사칙연산으로 풀이가 가능한 문제 등이 있고, 자료의 조사기간 동안 전년 대비 증가율 혹은 감소율이 가장 높은 기간을 찾는 문제들도 있다. 따라서 일단 증가·감소 추이와 같이 눈으로 확인이 가능한 지문을 먼저 확인한 후 복잡한 계산이 필요한 지문을 확인하는 방법으로 문제를 풀이한다면, 시간을 조금이라도 아낄 수 있다. 특히, 그래프와 같은 경우에는 그래프에 대한 특징을 알고 있다면, 그래프의 길이 혹은 높낮이 등으로 대강의 수치를 빠르게 확인이 가능하므로 이에 대한 숙지도 필요하다. 또한, 여러 가지 보기가 주어진 문제 역시 지문을 잘 확인하고 문제를 풀이한다면 불필요한 계산을 생략할 수 있으므로 항상 지문부터 확인하는 습관을 들이기를 바란다.

04 도표작성능력에서 지문에 작성된 도표의 제목을 반드시 확인하라!

도표작성은 하나의 자료 혹은 보고서와 같은 수치가 표현된 자료를 도표로 작성하는 형식으로 출제되는데, 대체로 표보다는 그래프를 작성하는 형태로 많이 출제된다. 지문을 살펴보면 각 지문에서 주어진 도표에도 소제목이 있는 경우가 대부분이다. 이때, 자료의 수치와 도표의 제목이 일치하지 않는 경우 함정이 존재하는 문제의 비중이 높으므로 도표의 제목을 반드시 확인하는 것이 중요하다. 도표작성의 경우 대부분 비율 계산이 많이 출제되는데, 도표의 제목과는 다른 수치로 작성된 도표가 존재하는 경우가 있다. 그렇기 때문에 지문에서 작성된 도표의 소제목을 먼저 확인하는 연습을 하여 간단하지 않은 비율 계산을 두 번 하는 일이 없도록 해야 한다.

┌연속출제┐

일정한 규칙으로 숫자와 문자를 나열할 때, 빈칸에 들어갈 숫자 또는 문자로 옳은 것은?

	1		3		8		21		
a	2	c	5	h	13	( )	34		

↑
u

① k
③ q
⑤ r

② n
✔ u

풀이순서

1) 질문의도
   : 규칙찾기

2) 규칙찾기
   (ⅰ) 알파벳
       → 숫자변환
   (ⅱ) 피보나치 수열

3) 정답도출
   21 → u

📋 **유형 분석**
- 나열된 숫자의 규칙을 찾아 정답을 고르는 수열 문제이다.
- 기존 적성검사의 수 추리 문제와 유사한 유형이다.
- 등차·등비수열 등 다양한 수열 규칙을 미리 알아두면 쉽게 풀어 나갈 수 있다.
- 응용문제 : 나열된 숫자들의 관계가 사칙연산으로 이루어진 형식의 문제가 출제된다.

📋 **풀이 전략**
수열 규칙을 바탕으로 나열된 숫자들의 관계를 찾아내어 정답을 고른다. 사전에 수열 규칙에 대해 학습하도록 한다.

기초연산 ①

┌연속출제┐

금연프로그램을 신청한 흡연자 A씨는 K공단에서 진료 및 상담비용과 금연보조제 비용의 일정 부분을 지원받고 있다. A씨는 의사와 상담을 6회 받았고, 금연보조제로 니코틴 패치 3묶음을 구입했다고 할 때, 다음 지원 현황에 따라 흡연자 A씨가 지불하는 부담금은 얼마인가?

풀이순서

1) 질문의도
  : 지불하려는 부담금

2) 조건확인
  ⓐ 일정 부분 지원
  ⓑ 상담 6회
  ⓒ 금연보조제 3묶음

〈금연프로그램 지원 현황〉

구분	진료 및 상담	금연보조제(니코틴패치)
가격	30,000원/회	12,000원/묶음
지원금 비율	90%	75%

※ 진료 및 상담료 지원금은 6회까지 지원한다.

① 21,000원
② 23,000원
③ 25,000원
✔ 27,000원

3) 정답도출

$$(30,000\times0.1\times6)+(12,000\times0.25\times3)=27,000원$$

📋 **유형** 분석
- 문제에서 제공하는 정보를 파악한 뒤 사칙연산을 활용하여 계산하는 전형적인 수리문제이다.
- 다양한 직무상황과 연관을 지어 복잡하게 문제를 출제하지만 실제로 정답을 도출하는 과정은 단순하다.
- 문제를 풀기 위한 정보가 산재되어 있는 경우가 많으므로 꼼꼼히 읽어야 한다.
- 응용문제 : 최소공배수 등 수학 이론을 활용하여 계산하는 문제도 출제된다.

📋 **풀이** 전략
문제에서 묻는 것을 정확하게 확인한 후, 필요한 조건 또는 정보를 구분하여 신속하게 풀어 간다. 단, 계산에 착오가 생기지 않도록 유의하여야 한다.

┌ 연속출제 ┐

K건설회사 G시 신도시 아파트 분양을 위하여 다음 주에 모델하우스를 오픈한다. 아파트 입주자 모집을 성황리에 마무리 짓기 위해 방문하시는 고객에게 소정의 사은품을 나눠 줄 예정이다. K건설회사에 근무 중인 A사원은 오픈행사 시 고객 1인당 1개의 쇼핑백을 나눠 줄 수 있도록 준비 중인데, 각 쇼핑백에 각티슈 1개, 위생장갑 1pack, 롤팩 3개, 물티슈 2개, 머그컵 1개가 들어가야 한다. 각 물품 수량을 다음과 같이 보유하고 있다면 최대 몇 명에게 사은품을 줄 수 있는가?(단, 사은품 구성 물품과 수량은 1개라도 부족해서는 안 된다)

ⓐ
ⓑ
ⓒ

각티슈 200개, 위생장갑 250pack, 롤백 600개, 물티슈 400개, 머그컵 150개

$$\frac{}{1}=200 \qquad \frac{}{1}=250 \qquad \frac{}{3}=200 \qquad \frac{}{2}=200 \qquad \frac{}{1}=150$$

(K건설회사 로고가 찍힌 쇼핑백은 사은품 구성 Set만큼 주문할 예정임)

✔ ① 150명   ② 200명
③ 250명   ④ 300명
⑤ 350명

풀이순서

2) 조건확인
  : ⓐ ~ ⓒ

1) 질문의도
  : 최대 증정 인원 수

3) 계산

4) 정답도출
  : 최대 150명

📋 **유형 분석**
- 문제에서 제공하는 정보를 파악한 뒤 사칙연산을 활용하여 계산하는 전형적인 수리문제이다.
- 다양한 직무상황과 연관을 지어 복잡하게 문제를 출제하지만 실제로 정답을 도출하는 과정은 단순하다.
- 문제를 풀기 위한 정보가 산재되어 있는 경우가 많으므로 꼼꼼히 읽어야 한다.

응용문제 : 표, 그림 및 도표 등이 제시되고 문제에서 요구하는 정보를 찾아야 하는 문제가 출제된다. 이러한 문제의 경우에는 계산이 복잡하거나 단위가 커서 실수하기 쉽다.

📋 **풀이 전략**
문제에서 묻는 것을 정확하게 확인한 후, 필요한 조건 또는 정보를 구분하여 신속하게 풀어 간다. 단, 계산에 착오가 생기지 않도록 유의하여야 한다.

┌연속출제┐

다음은 의약품 종류별 상자 수에 따른 가격표이다. 종류별 상자 수를 <u>가중치로 적용</u>하여 가격 ⓐ
에 대한 <u>가중평균</u>을 구하면 66만 원이다. 이때, 빈칸에 들어갈 가격으로 적절한 것은?
ⓑ

풀이순서

1) 질문의도
   : 빈칸 구하기

2) 규칙찾기
   ⓐ 가중치 적용
   ⓑ 가중평균

3) 정답도출

〈의약품 종류별 가격 및 상자 수〉

(단위 : 만 원, 개)

구분	A	B	C	D
원값 ← 가격	( )	70	60	65
가중치 ← 상자 수	30	20	30	20

① 60만 원

② 65만 원

③ 70만 원

④ 75만 원

⑤ 80만 원

$$\frac{(a \times 30) + (70 \times 20) + (60 \times 30) + (65 \times 20)}{30 + 20 + 30 + 30} = 66 \rightarrow \frac{30a + 4,500}{100} = 66$$

$$\rightarrow 30a = 6,600 - 4,500 \rightarrow a = \frac{2,100}{30} \rightarrow a = 70$$

유형 분석
- 통계와 관련한 이론을 활용하여 계산하는 문제이다.
- 기초연산능력과 마찬가지로 중·고등 수준의 통계 이론을 알아두어야 한다.
- 주로 상대도수, 평균, 표준편차, 최댓값, 최솟값, 가중치 등이 활용된다.

풀이 전략
우선 질문을 꼼꼼히 읽고 정답을 이끌어내기 위한 통계 이론을 적절하게 활용하여 정확히 계산한다.

┌연속출제┐

다음은 2020년도 국가별 국방예산 그래프이다. 그래프를 이해한 내용으로 옳지 않은 것은?
(단, 비중은 소수점 둘째 자리에서 반올림한다)

풀이순서

1) 질문의도
    : 도표분석

3) 도표분석
    : 국가별 국방예산

〈국가별 국방예산〉

(단위 : 억 원)

① 국방예산이 가장 많은 국가와 가장 적은 국가의 예산 차이는 324억 원이다.

② 사우디아라비아 국방예산은 프랑스 예산보다 14% 이상 많다.

③ 인도보다 국방예산이 적은 국가는 5개 국가이다.

✅ 영국과 일본의 국방예산 차액은 독일과 일본의 국방예산 차액의 55% 이상이다.

⑤ 8개 국가 국방예산 총액에서 한국이 차지하는 비중은 약 8.8%이다.

2) 선택지 키워드 찾기

4) 정답도출

📋 **유형** 분석
- 문제에서 주어진 도표를 분석하여 각 선택지의 정답 유무를 판단하는 문제이다.
- 주로 그래프와 표로 많이 제시되며, 경영·경제·산업과 관련된 최신 이슈를 많이 다룬다.
- 정답을 도출하는 데 상당한 시간이 걸리며, 증감률·비율·추세 등을 자주 묻는다.

응용문제 : 도표(그래프, 표)와 함께 신문기사 혹은 보도자료 등을 함께 제공하여 복합적으로 판단하는 형식의 문제도 출제된다. 때로는 선택지에 경제·경영학 이론을 묻는 경우도 있다.

📋 **풀이** 전략
선택지를 먼저 읽고 필요한 정보를 도표(그래프, 표)에서 찾아 정답 유무를 판단한다.

┌연속출제┐

※ 다음 글을 읽고 이어지는 질문에 답하시오.

풀이순서

(가) 지난해 콜탄 1, 2위 생산국은 민주콩고와 르완다로, 두 나라가 전 세계 콜탄 생산량의 66%를 차지하고 있다. 미국 지질조사국에 의하면 콜탄은 미국에서만 1년 새 소비량이 27% 늘었고, 2017년 9월 1kg의 가격은 224달러로 2015년의 193달러에서 16%가 올랐다. 스마트폰이 나오기 직전인 2006년 1kg당 70달러였던 가격에 비하면 300% 이상 오른 것이다. ⓐ · ⓑ

(나) 이 콜탄이 민주콩고의 내전 장기화에 한몫했다는 주장이 곳곳에서 나오고 있다. 휴대폰 이용자들이 기기를 바꿀 때마다 콩고 주민 수십 명이 죽는다는 말도 있다. '피 서린 휴대폰(Bloody Mobile)'이란 표현이 나올 정도다. 1996년 시작된 콩고 내전은 2003년 공식 종료되면서 500만 명을 희생시켰으나, 이후로도 크고 작은 분쟁이 그치질 않고 있다.

3) 정답도출

(가) 문단
• 스마트폰 사용 현황
• 콜탄의 가격 상승

글의 내용을 효과적으로 전달하기 위해 다음과 같은 자료를 만들었다고 할 때, (가) ~ (나) 문단 중 다음 자료에 해당하는 문단은?

1) 질문의도
: 자료의 시각화

2) 도표제목 확인
ⓐ 스마트폰 교체 주기
ⓑ 콜탄 값 얼마나 올랐나

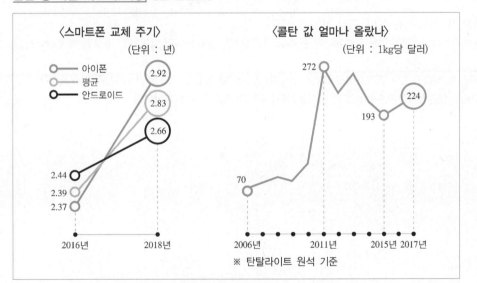

〈스마트폰 교체 주기〉
(단위 : 년)
아이폰
평균
안드로이드
2.92
2.83
2.66
2.44
2.39
2.37
2016년 2018년

〈콜탄 값 얼마나 올랐나〉
(단위 : 1kg당 달러)
272
193 224
70
2006년 2011년 2015년 2017년
※ 탄탈라이트 원석 기준

📋 **유형 분석**
• 문제에서 주어진 자료를 읽고 도표를 작성하는 문제이다.
• 주어진 자료에 있는 수치와 그래프 또는 표에 있는 수치가 서로 일치하는지 여부를 판단하는 것이다.
• 문제에서 주어지는 자료는 보고서나 신문기사 등의 일부 내용을 제시하거나 표를 제시하고 있다.

📋 **풀이 전략**
각 선택지에 있는 도표의 제목을 먼저 확인한다. 제목에서 어떠한 정보가 필요한지 확인한 후에 문제에서 주어진 자료를 읽으면서 일치 여부를 판단한다.

안심Touch

01 다음은 K연구소에서 제습기 A ~ E의 습도별 연간소비전력량을 측정한 자료이다. 이에 대한 〈보기〉의 설명 중 옳은 것만을 모두 고르면?

〈제습기 A ~ E의 습도별 연간소비전력량〉

(단위 : kWh)

습도 제습기	40%	50%	60%	70%	80%
A	550	620	680	790	840
B	560	640	740	810	890
C	580	650	730	800	880
D	600	700	810	880	950
E	660	730	800	920	970

보기

ㄱ. 습도가 70%일 때 연간소비전력량이 가장 적은 제습기는 A이다.

ㄴ. 각 습도에서 연간소비전력량이 많은 제습기부터 순서대로 나열하면, 습도 60%일 때와 습도 70%일 때의 순서는 동일하다.

ㄷ. 습도가 40%일 때 제습기 E의 연간소비전력량은 습도가 50%일 때 제습기 B의 연간소비전력량보다 많다.

ㄹ. 제습기 각각에서 연간소비전력량은 습도가 80%일 때가 40%일 때의 1.5배 이상이다.

① ㄱ, ㄴ   ② ㄱ, ㄷ

③ ㄴ, ㄹ   ④ ㄱ, ㄷ, ㄹ

⑤ ㄴ, ㄷ, ㄹ

02 다음 글과 상황을 근거로 판단할 때, X, Y, Z의 자동차 번호 끝자리 숫자의 합으로 가능한 최댓값은?

- A사는 자동차 요일제를 시행하고 있으며, 각 요일별로 운행할 수 없는 자동차 번호 끝자리 숫자는 아래와 같다.

요일	월요일	화요일	수요일	목요일	금요일
숫자	1, 2	3, 4	5, 6	7, 8	9, 0

- 미세먼지 비상저감조치가 시행될 경우 A사는 자동차 요일제가 아닌 차량 홀짝제를 시행한다. 차량 홀짝제를 시행하는 날에는 시행일이 홀수이면 자동차 번호 끝자리 숫자가 홀수인 차량만 운행할 수 있고, 시행일이 짝수이면 자동차 번호 끝자리 숫자가 홀수가 아닌 차량만 운행할 수 있다.

A사의 직원인 X, Y, Z는 12일(월)부터 16일(금)까지 5일 모두 출근했고, 12일, 13일, 14일에는 미세먼지 비상저감조치가 시행되었다. 자동차 요일제와 차량 홀짝제로 인해 자동차를 운행할 수 없는 경우를 제외하면, 3명 모두 자신이 소유한 자동차로 출근을 했다. 다음은 X, Y, Z가 16일에 출근한 후 나눈 대화이다.

- X : 나는 12일에 내 자동차로 출근을 했어. 따져보니 이번 주에 총 4일이나 내 자동차로 출근했어.
- Y : 저는 이번 주에 이틀만 제 자동차로 출근했어요.
- Z : 나는 이번 주엔 13일, 15일, 16일만 내 자동차로 출근할 수 있었어.
※ X, Y, Z는 자동차를 각각 1대씩 소유하고 있다.

① 14　　　　　　　　　　　② 16
③ 18　　　　　　　　　　　④ 20
⑤ 22

03 다음은 피트니스 클럽의 입장료 및 사우나 유무에 대한 선호도 조사 결과이다. 다음 자료를 바탕으로 이용객 선호도를 구할 때, 입장료와 사우나 유무의 조합 중 이용객 선호도가 세 번째로 큰 조합은?

〈표 1〉 입장료 선호도 조사 결과

입장료	선호도
5,000원	4.0점
10,000원	3.0점
20,000원	0.5점

〈표 2〉 사우나 유무 선호도 조사 결과

사우나	선호도
유	3.3점
무	1.7점

〈산식〉

(이용객 선호도)=(입장료 선호도)+(사우나 유무 선호도)

	입장료	사우나 유무
①	5,000원	유
②	5,000원	무
③	10,000원	유
④	10,000원	무
⑤	20,000원	유

다음은 2020 ~ 2021년 동안 A변리사와 B변리사의 특허출원 건수에 대한 자료이다. 2021년 B변리사의 특허출원 건수는 2020년 B변리사의 특허출원 건수의 몇 배인가?(단, 특허출원은 A변리사 또는 B변리사 단독으로만 이루어진다)

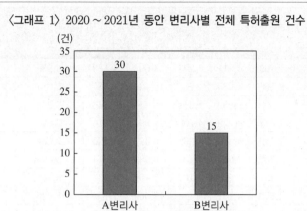

〈그래프 1〉 2020 ~ 2021년 동안 변리사별 전체 특허출원 건수

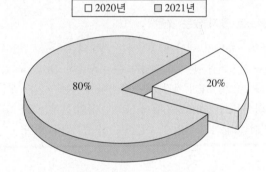

〈그래프 2〉 A변리사와 B변리사의 전체 특허출원 건수 연도별 구성비

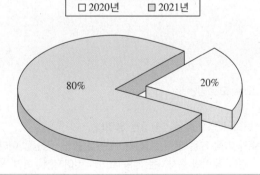

〈그래프 3〉 A변리사의 전체 특허출원 건수 연도별 구성비

① 2배 ② 3배
③ 4배 ④ 5배
⑤ 6배

※ 다음은 산업별 취업자 수에 관한 자료이다. 자료를 바탕으로 이어지는 질문에 답하시오. [5~6]

〈2012 ~ 2020년 산업별 취업자 수〉

(단위 : 천 명)

연도	총계	농·임·어업		광공업		사회간접자본 및 기타·서비스업				
		합계	농·임업	합계	제조업	합계	건설업	도소매·음식·숙박업	전기·운수·통신·금융업	사업·개인·공공 서비스 및 기타
2012년	21,156	2,243	2,162	4,311	4,294	14,602	1,583	5,966	2,074	4,979
2013년	21,572	2,148	2,065	4,285	4,267	15,139	1,585	5,874	2,140	5,540
2014년	22,169	2,069	1,999	4,259	4,241	15,841	1,746	5,998	2,157	5,940
2015년	22,139	1,950	1,877	4,222	4,205	15,967	1,816	5,852	2,160	6,139
2016년	22,558	1,825	1,749	4,306	4,290	16,427	1,820	5,862	2,187	6,558
2017년	22,855	1,815	1,747	4,251	4,234	16,789	1,814	5,806	2,246	6,923
2018년	23,151	1,785	1,721	4,185	4,167	17,181	1,835	5,762	2,333	7,251
2019년	23,432	1,726	1,670	4,137	4,119	17,569	1,850	5,726	7,600	2,393
2020년	23,577	1,686	–	3,985	3,963	17,906	1,812	5,675	2,786	7,633

05 다음 자료에 대한 설명으로 옳지 않은 것은?

① 2012년 '도소매·음식·숙박업' 분야에 종사하는 사람의 수는 총 취업자 수의 30% 미만이다.
② 2012 ~ 2020년 '농·임·어업' 분야의 취업자 수는 꾸준히 감소하고 있다.
③ 2020년 취업자 수가 2012년 대비 가장 많이 증가한 분야는 '사업·개인·공공서비스 및 기타'이다.
④ 2019년 취업자 수의 2012년 대비 증감률이 50% 이상인 분야는 2곳이다.
⑤ 2012 ~ 2020년 '건설업' 분야의 취업자 수는 꾸준히 증가하고 있다.

06 다음 중 옳은 설명을 모두 고르면?

ㄱ. 2015년 '어업' 분야의 취업자 수는 7만 3천 명이다.
ㄴ. 2019년 취업자 수가 가장 많은 분야는 '전기·운수·통신·금융업'이다.
ㄷ. 2020년 이후 '농·임업' 분야의 종사자는 계속 줄어들 것이지만, '어업' 분야 종사자는 현상을 유지하거나 늘어난다고 볼 수 있다.

① ㄱ   ② ㄴ
③ ㄱ, ㄴ   ④ ㄱ, ㄷ
⑤ ㄱ, ㄴ, ㄷ

07 다음은 2018 ~ 2020년 전자책 이용 매체 사용비율에 대한 자료이다. 자료에 대한 설명으로 옳은 것은?(단, 인원 수는 소수점 첫째 자리에서 반올림한다)

〈2018 ~ 2020년 전자책 이용 매체 사용비율〉

(단위 : %)

분류	2018년 성인	2019년 성인	2019년 학생	2020년 성인	2020년 학생
표본 인원(명)	47	112	1,304	338	1,473
컴퓨터	68.1	67.0	43.2	52.1	48.2
휴대폰 / 스마트폰	12.8	14.3	25.5	42.4	38.0
개인용 정보 단말기(PDA)	4.3	3.6	2.3	0.2	0.2
태블릿 PC	-	2.7	0.5	3.8	2.3
휴대용 멀티미디어 플레이어(PMP)	2.1	0.9	13.7	1.0	9.3
전자책 전용 단말기	-	-	2.1	0.5	0.4
기타	12.7	11.5	12.7	-	1.6

① 2018년 휴대폰 / 스마트폰 성인 사용자 수는 2019년 태블릿 PC 성인 사용자 수보다 많다.
② 2020년에 개인용 정보 단말기(PDA) 학생 사용자 수는 전년 대비 증가하였다.
③ 2020년 전자책 전용 단말기 사용자 수는 20명 이상이다.
④ 2019년 컴퓨터 사용자 수는 성인 사용자 수가 학생 사용자 수의 20% 이상을 차지한다.
⑤ 2019 ~ 2020년 동안 전년 대비 성인 사용자 비율이 지속적으로 증가한 전자책 이용 매체는 3가지이다.

08 다음은 전통사찰 지정·등록 현황에 관한 자료이다. 자료에 대한 설명으로 옳은 것은?

〈연도별 전통사찰 지정·등록 현황〉

(단위 : 개소)

구분	2012년	2013년	2014년	2015년	2016년	2017년	2018년	2019년	2020년
지정·등록	17	15	12	7	4	4	2	1	2

① 전통사찰로 지정·등록되는 수는 계속 감소하고 있다.
② 2012 ~ 2016년 전통사찰 지정·등록 수의 평균은 11개소이다.
③ 2014년과 2018년에 지정·등록된 전통사찰 수의 전년 대비 감소폭은 같다.
④ 주어진 자료를 통해 2020년 전통사찰 총 등록현황을 파악할 수 있다.
⑤ 2014년에 전통사찰로 지정·등록된 수는 전년 대비 2배이다.

09 다음은 초등학생·중학생·고등학생 스마트폰 중독 현황에 대한 자료이다. 자료에 대한 〈보기〉의 설명으로 옳지 않은 것을 모두 고르면?

<중등학생·중학생·고등학생 스마트폰 중독 비율>

(단위 : %)

구분		전체	초등학생(9 ~ 11세)	중학생·고등학생(12 ~ 17세)
전체		32.38	31.51	32.71
아동성별	남성	32.88	33.35	32.71
	여성	31.83	29.58	32.72
가구소득별	기초수급	30.91	30.35	31.05
	차상위	30.53	24.21	30.82
	일반	32.46	31.56	32.81
거주지역별	대도시	31.95	30.80	32.40
	중소도시	32.49	32.00	32.64
	농어촌	34.50	32.84	35.07
가족유형별	양부모	32.58	31.75	32.90
	한부모·조손	31.16	28.83	31.79

※ 각 항목의 전체 인원은 그 항목에 해당하는 초등학생 수와 중학생·고등학생 수의 합을 말한다.

보기

ㄱ. 초등학생과 중학생·고등학생 모두 남자의 스마트폰 중독 비율이 여자의 스마트폰 중독 비율보다 높다.
ㄴ. 한부모·조손 가족의 스마트폰 중독 비율은 초등학생의 경우가 중학생·고등학생 중독 비율의 70% 이상이다.
ㄷ. 조사대상 중 대도시에 거주하는 초등학생 수는 중학생·고등학생 수보다 많다.
ㄹ. 초등학생과 중학생·고등학생 모두 기초수급가구의 경우가 일반가구의 경우보다 스마트폰 중독 비율이 높다.

① ㄴ
② ㄱ, ㄷ
③ ㄱ, ㄹ
④ ㄱ, ㄷ, ㄹ
⑤ ㄴ, ㄷ, ㄹ

※ 다음은 중학교 졸업자의 진로에 관한 조사 결과이다. 이어지는 질문에 답하시오. **[10~11]**

〈중학교 졸업자의 진로〉

(단위 : 명)

구분	성별		중학교 종류		
	남성	여성	국립	공립	사립
중학교 졸업자	908,428	865,323	11,733	1,695,386	66,547
고등학교 진학자	861,517	838,650	11,538	1,622,438	66,146
진학 후 취업자	6,126	3,408	1	9,532	1
기술고교 진학자	17,594	11,646	106	29,025	109
진학 후 취업자	133	313	0	445	1
취업자(진학자 제외)	21,639	8,913	7	30,511	34
실업자	7,523	6,004	82	13,190	255
사망, 실종	155	110	0	222	3

10 다음 중 남성 중학교 졸업자와 여성 중학교 졸업자의 고등학교 진학률은 각각 얼마인가?(단, 기술고교로의 진학률은 제외하고, 진학률은 소수점 둘째 자리에서 반올림한다)

　　　남성　　　여성
① 94.8%　　96.9%
② 94.8%　　94.9%
③ 95.9%　　96.9%
④ 95.9%　　94.9%
⑤ 96.8%　　96.9%

11 남성 중학교 졸업자 중 취업자는 몇 %인가?(단, 진학자는 제외하고, 소수점 둘째 자리에서 반올림한다)

① 1.6%　　　　　　　② 1.8%
③ 2.0%　　　　　　　④ 2.2%
⑤ 2.4%

※ 다음은 2021년 1 ~ 8월까지 유럽에서 판매된 자동차별 판매량 및 2020년 동기간에 대한 변동지수를 조사한 자료이다. 자료를 바탕으로 이어지는 질문에 답하시오. [12~13]

〈자동차별 판매량 및 변동지수〉

구분	판매량(대)	변동지수
A자동차	1,752,369	99.5
B자동차	1,474,173	96.6
C자동차	1,072,958	103.6
D자동차	1,001,763	100.3
E자동차	950,832	99.8
F자동차	723,575	103.0
G자동차	630,912	95.9
H자동차	459,063	109.0
I자동차	413,977	107.9
J자동차	292,675	120.6
K자동차	137,294	124.6
L자동차	130,932	111.1
합계	9,040,523	102.0

※ 2020년 1 ~ 8월의 변동지수 : 100
※ (2020년 1 ~ 8월의 자동차 판매량)=(2021년 1 ~ 8월의 자동차 판매량)÷(변동지수)×100

12 다음 중 2020년 1 ~ 8월 동안 판매된 F자동차는 몇 대인가?(단, 소수점 첫째 자리에서 버림한다)

① 702,000대   ② 702,500대
③ 703,000대   ④ 712,000대
⑤ 712,500대

13 다음 중 2020년 1 ~ 8월 동안 판매된 G자동차는 몇 대인가?(단, 소수점 첫째 자리에서 버림한다)

① 657,885대   ② 665,921대
③ 672,654대   ④ 681,345대
⑤ 692,750대

14 다음 자료는 2017~2020년 국내 기업의 남성육아휴직제 시행 현황에 관한 자료이다. 자료에 대한 설명으로 옳은 것은?

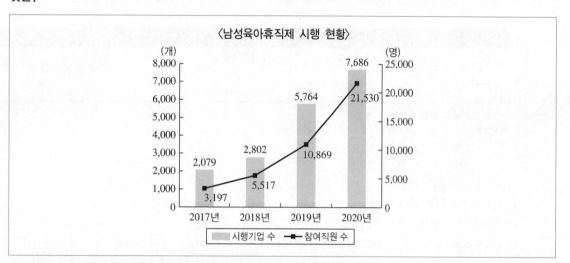

① 2020년 남성육아휴직제 참여직원 수는 2018년의 4배 이상이다.

② 시행기업 수 대비 참여직원 수가 가장 많은 해는 2018년이다.

③ 2020년 시행기업 수의 2018년 대비 증가율은 참여직원 수의 증가율보다 낮다.

④ 2017년부터 2020년까지 연간 참여직원 수 증가 인원의 평균은 5,000명 정도이다.

⑤ 2018년 이후 전년보다 참여직원 수가 가장 많이 증가한 해는 2020년이고, 시행기업 수가 가장 많이 증가한 해는 2018년이다.

15 H사원은 재직 중인 회사 부근의 거주지로 이사하려고 한다. 아파트와 빌라 총 세 곳의 월세와 거리를 조사한 H사원은 고정지출비용을 생각하여 거주지를 결정하려고 한다. 주어진 자료에 대한 설명으로 옳은 것은?

거주지	월세	거리(편도)
A빌라	280,000원	2.8km
B빌라	250,000원	2.1km
C아파트	300,000원	1.82km

※ 월 출근일 : 20일
※ 교통비 : 1km당 1,000원
※ (고정지출비용)=(월세)+(한 달 왕복 교통비)

① 월 예산이 40만 원일 때, 세 거주지의 고정지출비용은 모두 예산을 초과한다.
② B빌라에 거주할 경우 회사와 집만 왕복한다면, 고정지출비용은 한 달에 334,000원이다.
③ C아파트에서의 교통비가 가장 많이 지출된다.
④ C아파트에 거주한다면, A빌라에 거주했을 때보다 한 달 고정지출비용이 20,000원 적게 지출된다.
⑤ B빌라에서 두 달 거주할 경우의 고정지출비용이 A빌라와 C아파트에서의 한 달 고정지출비용을 각각 합한 비용보다 많다.

16 다음은 주요 온실가스의 연평균 농도 변화 추이를 나타낸 자료이다. 이에 대한 설명으로 옳지 않은 것은?

〈주요 온실가스 연평균 농도 변화 추이〉

구분	2014년	2015년	2016년	2017년	2018년	2019년	2020년
이산화탄소 농도(ppm)	387.2	388.7	389.9	391.4	392.5	394.5	395.7
오존전량(DU)	331	330	328	325	329	343	335

① 이산화탄소의 농도는 계속해서 증가하고 있다.
② 오존전량은 계속해서 증가하고 있다.
③ 2020년 오존전량은 2014년 대비 4DU 증가했다.
④ 2020년 이산화탄소의 농도는 2015년 대비 7ppm 증가했다.
⑤ 2020년 오존전량의 전년 대비 감소율은 2.5% 미만이다.

17 다음은 전년 동월 대비 특허 심사건수 증감 및 등록률 증감 추이를 나타낸 자료이다. 자료에 대한 〈보기〉의 설명 중 옳지 않은 것을 모두 고르면?

〈특허 심사건수 증감 및 등록률 증감 추이(전년 동월 대비)〉

(단위 : 건, %)

구분	2021년 1월	2021년 2월	2021년 3월	2021년 4월	2021년 5월	2021년 6월
심사건수 증감	125	100	130	145	190	325
등록률 증감	1.3	−1.2	−0.5	1.6	3.3	4.2

보기

ㄱ 전년 동월 대비 등록률은 2021년 3월에 가장 많이 낮아졌다.
ㄴ 2021년 6월의 심사건수는 325건이다.
ㄷ 2021년 5월의 등록률은 3.3%이다.
ㄹ 2020년 1월의 심사건수가 100건이라면, 2021년 1월의 심사건수는 225건이다.

① ㄱ
② ㄱ, ㄴ
③ ㄱ, ㄹ
④ ㄴ, ㄷ
⑤ ㄱ, ㄴ, ㄷ

18 다음은 K공사의 모집단위별 지원자 수 및 합격자 수를 나타낸 자료이다. 자료에 대한 설명 중 옳지 않은 것은?

〈모집단위별 지원자 수 및 합격자 수〉

(단위 : 명)

모집단위	남성		여성		합계	
	합격자 수	지원자 수	합격자 수	지원자 수	모집정원	지원자 수
A집단	512	825	89	108	601	933
B집단	353	560	17	25	370	585
C집단	138	417	131	375	269	792
합계	1,003	1,802	237	508	1,240	2,310

※ [경쟁률(%)]=$\dfrac{(지원자\ 수)}{(모집정원)} \times 100$

※ 경쟁률은 소수점 첫째 자리에서 반올림한다.

① 세 개의 모집단위 중 총 지원자 수가 가장 많은 집단은 A집단이다.
② 세 개의 모집단위 중 합격자 수가 가장 적은 집단은 C집단이다.
③ K공사의 남성 합격자 수는 여성 합격자 수의 5배 이상이다.
④ B집단의 경쟁률은 158%이다.
⑤ C집단에서는 남성의 경쟁률이 여성의 경쟁률보다 높다.

※ 다음 국내 입국 외국인의 국적 및 내국인의 해외 출국에 관한 자료이다. 자료를 참고하여 이어지는 질문에 답하시오.
[19~20]

<table>
<thead>
<tr><th rowspan="2">구분</th><th colspan="2">국내 입국 외국인의 국적</th><th colspan="2">내국인의 해외 출국</th></tr>
<tr><th>2021년 10월</th><th>2020년 10월</th><th>2021년 10월</th><th>2020년 10월</th></tr>
</thead>
<tbody>
<tr><td>총계</td><td>574,690</td><td>475,442</td><td>757,538</td><td>648,385</td></tr>
<tr><td>아시아</td><td>428,368</td><td>346,303</td><td>553,875</td><td>454,102</td></tr>
<tr><td>일본</td><td>256,813</td><td>179,212</td><td>122,777</td><td>126,283</td></tr>
<tr><td>중국</td><td>59,730</td><td>58,477</td><td>232,885</td><td>164,603</td></tr>
<tr><td>홍콩</td><td>11,337</td><td>12,276</td><td>28,068</td><td>20,576</td></tr>
<tr><td>대만</td><td>29,415</td><td>26,881</td><td>10,975</td><td>8,137</td></tr>
<tr><td>필리핀</td><td>19,098</td><td>19,148</td><td>30,789</td><td>28,554</td></tr>
<tr><td>태국</td><td>10,398</td><td>8,978</td><td>68,309</td><td>55,416</td></tr>
<tr><td>싱가포르</td><td>7,094</td><td>7,572</td><td>14,477</td><td>13,316</td></tr>
<tr><td>말레이시아</td><td>7,847</td><td>10,356</td><td>5,449</td><td>5,204</td></tr>
<tr><td>인도네시아</td><td>4,654</td><td>5,092</td><td>8,247</td><td>9,511</td></tr>
<tr><td>인도</td><td>5,344</td><td>4,489</td><td>2,257</td><td>1,499</td></tr>
<tr><td>기타국적</td><td>16,638</td><td>13,822</td><td>29,642</td><td>21,003</td></tr>
<tr><td>오세아니아</td><td>7,149</td><td>6,066</td><td>31,347</td><td>28,165</td></tr>
<tr><td>호주</td><td>5,345</td><td>4,610</td><td>14,740</td><td>15,902</td></tr>
<tr><td>뉴질랜드</td><td>1,445</td><td>1,137</td><td>7,169</td><td>5,865</td></tr>
<tr><td>기타국적</td><td>359</td><td>319</td><td>9,438</td><td>6,398</td></tr>
<tr><td>북아메리카</td><td>59,133</td><td>50,285</td><td>52,372</td><td>54,973</td></tr>
<tr><td>미국</td><td>49,225</td><td>42,159</td><td>42,392</td><td>45,332</td></tr>
<tr><td>캐나다</td><td>7,404</td><td>6,253</td><td>8,620</td><td>8,383</td></tr>
<tr><td>기타국적</td><td>2,504</td><td>1,873</td><td>1,360</td><td>1,258</td></tr>
<tr><td>유럽</td><td>49,320</td><td>43,376</td><td>46,460</td><td>42,160</td></tr>
<tr><td>아프리카</td><td>1,738</td><td>2,142</td><td>1,831</td><td>1,830</td></tr>
<tr><td>교포, 승무원 등</td><td>28,982</td><td>27,270</td><td>71,653</td><td>67,155</td></tr>
</tbody>
</table>

〈국내 입국 외국인의 국적 및 내국인의 해외 출국〉

(단위 : 명)

19 2021년 국내 입국 아시아 국적 외국인의 2020년 대비 인원 비율과 2021년 국내 입국 미국 국적 외국인의 2020년 대비 인원 비율의 차는?(단, 소수점 셋째 자리에서 반올림한다)

① 6.94%p   ② 6.95%p

③ 6.96%p   ④ 6.97%p

⑤ 6.98%p

20 아시아, 오세아니아, 북아메리카, 유럽, 아프리카 중 2021년 내국인의 2020년 대비 해외 출국 증가율이 가장 큰 대륙에서 2021년에 내국인이 가장 많이 방문한 국가 또는 대륙으로 옳은 것은?(단, 증가율은 소수점 둘째 자리에서 반올림한다)

① 중국   ② 호주
③ 미국   ④ 유럽
⑤ 아프리카

21 다음은 디지털 콘텐츠 제작 분야의 영역별 매출 현황에 대한 자료이다. 이에 대한 설명 중 옳지 않은 것은?

<디지털 콘텐츠 제작 분야의 영역별 매출 현황>

(단위 : 억 원, %)

구분	정보	출판	영상	음악	캐릭터	애니메이션	게임	기타	합계
2020년	206 (10.8)	130 (6.8)	99 (5.2)	91 (4.8)	55 (2.9)	240 (12.6)	1,069 (56.2)	13 (0.7)	1,903 (100.0)
2021년	331 (13.0)	193 (7.6)	244 (9.6)	117 (4.6)	86 (3.4)	247 (9.7)	1,308 (51.4)	18 (0.7)	2,544 (100.0)

※ (   )는 총 매출액에 대한 비율

① 2021년 총 매출액은 2020년 총 매출액보다 641억 원 더 많다.
② 2020년과 2021년 총 매출액에 대한 비율의 차이가 가장 적은 것은 음악 영역이다.
③ 애니메이션 영역과 게임 영역의 매출액 비중은 전년 대비 2021년에 감소하였다.
④ 2020년과 2021년 모두 매출액에서 게임 영역이 차지하는 비율은 50% 이상이다.
⑤ 모든 분야의 2021년 매출액은 각각 전년 대비 증가하였다.

22 다음은 20 ~ 24세의 사망원인별 생명표 자료이다. 자료에 대한 〈보기〉의 설명 중 옳은 것을 모두 고르면?

〈20 ~ 24세 사망원인별 생명표〉

(단위 : %, 년)

사망원인	시 · 도	전체		남성		여성	
		사망 확률	증가기대여명	사망 확률	증가기대여명	사망 확률	증가기대여명
악성 신생물	서울	21.54	3.74	27.39	4.79	16.69	2.75
	부산	21.49	3.82	27.96	4.94	16.27	2.76
	대구	21.80	3.77	27.45	4.85	17.18	2.76
	인천	20.80	3.77	27.20	4.80	15.45	2.72
	광주	21.08	3.76	26.60	4.73	16.68	2.86
	대전	20.24	3.57	24.89	4.53	16.37	2.71
	경기	20.88	3.69	26.67	4.70	16.07	2.75
	강원	21.07	3.96	26.76	5.01	15.97	2.85
	제주	22.20	3.99	26.89	5.06	18.04	2.81
순환계통 질환	서울	22.45	2.88	20.34	2.96	24.07	2.71
	부산	26.47	3.41	22.09	3.30	29.74	3.35
	대구	26.65	3.42	23.08	3.41	29.43	3.31
	인천	24.61	3.18	21.64	3.09	26.94	3.08
	광주	22.59	2.78	18.26	2.64	25.54	2.74
	대전	23.18	2.85	19.89	2.81	25.59	2.80
	경기	24.33	3.07	20.89	2.97	26.96	3.02
	강원	24.58	3.22	20.28	2.92	28.28	3.35
	제주	20.61	2.56	17.30	2.53	22.93	2.43
외부적 요인	서울	5.68	1.25	6.79	1.71	4.58	0.77
	부산	4.83	1.30	6.46	1.82	3.36	0.78
	대구	4.95	1.29	6.51	1.81	3.52	0.76
	인천	5.13	1.30	6.77	1.79	3.61	0.78
	광주	5.32	1.42	7.37	1.99	3.59	0.85
	대전	5.78	1.36	6.49	1.75	4.93	0.91
	경기	6.06	1.36	7.73	1.86	4.56	0.86
	강원	7.20	1.74	9.18	2.44	5.29	0.98
	제주	7.34	1.73	8.84	2.32	6.05	1.09

※ 각 시 · 도별 전체 사망자 수는 남자와 여자 각각의 전체 사망자 수의 합이다.

보기

ㄱ. 악성 신생물로 인한 사망 확률은 남성과 여성의 경우 모두 부산이 가장 높다.

ㄴ. 대구의 경우, 순환계통 질환으로 인한 사망 확률에 대한 조사대상 중 여성 수가 남성 수보다 많다.

ㄷ. 외부적 요인으로 인한 전체 사망 확률이 높은 지역 순위는 순환계통 질환으로 인한 전체 사망 확률이 높은 지역 순위와 동일하다.

ㄹ. 인천의 외부적 요인으로 인한 증가기대여명은 남성이 여성의 1.5배 이상이다.

① ㄱ, ㄴ   ② ㄱ, ㄷ

③ ㄴ, ㄷ   ④ ㄴ, ㄹ

⑤ ㄷ, ㄹ

23 다음은 국가별 연도별 이산화탄소 배출량에 관한 자료이다. 〈조건〉에 따라 ㉠ ~ ㉣에 해당하는 국가를 순서대로 나열한 것은?

<국가별 연도별 이산화탄소 배출량>

(단위 : 백만 CO_2톤)

구분	1990년	2000년	2010년	2018년	2019년
일본	1,041	1,141	1,112	1,230	1,189
미국	4,803	5,642	5,347	5,103	5,176
㉠	232	432	551	572	568
㉡	171	312	498	535	556
㉢	151	235	419	471	507
독일	940	812	759	764	723
인도	530	890	1,594	1,853	2,020
㉣	420	516	526	550	555
중국	2,076	3,086	7,707	8,980	9,087
러시아	2,163	1,474	1,529	1,535	1,468

조건

• 한국과 캐나다는 5개 연도의 이산화탄소 배출량 순위에서 8위를 두 번 했다.
• 사우디의 2019년 이산화탄소 배출량의 2018년 대비 증가율은 5% 이상이다.
• 이란과 한국의 이산화탄소 배출량의 합은 2010년부터 이란과 캐나다의 배출량의 합보다 많아진다.

	㉠	㉡	㉢	㉣
①	캐나다	이란	사우디	한국
②	한국	사우디	이란	캐나다
③	한국	이란	캐나다	사우디
④	이란	한국	사우디	캐나다
⑤	한국	이란	사우디	캐나다

24 다음은 2020년 10 ~ 12월 산업분류별 상용 근로일 수, 임시 일용근로일 수 및 월 근로시간(평균) 현황에 대한 자료이다. 자료에 대한 〈보기〉의 설명으로 옳은 것을 모두 고르면?

〈산업분류별 상용 근로일 수, 임시 일용근로일 수 및 월 근로시간 현황〉

(단위 : 일, 시간)

구분	2020년 10월			2020년 11월			2020년 12월		
	상용 근로일 수	임시 일용 근로일 수	월 근로시간	상용 근로일 수	임시 일용 근로일 수	월 근로시간	상용 근로일 수	임시 일용 근로일 수	월 근로시간
전체	20.6	13.6	163.3	20.7	13.7	164.2	20.7	13.6	163.9
광업	21.8	10.8	175.5	21.9	10.8	176.6	21.9	10.7	176.6
제조업	20.6	14.8	176.3	20.8	14.9	177.4	20.7	14.8	177.1
전기, 가스, 증기 및 수도 사업	19.0	17.5	160.6	19.2	17.6	162.1	19.2	17.6	162.1
하수·폐기물처리, 원료재생 및 환경복원업	21.7	13.5	177.0	21.8	13.2	177.9	21.8	13.2	177.8
건설업	20.5	12.9	138.0	20.7	12.9	138.7	20.6	12.9	138.5
도매 및 소매업	20.9	13.4	164.4	21.1	13.5	165.4	21.0	13.5	165.2
운수업	21.0	18.2	166.1	21.1	18.2	166.8	21.1	18.3	166.5
숙박 및 요식업	23.0	13.9	159.3	23.1	13.9	159.7	23.1	13.8	159.7
출판, 영상, 방송통신 및 정보서비스업	19.8	16.1	160.7	19.9	16.2	162.0	19.9	16.2	161.6
금융 및 보험업	19.6	19.3	160.2	19.7	19.3	161.3	19.6	19.2	160.9
부동산 및 임대업	19.4	17.0	178.4	19.5	17.0	179.1	19.5	16.9	178.9
전문, 과학 및 기술서비스업	19.8	16.5	159.6	19.9	16.7	160.8	19.9	16.6	160.4
사업시설관리 및 사업지원 서비스업	20.2	13.5	162.6	20.3	13.5	163.4	20.3	13.5	163.2
교육 서비스업	19.8	11.5	142.0	20.0	11.4	142.8	20.0	11.2	142.3
보건업 및 사회복지 서비스업	20.7	17.3	161.8	20.8	17.5	162.7	20.8	17.4	162.5
예술, 스포츠 및 여가관련서비스업	20.5	15.3	157.2	20.6	15.3	157.9	20.5	15.3	157.7
협회 및 단체, 수리 및 기타개인서비스업	21.5	11.7	161.3	21.6	11.6	162.1	21.6	11.6	162.0

보기

ㄱ. 2020년 10월부터 2020년 12월까지 전체 월 근로시간은 매월 증가하였다.

ㄴ. 2020년 11월 건설업의 상용 근로일 수는 광업의 상용 근로일 수의 80% 이상이다.

ㄷ. 2020년 10월에 임시 일용근로일 수가 가장 높은 산업은 2020년 12월에 10월 대비 임시 일용근로일 수가 증가 하였다.

ㄹ. 월 근로시간이 가장 높은 산업은 2020년 11월과 2020년 12월에 동일하다.

① ㄱ, ㄴ   ② ㄱ, ㄷ

③ ㄴ, ㄷ   ④ ㄴ, ㄹ

⑤ ㄷ, ㄹ

25 다음은 전국 폐기물 발생 현황 자료이다. 자료를 참고하여 ㉠, ㉡에 들어갈 수로 옳은 것은?(단, 소수점 둘째 자리에서 반올림한다)

<전국 폐기물 발생 현황>

구분		2015년	2016년	2017년	2018년	2019년	2020년
총계	발생량	359,296	357,861	365,154	373,312	382,009	382,081
	증감율	6.6	−0.4	2.0	2.2	2.3	0.02
의료 폐기물	발생량	52,072	50,906	49,159	48,934	48,990	48,728
	증감율	3.4	−2.2	−3.4	㉠	0.1	−0.5
사업장 배출시설계 폐기물	발생량	130,777	123,604	137,875	137,961	146,390	149,815
	증감율	13.9	㉡	11.5	0.1	6.1	2.3
건설 폐기물	발생량	176,447	183,351	178,120	186,417	186,629	183,538
	증감율	2.6	3.9	−2.9	4.7	0.1	−1.7

	㉠	㉡		㉠	㉡
①	−0.5%	−5.5%	②	−0.5%	−4.5%
③	−0.6%	−5.5%	④	−0.6%	−4.5%
⑤	−0.7%	−5.5%			

문제해결능력

문제해결능력은 업무를 수행하면서 여러 가지 문제 상황이 발생하였을 때, 창의적이고 논리적인 사고를 통하여 이를 올바르게 인식하고 적절히 해결하는 능력을 말한다. 하위능력으로는 사고력과 문제처리능력이 있다.

문제해결능력은 NCS기반 채용을 진행하는 대다수의 공사·공단에서 채택하고 있으며, 문항 수는 평균 24% 정도로 상당히 많이 출제되고 있다. 하지만 많은 수험생들은 더 많이 출제되는 다른 영역에 몰입하고 문제해결능력은 집중하지 않는 실수를 하고 있다. 다른 영역보다 더 많은 노력이 필요할 수는 있지만 그렇기에 차별화를 할 수 있는 득점 영역이므로 포기하지 말고 꾸준하게 노력해야 한다.

01 질문의 의도를 정확하게 파악하라!

문제해결능력은 문제에서 무엇을 묻고 있는지 정확하게 파악하여 먼저 풀이 방향을 설정하는 것이 가장 효율적인 방법이다. 특히, 조건이 주어지고 답을 찾는 창의적·분석적인 문제가 주로 출제되고 있기 때문에 처음에 정확한 풀이 방향이 설정되지 않는다면 시간만 허비하고 결국 문제도 풀지 못하게 되므로 첫 번째로 출제의도 파악에 집중해야 한다.

02 중요한 정보는 반드시 표시하라!

위에서 말한 정확한 문제의도를 파악하기 위해서는 문제에서 중요한 정보는 반드시 표시나 메모를 하여 하나의 조건, 단서도 잊고 넘어가는 일이 없도록 해야 한다. 실제 시험에서는 시간의 압박과 긴장감으로 정보를 잘못 적용하거나 잊고 지나쳐 틀리는 실수가 많이 발생하므로 사전에 충분한 연습이 필요하다. 가령 명제 문제의 경우 주어진 명제와 그 명제의 대우를 본인이 한눈에 파악할 수 있도록 기호화, 도식화 하여 메모하면 흐름을 이해하기가 더 수월하다. 이를 통해 자신만의 풀이 순서와 방향, 기준 또한 생길 것이다.

03 반복 풀이를 통해 취약 유형을 파악하라!

길지 않은 한정된 시간 동안 모든 문제를 다 푸는 것은 조금은 어려울 수도 있다. 따라서 고득점을 할 수 있는 효율적인 문제 풀이 방법을 찾아야 한다. 이때, 반복적인 문제 풀이를 통해 자신이 취약한 유형을 파악하는 것이 중요하다. 취약 유형 파악은 종료 시간이 임박했을 때 빛을 발할 것이다. 풀 수 있는 문제부터 빠르게 풀고 취약한 유형은 나중에 푸는 효율적인 문제 풀이를 통해 최대한의 고득점을 하는 것이 중요하다. 본인의 취약 유형을 파악하기 위해서는 많은 문제를 풀어 봐야 한다.

04 타고나는 것이 아니므로 열심히 노력하라!

대부분의 수험생들이 문제해결능력은 공부해도 실력이 늘지 않는 영역이라고 생각한다. 하지만 그렇지 않다. 문제해결능력이야말로 노력을 통해 충분히 고득점이 가능한 영역이다. 정확한 질문 의도 파악, 취약한 유형의 반복적인 풀이, 빈출유형 파악 등의 방법으로 충분히 실력을 향상시킬 수 있다. 자신감을 갖고 공부하기 바란다.

┌연속출제┐

다음 명제가 모두 참일 때, 반드시 참인 명제는?

- 도보로 걷는 사람은 자가용을 타지 않는다.
  p $\sim q$
- 자전거를 타는 사람은 자가용을 탄다.
  r q
- 자전거를 타지 않는 사람은 버스를 탄다.
  $\sim r$ s

① 자가용을 타는 사람은 도보로 걷는다. $q \rightarrow p$

② 버스를 타지 않는 사람은 자전거를 타지 않는다. $\sim s \rightarrow \sim r$

③ 버스를 타는 사람은 도보로 걷는다. $s \rightarrow p$

④ 도보로 걷는 사람은 버스를 탄다. $p \rightarrow s$

풀이순서

1) 질문의도
   : 명제추리

2) 문장분석
   : 기호화

3) 정답도출

📑 **유형** 분석
- 주어진 문장을 토대로 논리적으로 추론하여 참 또는 거짓을 구분하는 문제이다.
- 대체로 연역추론을 활용한 명제 문제가 출제되고 있다.

응용문제 : 자료를 제시하고 새로운 결과나 자료에 주어지지 않은 내용을 추론해 가는 형식의 문제가 출제된다.

📑 **풀이** 전략
각 문장에 있는 핵심단어 또는 문구를 기호화하여 정리한 뒤, 선택지와 비교하여 참 또는 거짓을 판단한다.

┌연속출제┐

다음은 2019년 상반기 노동시장의 특징 및 주요 요인에 대한 자료이다. 다음 〈보기〉 중 자료에 대한 설명으로 옳지 않은 것을 모두 고른 것은?

풀이순서

1) 질문의도
   : 요인 → 주요 특징
   ⇒ 피라미드 기법

2) 사고법 적용

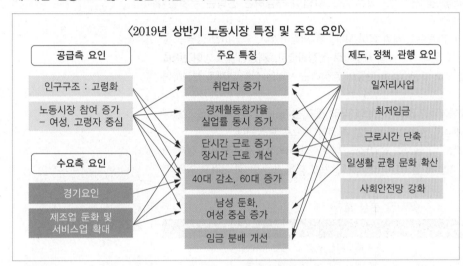

〈2019년 상반기 노동시장 특징 및 주요 요인〉

공급측 요인	주요 특징	제도, 정책, 관행 요인
인구구조 : 고령화	취업자 증가	일자리사업
노동시장 참여 증가 – 여성, 고령자 중심	경제활동참가율 실업률 동시 증가	최저임금
	단시간 근로 증가 장시간 근로 개선	근로시간 단축
수요측 요인	40대 감소, 60대 증가	일생활 균형 문화 확산
경기요인	남성 둔화, 여성 중심 증가	사회안전망 강화
제조업 둔화 및 서비스업 확대	임금 분배 개선	

보기

ㄱ. 정부의 일자리사업으로 60대 노동자가 증가하였다.
ㄴ. 제조업이 둔화함에 따라 남성 중심의 노동시장이 둔화하고 있다.
ㄷ. 정부의 최저임금 정책으로 단시간 근로자 수가 증가하였다.
ㄹ. 여성의 노동시장 참여가 늘어나면서 전체 취업자 수가 증가하였다.
ㅁ. 인구 고령화가 심화됨에 따라 경제활동참가율과 실업률이 동시에 증가하고 있다.

① ㄱ, ㄴ
② ㄱ, ㄷ
③ ㄴ, ㄹ
④ ㄴ, ㅁ
⑤ ㄷ, ㅁ

3) 정답도출

유형 분석
• 문제해결에 필요한 사고력을 평가하기 위한 문제이다.
• 주로 피라미드 구조 기법, 5Why 기법, So What 기법 등을 활용한 문제들이 출제되고 있다.

풀이 전략
질문을 읽고 문제를 해결하기 위해 필요한 사고법을 선별한 뒤 적용하여 풀어 나간다.
• 피라미드 구조 기법 : 하위의 사실이나 현상으로부터 상위의 주장을 만들어 나가는 방법
• 5Why 기법 : 주어진 문제에 대해서 계속하여 이유를 물어 가장 근본이 되는 원인을 찾는 방법
• So What 기법 : '그래서 무엇이지?'라고 자문자답하며 눈앞에 있는 정보로부터 의미를 찾아내어 가치 있는 정보를 이끌어 내는 방법

┌연속출제┐

다음은 K공사가 추진 중인 '그린수소' 사업에 관한 보도 자료와 K공사에 대한 SWOT 분석 결과이다. SWOT 분석 결과를 참고할 때, '그린수소' 사업이 해당하는 전략은 무엇인가?

> K공사는 전라남도, 나주시와 '그린수소 사업 협력 MOU'를 체결하였다. 지난 5월 정부는 탄소 배출 없는 그린수소 생산을 위해 K공사를 사업자로 선정하였고, 재생에너지 잉여전력을 활용한 수전해(P2G) 기술을 통해 그린수소를 만들어 저장하는 사업을 정부 과제로 선정하여 추진하기로 하였다.
> 그린수소 사업은 정부의 '재생에너지 3020 계획'에 따라 계속 증가하는 재생에너지를 활용해 수소를 생산함으로써 재생에너지 잉여전력 문제를 해결할 것으로 예상된다.
> MOU 체결식에서 K공사 사장은 "K공사는 전라남도, 나주시와 지속적으로 협력하여 정부 에너지전환 정책에 부응하고, 사업에 필요한 기술개발을 위해 더욱 노력할 것"이라고 밝혔다.

〈SWOT 분석 결과〉

강점(Strength)	약점(Weakness)
• 적극적인 기술개발 의지 • 차별화된 환경기술 보유	• 해외시장 진출에 대한 두려움 • 경험 많은 기술 인력의 부족
기회(Opportunity)	위협(Threat)
• 발전설비를 동반한 환경설비 수출 유리 • 세계 전력 시장의 지속적 성장	• 재생에너지의 잉여전력 증가 • 친환경 기술 경쟁 심화

① SO전략
② ST전략
③ WO전략
④ WT전략
⑤ OT전략

풀이순서

1) 질문의도
   : SWOT 분석

2) 결과분석

3) 정답도출

📋 **유형 분석** • 상황에 대한 환경 분석 결과를 통해 주요 과제를 도출하는 문제이다.
• 주로 3C 분석 또는 SWOT 분석을 활용한 문제들이 출제되고 있으므로 해당 분석도구에 대한 사전 학습이 요구된다.

📋 **풀이 전략** 문제에서 제시된 분석도구가 무엇인지 확인한 후, 분석 결과를 종합적으로 판단하여 각 선택지의 전략 과제와 일치하는지를 판단한다.

┌연속출제┐

K씨는 인터넷뱅킹 사이트에 가입하기 위해 가입절차에 따라 정보를 입력하는데 그중 패스워드 만드는 과정이 까다로워 계속 실패 중이다. 사이트 가입 시 패스워드 〈조건〉이 다음과 같을 때, 〈조건〉에 부합하는 패스워드는 무엇인가?

조건

- 패스워드는 7자리이다. ❺
- 영어 대문자와 소문자, 숫자, 특수기호를 적어도 하나씩 포함해야 한다. ❹ · ❺
- 숫자 0은 다른 숫자와 연속해서 나열할 수 없다. ❶
- 영어 대문자는 다른 영어 대문자와 연속해서 나열할 수 없다. ❶ · ❺
- 특수기호를 첫 번째로 사용할 수 없다. ❸

① a?102CB
② 7¦z0bT4
③ #38Yup0
④ ssng99&
⑤ 6LI◇23

풀이순서

1) 질문의도
   : 패스워드 조합

2) 조건확인

3) 정답도출

정답 및 해설 p.88

01 다음은 제품별 핸드크림 성능에 대한 자료이다. 자료와 〈보기〉를 참고하여 민주, 호성, 유진의 선호 기준에 따라 이들이 선택할 제품을 올바르게 짝지은 것은?

〈제품별 핸드크림 성능〉

제품 \ 항목	가격 (원/개)	용량 (mL/개)	발림성	보습력	향
반짝이	63,000	75	★★★	★★★★	★★★
섬섬옥수	40,000	85	★★	★★★	★★
수분톡톡	8,900	80	★★★	★★★★	★★★
보드란	6,900	30	★★	★★★	★
솜구름	30,000	120	★★★	★★	★★★

※ 제품의 크기는 용량에 비례하고, ★이 많을수록 해당 항목이 우수하다.

보기

민주 : 난 손이 워낙 건조해서 무엇보다 보습력이 뛰어난 제품이 필요해. 그 다음으로는 산뜻하게 잘 발리는 제품이 좋아! 나머지는 아무래도 상관없어.

호성 : 난 발림성, 보습력, 향 모두 우수할수록 좋아. 그 다음으로는 제품가격이 낮으면 좋겠지!

유진 : 무조건 향이 좋아야지! 손을 움직일 때마다 풍기는 향이 사람의 기분을 얼마나 좋게 만드는지 알아? 향이 좋은 것 중에서는 부드럽게 잘 발리는 게 좋아! 그 다음으로는 가방에 넣어 다니려면 제품 크기가 작은 게 좋겠어.

	민주	호성	유진
①	수분톡톡	보드란	수분톡톡
②	수분톡톡	솜구름	반짝이
③	수분톡톡	수분톡톡	반짝이
④	수분톡톡	수분톡톡	보드란
⑤	수분톡톡	보드란	수분톡톡

다음 글을 근거로 판단할 때, 화장 단계 중 7개만을 선택하였을 경우 A의 최대 매력 지수는?

- 아침마다 화장을 하고 출근하는 A의 목표는 매력 지수의 합을 최대한 높이는 것이다.
- 화장 단계별 매력 지수와 소요 시간은 아래의 표와 같다.
- 20분 만에 화장을 하면 지각하지 않고 정시에 출근할 수 있다.
- 회사에 1분 지각할 때마다 매력 지수가 4점씩 깎인다.
- 화장은 반드시 '로션 바르기 → 수분크림 바르기 → 썬크림 바르기 → 피부화장 하기' 순서로 해야 하며, 이 4개의 단계는 생략할 수 없다.
- 피부화장을 한 후에 눈썹 그리기, 눈화장 하기, 립스틱 바르기, 속눈썹 붙이기를 할 수 있으며, 이 중에서는 어떤 것을 선택해도 상관없다.
- 화장 단계는 반복하지 않으며, 2개 이상의 화장 단계는 동시에 할 수 없다.

화장 단계	매력 지수(점)	소요 시간(분)
로션 바르기	2	1
수분크림 바르기	2	1
썬크림 바르기	6	1.5
피부화장 하기	20	7
눈썹 그리기	12	3
눈화장 하기	25	10
립스틱 바르기	10	0.5
속눈썹 붙이기	60	15

① 53점
② 61점
③ 76점
④ 129점
⑤ 137점

03 안전본부 사고분석 개선처에 근무하는 B대리는 혁신 우수연구 대회에 출전하여 첨단장비를 활용한 차종별 보행자 사고 모형개발 자료를 발표했다. 이후 연구 추진방향을 도출하기 위해 SWOT 분석을 한 결과가 다음과 같을 때, 분석 결과에 대응하는 전략과 그 내용이 올바르지 않게 짝지어진 것은?

강점(Strength)	약점(Weakness)
10년 이상 지속적인 교육과 연구로 신기술 개발을 위한 인프라 구축	보행자사고 모형개발을 위한 예산 및 실차 실험을 위한 연구소 부재
기회(Opportunity)	위협(Threat)
첨단 과학장비(3D스캐너, MADYMO) 도입으로 정밀 시뮬레이션 분석 가능	교통사고에 대한 국민의 관심과 분석수준 향상으로 공단의 사고 분석 질적 제고 필요

① SO전략 : 과학장비를 통한 정밀 시뮬레이션 분석을 토대로 국내 차량의 전면부 형상을 취득하고 보행자사고를 분석해 신기술 개발에 도움
② WO전략 : 실차 실험 대신 과학장비를 통한 시뮬레이션 연구로 모형개발
③ ST전략 : 지속적 교육과 연구로 쌓아온 데이터를 바탕으로 사고분석 프로그램 신기술 개발을 통해 사고분석 질적 향상에 기여
④ WT전략 : 신기술 개발을 위한 연구대회를 개최해 인프라를 더욱 탄탄히 구축
⑤ WT전략 : 보행자사고 실험을 위한 연구소를 만들어 사고 분석 데이터 축적

04 다음 글을 근거로 판단할 때, 방에 출입한 사람의 순서는?

방에는 1부터 6까지의 번호가 각각 적힌 6개의 전구가 다음과 같이 놓여 있다.

전구 번호	1	2	3	4	5	6
상태	켜짐	켜짐	켜짐	꺼짐	꺼짐	꺼짐

왼쪽 ← → 오른쪽

A∼C가 각각 한 번씩 홀로 방에 들어가 자신이 정한 규칙에 의해서만 전구를 켜거나 끄고 나왔다.
• A는 번호가 3의 배수인 전구가 켜진 상태라면 그 전구를 끄고, 꺼진 상태라면 그대로 둔다.
• B는 번호가 2의 배수인 전구가 켜진 상태라면 그 전구를 끄고, 꺼진 상태라면 그 전구를 켠다.
• C는 3번 전구는 그대로 두고, 3번 전구를 기준으로 왼쪽과 오른쪽 중 켜진 전구의 개수가 많은 쪽의 전구를 전부 끈다. 다만, 켜진 전구의 개수가 같다면 양쪽에 켜진 전구를 모두 끈다.
• 마지막 사람이 방에서 나왔을 때, 방의 전구는 모두 꺼져 있었다.

① A − B − C
② A − C − B
③ B − A − C
④ B − C − A
⑤ C − B − A

05 다음 글과 자기소개를 근거로 판단할 때, 대학생, 성별, 학과, 가면을 올바르게 짝지은 것은?

대학생 5명(A ~ E)이 모여 주말에 가면파티를 하기로 했다.
• 남학생이 3명이고 여학생이 2명이다.
• 5명은 각각 행정학과, 경제학과, 식품영양학과, 정치외교학과, 전자공학과 재학생이다.
• 5명은 각각 늑대인간, 유령, 처녀귀신, 좀비, 드라큘라 가면을 쓸 것이다.
• 본인의 성별, 학과, 가면에 대해 한 명은 모두 거짓만을 말하고 있고 나머지는 모두 진실만을 말하고 있다.

A : 식품영양학과와 경제학과에 다니지 않는 남학생인데 드라큘라 가면을 안 쓸 거야.
B : 행정학과에 다니는 남학생인데 늑대인간 가면을 쓸 거야.
C : 식품영양학과에 다니는 남학생인데 처녀귀신 가면을 쓸 거야.
D : 정치외교학과에 다니는 여학생인데 좀비 가면을 쓸 거야.
E : 전자공학과에 다니는 남학생인데 드라큘라 가면을 쓸 거야.

	대학생	성별	학과	가면
①	A	여자	행정학과	늑대인간
②	B	여자	경제학과	유령
③	C	남자	식품영양학과	좀비
④	D	여자	정치외교학과	드라큘라
⑤	E	남자	전자공학과	처녀귀신

06 다음 글을 근거로 판단할 때, B구역 청소를 하는 요일로 옳은 것은?

甲레스토랑은 매주 1회 휴업일(수요일)을 제외하고 매일 영업한다. 甲레스토랑의 청소시간은 영업일 저녁 9시부터 10시까지이다. 이 시간에 A구역, B구역, C구역 중 하나를 청소한다. 청소의 효율성을 위하여 청소를 한 구역은 바로 다음 영업일에는 하지 않는다. 각 구역은 매주 다음과 같이 청소한다.
• A구역 청소는 일주일에 1회 한다.
• B구역 청소는 일주일에 2회 하되, B구역 청소를 한 후 영업일과 휴업일을 가리지 않고 이틀간은 B구역 청소를 하지 않는다.
• C구역 청소는 일주일에 3회 하되, 그중 1회는 일요일에 한다.

① 월요일, 목요일　　　　　　② 월요일, 금요일
③ 월요일, 토요일　　　　　　④ 화요일, 금요일
⑤ 화요일, 토요일

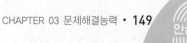

07 다음 세 진술이 모두 거짓일 때, A ~ D유물 중 전시되는 유물의 개수로 옳은 것은?

- A와 B 가운데 어느 하나만 전시되거나, 둘 중 어느 것도 전시되지 않는다.
- B와 C 중 적어도 하나가 전시되면, D도 전시된다.
- C와 D 어느 것도 전시되지 않는다.

① 0개   ② 1개
③ 2개   ④ 3개
⑤ 4개

08 K공사 재무팀 직원들은 회의를 위해 회의실에 모였다. 회의실의 테이블은 원형이고, 다음 〈조건〉에 따라 자리배치를 하려고 할 때, 김 팀장을 기준으로 시계방향으로 앉은 사람을 순서대로 나열한 것은?

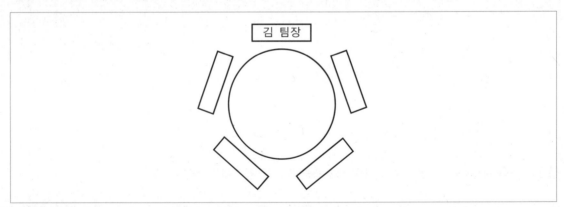

조건
- 정 차장과 오 과장은 서로 사이가 좋지 않아서 나란히 앉지 않는다.
- 김 팀장은 정 차장이 바로 오른쪽에 앉기를 바란다.
- 한 대리는 오른쪽 귀가 좋지 않아서 양 사원이 왼쪽에 앉기를 바란다.

① 정 차장 – 양 사원 – 한 대리 – 오 과장
② 한 대리 – 오 과장 – 정 차장 – 양 사원
③ 양 사원 – 정 차장 – 오 과장 – 한 대리
④ 오 과장 – 양 사원 – 한 대리 – 정 차장
⑤ 오 과장 – 한 대리 – 양 사원 – 정 차장

09 갑은 키보드를 이용해 숫자를 계산하는 과정에서 키보드의 숫자 배열을 휴대폰의 숫자 배열로 착각하고 숫자를 입력하였다. 휴대폰과 키보드의 숫자 배열이 다음과 같다고 할 때, 〈보기〉에서 옳은 설명을 모두 고르면?

〈휴대폰의 숫자 배열〉

1	2	3
4	5	6
7	8	9
@	0	#

〈키보드의 숫자 배열〉

7	8	9
4	5	6
1	2	3
	0	.

보기

ㄱ. '46×5'의 계산 결과는 올바르게 산출되었다.
ㄴ. '789+123'의 계산 결과는 올바르게 산출되었다.
ㄷ. '159+753'의 계산 결과는 올바르게 산출되었다.
ㄹ. '753+951'의 계산 결과는 올바르게 산출되었다.
ㅁ. '789−123'의 계산 결과는 올바르게 산출되었다.

① ㄱ, ㄴ, ㄷ   ② ㄱ, ㄴ, ㄹ
③ ㄱ, ㄷ, ㅁ   ④ ㄴ, ㄷ, ㄹ
⑤ ㄴ, ㄹ, ㅁ

10 전제가 참일 때 결론이 반드시 참인 논증을 펼친 사람만을 모두 고르면?

영희 : 갑이 A부처에 발령을 받으면, 을은 B부처에 발령을 받아. 그런데 을이 B부처에 발령을 받지 않았어. 그러므로 갑은 A부처에 발령을 받지 않았어.
철수 : 갑이 A부처에 발령을 받으면, 을도 A부처에 발령을 받아. 그런데 을이 B부처가 아닌 A부처에 발령을 받았어. 따라서 갑은 A부처에 발령을 받았어.
현주 : 갑이 A부처에 발령을 받지 않거나, 을과 병이 C부처에 발령을 받아. 그런데 갑이 A부처에 발령을 받았어. 그러므로 을과 병 모두 C부처에 발령을 받았어.

① 영희   ② 철수
③ 영희, 철수   ④ 영희, 현주
⑤ 철수, 현주

11 다음 글을 근거로 판단할 때, 〈보기〉의 빈칸에 들어가는 것을 올바르게 짝지은 것은?

A국에서는 1 ~ 49까지 숫자를 셀 때 다음과 같은 명칭과 규칙을 사용한다. 1 ~ 5는 아래와 같이 표현한다.

1 → tai
2 → lua
3 → tolu
4 → vari
5 → luna

- 6에서 9까지의 수는 위 명칭에 '새로운'이라는 뜻을 가진 'o'를 앞에 붙여 쓰는데, 6은 otai(새로운 하나), 7은 olua(새로운 둘), 8은 otolu(새로운 셋), …로 표현한다.
- 10은 5가 두 개 더해진 것이므로 '두 개의 다섯'이란 뜻에서 lualuna(2×5), 15는 '세 개의 다섯'이란 뜻에서 toluluna(3×5), 20은 variluna(4×5), …로 표현한다. 즉, 5를 포함하는 두 개 숫자의 곱이다.
- 11부터는 '더하기'라는 뜻을 가진 'i'를 중간에 넣고, 그 다음에 1 ~ 4 사이의 숫자 하나를 순서대로 넣어서 표현한다. 따라서 11은 lualuna i tai($2\times5+1$), 12는 lualuna i lua($2\times5+2$), …, 16은 toluluna i tai($3\times5+1$), 17은 toluluna i lua($3\times5+2$), …로 표현한다.

보기

ㄱ. 30은 (　　　)로 표현한다.
ㄴ. ovariluna i tolu는 숫자 (　　　)이다.

	ㄱ	ㄴ
①	otailuna	48
②	otailuna	23
③	lualualuna	48
④	tolulualuna	17
⑤	tolulualuna	23

12 다음 글을 근거로 판단할 때, K연구소 신입직원 7명(A~G)의 부서배치 결과로 옳지 않은 것은?

K연구소에서는 신입직원 7명을 선발하였으며, 신입직원들을 각 부서에 배치하고자 한다. 각 부서에서 요구한 인원은 다음과 같다.

정책팀	재정팀	국제팀
2명	4명	1명

신입직원들은 각자 원하는 부서를 2지망까지 지원하며, 1·2지망을 고려하여 이들을 부서에 배치한다. 먼저 1지망 지원부서에 배치하는데, 요구인원보다 지원인원이 많은 경우에는 입사성적이 높은 신입직원을 우선적으로 배치한다. 1지망 지원부서에 배치되지 못한 신입직원은 2지망 지원부서에 배치되는데, 이때 역시 1지망에 따른 배치 후 남은 요구인원보다 지원인원이 많은 경우 입사성적이 높은 신입직원을 우선적으로 배치한다. 1·2지망 지원부서 모두에 배치되지 못한 신입직원은 요구인원을 채우지 못한 부서에 배치된다.

신입직원 7명의 입사성적 및 1·2지망 지원부서는 아래와 같다. A의 입사성적만 전산에 아직 입력되지 않았는데, 82점 이상이라는 것만 확인되었다. 단, 입사성적의 동점자는 없다.

신입직원	A	B	C	D	E	F	G
입사성적	?	81	84	78	96	80	93
1지망	국제	국제	재정	국제	재정	정책	국제
2지망	정책	재정	정책	정책	국제	재정	정책

① A의 입사성적이 90점이라면, A는 정책팀에 배치된다.
② A의 입사성적이 95점이라면, A는 국제팀에 배치된다.
③ B는 재정팀에 배치된다.
④ C는 재정팀에 배치된다.
⑤ D는 정책팀에 배치된다.

13 A, B, C, D, E가 다음 〈조건〉에 따라 일렬로 나란히 자리에 앉는다고 할 때, 올바르게 추론한 것은?

조건
• 자리의 순서는 왼쪽을 기준으로 첫 번째 자리로 한다.
• D는 A의 바로 왼쪽에 있다.
• B와 D 사이에 C가 있다.
• A는 마지막 자리가 아니다.
• A와 B 사이에 C가 있다.
• B는 E의 바로 오른쪽에 앉는다.

① D는 두 번째에 앉을 수 있다.
② E는 네 번째 자리에 앉을 수 있다.
③ C는 두 번째 자리에 앉을 수 있다.
④ C는 E의 오른쪽에 앉을 수 있다.
⑤ B는 다섯 번째 자리에 앉을 수 없다.

14 A부처에서 B~E직원으로부터 국외연수 신청을 받아 선발 가능성이 가장 높은 한 명을 추천하려는 가운데, 정부가 선발 기준 개정안을 내놓았다. 현행 기준과 개정안 기준을 적용할 때, 각각 선발 가능성이 가장 높은 사람은?

〈선발 기준안 비교〉

구분	현행	개정안
외국어 성적	30점	50점
근무 경력	40점	20점
근무 성적	20점	10점
포상	10점	20점
합계	100점	100점

※ 근무 경력은 15년 이상이 만점 대비 100%, 10년 이상 15년 미만 70%, 10년 미만 50%이다. 다만 근무 경력이 최소 5년 이상인 자만 선발 자격이 있다.

※ 포상은 3회 이상이 만점 대비 100%, 1~2회 50%, 0회 0%이다.

〈A부처의 국외연수 신청자 현황〉

구분	B	C	D	E
근무 경력	30년	20년	10년	3년
포상	2회	4회	0회	5회

※ 외국어 성적은 B와 C가 만점 대비 50%이고, D가 80%, E가 100%이다.

※ 근무 성적은 C만 만점이고, B·D·E 셋은 서로 동점이라는 사실만 알려져 있다.

	현행	개정안			현행	개정안
①	B	C		②	B	D
③	C	B		④	C	C
⑤	C	E				

15 다음은 Z기관의 10개 정책(가 ~ 차)에 대한 평가결과이다. Z기관은 정책별로 심사위원 A ~ D의 점수를 합산하여 총점이 낮은 정책부터 순서대로 4개 정책을 폐기할 계획이다. 다음 중 폐기할 정책만을 모두 고르면?

〈정책에 대한 평가결과〉

정책 \ 심사위원	A	B	C	D
가	●	●	◑	○
나	●	●	◑	●
다	◑	○	●	◑
라	( )	●	◑	( )
마	●	( )	●	◑
바	◑	◑	◑	●
사	◑	◑	◑	●
아	◑	◑	●	( )
자	◑	◑	( )	●
차	( )	●	◑	○
평균(점)	0.55	0.70	0.70	0.50

※ 정책은 ○(0점), ◑(0.5점), ●(1.0점)으로만 평가됨

① 바 - 다 - 가 - 나
② 나 - 아 - 마 - 자
③ 라 - 바 - 다 - 사
④ 라 - 차 - 다 - 아
⑤ 라 - 아 - 자 - 차

16 결혼을 준비 중인 A씨가 SMART 법칙에 따라 계획한 내용이 다음과 같을 때, SMART 법칙에 맞지 않는 계획은?

- S(Specific) : 내년 5월 결혼식을 올리기 위해 집을 구매하고, 비상금을 저금한다.
- M(Measurable) : 집을 구매하기 위해 대출금을 포함한 5억 원과 비상금 천만 원을 마련한다.
- A(Action-oriented) : 생활에 꼭 필요하지 않다면 구매하지 않고 돈을 아낀다.
- R(Realistic) : 월급이나 이자 등의 수입이 발생하면 목표 달성까지 전부 저금한다.
- T(Time Limited) : 비상금은 3월까지 저금하고, 4월에 집을 구매한다.

① S
② M
③ A
④ R
⑤ T

17 다음 글을 근거로 판단할 때, 사용자 아이디 KDHong의 패스워드로 가장 안전한 것은?

- 패스워드를 구성하는 문자의 종류는 4가지로, 알파벳 대문자, 알파벳 소문자, 특수문자, 숫자이다.
- 세 가지 종류 이상의 문자로 구성된 경우, 8자 이상의 패스워드는 10점, 7자 이하의 패스워드는 8점을 부여한다.
- 두 가지 종류 이하의 문자로 구성된 경우, 10자 이상의 패스워드는 10점, 9자 이하의 패스워드는 8점을 부여한다.
- 동일한 문자가 연속되어 나타나는 패스워드는 2점을 감점한다.
- 아래 키보드 가로열 상에서 인접한 키에 있는 문자가 연속되어 나타나는 패스워드는 2점을 감점한다.
  예) ^6과 &7은 인접한 키로, 6과 7뿐만 아니라 ^와 7도 인접한 키에 있는 문자이다.
- 사용자 아이디 전체가 그대로 포함된 패스워드는 3점을 감점한다.
- 점수가 높을수록 더 안전한 패스워드이다.
- ※ 특수문자는 !, @, #, $, %, ^, &, *, (,) 뿐이라고 가정한다.

〈키보드〉

① 10H&20Mzw   ② KDHong!
③ asjpeblove   ④ SeCuRiTy*
⑤ 1249dhqtgml

18 〈조건〉을 근거로 판단할 때, 초록 모자를 쓰고 있는 사람과 A의 입장에서 왼쪽에 앉은 사람을 올바르게 짝지은 것은?

조건

- A∼D가 정사각형 테이블의 각 면에 한 명씩 둘러앉아 있다.
- 빨강, 파랑, 노랑, 초록 색깔의 모자 4개가 있다. A∼D는 이 중 서로 다른 색깔의 모자 하나씩을 쓰고 있다.
- A와 B는 여자이고 C와 D는 남자이다.
- A 입장에서 왼쪽에 앉은 사람은 파란 모자를 쓰고 있다.
- B 입장에서 왼쪽에 앉은 사람은 초록 모자를 쓰고 있지 않다.
- C 맞은편에 앉은 사람은 빨간 모자를 쓰고 있다.
- D 맞은편에 앉은 사람은 노란 모자를 쓰고 있지 않다.
- 노란 모자를 쓴 사람과 초록 모자를 쓴 사람 중 한 명은 남자이고 한 명은 여자이다.

	초록 모자를 쓰고 있는 사람	A 입장에서 왼쪽에 앉은 사람
①	A	B
②	A	D
③	B	C
④	B	D
⑤	C	B

19 다음은 K사의 여비규정과 국외여비정액표이다. A이사가 아래 여행일정에 따라 국외출장을 가는 경우, 총 일비, 총 숙박비, 총 식비는 각각 얼마인가?(다만 국가간 이동은 모두 항공편으로 한다)

〈여비규정〉

제1조(여비의 종류)

여비는 운임·일비·숙박비·식비·이전비·가족여비 및 준비금 등으로 구분한다.

제2조(여행일수의 계산)

여행일수는 여행에 실제로 소요되는 일수에 의한다. 국외여행의 경우에는 국내 출발일은 목적지를, 국내 도착일은 출발지를 여행하는 것으로 본다.

제3조(여비의 구분계산)

① 여비 각 항목은 구분하여 계산한다.

② 같은 날에 여비액을 달리하여야 할 경우에는 많은 액을 기준으로 지급한다. 다만 숙박비는 숙박지를 기준으로 한다.

제4조(일비·숙박비·식비의 지급)

① 국외여행자의 경우는 국외여비정액표에서 정하는 바에 따라 지급한다.

② 일비는 여행일수에 따라 지급한다.

③ 숙박비는 숙박하는 밤의 수에 따라 지급한다. 다만 항공편 이동 중에는 따로 숙박비를 지급하지 아니한다.

④ 식비는 여행일수에 따라 이를 지급한다. 다만 항공편 이동 중 당일의 식사 기준시간이 모두 포함되어 있는 경우는 식비를 제공하지 않는다.

⑤ 식사 시간은 현지 시각 8시(조식), 12시(중식), 18시(석식)를 기준으로 한다.

〈국외여비정액표〉

(단위 : 달러)

구분	국가등급	일비	숙박비	식비(1일 기준)
이사	다	80	233	102
	라	70	164	85

〈A이사의 여행일정〉

- 1일째 : (06:00) 출국
- 2일째 : (07:00) 갑국(다 등급지역) 도착
  (18:00) 만찬
- 3일째 : (09:00) 회의
  (15:00) 갑국 출국
  (17:00) 을국(라 등급지역) 도착
- 4일째 : (09:00) 회의
  (18:00) 만찬
- 5일째 : (22:00) 을국 출국
- 6일째 : (20:00) 귀국

※ 시각은 현지 기준이고, 날짜변경선의 영향은 없는 것으로 가정한다.

	총 일비(달러)	총 숙박비(달러)	총 식비(달러)
①	440	561	374
②	440	725	561
③	450	561	374
④	450	561	561
⑤	450	725	561

20 A ~ D 4개의 밭이 나란히 있다. 첫 해에 A에는 장미, B에는 진달래, C에는 튤립을 심었고, D에는 아무 것도 심지 않았다. 그리고 2년 차에는 C에 아무 것도 심지 않기로 하였다. 〈조건〉이 다음과 같을 때, 3년 차에 가능한 것은?

> **조건**
> • 한 밭에는 한 가지 꽃만 심는다.
> • 심을 수 있는 꽃은 장미, 튤립, 진달래, 백합, 나팔꽃이다.
> • 한 가지 꽃을 두 군데 이상 심으면 안 된다.
> • 장미와 튤립을 인접해서 심으면 안 된다.
> • 전 해에 장미를 심었던 밭에는 아무 것도 심지 않거나 진달래를 심고, 진달래를 심었던 밭에는 아무 것도 심지 않거나 장미를 심어야 한다(단, 아무 것도 심지 않았던 밭에는 그 전 해에 장미를 심었으면 진달래를, 진달래를 심었으면 장미를 심어야 한다).
> • 매년 한 군데 밭에만 아무 것도 심지 않아야 한다.
> • 각각의 밭은 4년에 한 번만 아무 것도 심지 않아야 한다.
> • 전 해에 심지 않은 꽃 중 적어도 한 가지는 심어야 한다.
> • 튤립은 2년에 1번씩 심어야 한다.

	A	B	C	D
①	장미	진달래	튤립	심지 않음
②	심지 않음	진달래	나팔꽃	백합
③	장미	심지 않음	나팔꽃	튤립
④	심지 않음	진달래	백합	나팔꽃
⑤	장미	진달래	심지 않음	튤립

21 음료수를 생산하는 A회사의 SWOT 분석을 실시하기 위해 다음과 같이 조직 환경을 분석하였다. 다음 중 SWOT 분석의 정의에 따라 분석결과를 올바르게 분류한 것은?

ⓐ 생수시장 및 기능성 음료 시장의 급속한 성장
ⓑ 확고한 유통망(유통채널상의 지배력이 크다)
ⓒ 새로운 시장모색의 부족
ⓓ 경기 회복으로 인한 수요의 회복 추세
ⓔ 무역자유화(유통시장 개방, 다국적 기업의 국내진출)
ⓕ 종합식품업체의 음료시장 잠식
ⓖ 짧은 제품주기(마케팅비용의 증가)
ⓗ 지구온난화 현상(음료 소비 증가)
ⓘ 과다한 고정 / 재고비율로 인한 유동성 하락
ⓙ 계절에 따른 불규칙한 수요
ⓚ 대형할인점의 등장으로 인한 가격인하 압박 증가
ⓛ 매출액 대비 경상이익률의 계속적인 증가
ⓜ 국내 브랜드로서의 확고한 이미지
ⓝ 합병으로 인해 기업 유연성의 하락
ⓞ 주력 소수 제품에 대한 매출의존도 심각(탄산, 주스 음료가 많은 비중 차지)
ⓟ 경쟁업체에 비해 취약한 마케팅능력과 홍보력

---

① 강점(S) : ⓑ, ⓓ, ⓗ
  약점(W) : ⓒ, ⓔ, ⓘ, ⓝ, ⓟ
  기회(O) : ⓐ, ⓛ, ⓜ
  위협(T) : ⓕ, ⓖ, ⓙ, ⓞ, ⓚ

② 강점(S) : ⓑ, ⓛ, ⓜ
  약점(W) : ⓒ, ⓘ, ⓝ, ⓞ, ⓟ
  기회(O) : ⓐ, ⓓ, ⓗ
  위협(T) : ⓔ, ⓕ, ⓖ, ⓙ, ⓚ

③ 강점(S) : ⓐ, ⓛ, ⓜ
  약점(W) : ⓒ, ⓔ, ⓘ, ⓝ
  기회(O) : ⓑ, ⓓ, ⓗ
  위협(T) : ⓕ, ⓖ, ⓙ, ⓞ, ⓟ, ⓚ

④ 강점(S) : ⓑ, ⓛ, ⓜ
  약점(W) : ⓔ, ⓕ, ⓖ, ⓙ, ⓝ
  기회(O) : ⓐ, ⓓ, ⓗ
  위협(T) : ⓒ, ⓘ, ⓞ, ⓟ, ⓚ

⑤ 강점(S) : ⓑ, ⓓ, ⓗ
  약점(W) : ⓒ, ⓘ, ⓝ, ⓞ, ⓟ
  기회(O) : ⓐ, ⓛ, ⓜ
  위협(T) : ⓔ, ⓕ, ⓖ, ⓙ, ⓚ

※ 다음은 L홈쇼핑에서 F/W시즌에 론칭할 겨울 방한의류별 특성을 정리한 제품특성표이다. 자료를 보고 이어지는 질문에 답하시오. [22~23]

〈제품 특성표〉

구분	가격	브랜드가치	무게	디자인	실용성
A제품	★★★☆☆	★★★★★	★★★★☆	★★☆☆☆	★★★☆☆
B제품	★★★★★	★★★★☆	★★★★☆	★★★☆☆	★★☆☆☆
C제품	★★★☆☆	★★★☆☆	★★★☆☆	★★★★☆	★★★☆☆
D제품	★★★★☆	★★★★★	★★☆☆☆	★★★☆☆	★★★☆☆
E제품	★★★★☆	★★★☆☆	★★★☆☆	★★☆☆☆	★★★☆☆

★★★★★ : 매우좋음 / ★★★★☆ : 좋음 / ★★★☆☆ : 보통 / ★★☆☆☆ : 나쁨 / ★☆☆☆☆ : 매우나쁨

22 시장조사 결과 50대 고객은 브랜드가치가 높고, 무게가 가벼우며, 실용성이 높은 방한 의류를 선호한다고 한다. 제품특성표를 참고하여 50대 고객을 대상으로 방한의류를 판매한다면, 어떤 제품이 가장 합리적인가?

① A제품
② B제품
③ C제품
④ D제품
⑤ E제품

23 다음은 연령별 소비자 선호 특성을 나타낸 표이다. 20대와 30대 고객에게 그들의 선호 특성에 맞게 방한의류를 판매하려면, 어떤 제품이 가장 합리적인가?

〈연령별 소비자 선호도〉

연령대	선호특성
20대	가격, 디자인
30대	무게, 실용성
40대	브랜드가치, 실용성

① A제품
② B제품
③ C제품
④ D제품
⑤ E제품

24 다음 글과 필요 물품 목록을 근거로 판단할 때, 아동방과후교육 사업에서 허용되는 사업비 지출품목만을 모두 고르면?

K부서는 아동방과후교육 사업을 운영하고 있다. 원칙적으로 사업비는 사용목적이 '사업 운영'인 경우에만 지출할 수 있다. 다만 다음 중 어느 하나에 해당하면 예외적으로 허용된다. 첫째, 품목당 단가가 10만 원 이하로 사용목적이 '서비스 제공'인 경우에 지출할 수 있다. 둘째, 사용연한이 1년 이내인 경우에 지출할 수 있다.

〈필요 물품 목록〉

품목	단가	사용목적	사용연한
인형탈	120,000원	사업 운영	2년
프로그램 대여	300,000원	보고서 작성	6개월
의자	110,000원	서비스 제공	5년
컴퓨터	950,000원	서비스 제공	3년
클리어파일	500원	상담일지 보관	2년
블라인드	99,000원	서비스 제공	5년

① 프로그램 대여, 의자
② 컴퓨터, 클리어파일
③ 클리어파일, 블라인드
④ 인형탈, 프로그램 대여, 블라인드
⑤ 인형탈, 의자, 컴퓨터

25 첨단도시육성사업의 시범도시로 A시, B시, C시가 후보로 고려되었다. 시범도시는 1개 도시만 선정될 수 있다. 시범도시 선정에 세 가지 조건(조건 1, 조건 2, 조건 3)이 적용되었는데, 이 중 조건 3은 알려지지 않았다. 다음 중 최종적으로 A시만 선정될 수 있는 조건 3으로 적절한 것은?

> **조건**
>
> 조건 1. A시가 탈락하면 B시가 선정된다.
> 조건 2. B시가 선정되면 C시는 탈락한다.

① A시나 B시 중 하나가 선정된다.
② A시나 C시 중 하나가 선정된다.
③ B시나 C시 중 하나가 탈락된다.
④ C시가 탈락되면 A시도 탈락된다.
⑤ A시가 탈락되면 C시도 탈락된다.

PART 3

직무수행능력평가

정답 및 해설 p.94

01 다음 중 STP전략에 대한 설명으로 옳지 않은 것은?

① 시장세분화는 일정 기준에 의해 동질적인 세분시장으로 구분하는 과정을 의미한다.

② 목표시장 선정은 세분시장들 중에서 한 개의 시장만을 선택하여 마케팅 역량을 집중시키는 것을 의미한다.

③ 포지셔닝은 소비자의 인식 속에 자사의 제품이 어느 위치를 차지하고 있는가에 대한 상대적인 위치를 탐색하는 것이다.

④ 포지셔닝 분석에서는 반드시 경쟁업체에 대한 제품을 분석해야 한다.

⑤ 시장선도자는 가장 큰 시장점유율을 차지하고 있어서 강력한 시장 지배력을 행사하는 기업이다.

02 다음 중 제품에 관련된 설명으로 적절하지 않은 것은?

① 소비재 중 편의품은 소비자가 손쉽게 바로 구매하는 제품으로 일반적으로 전속적 유통경로를 활용한다.

② 서비스는 구매자가 생산과정에 직접 참여한다는 특성을 가지고 있다.

③ 제품은 유형적인 성격을 가지며, 재고로 저장이 가능하다.

④ 유형제품은 포장, 상표, 품질, 스타일 등을 포괄하는 개념이다.

⑤ 서비스 특성 중 이질성은 서비스 제공자에 따라 서비스의 품질이 달라진다는 개념이다.

03 다음 중 BCG 매트릭스의 제품수명주기를 순서대로 나열한 것은?

ㄱ. 물음표	ㄴ. 별
ㄷ. 현금젖소	ㄹ. 개

① ㄱ - ㄴ - ㄷ - ㄹ ② ㄱ - ㄷ - ㄴ - ㄹ

③ ㄴ - ㄱ - ㄷ - ㄹ ④ ㄴ - ㄱ - ㄹ - ㄷ

⑤ ㄷ - ㄱ - ㄹ - ㄴ

04 다음 중 아웃소싱의 기대효과에 대한 설명으로 옳지 않은 것은?

① 조직구조를 유연하게 유지하여 환경 대응력을 강화할 수 있다.
② 조직에서 핵심 및 비핵심 분야를 포괄하는 다양한 인재의 역량을 육성할 수 있다.
③ 외부 인력을 활용하여 아웃소싱 업무의 생산성을 높일 수 있다.
④ 핵심역량을 가진 사업분야에 경영자원을 집중할 수 있다.
⑤ 조직구조 혁신을 시도할 때 유용한 수단이 될 수 있다.

05 다음 중 인사고과에서 평가문항의 발생빈도를 근거로 피고과자를 평가하는 방법은?

① 직접서열법   ② 행위관찰평가법
③ 분류법   ④ 요인비교법
⑤ 쌍대비교법

06 다음 중 회사법상 분류한 회사에 대한 설명으로 옳지 않은 것은?

① 모든 손실에 대해 책임을 지는 사원을 유한책임사원이라고 한다.
② 회사의 경영은 무한책임사원이 하고 유한책임사원은 자본을 제공하여 사업이익의 분배에 참여하는 회사형태를 합자회사라고 한다.
③ 유한회사, 유한책임회사는 모두 유한책임사원으로만 구성되므로 자금조달이 편리하다.
④ 변호사나 회계사들이 모여 설립한 법무법인, 회계법인은 합명회사라 볼 수 있다.
⑤ 회사는 사람처럼 권리와 의무의 주체가 될 수 있다.

07 다음 중 기업의 이윤극대화에 대한 설명으로 옳은 것을 〈보기〉에서 모두 고르면?

> **보기**
>
> 가. 한계수입(MR)과 한계비용(MC)이 같을 때 이윤극대화의 1차 조건이 달성된다.
> 나. 한계비용(MC)곡선이 한계수입(MR)곡선을 아래에서 위로 교차하는 영역에서 이윤극대화의 2차 조건이 달성된다.
> 다. 평균비용(AC)곡선과 평균수입(AR)곡선이 교차할 때의 생산수준에서 이윤극대화가 달성된다.

① 가   ② 다
③ 가, 나   ④ 나, 다
⑤ 가, 나, 다

08 다음 중 종합적 품질경영(TQM) 및 품질관리에 대한 설명으로 가장 적절한 것은?

① 종합적 품질경영은 문제 발생 시에 문제를 수정하는 방어적 접근방식을 활용한다.

② 종합적 품질경영을 위해서는 종업원에 대한 교육을 실시하되, 권한은 이양하지 않는다.

③ 종합적 품질경영 기법은 단기간의 성과 창출을 위해 리엔지니어링 방법을 주로 활용한다.

④ 6 시그마는 종합적 품질경영을 위한 개선방안 도출에 적합한 방법이지만 통제단계가 제외되어 있다는 단점을 가지고 있다.

⑤ 품질개선도구 중 생선뼈차트는 자료의 분석과 문제해결에 구조적 접근이 가능하다는 장점을 가지고 있다.

09 다음 중 마이클 포터가 제시한 경쟁우위전략에 대한 설명으로 옳지 않은 것은?

① 원가우위전략은 경쟁기업보다 낮은 비용에 생산하여 저렴하게 판매하는 것을 의미한다.

② 차별화전략은 경쟁사들이 모방하기 힘든 독특한 제품을 판매하는 것을 의미한다.

③ 집중화전략은 원가우위에 토대를 두거나 차별화우위에 토대를 둘 수 있다.

④ 원가우위전략과 차별화전략은 일반적으로 대기업에서 많이 수행된다.

⑤ 마이클 포터는 기업이 성공하기 위해서는 한 제품을 통하여 원가우위전략과 차별화전략 두 가지 전략을 동시에 추구해야 한다고 보았다.

10 일명 '구글세'라고 불리는 '국가간 소득 이전을 통한 세원 잠식(BEPS) 방지 프로젝트'에 관한 내용으로 가장 거리가 먼 내용은?

① BEPS 방지 프로젝트는 주요 20개국(G20)과 경제협력개발기구(OECD) 등이 국제 조세제도의 허점이나 국가 간 세법 차이 등을 이용하여 조세를 회피하는 다국적 기업 등을 규제하기 위해 만든 것이다.

② BEPS 방지 프로젝트는 세부 과제로 나눠 국가 간 조세협약이나 국가별 세법 개정을 통해 집행되므로 과제별로 한국에 장점과 단점을 꼼꼼히 따져 대응하여야 한다.

③ 국가별로 과세 여부가 일치하지 않는 혼성불일치 효과 제거, 고정사업장 지위의 인위적 회피 방지 등의 과제는 한국의 과세기반 확보에 불리하게 작용할 것이다.

④ 다국적 기업이 이자 비용 등을 과도하게 지급해 원천지(소득이 발생하는 지역) 세금을 회피하는 것을 막는 이자공제 및 기타금융비용을 통한 세원 잠식 방지 과제는 한국에 큰 영향을 줄 수 있기 때문에 도입을 신중히 해야 한다.

⑤ BEPS 방지 프로젝트는 과세당국 입장에선 다국적 기업의 정보를 받을 수 있는 장점이 있지만 해외 진출이 많은 국내기업 입장에선 부담이 될 수 있다.

11 다음 중 ㉠, ㉡에 해당하는 기업이 마케팅 조사에 사용한 표본설계 방법으로 올바른 것은?

> ㉠ A기업은 신제품에 대한 시장반응을 살펴보기 위해 성별(남, 여)로 집단을 구분하고, 각 집단에서 무작위로 표본을 추출하여 마케팅 조사를 실시하였다.
> ㉡ B기업은 아직 출시되지 않은 시제품에 대한 소비자 반응을 살펴보기 위해 정확한 정보를 줄 것으로 생각되는 소비자를 조사자가 선정하여 마케팅 조사를 실시하였다.

	㉠	㉡
①	층화표본추출	판단표본추출
②	층화표본추출	편의표본추출
③	군집표본추출	판단표본추출
④	편의표본추출	군집표본추출
⑤	군집표본추출	할당표본추출

12 강 상류에 위치한 A기업이 오염물질을 배출하고, 강 하류에서는 통조림을 생산하는 B기업이 어업활동을 영위하고 있다. 다음 중 A기업이 자사의 오염배출로 인한 B기업에 미치는 영향을 고려하지 않을 때의 설명으로 옳지 않은 것은?

① A기업의 생산량은 사회의 적정생산량보다 많다.
② B기업의 생산량은 사회의 적정생산량보다 적다.
③ A기업에게 적절한 피구세를 부과함으로써 사회적 최적 수준의 오염물질 배출량 달성이 가능하다.
④ 오염배출 문제는 A기업과 B기업의 협상을 통해 해결가능하며, 이러한 경우 보상을 위한 필요자금 없이도 가능하다.
⑤ B기업의 생산비는 A기업의 생산량에 영향을 받는다.

13 다음 중 재고관리에 대한 설명으로 옳지 않은 것은?

① 재고비용 중 품절비용은 재고가 없어 수요가 취소될 때 발생하는 비용을 의미한다.
② EOQ 모형에서는 연간 수요가 예측가능하고 소비량은 시간에 비례한다고 가정하고 있다.
③ 재고 유지비용은 재고에 묶인 자본의 기회비용까지 고려한다.
④ EOQ 모형에서는 재고부족비용을 고려하여 경제적 주문량을 계산한다.
⑤ 주문비용은 재고 품목을 외부에서 구입할 때 소요되는 여러 가지 경비와 관리비 등을 의미한다.

14 〈보기〉의 빈칸에 공통으로 들어갈 벤치마킹 유형은?

> **보기**
> • _____은 경쟁회사의 강점과 약점을 파악하여 성공적인 대응전략을 수립하는 방법이다. 이 방법은 특정 고객의 요구를 확인하고 상대적인 업무 수준이 평가되기 때문에 업무개선의 우선순위를 정하는 데 도움을 준다.
> • _____은 생산방식과 배달방식 등에 초점을 맞춘다. 그리고 이를 통하여 경쟁회사에 대한 경쟁력을 확보할 수 있다.

① 내부 벤치마킹   ② 경쟁기업 벤치마킹
③ 산업 벤치마킹   ④ 선두그룹 벤치마킹
⑤ 선택적 벤치마킹

15 다음 중 롱테일 법칙에 대한 설명으로 옳은 것은?

① 파레토 법칙이라고도 한다.
② 목표고객의 니즈에 따른 서비스를 공급해야 수익을 올릴 수 있다는 법칙이다.
③ 20%의 핵심고객으로부터 80%의 매출이 나온다는 법칙이다.
④ 80%의 사소한 다수가 20%의 핵심 소수보다 뛰어난 가치를 창출한다는 법칙이다.
⑤ 주력 제품의 가치를 중요시하는 법칙이다.

16 다음 중 인사고과에 관한 설명으로 옳지 않은 것은?

① 인사고과란 종업원의 능력과 업적을 평가하여 그가 보유하고 있는 현재적 및 잠재적 유용성을 조직적으로 파악하는 방법이다.
② 인사고과의 수용성은 종업원이 인사고과 결과가 정당하다고 느끼는 정도이다.
③ 인사고과의 타당성은 고과내용이 고과목적을 얼마나 잘 반영하고 있느냐에 관한 것이다.
④ 후광효과(Halo Effect)는 피고과자의 어느 한 면을 기준으로 다른 것까지 함께 평가하는 경향을 말한다.
⑤ 대비오류(Contrast Error)는 피고과자의 능력을 실제보다 높게 평가하는 경향을 말한다.

17 다음 중 경영정보시스템 관련 용어에 대한 설명으로 옳은 것은?

① 데이터베이스 관리시스템은 비즈니스 수행에 필요한 일상적인 거래를 처리하는 정보시스템이다.

② 전문가시스템은 일반적인 업무를 지원하는 정보시스템이다.

③ 전사적 자원관리시스템은 공급자와 공급기업을 연계하여 활용하는 정보시스템이다.

④ 의사결정지원시스템은 데이터를 저장하고 관리하는 정보시스템이다.

⑤ 중역정보시스템은 최고경영자층이 전략적인 의사결정을 하도록 도와주는 정보시스템이다.

18 다음 중 종합적 품질관리의 원칙으로 옳지 않은 것을 〈보기〉에서 모두 고르면?

> **보기**
> ㄱ. 지속적인 개선
> ㄴ. 문제에 대한 방어적 접근
> ㄷ. 단기간의 시행
> ㄹ. 고객중심 경영

① ㄱ, ㄴ 　　　　　　　　　　② ㄱ, ㄷ
③ ㄴ, ㄷ 　　　　　　　　　　④ ㄴ, ㄹ
⑤ ㄷ, ㄹ

19 다음 중 페이욜(Fayol)이 주장한 경영활동과 기능을 올바르게 연결한 것은?

① 기술적 활동 – 생산, 제조, 가공

② 상업적 활동 – 계획, 조직, 지휘, 조정, 통제

③ 회계적 활동 – 구매, 판매, 교환

④ 관리적 활동 – 재화 및 종업원 보호

⑤ 재무적 활동 – 원가관리, 예산통제

20 다음 중 직무분석에 관한 설명으로 옳지 않은 것은?

① 직무분석은 직무와 관련된 정보를 수집 · 정리하는 활동이다.

② 직무분석을 통해 얻어진 정보는 전반적인 인적자원관리 활동의 기초자료로 활용된다.

③ 직무분석을 통해 직무기술서와 직무명세서가 작성된다.

④ 직무기술서는 직무를 수행하는 데 필요한 인적요건을 중심으로 작성된다.

⑤ 직무평가는 직무분석을 기초로 이루어진다.

21 다음 중 자회사 주식의 일부 또는 전부를 소유해서 자회사 경영권을 지배하는 지주회사와 관련이 있는 기업결합은?

① 콘체른(Konzern)
② 카르텔(Cartel)
③ 트러스트(Trust)
④ 콤비나트(Kombinat)
⑤ 조인트 벤처(Joint Venture)

22 다음 중 BCG 매트릭스에 관한 설명으로 옳은 것은?

① 횡축은 시장성장률, 종축은 상대적 시장점유율이다.
② 물음표 영역은 시장성장률이 높고, 상대적 시장점유율은 낮아 계속적인 투자가 필요하다.
③ 별 영역은 시장성장률이 낮고, 상대적 시장점유율은 높아 현상유지를 해야 한다.
④ 자금젖소 영역은 현금창출이 많지만, 상대적 시장점유율이 낮아 많은 투자가 필요하다.
⑤ 개 영역은 시장지배적인 위치를 구축하여 성숙기에 접어든 경우이다.

23 다음은 고객접점 마케팅(MOT; Moment Of Truth)의 중요성에 대한 설명이다. 빈칸에 들어갈 말로 가장 적절한 것은?

> 고객접점 마케팅(MOT)이란 고객을 대면하는 진실의 순간(결정적인 순간)을 관리하는 마케팅이다. 진실의 순간은 서비스 전체에서 어느 한 순간만이 아니라 고객과 만나는 모든 직·간접적 순간들이다. 따라서 어느 한 순간만 나빠도 고객을 잃게 되는 _____이 적용된다.

① 덧셈의 법칙
② 뺄셈의 법칙
③ 곱셈의 법칙
④ 나눗셈의 법칙
⑤ 제로섬의 원칙

24 다음 중 다음 특성에 알맞는 생산운영관리시스템의 명칭은?

> • 칸반(Kanban) 시스템
> • 린(Lean) 시스템
> • 무재고 생산 지향
> • 생산의 평준화

① JIT
② MRP
③ MRP Ⅱ
④ CIM
⑤ FM

25 다음 중 단위당 소요되는 표준작업시간과 실제작업시간을 비교하여 절약된 작업시간에 대한 생산성 이득을 노사가 각각 50 : 50의 비율로 배분하는 임금제도는?

① 임프로쉐어 플랜
② 스캔론 플랜
③ 럭커 플랜
④ 메리크식 복률성과급
⑤ 테일러식 차별성과급

정답 및 해설 p.98

01 양단이 고정되었고 다음 그림과 같은 단면을 갖는 기둥의 오일러 좌굴하중은?(단, 기둥의 길이 $L=8\text{m}$이고 $E=2.0\times10^5\text{MPa}$이다)

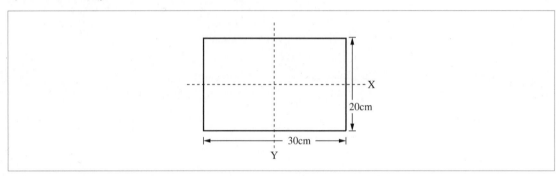

① 1,541kN   ② 6,162kN

③ 12,576kN   ④ 24,649kN

⑤ 26,849kN

02 단면이 원형인 보에 휨모멘트 M이 작용할 때, 이 보에 작용하는 최대 휨응력은?(단, 원형의 반지름은 r이다)

① $\dfrac{2M}{\pi r^3}$ ② $\dfrac{4M}{\pi r^3}$

③ $\dfrac{8M}{\pi r^3}$ ④ $\dfrac{16M}{\pi r^3}$

⑤ $\dfrac{32M}{\pi r^3}$

03 다음 그림과 같은 다면적 $1cm^2$, 길이 $1m$인 철근 AB부재가 있다. 이 철근이 최대 $\delta = 1.0cm$ 늘어날 때, 이 철근의 허용하중 P는?[단, 철근의 탄성계수(E)는 $2.1 \times 10^4 kN/cm^2$로 한다]

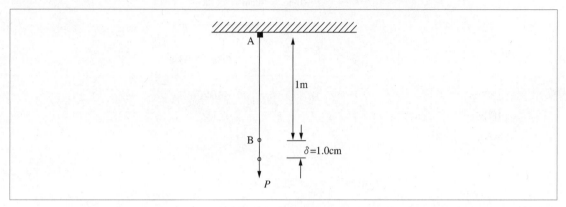

① 160kN   ② 180kN

③ 210kN   ④ 240kN

⑤ 270kN

04 양단이 고정된 기둥에 축방향력에 의한 좌굴하중 P_{cr}을 구하면?(단, E는 탄성계수, I는 단면 2차모멘트, L은 기둥의 길이이다)

① $P_{cr} = \dfrac{\pi^2 EI}{L^2}$ ② $P_{cr} = \dfrac{\pi^2 EI}{2L^2}$

③ $P_{cr} = \dfrac{\pi^2 EI}{4L^2}$ ④ $P_{cr} = \dfrac{4\pi^2 EI}{L^2}$

⑤ $P_{cr} = \dfrac{4\pi^2 EI}{2L^2}$

05 정사각형 단면에 인장하중 P가 작용할 때 가로 단면과 45°의 각을 이루는 경사면에 생기는 수직응력 σ_n과 전단응력 τ 사이에는 다음 중 어느 관계가 성립되는가?

① $\sigma_n = \dfrac{\tau}{2}$ ② $\sigma_n = \dfrac{\tau}{4}$

③ $\sigma_n = \tau$ ④ $\sigma_n = 2\tau$

⑤ $\sigma_n = 4\tau$

06 다음 그림과 같은 막대를 평형이 되도록 한다면, A점에 필요한 무게는?

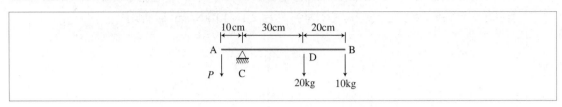

① 130kg   ② 110kg

③ 100kg   ④ 90kg

⑤ 80kg

07 폭이 20cm, 높이 30cm인 직사각형 단면의 단순보에서 최대 휨모멘트가 $2\mathrm{t} \cdot \mathrm{m}$일 때 처짐곡선의 곡률반지름의 크기는?(단, $E = 100,000\mathrm{kg/cm^2}$ 이다)

① 4,500m   ② 450m

③ 2,250m   ④ 225m

⑤ 22.5m

08 다음 그림에서 AB부재와 BC부재의 내력은?

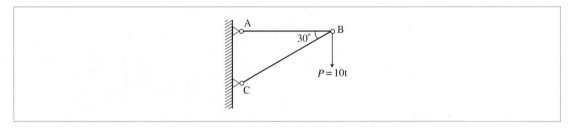

	AB부재	BC부재
①	인장 $10\sqrt{3}\,\mathrm{t}$	압축 20t
②	인장 10t	압축 10t
③	인장 20t	압축 20t
④	인장 $10\sqrt{3}\,\mathrm{t}$	압축 $10\sqrt{3}\,\mathrm{t}$
⑤	인장 $10\sqrt{3}\,\mathrm{t}$	압축 10t

09 다음 중 노선측량의 일반적인 작업 순서를 올바르게 나열한 것은?

ㄱ. 종·횡단 측량	ㄴ. 중심선 측량
ㄷ. 공사 측량	ㄹ. 답사

① ㄱ－ㄴ－ㄹ－ㄷ
② ㄹ－ㄴ－ㄱ－ㄷ
③ ㄹ－ㄷ－ㄱ－ㄴ
④ ㄱ－ㄷ－ㄹ－ㄴ
⑤ ㄷ－ㄱ－ㄹ－ㄴ

10 다음 중 완화곡선에 대한 설명으로 옳지 않은 것은?

① 모든 클로소이드(Clothoid)는 닮음꼴이며, 클로소이드 요소는 길이의 단위를 가진 것과 단위가 없는 것이 있다.
② 완화곡선의 접선은 시점에서 원호에 접하고, 종점에서 직선에 접한다.
③ 완화곡선의 반지름은 그 시점에서 무한대, 종점에서는 원곡선의 반지름과 같다.
④ 완화곡선에 연한 곡선반지름의 감소율은 캔트(Cant)의 증가율과 같다.
⑤ 완화곡선이 직선과 접속되는 경우 완화곡선 시점의 곡선반지름은 무한대이다.

11 다음 중 기지의 삼각점을 이용하여 새로운 도근점들을 매설하고자 할 때, 결합 트래버스측량(다각측량)의 순서를 올바르게 나열한 것은?

① 도상계획 → 답사 및 선점 → 조표 → 거리관측 → 각관측 → 거리 및 각의 오차 배분 → 좌표계산 및 측점 전개
② 도상계획 → 조표 → 답사 및 선점 → 각관측 → 거리관측 → 거리 및 각의 오차 배분 → 좌표계산 및 측점 전개
③ 답사 및 선점 → 도상계획 → 조표 → 각관측 → 거리관측 → 거리 및 각의 오차 배분 → 좌표계산 및 측점 전개
④ 답사 및 선점 → 조표 → 도상계획 → 거리관측 → 각관측 → 좌표계산 및 측점 전개 → 거리 및 각의 오차 배분
⑤ 거리관측 → 각관측 → 거리 및 각의 오차 배분 → 도상계획 → 답사 및 선점 → 조표 → 좌표계산 및 측점 전개

12 축척 1:600인 지도상의 면적을 축척 1:500으로 계산하여 38.675m²을 얻었다면, 실제 면적으로 적절한 것은?

① 26.858m²

② 32.229m²

③ 46.410m²

④ 55.692m²

⑤ 61.346m²

13 레벨을 이용하여 표고가 53.85m인 A점에 세운 표척을 시준하여 1.34m를 얻었다. 표고 50m의 등고선을 측정하려 할 때, 시준해야 할 표척의 높이는?

① 3.51m

② 4.11m

③ 5.19m

④ 6.25m

⑤ 7.33m

14 직사각형의 가로, 세로의 길이가 다음과 같다. 이때, 면적 A의 표현으로 가장 적절한 것은?

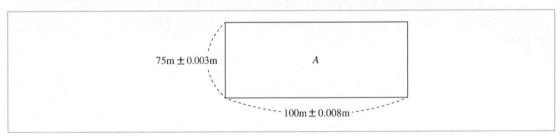

① 7,500±0.67

② 7,500±0.41

③ 7,500.9±0.67

④ 7,500.9±0.41

⑤ 7,500.9±0.25

15 다음 중 철근콘크리트가 성립하는 이유에 대한 설명으로 옳지 않은 것은?

① 철근과 콘크리트와의 부착력이 크다.

② 콘크리트 속에 묻힌 철근은 녹슬지 않고, 내구성을 갖는다.

③ 철근과 콘크리트의 무게가 거의 같고, 내구성이 같다.

④ 철근과 콘크리트는 열에 대한 팽창계수가 거의 같다.

⑤ 철근은 인장에 강하고, 콘크리트는 압축에 강하다.

16 다음 중 서로 다른 크기의 철근을 압축부에서 겹침이음하는 경우의 이음길이에 대한 설명으로 옳은 것은?

① 이음길이는 크기가 큰 철근의 정착길이와 크기가 작은 철근의 겹침이음길이 중 큰 값 이상이어야 한다.

② 이음길이는 크기가 작은 철근의 정착길이와 크기가 큰 철근의 겹침이음길이 중 작은 값 이상이어야 한다.

③ 이음길이는 크기가 작은 철근의 정착길이와 크기가 큰 겹침이음길이의 평균값 이상이어야 한다.

④ 이음길이는 크기가 큰 철근의 정착길이와 크기가 작은 철근의 겹침이음길이를 합한 값 이상이어야 한다.

⑤ 이음길이는 크기가 큰 철근의 정착길이와 크기가 작은 철근의 겹침이음길의 평균값 이상이어야 한다.

17 다음 중 1방향 슬래브에 대한 설명으로 옳지 않은 것은?

① 1방향 슬래브의 두께는 최소 80mm 이상으로 해야 한다.

② 4변에 의해 지지되는 2방향 슬래브 중에서 단변에 대한 장변의 비가 2배를 넘으면 1방향 슬래브로 해석한다.

③ 슬래브의 정모멘트 철근 및 부모멘트 철근의 중심간격은 위험단면에서는 슬래브 두께의 2배 이하여야 하고, 300mm 이하로 해야 한다.

④ 슬래브의 정모멘트 철근 및 부모멘트 철근의 중심간격은 위험단면을 제외한 단면에서는 슬래브 두께의 3배 이하여야 하고, 450mm 이하로 해야 한다.

⑤ 1방향 슬래브에서는 정모멘트철근 및 부모멘트철근에 직각 방향으로 수축, 온도철근을 배치해야 한다.

18 다음 그림과 같은 강재의 겹이음에서 리벳강도는?(단, $d=22$mm, $t=10$mm, $v_{sa}=100$MPa, $f_{ba}=210$MPa이다)

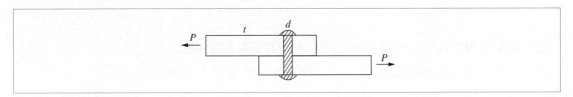

① 약 0.036MN   ② 약 0.074MN

③ 약 0.038MN   ④ 약 0.046MN

⑤ 약 0.048MN

19 다음 중 나선철근으로 둘러싸인 압축부재의 축방향 주철근의 최소 개수는?

① 3개   ② 4개
③ 5개   ④ 6개
⑤ 8개

20 노건조한 흙 시료의 부피가 $1,000cm^3$, 무게가 $1,700g$, 비중이 2.65일 때, 간극비는 얼마인가?

① 약 0.71   ② 약 0.43
③ 약 0.65   ④ 약 0.56
⑤ 약 0.82

21 다음 중 부마찰력이 발생할 수 있는 경우가 아닌 것은?

① 매립된 생활쓰레기 중에 시공된 관측정
② 붕적토에 시공된 말뚝 기초
③ 성토한 연약점토지반에 시공된 말뚝 기초
④ 배수로 인한 지하수위의 저하
⑤ 다짐된 사질지반에 시공된 말뚝 기초

22 다음 중 깊은 기초의 지지력 평가에 관한 설명으로 옳지 않은 것은?

① 현장 타설 콘크리트 말뚝 기초는 동역학적 방법으로 지지력을 추정한다.
② 말뚝 항타분석기(PDA)는 말뚝의 응력분포, 경시효과 및 해머 효율을 파악할 수 있다.
③ 정역학적 지지력 추정방법은 논리적으로 타당하나 강도정수를 추정하는데 한계성을 내포하고 있다.
④ 동역학적 방법은 항타장비, 말뚝과 지반조건이 고려된 방법으로 해머 효율의 측정이 필요하다.
⑤ 지하연속벽 공법은 다른 흙막이벽에 비해 차수효과가 높고, 주변 지반에 대한 영향이 적다.

23 다음 중 투수계수에 영향을 주는 요인이 아닌 것은?

① 토립자의 비중   ② 토립자의 크기
③ 포화도   ④ 간극의 형상과 배열
⑤ 유체의 점성

24 $b = 200mm$이고, $h = 200mm$인 사각형 단면에 균열을 일으키는 비틀림 모멘트 T_{cr}은?(단, $f_{ck} = 36Mpa$이다)

① $2.89kN \cdot m$ ② $3.96kN \cdot m$
③ $4.12kN \cdot m$ ④ $4.81kN \cdot m$
⑤ $5.29kN \cdot m$

25 다음 그림과 같은 구조물에서 P_1으로 인한 B점의 처짐 δ_1과 P_2로 인한 B점의 처짐 δ_2가 있다. P_1이 작용한 후 P_2가 작용할 때, P_1이 하는 일은?

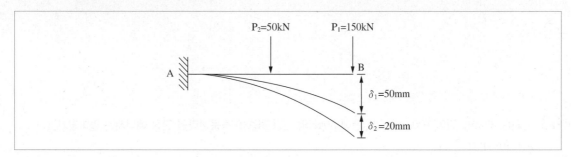

① $6,500kN \cdot mm$ ② $6,750kN \cdot mm$
③ $7,000kN \cdot mm$ ④ $7,250kN \cdot mm$
⑤ $8,150kN \cdot mm$

정답 및 해설 p.101.

01 체적 1.2m³인 탱크 속에 50kg의 습포화 증기가 있다면, 온도 350℃인 증기의 건도(x)는 얼마인가?(단, 온도 350℃에서 $v'=0.0017468\text{m}^3/\text{kg}$, $v''=0.008811\text{m}^3/\text{kg}$이다)

① 약 1.17
② 약 2.43
③ 약 3.15
④ 약 4.21
⑤ 약 6.28

02 공기 35kg과 수증기 12kg을 혼합하여 50m³의 탱크 속에 넣었더니 온도가 95℃가 되었다. 외부로부터 3,40kJ량을 가한다면 혼합기체의 온도는 몇 ℃가 되는가?(단, 수증기의 비열은 1,398.2J/kg · K이다)

① 약 98.2℃
② 약 125.3℃
③ 약 154.6℃
④ 약 172.3℃
⑤ 약 189.7℃

03 지름 30mm, 길이 100cm인 연강봉에 50kN의 인장 하중이 작용한다면 탄성 에너지는 얼마인가?(단, $E=303.8\ GPa$이다)

① 약 1.2357J
② 약 2.5679J
③ 약 4.5284J
④ 약 5.8209J
⑤ 약 7.2648J

04 선재의 지름이나 판재의 두께를 측정하는 게이지는?

① 와이어 게이지 　　　　　　　　② 나사 피치 게이지
③ 반지름 게이지 　　　　　　　　④ 센터 게이지
⑤ 플러그 게이지

05 압력이 101kPa이고, 온도가 27℃일 때, 크기가 5m×5m×5m인 방에 있는 공기의 질량은?(단, 공기의 기체상수는 0.287kJ/kg · K이다)

① 약 118.6kg 　　　　　　　　② 약 128.6kg
③ 약 136.6kg 　　　　　　　　④ 약 146.6kg
⑤ 약 157.6kg

06 지름 10cm인 매끈한 관에 동점성계수가 $1.37 \times 10^{-5} m^2/s$인 공기가 0.2m/s의 속도로 흐르고 있다. 관의 길이 50m에 대한 손실수두는 몇 m인가?

① 약 0.045m 　　　　　　　　② 약 0.133m
③ 약 1.359m 　　　　　　　　④ 약 1.167m
⑤ 약 2.338m

07 다음 중 정상유동이 일어나는 경우는 무엇인가?

① 유동상태가 모든 점에서 시간에 따라 변화하지 않을 때
② 유동상태가 시간에 따라 점차적으로 변화할 때
③ 모든 순간에 유동상태가 이웃하는 점들과 같을 때
④ $\partial V/\partial t$가 일정할 때
⑤ $\partial V/\partial s = 0$일 때

08 다음 점성계수 측정기와 그에 맞는 법칙을 〈보기〉에서 골라 올바르게 짝지은 것은?

(가) 세이볼트(Saybolt) 점도계
(나) 스토머(Stormer) 점도계
(다) 낙구식 점도계

보기
㉠ 스토크스 법칙
㉡ 하겐 – 푸아죄유 법칙
㉢ 뉴턴의 점성 법칙

	(가)	(나)	(다)
①	㉠	㉡	㉢
②	㉡	㉠	㉢
③	㉡	㉢	㉠
④	㉢	㉠	㉡
⑤	㉢	㉡	㉠

09 지름이 20cm인 차축이 400rpm으로 회전하고, 차축의 1m에 대하여 0.2°의 비틀림각으로 전달할 수 있는 마력은 약 얼마인가?(단, $G = 80.4GPa$ 이다)

① 1,720
② 1,950
③ 2,510
④ 2,890
⑤ 3,140

10 다음 중 유압회로에서 공동현상이 발생되지 않도록 하기 위한 방지대책으로 가장 적절한 것은?

① 과부하 시에는 패킹부에서 공기가 흡입되도록 한다.
② 흡입관에 급속 차단장치를 설치한다.
③ 흡입관의 굵기를 유압 펌프 본체 연결구 크기와 같게 한다.
④ 흡입 유체의 온도를 높게 하여 흡입한다.
⑤ 흡입구 양정을 최소 2m 이상으로 한다.

11 다음 직사각형 단면에서 최소 회전반지름의 크기는 얼마인가?

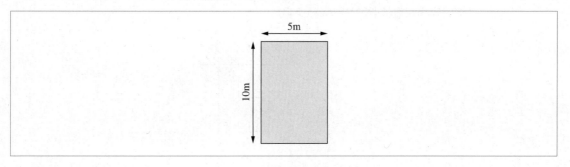

① 약 0.87m
② 약 1.44m
③ 약 2.52m
④ 약 3.78m
⑤ 약 5.23m

12 단면적이 10cm^2, 길이가 90cm인 연강봉을 천장에 매달고 20℃에서 0℃로 냉각시킬 때 길이의 변화를 없게 하려면 봉의 끝에 몇 kN의 추를 달아야 하는가?(단, 세로탄성계수 300GPa, 열팽창계수 $\alpha = 17 \times 10^{-6}$/℃이고, 봉의 자중은 무시한다)

① 58
② 74
③ 97
④ 102
⑤ 113

13 다음 중 구성인선(Built Up Edge)에 관한 설명으로 옳은 것은?

① 공구 윗면 경사각이 크면 구성인선이 커진다.
② 칩의 흐름에 대한 저항이 클수록 구성인선은 작아진다.
③ 고속으로 절삭할수록 구성인선은 작아진다.
④ 칩의 두께를 감소시키면 구성인선의 발생이 증가한다.
⑤ 바이트 날을 무디게 하면 구성인선이 작아진다.

14 길이 30m, 봉의 지름 15mm인 강봉에 $P=5$kN을 가했을 때, 이 봉의 길이방향 변형량과 변형률은 각각 얼마인가?(단, 이 재료의 세로탄성계수는 210GPa이다)

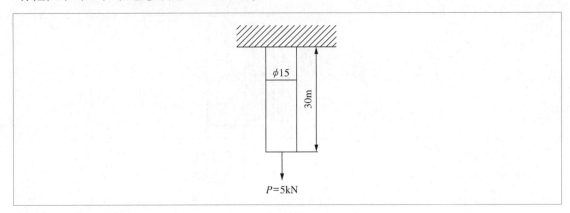

① 변형량 2.7mm, 변형률 1.35×10^{-4}

② 변형량 2.7mm, 변형률 1.55×10^{-4}

③ 변형량 3.2mm, 변형률 1.55×10^{-4}

④ 변형량 3.2mm, 변형률 2.0×10^{-4}

⑤ 변형량 4.0mm, 변형률 2.0×10^{-4}

15 다음 중 유압 작동유의 구비조건으로 옳지 않은 것은?

① 녹이나 부식 발생을 방지할 수 있을 것

② 연속으로 사용해도 화학적, 물리적 성질의 변화가 적을 것

③ 열을 빠르게 방출시킬 수 있을 것

④ 운전온도 범위에서 적절한 점도를 유지할 것

⑤ 비중은 크고 비열은 작을 것

16 다음 중 숫돌을 사용하여 가공하는 방법은?

① 버니싱   ② 방전 가공

③ 슈퍼 피니싱   ④ 초음파 가공

⑤ 브로칭

17 다음 중 질화법과 침탄법을 비교 설명한 것으로 옳은 것은?

① 침탄법은 침탄 후에도 수정이 불가능 하지만 질화법은 질화 후의 수정이 가능하다.
② 침탄법은 경화에 의한 변형이 없고 질화법은 경화에 의한 변형이 크다.
③ 침탄법보다 질화법이 경도가 낮다.
④ 침탄법은 침탄 후에 열처리가 필요하지만 질화법은 질화 후에 열처리가 필요 없다.
⑤ 침탄법은 표면 경화 시간이 길지만 질화법은 표면 경화 시간이 짧다.

18 절삭가공에서 발생하는 구성인선(Built Up Edge)의 방지법에 대한 설명으로 옳은 것은?

① 절삭 깊이를 크게 한다.
② 공구 윗면 경사각을 작게(30° 이하) 한다.
③ 절삭 속도를 크게(120m/min 이상)한다.
④ 마찰계수가 큰 절삭공구를 사용한다.
⑤ 절삭공구의 인선을 둔탁하게 한다.

19 다음 그림과 같이 경사진 표면에 25kg의 블록이 놓여있고 질량이 m인 추와 연결되어 있다. 경사진 표면과 블록 사이의 마찰계수를 0.7이라 할 때 이 블록을 경사면으로 끌어올리기 위한 추의 최소 질량(m)은 약 몇 kg인가?

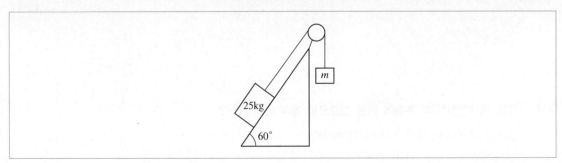

① 15.7kg
② 22.8kg
③ 27.9kg
④ 43.1kg
⑤ 53.5kg

20 다음 중 주조에서 라이저(Riser)의 설치 목적으로 옳은 것은?

① 주물의 변형을 방지한다.

② 주형 내의 쇳물에 압력을 준다.

③ 주형 내에 공기를 넣어준다

④ 주형의 파괴를 방지한다.

⑤ 주형에 쇳물 주입을 원활히 해 준다.

21 $5\ddot{x} + 3\dot{x} + 6x = 0$으로 주어진 진동계에서 감쇠비와 대수감쇠율은 각각 얼마인가?

	감쇠비(ζ)	대수감쇠율(δ)
①	약 0.274	약 2.94
②	약 0.424	약 2.94
③	약 0.274	약 1.79
④	약 0.424	약 1.79
⑤	약 0.372	약 2.94

22 다음 중 압연가공의 특징에 대한 설명으로 옳지 않은 것은?

① 주조나 단조에 비해 작업속도가 빠르다.

② 금속조직의 주조조직을 파괴하고 기포를 압착시켜 우수한 조직을 얻는다.

③ 냉간 압연 시 압연 방향으로 섬유 조직상이 발생하여 제품 조직에 방향성이 생긴다.

④ 생산비가 저렴하다.

⑤ 정밀한 제품을 얻고자 할 경우 일반적으로 열간 압연을 한다.

23 강판재에 곡선 윤곽의 구멍을 뚫어서 형판을 제작하려 할 때, 가장 적합한 가공법은?

① 버니싱 가공
② 와이어 컷 방전가공
③ 초음파 가공
④ 플라즈마 가공
⑤ 압출 가공

24 다음 중 내경 측정에만 이용되는 측정기는?

① 실린더 게이지
② 버니어 캘리퍼스
③ 측장기
④ 블록 게이지
⑤ 센터 게이지

25 다음 그림과 같은 유압 기호가 나타내는 명칭은?

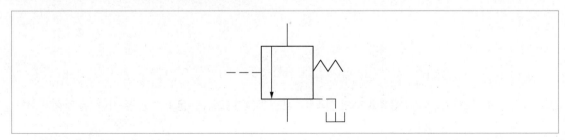

① 감압 밸브
② 릴리프 밸브
③ 스로틀 밸브
④ 아날로그 변환기
⑤ 시퀀스 밸브

정답 및 해설 p.106

01 진공 중에 두 개의 긴 직선도체가 6cm의 거리를 두고 평행하게 놓여 있다. 각 도체에 10A, 15A의 전류가 같은 방향으로 흐르고 있을 때 단위 길이당 두 도선 사이에 작용하는 힘은?(단, 진공 중의 투자율 $\mu_0 = 4\pi \times 10^{-7}$이다)

① 5.0×10^{-5} N/m

② 5.0×10^{-4} N/m

③ 3.3×10^{-3} N/m

④ 4.1×10^{2} N/m

⑤ 5.1×10^{-3} N/m

02 다음 회로에서 단자 전압을 일정하게 하고 스위치를 닫았을 때, 닫기 전 전류의 2배가 되도록 하려고 한다. 이때 저항 R의 값은 얼마이어야 하는가?

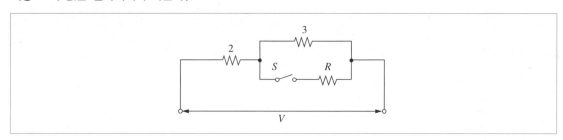

① $\dfrac{4}{5}$ Ω

② $\dfrac{5}{3}$ Ω

③ 2 Ω

④ $\dfrac{3}{5}$ Ω

⑤ 3 Ω

03 다음 중 초산은($AgNO_3$) 용액에 1A의 전류를 2시간 동안 흘렸을 때, 은의 석출량은?[단, 은의 전기 화학 당량(k)은 1.1×10^{-3}g/C이다]

① 5.44g

② 6.08g

③ 7.92g

④ 9.84g

⑤ 11.12g

04 다음 중 저항이 $5\,\Omega$인 도체에 10A의 전류를 1분간 흘렸을 때 발생하는 열량은?

① 10,000J

② 15,000J

③ 25,000J

④ 30,000J

⑤ 35,000J

05 다음 중 간격이 d이고 도체판의 면적이 A인 두 평행판으로 만들어진 커패시터에 대한 설명으로 옳은 것은?

① 두 평행판의 면적 A를 크게 하면 커패시턴스가 감소한다.

② 두 평행판 사이의 거리 d를 짧게 하면 커패시턴스가 증가한다.

③ 두 개의 커패시터를 직렬보다 병렬로 연결하면 커패시턴스가 감소한다.

④ 두 평행판 사이에 유전율이 작은 물질을 사용하면 커패시턴스가 증가한다.

⑤ 두 개의 커패시터를 병렬보다 직렬로 연결하면 커패시턴스가 증가한다.

06 다음 중 출력 3kW, 1,500rpm인 전동기의 토크는?(단, 토크는 소수점 셋째 자리에서 반올림한다)

① 1.5kg·m

② 1.95kg·m

③ 2kg·m

④ 2.85kg·m

⑤ 3kg·m

07 다음 중 직류 전동기의 최저 절연저항값은?

① $\dfrac{(정격전압)}{1,000+(정격출력)}$

② $\dfrac{(정격출력)}{1,000+(정격입력)}$

③ $\dfrac{(정격입력)}{1,000+(정격출력)}$

④ $\dfrac{(정격전압)}{1,000+(정격입력)}$

⑤ $\dfrac{(정격입력)}{1,000+(정격전압)}$

08 다음 중 자극수 4, 전기자 도체수 400, 자극당 유효 자속 0.01Wb, 600rpm으로 회전하는 파권 직류 발전기의 유기 기전력은?

① 80V   ② 100V
③ 120V   ④ 140V
⑤ 160V

09 10kW, 200V의 3상 유도 전동기(효율 및 역률 각각 85%)의 전부하 전류는 약 얼마인가?

① 20A   ② 40A
③ 60A   ④ 80A
⑤ 100A

10 다음 중 1kg·m의 회전력으로 매분 1,000회전하는 직류 전동기의 출력은?

① 약 0.1kW   ② 약 1kW
③ 약 2kW   ④ 약 5kW
⑤ 약 10kW

11 10kVA, 조정 전압 200V인 3상 유도 전압 조정기의 2차 정격 전류는 약 얼마인가?

① 50A   ② 29A
③ 25A   ④ 12A
⑤ 10A

12 다음 중 동기 발전기에서 제5고조파를 제거하기 위해서는 $\beta\left[=\dfrac{(\text{코일 피치})}{(\text{극 피치})}\right]$ 가 얼마가 되는 단절권으로 해야 하는가?

① 0.9   ② 0.8
③ 0.7   ④ 0.6
⑤ 0.5

13 다음 중 동기기의 손실에서 고정손에 해당되는 것은?

① 계자 철심의 철손
② 브러시의 전기손
③ 계자 권선의 저항손
④ 전기자 권선의 저항손
⑤ 전기자 권선의 저항손

14 부하에 인가되는 비정현파 전압 및 전류가 다음과 같을 때, 부하에서 소비되는 평균전력은?

$$v(t) = 100 + 80\sin\omega t + 60\sin(3\omega t - 30°) + 40\sin(7\omega t + 60°)$$
$$i(t) = 40 + 30\cos(\omega t - 30°) + 20\cos(5\omega t + 60°) + 10\cos(7\omega t - 30°)$$

① 4,700W
② 4,800W
③ 4,900W
④ 5,000W
⑤ 5,700W

15 다음 중 1상의 임피던스가 $3 + j4[\Omega]$인 평형 3상 △부하에 선간전압 200V인 3상 대칭전압을 인가할 때, 3상 무효전력은?

① 600Var
② 14,400Var
③ 19,200Var
④ 30,000Var
⑤ 34,000Var

16 어떤 인덕터에 전류 $i = 3 + 10\sqrt{2}\sin50t + 4\sqrt{2}\sin100t$[A]가 흐르고 있을 때, 인덕터에 축적되는 자기 에너지가 125J이다. 이때, 인덕터의 인덕턴스는?

① 1H
② 2H
③ 3H
④ 4H
⑤ 6H

17 다음 중 자체 인덕턴스 20mH의 코일에 60Hz의 전압을 가할 때, 코일의 유도 리액턴스는?

① 약 $3.68\,\Omega$

② 약 $4.53\,\Omega$

③ 약 $6.75\,\Omega$

④ 약 $7.54\,\Omega$

⑤ 약 $8.45\,\Omega$

18 어떤 회로에 100V의 교류 전압을 가하면 $I = 4 + j3$[A]의 전류가 흐를 때, 이 회로의 임피던스는?

① $4 - j3\,[\Omega]$

② $4 + j3\,[\Omega]$

③ $16 - j12\,[\Omega]$

④ $16 + j12\,[\Omega]$

⑤ $18 - j12\,[\Omega]$

19 무한히 긴 직선 도체에 전류 5A가 흐르고 있을 때 생기는 자기장의 세기가 10AT/m인 점은 도체로부터 약 몇 cm 떨어져 있는가?

① 4cm

② 6cm

③ 7cm

④ 8cm

⑤ 9cm

20 다음 중 전력과 전력량에 관한 설명으로 옳지 않은 것은?

① 전력은 전력량과 다르다.

② 전력량은 와트로 환산된다.

③ 전력량은 칼로리 단위로 환산된다.

④ 전력은 칼로리 단위로 환산할 수 없다.

⑤ 전력량은 전력과 시간의 곱으로 계산할 수 있다.

21 비유전율 2.5의 유전체 내부의 전속밀도가 $2 \times 10^{-6}\,C/m^2$ 되는 점의 전기장의 세기는 약 몇 V/m인가?

① $18 \times 10^4\,V/m$

② $9 \times 10^4\,V/m$

③ $6 \times 10^4\,V/m$

④ $3.6 \times 10^4\,V/m$

⑤ $2.0 \times 10^4\,V/m$

22 O점의 자계의 크기로 옳은 것은?

① 2,000AT/m ② 200AT/m
③ 20AT/m ④ 2AT/m
⑤ 0.2AT/m

23 다음에서 설명하는 법칙은?

전류가 흐르려고 하면 코일은 전류의 흐름을 방해한다. 또, 전류가 감소하면 이를 계속 유지하려고 하는 성질이 있다.

① 쿨롱의 법칙 ② 렌츠의 법칙
③ 패러데이의 법칙 ④ 플레밍의 왼손법칙
⑤ 줄의 법칙

24 전압비가 무부하에서 15 : 1, 정격 부하에서는 15.5 : 1인 변압기의 전압 변동률은?

① 약 2.2% ② 약 2.6%
③ 약 3.3% ④ 약 3.5%
⑤ 약 3.7%

25 전부하에서 동손 90W, 철손 40W인 변압기가 최대 효율로 되는 부하는?

① 약 50% ② 약 67%
③ 약 80% ④ 약 90%
⑤ 약 100%

01 0.4μF와 0.6μF의 두 콘덴서를 직렬로 접촉했을 때 100V로 충전하면 얼마의 에너지가 축적되는가?

① 0.8×10^{-3}J

② 1.0×10^{-3}J

③ 0.6×10^{-3}J

④ 1.2×10^{-3}J

⑤ 1.5×10^{-3}J

02 다음 콘덴서 직병렬 회로에 직류전압 180V를 연결하였다. 이 회로의 합성 정전용량과 C_2 콘덴서에 걸리는 전압을 올바르게 연결한 것은?

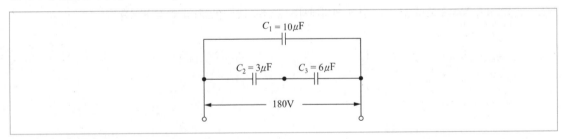

	합성 정전용량[μF]	전압[V]
①	12	60
②	12	120
③	16	60
④	16	120
⑤	16	180

03 진공상태에 놓여있는 정전용량이 6μF인 평행 평판 콘덴서에 두께가 극판간격(d)과 동일하고 길이가 극판길이 (L)의 $\dfrac{2}{3}$에 해당하는 비유전율이 3인 운모를 그림과 같이 삽입하였을 때 콘덴서의 정전용량은?

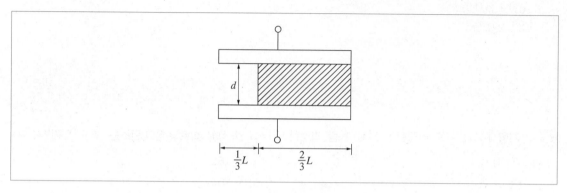

① 12μF

② 14μF

③ 16μF

④ 18μF

⑤ 20μF

---

04 굵기가 일정한 원통형의 도체를 체적은 고정시킨 채 길게 늘여 지름이 절반이 되도록 하였다. 이 경우 길게 늘인 도체의 저항값은?

① 원래 도체의 저항값의 2배가 된다.

② 원래 도체의 저항값의 4배가 된다.

③ 원래 도체의 저항값의 8배가 된다.

④ 원래 도체의 저항값의 12배가 된다.

⑤ 원래 도체의 저항값의 16배가 된다.

---

05 RLC 직렬 회로에서 $L=0.1$mH, $C=0.1\mu$F, $R=100\Omega$ 일 때, 이 회로의 상태는?

① 진동 상태

② 비진동 상태

③ 정현파로 진동하는 상태

④ 임계 상태

⑤ 감쇠 상태

06 레이더에서 발사된 펄스전파가 $10\mu\mathrm{s}$ 후에 목표물에 반사되어 돌아올 때, 목표물까지의 거리는?

① 300m   ② 600m

③ 1,200m   ④ 1,500m

⑤ 2,000m

07 저항 16Ω, 유도 리액턴스 2Ω, 용량 리액턴스 14Ω인 직렬 회로의 임피던스는 몇 Ω인가?

① 4Ω ② 16Ω

③ 18Ω ④ 20Ω

⑤ 22Ω

08 용량 10Ah, 기전력 2V인 축전지 6개를 직렬 연결하여 사용했을 때, 기전력이 12V가 되었다. 이때의 용량은?

① $\dfrac{10}{6}$ Ah   ② 10Ah

③ 60Ah   ④ 120Ah

⑤ 180Ah

09 다음의 회로에서 실횻값 100V의 전원 v_s를 인가한 경우에 회로 주파수와 무관하게 전류 i_s가 전원과 동상이 되도록 하는 C의 값은?(단, $R=10\Omega$, $L=1\mathrm{mH}$이다)

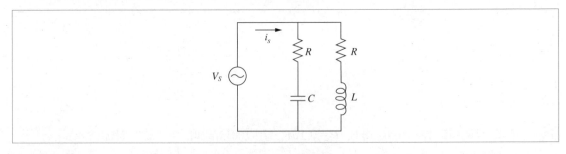

① $5\mu\mathrm{F}$ ② $10\mu\mathrm{F}$

③ $15\mu\mathrm{F}$ ④ $20\mu\mathrm{F}$

⑤ $25\mu\mathrm{F}$

10 진공 상태에서 한 변의 길이가 a[m]인 정사각형의 단일코일에 I[A]의 전류가 흐를 경우에 정사각형의 중심에서 자계의 세기는 얼마인가?

① $\dfrac{\sqrt{2}}{\pi a}$AT/m

② $\dfrac{I}{\sqrt{2a}}$AT/m

③ $\dfrac{4I}{a}$AT/m

④ $\dfrac{I}{2\pi a}$AT/m

⑤ $\dfrac{2\sqrt{2}\,I}{\pi a}$AT/m

11 물 속에서 전자파의 속도는 몇 m/s인가?(단, $\mu_r = 1$, $\varepsilon_r = 80$이다)

① 약 9.0×10^9m/s

② 약 5.3×10^8m/s

③ 약 3.35×10^7m/s

④ 약 3.30×10^9m/s

⑤ 약 2.67×10^8m/s

12 다음 중 자기인덕턴스 L의 단위는 무엇인가?

① A

② V

③ H

④ T

⑤ Wb

13 비돌극형 동기 발전기의 단자 전압(1상)을 V, 유도 기전력(1상)을 E, 동기 리액턴스는 X_s, 부하각을 δ라고 하면, 1상의 출력 W는?(단, 전기자 저항 등은 무시한다)

① $\dfrac{EV}{X_s}\sin\delta$

② $\dfrac{E^2}{2X_s}\cos\delta$

③ $\dfrac{EV}{X_s}\cos\delta$

④ $\dfrac{E^2}{2X_s}\sin\delta$

⑤ $\dfrac{EV}{2X_s}\cos\delta$

14 다음 중 극수가 10, 주파수가 50Hz인 동기기의 분당 회전수는?

① 200rpm
② 300rpm
③ 400rpm
④ 500rpm
⑤ 600rpm

15 다음 중 직류 발전기에서 유기 기전력 E를 바르게 나타낸 것은?(단, 자속은 ϕ, 회전속도는 N이다)

① $E \propto \phi N$
② $E \propto \phi N^2$
③ $E \propto \dfrac{\phi}{N}$
④ $E \propto \dfrac{N}{\phi}$
⑤ $E \propto \dfrac{1}{N}$

16 0.1H인 자체 인덕턴스 L에 5A의 전류가 흐를 때 L에 축적되는 에너지는 몇 J인가?

① 0.75J
② 1.25J
③ 2.52J
④ 3.25J
⑤ 4.52J

17 R − C직렬회로 과도현상에 대한 설명으로 다음 중 옳지 않은 것은?

① 시정수 $\tau = CR[\sec]$이다.
② 시정수가 클수록 과도현상은 오래 지속된다.
③ 스위치를 닫는 순간 과도전류 $i_{(t)} = \dfrac{E}{R} e^{-\frac{t}{CR}}$[A]이다.
④ 스위치를 열 때 과도전류 $i_{(t)} = -\dfrac{Q_0}{CR} e^{-\frac{t}{CR}}$[A]이다.
⑤ 기울기 $\tan\theta = \dfrac{\tau}{I}$이다.

18 결합계수 $k = 0.25$인 전자 결합회로에서 상호인덕턴스 $M = 10\text{mH}$이고, 자체 리액턴스 $L_1 = 80\text{mH}$일 때, 자체 인덕턴스 L_2는 몇 mH인가?

① 5mH   ② 10mH

③ 20mH   ④ 30mH

⑤ 45mH

19 코일과 콘덴서에서 급격히 변화할 수 없는 요소는 무엇인가?

	코일	콘덴서		코일	콘덴서
①	전류	전류	②	전압	전압
③	저항	전류	④	전류	전압
⑤	전압	저항			

20 시정수 τ를 갖는 R‒L직렬 회로에 직류 전압을 인가하고, 시간 $t = 3\tau$일 때의 회로에 흐르는 전류는 최종값 전류의 약 몇 %인가?

① 65%   ② 73%

③ 86%   ④ 95%

⑤ 100%

21 다음 회로의 저항 $7\,\Omega$에 걸리는 전압은?

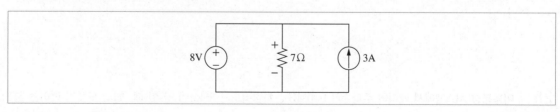

① 5V   ② 6V

③ 7V   ④ 8V

⑤ 9V

22 어떤 코일에 흐르는 전류가 0.1s 동안에 전류가 일정하게 60A에서 20A로 변할 경우 기전력이 50V만큼 발생한다면 자기 인덕턴스는 몇 mH인가?

① 145mH   ② 140mH

③ 135mH   ④ 130mH

⑤ 125mH

23 정격전압에서 2kW의 전력을 소비하는 저항에 70%인 전압을 인가할 때의 전력은 몇 W인가?

① 1,220W   ② 980W

③ 890W   ④ 680W

⑤ 560W

24 출력이 50dBm이고 송신 안테나 이득이 13dB인 송신기로부터 50m 거리에서의 전력밀도에 가장 가까운 값은? (단, 단위는 W/m^2이고, 손실이 없다고 가정한다)

① $\dfrac{1}{2\pi}$ ② $\dfrac{1}{5\pi}$

③ $\dfrac{1}{10\pi}$ ④ $\dfrac{1}{20\pi}$

⑤ $\dfrac{1}{50\pi}$

25 이동통신 시스템에서 캐리어 주파수가 900MHz, 차량속도가 80km/h라 할 때, 최대 도플러 편이는 몇 Hz인가?

① 약 63Hz   ② 약 65Hz

③ 약 67Hz   ④ 약 69Hz

⑤ 약 71Hz

PART 4

최종점검 모의고사

최종점검
모의고사

※ 코레일 한국철도공사 최종점검 모의고사는 채용공고를 기준으로 구성한 것으로
   실제 시험과 다를 수 있습니다.

취약영역 분석

번호	O/×	영역	번호	O/×	영역	번호	O/×	영역
01		의사소통능력	18		수리능력	35		경영학 토목일반 기계일반 전기일반 전기이론
02		의사소통능력	19		수리능력	36		
03		수리능력	20		문제해결능력	37		
04		수리능력	21		문제해결능력	38		
05		수리능력	22		문제해결능력	39		
06		문제해결능력	23		문제해결능력	40		
07		수리능력	24		의사소통능력	41		
08		수리능력	25		의사소통능력	42		
09		문제해결능력	26		경영학 토목일반 기계일반 전기일반 전기이론	43		
10		문제해결능력	27			44		
11		의사소통능력	28			45		
12		의사소통능력	29			46		
13		의사소통능력	30			47		
14		의사소통능력	31			48		
15		수리능력	32			49		
16		의사소통능력	33			50		
17		의사소통능력	34					

평가 문항	50문항	평가 시간	60분
시작시간	:	종료시간	:
취약 영역			

모의고사

⏱ 응시시간 : 60분   📋 문항 수 : 50문항

| 01 | **직업기초능력평가**

정답 및 해설 p.118

01 다음 중 ㉠에 대한 비판으로 가장 적절한 것은?

> "프랑스 수도가 어디지?"라는 가영의 물음에 나정이 "프랑스 수도는 로마지."라고 대답했다고 하자. 나정이 가영에게 제공한 것을 정보라고 할 수 있을까? 정보의 일반적 정의는 '올바른 문법 형식을 갖추어 의미를 갖는 자료'이다. 이 정의에 따르면 나정의 대답은 정보를 담고 있다. 다음 진술은 이런 관점을 대변하는 진리 중립성 논제를 표현한다. "정보를 준다는 것이 반드시 그 내용이 참이라는 것을 의미하지는 않는다." 이 논제의 관점에서 보자면, 올바른 문법 형식을 갖추어 의미를 해석할 수 있는 자료는 모두 정보의 자격을 갖는다. 그 내용이 어떤 사태를 표상하든, 참을 말하든, 거짓을 말하든 상관없다.
>
> 그러나 이 조건만으로는 불충분하다는 지적이 있다. 철학자 플로리디는 전달된 자료를 정보라고 하려면 그 내용이 참이어야 한다고 주장한다. 즉, 정보란 올바른 문법 형식을 갖춘, 의미 있고 참인 자료라는 것이다. 이를 ㉠ 진리성 논제라고 한다. 그라이스는 이렇게 말한다. "거짓 '정보'는 저급한 종류의 정보가 아니다. 그것은 아예 정보가 아니기 때문이다." 이 점에서 그 역시 이 논제를 받아들이고 있다.
>
> 이런 논쟁은 용어법에 관한 시시한 언쟁처럼 보일 수도 있지만, 두 진영 간에는 정보 개념이 어떤 역할을 해야 하는가에 대한 근본적인 견해 차이가 있다. 진리성 논제를 비판하는 사람들은 틀린 '정보'도 정보로 인정되어야 한다고 말한다. 자료의 내용이 그것을 이해하는 주체의 인지 행위에서 분명한 역할을 수행한다는 이유에서다. '프랑스 수도가 로마'라는 말을 토대로 가영은 이런저런 행동을 할 수 있다. 가령, 프랑스어를 배우기 위해 로마로 떠날 수도 있고, 프랑스 수도를 묻는 퀴즈에서 오답을 낼 수도 있다. 거짓인 자료는 정보가 아니라고 볼 경우, '정보'라는 말이 적절하게 사용되는 사례들의 범위를 부당하게 제한하는 꼴이 된다.

① '정보'라는 표현이 일상적으로 사용되는 사례가 모두 적절한 것은 아니다.
② 올바른 문법 형식을 갖추지 못한 자료는 정보라는 지위에 도달할 수 없다.
③ 사실과 다른 내용의 자료를 숙지하고 있는 사람은 정보를 안다고 볼 수 없다.
④ 내용이 거짓인 자료를 토대로 행동을 하는 사람은 자신이 의도한 결과에 도달할 수 없다.
⑤ 거짓으로 밝혀질 자료도 그것을 믿는 사람의 인지 행위에서 분명한 역할을 한다면 정보라고 볼 수 있다.

1890년 독점 및 거래제한 행위에 대한 규제를 명시한 셔먼법이 제정됐다. 셔먼은 반독점법 제정이 소비자의 이익 보호와 함께 소생산자들의 탈집중화된 경제 보호라는 목적이 있다는 점을 강조했다. 그는 독점적 기업결합 집단인 트러스트가 독점을 통한 인위적인 가격 상승으로 소비자를 기만한다고 보았다. 더 나아가 트러스트가 사적 권력을 강화해 민주주의에 위협이 된다고 비판했다. 이런 비판의 사상적 배경이 된 것은 시민 자치를 중시하는 공화주의 전통이었다.

이후 반독점 운동에서 브랜다이스가 영향력 있는 인물로 부상했다. 그는 독점 규제를 통해 소비자의 이익이 아니라 독립적 소생산자의 경제를 보호하고자 했다. 반독점법의 취지는 거대한 경제 권력의 영향으로부터 독립적 소생산자들을 보호함으로써 시민 자치를 지켜내는 데 있다는 것이다. 이런 생각에는 공화주의 전통이 반영되어 있었다. 브랜다이스는 거대한 트러스트에 집중된 부와 권력이 시민 자치를 위협한다고 보았다. 이 점에서 그는 반독점법이 소생산자의 이익 자체를 도모하는 것보다는 경제와 권력의 집중을 막는 데 초점을 맞추어야 한다고 주장했다.

반독점법이 강력하게 집행된 것은 1930년대 후반에 이르러서였다. 1938년 아놀드가 법무부 반독점국의 책임자로 임명되었다. 아놀드는 소생산자의 자치와 탈집중화된 경제의 보호가 대량 생산 시대에 맞지 않는 감상적인 생각이라고 치부하고, 시민 자치권을 근거로 하는 반독점 주장을 거부했다. 그는 독점 규제의 목적이 권력 집중에 대한 싸움이 아니라 경제적 효율성의 향상에 맞춰져야 한다고 주장했다. 독점 규제를 통해 생산과 분배의 효율성을 증가시키고 그 혜택을 소비자에게 돌려주는 것이 핵심 문제라는 것이다. 이 점에서 반독점법의 목적이 소비자 가격을 낮춰 소비자 복지를 증진시키는 데 있다고 본 것이다. 그는 사람들이 반독점법을 지지하는 이유도 대기업에 대한 반감이나 분노 때문이 아니라, '돼지갈비, 빵, 안경, 약, 배관공사 등의 가격'에 대한 관심 때문이라고 강조했다. 이 시기 아놀드의 견해가 널리 받아들여진 것도 소비자 복지에 대한 당시 사람들의 관심사를 반영했기 때문으로 볼 수 있다. 이런 점에서 소비자 복지에 근거한 반독점 정책은 안정된 법적, 정치적 제도로서의 지위를 갖게 되었다.

① 셔먼과 브랜다이스의 견해는 공화주의 전통에 기반을 두고 있었다.
② 아놀드는 독점 규제의 목적에 대한 브랜다이스의 견해에 비판적이었다.
③ 셔먼과 아놀드는 소비자 이익을 보호한다는 점에서 반독점법을 지지했다.
④ 반독점 주장의 주된 근거는 1930년대 후반 시민 자치권에서 소비자 복지로 옮겨 갔다.
⑤ 브랜다이스는 독립적 소생산자와 소비자의 이익을 보호하여 시민 자치를 지키고자 했다.

※ 다음은 한국, 일본의 스포츠 소비 통계자료이다. 자료를 참고하여 이어지는 질문에 답하시오. [3~4]

<한국, 일본의 스포츠 소비 통계>

구분	한국(2020년)		한국(2019년)		일본(2018년)	
	비용(억 원)	비율(%)	비용(억 원)	비율(%)	비용(억 엔)	비율(%)
합계	46,539	100.0	43,277	100.0	49,590	100.0
용품 소비	17,002	36.5	14,426	33.3	23,090	46.5
시설이용료·강습	29,195	62.8	28,680	66.3	25,270	51.0
운동경기 관람	342	0.7	171	0.4	1,230	2.5

03 2020년 한국의 스포츠 소비 비용 중 2019년 대비 가장 큰 비율로 증가한 품목의 비용 차이는?

① 171억 원
② 515억 원
③ 2,576억 원
④ 3,262억 원
⑤ 3,427억 원

04 2018년 일본의 스포츠 소비 비용 중 용품 소비 비용 대비 운동경기 관람 비용이 차지하는 비율은?(단, 소수점 셋째 자리에서 반올림한다)

① 3.31%
② 4.32%
③ 5.33%
④ 6.34%
⑤ 7.35%

05 A, B, C 세 사람은 주기적으로 집안 청소를 한다. A는 6일마다, B는 8일마다, C는 9일마다 청소를 할 때, 세 명이 9월 10일에 모두 같이 청소를 했다면, 다음에 같은 날 청소하는 날은 언제인가?

① 11월 5일
② 11월 12일
③ 11월 16일
④ 11월 21일
⑤ 11월 29일

06 레저용 차량을 생산하는 A기업에 대한 SWOT 분석결과를 참고하여 다음 〈보기〉 중 각 전략에 따른 대응으로 적절한 것을 모두 고르면?

SWOT 분석
조직의 외부환경 분석을 통해 기회와 위협 요인을 파악하고, 조직의 내부 역량 분석을 통해서 조직의 강점과 약점을 파악하여, 이를 토대로 강점은 최대화하고 약점은 최소화하며, 기회는 최대한 활용하고, 위협에는 최대한 대처하는 전략을 세우기 위한 분석 방법

〈SWOT 분석 매트릭스〉

구분	강점(S)	약점(W)
기회(O)	SO전략 : 공격적 전략 강점으로 기회를 살리는 전략	WO전략 : 방향전환 전략 약점을 보완하여 기회를 살리는 전략
위협(T)	ST전략 : 다양화 전략 강점으로 위협을 최소화하는 전략	WT전략 : 방어적 전략 약점을 보완하여 위협을 최소화하는 전략

〈A기업의 SWOT 분석결과〉

강점(Strength)	약점(Weakness)
• 높은 브랜드 이미지·평판 • 훌륭한 서비스와 판매 후 보증수리 • 확실한 거래망, 딜러와의 우호적인 관계 • 막대한 R&D 역량 • 자동화된 공장 • 대부분의 차량 부품 자체 생산	• 한 가지 차종에만 집중 • 고도도의 기술력에 대한 과도한 집중 • 생산설비에 막대한 투자 → 차량모델 변경의 어려움 • 한 곳의 생산 공장만 보유 • 전통적인 가족형 기업 운영
기회(Opportunity)	위협(Threat)
• 소형 레저용 차량에 대한 수요 증대 • 새로운 해외시장의 출현 • 저가형 레저용 차량에 대한 선호 급증	• 휘발유의 부족 및 가격의 급등 • 레저용 차량 전반에 대한 수요 침체 • 다른 회사들과의 경쟁 심화 • 차량 안전 기준의 강화

보기

ㄱ. ST전략 – 기술개발을 통하여 연비를 개선한다.
ㄴ. SO전략 – 대형 레저용 차량을 생산한다.
ㄷ. WO전략 – 규제강화에 대비하여 보다 안전한 레저용 차량을 생산한다.
ㄹ. WT전략 – 생산량 감축을 고려한다.
ㅁ. WO전략 – 국내 다른 지역이나 해외에 공장들을 분산 설립한다.
ㅂ. ST전략 – 경유용 레저 차량 생산을 고려한다.
ㅅ. SO전략 – 해외 시장 진출보다는 내수 확대에 집중한다.

① ㄱ, ㄴ, ㅁ, ㅂ
② ㄱ, ㄹ, ㅁ, ㅂ
③ ㄴ, ㄹ, ㅂ, ㅅ
④ ㄴ, ㄹ, ㅁ, ㅂ
⑤ ㄱ, ㄹ, ㅁ, ㅅ

07 다음은 발전소별 수문 자료이다. 이날 온도가 27℃를 초과한 발전소의 수력발전을 이용해 변환된 전기에너지의 총 출력량은 15,206.08kW였다. 이때 춘천의 분당 유량은?(단, 결괏값은 소수점 첫째 자리에서 반올림한다)

발전소명	저수위(ELm)	유량(m³/sec)	온도(℃)	강우량(mm)
안흥	375.9	0.0	26.0	7.0
춘천	102.0		27.5	4.0
의암	70.0	282.2	26.0	2.0
화천	176.5	479.9	24.0	6.0
청평	49.5	447.8	27.0	5.0
섬진강	178.6	6.9	29.5	0.0
보성강	126.6	1.1	30.0	0.0
팔당	25.0	1,394.1	25.0	0.5
괴산	132.1	74.2	27.2	90.5

※ P[kW]$=9.8 \times Q$[m³/sec]$\times H$[m]$\times \zeta$ [P : 출력량, Q : 유량, H : 유효낙차, ζ : {종합효율(수차효율)×(발전기효율)}]
※ 모든 발전소의 유효낙차는 20m, 종합효율은 90%이다.

① $4\text{m}^3/\text{min}$ ② $56\text{m}^3/\text{min}$
③ $240\text{m}^3/\text{min}$ ④ $488\text{m}^3/\text{min}$
⑤ $987\text{m}^3/\text{min}$

08 다음 글을 근거로 판단할 때, A시에서 B시까지의 거리는?

갑은 을이 운전하는 자동차를 타고 A시에서 B시를 거쳐 C시로 가는 중이었다. A, B, C는 일직선 상에 순서대로 있으며, 을은 자동차를 일정한 속력으로 운전하여 도시 간 최단 경로로 이동했다. A시를 출발한지 20분 후 갑은 을에게 지금까지 얼마나 왔는지 물어보았다.
"여기서부터 B시까지 거리의 딱 절반만큼 왔어."라고 을이 대답하였다.
그로부터 75km를 더 간 후에 갑은 다시 물어보았다.
"C시까지는 얼마나 남았지?"
을은 다음과 같이 대답했다.
"여기서부터 B시까지 거리의 딱 절반만큼 남았어."
그로부터 30분 뒤에 갑과 을은 C시에 도착하였다.

① 35km ② 40km
③ 45km ④ 50km
⑤ 55km

다음은 A ~ C기업의 반기별 수익률에 관한 자료이다. 〈조건〉을 바탕으로 △와 □에 해당하는 숫자로 옳은 것은?

〈기업의 반기별 수익률〉

(단위 : %)

기업＼기간	상반기	하반기
A	☆△□	☆○△
B	□☆○	□△☆
C	○□☆	○△☆

조건

- 각 기호는 서로 다른 한 자리 자연수를 나타낸다.
- 수익률 중 가장 높은 값은 532이다.
- A의 수익률은 상반기보다 하반기에 높다.
- B의 수익률은 하반기보다 상반기에 높다.
- C의 수익률은 상반기보다 하반기에 높다.

	△	□			△	□
①	1	2		②	2	1
③	2	3		④	3	1
⑤	3	2				

10 각 지역본부 대표 8명이 다음 〈조건〉에 따라 원탁에 앉아 회의를 진행한다고 할 때, 경인 지역본부 대표의 맞은편에 앉은 사람을 올바르게 추론한 것은?

조건

- 서울, 부산, 대구, 광주, 대전, 경인, 춘천, 속초 대표가 참여하였다.
- 서울 대표는 12시 방향에 앉아 있다.
- 서울 대표의 오른쪽 두 번째 자리에는 대전 대표가 앉아 있다.
- 부산 대표는 경인 대표의 왼쪽에 앉는다.
- 광주 대표의 양 옆자리는 대전 대표와 부산 대표이다.
- 광주 대표와 대구 대표는 마주 보고 있다.
- 속초 대표의 양 옆자리는 서울 대표와 대전 대표이다.

① 대전 대표
② 부산 대표
③ 대구 대표
④ 속초 대표
⑤ 서울 대표

서민들의 생활문화에서 생성되고, 향수되었던 민속음악에는 궁중음악이나 선비 풍류 음악과 다른 특성이 깃들어 있다. 먼저 민속음악은 기쁘고, 노엽고, 슬프고, 즐거운 마음의 변화를 드러내는 것을 주저하지 않는다. 풀어질 수 있는 데까지 풀어져 보고, 직접 음악에 뛰어들어 보는 현실적인 음악성을 추구하며, 흥과 신명은 드러내고 한(恨)을 풀어냄으로써 팍팍한 삶의 고비를 흥겹게 넘게 하는 음악, 이것이 민속음악이 지닌 큰 미덕이라고 할 수 있다.

다음으로 민속음악은 일정한 격식이나 외적인 연주 조건에 얽매이지 않기 때문에 악대의 편성과 공연방식이 매우 개방적이다. 일상에서는 한두 가지 악기로 장단과 가락에 맞추어 노래하거나 춤을 곁들이는 경우가 많고, 또한 음악에서 격식이나 사상을 표출하기보다는 음악에 개인의 생활과 감정을 담기 때문에 표현도 직접적이고 적극적인 경우가 많다. 음악의 농현이나 시김새를 변화있게 사용하여 흥과 한, 신명을 마음껏 표현한다. 음을 떨어내는 농현을 격렬하게 해서 음악을 극적으로 유도하며 음의 진행에 나타나는 '조이고 푸는' 과정을 뚜렷하게 내보인다. 음악의 속도는 느린 것과 빠른 것이 짝을 이루기도 하고, 음악의 진행에 따라 속도가 조절되기도 하지만, 대체로 느리고 엄숙한 이미지를 지닌 궁중음악이나 선비 풍류 음악에 비해 빠르고 발랄하다. 그런가 하면 민속음악에서는 곱고 예쁘게 다듬어내는 음보다 힘있고 역동적으로 표출되는 음이 아름답다고 여긴다. 판소리 명창이 고함치듯 질러대는 높은 소리에 청중들은 기다렸다는 듯이 '얼씨구'라는 추임새로 호응한다. 이러한 특성은 서양 클래식이나 정악의 개념에서 볼 때 이해하기 어려운 부분이다.

민속음악은 또 즉흥적인 신명성을 추구한다. 악보나 작곡자의 뜻이 강하게 반영되는 음악과 달리 우리의 민속 음악가들은 어느 정도의 음악적 틀을 지키는 가운데 그때 그때의 흥을 실어 즉흥적인 음악성을 발휘하는 것이다. 그것은 또 청중의 음악적 기대와도 상통한다. 즉 민속음악을 듣는데 귀가 트인 명창들은 판소리 명창들이 매번 똑같이 연주하는 것을 '사진 소리'라 하여 생명력 없는 음악으로 여겼다는 것은 널리 알려진 사실이다. 이 점은 산조에서도 마찬가지고 시나위 연주에서도 마찬가지여서 민속음악은 '배운대로 잘하면 대가가 되는 것'이 아니라 자기가 음악을 자유자재로 이끌어 갈 수 있도록 민속음악의 어법에 완전히 달통한 경지에 이르러야 비로소 좋은 연주를 하게 되는 것이다.

또한 민속음악이 지닌 가장 큰 특징 중 하나는 지역에 따라 음악의 표현요소가 많이 다르다는 것이다. 마치 각 지역의 방언이 다르듯, 민속음악은 서도와 남도, 동부, 경기 지역에 따라 다른 음악언어를 갖는다. 민요와 풍물, 무속음악을 말할 때 반드시 지역을 구분하는 것은 민속음악이 지닌 지역적 특징 때문이다.

11 윗글의 주된 내용 전개방식으로 적절한 것은?

① 여러 가지 대상들을 비교 분석하고 있다.
② 현상이 나타나게 된 원인을 제시하고 있다.
③ 대상이 가진 특징에 대해 설명하고 있다.
④ 특정 주장에 대해 비판하고 있다.
⑤ 여러 가지 대상들의 차이점을 제시하고 있다.

12 다음 중 민속음악의 특징으로 옳지 않은 것은?

① 기쁘고, 노엽고, 슬프고, 즐거운 마음의 변화를 드러낸다.
② 일정한 격식이나 외적인 연주 조건에 얽매이지 않는다.
③ 음악의 농현이나 시김새를 변화있게 사용하여 흥과 한, 신명을 마음껏 표현한다.
④ 곱고 예쁘게 다듬어 내는 음에 청중들이 추임새로 호응한다.
⑤ 서도와 남도, 동부, 경기 지역에 따라 다른 음악 표현요소를 갖는다.

13 다음 글의 '나'의 암묵적 전제로 볼 수 있는 것만을 〈보기〉에서 모두 고르면?

나는 최근에 수집한 암석을 분석하였다. 암석의 겉껍질은 광물이 녹아서 엉겨 붙어 있는 상태인데, 이것은 운석이 대기를 통과할 때 가열되면서 나타나는 대표적인 현상이다. 암석은 유리를 포함하고 있었고 이 유리에는 약간의 기체가 들어 있었다. 이 기체는 현재의 지구나 원시 지구의 대기와 비슷하지 않지만 바이킹 화성탐사선이 측정한 화성의 대기와는 흡사하였다. 특히 암석에서 발견된 산소는 지구의 암석에 있는 것과 동위원소 조성이 달랐다. 그러나 화성에서 기원한 다른 운석에서 나타나는 동위원소 조성과는 일치하였다.

놀랍게도 이 암석에서는 박테리아처럼 보이는 작은 세포 구조가 발견되었다. 그 크기는 100나노미터였고 모양은 둥글거나 막대기 형태였다. 이 구조는 매우 정교하여 살아 있는 세포처럼 보였다. 추가 분석으로 이 암석에서 탄산염 광물을 발견하였고 이 탄산염 광물은 박테리아가 활동하는 곳에서 형성된 지구의 퇴적물과 닮았다는 것을 알게 되었다. 이 탄산염 광물에서는 특이한 자철석 결정이 발견되었다. 지구에서 발견되는 A종류의 박테리아는 자체적으로 합성한, 특이한 형태와 높은 순도를 지닌 자철석 결정의 긴 사슬을 이용해 방향을 감지한다. 이 자철석은 지층에 퇴적될 수 있다. 자성을 띤 화석은 지구상에 박테리아가 나타나기 시작한 20억 년 전의 암석에서도 발견된다. 내가 수집한 암석에서 발견된 자철석은 A종류의 박테리아에 의해 생성되는 것과 같은 결정형과 높은 순도를 지니고 있었다.

따라서 나는 최근에 수집한 암석이 생명체가 화성에서 실재하였음을 나타내는 증거라고 확신한다.

보기

ㄱ. 크기가 100나노미터 이하의 구조는 생명체로 볼 수 없다.
ㄴ. 산소의 동위원소 조성은 행성마다 모두 다르게 나타난다.
ㄷ. A종류의 박테리아가 없었다면 특이한 결정형의 자철석이 나타나지 않는다.

① ㄱ   ② ㄴ
③ ㄱ, ㄷ   ④ ㄴ, ㄷ
⑤ ㄱ, ㄴ, ㄷ

14 다음 글과 S시의 도로명 현황을 근거로 판단할 때, S시에서 발견될 수 있는 도로명은?

> 도로명의 구조는 일반적으로 두 개의 부분으로 나누어지는데 앞부분을 전부요소, 뒷부분을 후부요소라고 한다. 전부요소는 대상물의 특성을 반영하여 이름붙인 것이며 다른 곳과 구분하기 위해 명명된 부분이다. 즉, 명명의 배경이 반영되어 성립된 요소로 다양한 어휘가 사용된다. 후부요소로는 '로, 길, 골목'이 많이 쓰인다.
> 그런데 도로명은 전부요소와 후부요소만 결합한 기본형이 있고, 후부요소에 다른 요소가 첨가된 확장형이 있다. 확장형은 후부요소에 '1, 2, 3, 4···' 등이 첨가된 일련번호형과 '동, 서, 남, 북, 좌, 우, 윗, 아래, 앞, 뒷, 사이, 안, 중앙' 등의 어휘들이 첨가된 방위형이 있다.

> **〈S시의 도로명 현황〉**
>
> S시의 도로명을 모두 분류한 결과, 도로명의 전부요소로는 한글고유어보다 한자어가 더 많이 발견되었고, 기본형보다 확장형이 많이 발견되었다. 확장형의 후부요소로는 일련번호형이 많이 발견되었고, 일련번호는 '로'와만 결합되었다. 그리고 방위형은 '골목'과만 결합되었으며 사용된 어휘는 '동, 서, 남, 북'으로만 한정되었다.

① 행복1가
② 대학2로
③ 국민3길
④ 덕수궁뒷길
⑤ 꽃동네중앙골목

15 다음 중 그래프를 해석한 것으로 올바른 것은?

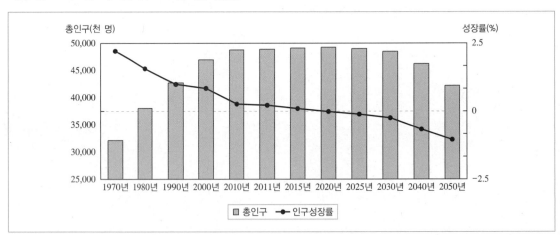

① 인구성장률은 2025년에 잠시 성장하다가 다시 감소할 것이다.
② 2011년부터 총인구는 감소할 것이다.
③ 2000 ~ 2010년 기간보다 2025 ~ 2030년 기간의 인구 수 변동이 덜할 것이다.
④ 2040년에 총인구는 1990년 인구보다 적을 것이다.
⑤ 총인구는 2000년부터 계속해서 감소하는 모습을 보이고 있다.

16 다음 중 글의 제목으로 적절한 것은?

> 20세기 한국 사회는 내부 노동시장에 의존한 평생직장 개념을 갖고 있었으나, 1997년 외환위기 이후 인력 관리의 유연성이 향상하면서 그것은 사라지기 시작하였다. 기업은 필요한 우수 인력을 외부 노동시장에서 적기에 채용하고, 저숙련 인력은 주변화하여 비정규직을 계속 늘려간다는 전략을 구사하고 있다. 이러한 기업의 인력 관리 방식에 따라서 실업률은 계속 하락하는 동시에 주당 18시간 미만으로 일하는 불완전 취업자가 많이 증가하고 있다.
>
> 이러한 현상은 우리나라의 경제가 지식기반 산업 위주로 점차 바뀌고 있음을 말해 준다. 지식기반 산업이 주도하는 경제 체제에서는 고급 지식을 갖거나 숙련된 노동자는 더욱 높은 임금을 받게 된다. 다시 말해, 지식기반 경제로의 이행은 지식 격차에 의한 소득 불평등의 심화를 의미한다. 우수한 기술과 능력을 갖춘 핵심 인력은 능력 개발 기회를 얻게 되어 '고급 기술 → 높은 임금 → 양질의 능력 개발 기회'의 선순환 구조를 갖지만, 비정규직·장기 실업자 등 주변 인력은 악순환을 겪을 수밖에 없다. 이러한 '양극화' 현상을 국가가 적절히 통제하지 못할 경우, 사회 계급 간의 간극은 더욱 확대될 것이다. 결국 고도 기술 사회가 온다고 해도 자본주의 사회 체제가 지속되는 한, 사회 불평등 현상은 여전히 계급 간 균열선을 따라 존재하게 될 것이다. 국가가 포괄적 범위에서 강력하게 사회 정책적 개입을 추진하면 계급 간 차이를 현재보다는 축소시킬 수 있겠지만 아주 없애지는 못할 것이다.
>
> 사회 불평등 현상은 나라들 사이에서도 발견된다. 각국 간 발전 격차가 지속 확대되면서 전 지구적 생산의 재배치는 이미 20세기 중엽부터 진행됐다. 정보통신 기술은 지구의 자전 주기와 공간적 거리를 '장애물'에서 '이점'으로 변모시켰다. 그 결과, 전 지구적 노동시장이 탄생하였다. 기업을 비롯한 각 사회 조직은 국경을 넘어 인력을 충원하고, 재화와 용역을 구매하고 있다. 개인들도 인터넷을 통해 이러한 흐름에 동참하고 있다. 생산 기능은 저개발국으로 이전되고, 연구·개발·마케팅 기능은 선진국으로 모여드는 경향이 지속·강화되어, 나라 간 정보 격차가 확대되고 있다. 유비쿼터스 컴퓨팅 기술에 의거하여 전 지구 사회를 잇는 지역 간 분업은 앞으로 더욱 활발해질 것이다. 나라 간의 경제적 불평등 현상은 국제 자본 이동과 국제 노동 이동으로 표출되고 있다. 노동 집약적 부문의 국내 기업이 해외로 생산 기지를 옮기는 현상에서 나아가, 초국적 기업화현상이 본격적으로 대두되고 있다. 전 지구에 걸친 외부 용역 대치가 이루어지고, 콜센터를 외국으로 옮기는 현상도 보편화될 것이다.

① 국가 간 노동 인력의 이동이 가져오는 폐해
② 사회 계급 간 불평등 심화 현상의 해소 방안
③ 지식기반 산업 사회에서의 노동시장의 변화
④ 선진국과 저개발국 간의 격차 축소 정책의 필요성
⑤ 저개발국에서 나타나는 사회 불평등 현상

17 다음 글의 내용을 포괄하는 진술로 가장 적절한 것은?

> 사람의 신체는 형체가 있으나 지각은 형체가 없습니다. 형체가 있는 것은 죽으면 썩어 없어지지만, 형체가 없는 것은 모이거나 흩어지는 일이 없으니, 죽은 뒤에 지각이 있을 법도 합니다. 죽은 뒤에도 지각이 있을 경우에만 불교의 윤회설이 맞고, 지각이 없다고 한다면 제사를 드리는 것에 실질적 근거는 없을 것입니다. 사람의 지각은 정기(精氣)에서 나옵니다. 눈과 귀가 지각하는 것은 넋의 영이며, 마음이 생각하는 것은 혼의 영입니다. 지각하고 생각하는 것은 기(氣)이며, 생각하도록 하는 것은 이(理)입니다. 이(理)는 지각이 없고 기는 지각이 있습니다. 따라서 귀가 있어야 듣고, 눈이 있어야 보며, 마음이 있어야 생각을 할 수 있으니, 정기가 흩어지고 나면 무슨 물체에 무슨 지각이 있겠습니까? 지각이 없다고 한다면 비록 천당과 지옥이 있다고 하더라도 즐거움과 괴로움을 지각할 수 없으니, 불가의 인과응보설(因果應報說)은 저절로 무너지게 됩니다.
>
> 죽은 뒤에는 지각이 없다 해도 제사를 지내는 것에는 이치[理]가 있습니다. 사람이 죽어도 오래되지 않으면 정기가 흩어졌다 해도 바로 소멸되는 것은 아니기 때문에 정성과 공경을 다하면 돌아가신 조상과 느껴서 통할 수 있습니다. 먼 조상의 경우 기운은 소멸했지만 이치는 소멸한 것이 아니니 또한 정성으로 느껴서 통할 수 있습니다. 감응할 수 있는 기운은 없지만 감응할 수 있는 이치가 있기 때문입니다. 조상이 돌아가신 지 오래되지 않았으면 기운으로써 감응하고, 돌아가신 지 오래되었으면 이치로써 감응하는 것입니다.

① 윤회설이 부정된다고 해서 제사가 부정되지는 않는다.
② 제사는 조상의 기를 느껴서 감응하는 것이다.
③ 죽은 사람과는 기운과 정성을 통해 감응할 수 있다.
④ 사람이 죽으면 지각이 없어지므로 인과응보설은 옳지 않다.
⑤ 사람이 죽으면 정기는 흩어지므로 지각은 존재하지 않는다.

18 다음 자료를 보고 이해한 것으로 옳지 않은 것은?

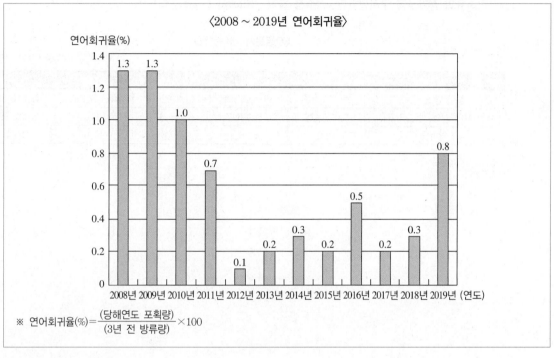

〈2008 ~ 2019년 연어회귀율〉

연어회귀율(%)

※ 연어회귀율(%)= $\dfrac{(당해연도\ 포획량)}{(3년\ 전\ 방류량)} \times 100$

① 2012년까지의 방류량이 매년 600만 마리였다면, 2012년의 포획량은 6천 마리이다.
② 2008년부터 2011년까지의 평균 회귀율은 1.075%이다.
③ 2012년부터 2019년까지의 평균 회귀율은 0.32% 이상이다.
④ 2000년대보다 2010년대의 방류량이 두 배로 늘었는데도 회귀율이 줄어든 이유는 무분별한 개발 때문이다.
⑤ 2012년까지의 방류량은 매년 600만 마리였고 2013년부터는 매년 1,000만 마리였다면 2015년보다 2017년의
   포획량이 더 많다.

19 다음은 2016 ~ 2020년 자원봉사 참여현황에 대한 자료이다. 자료를 참고하여 참여율이 4번째로 높은 해의 전년 대비 참여율의 증가율을 구하면?(단, 소수점 둘째 자리에서 반올림한다)

〈자원봉사 참여현황〉

(단위 : 명, %)

구분	2016년	2017년	2018년	2019년	2020년
총 성인 인구수	39,377,310	39,832,282	40,287,814	40,747,638	41,210,561
자원봉사 참여 성인 인구수	5,077,428	5,823,697	6,666,477	7,169,252	7,998,625
참여율	12.9	14.6	16.5	17.6	19.4

① 7.5%

② 9.6%

③ 11.6%

④ 13.2%

⑤ 14.5%

20 다음은 출생, 사망 추이를 나타낸 자료이다. 자료에 대한 해석으로 옳지 않은 것은?

〈출생, 사망 추이〉

구분		2014년	2015년	2016년	2017년	2018년	2019년	2020년
출생아 수(명)		490,543	472,761	435,031	448,153	493,189	465,892	444,849
사망자 수(명)		244,506	244,217	243,883	242,266	244,874	246,113	246,942
기대수명(년)		77.44	78.04	78.63	79.18	79.56	80.08	80.55
수명(년)	남성	73.86	74.51	75.14	75.74	76.13	76.54	76.99
	여성	80.81	81.35	81.89	82.36	82.73	83.29	83.77

① 출생아 수는 2013년 이후 감소하다가 2016년, 2017년에 증가한 이후 다시 감소하고 있다.

② 매년 기대수명은 증가하고 있다.

③ 남성과 여성의 수명은 매년 5년 이상의 차이를 보이고 있다.

④ 매년 출생아 수는 사망자 수보다 20만 명 이상 더 많으므로 매년 총 인구는 20만 명 이상씩 증가한다고 볼 수 있다.

⑤ 여성의 수명과 기대수명의 차이는 2017년이 가장 적다.

※ K공사 인사팀 팀원 6명이 회식을 하기 위해 이탈리안 레스토랑에 갔다. 다음 주문한 결과를 바탕으로 이어지는 질문에 답하시오. [21~22]

- 인사팀은 토마토 파스타 2개, 크림 파스타 1개, 토마토 리소토 1개, 크림 리소토 2개, 콜라 2잔, 사이다 2잔, 주스 2잔을 주문했다.
- 인사팀은 K팀장, L과장, M대리, S대리, H사원, J사원으로 구성되어 있는데, 같은 직급끼리는 같은 소스가 들어가는 요리를 주문하지 않았고, 같은 음료도 주문하지 않았다.
- 각자 좋아하는 요리가 있으면 그 요리를 주문하고, 싫어하는 요리나 재료가 있으면 주문하지 않았다.
- K팀장은 토마토 파스타를 좋아하고, S대리는 크림 리소토를 좋아한다.
- L과장과 H사원은 파스타면을 싫어한다.
- 대리들 중에 콜라를 주문한 사람은 없다.
- 크림 파스타를 주문한 사람은 사이다도 주문했다.
- 토마토 파스타나 토마토 리소토와 주스는 궁합이 안 맞는다고 하여 함께 주문하지 않았다.

21 다음 중 주문한 결과로 옳지 않은 것은?

① 사원들은 중 한 사람은 주스를 주문했다.
② L과장은 크림 리소토를 주문했다.
③ K팀장은 콜라를 주문했다.
④ 토마토 리소토를 주문한 사람은 콜라를 주문했다.
⑤ 사이다를 주문한 사람은 파스타를 주문했다.

22 다음 중 같은 요리와 음료를 주문한 사람으로 알맞게 짝지어진 것은?

① J사원, S대리
② H사원, L과장
③ S대리, L과장
④ M대리, H사원
⑤ M대리, K팀장

23 귀하가 근무하는 K공사는 출근할 때 카드 또는 비밀번호를 입력하여야 한다. 오늘 귀하는 카드를 집에 두고 출근하여 비밀번호로 근무지에 출입하려고 하였으나, 비밀번호가 잘 기억이 나지 않아 현재 매우 당혹스럽다. 네 자리 숫자로 이루어진 비밀번호에 대하여 다음 사실이 기억났다면, 귀하가 추론할 수 있는 내용으로 옳지 않은 것은?

- 비밀번호를 구성하고 있는 각 숫자는 소수가 아니다.
- 6과 8 중에서 단 하나만이 비밀번호에 들어간다.
- 비밀번호는 짝수로 시작한다.
- 비밀번호의 각 숫자는 큰 수부터 차례로 나열되어 있다.
- 같은 숫자는 두 번 이상 들어가지 않는다.

---

① 비밀번호는 짝수이다.
② 비밀번호의 앞에서 두 번째 숫자는 4이다.
③ 주어진 정보를 모두 만족하는 비밀번호는 모두 세 개이다.
④ 비밀번호는 1을 포함하지만, 9는 포함하지 않는다.
⑤ 주어진 정보를 모두 만족하는 비밀번호 중 가장 작은 수는 6410이다.

24 〈조건〉을 근거로 판단할 때, 〈보기〉에서 옳은 설명을 모두 고르면?

조건

- 한글 단어의 '단어점수'는 그 단어를 구성하는 자음으로만 결정된다.
- '단어점수'는 각기 다른 자음의 '자음점수'를 모두 더한 값을 그 단어를 구성하는 자음 종류의 개수로 나눈 값이다.
- '자음점수'는 그 자음이 단어에 사용된 횟수만큼 2를 거듭제곱한 값이다. 단, 사용되지 않는 자음의 '자음점수'는 0이다.
  예 글자 수가 4개인 '셋방살이'는 ㅅ 3개, ㅇ 2개, ㅂ 1개, ㄹ 1개의 자음으로 구성되므로 '단어점수'는
  $\dfrac{2^3+2^2+2^1+2^1}{4}$ 의 값인 4점이다.
  ※ 의미가 없는 글자의 나열도 단어로 인정한다.

보기

ㄱ. '각기'는 '논리'보다 단어점수가 더 높다.
ㄴ. 단어의 글자 수가 달라도 단어점수가 같을 수 있다.
ㄷ. 글자 수가 4개인 단어의 단어점수는 250점을 넘을 수 없다.

---

① ㄴ   ② ㄷ
③ ㄱ, ㄴ   ④ ㄱ, ㄷ
⑤ ㄱ, ㄴ, ㄷ

25 다음 글을 근거로 판단할 때, 〈보기〉에서 옳은 것만을 모두 고르면?

사람들은 검은 후추와 흰 후추를 서로 다른 종류라고 생각한다. 그런데 사실 검은 후추는 열매가 완전히 익기 전에 따서 건조시킨 것이다. 그래서 검은 후추열매의 외관은 주름져 있다. 반대로 흰 후추는 열매가 완전히 익었을 때 따서 따뜻한 물에 담가 과피와 과육을 제거한 것이다.

맛을 잘 아는 미식가는 후추를 가능하면 사용하기 직전에 갈아서 쓰곤 한다. 왜냐하면 후추는 통후추 상태로는 향미가 오랫동안 보존되지만 갈아놓으면 향미를 빨리 잃기 때문이다. 그 때문에 일반 가정의 식탁에도 후추 분쇄기가 놓이게 되었다.

후추는 열매에 들어 있는 피페린이라는 성분 때문에 매운맛이 난다. 피페린을 5 ~ 8% 함유하고 있는 검은 후추는 피페린의 함유량이 더 적은 흰 후추보다 매운맛이 강하다. 반면 흰 후추는 매운맛은 덜하지만 더 향기롭다.

보기

ㄱ. 피페린이 4% 함유된 후추는 7% 함유된 후추보다 더 매울 것이다.

ㄴ. 흰 후추를 얻기 위해서는 후추열매가 완전히 익기 전에 수확해야 한다.

ㄷ. 더 매운 후추 맛을 원하는 사람은 흰 후추보다 검은 후추를 선택할 것이다.

ㄹ. 일반적으로 후추는 사용 직전에 갈아 쓰는 것이 미리 갈아놓은 것보다 향미가 더 강할 것이다.

① ㄱ, ㄴ   ② ㄱ, ㄷ

③ ㄱ, ㄹ   ④ ㄴ, ㄷ

⑤ ㄷ, ㄹ

정답 및 해설 p.124

26 신제품 가격결정방법 중 초기고가전략(Skimming Pricing)을 채택하기 어려운 경우는?

① 수요의 가격탄력성이 높은 경우
② 생산 및 마케팅 비용이 높은 경우
③ 경쟁자의 시장진입이 어려운 경우
④ 제품의 혁신성이 큰 경우
⑤ 독보적인 기술이 있는 경우

27 최종품목 또는 완제품의 주생산일정계획(Master Production Schedule)을 기반으로 제품생산에 필요한 각종 원자재, 부품, 중간조립품의 주문량과 주문시기를 결정하는 재고관리방법은?

① 자재소요계획(MRP)
② 적시(JIT) 생산시스템
③ 린(Lean) 생산
④ 공급사슬관리(SCM)
⑤ 칸반(Kanban) 시스템

28 다음 중 윤리경영에서 주장하는 기업의 사회적 책임으로 적절한 것을 모두 고르면?

ㄱ. 윤리적 책임	ㄴ. 자선적 책임
ㄷ. 경제적 책임	ㄹ. 법적 책임

① ㄱ, ㄴ
② ㄱ, ㄴ, ㄷ
③ ㄱ, ㄴ, ㄹ
④ ㄴ, ㄷ, ㄹ
⑤ ㄱ, ㄴ, ㄷ, ㄹ

29 다음 중 동종 또는 유사업종의 기업들이 법적, 경제적 독립성을 유지하면서 협정을 통해 수평적으로 결합하는 형태를 뜻하는 말은?

① 지주회사(Holding Company)
② 카르텔(Cartel)
③ 컨글로메리트(Conglomerate)
④ 트러스트(Trust)
⑤ 콘체른(Concern)

30 다음 중 포터(M. Porter)의 경쟁전략 유형에 해당하는 것은?

① 차별화(Differentiation) 전략
② 블루오션(Blue Ocean) 전략
③ 방어자(Defender) 전략
④ 반응자(Reactor) 전략
⑤ 분석자(Analyzer) 전략

31 다음 중 인사고과에 대한 설명으로 적절하지 않은 것은?

① 인사고과는 임금을 책정하는 기본 자료로 활용된다.
② 인사고과 제도란 개인이 직무수행 요건을 갖추고 있는가를 평가하는 제도이다.
③ 목표관리법은 개인의 성취의욕과 자기개발 욕구를 자극하는 고과 방법이다.
④ 서열법은 업적이나 능력에 대하여 순위로 서열을 매기는 고과 방법이다.
⑤ 행위기준고과법(BARS)은 주관적인 특성을 보이며 신뢰할 만한 자료를 얻기 어렵다는 단점이 있다.

32 다음 중 평가센터법(Assessment Center)에 관한 설명으로 옳지 않은 것은?

① 평가에 대한 신뢰성이 양호하다.
② 승진에 대한 의사결정에 유용하다.
③ 교육훈련에 대한 타당성이 높다.
④ 평가센터에 초대받지 못한 종업원의 심리적 저항이 예상된다.
⑤ 다른 평가기법에 비해 상대적으로 비용과 시간이 적게 소요된다.

33 다음 중 최저임금제의 필요성으로 옳지 않은 것은?

① 계약자유 원칙의 한계 보완　　　　　② 저임금 노동자 보호
③ 임금인하 경쟁 방지　　　　　　　　④ 유효수요 창출
⑤ 소비자 부담 완화

34 다음 인사평가방법 중 피평가자의 능력, 태도, 작업, 성과 등에 관련된 표준행동들을 제시하고 평가자가 해당 서술문을 대조하여 평가하는 방법은?

① 서열법　　　　　　　　　　　　　② 평정척도법
③ 체크리스트법　　　　　　　　　　④ 중요사건기술법
⑤ 목표관리법

35 다음 중 교육훈련의 필요성을 파악하기 위한 일반적인 분석방법이 아닌 것은?

① 전문가자문법　　　　　　　　　　② 역할연기법
③ 자료조사법　　　　　　　　　　　④ 면접법
⑤ 델파이기법

36 다음 자료에서 설명하는 개념으로 적절한 것은?

> 소비자의 제품 주문 정보가 공급망 상류로 갈수록 수요 정보가 왜곡되는 현상을 의미한다.

① 지수평활 효과　　　　　　　　　　② 품절 효과
③ 가치사슬 효과　　　　　　　　　　④ 층별 효과
⑤ 채찍 효과

37 다음은 Fishbein 다속성 태도모델을 활용한 소비자 태도 평가표이다. 다음의 결과를 근거로 할 때, 소비자가 선택하는 제품은 무엇인가?

속성	중요도	제품				
		A	B	C	D	E
디자인	3	9	6	5	9	3
편의성	2	8	9	7	6	5
유용성	5	6	7	10	7	6

① A   ② B
③ C   ④ D
⑤ E

38 다음 자료에서 설명하는 것은?

> • 기업이 주어진 인건비로 평상시보다 더 많은 부가가치를 창출하였을 경우, 이 초과된 부가가치를 노사협동의 산물로 보고 기업과 종업원 간에 배분하는 제도이다.
> • 노무비 외 원재료비 및 기타 비용의 절감액도 인센티브 산정에 반영한다.

① 연봉제   ② 개인성과급제
③ 임금피크제   ④ 럭커 플랜
⑤ 스캔론 플랜

39 다음 자료에서 설명하는 소비재는?

> • 특정 브랜드에 대한 고객 충성도가 높다.
> • 제품마다 고유한 특성을 지니고 있다.
> • 브랜드마다 차이가 크다.
> • 구매 시 많은 시간과 노력을 필요로 한다.

① 편의품(Convenience Goods)   ② 선매품(Shopping Goods)
③ 전문품(Speciality Goods)   ④ 자본재(Capital Items)
⑤ 원자재(Raw Materials)

40 기업의 경영자는 출자뿐만 아니라 기업을 경영하는 기능까지 수행하는 소유경영자와, 기업의 대규모화와 복잡화에 따라 전문적인 경영지식을 갖춘 전문경영자로 구분할 수 있다. 다음 중 전문경영자에 대한 설명으로 옳지 않은 것은?

① 상대적으로 강력한 리더십을 발휘할 수 있다.

② 소유과 경영의 분리로 계속기업이 가능하다.

③ 자신의 이해관계를 주주의 이해관계보다 더 중시할 수 있다.

④ 재직기간 동안의 단기적 이익 창출만을 중시할 수 있다.

⑤ 통제의 규모와 범위에 대한 인식이 모호하다.

41 다음 중 효과적인 시장세분화를 위한 요건으로 옳지 않은 것은?

① 측정가능성   ② 충분한 시장 규모

③ 접근가능성   ④ 세분시장 간의 동질성

⑤ 실행가능성

42 다음 중 촉진믹스(Promotion Mix) 활동에 해당되지 않는 것은?

① 옥외광고   ② 인적판매

③ 홍보   ④ 간접마케팅

⑤ 개방적 유통

43 다음 중 노동조합의 권한이 가장 강하게 우선시될 수 있는 제도로 옳은 것은?

① 클로즈드 숍(closed shop)

② 오픈 숍(open shop)

③ 유니온 숍(union sho)

④ 에이전시 숍(agency shop)

⑤ 우선 숍(preferential shop)

44 A점포의 연간 자전거 판매수량은 500대이고, 한 번 주문할 때 소요되는 주문비용은 10만 원이다. 자전거 한 대의 구입가격은 15만 원이며, 재고 유지를 위해 매년 부담하는 비용은 대당 1만 원이다. 다음 중 A점포의 경제적 주문량(EOQ)과 최적주문횟수는 각각 얼마인가?

① 50대, 5회   ② 50대, 10회

③ 100대, 5회   ④ 100대, 7회

⑤ 250대, 2회

45 다음 중 재고품목을 가치나 상대적 중요도에 따라 차별화하여 관리하는 ABC 재고관리에 관한 설명으로 옳은 것은?

① A등급은 재고가치가 낮은 품목들이 속한다.
② A등급 품목은 로트 크기를 크게 유지한다.
③ C등급 품목은 재고유지비가 높다.
④ ABC등급 분석을 위해 롱테일(Long Tail) 법칙을 활용한다.
⑤ 가격, 사용량 등을 기준으로 등급을 구분한다.

46 다음 중 유통과 관련된 설명으로 적절하지 않은 것은?

① 유통업체를 이용하게 되면 총 거래수가 최소화되어 거래의 경제성을 달성할 수 있다.
② 유통은 소비자와 생산자 간의 시간과 공간적 제약을 극복해 주는 역할을 한다.
③ 유통기관은 생산자의 제품을 적절히 분류, 구색을 갖춤으로써 소비자들의 다양한 욕구를 충족시켜줄 수 있다.
④ 도매상, 소매상 등을 활용하는 유통 방식을 직접유통 방식이라고 한다.
⑤ 유통업체는 거래 기능, 물적 유통 기능, 조성 기능 등의 마케팅 기능을 수행해 준다.

47 다음 자료에서 설명하는 경영학 개념은 무엇인가?

> 인건비, 운송비 등 제조 비용을 줄이기 위해 해외로 생산기지를 옮겼던 기업들이 해당 국가에서도 비용 상승의 문제에 직면하면서 본국으로 돌아오기를 결정하는 것

① 공정무역　　　　　　　　　　② 리쇼어링
③ 보호무역　　　　　　　　　　④ 무역장벽
⑤ 관세장벽

48 A제품의 연간 수요는 10,000개로 예상된다. 이 제품의 연간 재고유지비용이 단위당 200원이고 주문 1회당 소요되는 주문비용은 100원이다. 이때, 경제적 주문량(EOQ)에 의한 최적 주문횟수로 옳은 것은?

① 50회　　　　　　　　　　　② 75회
③ 100회　　　　　　　　　　　④ 150회
⑤ 200회

49 다음 중 기업의 사회적 책임(CSR; Corporate Social Responsibility)에 대한 설명으로 옳지 않은 것은?

① 기업의 유지 및 발전에 대한 책임
② 기업의 후계자 육성에 대한 책임
③ 기업의 주주 부(Wealth)의 극대화에 대한 책임
④ 기업의 다양한 이해 조정에 대한 책임
⑤ 정부에 대한 책임

50 다음 중 임금에 관한 설명으로 옳지 않은 것은?

① 직무급은 직무를 평가하여 상대적인 가치에 따라 임금수준을 결정한다.
② 직능급은 종업원의 직무수행능력을 기준으로 임금수준을 결정한다.
③ 메릭식 복률성과급은 임률의 종류를 두 가지로 정하고 있다.
④ 할증급은 종업원에게 작업한 시간에 대하여 성과가 낮다 하더라도 일정한 임금을 보장한다.
⑤ 연공급은 종업원의 근속연수와 학력 등을 기준으로 임금수준을 결정한다.

26 다음 중 폭이 b이고 높이가 h인 직사각형의 그 도심에 대한 극(極) 2차 모멘트는?

① $\dfrac{bh}{3}(h^2 + b^2)$ 　　　　　② $\dfrac{\sqrt{bh}}{3}(h^3 + b^3)$

③ $\dfrac{\sqrt{bh}}{12}(h^3 + b^3)$ 　　　　④ $\dfrac{bh}{12}(h^2 + b^2)$

⑤ $\dfrac{bh}{6}(h^2 + b^2)$

27 다음 그림의 PS슬래브(높이 0.6m, 폭 1.0m)에 $P = 3,000\text{KN}$이 작용할 때 프리스트레스 힘에 의한 슬래브 상연에서의 응력을 중앙 단면에 대하여 올바르게 계산한 것은?(단, $e_p = 0.2\text{m}$이다)

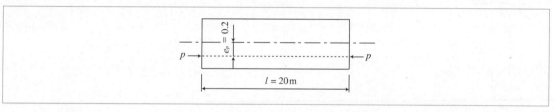

① $+50\text{MPa}$(압축 응력) 　　　　② $+10\text{MPa}$(압축 응력)

③ 0(무응력) 　　　　　　　　④ -5MPa(인장 응력)

⑤ -10MPa(인장 응력)

28 다음 중 상하단이 완전히 고정된 긴 기둥의 유효세장비의 일반식은?(단, l : 기둥의 길이, r : 단면 회전반경이다)

① $\dfrac{l}{2r}$ 　　　　　　　　② $\dfrac{l}{\sqrt{2}\,r}$

③ $\dfrac{l}{r}$ 　　　　　　　　　④ $\dfrac{2l}{r}$

⑤ $\dfrac{2l}{\sqrt{2}\,r}$

29 다음 그림과 같은 형태의 트러스를 무엇이라 부르는가?

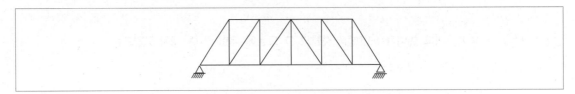

① 플랫 트러스   ② 하우 트러스
③ 와렌 트러스   ④ K 트러스
⑤ 평행현 트러스

30 다음 중 30m당 0.03m 짧은 줄자를 사용하여 정사각형 토지의 한 변을 측정한 결괏값이 150m일 때, 면적의 오차는?

① 41m^2 ② 43m^2
③ 45m^2 ④ 47m^2
⑤ 50m^2

31 다음은 폐합 트래버스측량 성과이다. 다음 중 측선 CD의 배횡거는?

측선	위거(m)	경거(m)
AB	65.39	83.57
BC	−34.57	19.68
CD	−65.43	−40.60
DA	34.61	−62.65

① 60.25m   ② 115.90m
③ 135.45m   ④ 165.89m
⑤ 180.65m

32 다음 중 GNSS 측량에 대한 설명으로 옳지 않은 것은?

① 다양한 항법위성을 이용한 3차원 측위방법으로, GPS, GLONASS, Galileo 등이 있다.

② VRS 측위는 수신기 1대를 이용한 절대측위 방법이다.

③ 지구질량 중심을 원점으로 하는 3차원 직교좌표체계를 사용한다.

④ 정지측량, 신속정치측량, 이동측량 등으로 측위방법을 구분할 수 있다.

⑤ 편도 거리 측정(One Way Ranging) 방식을 기본으로 사용한다.

33 다음 중 지형측량의 순서로 옳은 것은?

① 측량계획 – 골조측량 – 측량원도작성 – 세부측량

② 측량계획 – 세부측량 – 측량원도작성 – 골조측량

③ 측량계획 – 측량원도작성 – 골조측량 – 세부측량

④ 측량계획 – 골조측량 – 세부측량 – 측량원도작성

⑤ 측량계획 – 세부측량 – 골조측량 – 측량원도작성

34 PSC 콘크리트보에서 PS강재를 포물선으로 배치하여 보에 $P=2,000\text{kN}$이 작용할 때, 프리스트레스 보의 상향력은?(단, 보는 $L=10\text{m}$, $b=250\text{mm}$, $h=550\text{mm}$, $s=100\text{mm}$이다)

① 13.0kN/m ② 14.0kN/m

③ 15.0kN/m ④ 16.0kN/m

⑤ 17.0kN/m

35 다음 중 직사각형 보에서 계수 전단력 $V_u=70\text{kN}$을 전단철근 없이 지지하고자 할 경우 필요한 최소 유효깊이 d는 얼마인가?(단, $b=400\text{mm}$, $f_{ck}=21\text{MPa}$, $f_y=350\text{MPa}$)

① 약 426mm ② 약 556mm

③ 약 611mm ④ 약 751mm

⑤ 약 773mm

36 2.0kg/cm^2의 구속응력을 가하여 시료를 완전히 압밀시킨 다음 축차응력을 가하여 비배수 상태로 전단시켜 파괴 시 축변형률 $\epsilon_f = 10\%$, 축차응력 $\Delta\sigma_f = 2.8\text{kg/cm}^2$, 간극수압 $\Delta u_f = 2.1\text{kg/cm}^2$을 얻었다. 다음 중 파괴 시 간극수압계수 A의 값은?(단, 간극수압계수 B는 1.0으로 가정한다)

① 0.44
② 0.75
③ 1.33
④ 2.27
⑤ 3.21

37 시료채취에 사용되는 시료기(Sampler) 중 불교란시료 채취에만 사용되는 것을 〈보기〉에서 모두 고르면?

> **보기**
>
> ㄱ. 분리형 원통 시료기(Split Spoon Sampler)
> ㄴ. 피스톤 튜브 시료기(Piston Tube Sampler)
> ㄷ. 얇은 관 시료기(Thin Wall Tube Sampler)
> ㄹ. Laval 시료기(Laval Sampler)

① ㄱ, ㄴ
② ㄱ, ㄹ
③ ㄱ, ㄴ, ㄹ
④ ㄱ, ㄷ, ㄹ
⑤ ㄴ, ㄷ, ㄹ

38 다음 중 10m 두께의 점토층이 10년 만에 90% 압밀이 된다면, 40m 두께의 동일한 점토층이 90% 압밀에 도달하는 소요기간은?

① 16년
② 80년
③ 160년
④ 240년
⑤ 320년

39 다음 중 샘플러(Sampler)의 외경이 6cm, 내경이 5.5cm일 때, 면적비 A_r은?(단, 소수점 첫째 자리에서 버림 한다)

① 8.3%
② 9%
③ 16%
④ 19%
⑤ 21%

40 다음 중 기초폭이 4m인 연속기초에서 기초면에 작용하는 합력의 연직성분은 10t이고, 편심거리가 0.4m일 때, 기초지반에 작용하는 최대압력은?

① $2t/m^2$

② $4t/m^2$

③ $6t/m^2$

④ $8t/m^2$

⑤ $10t/m^2$

41 다음 중 흙의 다짐에 대한 설명으로 옳지 않은 것은?

① 조립토는 세립토보다 최대 건조단위중량이 커진다.

② 습윤측 다짐을 하면, 흙의 구조가 면모구조가 된다.

③ 최적함수비로 다질 때, 최대 건조단위중량이 된다.

④ 동일한 다짐 에너지에 대해서는 건조측이 습윤측보다 더 큰 강도를 보인다.

⑤ 낮은 압력에서는 습윤쪽으로, 높은 압력에서는 건조쪽으로 다지는 흙의 압축성이 커진다.

42 다음 중 도로교 설계기준의 강도로교 설계 시 1방향판의 주철근을 차량 진행 방향에서 직각으로 배치할 때 단순 바닥판의 단위폭당 활하중 모멘트는?(단, 경간 $L=4.2m$, 트럭 1개의 후륜 하중 $P=5,400kgf$, 3등교이다)

① $2,100kgf \cdot m/m$

② $2,300kgf \cdot m/m$

③ $2,500kgf \cdot m/m$

④ $2,700kgf \cdot m/m$

⑤ $3,200kgf \cdot m/m$

43 다음 중 강도설계법에 따라 단철근 직사각형 단면의 공칭모멘트 강도를 구할 때, 압축콘크리트의 등가직사각형 응력블럭의 깊이는?(단, 콘크리트 단면이 폭 300mm, 유효깊이 450mm, 철근량 $2,550mm^2$ 이고 콘크리트의 설계기준강도는 30MPa, 철근의 항복 강도는 300MPa이다)

① 70mm

② 85mm

③ 100mm

④ 125mm

⑤ 250mm

44 다음 그림에서 보의 길이(L)가 10m이고, 긴장력(F)이 200kN인 경우, 보 중앙의 강선(Tendon) 꺾인점에서의 상향력 U는?[단, 텐던의 경사각(θ)은 30도이다]

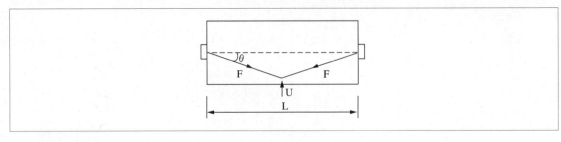

① 100kN

② 150kN

③ 200kN

④ 250kN

⑤ 300kN

45 30cm×30cm의 사각형 콘크리트 단면에 1개당 3cm^{2}인 PS강선 4개를 그림과 같이 강선군의 도심과 콘크리트 부재단면 도심이 일치하도록 배치한 포스트텐션 부재가 있다. PS강선을 1개씩 차례로 긴장하는 경우 콘크리트의 탄성 수축에 의한 프리스트레스의 평균 손실량은?(단, 초기 프리스트레스는 1,000MPa이고, 탄성계수비 $n = 6.0$이다)

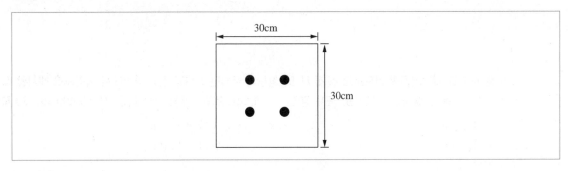

① 10MPa

② 15MPa

③ 20MPa

④ 30MPa

⑤ 60MPa

46 경간이 12m인 대칭 T형보에서 양쪽슬래브의 중심간격이 2,200mm, 플랜지의 두께 $t_f = 150$mm, 플랜지가 있는 부재의 복부 폭 $b_w = 500$mm일 때, 플랜지의 유효폭은 얼마인가?

① 2,100mm

② 2,200mm

③ 2,300mm

④ 2,400mm

⑤ 2,500mm

47 다음 중 사인장 응력에 대응하는 철근 배치 시 중립축과의 적정 각도는?

① 30°
② 45°
③ 60°
④ 75°
⑤ 90°

48 다음 중 T형교 슬래브(바닥판)의 두께는 차도 부분의 경우 최소한 얼마 이상인가?

① 22cm
② 15cm
③ 12cm
④ 10cm
⑤ 8cm

49 다음 중 3차 중첩 내삽법(Cubic Convolution)에 대한 설명으로 옳은 것은?

① 계산된 좌표를 기준으로 가까운 3개의 화소 값의 평균을 취한다.
② 영상분류와 같이 원영상의 화소 값과 통계치가 중요한 작업에 많이 사용된다.
③ 계산이 비교적 빠르며 출력영상이 가장 매끄럽게 나온다.
④ 보정 전 자료와 통계치 및 특성의 손상이 많다.
⑤ 화상의 평활화와 선명성의 효과는 보기 어렵다.

50 다음 중 포스트텐션 방식의 경우 콘크리트의 설계기준 강도는?

① $f_{ck} \geq 21MPa$
② $f_{ck} \geq 24MPa$
③ $f_{ck} \geq 30MPa$
④ $f_{ck} \geq 35MPa$
⑤ $f_{ck} \geq 40MPa$

26 단순 지지보 전체 길이에 균일 분포하중 450N/m가 작용하고 있다. 최대 굽힘응력은 몇 MPa인가?[단, (폭)×(높이)
＝5cm×6cm인 직사각형 단면, 보의 길이는 1m이다. 또한 보의 지점은 양 끝단에 있다]

① 0.755　　　　　　　　　　　　　　　② 1.025

③ 1.875　　　　　　　　　　　　　　　④ 2.545

⑤ 2.765

27 다음 중 칠드주조에 대한 설명으로 옳은 것은?

① 강철을 담금질하여 경화한 것

② 주철의 조직을 마르텐사이트로 한 것

③ 용융 주철을 급냉하여 표면을 시멘타이트 조직으로 만든 것

④ 미세한 펄라이트 조직의 주물

⑤ 흑연을 구상화하여 점성이 강한 주물

28 지름 150mm인 축이 200rpm으로 회전한다. 1m 떨어진 두 단면에서 측정한 비틀림 각이 $\frac{1}{2}$rad이었다면 이 축에 작용하는 비틀림 모멘트는 몇 kN · m인가?(단, 가로탄성계수는 100GPa이다)

① 약 135.2kN · m　　　　　　　　　　② 약 152.7kN · m

③ 약 198.2kN · m　　　　　　　　　　④ 약 232.5kN · m

⑤ 약 248.5kN · m

29 탄성계수가 200GPa인 강의 전단탄성계수는 약 몇 GPa인가?(단, 푸아송 비는 0.3이다)

① 약 66.7GPa　　　　　　　　　　　　② 약 76.9GPa

③ 약 100GPa　　　　　　　　　　　　④ 약 267GPa

⑤ 약 350GPa

30 허용인장강도 600MPa의 연강봉에 50kN의 축방향 인장하중이 가해질 경우 안전율을 7이라 하면 강봉의 최소 지름은 몇 cm까지 가능한가?

① 약 2.7cm
② 약 3.4cm
③ 약 5.7cm
④ 약 7.3cm
⑤ 약 9.4cm

31 압력 50kPa, 온도 25℃인 일정량의 이상기체가 있다. 부피를 일정하게 유지하면서 압력이 처음의 1.5배가 되었을 때, 기체의 온도는 몇 ℃가 되는가?

① 37.5℃
② 78.8℃
③ 122.3℃
④ 157.2℃
⑤ 174.1℃

32 질량이 7kg인 강제 용기 속에 물이 30L 들어 있다. 용기와 물이 18℃인 상태에서 이 속에 질량이 3kg이고 온도가 200℃인 어떤 물체를 넣었더니 일정 시간 후 온도가 50℃가 되면서 열평형에 도달하였다. 이때 이 물체의 비열은 몇 kJ/(kg · K)인가?[단, 물의 비열은 4.2kJ/(kg · K), 강의 비열은 0.46kJ/(kg · K)이다]

① 약 2.8kJ/(kg · K)
② 약 5.3kJ/(kg · K)
③ 약 9.2kJ/(kg · K)
④ 약 10.3kJ/(kg · K)
⑤ 약 12.1kJ/(kg · K)

33 7kg의 공기를 온도 10℃에서 일정 체적으로 가열하여 엔트로피가 4.82kJ/K 증가하였다. 이때 온도는 몇 K인가?[단, 공기의 정적비열은 0.717 kJ/(kg · K)이다]

① 약 540.9K
② 약 740.2K
③ 약 950.7K
④ 약 1,120.3K
⑤ 약 1,250.8K

34 시스템 내의 임의의 이상기체 2kg의 정압비열은 4.0kJ/(kg·K)이고, 초기 온도가 70℃인 상태에서 450kJ의 열량을 가하여 팽창시킬 때 변경 후 체적은 변경 전 체적의 몇 배가 되는가?(단, 정압과정으로 팽창한다)

① 약 0.58배
② 약 1.16배
③ 약 2.32배
④ 약 4.52배
⑤ 약 6.88배

35 카르노사이클로 작동되는 열기관이 400kJ의 열을 300℃에서 공급받아 50℃에서 방출한다면 이 기관의 일은 몇 kJ인가?

① 약 85.5kJ
② 약 123.4kJ
③ 약 152.8kJ
④ 약 174.5kJ
⑤ 약 181.2kJ

36 원관에서 난류로 흐르는 어떤 유체의 속도가 3배가 되었을 때, 마찰계수는 $\dfrac{1}{\sqrt{3}}$ 배로 줄어들었다. 이때 압력강하는 얼마인가?

① 1
② $3\sqrt{3}$
③ 3
④ $9\sqrt{3}$
⑤ $\dfrac{1}{3}$

37 다음 중 강철표면에 규소를 확산 침투시키는 방법으로 산류에 대한 내부식성, 내마멸성이 큰 표면 경화법은?

① 질화법
② 청화법
③ 실리코나이징
④ 크로마이징
⑤ 하드 페이싱

38 다음 그림과 같이 지름이 30mm인 노즐에서 기름이 15m/s의 속도로 분사되어 평판을 5m/s로 분사 방향으로 움직이고 있을 때, 평판에 작용하는 충격력은 얼마인가?(단, 기름의 비중은 0.83이다)

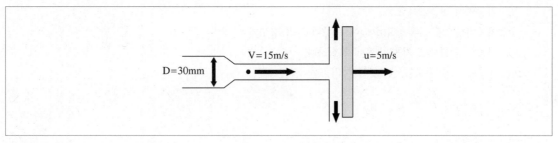

① 23.2   ② 46.5

③ 58.1   ④ 62.8

⑤ 82.1

39 잠수함이 30km/h로 잠수하는 상태를 관찰하기 위해서 $\frac{1}{10}$인 길이의 모형을 만들어 해수에 넣어 탱크에서 실험을 하려 한다. 모형의 속도는 몇 km/h인가?

① 0.3km/h   ② 3.3km/h

③ 3km/h   ④ 33.3km/h

⑤ 300km/h

40 다음 그림과 같이 표준대기압하에서 비중이 0.9인 기름의 압력을 액주계로 잰 결과가 그림과 같을 때 A점의 계기압력은 몇 kPa인가?

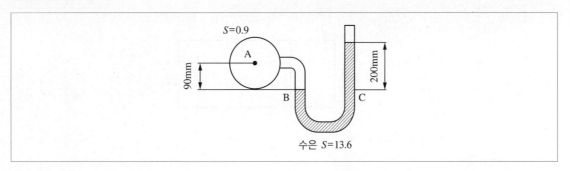

① 약 25.86kPa   ② 약 32.45kPa

③ 약 41.15kPa   ④ 약 62.48kPa

⑤ 약 75.36kPa

41 다음 중 냉간가공의 특징에 대한 설명으로 옳지 않은 것은?

① 인장강도, 경도가 증가한다.

② 가공면이 아름답다.

③ 가공방향으로 섬유조직이 되어 방향에 따라 강도가 달라진다.

④ 가공도가 크므로 거친 가공에 적합하다.

⑤ 연신율, 단면수축률, 인성 등은 감소한다.

42 결정조직을 미세화시키기 위해 A_3, A_{cm} 보다 $30 \sim 50℃$ 높게 가열한 후 공기 중에서 냉각시켜 미세한 소르바이트 조직을 얻는 열처리 방법은?

① 탬퍼링(Tempering)

② 퀜칭(Quenching)

③ 노멀라이징(Normalizing)

④ 어닐링(Annealing)

⑤ 오스포밍(Ausforming)

43 다음 중 그림과 같은 공압기호의 명칭은 무엇인가?

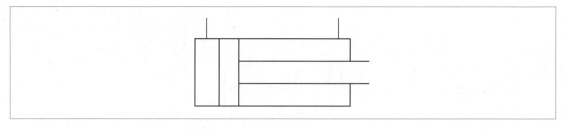

① 단동 실린더(스프링 없음)

② 차동 실린더

③ 복동 실린더(한쪽 피스톤 로드)

④ 복동 실린더(양쪽 피스톤 로드)

⑤ 복동식 텔레스코핑 실린더

44 공기압 장치와 비교하여 유압장치의 일반적인 특징에 대한 설명으로 옳지 않은 것은?

① 입력에 대한 출력의 응답이 빠르다.

② 방청과 윤활이 자동적으로 이루어진다.

③ 인화에 따른 폭발 위험이 적다.

④ 작은 장치로 큰 힘을 얻을 수 있다.

⑤ 온도 변화에 대한 점도 변화가 있으며, 기름이 누출될 수 있다.

45 다음 중 유압 제어 밸브가 아닌 것은?

① 릴리프 밸브(Relief Valve)

② 카운터 밸런스 밸브(Counter Balance Valve)

③ 시퀀스 밸브(Sequence Valve)

④ 스톱 밸브(Stop Valve)

⑤ 언로더 밸브(Unloader Valve)

46 질량 5kg인 물체가 25m/s로 움직이며 가다가 정지하고 있는 8kg의 물체에 충돌하여 두 물체가 함께 움직인다면 충돌 후의 속도는 몇 m/s인가?

① 약 9.6m/s

② 약 11.4m/s

③ 약 13.2m/s

④ 약 15.6m/s

⑤ 약 18.4m/s

47 다음 중 연강에서 청열 취성이 일어나기 쉬운 온도는?

① 200℃ ~ 300℃

② 500℃ ~ 550℃

③ 700℃ ~ 723℃

④ 900℃ ~ 950℃

⑤ 1,000℃ ~ 1,500℃

안심Touch

48 입도가 작고 연한 숫돌을 작은 압력으로 가공물 표면에 가압하면서 가공물에 피드를 주고, 숫돌을 진동시키면서 가공물을 완성하는 가공법은?

① 배럴(Barrel) 가공
② 호닝(Honing)
③ 슈퍼 피니싱(Super Finishing)
④ 숏 피닝(Shot Peening)
⑤ 래핑(Lapping)

49 이상기체의 등온과정에서 압력이 증가할 때, 엔탈피의 변화로 적절한 것은?

① 증가하다가 감소한다.
② 증가한다.
③ 변화 없다.
④ 감소한다.
⑤ 감소하다가 증가한다.

50 6냉동톤 냉동기의 성적계수가 3이다. 이때 필요한 동력은 몇 kW인가?(단, 1냉동톤은 3.85kW이다)

① 11.7kW
② 10.7kW
③ 9.7kW
④ 8.7kW
⑤ 7.7kW

26 다음 중 망상 배전방식의 특징으로 옳은 것은?

① 플리커, 전압변동률이 크다.
② 정전이 많고 배전 신뢰도가 낮다.
③ 인축의 접촉사고가 증가한다.
④ 전력 손실이 증가한다.
⑤ 부하증가에 대한 적응성이 좋지 않다.

27 동일한 조건하에서 3상 3선식의 배전선로의 총 소요 전선량은 3상 4선식의 것에 비해 몇 배 정도로 되는가?
(단, 중성선의 굵기와 전력선의 굵기는 같다)

① $\dfrac{9}{8}$

② $\dfrac{3}{4}$

③ $\dfrac{4}{9}$

④ $\dfrac{9}{4}$

⑤ $\dfrac{8}{9}$

28 일반 회로 정수가 A, B, C, D이고 송전단 상전압이 E_S인 경우 부하 단락 시 송전전압은?

① $\dfrac{C}{A}E_S$

② $\dfrac{C}{B}E_S$

③ $\dfrac{D}{A}E_S$

④ $\dfrac{B}{D}E_S$

⑤ $\dfrac{A}{C}E_S$

29 다음 그림과 같은 3상 송전계통에서 송전단 전압이 6600V일 때, 지금 P점에서 3상 단락사고가 발생했다면 발전기에 흐르는 전류는 몇 A인가?

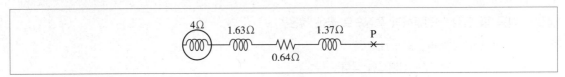

① 약 112A
② 약 222A
③ 약 382A
④ 약 542A
⑤ 약 664A

30 용량이 30kVA인 단상 주상변압기에 걸리는 하루의 부하가 30kW 21시간, 10kW 3시간일 때, 하루 동안의 손실은 몇 W인가?(단, 부하의 역률이 1이라고 가정하고, 변압기의 전부하동손은 900W, 철손은 300W이다)

① 18,200W
② 25,200W
③ 26,200W
④ 30,200W
⑤ 31,200W

31 어느 변압기의 전압비가 무부하시에는 12 : 1이고 정격 부하의 어느 역률에서는 13.5 : 1이다. 이 변압기의 동일 역률에서의 전압 변동률은?

① 10%
② 12%
③ 12.5%
④ 13%
⑤ 15.5%

32 변압비 3000/100V인 단상 변압기 2대의 고압측을 그림과 같이 직렬로 3300V 전원에 연결하고, 저압측에서 각각 $4\,\Omega$, $6\,\Omega$의 저항을 접속하였다. 이때, 고압측의 단자 전압 E_1은 몇 V인가?

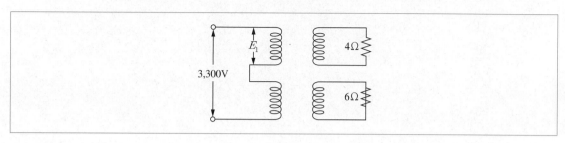

① 1,110V

② 1,170V

③ 1,220V

④ 1,320V

⑤ 1,980V

33 다음 회로에서 두 축전기에 축적된 전기량의 합 $(Q_1 + Q_2)$은?

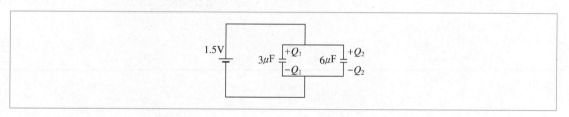

① 6C

② 13.5C

③ 16.8C

④ $6\times10^{-6}\,\mathrm{C}$

⑤ $13.5\times10^{-6}\,\mathrm{C}$

34 다음 중 $C_1 = 5\mu\mathrm{F}$, $C_2 = 10\mu\mathrm{F}$의 콘덴서를 직렬로 접속하고 직류 30V를 가했을 때 C_1 양단의 전압은?

① 5V

② 10V

③ 20V

④ 30V

⑤ 40V

35 다음 중 선간전압 20kV, 상전류 6A의 3상 Y결선되어 발전하는 교류 발전기를 △결선으로 변경하였을 때, 상전압 V_P와 선전류 I_L은?(단, 3상 전원은 평형이며, 3상 부하는 동일하다)

$$\begin{array}{ccc} & V_P & I_L \\ \text{①} & \dfrac{20}{\sqrt{3}}\,\text{kV} & 6\sqrt{3}\,\text{A} \\ \text{②} & 20\text{kV} & 6\sqrt{3}\,\text{A} \\ \text{③} & \dfrac{20}{\sqrt{3}}\,\text{kV} & 6\text{A} \\ \text{④} & 20\text{kV} & 6\text{A} \\ \text{⑤} & \dfrac{20}{\sqrt{3}}\,\text{kV} & 3\text{A} \end{array}$$

36 20극, 360rpm의 3상 동기 발전기가 있다. 전 슬롯수 180, 2층권 각 코일의 권수 4, 전기자 권선은 성형으로, 단자 전압 6,600V인 경우 1극의 자속은?(단, 권선 계수는 0.9라 한다)

① 약 0.0375Wb
② 약 0.3751Wb
③ 약 0.0662Wb
④ 약 0.6621Wb
⑤ 약 0.0853Wb

37 정격 용량 5,000kVA, 정격 전압 3,000V, 극수 12, 주파수 60Hz, 1상의 동기 임피던스가 $2\,\Omega$ 인 3상 동기 발전기가 있다. 이 발전기의 단락비는?

① 약 0.54
② 약 0.90
③ 약 1.12
④ 약 1.23
⑤ 약 1.40

38 다음 중 동기 발전기에서 극수 4, 1극의 자속수 0.062Wb, 1분간의 회전 속도를 1,800, 코일의 권수를 100이라고 할 때, 코일의 유기 기전력의 실효값은?(단, 권선 계수는 1.0이라 한다)

① 526.68V
② 1,488.68V
③ 1,651.68V
④ 2,336.68V
⑤ 2,526.68V

39 다음 중 60Hz 12극 회전자 외경 2m의 동기 발전기에 있어서 자극면의 주변 속도는?

① 약 33.8m/s   ② 약 43.8m/s

③ 약 53.8m/s   ④ 약 62.8m/s

⑤ 약 73.8m/s

40 다음 중 용량 10kVA의 단권 변압기를 그림과 같이 접속할 때, 역률 80%의 부하에 몇 kW의 전력을 공급할 수 있는가?

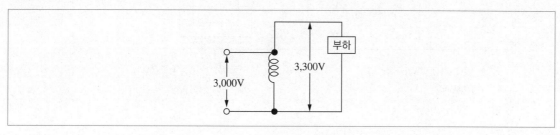

① 55kW   ② 66kW

③ 77kW   ④ 88kW

⑤ 90kW

41 다음 중 저항 강하 1.8, 리액턴스 강하가 2.0인 변압기의 전압 변동률의 최댓값과 역률은 각각 몇 %인가?

	최댓값	역률
①	약 7.2%	약 27%
②	약 2.7%	약 18%
③	약 2.7%	약 67%
④	약 1.8%	약 38%
⑤	약 1.8%	약 45%

42 3,300V, 60Hz인 Y결선의 3상 유도 전동기가 있다. 철손을 1,020W라 하면 1상의 여자 콘덕턴스는?

① 약 $56.1 \times 10^{-5} \, \Omega$

② 약 $18.7 \times 10^{-5} \, \Omega$

③ 약 $9.37 \times 10^{-5} \, \Omega$

④ 약 $6.12 \times 10^{-5} \, \Omega$

⑤ 약 $4.38 \times 10^{-5} \, \Omega$

43 다음 그림과 같은 철심에 200회의 권선을 하여 60Hz와 60V인 정현파 전압을 인가하였을 때, 철심의 자속 Φ_m[Wb]은?

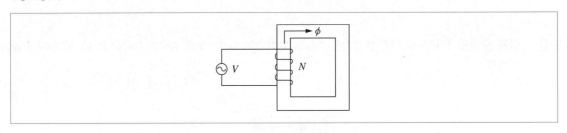

① 약 1.126×10^{-3}Wb

② 약 2.25×10^{-3}Wb

③ 약 1.126Wb

④ 약 2.25Wb

⑤ 약 2.85Wb

44 전압 220V에서의 기동 토크가 전부하 토크의 210%인 3상 유도 전동기가 있다. 기동 토크가 100%되는 부하에 대하여는 기동 보상기로 전압을 얼마나 공급하여야 하는가?

① 약 105V

② 약 152V

③ 약 319V

④ 약 462V

⑤ 약 512V

45 다음 중 12극과 8극인 2개의 유도 전동기를 종속법에 의한 직렬 접속법으로 속도제어할 때 전원 주파수가 50Hz인 경우, 무부하 속도 n은 몇 rps인가?

① 4rps

② 5rps

③ 15rps

④ 6rps

⑤ 12rps

46 다음 그림과 같은 회로망의 전류 산출로 옳은 것은?

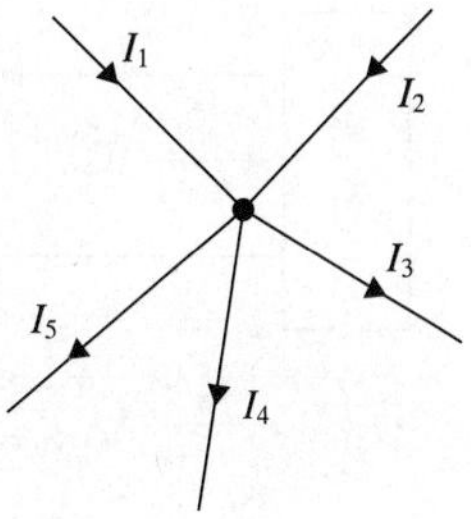

① $I_1 + I_2 - I_3 - I_4 - I_5 = 0$

② $I_1 - I_2 - I_3 - I_4 - I_5 = 0$

③ $I_1 + I_2 + I_3 + I_4 - I_5 = 0$

④ $I_1 + I_2 - I_3 + I_4 + I_5 = 0$

⑤ $I_1 - I_2 - I_3 + I_4 + I_5 = 0$

47 다음 중 전원 주파수가 60Hz일 때, 3상 전파 정류 회로의 리플 주파수는?

① 60Hz　　　　　　　　　② 120Hz

③ 180Hz　　　　　　　　④ 240Hz

⑤ 360Hz

48 다음 중 주로 정전압 다이오드로 사용되는 것은?

① 터널 다이오드　　　　　② 제너 다이오드

③ 쇼트키 베리어 다이오드　④ 바렉터 다이오드

⑤ 감압 다이오드

49 다음 그림에서 Vab가 50V일 때 전류 I의 양은?

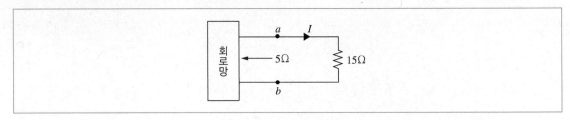

① 1.5A

② 2.0A

③ 2.5A

④ 3.0A

⑤ 4.5A

50 다음 회로에서 부하 R을 접속 시 얻을 수 있는 최대 출력은?

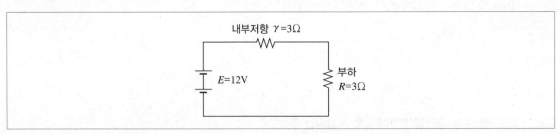

① 6W

② 12W

③ 20W

④ 25W

⑤ 30W

26 다음 그림과 같은 회로가 정저항 회로가 되기 위해서는 wL값은 대략 얼마인가?

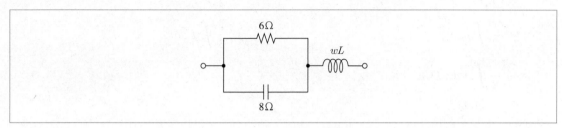

① $1.27\,\Omega$
② $2.45\,\Omega$
③ $2.88\,\Omega$
④ $3.12\,\Omega$
⑤ $3.28\,\Omega$

27 두 개의 코일 a, b가 있다. 두 개를 직렬로 접속하였더니 합성 인덕턴스가 127mH이었다. 극성을 반대로 했더니 합성 인덕턴스가 27mH이고, 코일 a의 자기 인덕턴스 $L_a = 25$mH라면 결합계수 k의 근사값은?

① 0.7
② 0.8
③ 0.9
④ 1
⑤ 1.1

28 대전된 도체구 A를 반지름이 4배가 되는 대전되어 있지 않은 도체구 B에 접속했을 때, 도체구 A가 처음 갖고 있던 전계에너지로부터의 손실량은 얼마인가?

① $\dfrac{1}{2}$
② $\dfrac{2}{3}$
③ $\dfrac{1}{4}$
④ $\dfrac{3}{4}$
⑤ $\dfrac{4}{5}$

29. 공간 전하밀도 $\rho[\text{C/m}^3]$의 전위가 $V[\text{V}]$, 전계의 세기가 $E[\text{V/m}]$일 때 공간 전체의 전하가 갖는 에너지 W는 몇 J인가?

① $\dfrac{1}{2}\displaystyle\int_v V^2\rho dv$

② $\dfrac{1}{2}\displaystyle\int_v CVdv$

③ $\dfrac{1}{2}\displaystyle\int_v \rho dv$

④ $\dfrac{1}{2}\displaystyle\int_v E^2 dv$

⑤ $\dfrac{1}{2}\displaystyle\int_v V\,div\,Ddv$

30. 전류 분포가 균일한 반지름 $a[\text{m}]$인 무한장 원주형 도선에 1A인 전류를 흘렸더니, 도선 중심에서 $\dfrac{a}{4}$인 점에서의 자계 세기가 $\dfrac{1}{2\pi}[\text{AT/m}]$이다. 이 도선의 반지름은 몇 m인가?

① $\dfrac{1}{2}$

② $\dfrac{1}{3}$

③ $\dfrac{2}{3}$

④ $\dfrac{1}{4}$

⑤ $\dfrac{3}{4}$

31. 주파수가 10MHz인 전자기파의 파장은?

① 10m

② 20m

③ 30m

④ 100m

⑤ 300m

32. 매질 1의 $\mu_1 = 500$, 매질 2의 $\mu_2 = 250$이다. 매질 2에서 경계면에 대하여 $60°$의 각도로 자계가 입사한 경우 매질 1에서 법선과 자계의 각도로 가장 가까운 값은?

① $40°$

② $50°$

③ $60°$

④ $70°$

⑤ $80°$

33 각 상의 임피던스 $Z=5+j12[\Omega]$인 평형 Δ부하에 선간 전압이 390V인 대칭 3상 전압을 가할 때의 선전류를 구하면?

① 약 22A

② 약 38A

③ 약 52A

④ 약 54A

⑤ 약 62A

34 기본파의 50%인 3고조파와 50%인 5고조파를 포함한 전압파의 왜형률은?

① 1

② 2

③ 0.6

④ 0.7

⑤ 0.8

35 〈보기〉와 같은 파형의 파고율은?

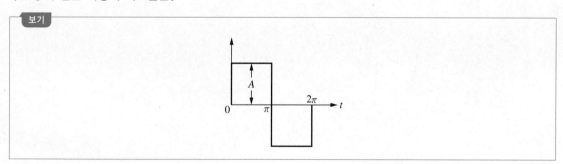

① $\dfrac{1}{2}$

② $\dfrac{\pi}{\sqrt{2}}$

③ $\dfrac{\pi}{2\sqrt{2}}$

④ $\dfrac{2}{\sqrt{3}}$

⑤ 1

36 기전력 1.2V, 내부 저항 $0.1\,\Omega$ 의 전지에서 공급되는 최대 전력은 몇 W인가?

① 6W
② 6.6W
③ 3.6W
④ 360W
⑤ 660W

37 다음 그림과 같은 4단자 회로망에서 4단자 정수를 $ABCD$ 파라미터로 나타낼 경우에 개방 역방향 전압이득 A 로 옳은 것은?

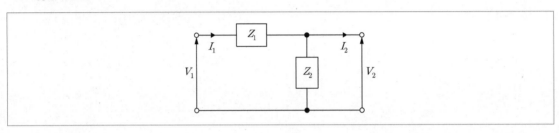

① Z_1
② $\dfrac{1}{Z_2}$
③ 1
④ $1+\dfrac{Z_1}{Z_2}$
⑤ $1-\dfrac{Z_1}{Z_2}$

38 2,000mH인 코일의 유도 리액턴스가 $400\,\Omega$ 일 경우에 주파수는 얼마인가?

① 약 320Hz
② 약 31.8Hz
③ 약 33.5Hz
④ 약 42.1Hz
⑤ 약 45.7Hz

39 어떤 코일에 흐르는 전류가 0.1s 동안에 전류가 일정하게 60A에서 20A로 변할 경우 기전력이 50V만큼 발생한다면 자기 인덕턴스는 얼마인가?

① 145mH

② 140mH

③ 135mH

④ 130mH

⑤ 125mH

40 다음 중 이상적인 전류원의 내부 임피던스 Z는?

① ∞

② $\dfrac{1}{2}\,\Omega$

③ 1Ω

④ 0Ω

⑤ 특정값은 없다.

41 다음 중 RLC 병렬공진회로에서 전류확대비(Q_0)로 표현한 것으로 옳은 것은?

① $R^2\sqrt{\dfrac{C}{L}}$

② $\dfrac{1}{R}\sqrt{\dfrac{C}{L}}$

③ $\dfrac{1}{R}\sqrt{\dfrac{2C}{L}}$

④ $R\sqrt{\dfrac{L}{C}}$

⑤ $R\sqrt{\dfrac{C}{L}}$

42 다음 중 단위 임펄스 함수(Unit Impulse Function) $\delta(t)$에 대한 설명으로 옳은 것은?

① $\delta(t)=\lim\limits_{a\to 0}\dfrac{1}{a}\{u(t)-u(t+a)\}$

② 임펄스 함수는 $t=\infty$에서만 값이 존재한다.

③ 폭은 거의 0이고, 높이는 거의 무한대가 되며, 면적은 1이 되는 펄스이다.

④ 단위 임펄스 함수는 단위 램프 함수(Unit Ramp Function)를 미분한 것이다.

⑤ 임의 회로망의 입력 전압으로 $\delta(t)$를 가하면 출력 전압은 입력 전압과 같게 된다.

43 te^{-t}을 라플라스 변환하면?

① $\dfrac{1}{(s-1)^2}$ ② $\dfrac{1}{(s+1)^2}$

③ $\dfrac{1}{s+1}$ ④ $\dfrac{2}{s+1}$

⑤ $\dfrac{2}{(s+1)^2}$

44 $L_1=40\text{H}$, $L_2=10\text{H}$인 전자 결합회로에서 결합계수 $K=0.7$일 경우에 상호 인덕턴스 M는 몇 H인가?

① 7.5H   ② 14H

③ 22H   ④ 28H

⑤ 56H

45 $e(t)=220\sqrt{2}\sin 140\pi t[\text{V}]$인 정현파 전압의 실효치와 주파수는 얼마인가?

	실효치(V)	주파수(Hz)
①	$220\sqrt{2}$	140
②	$220\sqrt{2}$	70
③	220	70
④	220	140
⑤	110	70

46 부하의 유효전력이 60kW이고 역률이 60%일 경우에 무효전력은 얼마인가?

① 80kVar   ② 70kVar

③ 60kVar   ④ 50kVar

⑤ 40kVar

47 1dB을 Neper단위로 환산하면 얼마인가?

① 약 8.686Nep/dB ② 약 7.076Nep/dB

③ 약 2.402Nep/dB ④ 약 0.521Nep/dB

⑤ 약 0.115Nep/dB

48 RC 직렬회로에 직류전압 15V를 인가하고 $t=0$에서 스위치를 켰을 때 커패시터(C) 양단에 걸리는 전압 $V_c(t)$는 몇 V인가?(단, $V_c(0)=0$, $C=2$F, $R=0.5\,\Omega$ 이다)

① $15e^{-t}$[V] ② $-15e^{-t}$[V]

③ $1-e^{-t}$[V] ④ $15(1-e^{t})$[V]

⑤ $15(1-e^{-t})$[V]

49 RL 직렬회로에 $v(t)=160\sin(10^4 t + Q_1)$[V]의 전압을 가했더니 $i(t)=4\sin(10^4 t + Q_2)$[A]의 전류가 흘렀다. 이때, $R=10\sqrt{15}\,\Omega$ 이라면 인덕턴스 L은 얼마인가?

① 100mH ② 10mH

③ 1mH ④ 0.1mH

⑤ 0.01mH

50 정격전압에서 2kW의 전력을 소비하는 저항에 70%인 전압을 인가할 때의 전력은 몇 W인가?

① 1,220W ② 980W

③ 890W ④ 680W

⑤ 560W

안심Touch

PART 5

채용 가이드

| 01 | 블라인드 채용

1. 블라인드 채용이란?

채용 과정에서 편견이 개입되어 불합리한 차별을 야기할 수 있는 출신지, 가족관계, 학력, 외모 등의 편견요인은 제외하고, 직무능력만을 평가하여 인재를 채용하는 방식입니다.

2. 블라인드 채용의 필요성

- 채용의 공정성에 대한 사회적 요구
  - 누구에게나 직무능력만으로 경쟁할 수 있는 균등한 고용기회를 제공해야 하나 아직도 채용의 공정성에 대한 불신이 존재
  - 채용상 차별금지에 대한 법적 요건이 권고적 성격에서 처벌을 동반한 의무적 성격으로 강화되는 추세
  - 시민의식과 지원자의 권리의식 성숙으로 차별에 대한 법적 대응 가능성 증가
- 우수 인재 채용을 통한 기업의 경쟁력 강화 필요
  - 직무능력과 무관한 학벌, 외모 위주의 선발로 우수인재 선발기회 상실 및 기업경쟁력 약화
  - 채용 과정에서 차별 없이 직무능력중심으로 선발한 우수인재 확보 필요
- 공정한 채용을 통한 사회적 비용 감소 필요
  - 편견에 의한 차별적 채용은 우수인재 선발을 저해하고 외모·학벌 지상주의 등의 심화로 불필요한 사회적 비용 증가
  - 채용에서의 공정성을 높여 사회의 신뢰수준 제고

3. 블라인드 채용의 특징

편견 요인을 요구하지 않는 대신 직무능력을 평가합니다.

※ 직무능력중심 채용이란?
  기업의 역량기반 채용, NCS기반 능력중심 채용과 같이 직무수행에 필요한 능력과 역량을 평가하여 선발하는 채용방식을 통칭합니다.

4. 블라인드 채용의 평가요소

직무수행에 필요한 지식, 기술, 태도 등을 과학적인 선발기법을 통해 평가합니다.

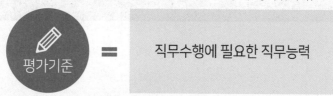

평가기준 = 직무수행에 필요한 직무능력

※ 과학적 선발기법이란?

직무분석을 통해 도출된 평가요소를 서류, 필기, 면접 등을 통해 체계적으로 평가하는 방법으로 입사지원서, 자기소개서, 직무수행능력 평가, 구조화 면접 등이 해당됩니다.

5. 블라인드 채용 주요 도입 내용

• 입사지원서에 인적사항 요구 금지
  – 인적사항에는 출신지역, 가족관계, 결혼여부, 재산, 취미 및 특기, 종교, 생년월일(연령), 성별, 신장 및 체중, 사진, 전공, 학교명, 학점, 외국어 점수, 추천인 등이 해당
  – 채용 직무를 수행하는 데 있어 반드시 필요하다고 인정될 경우는 제외
    예 특수경비직 채용 시 : 시력, 건강한 신체 요구
       연구직 채용 시 : 논문, 학위 요구 등
• 블라인드 면접 실시
  – 면접관에게 응시자의 출신지역, 가족관계, 학교명 등 인적사항 정보 제공 금지
  – 면접관은 응시자의 인적사항에 대한 질문 금지

6. 블라인드 채용 도입의 효과성

• 구성원의 다양성과 창의성이 높아져 기업 경쟁력 강화
  – 편견을 없애고 직무능력 중심으로 선발하므로 다양한 직원 구성 가능
  – 다양한 생각과 의견을 통하여 기업의 창의성이 높아져 기업경쟁력 강화
• 직무에 적합한 인재선발을 통한 이직률 감소 및 만족도 제고
  – 사전에 지원자들에게 구체적이고 상세한 직무요건을 제시함으로써 허수 지원이 낮아지고, 직무에 적합한 지원자 모집 가능
  – 직무에 적합한 인재가 선발되어 직무이해도가 높아져 업무효율 증대 및 만족도 제고
• 채용의 공정성과 기업이미지 제고
  – 블라인드 채용은 사회적 편견을 줄인 선발 방법으로 기업에 대한 사회적 인식 제고
  – 채용과정에서 불합리한 차별을 받지 않고 실력에 의해 공정하게 평가를 받을 것이라는 믿음을 제공하고, 지원자들은 평등한 기회와 공정한 선발과정 경험

02 서류전형 가이드

| 01 | 채용공고문

1. 채용공고문의 변화

기존 채용공고문	변화된 채용공고문
• 취업준비생에게 불충분하고 불친절한 측면 존재 • 모집분야에 대한 명확한 직무관련 정보 및 평가기준 부재 • 해당분야에 지원하기 위한 취업준비생의 무분별한 스펙 쌓기 현상 발생	• NCS 직무분석에 기반한 채용공고를 토대로 채용전형 진행 • 지원자가 입사 후 수행하게 될 업무에 대한 자세한 정보 공지 • 직무수행내용, 직무수행 시 필요한 능력, 관련된 자격, 직업기초능력 제시 • 지원자가 해당 직무에 필요한 스펙만을 준비할 수 있도록 안내
• 모집 부문 및 응시자격 • 지원서 접수 • 전형절차 • 채용조건 및 처우 • 기타사항	• 채용절차 • 채용유형별 선발분야 및 예정인원 • 전형방법 • 선발분야별 직무기술서 • 우대사항

2. 지원 유의사항 및 지원요건 확인

채용 직무에 따른 세부사항을 공고문에 명시하여 지원자에게 적격한 지원 기회를 부여함과 동시에 채용과정에서의 공정성과 신뢰성을 확보합니다.

구성	내용	확인사항
모집분야 및 규모	고용형태(인턴 계약직 등), 모집분야, 인원, 근무지역 등	채용직무가 여러 개일 경우 본인이 해당되는 직무의 채용규모 확인
응시자격	기본 자격사항, 지원조건	지원을 위한 최소자격요건을 확인하여 불필요한 지원을 예방
우대조건	법정·특별·자격증 가점	본인의 가점 여부를 검토하여 가점 획득을 위한 사항을 사실대로 기재
근무조건 및 보수	고용형태 및 고용기간, 보수, 근무지	본인이 생각하는 기대수준에 부합하는지 확인하여 불필요한 지원을 예방
시험방법	서류·필기·면접전형 등의 활용방안	전형방법 및 세부 평가기법 등을 확인하여 지원전략 준비
전형일정	접수기간, 각 전형 단계별 심사 및 합격자 발표일 등	본인의 지원 스케줄을 검토하여 차질이 없도록 준비
제출서류	입사지원서(경력·경험기술서 등), 각종 증명서 및 자격증 사본 등	지원요건 부합 여부 및 자격 증빙서류 사전에 준비
유의사항	임용취소 등의 규정	임용취소 관련 법적 또는 기관 내부 규정을 검토하여 해당여부 확인

| 02 | 직무기술서

직무기술서란 직무수행의 내용과 필요한 능력, 관련 자격, 직업기초능력 등을 상세히 기재한 것으로 입사 후 수행하게 될 업무에 대한 정보가 수록되어 있는 자료입니다.

1. 채용분야

[설명]

NCS 직무분류 체계에 따라 직무에 대한 「대분류 – 중분류 – 소분류 – 세분류」 체계를 확인할 수 있습니다.
채용직무에 대한 모든 직무기술서를 첨부하게 되며 실제 수행 업무를 기준으로 세부적인 분류정보를 제공합니다.

채용분야	분류체계			
사무행정	대분류	중분류	소분류	세분류
분류코드	02. 경영 · 회계 · 사무	03. 재무 · 회계	01. 재무	01. 예산
				02. 자금
			02. 회계	01. 회계감사
				02. 세무

2. 능력단위

[설명]

직무분류 체계의 세분류 하위능력단위 중 실질적으로 수행할 업무의 능력만 구체적으로 파악할 수 있습니다.

능력단위	(예산)	03. 연간종합예산수립 05. 확정예산 운영	04. 추정재무제표 작성 06. 예산실적 관리	
	(자금)	04. 자금운용		
	(회계감사)	02. 자금관리 06. 재무분석	04. 결산관리 07. 회계감사	05. 회계정보시스템 운용
	(세무)	02. 결산관리	05. 부가가치세 신고	07. 법인세 신고

3. 직무수행내용

[설명]

세분류 영역의 기본정의를 통해 직무수행내용을 확인할 수 있습니다. 입사 후 수행할 직무내용을 구체적으로 확인할 수 있으며, 이를 통해 입사서류 작성부터 면접까지 직무에 대한 명확한 이해를 바탕으로 자신의 희망직무인지 아닌지, 해당 직무가 자신이 알고 있던 직무가 맞는지 확인할 수 있습니다.

직무수행내용	(예산) 일정기간 예상되는 수익과 비용을 편성, 집행하며 통제하는 일
	(자금) 자금의 계획 수립, 조달, 운용을 하고 발생 가능한 위험 관리 및 성과평가
	(회계감사) 기업 및 조직 내 · 외부에 있는 의사결정자들이 효율적인 의사결정을 할 수 있도록 유용한 정보를 제공, 제공된 회계정보의 적정성을 파악하는 일
	(세무) 세무는 기업의 활동을 위하여 주어진 세법범위 내에서 조세부담을 최소화시키는 조세전략을 포함하고 정확한 과세소득과 과세표준 및 세액을 산출하여 과세당국에 신고 · 납부하는 일

4. 직무기술서 예시

태도	(예산) 정확성, 분석적 태도, 논리적 태도, 타 부서와의 협조적 태도, 설득력
	(자금) 분석적 사고력
	(회계 감사) 합리적 태도, 전략적 사고, 정확성, 적극적 협업 태도, 법률준수 태도, 분석적 태도, 신속성, 책임감, 정확한 판단력
	(세무) 규정 준수 의지, 수리적 정확성, 주의 깊은 태도
우대 자격증	공인회계사, 세무사, 컴퓨터활용능력, 변호사, 워드프로세서, 전산회계운용사, 사회조사분석사, 재경관리사, 회계관리 등
직업기초능력	의사소통능력, 문제해결능력, 자원관리능력, 대인관계능력, 정보능력, 조직이해능력

5. 직무기술서 내용별 확인사항

항목	확인사항
모집부문	해당 채용에서 선발하는 부문(분야)명 확인 예 사무행정, 전산, 전기
분류체계	지원하려는 분야의 세부직무군 확인
주요기능 및 역할	지원하려는 기업의 전사적인 기능과 역할, 산업군 확인
능력단위	지원분야의 직무수행에 관련되는 세부업무사항 확인
직무수행내용	지원분야의 직무군에 대한 상세사항 확인
전형방법	지원하려는 기업의 신입사원 선발전형 절차 확인
일반요건	교육사항을 제외한 지원 요건 확인(자격요건, 특수한 경우 연령)
교육요건	교육사항에 대한 지원요건 확인(대졸 / 초대졸 / 고졸 / 전공 요건)
필요지식	지원분야의 업무수행을 위해 요구되는 지식 관련 세부항목 확인
필요기술	지원분야의 업무수행을 위해 요구되는 기술 관련 세부항목 확인
직무수행태도	지원분야의 업무수행을 위해 요구되는 태도 관련 세부항목 확인
직업기초능력	지원분야 또는 지원기업의 조직원으로서 근무하기 위해 필요한 일반적인 능력사항 확인

| 03 | 입사지원서

1. 입사지원서의 변화

기존지원서
직무와 관련 없는 학점, 개인신상, 어학점수, 자격, 수상경력 등을 나열하도록 구성

VS

능력중심 채용 입사지원서
해당 직무수행에 꼭 필요한 정보들을 제시할 수 있도록 구성

직무기술서

직무수행내용

요구지식 / 기술

관련 자격증

사전직무경험

인적사항	성명, 연락처, 지원분야 등 작성(평가 미반영)
교육사항	직무지식과 관련된 학교교육 및 직업교육 작성
자격사항	직무관련 국가공인 또는 민간자격 작성
경력 및 경험사항	조직에 소속되어 일정한 임금을 받거나(경력) 임금 없이(경험) 직무와 관련된 활동 내용 작성

PART 1
PART 2
PART 3
PART 4
PART 5

2. 교육사항

• 지원분야 직무와 관련된 학교 교육이나 직업교육 혹은 기타교육 등 직무에 대한 지원자의 학습 여부를 평가하기 위한 항목입니다.

• 지원하고자 하는 직무의 학교 전공교육 이외에 직업교육, 기타교육 등을 기입할 수 있기 때문에 전공 제한 없이 직업교육과 기타교육을 이수하여 지원이 가능하도록 기회를 제공합니다.

(기타교육 : 학교 이외의 기관에서 개인이 이수한 교육과정 중 지원직무와 관련이 있다고 생각되는 교육내용)

구분	교육과정(과목)명	교육내용	과업(능력단위)

3. 자격사항

- 채용공고 및 직무기술서에 제시되어 있는 자격 현황을 토대로 지원자가 해당 직무를 수행하는 데 필요한 능력을 가지고 있는지를 평가하기 위한 항목입니다.
- 채용공고 및 직무기술서에 기재된 직무관련 필수 또는 우대자격 항목을 확인하여 본인이 보유하고 있는 자격사항을 기재합니다.

자격유형	자격증명	발급기관	취득일자	자격증번호

4. 경력 및 경험사항

- 직무와 관련된 경력이나 경험 여부를 표현하도록 하여 직무와 관련한 능력을 갖추었는지를 평가하기 위한 항목입니다.
- 해당 기업에서 직무를 수행함에 있어 필요한 사항만을 기록하게 되어 있기 때문에 직무와 무관한 스펙을 갖추지 않아도 됩니다.
- 경력 : 금전적 보수를 받고 일정기간 동안 일했던 경우
- 경험 : 금전적 보수를 받지 않고 수행한 활동

※ 기업에 따라 경력 / 경험 관련 증빙자료 요구 가능

구분	조직명	직위 / 역할	활동기간(년 / 월)	주요과업 / 활동내용

Tip

입사지원서 작성 방법

○ 경력 및 경험사항 작성
- 직무기술서에 제시된 지식, 기술, 태도와 지원자의 교육사항, 경력(경험)사항, 자격사항과 연계하여 개인의 직무역량에 대해 스스로 판단 가능

○ 인적사항 최소화
- 개인의 인적사항, 학교명, 가족관계 등을 노출하지 않도록 유의

부적절한 입사지원서 작성 사례
- 학교 이메일을 기입하여 학교명 노출
- 거주지 주소에 학교 기숙사 주소를 기입하여 학교명 노출
- 자기소개서에 부모님이 재직 중인 기업명, 직위, 직업을 기입하여 가족관계 노출
- 자기소개서에 석·박사 과정에 대한 이야기를 언급하여 학력 노출
- 동아리 활동에 대한 내용을 학교명과 더불어 언급하여 학교명 노출

| 04 | 자기소개서

1. 자기소개서의 변화

- 기존의 자기소개서는 지원자의 일대기나 관심 분야, 성격의 장·단점 등 개괄적인 사항을 묻는 질문으로 구성되어 지원자가 자신의 직무능력을 제대로 표출하지 못합니다.
- 능력중심 채용의 자기소개서는 직무기술서에 제시된 직업기초능력(또는 직무수행능력)에 대한 지원자의 과거 경험을 기술하게 함으로써 평가 타당도의 확보가 가능합니다.

1. 우리 회사와 해당 지원 직무분야에 지원한 동기에 대해 기술해 주세요.

2. 자신이 경험한 다양한 사회활동에 관해 기술해 주세요.

3. 지원 직무에 대한 전문성을 키우기 위해 받은 교육과 경험 및 경력사항에 대해 기술해 주세요.

4. 인사업무 또는 팀 과제 수행 중 발생한 갈등을 원만하게 해결해 본 경험이 있습니까? 당시 상황에 대한 설명과 갈등의 대상이 되었던 상대방을 설득한 과정 및 방법을 하단에 기술해 주세요.

5. 과거에 있었던 일 중 가장 어려웠던(힘들었었던) 상황을 고르고, 어떤 방법으로 그 상황을 해결했는지를 하단에 기술해 주세요.

자기소개서 작성 방법

① 자기소개서 문항이 묻고 있는 평가 역량 추측하기

예시

• 팀 활동을 하면서 갈등 상황 시 상대방의 니즈나 의도를 명확히 파악하고 해결하여 목표 달성에 기여했던 경험에 대해서 작성해 주시기 바랍니다.
• 다른 사람이 생각해내지 못했던 문제점을 찾고 이를 해결한 경험에 대해 작성해 주시기 바랍니다.

② 해당 역량을 보여줄 수 있는 소재 찾기(시간×역량 매트릭스)

예시

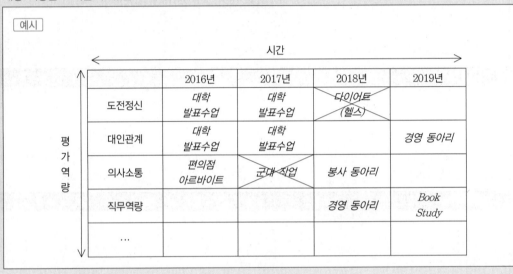

평가 역량	2016년	2017년	2018년	2019년
도전정신	대학 발표수업	대학 발표수업	~~다이어트 (헬스)~~	
대인관계	대학 발표수업	대학 발표수업		경영 동아리
의사소통	편의점 아르바이트	~~군대 작업~~	봉사 동아리	
직무역량			경영 동아리	Book Study
…				

③ 자기소개서 작성 Skill 익히기
• 두괄식으로 작성하기
• 구체적 사례를 사용하기
• '나'를 중심으로 작성하기
• 직무역량 강조하기
• 경험 사례의 차별성 강조하기

CHAPTER 03 인성검사 소개 및 모의테스트

| 01 | 인성검사 유형

인성검사는 지원자의 성격특성을 객관적으로 파악하고 그것이 각 기업에서 필요로 하는 인재상과 가치에 부합하는가를 평가하기 위한 검사입니다. 인성검사는 KPDI(한국인재개발진흥원), K-SAD(한국사회적성개발원), KIRBS(한국행동과학연구소), SHR(에스에이치알) 등의 전문기관을 통해 각 기업의 특성에 맞는 검사를 선택하여 실시합니다. 대표적인 인성검사의 유형에는 크게 다음과 같은 세 가지가 있으며, 채용 대행업체에 따라 달라집니다.

1. KPDI 검사

조직적응성과 직무적합성을 알아보기 위한 검사로, 인성검사, 인성역량검사, 인적성검사, 직종별 인적성검사 등의 다양한 검사 도구를 구현합니다. KPDI는 성격을 파악하고 정신건강 상태 등을 측정하고, 직무검사는 해당 직무를 수행하기 위해 기본적으로 갖추어야 할 인지적 능력을 측정합니다. 역량검사는 특정 직무 역할을 효과적으로 수행하는 데 직접적으로 관련 있는 개인의 행동, 지식, 스킬, 가치관 등을 측정합니다.

2. KAD(Korea Aptitude Development) 검사

K-SAD(한국사회적성개발원)에서 실시하는 적성검사 프로그램입니다. 개인의 성향, 지적 능력, 기호, 관심, 흥미도를 종합적으로 분석하여 적성에 맞는 업무가 무엇인가 파악하고, 직무수행에 있어서 요구되는 기초능력과 실무능력을 분석합니다.

3. SHR 직무적성검사

직무수행에 필요한 종합적인 사고 능력을 다양한 적성검사(Paper and Pencil Test)로 평가합니다. SHR의 모든 직무능력검사는 표준화 검사입니다. 표준화 검사는 표본집단의 점수를 기초로 규준이 만들어진 검사이므로 개인의 점수를 규준에 맞추어 해석·비교하는 것이 가능합니다. S(Standardized Tests), H(Hundreds of Version), R(Reliable Norm Data)을 특징으로 하며, 직군·직급별 특성과 선발 수준에 맞추어 검사를 적용할 수 있습니다.

| 02 | 인성검사와 면접

인성검사는 특히 면접질문과 관련성이 높습니다. 면접관은 지원자의 인성검사 결과를 토대로 질문을 하기 때문입니다. 일관적이고 이상적인 답변을 하는 것이 가장 좋지만, 실제 시험은 매우 복잡하여 전문가라 해도 일정 성격을 유지하면서 답변을 하는 것이 힘듭니다. 또한, 인성검사에는 라이 스케일(Lie Scale) 설문이 전체 설문 속에 교묘하게 섞여들어가 있으므로 겉치레적인 답을 하게 되면 회답태도의 허위성이 그대로 드러나게 됩니다. 예를 들어 '거짓말을 한적이 한 번도 없다.'에 '예'로 답하고, '때로는 거짓말을 하기도 한다.'에 '예'라고 답하여 라이 스케일의 득점이 올라가게 되면 모든 회답의 신빙성이 사라지고 '자신을 돋보이게 하려는 사람'이라는 평가를 받을 수 있으므로 주의해야 합니다. 따라서 모의테스트를 통해 인성검사의 유형과 실제 시험 시 어떻게 문제를 풀어야 하는지 연습해 보고 체크한 부분 중 자신의 단점과 연결되는 부분은 면접에서 질문이 들어왔을 때 어떻게 대처해야 하는지 생각해 보는 것이 좋습니다.

| 03 | 유의사항

1. 기업의 인재상을 파악하라!

인성검사를 통해 개인의 성격 특성을 파악하고 그것이 기업의 인재상과 가치에 부합하는지를 평가하는 시험이기 때문에 해당 기업의 인재상을 먼저 파악하고 시험에 임하는 것이 좋습니다. 모의테스트에서 인재상에 맞는 가상의 인물을 설정하고 문제에 답해 보는 것도 많은 도움이 됩니다.

2. 일관성 있는 대답을 하라!

짧은 시간 안에 다양한 질문에 답을 해야 하는데, 그 안에는 중복되는 질문이 여러 번 나옵니다. 이때 앞서 자신이 체크했던 대답을 잘 기억해뒀다가 일관성 있는 답을 하는 것이 중요합니다.

3. 모든 문항에 대답하라!

많은 문제를 짧은 시간 안에 풀려다 보니 다 못 푸는 경우도 종종 생깁니다. 하지만 대답을 누락하거나 끝까지 다 못했을 경우 좋지 않은 결과를 가져올 수도 있으니 최대한 주어진 시간 안에 모든 문항에 답할 수 있도록 해야 합니다.

| 04 | KPDI 모의테스트

※ 모의테스트는 질문 및 답변 유형 연습을 위한 것으로 실제 시험과 다를 수 있습니다.

번호	내용	예	아니오
001	나는 솔직한 편이다.	☐	☐
002	나는 리드하는 것을 좋아한다.	☐	☐
003	법을 어겨서 말썽이 된 적이 한 번도 없다.	☐	☐
004	거짓말을 한 번도 한 적이 없다.	☐	☐
005	나는 눈치가 빠르다.	☐	☐
006	나는 일을 주도하기보다는 뒤에서 지원하는 것을 선호한다.	☐	☐
007	앞일은 알 수 없기 때문에 계획은 필요하지 않다.	☐	☐
008	거짓말도 때로는 방편이라고 생각한다.	☐	☐
009	사람이 많은 술자리를 좋아한다.	☐	☐
010	걱정이 지나치게 많다.	☐	☐
011	일을 시작하기 전 재고하는 경향이 있다.	☐	☐
012	불의를 참지 못한다.	☐	☐
013	처음 만나는 사람과도 이야기를 잘 한다.	☐	☐
014	때로는 변화가 두렵다.	☐	☐
015	나는 모든 사람에게 친절하다.	☐	☐
016	힘든 일이 있을 때 술은 위로가 되지 않는다.	☐	☐
017	결정을 빨리 내리지 못해 손해를 본 경험이 있다.	☐	☐
018	기회를 잡을 준비가 되어 있다.	☐	☐
019	때로는 내가 정말 쓸모없는 사람이라고 느낀다.	☐	☐
020	누군가 나를 챙겨주는 것이 좋다.	☐	☐
021	자주 가슴이 답답하다.	☐	☐
022	나는 내가 자랑스럽다.	☐	☐
023	경험이 중요하다고 생각한다.	☐	☐
024	전자기기를 분해하고 다시 조립하는 것을 좋아한다.	☐	☐
025	감시받고 있다는 느낌이 든다.	☐	☐

026	난처한 상황에 놓이면 그 순간을 피하고 싶다.	☐	☐
027	세상엔 믿을 사람이 없다.	☐	☐
028	잘못을 빨리 인정하는 편이다.	☐	☐
029	지도를 보고 길을 잘 찾아간다.	☐	☐
030	귓속말을 하는 사람을 보면 날 비난하고 있는 것 같다.	☐	☐
031	막무가내라는 말을 들을 때가 있다.	☐	☐
032	장래의 일을 생각하면 불안하다.	☐	☐
033	결과보다 과정이 중요하다고 생각한다.	☐	☐
034	운동은 그다지 할 필요가 없다고 생각한다.	☐	☐
035	새로운 일을 시작할 때 좀처럼 한 발을 떼지 못한다.	☐	☐
036	기분 상하는 일이 있더라도 참는 편이다.	☐	☐
037	업무능력은 성과로 평가받아야 한다고 생각한다.	☐	☐
038	머리가 맑지 못하고 무거운 느낌이 든다.	☐	☐
039	가끔 이상한 소리가 들린다.	☐	☐
040	타인이 내게 자주 고민상담을 하는 편이다.	☐	☐

※ 모의테스트는 질문 및 답변 유형 연습을 위한 것으로 실제 시험과 다를 수 있습니다.

※ 이 성격검사의 각 문항에는 서로 다른 행동을 나타내는 네 개의 문장이 제시되어 있습니다. 이 문장들을 비교하여, 자신의 평소 행동과 가장 가까운 문장을 'ㄱ' 열에 표기하고, 가장 먼 문장을 'ㅁ' 열에 표기하십시오.

01 나는 _____

	ㄱ	ㅁ
A. 실용적인 해결책을 찾는다.	☐	☐
B. 다른 사람을 돕는 것을 좋아한다.	☐	☐
C. 세부 사항을 잘 챙긴다.	☐	☐
D. 상대의 주장에서 허점을 잘 찾는다.	☐	☐

02 나는 _____

	ㄱ	ㅁ
A. 매사에 적극적으로 임한다.	☐	☐
B. 즉흥적인 편이다.	☐	☐
C. 관찰력이 있다.	☐	☐
D. 임기응변에 강하다.	☐	☐

03 나는 _____

	ㄱ	ㅁ
A. 무서운 영화를 잘 본다.	☐	☐
B. 조용한 곳이 좋다.	☐	☐
C. 가끔 울고 싶다.	☐	☐
D. 집중력이 좋다.	☐	☐

04 나는 _____

	ㄱ	ㅁ
A. 기계를 조립하는 것을 좋아한다.	☐	☐
B. 집단에서 리드하는 역할을 맡는다.	☐	☐
C. 호기심이 많다.	☐	☐
D. 음악을 듣는 것을 좋아한다.	☐	☐

05 나는 _____

	ㄱ	ㅁ
A. 타인을 늘 배려한다.	☐	☐
B. 감수성이 예민하다.	☐	☐
C. 즐겨하는 운동이 있다.	☐	☐
D. 일을 시작하기 전에 계획을 세운다.	☐	☐

06 나는 _____

	ㄱ	ㅁ
A. 타인에게 설명하는 것을 좋아한다.	☐	☐
B. 여행을 좋아한다.	☐	☐
C. 정적인 것이 좋다.	☐	☐
D. 남을 돕는 것에 보람을 느낀다.	☐	☐

07 나는 _____

	ㄱ	ㅁ
A. 기계를 능숙하게 다룬다.	☐	☐
B. 밤에 잠이 잘 오지 않는다.	☐	☐
C. 한 번 간 길을 잘 기억한다.	☐	☐
D. 불의를 보면 참을 수 없다.	☐	☐

08 나는 _____

	ㄱ	ㅁ
A. 종일 말을 하지 않을 때가 있다.	☐	☐
B. 사람이 많은 곳을 좋아한다.	☐	☐
C. 술을 좋아한다.	☐	☐
D. 휴양지에서 편하게 쉬고 싶다.	☐	☐

09 나는 _____

	ㄱ	ㅁ
A. 뉴스보다는 드라마를 좋아한다.	☐	☐
B. 길을 잘 찾는다.	☐	☐
C. 주말엔 집에서 쉬는 것이 좋다.	☐	☐
D. 아침에 일어나는 것이 힘들다.	☐	☐

10 나는 _____

	ㄱ	ㅁ
A. 이성적이다.	☐	☐
B. 할 일을 종종 미룬다.	☐	☐
C. 어른을 대하는 게 힘들다.	☐	☐
D. 불을 보면 매혹을 느낀다.	☐	☐

11 나는 _____

	ㄱ	ㅁ
A. 상상력이 풍부하다.	☐	☐
B. 예의 바르다는 소리를 자주 듣는다.	☐	☐
C. 사람들 앞에 서면 긴장한다.	☐	☐
D. 친구를 자주 만난다.	☐	☐

12 나는 _____

	ㄱ	ㅁ
A. 나만의 스트레스 해소 방법이 있다.	☐	☐
B. 친구가 많다.	☐	☐
C. 책을 자주 읽는다.	☐	☐
D. 활동적이다.	☐	☐

| 01 | 면접유형 파악

1. 면접전형의 변화

기존 면접전형에서는 일상적이고 단편적인 대화나 지원자의 첫인상 및 면접관의 주관적인 판단 능에 의해서 입사 결정 여부를 판단하는 경우가 많았습니다. 이러한 면접전형은 면접 내용의 일관성이 결여되거나 직무 관련 타당성이 부족하였고, 면접에 대한 신뢰도에 영향을 주었습니다.

기존 면접(전통적 면접)		능력중심 채용 면접(구조화 면접)

• 일상적이고 단편적인 대화
• 인상, 외모 등 외부 요소의 영향
• 주관적인 판단에 의존한 총점 부여
 	
⇩
 	
• 면접 내용의 일관성 결여
• 직무관련 타당성 부족
• 주관적인 채점으로 신뢰도 저하
	VS	• 일관성
		  – 직무관련 역량에 초점을 둔 구체적 질문 목록
		  – 지원자별 동일 질문 적용
		• 구조화
		  – 면접 진행 및 평가 절차를 일정한 체계에 의해 구성
		• 표준화
		  – 평가 타당도 제고를 위한 평가 Matrix 구성
		  – 척도에 따라 항목별 채점, 개인 간 비교
		• 신뢰성
		  – 면접진행 매뉴얼에 따라 면접위원 교육 및 실습

2. 능력중심 채용의 면접 유형

① 경험 면접
  - 목적 : 선발하고자 하는 직무 능력이 필요한 과거 경험을 질문합니다.
  - 평가요소 : 직업기초능력과 인성 및 태도적 요소를 평가합니다.

② 상황 면접
  - 목적 : 특정 상황을 제시하고 지원자의 행동을 관찰함으로써 실제 상황의 행동을 예상합니다.
  - 평가요소 : 직업기초능력과 인성 및 태도적 요소를 평가합니다.

③ 발표 면접
  - 목적 : 특정 주제와 관련된 지원자의 발표와 질의응답을 통해 지원자 역량을 평가합니다.
  - 평가요소 : 직무수행능력과 인지적 역량(문제해결능력)을 평가합니다.

④ 토론 면접
  - 목적 : 토의과제에 대한 의견수렴 과정에서 지원자의 역량과 상호작용능력을 평가합니다.
  - 평가요소 : 직무수행능력과 팀워크를 평가합니다.

| 02 | 면접유형별 준비 방법

1. 경험 면접

① 경험 면접의 특징

• 주로 직업기초능력에 관련된 지원자의 과거 경험을 심층 질문하여 검증하는 면접입니다.

• 능력요소, 정의, 심사 기준
  - 평가하고자 하는 능력요소, 정의, 심사기준을 확인하여 면접위원이 해당 능력요소 관련 질문을 제시합니다.
• Opening Question
  - 능력요소에 관련된 과거 경험을 유도하기 위한 시작 질문을 합니다.
• Follow-up Question
  - 지원자의 경험 수준을 구체적으로 검증하기 위한 질문입니다.
  - 경험 수준 검증을 위한 상황(Situation), 임무(Task), 역할 및 노력(Action), 결과(Result) 등으로 질문을 구분합니다.

경험 면접의 형태

[면접관 1] [면접관 2] [면접관 3]   [면접관 1] [면접관 2] [면접관 3]

[지원자]   [지원자 1] [지원자 2] [지원자 3]

〈일대다 면접〉   〈다대다 면접〉

• 직무능력과 관련된 과거 경험을 평가하기 위해 심층 질문을 하며, 이 질문은 지원자의 답변에 대하여 '꼬리에 꼬리를 무는 형식'으로 진행됩니다.

② 경험 면접의 구조

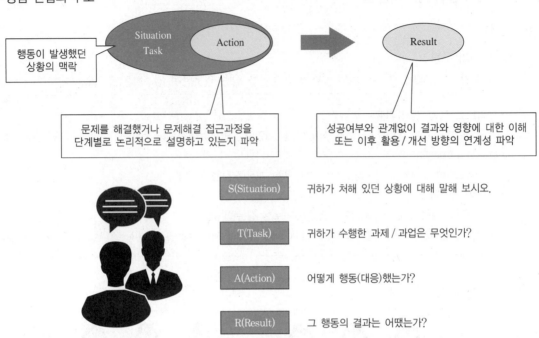

행동이 발생했던 상황의 맥락

문제를 해결했거나 문제해결 접근과정을 단계별로 논리적으로 설명하고 있는지 파악

성공여부와 관계없이 결과와 영향에 대한 이해 또는 이후 활용 / 개선 방향의 연계성 파악

S(Situation) 귀하가 처해 있던 상황에 대해 말해 보시오.

T(Task) 귀하가 수행한 과제 / 과업은 무엇인가?

A(Action) 어떻게 행동(대응)했는가?

R(Result) 그 행동의 결과는 어땠는가?

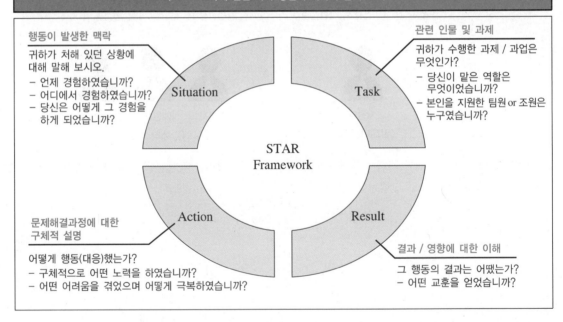

(   )에 관한 과거 경험에 대하여 말해 보시오.

행동이 발생한 맥락
귀하가 처해 있던 상황에 대해 말해 보시오.
– 언제 경험하였습니까?
– 어디에서 경험하였습니까?
– 당신은 어떻게 그 경험을 하게 되었습니까?

관련 인물 및 과제
귀하가 수행한 과제 / 과업은 무엇인가?
– 당신이 맡은 역할은 무엇이었습니까?
– 본인을 지원한 팀원 or 조원은 누구였습니까?

문제해결과정에 대한 구체적 설명
어떻게 행동(대응)했는가?
– 구체적으로 어떤 노력을 하였습니까?
– 어떤 어려움을 겪었으며 어떻게 극복하였습니까?

결과 / 영향에 대한 이해
그 행동의 결과는 어땠는가?
– 어떤 교훈을 얻었습니까?

Situation Task Action Result
STAR Framework

③ 경험 면접 질문 예시(직업윤리)

시작 질문	
1	남들이 신경 쓰지 않는 부분까지 고려하여 절차대로 업무(연구)를 수행하여 성과를 낸 경험을 구체적으로 말해 보시오.
2	조직의 원칙과 절차를 철저히 준수하며 업무(연구)를 수행한 것 중 성과를 향상시킨 경험에 대해 구체적으로 말해 보시오.
3	세부적인 절차와 규칙에 주의를 기울여 실수 없이 업무(연구)를 마무리한 경험을 구체적으로 말해 보시오.
4	조직의 규칙이나 원칙을 고려하여 성실하게 일했던 경험을 구체적으로 말해 보시오.
5	타인의 실수를 바로잡고 원칙과 절차대로 수행하여 성공적으로 업무를 마무리하였던 경험에 대해 말해 보시오.

후속 질문		
상황 (Situation)	상황	구체적으로 언제, 어디에서 경험한 일인가?
		어떤 상황이었는가?
	조직	어떤 조직에 속해 있었는가?
		그 조직의 특성은 무엇이었는가?
		몇 명으로 구성된 조직이었는가?
	기간	해당 조직에서 얼마나 일했는가?
		해당 업무는 몇 개월 동안 지속되었는가?
	조직규칙	조직의 원칙이나 규칙은 무엇이었는가?
임무 (Task)	과제	과제의 목표는 무엇이었는가?
		과제에 적용되는 조직의 원칙은 무엇이었는가?
		그 규칙을 지켜야 하는 이유는 무엇이었는가?
	역할	당신이 조직에서 맡은 역할은 무엇이었는가?
		과제에서 맡은 역할은 무엇이었는가?
	문제의식	규칙을 지키지 않을 경우 생기는 문제점 / 불편함은 무엇인가?
		해당 규칙이 왜 중요하다고 생각하였는가?
역할 및 노력 (Action)	행동	업무 과정의 어떤 장면에서 규칙을 철저히 준수하였는가?
		어떻게 규정을 적용시켜 업무를 수행하였는가?
		규정은 준수하는 데 어려움은 없었는가?
	노력	그 규칙을 지키기 위해 스스로 어떤 노력을 기울였는가?
		본인의 생각이나 태도에 어떤 변화가 있었는가?
		다른 사람들은 어떤 노력을 기울였는가?
	동료관계	동료들은 규칙을 철저히 준수하고 있었는가?
		팀원들은 해당 규칙에 대해 어떻게 반응하였는가?
		규칙에 대한 태도를 개선하기 위해 어떤 노력을 하였는가?
		팀원들의 태도는 당신에게 어떤 자극을 주었는가?
	업무추진	주어진 업무를 추진하는 데 규칙이 방해되진 않았는가?
		업무수행 과정에서 규정을 어떻게 적용하였는가?
		업무 시 규정을 준수해야 한다고 생각한 이유는 무엇인가?

결과 (Result)	평가	규칙을 어느 정도나 준수하였는가?
		그렇게 준수할 수 있었던 이유는 무엇이었는가?
		업무의 성과는 어느 정도였는가?
		성과에 만족하였는가?
		비슷한 상황이 온다면 어떻게 할 것인가?
	피드백	주변 사람들로부터 어떤 평가를 받았는가?
		그러한 평가에 만족하는가?
		다른 사람에게 본인의 행동이 영향을 주었다고 생각하는가?
	교훈	업무수행 과정에서 중요한 점은 무엇이라고 생각하는가?
		이 경험을 통해 느낀 바는 무엇인가?

2. 상황 면접

① 상황 면접의 특징

직무 관련 상황을 가정하여 제시하고 이에 대한 대응능력을 직무관련성 측면에서 평가하는 면접입니다.

- 상황 면접 과제의 구성은 크게 2가지로 구분
  - 상황 제시(Description) / 문제 제시(Question or Problem)
- 현장의 실제 업무 상황을 반영하여 과제를 제시하므로 직무분석이나 직무전문가 워크숍 등을 거쳐 현장성을 높임
- 문제는 상황에 대한 기본적인 이해능력(이론적 지식)과 함께 실질적 대응이나 변수 고려능력(실천적 능력) 등을 고르게 질문해야 함

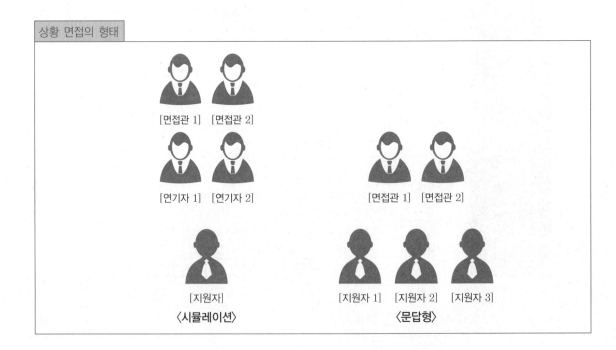

② 상황 면접 예시

상황 제시	인천공항 여객터미널 내에는 다양한 용도의 시설(사무실, 통신실, 식당, 전산실, 창고 면세점 등)이 설치되어 있습니다.	실제 업무 상황에 기반함
	금년에 소방배관의 누수가 잦아 메인 배관을 교체하는 공사를 추진하고 있으며, 당신은 이번 공사의 담당자입니다.	배경 정보
	주간에는 공항 운영이 이루어져 주로 야간에만 배관 교체 공사를 수행하던 중, 시공하는 기능공의 실수로 배관 연결 부위를 잘못 건드려 고압배관의 소화수가 누출되는 사고가 발생하였으며, 이로 인해 인근 시설물에 누수에 의한 피해가 발생하였습니다.	구체적인 문제 상황
문제 제시	일반적인 소방배관의 배관연결(이음)방식과 배관의 이탈(누수)이 발생하는 원인에 대해 설명해 보 시오.	문제 상황 해결을 위한 기본 지식 문항
	담당자로서 본 사고를 현장에서 긴급히 처리하는 프로세스를 제시하고, 보수완료 후 사후적 조치가 필요한 부분 및 재발방지 방안에 대해 설명해 보시오.	문제 상황 해결을 위한 추가 대응 문항

3. 발표 면접

① 발표 면접의 특징

- 직무관련 주제에 대한 지원자의 생각을 정리하여 의견을 제시하고, 발표 및 질의응답을 통해 지원자의 직무
  능력을 평가하는 면접입니다.
- 발표 주제는 직무와 관련된 자료로 제공되며, 일정 시간 후 지원자가 보유한 지식 및 방안에 대한 발표 및
  후속 질문을 통해 직무적합성을 평가합니다.

- 주요 평가요소
  - 설득적 말하기 / 발표능력 / 문제해결능력 / 직무관련 전문성
- 이미 언론을 통해 공론화된 시사 이슈보다는 해당 직무분야에 관련된 주제가 발표면접의 과제로 선정되는 경우가
  최근 들어 늘어나고 있음
- 짧은 시간 동안 주어진 과제를 빠른 속도로 분석하여 발표문을 작성하고 제한된 시간 안에 면접관에게 효과적인
  발표를 진행하는 것이 핵심

발표 면접의 형태

[면접관 1] [면접관 2]

[면접관 1] [면접관 2]

[지원자]
〈개별과제 발표〉

[지원자 1] [지원자 2] [지원자 3]
〈팀 과제 발표〉

※ 면접관에게 시각적 효과를 사용하여 메시지를 전달하는 쌍방향 커뮤니케이션 방식
※ 심층면접을 보완하기 위한 방안으로 최근 많은 기업에서 적극 도입하는 추세

② 발표 면접 예시

1. 지시문

당신은 현재 A사에서 직원들의 성과평가를 담당하고 있는 팀원이다. 인사팀은 지난주부터 사내 조직문화관련 인터뷰를 하던 도중 성과평가제도에 관련된 개선 니즈가 제일 많다는 것을 알게 되었다. 이에 팀장님은 인터뷰 결과를 종합하려 성과평가제도 개선 아이디어를 A4용지에 정리하여 신속 보고할 것을 지시하셨다. 당신에게 남은 시간은 1시간이다. 자료를 준비하는 대로 당신은 팀원들이 모인 회의실에서 5분 간 발표할 것이며, 이후 질의응답을 진행할 것이다.

2. 배경자료

〈성과평가제도 개선에 대한 인터뷰〉

최근 A사는 회사 사세의 급성장으로 인해 작년보다 매출이 두 배 성장하였고, 직원 수 또한 두 배로 증가하였다. 회사의 성장은 임금, 복지에 대한 상승 등 긍정적인 영향을 주었으나 업무의 불균형 및 성과보상의 불평등 문제가 발생하였다. 또한 수시로 입사하는 신입직원과 경력직원, 퇴사하는 직원들까지 인원들의 잦은 변동으로 인해 평가해야 할 대상이 변경되어 현재의 성과평가제도로는 공정한 평가가 어려운 상황이다.

[생산부서 김상호]
우리 팀은 지난 1년 동안 생산량이 급증했기 때문에 수십 명의 신규인력이 급하게 채용되었습니다. 이 때문에 저희 팀장님은 신규 입사자들의 이름조차 기억 못할 때가 많이 있습니다. 성과평가를 제대로 하고 있는지 의문이 듭니다.

[마케팅 부서 김흥민]
개인의 성과평가의 취지는 충분히 이해합니다. 그러나 현재 평가는 실적기반이나 정성적인 평가가 많이 포함되어 있어 객관성과 공정성에는 의문이 드는 것이 사실입니다. 이러한 상황에서 평가제도를 재수립하지 않고, 인센티브에 계속 반영한다면, 평가제도에 대한 반감이 커질 것이 분명합니다.

[교육부서 홍경민]
현재 교육부서는 인사팀과 밀접하게 일하고 있습니다. 그럼에도 인사팀에서 실시하는 성과평가제도에 대한 이해가 부족한 것 같습니다.

[기획부서 김경호 차장]
저는 저의 평가자 중 하나가 연구부서의 팀장님인데, 일 년에 몇 번 같이 일하지 않는데 어떻게 저를 평가할 수 있을까요? 특히 연구팀은 저희가 예산을 배정하는데, 저에게는 좋지만….

4. 토론 면접

① 토론 면접의 특징

- 다수의 지원자가 조를 편성해 과제에 대한 토론(토의)을 통해 결론을 도출해가는 면접입니다.
- 의사소통능력, 팀워크, 종합인성 등의 평가에 용이합니다.

---

1. 주요 평가요소
   - 설득적 말하기, 경청능력, 팀워크, 종합인성
2. 의견 대립이 명확한 주제 또는 채용분야의 직무 관련 주요 현안을 주제로 과제 구성
3. 제한된 시간 내 토론을 진행해야 하므로 적극적으로 자신 있게 토론에 임하고 본인의 의견을 개진할 수 있어야 함

토론 면접의 형태

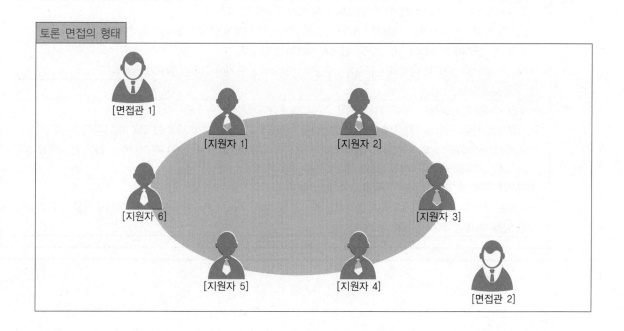

② 토론 면접 예시

고객 불만 고충처리

1. 들어가며

최근 우리 상품에 대한 고객 불만의 증가로 고객고충처리 TF가 만들어졌고 당신은 여기에 지원해 배치받았다. 당신의 업무는 불만을 가진 고객을 만나서 애로사항을 듣고 처리해 주는 일이다. 주된 업무로는 고객의 니즈를 파악해 방향성을 제시해 주고 그 해결책을 마련하는 일이다. 하지만 경우에 따라서 고객의 주관적인 의견으로 인해 제대로 된 방향으로 의사결정을 하지 못할 때가 있다. 이럴 경우 설득이나 논쟁을 해서라도 의견을 관철시키는 것이 좋을지 아니면 고객의 의견대로 진행하는 것이 좋을지 결정해야 할 때가 있다. 만약 당신이라면 이러한 상황에서 어떤 결정을 내릴 것인지 여부를 자유롭게 토론해 보시오.

2. 1분 자유 발언 시 준비사항

• 당신은 의견을 자유롭게 개진할 수 있으며 이에 따른 불이익은 없습니다.

• 토론의 방향성을 이해하고, 내용의 장점과 단점이 무엇인지 문제를 명확히 말해야 합니다.

• 합리적인 근거에 기초하여 개선방안을 명확히 제시해야 합니다.

• 제시한 방안을 실행 시 예상되는 긍정적·부정적 영향요인도 동시에 고려할 필요가 있습니다.

3. 토론 시 유의사항

• 토론 주제문과 제공해드린 메모지, 볼펜만 가지고 토론장에 입장할 수 있습니다.

• 사회자의 지정 또는 발표자가 손을 들어 발언권을 획득할 수 있으며, 사회자의 통제에 따릅니다.

• 토론회가 시작되면, 팀의 의견과 논거를 정리하여 1분간의 자유발언을 할 수 있습니다. 순서는 사회자가 지정합니다. 이후에는 자유롭게 상대방에게 질문하거나 답변을 하실 수 있습니다.

• 핸드폰, 서적 등 외부 매체는 사용하실 수 없습니다.

• 논제에 벗어나는 발언이나 지나치게 공격적인 발언을 할 경우, 위에서 제시한 유의사항을 지키지 않을 경우 불이익을 받을 수 있습니다.

|03| 면접 Role Play

1. 면접 Role Play 편성

- 교육생끼리 조를 편성하여 면접관과 지원자 역할을 교대로 진행합니다.
- 지원자 입장과 면접관 입장을 모두 경험해 보면서 면접에 대한 적응력을 높일 수 있습니다.

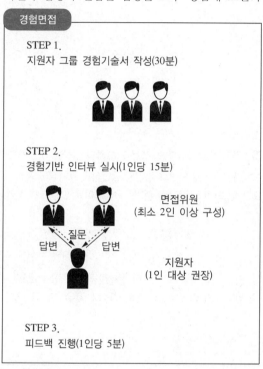

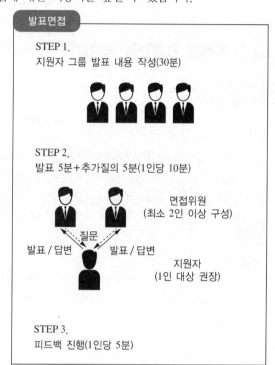

Tip

면접 준비하기

1. 면접 유형 확인 필수
   - 기업마다 면접 유형이 상이하기 때문에 해당 기업의 면접 유형을 확인하는 것이 좋음
   - 일반적으로 실무진 면접, 임원면접 2차례를 거쳐 면접을 실시하는 기업이 많고 실무진 면접과 임원 면접에서 평가 요소가 다르기 때문에 유형에 맞는 준비방법이 필요
2. 후속 질문에 대한 사전 점검
   - 블라인드 채용 면접에서는 주요 질문과 함께 후속 질문을 통해 지원자의 직무능력을 판단
   → STAR 기법을 통한 후속 질문을 미리 대비하는 것이 필요

코레일 면접 기출질문

| 01 | 코레일 기출면접 예시답안

대표질문 ❶

노조에 대한 자신의 의견을 말해 보시오

예시답안   노조와 기업은 악어와 악어새처럼 서로 공생하는 관계라고 생각합니다. 노조는 근로자의 입장을 대변하고 더 나은 근로환경을 제공하게 해 주는 역할을 합니다. 하지만 무리한 요구로 기업의 생산성과 효율성을 저하시킨 다면 그 필요성에 대해 다시 한 번 재고해 볼 필요가 있습니다. 각자의 순기능을 잘 이행해 준다면 서로를 보완해 주는 역할을 잘 해낼 것입니다.

✔ 전문가 조언

노조에 대한 질문은 코레일 면접에서 꼭 나오는 빈출 유형입니다. 평소 코레일과 노조의 관계 흐름을 파악하고 노조의 장·단 점을 잘 정리해 두어야 합니다. 면접관이 어느 입장에 서 있는지 파악하기 어려우므로 한쪽 입장에 치우치는 극단적인 의견 피력은 삼가야 합니다.

대표질문 ❷

회사에서 필요한 직무능력이 부족하다면 이를 어떻게 채워 나갈 것인가?

예시답안   개인시간을 이용해 직무능력을 채워 나가도록 하겠습니다. 매일 업무일지를 쓰며 부족한 부분을 파악한 후 업무 외 개인시간을 활용해 직무능력을 쌓도록 하겠습니다.

✔ 전문가 조언

구체적인 상황을 제시한 게 아니라 포괄적인 직무능력에 대해 묻는 것이므로 공통적인 대답을 해야 합니다. 먼저 자신의 부족 한 점을 파악한 후 업무 외 시간을 활용해 그 능력을 키우겠다고 대답해야 합니다. 또한, 주변 선배들에게 조언을 구하고 그 방향을 설정하겠다고 대답해야 합니다.

대표질문 ❸

업무 배치 시 원하지 않는 지역으로 배정받게 된다면 어떻게 하겠는가?

예시답안 다른 곳에 배정받게 되더라도 그 지역 사업 본부의 특색을 알 수 있는 좋은 기회라고 생각하고 가도록 하겠습니다.

✔ **전문가 조언**

코레일에는 다양한 지역 본부가 있습니다. 각 본부에 대한 특징을 파악하고 다른 지역에 배정이 될 경우 그 경험이 본인의 성장에 어떤 도움이 될 것인지 언급해 주면 좋을 것입니다. 그 성장으로 코레일에 어떻게 기여할 수 있는지 마지막에 한 문장으로 정리해서 말한다면 금상첨화!

대표질문 ❹

코레일을 홍보해 보시오

예시답안 사람·세상·미래를 잇는 대한민국 철도, '내일로, 미래로 대한민국 철도'. 앞으로 계속 기차를 이용할 젊은 친구들을 공략할 슬로건을 생각해 보았습니다. 가장 대중적으로 잘 알려진 내일로를 슬로건에 넣어 젊은 층에게 친근함으로 다가설 수 있을 것이라고 생각합니다.

✔ **전문가 조언**

코레일의 현재 슬로건을 숙지하고 자신이 생각하는 코레일의 슬로건을 만들어 놓습니다. 슬로건을 토대로 홍보방법을 생각해 볼 수 있고 기존에 이뤄지고 있는 매체 홍보방법에서 보완점을 제안하거나 새로운 매체를 활용하는 대답도 신선한 아이디어로 느껴질 수 있습니다.

대표질문 ❺

개인역량이 중요한가, 팀워크가 중요한가?

예시답안 팀워크가 중요하다고 생각합니다. 한 개인이 모든 면에서 완벽할 순 없다고 생각합니다. 각자가 강점·약점을 가지고 있으므로 여러 사람이 모였을 때 서로의 부족한 점을 보완해 주며 시너지 효과를 낼 수 있을 것입니다. 한 사람이 뛰어난 것보다 여러 사람이 함께 머리를 맞댔을 때 나오는 협동력이 업무에 효율성을 높일 수 있다고 생각합니다.

✔ **전문가 조언**

회사라는 조직은 한 사람의 힘으로 돌아갈 수 없는 곳입니다. 그러므로 기업 인사 담당자는 이 질문을 통해 얼마나 조직에 잘 융화될 수 있는지 판단할 것입니다. 논리정연하게 개인역량에 대한 질문의 답을 정리해 놓는다면 어느 방향으로 대답해도 무방합니다.

1. 경험면접

- 창의성을 발휘해 본 경험이 있는가?
- 세대간의 갈등을 겪어본 경험이 있는가?
- 본인은 안전 의식이 있다고 생각하는가?
- 본인의 단점은 무엇이라고 생각하는가? 그리고 그걸 어떻게 해결하려고 하였는가?
- 남들이 꺼려하는 일을 해본 경험이 있는가?
- 1분 동안 자신을 소개해 보시오.
- 코레일에 지원하게 된 동기를 말해 보시오.
- 교대근무에 대해서 어떻게 생각하는가?
- 직접 나서서 팀을 이끌기 위해 노력한 점이 있는가?
- 코레일의 문제점 및 개선방안에 대해 말해 보시오.
- 인간관계에 있어서 무엇을 중요하게 생각하는가?
- 살면서 끈기를 가지고 무엇을 했던 경험이 있는가?
- 살면서 가장 후회되는 일은 무엇인가?
- 본인의 장점을 말해 보시오.
- 주변의 어려운 상황의 친구를 미리 파악해 도와준 경험이 있는가?
- 취업을 준비하면서 힘들 때마다 스스로 노력한 부분이 있는가?
- 규율을 지켰던 경험이 있는가?
- 같이 지내기 가장 힘든 사람은 어떤 사람인가?
- 정보를 수집할 때 어떤 방법으로 수집하는가?
- 협동 경험에 대해 말해 보시오.
- 가장 자부심을 가지고 했던 일은 무엇인가?
- 코레일에 입사하기 위해 지원자가 노력한 것에는 무엇이 있는가?
- 스트레스 해소법은 무엇인가?
- 진입장벽이 높았던 집단이나 단체에 들어가 본 경험이 있는가?
- 좋아하는 운동이 무엇인가?
- 가치관이 다른 사람과 일해 본 경험이 있는가?
- 지원자가 취득한 자격증을 어디에 활용할 수 있는가?
- 어떤 조직에 적응하기 위해 어떻게 행동하였는가?
- 프로젝트를 하면서 문제를 해결했던 경험에 대해 말해 보시오.
- 잘 모르는 사람과 단기간으로 일할 때 어떻게 성과를 이뤄낼 것인가? 그러한 경험이 있는가?
- 성과는 없지만 일을 잘 마무리한 경험이 있는가?
- 코레일에 입사하여 본인이 기여할 수 있는 것에는 무엇이 있겠는가?
- 최근에 좌절한 경험이 있는가?
- 팀 과제나 프로젝트를 하면서 어려움이 있었던 경험에 대해 말해 보시오.
- 학창시절 어떤 프로젝트를 수행했는지 말해 보시오.

- 자신의 직무 경험이 무엇이고, 그 경험이 가지는 강점에 대해 말해 보시오.
- 공모전에 참가한 경험이 있다면 말해 보시오.
- 코레일 사이트는 2가지가 있다. 그중 예매와 관련 있는 사이트는?
- 본인 전공과 철도와의 연관성을 말해 보시오.
- 나이차이가 나는 상사와의 근무환경을 어떻게 생각하는가?
- 변압기가 무엇인지 말해 보시오.
- 전동기 제동방법에 대해 말해 보시오.
- 가치관이 다른 사람과의 대화를 해 본 경험에 대해 말해 보시오.
- 철도 민영화에 대한 생각을 말해 보시오.
- 보안사고 발생 시 대처법에 대해 말해 보시오.
- 살면서 가장 기뻤던 일과 슬펐던 일에 대해 말해 보시오.
- 아르바이트나 동아리를 해본 경험이 있는가? 있다면 경험을 통해 팀워크를 증가시키기 위해 했던 노력을 말해 보시오.
- 최근 코레일에 대한 뉴스를 접한 적이 있는가?

2. 직무상황면접

기출 엿보기

- 업무를 진행하면서 타 회사와 거래를 하게 되었는데, 거래하러 온 사람이 지인이었다면 어떻게 할 것인가?
- 입사한다면 상사의 지시에 따를 것인가, 자신의 방법대로 진행할 것인가?
- 의견을 고집하는 사람이 조직 내에 있으면 어떻게 할 것인가?
- 신입직원으로서 업무가 익숙하지 않은데 위험한 상황에 처한다면 어떻게 해결할 것인가?
- 차량을 정비할 때 동료들끼리 혼선되지 않고 일하려면 어떻게 할 것인가?
- 민원이 들어오거나 차량안전에 문제가 있을 시 어떻게 할 것인가?
- 공익요원이 자꾸 스마트폰을 한다. 지나가는 고객이 조언을 해도 무시하는 상황이라면 어떻게 해결할 것인가?
- 교육사항과 현장의 작업방식 간 차이가 발생했을 때 어떻게 대처해야 하는가?
- 코레일 환경상 하청 없이 전기직 직원이 직접 유지보수를 해야 하는 상황에서 많은 사고가 발생한다. 사고를 줄일 수 있는 획기적인 방법은 무엇인가?
- 무임승차를 한 고객을 발견했을 때 어떻게 대응할 것인가?
- 카페열차의 이용 활성화 방안에 대해 말해 보시오.
- 명절에 갑자기 취소하는 표에 대한 손해액 대책 마련 방안에 대해 말해 보시오.

현재 나의 실력을 객관적으로 파악해 보자!

모바일 OMR
답안채점 / 성적분석 서비스

도서에 수록된 모의고사에 대한 객관적인 결과(정답률, 순위)를 종합적으로 분석하여 제공합니다.

OMR 입력

성적분석

채점결과

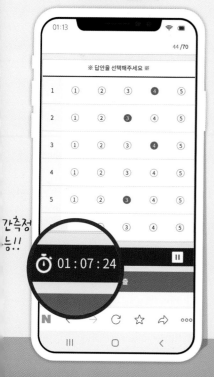

※OMR 답안채점 / 성적분석 서비스는 등록 후 30일간 사용 가능합니다.

참여방법

 → LOG IN → → → ①②③④⑤ ①②③④⑤ ①②③④⑤ → → ☺

도서 내 모의고사 우측 상단에 위치한 QR코드 찍기 → 로그인 하기 → '시작하기' 클릭 → '응시하기' 클릭 → 나의 답안을 모바일 OMR 카드에 입력 → '성적분석&채점결과' 클릭 → 현재 내 실력 확인하기

(주)시대고시기획
공기업 취업을 위한 NCS 직업기초능력평가 시리즈

NCS 모듈부터 실전까지 "기본서" 시리즈

공기업 취업의 기초부터 차근차근! 취업의 문을 여는 Master Key!

NCS 영역별 체계적 학습 "합격노트" 시리즈

암기용
셀로판지로
다회독!

영역별 핵심이론부터 모의고사까지! 단계별 학습을 통한 Only Way!

2022 · **All New** 100% 전면 개정

합격의 공식 | 시대에듀

NCS
코레일
한국철도
공사

최신기출 + NCS + 전공 + 모의고사 3회

+ 무료코레일특강

1위
기업별 NCS 시리즈
누적 판매량

정답 및 해설

Add+

특별부록
정답 및 해설

 도서 관련 최신 정보 및 정오사항이 있는지
우측 QR을 통해 확인해 보세요!

CHAPTER 01

2021년 주요 공기업 NCS

기출복원문제 정답 및 해설

01	02	03	04	05	06	07	08	09	10	11	12	13	14	15	16	17	18	19	20
①	③	②	⑤	②	②	⑤	②	④	④	②	①	①	③	④	②	③	④	④	①
21	22	23	24	25	26	27	28	29	30	31	32	33	34	35	36	37	38	39	40
②	②	⑤	⑤	③	①	③	②	④	④	④	②	④	⑤	①	④	②	③	②	⑤
41	42	43	44	45	46	47	48	49	50	51	52	53	54	55					
④	⑤	②	④	③	①	⑤	③	④	④	②	②	②	④	①					

01
정답 ①

1인당 1일 폐기물 배출량을 정리하면 다음과 같다.

구분	1일 폐기물 배출량(톤)	인구수(명)	1인당 1일 폐기물 배출량
용산구	305.2	132,259	2.31kg/일
중구	413.7	394,679	1.05kg/일
종로구	339.9	240,665	1.41kg/일
서대문구	240.1	155,106	1.55kg/일
마포구	477.5	295,767	1.61kg/일

따라서 1인당 1일 폐기물 배출량이 가장 큰 구인 용산구(2.31kg/일)에 대한 폐기물 처리장을 만들어야 한다.

02
정답 ③

폐기물 처리장이 설치되는 용산구에서 출발하여 1인당 1일 폐기물 배출량이 많은 지역을 순서대로 나열하면 용산구 → 마포구 → 서대문구 → 종로구 → 중구 → 용산구 순서이다. 따라서 폐기물 수집에 걸리는 최소시간은 100+80+50+60+50=340=5시간 40분이다.

03
정답 ②

• 총예산 : 40,000×50=2,000,000원
• 공연준비비 : 500,000원
• 공연장 대여비 : 6×200,000×0.9=1,080,000원
• 소품대여비 : 50,000×3×0.96=144,000원
• 보조진행요원비 : 50,000×4×0.88=176,000원
• 총비용 : 500,000+1,080,000+144,000+176,000=1,900,000원
총비용이 150만 원 이상이므로 공연준비비에서 10%가 할인되어 50,000원이 할인된다. 따라서 할인이 적용된 비용은 1,900,000−50,000=1,850,000원이다.

04

정답 ⑤

구분	월요일	화요일	수요일	목요일	금요일	토요일	일요일
낮	가, 나, 마	나, 다	다, 마	아, 자	바, 자	라, 사, 차	바
야간	라	마, 바, 아, 자	가, 나, 라, 바, 사	가, 사, 차	나, 다, 아	마, 자	다, 차

일정표를 보면 일요일 낮에 한 명, 월요일 야간에 한 명이 필요하고, 수요일 야간에 한 명이 빠져야 한다. 따라서 가, 나, 라, 바, 사 중 한 명이 옮겨야 한다. 이때 세 번째 당직 근무 규칙에 따라 같은 날에 낮과 야간 당직근무는 함께 설 수 없으므로 월요일에 근무하는 '가, 나, 라, 마'와 일요일에 근무하는 '다, 바, 차'는 제외된다. 따라서 일정을 변경해야 하는 사람은 '사'이다.

05

정답 ②

무지에 호소하는 오류는 어떤 주장에 대해 증명할 수 없거나 결코 알 수 없음을 들어 거짓이라고 반박하는 오류로, 귀신이 없다는 것을 증명할 수 없으니 귀신이 있다는 주장은 무지에 호소하는 오류이다.

오답분석

① 성급한 일반화의 오류 : 제한된 정보, 부적합한 증거, 대표성을 결여한 사례를 근거로 일반화하는 오류이다.
③ 거짓 딜레마의 오류 : 어떠한 문제 상황에서 제3의 선택지가 있음에도 두 가지 선택지가 있는 것처럼 상대에게 둘 중 하나를 강요하는 오류이다.
④ 대중에 호소하는 오류 : 많은 사람이 그렇게 행동하거나 생각한다는 것을 내세워 군중심리를 자극하는 오류이다.
⑤ 인신공격의 오류 : 주장을 제시한 자의 비일관성이나 도덕성의 문제를 이유로 제시된 주장을 잘못이라고 판단하는 오류이다.

06

정답 ②

가 대리와 마 대리의 진술이 서로 모순이므로, 둘 중 한 사람은 거짓을 말하고 있다.
ⅰ) 가 대리의 진술이 거짓인 경우
　　가 대리의 말이 거짓이라면 나 사원의 말도 거짓이 되고, 라 사원의 말도 거짓이 되므로 모순이 된다.
ⅱ) 가 대리의 진술이 참인 경우
　　가 대리, 나 사원, 라 사원의 말이 참이 되고, 다 사원과 마 대리의 말이 거짓이 된다.

〈진실〉
가 대리 : 가 대리, 마 대리 출근, 미출근 사유 모름
나 사원 : 다 출근, 가 대리 진실
라 사원 : 나 사원 진실

〈거짓〉
다 사원 : 라 사원 미출근 → 라 사원 출근
마 대리 : 라 사원 미출근, 라 사원이 가 대리님께 미출근 사유 전함 → 라 사원 출근, 가 대리는 미출근 사유 듣지 못함
따라서 나 사원이 출근하지 않았다.

07

정답 ⑤

구분	A	B	C	D	E
가	○	○	×	?	?
나	?	?	○	○	?
다	○	○	?	?	×
라	×	○	?	×	?
마	○	×	?	○	×

먼저 '나'는 병이 치료되지 않았기 때문에 C와 D는 성공한 신약이 아니므로 제외하고 나머지를 확인한다.

• A가 신약인 경우

구분	A(신약)	B	C	D	E
가	○	○	×	?	?
나	×	?	○	○	×
다	○	○	?	?	×
라	×	○	?	×	?
마	○	×	?	○	×

세 명이 치료되므로 신약이 될 수 없다.

• B가 신약인 경우

구분	A	B(신약)	C	D	E
가	○	○	×	?	?
나	?	×	○	○	×
다	○	○	?	?	×
라	×	○	?	×	?
마	○	×	?	○	×

세 명이 치료되므로 신약이 될 수 없다.

• E가 신약인 경우

구분	A	B	C	D	E(신약)
가	○	○	×	?	?
나	?	?	○	○	×
다	○	○	?	?	×
라	×	○	?	×	?
마	○	×	?	○	×

가와 라 두 명이 치료될 수 있으므로 성공한 신약이 될 수 있다.

08

두 번째 문단에서 손을 씻는 것은 생일축하 노래를 처음부터 끝까지 두 번 부르는 데 걸리는 시간이면 된다고 하였으므로 ②는 적절하지 않다.

[오답분석]

① 두 번째 문단에서 가능한 손 씻기를 수시로 하는 것이 좋으며, 하루에 몇 번 손을 씻었는지 세보는 것도 방법이라고 하였으므로 적절하다.
③ 마지막 문단에서 손 소독제보다 손을 흐르는 물에 씻는 것이 더 효과적이라고 하였으므로 적절하다.
④ 네 번째 문단에서 젖은 손은 미생물의 전이를 돕기 때문에 손을 건조하는 것이 매우 중요하다고 하였으므로 적절하다.

09

정답 ④

유학생이 공단에 별도로 신고하지 않아도 자동 가입처리가 된다.

[오답분석]

① 우편, 이메일 고지서, 모바일 고지서 모두 신청이 가능하다.
② 외국의 법령 및 보험, 사용자와의 계약 등으로 건강보험 급여에 상당하는 의료보장을 수혜 중인 경우 가입 제외를 신청할 수 있다.
③ 체류자격 등에 변경사항이 있는 경우 가까운 지사에 신고하여야 한다.

10

정답 ④

ⅰ) 총 원화금액 : $(4 \times 1,000) + (3 \times 1,120) + (2 \times 1,180) = 9,720$원
ⅱ) 평균환율 : $\frac{9,720}{9} = 1,080$원/달러

4 • NCS 코레일 한국철도공사

11

정답 ②

$200 \times 1,080 = 216,000$원

12

정답 ①

입구와 출구가 같고, 둘레의 길이가 456m인 타원 모양의 호수 둘레를 따라 4m 간격으로 일정하게 심어져 있는 가로수는 $456 \div 4 = 114$그루이며, 입구에 심어져 있는 가로수를 기준으로 6m 간격으로 가로수를 옮겨 심으려고 할 때, 4m와 6m의 최소공배수인 12m 간격의 가로수 $456 \div 12 = 38$그루는 그 자리를 유지하게 된다. 이때 호수 둘레를 따라 6m 간격으로 일정하게 가로수를 심을 때, 필요한 가로수는 $456 \div 6 = 76$그루이므로 그대로 두는 가로수 38그루를 제외한 $76 - 38 = 38$그루를 새롭게 옮겨 심어야 한다.

13

정답 ①

가. 뇌혈관은 중증질환에 해당되고, 소득수준도 조건에 해당되기 때문에 이 사업의 지원금을 받을 수 있다.
나. 기준중위소득 50% 이하는 160만 원 초과 시 지원할 수 있다.

오답분석

다. 기준중위소득 200%는 연소득 대비 의료비부담비율을 고려해 개별심사를 지원할 수 있다. 이때 재산 과표 5.4억 원 초과 고액재산보유자는 지원 제외이므로 5.4억 원은 심사에 지원할 수 있다.
라. 통원 치료는 대상질환에 해당하지 않는다.

14

정답 ③

- 일비 : 2만$\times$3=6만 원
- 철도운임 : 7만$\times$2=14만 원
- 숙박비 : 15만$\times$2=30만 원
- 항공운임 : 100만$\times$2=200만 원
- 자가용승용차 운임 : 20만$\times$3=60만 원
- 식비 : 2.5만$\times$3=7.5만 원

따라서 A부장이 받을 수 있는 총액은 $6+200+14+60+30+7.5=317.5$만 원이다.

15

정답 ④

- 가군
  - 일비 : 2만$\times$2=4만 원
  - 선박운임 : 50만$\times$1=50만 원
  - 버스운임 : 1,500$\times$2=3,000원
  - 숙박비 : 15만$\times$1=15만 원
  - 항공운임 : 100만$\times$1=100만 원
  - 철도운임 : 7만$\times$2=14만 원
  - 자가용승용차 운임 : 20만$\times$2=40만 원
  - 식비 : 2.5만 원$\times$2=5만 원

  그러므로 $4+100+50+14+0.3+40+15+5=228$만 3천 원이다.
- 나군
  - 일비 : 2만$\times$2=4만 원
  - 선박운임 : 20만$\times$1=20만 원
  - 버스운임 : 1,500$\times$2=3,000원
  - 숙박비 : 7만$\times$1=7만 원
  - 항공운임 : 50만$\times$1=50만 원
  - 철도운임 : 7만$\times$2=14만 원
  - 자가용승용차 운임 : 20만$\times$2=40만 원
  - 식비 : 2만$\times$2=4만 원

  그러므로 $4+50+20+14+0.3+40+7+4=139$만 3천 원이다.
- 다군
  - 일비 : 2만$\times$2=4만 원
  - 선박운임 : 20만$\times$1=20만 원
  - 버스운임 : 1,500$\times$2=3,000원
  - 숙박비 : 6만$\times$1=6만 원
  - 항공운임 : 50만$\times$1=50만 원
  - 철도운임 : 3만$\times$2=6만 원
  - 자가용승용차 운임 : 20만$\times$2=40만 원
  - 식비 : 2만$\times$2=4만 원

  그러므로 $4+50+20+6+0.3+40+6+4=130$만 3천 원이다.

따라서 $228.3+139.3+130.3=497$만 9천 원이다.

16

정답 ②

필기전형 기간에 수술을 하게 된 것은 본인의 병가에 해당하므로 주민등록등본, 입원증명서를 제출하면 재응시할 수 있다.

오답분석
① 가족의 사망은 가족관계증명서와 사망입증서를 제출해야 한다.
③ 북한의 도발은 국가 위기 단계로 인한 외출 금지에 해당하므로 중대장 이상이 발급한 확인서를 제출해야 한다.
④ 주변의 감염으로 인한 격리는 국가가 인정하는 전염병 격리 판정에 해당하므로 입원증명서, 신분증을 제출해야 한다.
⑤ 태풍으로 인한 교통수단 마비는 예견할 수 없는 기후상황이므로 경찰서확인서, 신분증을 제출해야 한다.

17

정답 ③

• A : 매 회계연도에 300만 원을 초과하는 금품 등을 받거나 요구 또는 약속해서는 아니 된다.
• D : 임직원의 친족이 제공하는 금품 등은 금품 등의 수수 금지에 해당되지 않는다.

오답분석
• B : 제25조 4항에 따라 소속기관의 장에게 신고하여야 한다.
• C : 동일인으로부터 1회에 100만 원을 초과하는 금품을 받거나 요구 또는 약속해서는 아니 된다.

18

정답 ④

본사와 지사가 있는 사업장은 신청할 수 없다는 내용은 찾을 수 없다.

오답분석
① 한국산업인력공단 일학습병행 운영규칙 제2조 제4항
② 한국산업인력공단 일학습병행 운영규칙 제2조 제5항
③ 한국산업인력공단 일학습병행 운영규칙 제2조 제7항
⑤ 한국산업인력공단 일학습병행 운영규칙 제2조 제2항

19

정답 ④

접수완료 이후 응시 부적격자로 확인된 자는 응시수수료 전액을 환불받을 수 있다.

오답분석
① 만 18세 이상 39세 이하인 자에 한하여 응시할 수 있다.
② 한국어능력시험은 시행방법에 따라 지필기반시험(PBT)과 컴퓨터기반시험(CBT)으로 구분한다.
③ 특별한국어능력시험을 응시하려면 전항의 자격요건을 갖추고 체류만료기간 내 자진 귀국한 외국인근로자여야 한다.
⑤ 읽기영역과 듣기영역의 문항 수는 25문항으로 같지만, 시험시간은 각각 40분, 30분으로 다르다.

20

정답 ①

제시문에서 중장년층의 일자리와 관련된 내용은 찾을 수 없다.

오답분석
② 당장 소득이 없어 생계가 불안정한 취약계층에게 지원금을 주기 위해 이들에 대한 조사가 필요하다.
③ 코로나19 장기화로 고용유지에 어려움을 겪고 있는 사업주를 지원하기 위해 피해 규모 등을 파악해야 한다.
④ 실업자 등 취약계층 보호를 위해 공공・민간부문 일자리사업과 직업훈련을 속도감 있게 추진하기 위해 이들을 위한 맞춤 훈련 프로그램을 기획해야 한다.
⑤ 저소득, 청년 등 고용충격 집중계층의 고용안전망 강화도 차질 없이 추진하기 위해서 도움이 되는 일자리를 마련해야 한다.

21

계약심의위원회에서 심의를 필하지 못한 경우에는 계약부서의 장은 해당사유를 명시하여 계약심의 종료일로부터 5일 이내에 해당 요청 건을 구매요구부서로 반송하여야 한다.

오답분석

① 중소기업 제품을 우선적으로 검토해야 하지만 특정 사유가 있는 등 대기업 제품도 구입할 수 있다.
③ 납품장소 및 납품기한은 10일 이내에 검토하여야 한다.
④ 구매요구부서장은 계약심의위원회 심의요청서를 계약심의위원회에 제출하여야 한다.
⑤ 소관사업부서에서 수행하는 추정가격 100만 원 미만인 용역개발은 계약사무를 위임해야 한다.

22

정답 ②

교육훈련을 통해 로열티를 지급하는 관행을 깰 수 있으므로 로열티를 지급해야 훈련을 받을 수 있다는 것은 옳지 않다.

오답분석

① 직업 및 교육 훈련으로 이직률이 감소하였다.
③ 교육훈련 등을 통해 현장기반 실무를 향상시킬 수 있다.
④ 직무별, 수준별 교육으로 신입들의 업무적응력이 향상되었다.
⑤ 현장과 교육, 자격이 미스매치가 되는 경우가 줄어들었다.

23

정답 ⑤

노트북	가격	속도	모니터	메모리	제조년도	합계
TR-103	3점	2점	1점	3점	5점	14점
EY-305	1점	3점	3점	5점	4점	16점
WS-508	5점	1점	2점	2점	1점	11점
YG-912	2점	4점	5점	4점	2점	17점
NJ-648	4점	5점	5점	1점	4점	19점

따라서 A사원이 구입할 노트북은 NJ-648이다.

24

정답 ⑤

노트북	가격	속도	메모리	제조년도	무게	합계	할인가격
TR-103	3점	2점	3점	5점	4점	17점	10%(675만 원)
EY-305	1점	3점	5점	4점	2점	15점	없음(1,000만 원)
WS-508	5점	1점	2점	1점	1점	10점	10%(495만 원)
YG-912	2점	4점	4점	2점	5점	17점	10%(720만 원)
NJ-648	4점	5점	1점	4점	3점	17점	30%(455만 원)

TR-103, YG-912, NJ-648의 평가점수는 모두 17점으로 동일하지만, YG-912와 TR-103가 각각 720만 원, 675만 원으로 예산인 600만 원을 초과한다. 따라서 한국산업인력공단에서 구입할 노트북은 NJ-648이다.

25

본사에서 출발하여 B지점과 D지점의 물건을 수거하고, 본사로 돌아와 물건을 하차하는 시간이 가장 짧은 루트는 다음과 같다.

본사 → (10분) A지점 → (15분) B지점(수거 10분) → (15분) C지점 → (10분) D지점(수거 10분) → (10분) C지점 → (15분) F지점 → (10분) A지점 → (10분) 본사(하차 10분)

따라서 10＋15＋10＋15＋10＋10＋10＋15＋10＋10＋10＝125분 → 2시간 5분이다.

26

정답 ①

필기점수와 면접점수의 합을 바탕으로 순위를 구하면 다음과 같다. 이때, 동점자일 경우 면접점수가 높은 사원이 먼저 배정된다.

구분	필기점수	면접점수	합계	순위
A사원	70	40	110	10
B사원	90	80	170	3
C사원	60	70	130	8
D사원	100	50	150	4
E사원	80	90	170	2
F사원	80	100	180	1
G사원	50	60	110	9
H사원	60	80	140	5
I사원	70	70	140	6
J사원	90	50	140	7

순위를 바탕으로 1지망을 배정하면 다음과 같다.

구분	1지망	2지망	추천부서	배정부서
F사원	개발부	영업부	홍보부	개발부
E사원	홍보부	총무무	총무부	홍보부
B사원	개발부	총무부	사업부	개발부
D사원	영업부	홍보무	개발부	영업부
H사원	총무부	사업부	영업부	총무부
I사원	홍보부	개발부	총무부	홍보부
J사원	홍보부	영업부	총무부	−
C사원	영업부	개발부	영업부	영업부
G사원	영업부	사업부	사업부	−
A사원	개발부	사업부	홍보부	−

1지망에 배정된 인원을 제외하고 2지망에 배정하면 다음과 같다.

구분	1지망	2지망	추천부서	배정부서
J사원	홍보부	영업부	총무부	−
G사원	영업부	사업부	사업부	사업부
A사원	개발부	사업부	홍보부	사업부

마지막으로 J사원은 추천부서인 총무부에 배정이 된다.

27

[정답] ③

추천부서와 배정부서를 정리하면 다음과 같다.

구분	추천부서	배정부서
A사원	홍보부	사업부
B사원	사업부	개발부
C사원	영업부	영업부
D사원	개발부	영업부
E사원	총무부	홍보부
F사원	홍보부	개발부
G사원	사업부	사업부
H사원	영업부	총무부
I사원	총무부	홍보부
J사원	총무부	총무부

따라서 C사원과 G사원, J사원이 일치한다.

28

[정답] ④

대리와 이사장은 2급 이상이 차이 나기 때문에 이사장과 같은 호텔 등급의 객실에서 묵을 수 있다.

[오답분석]
① 비행기 요금은 실비이기 때문에 총비용에는 변동이 있을 수 있다.
② 숙박비 5만 원, 교통비 2만 원, 일비 6만 원, 식비 4만 원으로 17만 원이다.
③ 같은 조건이라면 이사장과 이사는 출장비가 같다.
⑤ 부장과 차장은 출장비가 다르기 때문에 부장이 더 많이 받는다.

29

[정답] ③

• K부장의 숙박비 : $80,000 \times 9 = 720,000$원
• P차장의 숙박비 : $50,000 \times 9 = 450,000$원

따라서 P차장의 호텔을 한 단계 업그레이드했을 때 $720,000 - 450,000 = 270,000$원 이득이다.

30

[정답] ④

• 기간제 : $(6 \times 365) \div 365$일$ \times 15 = 90$일
• 시간제 : $(8 \times 30 \times 6) \div 365 ≒ 4$일

따라서 $90 + 4 = 94$일이다.

31

[정답] ④

A는 의사소통을 저해하는 요소 중 '말하지 않아도 아는 문화'에 안주하는 마음에 해당된다. 직접적인 대화보다 눈치를 중요시하는 의사소통을 미덕이라고 생각하는 경향으로 눈치의 미덕보다는 정확한 업무처리가 필요하다.

의사소통을 저해하는 요소
• '일방적으로 말하고', '일방적으로 듣는' 무책임한 마음 → 의사소통 과정에서의 상호작용 부족
• '그래서 하고 싶은 말이 정확히 뭐야?' 분명하지 않은 메시지 → 복잡한 메시지, 경쟁적인 메시지
• '말하지 않아도 아는 문화'에 안주하는 마음 → 의사소통에 대한 잘못된 선입견

32
정답 ②

동일 및 유사 물품의 분류는 보관의 원칙 중 동일성의 원칙과 유사성의 원칙에 따른 것이다. 동일성의 원칙은 '같은 품종은 같은 장소'에 보관한다는 것이며, 유사성의 원칙은 '유사품은 인접한 장소'에 보관한다는 것을 말한다.

33
정답 ②

〈승패〉

승자	갑	을	병	정	무
갑		갑	갑	갑	갑
을	갑		을	을	을
병	갑	을		병	병
정	갑	을	병		정
무	갑	을	병	정	

갑~무의 점수를 구하면 다음과 같다.
- 갑 : 2+2+2+2=8점
- 을 : 2+2+2+0=6점
- 병 : 2+2+0+0=4점
- 정 : 2+0+0+0=2점
- 무 : 0+0+0+0=0점

따라서 갑~무의 점수를 모두 합하면 8+6+4+2+0=20점이다.

34
정답 ⑤

10번째 판에서 결과가 결정된다.

35
정답 ①

명함은 악수를 한 이후에 건네주어야 한다.

36
정답 ④

하향식 기술선택은 중장기적인 목표를 설정하고, 이를 달성하기 위해 핵심고객층 등에 제공하는 제품 및 서비스를 결정한다.

37
정답 ②

무어의 법칙은 반도체의 성능은 24개월마다 2배씩 증가한다는 법칙으로 고든 무어가 주장하였다.

오답분석
① 카오(Kao)의 법칙 : 창조성은 네트워크에 접속되어 있는 다양성에 지수함수로 비례한다는 법칙이다.
③ 황(Hwang)의 법칙 : 반도체 메모리 용량은 1년마다 두 배로 증가한다는 법칙이다.
④ 메트칼프(Metcalfe)의 법칙 : 네트워크의 가치는 사용자 수의 제곱에 비례한다는 법칙이다.
⑤ 던바(Dunbar)의 법칙 : SNS 계정이 확대되어도 인맥은 150에 불과하다는 법칙이다.

38

노하우는 경험적이고 반복적인 행위에 의해 얻어지는 것이며, 이러한 성격의 지식을 흔히 Technique 혹은 Art라고 부른다.

오답분석

① 노하우에 대한 설명이다.
② 노와이에 대한 설명이다.
④ 기술은 원래 노하우의 개념이 강했으나, 시간이 지나면서 노와이와 노하우가 결합하게 되었다.
⑤ 노하우에 대한 설명이다.

39

정답 ②

• 앞 두 자리 : ㅎ, ㅈ → N, I
• 세 번째, 네 번째 자리 : 1, 3
• 다섯 번째, 여섯 번째 자리 : Q, L
• 마지막 자리 : 01
따라서 생성할 비밀번호는 'NI13QL01'이다.

40

정답 ⑤

황희찬 부장(4월 8일생)의 비밀번호는 'NJ08QM03'이다.

41

정답 ④

조건에 따라 점수를 산정하면 다음과 같다.

업체명	1차	2차	최종
A	4+7+9=20	4+7+18=29	–
B	5+4+8=17	–	–
C	6+10+3=19	–	–
D	9+6+7=22	9+6+14=29	선정
E	7+5+8=20	7+5+16=28	–

따라서 A업체와 D업체 중 가장 점수가 높은 D업체가 선정된다.

42

정답 ⑤

조건에 따라 점수를 산정하면 다음과 같다.

업체명	1차	2차	최종
A	4+7+9+6=26	–	–
B	5+4+8+7=24	–	–
C	6+10+3+9=28	6+10+6+9=31	–
D	9+6+7+5=27	9+6+14+5=34	–
E	7+5+8+8=28	7+5+16+8=36	선정

따라서 최종적으로 선정될 업체는 E업체이다.

43

〈9월 달력〉

일요일	월요일	화요일	수요일	목요일	금요일	토요일
			1	2	3	4
5	6	7	8	9	10	11
12	13	14	15	16	17	18
19	20	21	22	23	24	25
26	27	28	29	30		

첫째 주와 주말, 매주 월요일, 추석 다음날인 23일은 연차를 사용할 수 없다. 또한, 프로젝트를 둘째 주에 2일, 셋째 주에 1일, 넷째 주에 1일 동안 작업하므로 연차를 쓸 수 있는 날은 셋째 주(프로젝트 작업 없는 날)와 마지막 주에 가능하다. 따라서 가능한 날짜는 14 ~ 16일이다.

44

정답 ④

ⅰ) 연봉 3,600만 원인 O사원의 월 수령액은 3,600만÷12=3,000,000원이다.
　월평균 근무시간은 200시간이므로 시급은 300만÷200=15,000원/시간이다.
ⅱ) 야근 수당
　O사원이 평일에 야근한 시간은 2+3+1+3+2=11시간이므로 야근 수당은 15,000×11×1.2=198,000원이다.
ⅲ) 특근 수당
　O사원이 주말에 특근한 시간은 2+3=5시간이므로 특근 수당은 15,000×5×1.5=112,500원이다.
식대는 야근·특근 수당에 포함되지 않으므로 O사원의 이번 달 야근·특근 근무 수당의 총액은 198,000+112,500=310,500원이다.

45

정답 ③

높은 건물이나 언덕의 앞부분이 아닌 뒷부분에 오염물질이 모여 있을 수 있다.

오답분석

① 대기오염물질은 기상이나 지형 조건에 의해 다른 지역으로 이동·확산되거나 한 지역에 농축된다.
② 마지막 문단에 따르면 굴뚝이 건물보다 높을 때와 높지 않을 때에 따라 이동 양상이 달라질 수 있다고 하였다.
④ 아래쪽이 차갑고, 위쪽이 뜨거우면 공기의 대류가 발생하지 않아, 오염물질이 모여 스모그가 생기기 쉽다.
⑤ 공장의 오염물질은 연기 형태로 보이기 때문에 추적하기가 더 용이하다.

46

정답 ①

연료전지 1호 사업은 경기도 파주시에 유치하였다.

오답분석

② 미래 희망에너지 타운은 신재생에너지 등 친환경적인 지방 도시 건설을 목적으로 하는 사업이다.
③ 1단계로 태양광을 이용한 '햇빛상생 발전사업'을 기획하고 있으므로, 태양광이 가장 먼저 활용된다고 할 수 있다.
④ 산지가 많은 울주군의 특성을 고려하여 자연환경을 보전할 것이라고 언급하였다.
⑤ 이익공유나 일자리 창출 등 지역과 상생할 수 있는 방안을 적극 모색할 것이라고 설명하고 있다.

47

정답 ⑤

제시된 글에서는 신재생에너지를 통한 이산화탄소 감축 등 환경 보호를 더 중요한 목표로 본다. 따라서 산업 규모 성장을 우선 목표로 해야 한다는 주장은 글의 주장에 부합하지 않는다.

오답분석

① 신재생에너지가 이산화탄소 감축 목표 달성을 위해 필요하다고 하였다.
② 친환경 산업 구조의 변화를 살펴보고 인력을 양성을 해야 한다고 언급하였다.
③ 시멘트 산업을 예시로 들며, 에너지 다소비 산업에 대한 정부 지원 교육사업이 활성화되어야 한다고 언급하였다.
④ 현장 중심의 실무형 인재 양성을 위해 국가직무능력표준(NCS)을 개발·개선해야 한다고 제안했다.

48

정답 ③

조력발전소가 설치되면서 시화호의 수질이 개선되었는데, 발전소의 해수유통을 통해 수질이 회복될 수 있었다.

오답분석

① 조력발전소는 밀물의 힘으로 발전기를 돌려 전기를 생산하며, 글의 도입부에 조력발전이 주목을 받고 있다고 언급하였다.
② 시화호 발전소의 연간 생산량이 40만 ~ 50만 도시의 소비량과 맞먹는다고 하였으므로, 1년 동안 전기 공급이 가능하다.
④ 글에서 우리나라에 위치한 시화호 발전소가 세계 최대 규모임을 밝혔다.
⑤ 조력발전소 건립을 반대하는 환경단체의 논지는 발전소가 갯벌을 파괴하고 생태계를 오염시킨다는 것이다.

49

정답 ④

수술이 필요한 경우 지역에 위치한 안과와 연계하는 것이지 무조건 서울에 위치한 병원에서 수술 받아야 하는 것은 아니다.

오답분석

① 노인층을 사업의 대상으로 한다고 하였다.
② 저시력 위험군에 선정되면 개안 수술과 재활 훈련을 지원해 준다.
③ 정기적인 검진을 받기 힘든 계층의 안구 질환 조기 발견과 적기 치료가 목적이다.
⑤ 보건소가 재단에 신청하는 것이며, 개별 신청은 받지 않는다.

50

정답 ④

㉠에 들어갈 단계는 처리 확인과 사과이다. 불만처리 후 고객에게 처리 결과에 만족하는지 여부를 확인하여야 한다. 마지막 단계인 ㉡은 고객 불만사례를 회사 및 전 직원에게 공유하여 동일문제 발생을 방지하는 피드백 단계이다.

51

정답 ④

ㄷ. 받은 명함은 즉시 넣지 않고, 명함에 관해 한두 마디 대화를 건네는 것이 바람직하다.
ㅅ. 윗사람으로부터 명함을 받는 경우에는 오른손으로 받고 왼손으로 가볍게 받치도록 한다.

52

정답 ②

ㄱ. 지식에 관한 설명이다. 지혜란 지식의 축적과 아이디어가 결합된 창의적인 산물이다. 근본 원리에 대한 깊은 이해를 바탕으로 도출된 창의적인 아이디어이다.
ㄹ. 제시된 사례는 정보가 아닌 지혜의 사례이다. 정보에 해당하는 것은 A가게의 물건 가격보다 B가게의 물건 가격이 더 저렴하다는 내용까지이다.

오답분석

ㄴ. 데이터는 순수한 수치, 기호를 의미한다.
ㄷ. 지식은 정보를 토대로 한 행동예측 결과물이다.

53

ㄱ. LNG 구매력이 우수하다는 강점을 이용해 북아시아 가스관 사업이라는 기회를 활용하는 것은 SO전략에 해당된다.

ㄷ. 수소 자원 개발이 고도화되고 있는 기회를 이용하여 높은 공급단가라는 약점을 보완하는 것은 WO전략에 해당된다.

오답분석

ㄴ. 북아시아 가스관 사업은 강점이 아닌 기회에 해당되므로 ST전략에 해당된다고 볼 수 없다.

ㄹ. 높은 LNG 확보 능력이라는 강점을 이용해 높은 가스 공급단가라는 약점을 보완하려는 것은 WT전략에 해당된다고 볼 수 없다.

54

정답 ④

교언영색(巧言令色)은 교묘한 말과 얼굴빛이란 뜻으로 아첨꾼을 이르는 말이다.

오답분석

① 유비무환(有備無患) : 미리 준비되어 있으면 걱정이 없음을 뜻하는 말이다.

② 경이원지(敬而遠之) : 겉으로는 공경하지만 속으로는 멀리함을 뜻하는 말이다.

③ 만년지계(萬年之計) : 아주 먼 훗날까지를 미리 내다본 계획을 뜻하는 말이다.

⑤ 단기지계(斷機之戒) : 학문을 그만두면 쓸모없이 됨을 뜻하는 말이다.

55

정답 ①

'수소경제 육성 및 안전관리에 관한 법률'은 2020년 2월에 공포됐다.

오답분석

② 1983년 우리나라 최초의 천연가스회사로 출발했다.

③ 지난 수년간의 천연가스 설비 건설, 운영, 공급 경험을 기반으로 국민에게 경제적이고 안정적인 수소 공급 서비스를 제공하기 위해 힘쓸 예정이다.

④ 한국가스공사는 천연가스 산업의 불모지였던 우리나라에 최초로 LNG를 도입하였다.

⑤ 2018년 12월, 한국가스공사법 개정을 통해 수소 에너지의 생산과 공급 관련 사업을 추가하였다.

기출복원문제 정답 및 해설

| 01 | 경영

01	02	03	04	05	06	07	08	09	10	11	12	13	14	15	16	17	18	19	20
⑤	⑤	⑤	③	①	⑤	③	①	②	⑤	④	⑤	⑤	④	⑤	④	⑤	⑤	⑤	③

21	22	23	24	25	26	27	28	29	30	31	32	33							
①	④	④	⑤	⑤	④	⑤	③	④	⑤	③	⑤	③							

01
[정답] ⑤

부하에게 지적자극을 일으키고, 카리스마를 통한 비전을 제시하는 리더십은 변혁적 리더십이다. 변혁적 리더십의 요인으로는 카리스마, 지적자극, 이상적인 역할모델, 개인화된 배려가 있으며 부하가 가지는 욕구보다 더 높은 수준의 욕구를 활성화시킴으로서 부하가 기대하는 것보다 훨씬 높은 성과를 올리도록 하는 리더십이다.

02
[정답] ⑤

B2G란 기업과 정부 간 전자상거래에서 정부가 조달 예정상품을 가상 상점에 공시하고, 기업들은 가상 상점을 통해서 공급할 상품을 확인하여, 거래를 성사시키는 일련의 과정을 인터넷을 통해 처리하는 것이다.

03
[정답] ⑤

⑤는 탈다각화전략 또는 집중화전략으로 볼 수 있다. 따라서 다각화전략의 목적으로 보기에는 적절하지 않다.

04
[정답] ③

역직승진이란 구성원이 상위의 직책으로 이동하는 것을 말한다. 직책 또는 역직이란 조직구조의 편성과 조직운영 원리에 의해 설치된 것으로 조직 단위별 소속 구성원을 효율적 지휘, 통제하기 위해 두어지는 것이다. 직책승진 제도는 관리체계로서의 직위, 즉 라인직위계열상의 승진을 말한다. 이런 승진이 가능하기 위해서는 상위직책 자리가 공석으로 비게 되든지 또는 새로운 직책이 신설되든지 해야 한다.

05
[정답] ①

기능목록이란 인적자원의 필요에 대비하고 기업의 인적자원 이용가능성을 평가하기 위하여 만들어진 종업원의 기본적인 정보를 입력한 데이터베이스를 의미한다. 기능목록에는 종업원의 인적사항이나 보유기능, 능력, 훈련여부 등이 포함되어 있다.

06
[정답] ⑤

반복적인 작업을 하는 근로자는 흔히 단순노동직으로 구분한다. 따라서 ⑤는 전문적이고 비반복적인 업무를 담당하는 지식근로자에 대한 특징으로 보기 어렵다.

07

③은 CMA(Cash Management Account)에 대한 설명으로 MMF는 이자지급방식이 아닌 수익률지급방식으로 투자수익을 지급하는 방식이다.

08

고정비율은 고정자산의 자기자본에 대한 비율이다.

오답분석

② 활동성비율(Activity Ratio) : 기업들이 보유한 자산을 얼마나 효율적으로 활용하고 있느냐를 판단할 수 있는 지표이다. 이 비율이 100%를 밑돌면 기업이 자산을 100% 활용하지 않고 일부가 잠자고 있다는 의미이다.

③ 자본회전율(Turnover Ratio of Capital) : 자기자본과 순매출액과의 관계를 표시하는 비율로, 자기자본의 회전속도를 표시한다.

④ 유동비율(Current Ratio) : 회사가 1년 안에 현금으로 바꿀 수 있는 '유동 자산'을 1년 안에 갚아야 할 '유동 부채'로 나눈 값이다. 통상 유동비율이 150%를 넘으면 기업의 재무 상태가 안정적이라고 평가한다.

⑤ 부채비율(Debt Ratio) : 어떤 기업의 재정상태나 재무건전성을 분석할 때 대표적으로 활용되는 지표 중 하나로, 기업이 가진 자산 중에 부채가 어느 정도의 비중을 차지하는지를 나타내는 비율이다. 부채비율을 구하는 방법은 부채총액을 자본총계(자기자본)로 나눈 뒤 100을 곱해 산출한다.

09

가예산(假豫算 : Provisional Budget)은 회계연도 개시일까지 본예산이 국회에서 통과되지 못할 경우, 예산이 확정될 때까지 잠정 조치로 실행되는 예산을 말한다. 가예산은 의회의 의결이 있어야 한다는 점에서 준예산과 그 성격이 다르고, 잠정예산과는 매우 비슷하다. 그러나 '1개월분의 예산'이라는 제한이 있다는 점에서 제한이 없는 잠정예산이나 준예산과는 구별된다. 가예산은 현재 우리나라에서는 사용하지 않고 있으나 과거 제1공화국 시대(1948 ~ 1960)에 채택한 바 있다.

오답분석

① 준예산(準豫算 : Quasi-Budget) : 예산안이 새로운 회계연도가 개시될 때까지 국회에서 의결되지 못한 경우에 일정한 경비를 전년도 예산에 준하여 지출할 수 있도록 한 제도이다.

④ 잠정예산(暫定豫算 : Tentative Budget) : 확정 예산 전에 임시로 짠 예산을 말한다. 회계연도 개시전까지 입법부에서 본예산이 의결되지 않을 경우 잠정적으로 사용할 수 있는 예산의 한 종류를 말한다. 예산안이 입법부에서 통과하지 못하는 경우 사용하는 이러한 잠정적인 예산의 종류로는 준예산·가예산·잠정예산이 있는데, 잠정예산은 본예산이 성립되지 않을 때 잠정적으로 예산을 편성하여 의회에 제출하고 의회의 사전의결을 얻어 사용하는 제도이다.

10

B2B는 영업기회의 발굴에 초점을 두기에 전자상거래의 수단이나 관리 및 TV광고와 같은 광범위하고 많은 고객층에게 노출되는 마케팅보다는 작은 타겟시장을 집중하여 시장점유율을 높이는 전략을 택하는 것이 유리하다.

11

민츠버그는 조직을 다음과 같이 다섯 가지 형태로 구분하여 각 조직에서 표면적으로 관찰할 수 있는 유형이 그 조직이 처한 환경에 적합한지 판단하고 그렇지 않다면 해당 조직에게 필요한 변화를 모색할 수 있는 도구를 제시하였다.

민츠버그의 다섯 가지 조직형태
- 단순구조 조직(Simple Structure)
- 기계적 관료제 조직(Machine Bureaucracy)
- 전문적 관료제 조직(Professional Bureaucracy)
- 사업부제 조직(Divisional Structure)
- 애드호크라시 조직(Adhocracy)

12

제시된 사례를 통해 리더인 A팀장이 평소 팀원들과 돈독한 관계를 형성하여 충성심과 존경을 바탕으로 부하들로부터 헌신과 동일화, 내재화를 지속적으로 이끌어낼 수 있는 준거적 권력임을 알 수 있다.

준거적 권력(Reference Power)
전문적 권력을 통한 영향력에도 한계가 있을 수 있다. 개인적인 매력과 존경심 등을 바탕으로 한 준거적 권력은 부하들로부터 헌신과 동일화, 내재화를 지속적으로 이끌어낼 수 있는 가장 훌륭한 권력의 원천이 된다. 자신이 가지고 있는 지식이나 기술 노하우 등은 업무가 바뀌거나 환경이 바뀌면 그 가치가 없어질 수도 있지만 개인적 특성은 상황에 따라 변하거나 사라지는 성질이 아니다. 따라서 장기적이고 지속적으로 부하나 주위 사람들에게 영향력을 행사하고 싶다면 준거적 권력이 전문적 권력보다 더 바람직하다.

13

집단성과배분제도는 스캔론 플랜, 럭커 플랜, 임프로쉐어 플랜 등이 있다. 최근에는 여러 플랜을 각 기업에 맞게 수정해서 사용하는 커스터마이즈드 플랜이 있다. 그중 산업공학기법을 이용한 공식을 통해 보너스를 산정하는 기법은 임프로쉐어 플랜에 해당한다.

14

인간관계론은 행정조직이나 민간조직을 단순한 기계적인 구조로만 보고 오직 이 시스템의 개선만으로 능률성을 추구하려 하였다는 과거의 과학적 관리론과 같은 고전적 조직이론의 개념을 탈피하여 한계점을 수용하고 노동자들을 감정, 기분 같은 사회심리적 요인과 비경제적 보상을 고려하며 인간 중심적 관리를 중시한다.

15

정인이의 설명은 상황 이론에 대한 내용이다. 상황 이론에서는 시스템적 접근의 추상성을 극복하고자 한다.

16

인간관계론은 인간을 기계적으로만 취급할 것이 아니라 조직구성원들의 사회적·심리적 욕구와 조직 내 비공식집단 등을 중시하며, 조직의 목표와 조직구성원들의 목표 간의 균형 유지를 지향하는 민주적·참여적 관리 방식을 처방하는 조직이론을 말한다. 최초로 인간관계론에 공헌한 사람은 행동과학이론의 폴레트(M. P. Follett)이지만 메이요(G. Elton Mayo) 등 하버드 대학의 경영학 교수들이 진행한 호손 실험에 의해 본격적으로 이론적 틀이 마련되었다.

17

자원기반관점(RBV)은 기업 경쟁력의 원천을 기업의 외부가 아닌 내부에서 찾는다. 따라서 주요 결정요인으로 진입장벽, 제품차별화 정도, 사업들의 산업집중도 등은 외부요인에 해당하므로 적절하지 않다.

18

캘리의 귀인 이론에 따르면 사람들은 대부분 외부, 내부로 귀인하기 전에 일관성, 특이성, 합의성이라는 세 가지 결정요인에 맞추어 보고 난 후 타인의 행동 원인이 그 사람 자신에게 있는지 타인에게 있는지, 또는 상황이나 운에 있는지를 판단한다고 보았다.

19

갈등이 절대적으로 필요하다고 강조하는 것은 1970년대 중반 이후에 등장한 상호작용적 견해에 해당한다. 행동주의적 견해는 1940년대에서 1970년에 다루어진 견해로 갈등은 모든 집단에서 자연스럽게 발생하고 완전히 회피할 수 없는 것이므로 조직의 성과에 도움이 되도록 갈등을 관리하는 데 초점을 둔다.

20

정답 ③

직무분류법은 서로 유사한 직무를 함께 묶어 직무를 분류하여야 정확한 분류가 가능하다. 직무 수가 많아지고 내용이 복잡해지면 정확한 분류를 할 수 없다.

21

정답 ①

백기사(White Knight)는 경영권 방어에 협조적인 우호주주를 뜻하며 어느 기업이 적대적 M&A(인수합병)에 휘말렸을 때 이에 대한 방어 전략 중 하나이다.

오답분석

② 포이즌 필(Poison Pill) : 일종의 경영권 방어수단으로서 적대적 M&A 공격을 받는 기업이 경영권이전과 같은 일정한 조건이 성취되었을 때 발행사의 보통주 1주에 대해 헐값에 한 개 또는 다수의 주식을 매입하거나 또는 다수의 주식으로 전환될 수 있는 권리 또는 회사에 비싼 값에 주식을 팔 수 있는 권리를 하나씩 부여하기로 하는 계획을 말한다.

③ 황금주(Gold Share) : 인수 관련 주주 총회 결의 사항에 대해 거부권을 행사할 수 있는 주식을 말한다.

④ 차등의결권주 : 보통주 1주에 다수의 의결권을 부여한 주식으로 경영권방어수단으로 사용된다.

⑤ 황금낙하산(Golden Parachute) : 임기가 종료되지 않은 경영진들에게 거액의 퇴직금을 지급하거나 스톡옵션을 제공하는 것을 의미한다.

22

정답 ④

내부적으로 창출한 영업권은 자산으로 인식할 수 없다. 미래경제적효익을 창출하기 위하여 발생한 지출 중에는 이 기준서의 인식기준을 충족하는 무형자산을 창출하지 않는 경우가 있다. 그러한 지출은 대부분 내부적으로 창출한 영업권에 기여한다. 내부적으로 창출한 영업권은 원가를 신뢰성 있게 측정할 수 없고 기업이 통제하고 있는 식별가능한 자원이 아니기 때문에(즉, 분리가능하지 않고 계약상 또는 기타 법적 권리로부터 발생하지 않기 때문에) 자산으로 인식하지 않는다.

23

정답 ④

내용이론은 무엇이 사람들을 동기부여 시키는지, 과정이론은 사람들은 어떤 과정을 거쳐 동기부여가 되는지에 초점을 둔다. 아담스의 공정성이론은 과정이론에 해당하며 자신과 타인의 투입 대비 산출율을 비교하여 산출율이 일치하지 않는다고 느끼게 되면 불공정하게 대우받고 있다고 느끼며 이를 해소하기 위해 동기부여가 이루어진다고 주장한다.

유형	이론		
내용이론	• 욕구단계이론 • X-Y이론	• 2요인 이론 • ERG이론	• 성취동기이론
과정이론	• 기대이론	• 공정성이론	• 목표설정이론
내재적 동기이론	• 직무특성이론	• 인지적 평가이론	• 자기결정이론

24

정답 ⑤

BCG 매트릭스에서 상대적 시장점유율이 1보다 크다는 것은 해당 사업부의 시장점유율이 1위라는 것을 의미한다. 시장점유율이 50%가 안 되는 1위 기업 또한 존재하기 때문에 항상 옳은 것은 아니다.

참고 (상대적 시장점유율) $= \dfrac{\text{(자사의 시장점유율)}}{\text{[시장내 1위 기업의 시장점유율(자사제외)]}} \times 100$

25

정답 ⑤

• $NPV = \sum\limits_{t=1}^{t} \dfrac{C_t}{(1+r)^t} - C_0$ [C_t =(프로젝트를 위한 자본유입), C_0 =(프로젝트에 인한 지출금액)]

• $NPV = \dfrac{1,100}{(1+10\%)^1} + \dfrac{1,210}{(1+10\%)^2} - 800 = 1,200$

따라서 순현재가치는 1,200만 원이다.

26

정답 ④

근로자가 스스로 계획하고 실행하여 그 결과에 따른 피드백을 수집하고 수정해 나아가며 일의 자부심을 느끼고 책임감을 느끼며 자발성을 높이는 기법은 직무충실화 이론에 해당한다.

27

정답 ⑤

직무명세서는 직무분석을 하고 그 결과를 목적에 맞게 세분화하여 정리한 문서로, 직무의 명칭, 책임과 권한, 요구되는 육체적 능력 등이 기술되어 있다.

오답분석

① 직무급제도의 기초작업을 실시하기 위해서는 직무분석이 선행되어야 한다.
② 직무기술서와 직무명세서는 직무분석의 1차적 결과물이다.
③ 직무명세서는 특정직무를 수행함에 있어서 갖추어야 할 직무담당자의 자격요건을 정리한 문서이다.
④ 직무기술서는 직무분석의 결과로 얻어진 직무정보를 정리한 문서이다.

28

정답 ③

미시적 마케팅은 선행적 마케팅과 후행적 마케팅으로 구분되는데, 대표적인 활동으로 경로, 가격, 판촉 등이 이루어지는 것은 후행적 마케팅이다.

29

정답 ④

디마케팅(Demarketing)은 기업이 고객의 수요를 의도적으로 줄이는 마케팅 기법으로 공익활동을 위해서도 사용되기도 한다. 게임중독을 방지하기 위해 부모님과 동의를 얻을 시간 내에서만 온라인 게임을 할 수 있도록 하거나 전략량이 많은 여름철에 소비전력을 줄이기 위해 한국전력공사에서 펼치는 소비 절약 캠페인도 하나의 디마케팅 전략이라고 볼 수 있다.

30

정답 ⑤

ESG경영의 주된 목적은 착한 기업을 키우는 것이 아니라 불확실성 시대의 환경, 사회, 지배구조라는 복합적 리스크에 얼마나 잘 대응하고 지속적 경영으로 이어나갈 수 있는지를 판단하는 것이다.

31

정답 ③

맥그리거(D.Mcgregor)는 자신의 저서 『기업의 인간적 측면』에서 두 가지의 상반된 인간관 모형을 제시하고 인간모형에 따라 조직관리 전략이 달라져야 한다고 주장하였다. X이론에서는 인간을 소극적·부정적 인간관으로 특징하여 전략을 제시하였고, Y이론에서는 인간을 적극적·긍정적 인간관으로 특징하여 전략을 제시하였다.

32

정답 ⑤

편의품의 경우는 고객의 쉽고 빈번한 접근성이 중요하다. 따라서 소수의 대리점이 넓은 상권을 포괄하여 운영하는 접근 방식은 전문품의 판매 방식에 적합하다.

33

정답 ③

경제변수는 유량과 저량으로 구분된다. 유량변수는 GDP·국제수지·생산·소득·소비·저축 등과 같이 '일정 기간' 동안 측정하는 변수이며, 저량변수는 외환보유액·통화량·인구·부(Wealth)·자산(Asset)·부채(Debt) 등과 같이 '일정 시점'에 측정하는 변수이다.

01	02	03																	
①	②	④																	

01

정답 ①

거푸집 설계 시 고려해야 할 하중
• 바닥판, 보의 바닥, 슬래브 밑면 : 작업하중, 충격하중
• 벽, 기둥, 보 옆 : 측압

02

정답 ②

보일링 현상은 모래지반을 굴착할 때 굴착 바닥면으로 뒷면의 모래가 솟아오르는 현상으로, 점착력이 없는 모래에서 발생하기 쉽다. 보일링 현상이 발생할 경우 벽체 전체에 미치는 저항과 벽체 하단의 지지력이 없어질 뿐 아니라 흙막이벽과 주변 지반까지 파괴된다. 보일링 현상을 방지하기 위해서는 흙막이벽을 불투수성의 점토질 지층까지 깊게 근입(밑둥넣기)하거나 방축널의 아래쪽에 배수 시설을 설치하여 굴착 바닥면의 수압을 낮추어야 한다.

03

정답 ④

㉠ 집중형(코어형) : 건물 중앙에 엘리베이터와 계단을 배치하고 그 주위에 많은 단위 주거를 집중하여 배치하는 형식으로, 환풍과 통풍의 문제를 해결하기 위해 고도의 설비가 필요하다.
㉡ 중복도형 : 건물 중앙에 복도를 설치하고 복도 양측으로 단위 주거를 배치하는 형식으로, 고밀화에 유리하나 독립성이 낮고 채광과 환기가 좋지 않다.
㉢ 편복도형 : 건물의 한 쪽 긴 복도에서 단위 주거에 들어가는 형식으로, 고층화에 유리하나 독립성이 낮다.
㉣ 계단실형 : 계단실 또는 엘리베이터 홀에서 직접 단위 주거에 들어가는 형식으로, 독립성이 높고 출입이 편하다.

| 03 | 기계

01	02	03	04	05	06	07	08	09										
②	④	④	⑤	③	④	④	④	④										

01

프로판 가스는 석탄 가스와 달리 유독한 일산화탄소 성분이 없다.

[오답분석]

① 공기보다 1.5배 정도 무겁다.
③ 새어 나오는 가스가 인화되면 폭발할 위험이 있어 주의가 필요하다.
④ 메탄계의 액화 수소 가스이다.
⑤ 중독의 위험이 없어, 가정용 연료로 많이 사용된다.

02
정답 ④

Y합금(내열합금)은 Al 92.5% - Cu 4% - Ni 2% - Mg 1.5%로 구성되며 내연기관의 실린더 및 피스톤에 사용된다.

[오답분석]

① 실루민 : Al - Si계 합금으로 주조성은 좋으나 절삭성이 나쁘다.
② 하이드로날륨 : Al - Mg계 합금으로 내식성이 가장 우수하다.
③ 두랄루민 : Al - Cu - Mg - Mn계 합금으로 주로 항공기 재료로 사용된다.
⑤ 코비탈륨 : Y합금에 Ti, Cu 0.5%를 첨가한 내열합금이다.

03
정답 ④

$$W = P_1 V_1 \ln\frac{V_2}{V_1} = (120\text{kPa}) \times (0.5\text{m}^3) \times \ln\left(\frac{0.1\text{m}^3}{0.5\text{m}^3}\right) ≒ -96.6\text{kJ}$$

[기체가 압축되었다는 것은 일을 받은 것이므로 음수(-)이다]

04
정답 ⑤

단위 체적당 탄성에너지는 최대 탄성 에너지이므로 $u = \dfrac{U}{V} = \dfrac{\sigma^2}{2E} = \dfrac{E \times \epsilon^2}{2}$

$u_1 = \dfrac{\sigma^2}{2E} \rightarrow u_2 = \dfrac{(4\sigma)^2}{2E} = \dfrac{16\sigma^2}{2E}$

∴ $u_2 = 16u_1$ 이므로 16배가 된다.

05
정답 ③

$$I_p = \frac{\pi(d_1^{\,4} - d_2^{\,4})}{32} = \frac{\pi(5^4 - 3^4)}{32} ≒ 53.4\text{cm}^4$$

06

베인펌프의 작동유는 점도 제한이 있다. 동점도는 약 35cSt(Centi Stokes)이다.

베인펌프의 특징
• 압력저하량이 적다.
• 펌프 중량에 비해 형상치수가 작다.
• 송출(토출)압력의 맥동이 적고 소음이 작다.
• 작동유의 점도 제한이 있다.
• 호환성이 좋고 보수가 용이하다.
• 다른 펌프에 비해 부품 수가 많다.

07

오일러 방정식은 유선상의 한 점에 있어서 어떤 순간에 여기를 통과하는 유체 입자의 속도와 그것에 미치는 힘의 관계를 나타낸 방정식이다. 식이 유도되기 위해 요구되는 가정은 유체입자는 유선에 따라 움직이고 유체는 마찰이 없으며(점성력이 0) 정상유동이어야 한다.

오답분석
ⓛ 비압축성 유체 : 베르누이 방정식의 유도과정에 필요한 가정이다.

08

V벨트는 벨트 풀리와의 마찰이 크므로 접촉각이 작더라도 미끄럼이 적고 속도비를 높일 수 있어 동력 전달에 좋다.

V벨트의 특징
• 고속운전이 가능하다.
• 벨트를 쉽게 끼울 수 있다.
• 미끄럼이 적고 속도비가 크다.
• 이음매가 없어서 운전이 정숙하다.
• 접촉 면적이 넓어서 큰 회전력 전달이 가능하다.
• 조작이 간단하고 비용이 싸다.

09

㉠ 쇼어 경도(H_S) : 낙하시킨 추의 반발높이를 이용하는 충격경도 시험을 통해 경도를 산출한다.
ⓛ 브리넬 경도(H_B) : 구형 누르개를 일정한 시험하중으로 시험편에 압입시켜 시험하며, 이때 생긴 압입 자국의 표면적을 시험편에 가한 하중으로 나눈 값이다.
ⓒ 로크웰 경도(H_R) : 원추각이 120°, 끝단 반지름이 0.2mm인 원뿔형 다이아몬드를 누르는 방법(HRC)과 지름이 1.588mm인 강구를 누르는 방법(HRB) 2가지가 있다.

| 04 | 전기

01	02	03	04	05	06	07	08	09	10	11	12	13	14	15	16	17	18	19	20
③	⑤	①	④	⑤	②	②	⑤	②	①	⑤	①	②	⑤	②	⑤	④	④	②	④

21	22	23																	
②	③	④																	

01
정답 ③

연가는 전력선에 근접한 통신선에 대한 유도장해를 방지하기 위하여 전선로 구간을 3등분한 후 전선 각 상의 배치를 상호 변경하여 선로정수를 평형시키는 것이다. 연가의 효과로는 선로정수 평형, 임피던스 평형, 유도장해 감소, 직렬공진 방지가 있다.

02
정답 ⑤

전력용 콘덴서의 진상 용량 $Q_c = \mathrm{P}(\tan\theta_1 - \tan\theta_2) = P\left(\dfrac{\sin\theta_1}{\cos\theta_1} - \dfrac{\sin\theta_2}{\cos\theta_2}\right) = P\left(\dfrac{\sqrt{1-\cos^2\theta_1}}{\cos\theta_1} - \dfrac{\sqrt{1-\cos^2\theta_2}}{\cos\theta_2}\right)$

$= 550 \times 0.6\left(\dfrac{\sqrt{1-0.6^2}}{0.6} - \dfrac{\sqrt{1-0.8^2}}{0.8}\right) ≒ 192\mathrm{kVA}$

03
정답 ①

환상코일의 인덕턴스인 경우 $L = \dfrac{\mu S N^2}{l}$

$L' = \dfrac{\mu S(3N)^2}{l} = \dfrac{9\mu S N^2}{l} = 9L$

$L' = L$이 되기 위해서는 $\left(\mu' = \dfrac{1}{9}\mu\right)$이나 $\left(S' = \dfrac{1}{9}S\right)$이나 $(l' = 9l)$이어야 한다. 따라서 단면적을 $\dfrac{1}{9}$배로 해야 한다.

04
정답 ④

계기용 변류기(CT)는 고압회로에 흐르는 큰 전류를 이에 비례하는 적은 전류로 변성하여 배전반의 측정계기나 보호 계전기의 전원으로 사용하는 전류 변성기이다.

오답분석

① 계기용 변압기(PT) : 고압회로의 높은 전압을 이에 비례하는 낮은 전압으로 변성한다.
② 과전압 계전기(OVR) : 전압이 일정 값 이상이 되었을 때 동작하는 계전기이다.
③ 지락 계전기(OCR) : 전류가 일정 값 이상으로 흐를 때 동작하는 계전기이다.
⑤ 단락방향 계전기(DSR) : 일정 방향으로 일정 값 이상의 단락 전류가 발생할 경우 동작하는 계전기이다.

05
정답 ⑤

표피효과는 도체에 주파수가 큰 교류를 송전하면 내부에 전류가 표피로 집중하여 흐르는 현상으로 도전율(σ), 투자율(μ), 주파수(f)가 클수록 커진다.

06
정답 ②

피뢰기의 구비조건

• 속류 차단능력이 있을 것
• 제한전압이 낮을 것
• 방전 내량이 클 것

• 상용 주파 방전개시전압이 높을 것
• 충격방전개시 전압이 낮을 것

07

㉠ 기중차단기(ACB) : 대기 중에서 아크를 길게 하여 소호실에서 냉각 차단, 저압용 선로에 적용한다.

㉡ 진공차단기(VCB) : 고진공 중 고속도 확산에 의해 차단하며 154kV급이다.

㉢ 가스차단기(GCB) : 고성능 절연 특성을 가진 특수가스(SF₆)를 흡수해서 차단, 소형화 경량화가 가능하다. 소호 시 아크가 작고 안정되어 있어 차단저항도 필요 없고 접촉자의 소모도 극히 적으며 보수점검이 간단하다.

08

정답 ⑤

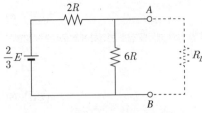

회로를 테브난의 정리에 의해서 정리하면 $R_{TH} = 3R \parallel 6R = \dfrac{3R \times 6R}{3R + 6R} = 2R[\Omega]$이고, $V_{TH} = E \times \dfrac{6R}{3R + 6R} = \dfrac{2}{3}E[V]$이다. R_L의 소비전력이 최대

가 되는 조건은 $R_L = 2R$인 경우이다. 따라서 $P_{\max} = I^2 R_L = \left(\dfrac{\frac{2}{3}E}{2R}\right)^2 \times 2R = \dfrac{2E^2}{9R}$이다.

09

정답 ②

주어진 회로를 노턴 등가회로로 풀기 위해 R_L부분을 분리하면 다음과 같다.

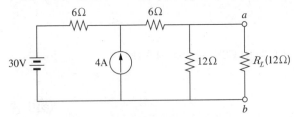

노턴의 등가 저항은 전압원을 단락, 전류원을 개방한 후 R_L의 양단에서 본 합성 저항이다.

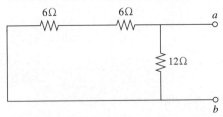

$R_N = (6 + 6) \parallel 12 = 6\Omega$

노턴의 등가 전류는 R_L을 단락 후 그 경로로 흐르는 전류이다.

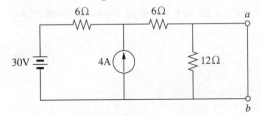

(R_L을 단락 시 12Ω에는 전류가 흐르지 않음)

24 · NCS 코레일 한국철도공사

이 회로에서 중첩의 정리를 이용하여 a, b 사이에 흐르는 전류 I_N을 도출한다면

1) 30V를 단락했을 때의 전류 $I_{N1} = 4 \times \dfrac{1}{2} = 2A$

2) 4A를 개방했을 때의 전류 $I_{N2} = \dfrac{30}{6+6} = 2.5A$

$I_N = I_{N1} + I_{N2} = 4.5A$가 되고 노턴의 등가회로는 다음과 같다.

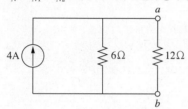

따라서 R_L에 흐르는 전류는 $4.5 \times \dfrac{6}{12+6} \fallingdotseq 1.5A$이다.

10

$C = \dfrac{0.02413}{\log_{10}\dfrac{D}{r}}$ 이고 D는 선간거리로서 $\sqrt[3]{10^3} = 10$이고, r은 반지름으로서 $\dfrac{0.02}{2} = 0.01$이다. 이를 식에 대입하면 $C = \dfrac{0.02413}{\log_{10}\dfrac{10}{0.01}}$

$\fallingdotseq 0.00804mF/km$이다.

11

직류 송전은 차단기 설치 및 전압의 변성이 어렵다.

12

3상 유도 전압조정기의 정격 용량 $P = \sqrt{3}\,E_2 I_2 \times 10^{-3}[kVA]$이므로 $P = \sqrt{3} \times 440 \times \dfrac{4,400 \times 10^3}{\sqrt{3}\,(4,400+440)} \times 10^{-3} = 400kVA$이다.

13

도체의 표면 전하밀도가 $\sigma[m]$일 때 전계의 세기는 $\dfrac{\sigma}{\epsilon_0}[V/m]$이고, 무한 평면 전하에 의한 전계의 세기는 $\dfrac{\sigma}{2\epsilon_0}[V/m]$이다. 둘 다 거리와 관계가 없다.

정전계
• 전계 에너지가 최소로 되는 전하 분포의 전계이다.

전기력선의 성질
• 전기력선 밀도는 전계의 세기와 같다.

• 단위전하에서는 $\dfrac{1}{\epsilon_0}$ 개의 전기력선이 출입한다.

• 전기력선은 전위가 높은 곳에서 낮은 곳으로 향한다.
• 전기력선의 방향은 전계의 방향과 같다.
• 전기력선은 자신만으로 폐곡선이 되지 않는다.
• 도체 내부에 전기력선은 없다.
• 전기력선은 도체 표면에서 수직으로 출입한다.
• 전기력선은 정전하에서 출발하여 부전하에서 그친다.

① 대전도체의 내부 전위는 표면전위와 같다.

③ 도체 표면의 전하밀도는 표면의 곡률이 클수록 크고, 곡률 반경이 클수록 전하밀도는 작다.

④ 전기력선은 도체 내부에 존재하지 않는다.

⑤ 단위전하에서는 $\dfrac{1}{\epsilon_0}$개의 전기력선이 출입한다.

14 [정답] ⑤

영구 자석 재료는 전류 자속 밀도가 크고, 보자력이 커야 한다.

자성체의 종류

• 상자성체($\mu_s > 1$)

 인접 영구자기 쌍극자의 방향이 규칙성이 없음

• 반자성체

 인접 영구자기 쌍극자가 없음

• 강자성체

 인접 영구자기 쌍극자의 방향이 동일방향으로 배열됨

• 반강자성체

 인접 영구자기 쌍극자의 배열이 서로 반대임

① 전자석의 재료는 보자력과 히스테리시스 면적이 모두 작아야 한다.

② $\mu_s < 1$이면 역자성체, $\mu_s > 1$이면 상자성체이다.

③ 강자성체는 자구가 존재하며 철(Fe), 니켈(Ni), 코발트(Co) 등이 이에 속한다.

④ 강자성체의 세 가지 특징은 고투자율 특성, 히스테리시스 특성, 자기포화 특성이다.

15 [정답] ②

$$\phi = BS = \mu HS = \mu_0 \mu_s HS = \mu_0 \mu_s \frac{NI}{l} S = \mu_0 \mu_s \frac{NI}{\pi D} S = \frac{4\pi \times 10^{-7} \times 800 \times 1,200 \times 4 \times 25 \times 10^{-4}}{\pi \times 0.1 \times 2} = 0.0192 \text{Wb}$$가 된다.

16 [정답] ⑤

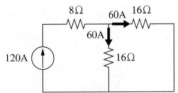

다음과 같이 회로를 간단히 하면 16Ω 오른쪽의 합성 병렬 저항은 $(((3+1) \parallel 6+1.6) \parallel 12+15) \parallel 9+10 = 16\Omega$이 된다. 따라서 16Ω과 16Ω이 병렬 연결되어 120A에서 60A씩 전류가 분배된다.

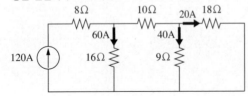

동일한 방법으로 9Ω과의 합성 병렬 저항은 $((3+1) \parallel 6+1.6) \parallel 12+15=18\Omega$이 된다.

따라서 전류분배법칙에 의해 18Ω에 흐르는 전류는 $60\times\dfrac{9}{18+9}=20$A가 된다.

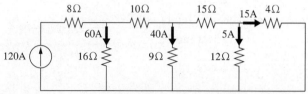

동일한 방법으로 12Ω과의 합성 병렬 저항은 $(3+1) \parallel 6+1.6=4\Omega$이 된다.

따라서 전류분배법칙에 의해 4Ω에 흐르는 전류는 $20\times\dfrac{12}{4+12}=15$A가 된다.

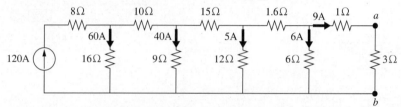

동일한 방법으로 6Ω과의 합성 병렬 저항은 $3+1=4\Omega$ 된다.

따라서 전류분배법칙에 의해 4Ω에 흐르는 전류는 $15\times\dfrac{6}{4+6}=9$A가 된다.

1Ω과 3Ω은 직렬이므로 흐르는 전류는 9A로 동일하다.

※ $\parallel$ 병렬 연결된 저항값

17

정답 ④

중첩의 정리에 의해서

ⅰ) 전류원을 개방하면

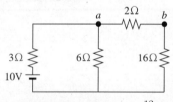

a, b 사이 오른쪽 방향 전류 $\dfrac{12}{18\parallel6+3}\times\dfrac{6}{18+6}=0.4$A가 흐르고 0.8V의 전위차가 생긴다.

ⅱ) 전압원을 단락하면

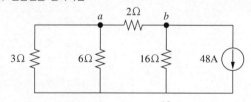

a, b 사이 오른쪽 방향 전류 $48\times\dfrac{16}{16+4}=38.4$A가 흐르고 76.8V의 전위차가 생긴다.

따라서 a, b 두 점간의 전위차는 ⅰ)+ⅱ)=$0.8+76.8=77.6$V이다.

18

$$\frac{-20s+36}{s(s+2)(s^2-8s+18)}=\frac{A}{s}+\frac{B}{s+2}+\frac{C}{s^2-8s+18}=\frac{A(s+2)(s^2-8s+18)+Bs(s^2-8s+18)+Cs(s+2)}{s(s+2)(s^2-8s+18)}$$

$$=\frac{A(s^3-6s^2+2s+36)+B(s^3-8s^2+18s)+C(s^2+2s)}{s(s+2)(s^2-8s+18)}=\frac{(A+B)s^3+(-6A-8B+C)s^2+(2A+18B+2C)s+36A}{s(s+2)(s^2-8s+18)}$$ 와 같이 분해할 수

있다. $A=1$, $B=-1$, $C=-2$가 되므로 $\dfrac{-20s+36}{s(s+2)(s^2-8s+18)}=\dfrac{1}{s}+\dfrac{(-1)}{s+2}+\dfrac{(-2)}{s^2-8s+18}$

$\mathcal{L}^{-1}[\dfrac{1}{s}-\dfrac{1}{s+2}-\dfrac{2}{(s-4)^2+2}]=1-e^{-2t}-e^{4t}\sin2t$ 와 같다.

19

단절권 계수는 $K_p=\sin\dfrac{n\beta\pi}{2}$ 이고, 여기서 $\beta=\dfrac{(권선피치)}{(자극피치)}$ 이다.

동기발전기의 전기자 권선법

1) 집중권 vs 분포권 → 분포권을 채용한다.
   - 집중권 : 1극, 1상의 코일이 차지하는 슬롯 수 1개
   - 분포권 : 1극, 1상의 코일이 차지하는 슬롯 수 여러 개
   - 분포권의 장점 : 기전력의 파형 개선, 누설리액턴스 감소
   - 분포권 계수 : $K_d=\dfrac{\sin\dfrac{n\pi}{2m}}{q\sin\dfrac{n\pi}{2mq}}$, $m=$(상수), $q=$(매극 매상당 슬롯 수)

2) 전절권 vs 단절권 → 단절권을 채용한다.
   - 전절권 : 코일 간격이 극 간격과 같다.
   - 단절권 : 코일 간격이 극 간격보다 작다.
   - 단절권의 장점 : 파형 개선, 전절권에 비해 합성 유기기전력 감소, 기계전체 길이 축소
   - 단절권 계수 : $K_p=\sin\dfrac{n\beta\pi}{2}$, $\beta=\dfrac{(권선피치)}{(자극피치)}$

3) 전기자 결선을 Y결선으로 한다.
   - 이상전압을 방지할 수 있다.
   - 고조파 순환전류가 흐르지 않는다.
   - 상전압이 낮기 때문에 코로나와 열화를 방지할 수 있다.

20

전기자 반작용
전기자 전류가 흘러 생긴 전기자 자속이 계자 자속에 영향을 주는 현상
- 역률 1일 때(전압과 전류가 동상인 전류, 저항부하) : 교차자화작용(횡축반작용)
- 뒤진역률(지상 전류, 유도성부하) : 감자작용(직축반작용)
- 앞선역률(진상 전류, 용량성부하) : 증자작용(직축반작용)

오답분석

① 앞선역률일 경우, 즉 전류가 전압보다 90° 앞설 때는, 증자작용을 한다.
② 뒤진역률일 경우, 즉 전류가 전압보다 90° 뒤질 때는, 감자작용을 한다.
③ 계자전류에 의한 자속이 전기자자속에 영향을 주는 현상이 아니라 전기자전류에 의한 자기장이 계자자속에 영향을 주는 현상이다.
⑤ 유기 기전력과 전기자 전류가 동상인 경우 횡축 반작용을 한다.

21

정답 ②

부하의 분담이 용량에 비례하고, 누설 임피던스에 반비례해야 한다.

$$\frac{P_A{}'}{P_B{}'} = \frac{\%Z_B}{\%Z_A} \times \frac{P_A}{P_B}$$

변압기의 병렬운전의 조건

• 각 변압기의 극성이 일치할 것

• 각 변압기의 권수비 및 1·2차 정격전압이 같을 것

• 각 변압기의 $\frac{x}{r}$ 비가 같을 것

• 각 변압기의 % 임피던스 강하가 같을 것

• 3상에서는 각 변압기의 상회전 방향과 위상 변위가 같을 것

오답분석

① 손실비와는 관련이 없다.

③ $\Delta-\Delta$ 결선과 $\Delta-\text{Y}$결선으로 운전하면 정격전압이 다르고 30°의 상변위가 생기므로 병렬운전이 불가능하다.

④ 변압기의 출력이 아니라 전압이 같아야 한다.

⑤ 변압기의 저항과 리액턴스의 비가 같아야 한다. 저항과 리액턴스가 완전히 같아야 되는 것은 아니다.

22

정답 ③

1선의 작용 정전용량은 $C_n = C_s + 3C_m = 0.8712 + 3 \times 0.3382 = 1.8858\mu\text{F}$이다.

※ C_s=(대지 정전용량), C_m=(선간 정정용량)

23

정답 ④

접지극의 시설 및 접지저항(KEC142.2)

• 수도관 등을 접지극으로 사용

  지중에 매설되어 있고 대지와의 전기저항 값이 3Ω 이하의 값을 유지하고 있는 금속제 수도관로가 다음을 따르는 경우 접지극으로 사용이 가능하다.

 (1) 접지도체와 금속제 수도관로의 접속은 안지름 75mm 이상인 부분 또는 여기에서 분기한 안지름 75mm 미만인 분기점으로부터 5m 이내의 부분에서 하여야 한다. 다만, 금속제 수도관로와 대지 사이의 전기저항 값이 2Ω 이하인 경우에는 분기점으로부터의 거리는 5m를 넘을 수 있다.

CHAPTER 03

2021~2019년
코레일 샘플문제 정답 및 해설

01	02	03	04	05	06	07	08	09	10	11	12	13	14	15	16	17	18	19	20
⑤	②	①	③	①	④	③	②	⑤	②	④	④	③	①	②	③	④	①	⑤	①
21	22	23	24	25	26	27	28	29	30										
④	④	①	①	③	⑤	⑤	①	①	①										

| 01 | 2021년

01
정답 ⑤

표준시가 도입된 원인인 필요성(지역에 따른 시간 차이에 따른 문제)의 배경과 도입과정을 통해 표준시를 설명하고, 그에 따른 의의도 함께 설명하고 있다.

오답분석
① 장점과 단점에 대해 언급하지 않았다.
② 과학적 원리에 대한 내용은 없다.
③ 도입 이후의 문제점과 대안에 대해 나오지 않는다.
④ 한국에 적용된 시기는 나와 있지만 다른 나라들의 사례와 비교하고 있지 않다.

02
정답 ②

㉠ 편재(偏在) : 어느 한 곳에만 치우쳐 있음
㉡ 산재(散在) : 여기저기 흩어져 있음
㉢ 혼재(混在) : 뒤섞이어 있음

오답분석
• 잔재(殘在) : 남아 있음

03
정답 ①

• 20대 총점 : $8.2 \times 20 = 164$
• 30대 총점 : $7.6 \times 32 = 243.2$
• 40대 총점 : $7 \times 30 = 210$
• 20~40대 총점 : $164 + 243.2 + 210 = 617.2$
• 20~40대 평균 : $617.2 \div (20 + 32 + 30) = 7.5$

04

2월의 유입인원은 5,520−2,703=2,817천 명으로 1월보다 2,979−2,817=162천 명 감소하였다.

오답분석
① 수송인원은 증가와 감소가 반복되고 있다.
② 8월의 수송인원은 3,103+3,617=6,720천 명이므로 3분기 수송인원은 6,431+6,720+6,333=19,484천 명이다. 따라서 1,950만 명보다 작다.
④ 11월의 승차인원은 6,717−3,794=2,923천 명으로, 6월보다 3,102−2,923=179천 명 적다.
⑤ 8월의 수송인원은 6,720천 명이므로 12월의 6,910천 명보다 19만 명 더 적다.

05

주어진 문제에서 C는 반드시 참석한다고 했으므로, 정보 4와 정보 5에 따라 D는 참석하지 않고 A는 참석한다. 또한 정보 3에 따라 B 혹은 D 중 한 명이 참석해야 하는데, D는 참석하지 않으므로 B가 참석한다. 그리고 정보 1에 따라 E는 참여하지 않는다. 따라서 참석자는 A, B, C이다.

06

주어진 조건을 정리하면 두 가지 경우로 구분되며, 표로 정리하면 다음과 같다.
경우 1)

첫 번째 공휴일	두 번째 공휴일	세 번째 공휴일	네 번째 공휴일	다섯 번째 공휴일
A약국	D약국	A약국	B약국	B약국
D약국	E약국	C약국	C약국	E약국

경우 2)

첫 번째 공휴일	두 번째 공휴일	세 번째 공휴일	네 번째 공휴일	다섯 번째 공휴일
D약국	A약국	A약국	B약국	B약국
E약국	D약국	C약국	C약국	E약국

따라서 네 번째 공휴일에 영업하는 약국은 B와 C이다.

오답분석
① A약국은 이번 달 공휴일에 연달아 영업할 수도, 하지 않을 수도 있다.
② 다섯 번째 공휴일에 B약국과 E약국이 같이 영업한다.
③ B약국은 네 번째, 다섯 번째 공휴일에 영업을 한다.
⑤ E약국은 두 번째 공휴일과 다섯 번째 공휴일에 영업을 할 수 있다.

07

첫 번째 문단에서 기존의 인터넷과 사물인터넷을 대조하여 설명하였고, 세 번째 문단에서 사물인터넷이 침대와 실내등에 연결되는 것 등의 예시를 들어 설명하였다.

오답분석
㉠ 인용 : 남의 말이나 글을 자신의 말이나 글 속에 끌어 씀
㉡ 구분 : 일정한 기준에 따라 전체를 몇 개로 갈라 나눔
㉢ 역설 : 어떤 주의나 주장에 반대되는 이론이나 말

08

제시문에서 기존의 문학 연구의 여러 방법들이 문학 작품 자체만을 관찰하는 '작품 내재적인 형식 – 심미적 관찰방법'과 작품과 관련된 주변 세계도 함께 관찰하는 '작품 외재적인 역사 – 사회적 관찰방법'으로 크게 구별된다고 주장하였기 때문에 기존의 문학 연구가 사회적 관찰방법을 도외시했다는 것은 옳지 않은 설명이다.

오답분석
① 수용미학은 1960년 말 서독 문예학계에서 시작된 문학 연구의 한 방법론이다.
③ 수용미학은 '작품이란 그 생성과 수용방식과는 무관하게 영향을 미치고 작용한다.'는 전제하에, 문학 텍스트의 자율성만을 중시한 고전미학의 작품 해석 태도를 비판한다.
④ 수용자를 통해 탄생된 '작품'은 작가의 생산물인 '텍스트' 이상의 것으로, 곧 텍스트가 '독자의 의식 속에서 재정비되어 다시 구성된 것'을 의미한다.
⑤ 수용미학은 텍스트의 구조와 독서구조가 수용자의 심미적 경험에서 얽혀 짜이는 가운데 심미적으로 구체화되는 과정에 해석의 초점을 둔다.

09

• A : 2019년 한국 금융소득 상위 1% 인원은 354천 명, 2010년 한국 금융소득 상위 1% 인원은 160천 명이므로 $\frac{354}{160} \fallingdotseq 2.2$배이다.

• B : 2019년 한국 가계 전체 금융자산은 $\frac{2,100}{0.58} \fallingdotseq 3,620.7$조 원, 2010년 한국 가계 전체 금융자산은 $\frac{1,100}{0.53} \fallingdotseq 2,075.5$조 원이므로 $\frac{3,620.7}{2,075.5} \fallingdotseq 1.7$배이다.

• C : 2019년 한국 금융자산 상위 1%은 2,100조 원, 2010년 한국 금융자산 상위 1%은 1,100조 원이므로 $\frac{2,100}{1,100} \fallingdotseq 1.9$배이다. 따라서 1.7배(B 수치)보다 크므로 한국 금융소득 상위 1%의 금융자산은 가계 전체 금융자산에 비해 더 많은 비율로 증가하였다.

10

총점이 81점이므로 총 19점이 감점되었으며, 5점짜리는 1개 이상 틀렸기 때문에 5점짜리는 최소 1개에서 최대 3개를 틀렸다.
• 5점짜리를 1개 틀렸을 경우 : 남은 감점 점수는 14점, 틀린 문제 개수는 7개이다.
  그러므로 2점짜리 7개를 틀렸다.
• 5점짜리를 2개 틀렸을 경우 : 남은 감점 점수는 9점, 틀린 문제 개수는 6개이다.
  이때 2점짜리, 3점짜리 6문제로 9점을 만들 수 없기 때문에 성립하지 않는다.
• 5점짜리를 3개 틀렸을 경우 : 남은 감점 점수는 4점, 틀린 문제 개수는 5개이다.
  이때 2점짜리, 3점짜리 5문제로 4점을 만들 수 없기 때문에 성립하지 않는다.
따라서 수험자 A는 5점 9개, 3점 10개, 2점 3개를 맞혔다.

11

주어진 조건을 정리하면 다음과 같다.

구분	영어(3명)	중국어(2명)	일본어(1명)	프랑스어(1명)	독일어(1명)
A	O	×	×	×	O
B	O	O	×		×
C	×	O	O	×	×
D	O	×	×		×

B 또는 D 둘 중 한 명이 프랑스어에 능통한데, 둘 중 누구인지는 알 수 없으므로 D가 어느 국가로 파견 근무를 떠나는지는 알 수 없다.

오답분석
① A는 영어와 독일어 두 개의 외국어를 능통하게 할 수 있다.
② B가 두 개의 외국어를 능통하게 하는지, 세 개의 외국어를 능통하게 하는지는 알 수 없다.
③ C는 일본어를 능통하게 하므로 일본으로 파견 근무를 떠난다.
⑤ A는 영어와 독일어를 능통하게 하고, C는 중국어와 일본어를 능통하게 하기 때문에 동일하게 능통하게 하는 외국어는 없다.

12

오늘이 9월 2일 월요일 오전 9시라는 점을 유의하며 문제를 푼다.
- D고객 : 9월 4일 수요일 오후에 배송을 하면, 수요일 오후나 목요일 오전에 사이에 도착하므로 희망 배송시기보다 빨리 배송하게 된다.
- E고객 : I동은 장거리 배송으로 1일이 추가되기 때문에 9월 4일 수요일 오후에 배송을 하면 목요일 오후나 금요일 오전에 배송된다. 따라서 희망 배송시기보다 늦게 배송될 수 있다.

오답분석
① 금일(월요일) 오전에 배송을 하면 금일(월요일) 오후에 배송되므로 희망 배송시기인 월요일 오후에 배송이 가능하다.
② 배송 물품 집하장은 지하 1층 고객만족센터 우측 보관소이므로 적절하다.
③ 9월 3일 화요일 오후에 배송하면 화요일 오후에서 수요일 오전에 배송되므로 수요일 오전 배송을 희망하는 C고객을 위한 것이다.
⑤ 9월 3일 화요일 오후에 배송을 희망하는 고객이 없으므로 오전에는 배송을 준비할 필요가 없다.

| 02 | 2020년

13

(가)에 따라 A, B, C, D는 모두 같은 직업을 갖거나 두 명씩 서로 다른 직업을 가져야 한다. 이때 (라)에 따라 A와 D의 직업은 서로 같아야 하므로 A, B, C, D의 직업이 모두 같은 경우와 (A, D)와 (B, C)의 직업이 서로 다른 경우로 나누어 볼 수 있다.
1) A, B, C, D의 직업이 모두 같은 경우
   (다)에 따라 C가 경찰관인 경우 D와 직업이 같을 수 없으므로 C는 경찰관이 될 수 없다. 따라서 A, B, C, D는 모두 소방관이다.
2) (A, D)와 (B, C)의 직업이 서로 다른 경우
   - A, D가 소방관인 경우
   (나)에 따라 A가 소방관이면 B가 소방관이거나 C는 경찰관이다. 이때, A와 B의 직업이 서로 다르므로 B는 소방관이 될 수 없으며 C가 경찰관이 된다. C가 경찰관이면 (다)에 따라 D는 소방관이 된다. 따라서 A, D는 소방관이며, B, C는 경찰관이다.
   - A, D가 경찰관인 경우
   (다)의 대우 'D가 소방관이 아니면 C는 경찰관이 아니다.'가 성립하므로 D가 경찰관이면 C는 소방관이 된다. 따라서 A, D는 경찰관이며, B, C는 소방관이다.

구분	A	B	C	D
경우 1	소방관			
경우 2	소방관	경찰관	경찰관	소방관
경우 3	경찰관	소방관	소방관	경찰관

따라서 B, C의 직업은 항상 같다.

14

(다)에 따라 나머지 짝수 번호인 2번, 4번 학생은 2번 또는 4번의 의자에만 앉을 수 있다. 2번, 4번 학생이 자기의 번호가 아닌 4번, 2번 의자에 각각 앉을 경우 (가)에 따라 홀수 번호 학생 1명만 다른 번호의 의자에 앉아야 한다. 그러나 홀수 번호의 학생 3명 중 1명만 다른 번호의 의자에 앉는 것은 불가능하므로 2번, 4번 학생은 자기의 번호와 일치하는 번호의 의자에 앉아야 한다. 그러므로 1번, 3번, 5번은 모두 자기의 번호와 일치하지 않는 번호의 의자에 앉아야 하므로 1번 의자에 5번 학생이 앉는 경우와 1번 의자에 3번 학생이 앉는 경우로 나누어 볼 수 있다.

구분	1번 의자	2번 의자	3번 의자	4번 의자	5번 의자
경우 1	5번 학생	2번 학생	1번 학생	4번 학생	3번 학생
경우 2	3번 학생	2번 학생	5번 학생	4번 학생	1번 학생

이때, (나)에 따라 2명의 학생은 자기의 번호보다 작은 번호의 의자에 앉아야 하므로 경우 1은 제외된다.
따라서 1번부터 5번까지의 학생들은 다음과 같이 의자에 앉아 있음을 알 수 있다.

1	2	3	4	5
3번 학생	2번 학생	5번 학생	4번 학생	1번 학생

15

제시문의 마지막 문단에서는 '국가 미래교통 전략 2050' 보고서를 통해 산업혁명의 진행과 신 교통기술의 출현에 대비하는 전략을 마련할 것임을 이야기하고 있으나 세부전략에 대한 정보는 파악할 수 없다.

오답분석

① 마지막 문단을 통해 국가 차원의 미래전략을 수립하는 목적은 4차 산업혁명의 진행과 신 교통기술의 출현을 도전의 기회로 삼고, 4차 교통혁명시대를 선도하기 위함임을 알 수 있다.
③ 네 번째 문단을 통해 1차 산업혁명과 4차 산업혁명 모두 교통부문과 관련이 있다는 유사점을 확인할 수 있다.
④ 첫 번째 문단을 통해 4차 산업혁명으로 인한 위력적인 변화 사례인 '알파고 쇼크'를 확인할 수 있다.
⑤ 마지막 문단을 통해 글로벌 차원에서의 메가트렌드 분석, 미래의 교통물류 미래상과 그 영향, 미래변화에 대비한 정책방향, 추진과제 등 '국가 미래교통 전략 2050' 보고서의 작성 방향을 확인할 수 있다.

16
정답 ③

• 안전기준 1. : 운전전환 작동 전에는 반드시 운전자 착석 여부 등을 감지하여 운전 가능 여부가 확인되어야 함을 설명하므로 '다. 운전전환 작동 전 준수사항'이 이에 해당한다.
• 안전기준 2. : 최대속도 및 속도에 따른 앞 차량과의 최소안전거리를 제시하여야 안전한 자율주행이 가능함을 설명하므로 '마. 자율주행 시 안전 확보가 필요한 경우'가 이에 해당한다.
• 안전기준 3. : 운전전환이 요구되는 상황에 따라 다른 경고방법을 설명하므로 '나. 운전전환 요구 시 경고방법'이 이에 해당한다.
• 안전기준 4. : 충돌이 임박한 상황에서 운전전환 요구에 대응할 수 있는 시간이 충분하지 않은 경우의 대응 방안을 설명하므로 '가. 긴급한 비상상황의 경우'가 이에 해당한다.
• 안전기준 5. : 운전전환 요구에도 불구하고 운전자의 대응이 없는 경우의 시행 방안을 설명하므로 '바. 운전자 대응이 필요한 상황에서 반응이 없는 경우'가 이에 해당한다.
• 안전기준 6. : 자율주행시스템에 고장이 발생하더라도 위험을 끼치지 않도록 설계해야 함을 설명하므로 '라. 시스템 고장에 대비하기 위한 방안'이 이에 해당한다.

17
정답 ④

(가)는 구매품의서, (나)는 지출결의서이다. 지출결의서 작성의 전 단계인 구매품의서는 어떠한 물품을 구매하거나 지출해도 좋은지 승낙을 받는 문서이고, 지출결의서는 구매품의서에 의하여 승낙받은 물품대금을 지급하겠다는 문서이다. 각각의 서식은 회사마다 규정이 다르기 때문에 다소 차이가 있으나, 구매품의서는 사전승인을 받는 것이고, 지출결의서는 자금의 집행의 결과 및 회계처리를 나타내는 것이다.

18
정답 ①

길이가 6km인 터널을 150m 길이의 A열차와 200m 길이의 B열차가 완전히 빠져나올 때까지 움직이는 거리는 열차의 길이까지 합하여 각각 6,150m, 6,200m이다. B열차가 완전히 빠져나오는 시간을 x초, 속력을 bm/s라고 가정하면 A열차는 B열차보다 10초 늦게 빠져나오므로 $(x+10)$초, 속력은 B열차보다 분당 3km가 더 느리므로 $(b-50)$m/s이다($\because$ 3km/분 $=\dfrac{3,000\text{m}}{60\text{s}}=50$m/s). 이를 바탕으로 A열차와 B열차가 움직인 거리에 관한 방정식을 각각 세우면 다음과 같다.

$(b-50)\times(x+10)=6,150 \rightarrow bx+10b-50x-500=6,150 \cdots \bigcirc$

$bx=6,200 \rightarrow x=\dfrac{6,200}{b} \cdots \bigcirc$

㉡을 ㉠에 대입하여 B열차의 속력 b를 구하면

$bx+10b-50x-500=6,150 \rightarrow b\times\dfrac{6,200}{b}+10b-50\times\dfrac{6,200}{b}-500=6,150 \rightarrow 6,200+10b-\dfrac{50\times6,200}{b}-500=6,150$

$\rightarrow 10b-\dfrac{50\times6,200}{b}-450=0 \rightarrow 10b^2-450b-50\times6,200=0 \rightarrow b^2-45b-5\times6,200=0 \rightarrow (b-200)(b+155)=0$

속력 b는 음수가 아닌 양수인 200이므로 B열차의 속력은 200m/s이다.

구하고자 하는 값은 터널 안에서 A열차가 B열차를 마주친 순간부터 B열차를 완전히 지나가는 데 필요한 시간이고, 두 열차가 반대 방향으로 터널을 지나가고 있기 때문에 A열차가 B열차를 지나가는 속력은 두 열차의 속력의 합과 같고 거리도 두 열차의 길이 합과 같다.

따라서 필요한 시간$\left(=\dfrac{거리}{속력}\right)$은 $\dfrac{150+200}{b+b-50}=\dfrac{350}{2b-50}=\dfrac{350}{2\times200-50}=1$초이다.

19

정답 ⑤

저울추 A~F의 질량을 해당되는 알파벳으로 가정하고 결과를 질량에 대한 방정식으로 만들면 다음과 같다.

(가) A+C=E

(나) B+F=C+E

(다) C+D=A+F

(라) B+C+E=D+F

(마) A+D=B+C

E+F의 질량과 같은 저울추들을 고르기 위해 F를 제외한 E가 있는 방정식 (가)와 E를 제외한 F가 있는 방정식 (다)를 더한다.

$\quad$ A+C=E
$+)$ C+D=A+F
$\overline{\quad 2C+D=E+F\cdots\text{㉠}}$

C와 같은 다른 저울추를 구하기 위해 E와 F가 있는 방정식 (나)에서 방정식 (라)를 빼준다.

$\quad$ C+E=B+F
$-)$ B+C+E=D+F
$\overline{\quad\quad D=2B\cdots\text{㉡}}$

㉡을 방정식 (마)에 대입하면 A+D=B+C → A+2B−B=C → A+B=C이다. 따라서 C=A+B이므로 A+B+C+D=E+F이다.

20

정답 ①

투자안마다 투자금액에 대한 연 수익은 다음과 같다.

• A : 1,600×0.11=176원

• B : 1,400×0.1=140원

• C : 1,200×0.09=108원

• D : 800×0.07=56원

• E : 600×0.05=30원

투자방법에 따라 남는 금액의 수익은 없고 투자금액에 대한 수익을 계산하면

① A=176원

② B+E=140+30=170원

③ C+D=108+56=164원

④ C+E=108+30=138원

⑤ D+E=56+30=86원

따라서 A만 투자했을 경우 176원으로 가장 수익이 높다.

21

정답 ④

소비자물가지수는 상품의 가격 변동을 수치화한 것으로 각 상품의 가격은 알 수 없다.

오답분석

① 그래프를 보면 세 품목이 모두 2015년도에 물가지수 100을 나타낸다. 따라서 제시한 모든 품목의 소비자 물가지수는 2015년 물가를 100으로 하여 등락률을 산정했다.

② 2019년의 자장면 물가지수의 2015년 대비 증가지수는 115−100=15로 가장 많이 오른 음식이다.

③ 설렁탕은 2010년에 물가지수가 가장 낮은 품목이며, 2015년의 세 품목의 물가지수는 100으로 동일하다. 따라서 설렁탕이 2010년부터 2015년까지 가장 많이 오른 음식이다.

⑤ 세 품목의 2015년 물가지수 100이 기준이기 때문에 2019년에 물가지수가 높은 순서대로 가격 증가액이 높다. 따라서 2015년 대비 2019년은 '자장면, 설렁탕, 커피' 순서로 가격이 올랐다.

안심Touch

22

〔정답〕 ④

C, D, F지점의 사례만 고려하면 F지점에서 마카롱과 쿠키를 함께 먹었을 때, 알레르기가 발생하지 않았으므로 마카롱은 알레르기 발생 원인이 될 수 없으며, 빵 또는 케이크가 알레르기 발생 원인이 될 수 있다. 따라서 ④는 반드시 거짓이 된다.

오답분석

① A, B, D지점의 사례만 고려한 경우 : 빵과 마카롱을 함께 먹은 경우에는 알레르기가 발생하지 않았으므로, 케이크가 알레르기 발생 원인이 된다.
② A, C, E지점의 사례만 고려한 경우 : 케이크와 쿠키를 함께 먹은 경우에는 알레르기가 발생하지 않았으므로, 빵이 알레르기 발생 원인이 된다.
③ B, D, F지점의 사례만 고려한 경우 : 빵과 마카롱 또는 마카롱과 쿠키를 함께 먹은 경우에 알레르기가 발생하지 않았으므로, 케이크가 알레르기 발생 원인이 된다.
⑤ D, E, F지점의 사례만 고려한 경우 : 케이크와 마카롱을 함께 먹은 경우에 알레르기가 발생하였으므로, 쿠키는 알레르기 발생 원인이 될 수 없다.

23

〔정답〕 ①

각 지점에는 한 번에 한 명의 신입사원만 근무할 수 있으므로 주어진 조건에 따라 지점별 순환근무표를 정리하면 다음과 같다.

구분	강남	구로	마포	잠실	종로
1	A	B	C	D	E
2	B	C	D	E	A
3(현재)	C	D	E	A	B
4	D	E	A	B	C
5	E	A	B	C	D

따라서 E는 네 번째 순환근무 기간에 구로에서 근무할 예정이므로 반드시 참인 것은 ①이다.

오답분석

② C는 이미 첫 번째 순환근무 기간에 마포에서 근무하였다.
③ 다음 순환근무 기간인 네 번째 기간에 잠실에서 근무할 사람은 B이다.
④ 세 번째 순환근무 기간을 포함하여 지금까지 강남에서 근무한 사람은 A, B, C이다.
⑤ 강남에서 가장 먼저 근무한 사람은 A이다.

24

〔정답〕 ①

제시문에 따르면 복지국가 담론에 대한 회의 혹은 자본주의 시장 실패에 대한 대안이나 보완책으로 '사회적경제'가 거론된다. 따라서 기존의 복지국가 담론은 사회적경제가 등장하게 된 배경으로 볼 수 있으며, 이는 사회적경제의 개념과 거리가 멀다.

25

〔정답〕 ③

첫 번째 문단의 '동일곡이지만 템포의 기준을 어떻게 잡아서 재현해 내느냐에 따라서 그 음악의 악상은 달라진다.'라는 문장을 통해 템포의 완급에 따라 악상이 변화하는 것을 알 수 있다.

오답분석

① 서양 음악과 한국 전통 음악의 차이는 심장의 고동을 중시하는 서양의 민족의식과 호흡을 중시하는 우리 민족의식에 따른 차이에서 발생한다는 글 전체의 내용을 통해 확인할 수 있다.
② · ⑤ 다섯 번째 문단에서 확인할 수 있다.
④ 두 번째 문단에서 확인할 수 있다.

26

제시문과 ⑤의 '던지다'는 '재물이나 목숨을 아낌없이 내놓다.'의 의미이다.

오답분석

① 어떤 행동을 상대편에게 하다.
② 바둑이나 장기에서, 도중에 진 것을 인정하고 끝내다.
③ 손에 든 물건을 다른 곳에 떨어지게 팔과 손목을 움직여 공중으로 내보내다.
④ 그림자를 나타내다.

27

정답 ⑤

A팀은 C팀의 평균보다 3초 짧고, B팀은 D팀의 평균보다 2초 길다. 각 팀의 평균을 구하면 다음과 같다.

구분	평균
A팀	$45-3=42$초
B팀	$44+2=46$초
C팀	$\dfrac{51+30+46+45+53}{5}=45$초
D팀	$\dfrac{36+50+40+52+42}{5}=44$초

A팀의 4번 선수의 기록을 a, B팀의 2번 선수의 기록을 b로 가정한다.

A팀의 4번 선수의 기록은 $\dfrac{32+46+42+a+42}{5}=42 \rightarrow a+162=210 \rightarrow a=48$초이고, B팀의 2번 선수의 기록은 $\dfrac{48+b+36+53+55}{5}=46$

$\rightarrow b+192=230 \rightarrow b=38$초이다.

따라서 두 선수의 평균 기록은 $\dfrac{48+38}{2}=43$초이다.

28

정답 ①

물품별 1회 구매 수량 및 신청 부서 수를 정리하면 다음과 같다.

구분	A물품	B물품	C물품	D물품	E물품
1회 구매수량	2묶음	3묶음	2묶음	2묶음	2묶음
신청 부서 수	3부서	2부서	5부서	3부서	4부서

다섯 업체 중 조건에 부합하지 않은 업체를 먼저 고르는 것이 풀이 시간을 절약할 수 있다.

각 물품은 제한된 가격 내에서 구매해야 하므로 다 업체의 C물품 2묶음 가격은 $2,550\times2=5,100$원으로 구매 제한가격 5,000원을 초과하고, 마 업체 B물품 또한 $1,700\times3=5,100$원으로 구매 제한가격 5,000원을 초과한다.

가, 나, 라 업체의 전체 물품 가격을 비교하면 다음과 같다.

구분	총금액
가 업체	$12,400\times2\times3+1,600\times3\times2+2,400\times2\times5+1,400\times2\times3+11,000\times2\times4=204,400$원
나 업체	$12,200\times2\times3+1,600\times3\times2+2,450\times2\times5+1,400\times2\times3+11,200\times2\times4=205,300$원
라 업체	$12,500\times2\times3+1,500\times3\times2+2,400\times2\times5+1,300\times2\times3+11,300\times2\times4=206,200$원

따라서 가 업체에서 가장 저렴하게 구입할 수 있다.

29

정답 ①

2016년 50대, 60대, 70세 이상 연령의 전체 흡연율 합은 22.7+14.6+9.1=46.4%로, 2016년 연도별 19세 이상 성인의 전체 흡연율 22.6%보다 높으므로 옳지 않은 설명이다.

오답분석

② 2016년 연령대별 흡연율과 고위험 음주율 표 자료에서 2016년 여자의 고위험 음주율은 연령대가 높아질수록 낮아짐을 알 수 있다.
③ 2016년 연령대별 고위험 음주율에서 남자는 50대 26%, 여자는 19~29세 9.6%로 가장 높았다.
④ 우리나라 19세 이상 성인의 전체 흡연율 및 고위험 음주율은 2011년에 각각 26.3%, 13.6%이고, 2016년에는 22.6%, 13.2%로 감소하였다.
⑤ 조사기간 중 19세 이상 성인의 흡연율은 남자는 2011년에 46.8%, 여자는 2012년도 7.4%로 가장 높다.

30

정답 ①

두 번째 조건에서 경유지는 서울보다 +1시간, 출장지는 경유지보다 −2시간이므로 서울과 −1시간 차이다.
김 대리가 서울에서 경유지를 거쳐 출장지까지 가는 과정을 서울시간 기준으로 정리하면 서울 5일 오후 1시 35분 출발 → 오후 1시 35분+3시간 45분=오후 5시 20분 경유지 도착 → 오후 5시 20분+3시간 50분(대기시간)=오후 9시 10분 경유지에서 출발 → 오후 9시 10분+9시간 25분=6일 오전 6시 35분 출장지 도착이다.
따라서 출장지에 도착했을 때 현지 시각은 서울보다 1시간 느리므로 오전 5시 35분이다.

2021년 코레일 기출복원문제

정답 및 해설

| 01 | 사무영업직

01	02	03	04	05	06	07	08	09	10	11	12	13	14	15	16	17	18	19	20
④	③	①	④	⑤	④	④	①	①	②	⑤	⑤	③	③	③	④	③	④	②	⑤
21	22	23	24	25	26	27	28	29	30	31	32	33	34	35	36	37	38	39	40
③	⑤	④	③	②	⑤	③	④	④	③	②	②	⑤	③	②	⑤	⑤	⑤	⑤	⑤
41	42	43	44	45	46	47	48	49	50	51	52	53	54	55	56	57	58	59	60
④	⑤	①	②	①	④	⑤	①	⑤	②	②	④	③	④	④	⑤	⑤	⑤	③	⑤
61	62	63	64	65															
⑤	②	⑤	③	④															

01
정답 ④

제시문의 두 번째 문단에서 전기자동차 산업이 확충되고 있음을 언급하면서 구리가 전기자동차의 배터리를 만드는 데 핵심 재료임을 언급하고 있기 때문에 전기자동차 확증에 따른 구리 수요의 증가 상황이 핵심 내용으로 적절하다.

오답분석

①・⑤ 제시문에서 언급하고 있는 내용이나 핵심 내용으로 보기는 어렵다.
② 제시문에서 '그린 열풍'을 언급하고 있으나 그 이유는 제시되어 있지 않다.
③ 제시문에서 산업금속 공급난이 우려된다고 언급하고 있으나, 그로 인한 문제가 제시되어 있지는 않다.

02
정답 ③

치안 불안 해소를 위해 CCTV를 설치하는 것은 정부가 사회간접자본인 치안 서비스를 제공하는 것이지, 공공재・공공자원 실패의 해결책이라고 보기는 어렵다.

오답분석

①・② 공공재・공공자원 실패의 해결책 중에서 사용 할당을 위한 정책이라고 볼 수 있다.
④・⑤ 공공재・공공자원 실패의 해결책 중에서 사용 제한을 위한 정책이라고 볼 수 있다.

03
정답 ①

제시문에서는 천재가 선천적인 재능뿐만 아니라 후천적인 노력에 의해서 만들어지는 존재라는 주장을 하고 있기 때문에 ①은 옳지 않다.

오답분석

②・③・④ 제시문에서 언급된 절충적 천재(선천적 재능과 후천적 노력이 결합한 천재)에 대한 내용이다.
⑤ 영감을 가져다주는 것은 신적인 힘보다도 연습이라는 논지이므로 제시문과 같은 입장이다.

04

(라)의 빈칸에는 글의 내용상 보편화된 언어 사용은 적절하지 않다.

오답분석

① 표준어를 사용하는 이유에 대한 상세한 설명이 들어가야 하므로 적절하다.
②·③ 지문에서 개정안에 대한 부정적인 입장을 취하고 있으므로 적절하다.
⑤ '다만' 이후로 언론이 지양해야 할 방향을 제시하는 것이 자연스러우므로 적절하다.

05
정답 ⑤

(마) 문단에서 ASMR 콘텐츠들은 공감각적인 콘텐츠로 대체될 것이라는 내용을 담고 있다.

오답분석

① 자주 접하는 사람들에 대한 내용을 찾을 수 없다.
② 트리거로 작용하는 소리는 사람에 따라 다를 수 있다.
③ 청각적 혹은 인지적 자극에 반응한 뇌가 신체 뒷부분에 분포하는 자율 신경계에 신경 전달 물질을 촉진하며 심리적 안정감을 느끼게 된다.
④ 연예인이 일반인보다 ASMR을 많이 하는지는 제시문에서 알 수 없다.

06
정답 ④

장피에르 교수 외 고대 그리스 수학자들의 학문에 대한 공통적 입장은 새로운 진리를 찾는 기쁨이라는 것이다.

오답분석

①·③ 제시문과 반대되는 내용이므로 옳지 않다.
②·⑤ 제시문에 언급되어 있지 않아 알 수 없다.

07
정답 ④

박쥐가 많은 바이러스를 보유하고 있는 것은 밀도 높은 군집 생활을 하기 때문이다. 박쥐는 많은 바이러스를 보유하여 그에 대항하는 면역도 갖추었기 때문에 긴 수명을 가질 수 있었다.

오답분석

① 박쥐의 수명이 대다수의 포유동물보다 길다는 것은 맞지만, 평균적인 포유류 수명보다는 짧은지는 알 수 없다.
② 박쥐는 뛰어난 비행 능력으로 긴 거리를 비행해 다닐 수 있다.
③ 박쥐는 현재 강력한 바이러스 대항 능력을 갖추었다.
⑤ 박쥐의 면역력을 연구하여 치료제를 개발할 수 있다.

08
정답 ①

고대 그리스, 헬레니즘, 로마 시대를 순서대로 나열하여 설명하였으므로 역사적 순서대로 주제의 변천에 대해 서술하고 있다.

09
정답 ①

일반적인 의미와 다른 나라의 사례를 통해 대체의학의 정의를 설명하고, 또한 크게 세 가지 유형으로 대체의학의 종류를 설명하고 있기 때문에 대체의학의 의미와 종류가 제목으로 가장 적절하다.

오답분석

② 대체의학의 문제점은 언급되지 않았다.
③ 대체의학으로 인한 부작용 사례는 언급되지 않았다.
④ 대체의학이 무엇인지 설명하고 있지 개선방향에 대해 언급하지 않았다.
⑤ 대체의학의 종류에 대해 설명하고 있지만 연구 현황과 미래를 언급하지 않았다.

10

플라톤 시기에는 이제 막 알파벳이 보급되고, 문자문화가 전래의 구술적 신화문화를 대체하기 시작한 시기였다.

오답분석

① 타무스왕은 문자를 죽었다고 표현하며, 생동감 있고 살아있는 기억력을 퇴보시킬 것이라 보았다.
③ 문자와 글쓰기는 콘텍스트를 떠나 비현실적이고 비자연적인 세계 속에서 수동적으로 이뤄진다고 보았다.
④ 물리적인 강제의 억압에 의해 말살되어질 위기에 처한 진리의 소리는 기념비적인 언술행위의 문자화를 통해서 저장되어야 한다고 보는 입장이 있으므로 적절하지 않다.
⑤ 문화적 기억력에 대한 성찰과 가치 판단이 부재하다면 새로운 매체는 단지 댓글 파노라마에 불과할 것이다라고 보았다.

11

15일에는 준공식이 예정되어 있으나, 첫 운행이 언제부터인지에 대한 정보는 제시되고 있지 않다.

오답분석

① 코엑스 아셈볼룸에서 준공을 기념하는 국제 심포지엄이 열렸다.
② 시험용 철도선로가 아닌 영업선로를 사용했기 때문에 실제 운행 중인 열차와의 사고 위험성이 존재했다.
③ 세계 최초로 고속·일반철도 차량용 교류전력(AC)과 도시철도 전동차용 직류전력(DC)을 모두 공급할 수 있도록 설비했다.
④ 기존에는 해외 수출을 위해 성능시험을 현지에서 실시하곤 했다.

12

스마트 시티의 성공은 인공지능과의 접목을 통한 기술 향상이 아니라 시민이 행복을 느끼는 것이다.

오답분석

① 컨베이어 벨트 체계는 2차 산업혁명 시기부터 도입되었다.
② 과거에는 컴퓨터, 휴대전화만 연결 대상이었으나 현재 자동차, 세탁기로까지 확대되었다.
③ 정보 공유형은 3차 산업혁명 '유 시티'의 특성이다.
④ 빅데이터는 속도, 규모, 다양성으로 정의할 수 있다.

13

경덕왕 시기 통일된 석탑 양식은 지방으로까지 파급되지 못하고 경주에 밀집된 모습을 보였다.

오답분석

① 문화가 부흥할 수 있었던 배경에는 안정된 왕권과 정치제도가 바탕이 되었기 때문이다.
② 장항리 오층석탑 역시 통일 신라 경덕왕 시기 유행했던 통일된 석탑 양식으로 주조되었다.
④ 통일된 양식 이전에는 시원 양식과 전형기가 유행했다.
⑤ 1층의 탑신에 비해 2층과 3층을 낮게 만들어 체감율에 있어 안정감을 추구하였다.

14

부모의 학력이 자녀의 소득에 영향을 미치는 것은 환경적 요인에 의한 결정이다. 이러한 현상이 심화될 경우 빈부격차의 대물림 현상이 심해질 것으로 바라보고 있다.

오답분석

① 개인의 학력과 능력은 노력뿐만 아니라 환경적 요인, 운 등 다양한 요소에 의해 결정된다.
② 분배정의론의 관점에서는 환경적 요인에 의해 나타난 불리함에 대해서 개인에게 책임을 묻는 것이 정당하지 않다고 주장하고 있다.
④ 사회민주의 국가는 조세 정책을 통해 기회균등화 효과를 거두고 있다.
⑤ 세율을 보다 높이고 대신 이전지출의 크기를 늘리는 것이 세율을 낮추고 이전지출을 줄이는 것에 비해 재분배효과가 더욱 있을 것으로 전망된다.

15

선택에 따른 스트레스를 줄여주는 원산지 표시 제품의 경우 다른 제품들보다 10% 비싸지만 보통 판매량은 더 높은 것으로 집계된다.

오답분석

① 사람들마다 먹거리를 선택하는 기준도 다르고 같은 개인들이라도 처해있는 상황이 다르기 때문에 고려해야 될 요소가 복잡해진다.
② 최선의 선택을 할지라도 남아 있는 대안들에 대한 미련으로 후회감이 남게 된다.
④ 소비자들은 원산지 표시제품을 구매함으로써 선택의 스트레스를 줄인다.
⑤ 원산지 표시제는 익명성을 탈피시켜 궁극적으로 사회적 태만을 줄일 수 있는 방안 중의 하나이다.

16

면 같은 천연섬유는 운동량이 약할 때에는 적합하지만, 운동량이 클 때는 폴리에스테르나 나일론 같은 합성섬유가 더 좋은데, 합성섬유는 면보다 흡습성이 낮지만 오히려 모세관 현상으로 운동할 때 생기는 땀이 쉽게 제거되기 때문이다.

오답분석

① 능직법으로 짠 천은 물에 젖더라도 면섬유들이 횡축 방향으로 팽윤해 천의 세공 크기를 줄여 물이 쉽게 투과하지 못해 방수력이 늘어나며, 이에 해당하는 직물로는 벤타일이 있다.
② 수지 코팅 천을 코팅하는 막은 미세 동공막 모양을 가지고 있는 소수성 수지나 동공막을 지니지 않는 친수성 막을 사용하여 미세 동공의 크기는 수증기 분자는 통과할 수 있지만, 아주 작은 물방울은 통과할 수 없을 정도로 조절한다.
③ 마이크로 세공막의 세공 크기는 작은 물방울 크기의 20,000분의 1 정도로 작아 물방울은 통과하지 못하지만, 수증기 분자는 쉽게 통과하며, 대표적인 천으로 고어 – 텍스가 있다.
⑤ 나일론을 기초 직물로 한 섬유는 폴리에스테르보다 수분에 더 빨리 젖지만, 극세사로 천을 짜면 공기투과성이 낮아 체온보호 성능이 우수하다. 이런 이유 때문에 등산복보다는 수영복, 사이클링복에 많이 쓰인다.

17

올더스 헉슬리에 대한 내용이다. 올더스 헉슬리는 사람들이 너무 많은 정보를 접하는 상황에 대해 두려워했지만 조지 오웰은 정보가 통제당하는 상황을 두려워했다.

오답분석

① 조지 오웰은 서적이 금지당하고 정보가 통제 당하는 등 자유를 억압받는 상황을 두려워했다.
② 올더스 헉슬리는 스스로가 압제를 받아들인다고 생각했다.
④ 올더스 헉슬리는 즐길 거리 등을 통해 사람들을 통제할 수 있다고 보았다.
⑤ 조지 오웰은 우리가 증오하는 것이, 올더스 헉슬리는 우리가 좋아하는 것이 자신을 파멸시킬 상황을 두려워했다.

18

원콜 서비스를 이용하기 위해서는 사전등록된 신용카드가 있어야 결제가 가능하다.

오답분석

① 상이등급이 있는 국가유공자만 이용가능하다.
② 원콜 서비스를 이용하면 전화로 맞춤형 우대예약 서비스를 이용할 수 있다.
③ 신분증 외 유공자증을 대신 지참하여도 신청이 가능하다.
⑤ 휴대폰을 이용한 승차권 발권을 원하지 않는 경우, 전화 예약을 통해 역창구 발권을 받을 수 있으므로 선택권이 존재한다.

19 정답 ②

ㄱ. 전화를 통한 예약의 경우, 승차권 예약은 ARS가 아닌, 상담원을 통해 이루어진다.
ㄷ. 예약된 승차권은 본인 외 사용은 무임승차로 간주되며, 양도가 가능한지는 자료에서 확인할 수 없다.

오답분석

ㄴ. 경우에 따라 승차권 대용문자 혹은 승차권 대용문자+스마트폰 티켓으로 복수의 방식으로 발급받을 수 있다.
ㄹ. 반기별 예약 부도 실적이 3회 이상인 경우 다음 산정일까지 우대서비스가 제한된다.

20 정답 ⑤

기타를 제외한 통합시청점유율과 기존시청점유율의 차이는 C방송사가 20.5%로 가장 크다. A방송사는 17%이다.

오답분석

① B는 2위, J는 10위, K는 11위로 순위가 같다.
② 기존시청점유율은 D가 20%로 가장 높다.
③ F의 기존시청점유율은 10.5%로 다섯 번째로 높다.
④ G의 차이는 6%로 기타를 제외하면 차이가 가장 작다.

21 정답 ③

N스크린 영향력은 다음과 같다.

방송사	A	B	C	D	E	F	G	H	I	J	K	L	기타
N스크린영향력	1.1	0.9	2.7	0.4	1.6	1.2	0.4	0.8	0.7	1.7	1.6	4.3	1.8
구분	다	나	마	가	라	다	가	나	나	라	라	마	라

따라서 옳게 짝지어진 것은 (다)=F이다.

22 정답 ⑤

ⅰ) 7명이 조건에 따라서 앉는 경우의 수
   운전석에 앉을 수 있는 사람은 3명이고 조수석에는 부장님이 앉지 않으므로 3×5×5!=1,800가지이다.
ⅱ) A씨가 부장님 옆에 앉지 않을 경우의 수
   전체 경우의 수에서 부장님과 옆에 앉는 경우를 빼면 A씨가 부장님 옆에 앉지 않는 경우가 되므로 A씨가 부장님 옆에 앉는 경우의 수를 구하면 다음과 같다.
   A씨가 운전석에 앉거나 조수석에 앉으면 부장님은 운전을 하지 못하고 조수석에 앉지 않으므로 부장님 옆에 앉지 않는다. 즉 A씨가 부장님 옆에 앉을 수 있는 경우는 가운데 줄에서의 2가지 경우와 마지막 줄에서 1가지 경우가 있다. A씨가 부장님 옆에 앉는 경우는 총 3가지이고, 서로 자리를 바꿔서 앉는 경우까지 2×3가지이다. 운전석에는 A를 제외한 2명이 앉을 수 있고, 조수석을 포함한 나머지 4자리에 4명이 앉는 경우의 수는 4!가지이다. 그러므로 A씨가 부장님 옆에 앉는 경우의 수는 2×3×2×4!=288가지이다.

따라서 A씨가 부장님 옆에 앉지 않을 경우의 수는 1,800−288=1,512가지이므로 A씨가 부장님의 옆자리에 앉지 않을 확률은 $\frac{1,512}{1,800}$=0.84이다.

23 정답 ④

ㄴ. 2019년, 2020년 모두 30대 이상의 여성이 남성보다 비중이 더 높다.
ㄷ. 2020년 40대 남성의 비중은 22.1%로 다른 나이대보다 비중이 높다.

오답분석

ㄱ. 2019년에는 20대 남성이 30대 남성보다 1인 가구 비중이 더 높지만, 2020년에는 20대 남성이 30대 남성보다 1인 가구의 비중이 더 낮다. 따라서 20대 남성이 30대 남성보다 1인 가구의 비중이 더 높은지는 알 수 없다.
ㄹ. 2년 이내 1인 생활을 종료하는 1인 가구의 비중은 2019년에는 증가하였으나, 2020년에는 감소하였다.

24

ㄴ. 1대당 차의 가격은 $\dfrac{(수출액)}{(수출\ 대수)}$(단위 : 만 달러)로 계산할 수 있다.

- A사 : $\dfrac{1,630,000}{532}≒3,064$만 달러

- B사 : $\dfrac{1,530,000}{904}≒1,692$만 달러

- C사 : $\dfrac{3,220,000}{153}≒21,046$만 달러

- D사 : $\dfrac{2,530,000}{963}≒2,627$만 달러

- E사 : $\dfrac{2,620,000}{2,201}≒1,190$만 달러

따라서 2020년 1분기에 가장 고가의 차를 수출한 회사는 C사이다.

[Tip] 이때, 수출액이 가장 많고, 수출 대수는 가장 적은 C사가 가장 고가의 차를 수출한 회사이다.

ㄷ. C사의 자동차 수출 대수는 계속 감소하다가 2020년 3분기에 증가하였다.

[오답분석]

ㄱ. 2019년 3분기 전체 자동차 수출액은 1,200백만 달러로 2020년 3분기 전체 자동차 수출액인 1,335백만 달러보다 적다.

ㄹ. E사의 자동차 수출액은 2019년 3분기 이후 계속 증가하였다.

25

정답 ②

- ㉠ : $532+904+153+963+2,201=4,753$
- ㉡ : $2×(342+452)=1,588$
- ㉢ : $2,201+2,365×2+2,707=9,638$
- ㉠+㉡+㉢=$4,753+1,588+9,638=15,979$

26

정답 ⑤

공적마스크를 구매할 수 있는 날은 7일마다 돌아온다. 이때, 36일은 7×5+1이므로 2차 마스크 구매 요일은 1차 마스크 구매 요일과 하루 차이임을 알 수 있다. 이때, 1차 마스크 구매는 평일에 이루어졌다고 하였으므로, A씨가 2차로 마스크를 구매한 요일은 토요일임을 알 수 있다. 따라서 1차로 구매한 요일은 금요일이고, 출생 연도 끝자리는 5이거나 0이다. 또한, A씨의 1차 마스크 구매 날짜는 3월 13일이며, 36일 이후는 4월 18일이다. 따라서 주말을 제외하고 공적마스크를 구매할 수 있는 날짜는 3/13, 3/20, 3/27, 4/3, 4/10, 4/17, 4/24, 5/1, 5/8, 5/15 … 이다.

27

정답 ③

오전 9시에 B과 진료를 본다면 10시에 진료가 끝나고, 셔틀을 타고 이동하면 10시 30분이 된다. 이후 C과 진료를 이어보면 12시 30분이 되고, 점심시간 이후 바로 A과 진료를 본다면 오후 2시에 진료를 다 받을 수 있다. 따라서 가장 빠른 경로는 B-C-A이다.

2021년 코레일 기출복원문제 • 45

정답 ⑤

주어진 조건에 따라 시간대별 고객 수의 변화 및 각 함께 온 일행들이 앉은 테이블을 정리하면 다음과 같다.

시간	새로운 고객	기존 고객	시간	새로운 고객	기존 고객
09:20	2(2인용)	0	15:10	5(6인용)	4(4인용)
10:10	1(4인용)	2(2인용)	16:45	2(2인용)	0
12:40	3(4인용)	0	17:50	5(6인용)	0
13:30	5(6인용)	3(4인용)	18:40	6(입장×)	5(6인용)
14:20	4(4인용)	5(6인용)	19:50	1(2인용)	0

오후 3시 15분에는 오후 3시 10분에 입장하여 6인용 원탁에 앉은 5명의 고객과 오후 2시 20분에 입장하여 4인용 원탁에 앉은 4명의 고객까지 총 9명의 고객이 있을 것이다.

29 정답 ④

ㄴ. 오후 6시 40분에 입장한 일행은 6인용 원탁에만 앉을 수 있으나, 5시 50분에 입장한 일행이 사용 중이어서 입장이 불가하였다.
ㄹ. 오후 2시 정각에는 6인용 원탁에만 고객이 앉아 있었다.

오답분석

ㄱ. 오후 6시에는 오후 5시 50분에 입장한 고객 5명이 있다.
ㄷ. 오전 9시 20분에 2명, 오전 10시 10분에 1명, 총 3명이 방문하였다.

30 정답 ③

주어진 조건을 고려하면 1순위인 B를 하루 중 가장 이른 식후 시간대인 아침 식후에 복용해야 한다. 2순위이며 B와 혼용 불가능한 C는 점심 식전에 복용하며, 3순위인 A는 혼용 불가능 약을 피해 저녁 식후에 복용해야 한다. 4순위인 E는 남은 시간 중 가장 빠른 식후인 점심 식후에 복용을 시작하며, 5순위인 D는 가장 빠른 시간인 아침 식전에 복용한다.

식사	시간	1일 차	2일 차	3일 차	4일 차	5일 차
아침	식전	D	D	D	D	D
	식후	B	B	B	B	
점심	식전	C	C	C		
	식후	E	E	E	E	
저녁	식전					
	식후	A	A	A	A	

따라서 모든 약의 복용이 완료되는 시점은 5일 차 아침이다.

31 정답 ②

ㄱ. 혼용이 불가능한 약들을 서로 피해 복용하더라도 하루에 A ~ E를 모두 복용할 수 있다.
ㄷ. 최단 시일 내에 모든 약을 복용하기 위해서는 A는 혼용이 불가능한 약들을 피해 저녁에만 복용하여야 한다.

오답분석

ㄴ. D는 아침에만 복용한다.
ㄹ. A와 C를 동시에 복용하는 날은 총 3일이다.

32

ㄱ. 특수택배를 먼저 배송한 후에 보통택배 배송을 시작할 수 있으므로 2개까지 가능하다.

ㄴ. 특수택배 상품 배송 시, 가 창고에 있는 특01을 배송하고, 나 창고에 있는 물품 특02, 특03을 한 번에 배송하면, 최소 $10+10$(휴식)$+(15+10-5)$ $=40$분이 소요된다.

오답분석

ㄷ. 3개의 상품(보03, 보04, 보05)을 한 번에 배송하면, 총 시간에서 10분이 감소하므로 $20+10+25-10=45$분이 소요된다. 따라서 50분을 넘지 않아 가능하다.

33

[정답] ⑤

주어진 조건에 따라 최소 배송소요시간을 계산하면 특수택배 배송 완료까지 소요되는 최소 시간은 40분이다. 보통택배의 배송 소요시간을 최소화하기 위해서는, 같은 창고에 있는 택배를 최대한 한 번에 배송하여야 한다. 가 창고의 보통택배 배송 소요시간은 $10+10-5=15$분이고, 휴식 시간은 10분이다. 나 창고의 보통택배 배송 소요시간은 15분이며, 휴식 시간은 10분이다. 다 창고의 보통택배 배송 소요시간은 $20+10+25-10=45$분이다. 이를 모두 합치면 배송 소요시간이 최소가 되는 총 소요시간은 $40+15+10+15+10+45=135$분이다. 따라서 9시에 근무를 시작하므로, 11시 15분에 모든 택배의 배송이 완료된다.

34

[정답] ③

ㄱ. • 인천에서 중국을 경유해서 베트남으로 가는 경우 : $(210,000+310,000)×0.8=416,000$원
　• 인천에서 싱가포르로 직항하는 경우 : 580,000원
　따라서 $580,000-416,000=164,000$원이 저렴하다.

ㄷ. 1) 갈 때
　　• 인천 – 베트남 : 341,000원
　　• 인천 – 중국 – 베트남 : $(210,000+310,000)×0.8=416,000$원
　　그러므로 직항으로 가는 것이 더 저렴하다.
　2) 올 때
　　• 베트남 – 인천 : 195,000원
　　• 베트남 – 중국 – 인천 : $(211,000+222,000)×0.8=346,400$원
　　그러므로 직항으로 가는 것이 더 저렴하다.
　따라서 왕복 항공편 최소비용은 $341,000+195,000=536,000$원으로 60만 원 미만이다.

오답분석

ㄴ. • 태국 : $298,000+203,000=501,000$원
　• 싱가포르 : $580,000+304,000=884,000$원
　• 베트남 : $341,000+195,000=536,000$원
　따라서 가장 비용이 적게 드는 태국을 선택할 것이다.

35

[정답] ②

직항이 중국을 경유하는 것보다 소요시간이 적으므로 직항 경로별 소요시간을 도출하면 다음과 같다.

여행지	경로	소요시간
베트남	인천 → 베트남(5시간 20분) 베트남 → 인천(2시간 50분)	8시간 10분
태국	인천 → 태국(5시간) 태국 → 인천(3시간 10분)	8시간 10분
싱가포르	인천 → 싱가포르(4시간 50분) 싱가포르 → 인천(3시간)	7시간 50분

따라서 싱가포르로 여행을 갈 것이며, 7시간 50분이 소요될 것이다.

36

정답 ④

이슈 트리는 팀원과 공통된 이해관계를 구축할 수 있다. 문제해결을 위한 팀 내 공통된 이해를 구축하는 것이다. 주요 용어에 대한 공통된 개념정리를 가능하게 하여 조직의 업무처리 효율이 증가한다. 따라서 조직 전체의 업무효율이 증가하는 것은 맞으나, 개인과 이해관계자의 서로 다른 차별화된 개념정리가 아닌 공통된 이해관계를 구축한다고 보는 것이 적절하다.

37

정답 ⑤

창의적인 문제해결이 필요한 경우에는 MECE가 한계점에 도달한다. MECE는 전체집합 U의 범위 내에서 문제가 다루어짐을 전제로 한다. 따라서 문제 해결의 방법이 전체집합 U 바깥에 있을 경우, MECE는 무용지물이 되고 만다.

38

정답 ⑤

부가가치 노동생산성은 국내에서 생산된 부가가치의 총합인 국내총생산(GDP)을 전체 고용자수로 나눠 산출한다. 단순화하면 노동자 한 명이 얼마를 버느냐를 확인하는 척도이다. 이 때문에 노동자의 능력과 관계없이 해당 노동에 대한 대가가 낮게 책정돼 있다면 노동생산성은 떨어질 수밖에 없다.

$$(노동생산성) = \frac{GDP}{(노동인구수) \times (평균노동시간)} \rightarrow (A국가 \ 노동생산성) = \frac{3,200}{40 \times 0.5} \rightarrow \frac{3,200}{20} = 160$$

따라서 A국가의 노동생산성은 시간당 160달러로 고임금 노동자가 많은 국가로 볼 수 있다.

39

정답 ⑤

테일러의 과학적 관리법은 전문적인 지식과 역량이 요구되는 일에는 부적합하며, 노동자들의 자율성과 창의성은 무시한 채 효율성의 논리만을 강조했다는 비판을 받았다. 따라서 테일러의 과학적 관리법은 단순노동과 공정식 노동에 적합하다.

40

정답 ⑤

포드 시스템은 설비에 대한 투자비가 높아 손익분기점까지 걸리는 시간이 장기화될 가능성이 높아 사업진입장벽을 형성하며, 조업도가 낮아지면 제조원가가 증가한다는 단점이 존재한다.

41

정답 ④

기존의 방식에서는 조직의 모든 구성원들의 동일한 차원으로 리더십 반응을 한다고 했지만, LMX는 조직의 세부특성이 다르고 개별 리더 – 구성원 간의 관계에 따라 리더십 결과가 다르다고 보았다.

42

정답 ⑤

최소납기일우선법은 주문받은 작업 가운데서 납기일이 가장 빠른 작업을 최우선 순서로 정하는 방법으로, 단순하지만 주문의 긴급도, 작업지연을 고려하지 않기 때문에 합리성이 부족한 방법이다. 따라서 최우선적으로 시작할 작업은 납기일이 가장 빠른 E이다.

43

정답 ①

㉠·㉡은 푸시 전략(Push Strategy)에 대한 설명이다.

오답분석

㉢·㉣ 풀 전략(Pull Strategy)에 대한 설명이다.

44

정답 ②

제시된 자료는 자재소요계획 즉, MRP에 대한 설명이다.

오답분석

① DRP(Distribution Resource Planning) : 생산이 완성된 제품에 대한 '판매관리시스템'으로 고객의 수요에 대한 정보를 생산계획의 수립에 빠르게 반영한다. 즉, 제조업체 이후의 유통망상의 재고를 줄이는 것으로, 고객과 가장 가까운 곳에서 수요를 예측하여 이를 생산계획의 수립에 빠르게 반영하는 것을 목적으로 한다.

③ Postponement : 고객의 욕구가 정확히 알려질 때까지는 되도록 생산을 연기하다가 욕구가 확실해졌을 때 생산하는 것으로, 제품의 설계부터 고객에 인도되기까지의 총비용을 최소화시키는 것을 의미한다.

④ JIT(Just In Time) : 생산부문의 각 공정별로 작업량을 조정함으로써 중간 재고를 최소한으로 줄이는 관리체계이다.

⑤ SCM(Supply Chain Management) : 공급망 관리는 부품 제공업자로부터 생산자, 배포자, 고객에 이르는 물류의 흐름을 하나의 가치사슬 관점에서 파악하고 정보가 원활히 흐르도록 지원하는 시스템을 말한다.

45

정답 ①

인적평가센터법이란 주로 관리자들의 선발(Selection), 개발(Development), 적성·능력 등의 진단(Inventory)을 위하여 실시된 평가방법 중 하나이다. 일반적으로 2 ~ 3일 동안 외부와 차단된 별도의 교육장소에서 다수의 평가자(인사분야 전문가, 교수, 실무 담당자 등)가 일정한 기준을 가지고 평가를 실시한다. 또한, 평가를 실행함에 있어 시간과 비용이 크기 때문에 한 번에 다수의 대상자들이 참여하며 다수의 평가자들이 평가한다.

46

정답 ④

비구조화 면접은 구조화 면접과는 달리 면접결과를 정리하고 분류하여 부호화하는 데 어려움이 따를 뿐 아니라 많은 시간과 비용이 소요된다는 단점이 있다. 따라서 면접진행 후 자료의 수량적 표준화와 통계처리가 용이한 것은 구조화 면접에 해당한다.

47

정답 ⑤

카츠(L. Katz)는 경영자에게 필요한 능력으로 개념능력(Conceptual Skill), 인간능력(Human Skill), 기술능력(Technical Skill)을 제시하였다. 의사소통능력은 인간능력의 일부분으로 볼 수 있다.

48

정답 ①

자산규모가 2조 원 이상이고, 총수입액 중 자체수입액이 85% 이상인 공기업은 시장형 공기업에 해당한다.

49

정답 ⑤

민츠버그(H. Mintzberg)는 크게 대인적 직무, 의사결정 직무, 정보처리 직무로 경영자의 역할 10가지를 정리하였다. 대인적 직무에는 대표자 역할, 리더 역할, 연락자 역할이 해당한다. 의사결정 직무에는 기업가적 역할, 문제처리자 역할, 자원배분자 역할, 중재자적 역할이 해당한다. 그리고 정보처리 직무에는 정보수집자 역할, 정보보급자 역할, 대변자적 역할이 있다.

50

정답 ②

제시된 자료에서는 경쟁자나 남들보다 먼저 시작하기보다는 기존 제품, 시장에서의 지위는 유지하면서 방어형과 혁신형 전략의 중간 형태로 보면 되는 전략에 대하여 설명하고 있다. 따라서 이에 적합한 전략은 분석형 전략이다.

51

• 진영 : 슈하트 관리도의 정규성 측면에서 가정으로 관리한계는 정규분포를 기초로 생성된다.
• 아현 : 관리도의 독립성 속성의 가정으로는 데이터들 사이는 서로 부분 집단적이 아닌 서로 독립적이여 한다.

52

거래비용이론에 따르면 거래의 당사자가 거래의 성립을 위해 지불해야 할 비용은 크게 세 가지 관점에서 발생한다. 그중 거래에 투자되는 거래 당사자들의 자산이 그 특정 거래에 국한될 경우, 즉 자산의 고정성(Asset Specificity)이 높을 경우 거래에 소요되는 비용이 상대적으로 증가한다는 것이다. 특히 자산의 고정성이 높을수록 이기적 행동성향과 정보제약성의 문제는 상대적으로 더욱 증가할 것이며, 이 경우 조직 내부적으로 거래가 이루어지는 것이 상대적으로 효율적이고 결국 조직이 시장으로부터 생성된다는 것이다.

53

적대적 M&A에 대한 방어 수단으로 팩맨, 독약조항, 황금낙하산 등이 있다. '팩맨'은 적대적 M&A를 시도하는 공격 기업을 거꾸로 공격하는 방어 전략이다. '독약조항'은 M&A 공격을 당했을 때 기존 주주들이 회사 주식을 저가에 매입할 수 있는 권리를 행사할 수 있도록 콜옵션을 부여해 공격 측의 지분 확보를 어렵게 하는 방어법이다. '황금낙하산'은 적대적 M&A를 당해 기존 임원이 해임되는 경우 거액의 보상금을 지급하도록 미리 규정해 M&A를 저지하는 전략을 말한다. 반면 '그린메일'은 투기성 자본이 경영권이 취약한 기업의 지분을 사들인 뒤에 대주주에게 M&A 포기 대가로 보유 지분을 되사줄 것을 요구하는 것이다. 초록색인 미국 달러화를 요구하는 편지를 보낸다는 점에서 그린메일이란 이름이 붙여졌다.

54

소비자들은 자신이 탐색한 정보를 평가하여 최종적인 상표를 선택함에 있어 보완적 방식과 비보완적 방식에 따라 접근한다. 피시바인의 다속성태도모형은 보완적 방식에 해당한다. 비보완적 방식에는 사전적 모형, 순차적 제거 모형, 결합적 모형, 분리적 모형 등이 있다.

⑤ 다속성태도모형은 소비자의 태도와 행동을 동일시함으로 인해 소비자 행동의 설명력이 낮은 한계점이 있다. 이를 보완한 이론이 피시바인의 확장모델인 이성적 행동이론이다. 이성적 행동이론을 통해 구매행동에 대한 동기와 주관적 규범으로 소비자 행동을 설명한다.

55

카이제곱 검정은 크게 동질성 검정과 독립성 검정 두 가지 유형으로 구분 가능하다. 동질성 검정은 "변인의 분포가 이항분포나 정규분포와 동일하다."라는 가설을 설정하며, 이는 어떠한 모집단의 표본이 그 모집단을 대표하고 있는지를 검증하는 데 사용한다. 또한 독립성 검정은 변인이 두 개 이상일 때 사용되며, "두 변인이 서로 상관이 없고 독립적"이라고 기대하는 기대빈도와 관찰빈도와의 차이를 통해 기대빈도의 진위여부를 밝힌다.

56

학습조직의 구축을 위한 구체적인 실행방안으로는 전략적 자각의식을 높이고 학습을 생활의 일부분으로 동기화시키는 것이다. 이는 일과 학습의 구분점을 없애고 개인, 팀, 전체 조직의 지속적인 학습을 촉진하는 역할을 수행하며, 일과 학습의 완전한 통합시스템 구축이 관건으로 존재한다. 또한, 자기조직화와 팀 학습을 향상시켜 보다 효과적인 학습조직을 만들어 나가야 한다.

57

ERG이론과 욕구체계이론은 인간의 욕구를 동기부여 요인의 대상으로 보고 있다. ERG이론은 욕구체계이론을 바탕으로 존재의 욕구, 관계적 욕구, 성장의 욕구를 기준으로 재정립하였다. 따라서 욕구를 동기부여 대상으로 생각하지 않는다는 것을 적절하지 않다.

58

정답 ⑤

생산물의 흐름의 연속여부에 따라 단속 생산과 연속 생산으로 구분이 가능하다.

연속 생산과 단속 생산의 특징

특징	연속 생산	단속 생산
생산방식	예측생산	주문생산
품종, 생산량	소품종다량생산	다품종소량생산
생산속도	빠르다	느리다
단위당 생산원가	낮다	높다
운반설비	고정경로형	자유경로형
기계설비	전용설비	범용설비
설비투자액	많다	적다
마케팅 활동	수요예측에 따라 전개	주문 위주로 전개

59

정답 ③

인지부조화이론은 페스팅거에 의해 제시된 이론으로, 자신이 가진 내적 신념이나 태도가 일치하지 않을 때 긴장상태, 즉 불편한 상태가 발생한다는 것이다. 또한, 제품을 구매한 후 자신의 선택에서 느끼는 인지부조화를 구매 후 부조화라고 한다. 따라서 이러한 불편한 상태를 해소하기 위해 자신의 기대를 낮추거나 다른 정당성을 부여해야 한다. 이때 가격이 높은 제품일수록 구매 후 부조화는 더욱 커지게 된다.

60

정답 ⑤

동일한 세분시장 내에서는 소비자들의 동질성이 극대화되도록 하여야 마케팅 믹스를 개발할 수 있다.

61

정답 ⑤

재고 부족현상이 발생하게 되면 EOQ 모형을 적용하기 어렵다. 하지만 실제 상황에서는 갑작스러운 수요 상승으로 인한 재고 부족이 나타날 수 있고 이러한 단점으로 인해 실제로는 추가적으로 여러 가지 요소들을 함께 고려해야 EOQ 모형을 적절하게 사용할 수 있다. 따라서 EOQ 모형을 사용하기 위해서는 재고 부족현상은 발생하지 않고 주문 시 정확한 리드타임이 적용된다는 것을 가정으로 계산한다.

62

정답 ②

이론적인 작업장 수는 순과업시간을 목표주기시간으로 나누어 계산한 숫자를 정수단위로 올림하여 산출한다.

$$\therefore \frac{(순과업시간)}{(목표주기시간)} = \frac{300}{96} = 3.125 \rightarrow 4개(\because 정수 단위로 올림)$$

따라서 이론적인 최소 작업장 수는 4개이다.

63

정답 ⑤

경영활동을 기술활동, 상업활동, 재무활동, 회계활동, 관리활동, 보호활동으로 구분한 것은 패욜의 관리이론이다.

64

경쟁 심화로 인한 과도한 가격인하나 판매촉진 비용의 증대로 이윤이 감소하기도 하며, 경쟁에서 밀린 업체들은 시장을 떠나기도 한다는 것은 쉽게 쇠퇴기라고 생각할 수 있지만 이는 제품의 성숙기에 대한 내용이다.

오답분석

① · ② 제품의 도입기에 해당한다.
④ 제품의 성장기에 접어들면 발생하는 현상이다.
⑤ 제품이 쇠퇴기에 접어들면 발생하는 현상이다.

65

특이성과 합치성이 높으면 외적 귀인, 일관성이 높으면 내적 귀인이다.

외적 귀인과 내적 귀인의 특징

특이성	이 사건에만 해당하는가?	높다	외적 귀인
		낮다	내적 귀인
합치성 (합의성)	다른 사람에도 해당하는가?	높다	외적 귀인
		낮다	내적 귀인
일관성	다른 시점에도 해당하는가?	높다	내적 귀인
		낮다	외적 귀인

| 02 | 토목직

01	02	03	04	05	06	07	08	09	10	11	12	13	14	15	16	17	18	19	20
④	②	④	③	②	③	③	④	⑤	⑤	②	⑤	④	③	②	①	④	④	④	⑤

01

정답 ④

ㄴ. A지역에 사는 차상위계층으로 출장 진료와 진료비를 지원받을 수 있다.
ㄹ. A지역에 사는 기초생활 수급자로 진료비를 지원받을 수 있다.

오답분석

ㄱ. 지원사업은 A지역 대상자만 해당되므로 B지역에 거주하기에 지원받을 수 없다.
ㄷ. 지원내역 중 입원비는 제외되므로 지원받을 수 없다.

02

정답 ②

호실에 있는 환자를 정리하면 다음과 같다.

101호 A · F환자	102호 C환자	103호 E환자	104호
105호	106호 D환자	107호 B환자	108호

방 이동 시 소요되는 행동 수치가 가장 적은 순서는 '101호 – 102호 – 103호 – 107호 – 106호' 순서이다.
환자 회진 순서는 다음과 같다.
A(09:40 ~ 09:50) – F(09:50 ~ 10:00) – C(10:00 ~ 10:10) – E(10:30 ~ 10:40) – B(10:40 ~ 10:50) – D(11:00 ~ 11:10)
회진규칙에 따라 101호부터 회진을 시작하고, 같은 방에 있는 환자는 연속으로 회진하기 때문에 A환자와 F환자를 회진한다. 따라서 의사가 세 번째로 회진하는 환자는 C환자이다.

03

정답 ④

회진 순서는 A – F – C – E – B – D이므로 E환자의 회진 순서는 B환자보다 먼저이다.

오답분석

① 마지막 회진환자는 D이다.
② 네 번째 회진환자는 E이다.
③ 회진은 11시 10분에 마칠 수 있다.
⑤ 10시부터 회진을 하여도 마지막에 회진받는 환자는 바뀌지 않는다.

04

정답 ③

• (1일 평균임금)=(4 ~ 6월 임금총액÷근무일수)

$$\to \frac{(160만+25만)+[(160만÷16)×6]+(160만+160만+25만)}{(22+6+22)}=118,000원$$

• (총 근무일수)=31+28+31+22+6+22=140일

• (퇴직금)=$118,000×30×\frac{140}{360}≒1,376,667 \to 1,376,000원(∵ 1,000원 미만 절사)$

따라서 A의 퇴직금은 1,376,000원이다.

05

②

TV의 화면 비율이 $4:3$일 때, 가로와 세로의 크기를 각각 a, b라고 하면 $a=4z$이고 $b=3z$이고(z는 비례상수), 대각선의 길이를 A라고 하면 피타고라스 정리에 의해 $A^2=4^2z^2+3^2z^2$이다. 이를 정리하면 $z^2=\dfrac{A^2}{5^2}=\left(\dfrac{A}{5}\right)^2$, $z=\dfrac{A}{5}$이다. 이때 대각선의 길이가 $40\times2.5=100$cm이므로 $A=100$cm이다. 그러므로 $z=\dfrac{100}{5}=20$cm이며, a는 80cm, b는 60cm이다. 따라서 가로와 세로 길이의 차이는 $80-60=20$cm이다.

06

정답 ③

신입사원일 사건을 A, 남자일 사건을 B라고 할 때, $P(A)=0.80$, $P(A\cap B)=0.8\times0.4=0.32$이다.

$$\therefore\ P(B|A)=\frac{P(A\cap B)}{P(A)}=\frac{0.32}{0.80}=0.4$$

따라서 신입사원이면서 남자일 확률은 40%이다.

07

정답 ③

총 6시간 30분 중 30분은 정상에서 휴식을 취했으므로 오르막길과 내리막길의 실제 이동시간은 6시간이다. 총 14km의 길이 중 a는 오르막길에서 걸린 시간, b는 내리막길에서 걸린 시간이라고 하면 다음과 같은 식으로 나타낼 수 있다.

$a+b=6$ ··· ㉠

$1.5a+4b=14$ ··· ㉡

두 식을 연립하면 a는 4시간, b는 2시간이 소요된다.

따라서 오르막길 A의 거리는 $1.5\times4=6$km이다.

08

정답 ④

K는 400mg의 카페인 중 200mg의 카페인을 이미 섭취했으므로 200mg의 카페인을 추가적으로 섭취가 가능하다. 200mg를 넘지 않은 선에서 최소한 한 가지 종류의 커피만을 마시는 경우를 포함한 각각의 경우의 수를 계산하면 다음과 같다.

인스턴트 커피	핸드드립 커피	총카페인
4회	0회	$4\times50+0\times75=200$mg
3회	0회	$3\times50+0\times75=150$mg
2회	1회	$2\times50+1\times75=175$mg
2회	0회	$2\times50+0\times75=100$mg
1회	1회	$1\times50+1\times75=125$mg
1회	0회	$1\times50+0\times75=50$mg
0회	2회	$0\times50+2\times75=150$mg
0회	1회	$0\times50+1\times75=75$mg

따라서 K가 마실 수 있는 커피의 경우의 수는 8가지이다.

09

정답 ⑤

등고선의 수평거리를 구하기 위해, 삼각형의 비례공식을 사용한다.

$(178-116)$m$:(150-116)$m$=340$m$:x$m

$$x=\frac{(150-116)\times340}{(178-116)}=\frac{34\times340}{62}≒186.45\text{m}$$

10

정답 ⑤

확폭량 $S=\dfrac{L^2}{2R}$ 에서 노선의 반지름이 4배가 되므로, 확폭량은 $\dfrac{1}{2\times4}=\dfrac{1}{8}$ 로 감소한다.

11

정답 ②

(최소두께)$=h_{min}$

$$h_{min}=\frac{l}{8}\left(0.43+\frac{f_y}{700}\right)=\frac{(4\times10^3)}{8}\times\left(0.43+\frac{300}{700}\right)≒429.29mm$$

12

정답 ⑤

슬럼프 150mm 이하의 된비빔콘크리트에 내부 진동기를 사용하지만, 얇은 벽 내부 진동기의 사용이 곤란한 장소에는 거푸집 진동기를 사용한다.

13

정답 ④

옹벽의 전면벽은 3변 지지된 2방향 슬래브로 설계한다.

14

정답 ③

부재축에 직각인 스터럽(수직스터럽)

(1) RC 부재일 경우 : $\dfrac{d}{2}$ 이하

(2) PSC 부재일 경우 : $0.75h$ 이하

(3) 어느 경우이든 600mm 이하

위의 경우 중 (1)에 해당되기 때문에 간격은 $s=\dfrac{d}{2}=\dfrac{450}{2}=225mm$이다.

15

정답 ②

직사각형의 단면이고 양단힌지이기 때문에 좌굴의 강성도는 $n=\dfrac{1}{K^2}=1$, 좌굴길이는 $KL=1.0L$이다.

세장비 $\lambda=\dfrac{1.0\times8.0}{\sqrt{\dfrac{\left(\dfrac{0.25\times0.40^3}{12}\right)}{0.25\times0.40}}}≒69.28$

16

정답 ①

탄성계수 $E=\dfrac{\sigma\times L}{\delta}=\dfrac{300\times(10\times10^3)}{15}=2.0\times10^5MPa$

17

정답 ④

일단고정 일단힌지의 경우의 좌굴하중 $P_{cr} = \dfrac{\pi^2 EI}{(KL)^2} = \dfrac{\pi^2 \times 20{,}000 \times \left(\dfrac{150 \times 350^3}{12} \right)}{(0.7 \times 5000)^2} ≒ 8{,}635{,}903{.}851\text{N} \rightarrow 863{.}590\text{kN}$

18

정답 ④

한계동수경사 $i_c = \dfrac{(1.88 - 1.0)}{1.0} = 0.88$

19

정답 ④

압밀 진행 중인 흙의 성질(압밀계수, 투수계수, 체적변화계수)은 변하지 않는다.

20

정답 ⑤

옹벽의 뒷면과 흙의 마찰각이 0인 경우는 '벽면마찰각을 무시한다.'라는 말과 동일하다. 벽면마찰각을 무시하는 경우 $P_{(Rankine)} = P_{(Coulomb)}$ 이다.

01	02	03	04	05	06	07	08	09	10	11	12	13	14	15	16	17	18	19	20
④	④	③	⑤	④	④	③	④	③	①	⑤	④	④	⑤	①	①	②	②	②	②
21	22	23	24	25	26	27	28	29	30	31	32	33	34	35	36	37	38	39	40
①	③	④	③	②	②	②	②	②	⑤	②	⑤	③	④	④	④	⑤	②	④	④
41	42	43	44	45	46	47	48	49	50	51	52	53	54	55	56	57	58	59	60
④	③	③	④	⑤	⑤	①	③	③	⑤	②	②	③	④	③	③	③	④	①	③
61	62	63	64	65															
②	②	⑤	⑤	①															

01
정답 ④

밑줄 친 '이런 미학'은 사진을 통해 인간의 눈으로는 확인할 수 없는 부분의 아름다움을 느끼는 것으로, 기존 예술의 틈으로 파고들어갈 것으로 주장하고 있다.

02
정답 ④

서양의 자연관은 인간이 자연보다 우월한 자연지배관이며, 동양의 자연관은 인간과 자연을 동일선상에 놓거나 조화를 중요시한다고 설명한다. 따라서 제시문의 중심 내용으로는 서양의 자연관과 동양의 자연관의 차이가 가장 적절하다.

03
정답 ③

PRT는 무인운전을 통해 운행되므로 인건비를 절감할 수 있지만, 무인 경량전철 역시 무인으로 운전되기 때문에 무인 경량전철 대비 PRT가 인건비를 절감할 수 있는지는 알 수 없다.

오답분석

① PRT는 원하는 장소까지 논스톱으로 주행한다.
② 설치비는 경량전철에 비하여 2분의 1에서 4분의 1가량으로 크게 낮은 수준이다.
④ PRT는 크기는 지하철 및 무인 경량전철보다 작으므로 복잡한 도심 속에서도 공간을 확보하기 쉽고, 저소음인 동시에 배기가스 배출이 없다.
⑤ PRT는 2층 높이이고, 경량전철은 3층 높이여서 탑승자의 접근성이 경량전철에 비해 용이하다.

04
정답 ⑤

민속문화는 특정 시기에 장소마다 다양하게 나타나는 경향이 있지만, 대중문화는 특정 장소에서 시기에 따라 달라지는 경향이 크다.

오답분석

① 민속문화는 고립된 촌락 지역에 거주하는 규모가 작고 동질적인 집단에 의해 전통적으로 공유된다.
② 대중문화는 대부분이 선진국, 특히 북아메리카, 서부 유럽, 일본의 산물이다.
③ 민속문화는 흔히 확인되지 않은 기원자를 통해서, 잘 알려지지 않은 시기에, 출처가 밝혀지지 않은 미상의 발상지로부터 발생한다.
④ 스포츠는 민속문화로 시작되었지만, 현대의 스포츠는 대중문화의 특징을 보여준다.

05

외국인이 마스크를 구매할 경우 외국인등록증뿐만 아니라 건강보험증도 함께 보여줘야 한다.

오답분석

① 4월 27일부터 마스크를 3장까지 구매할 수 있게 된 건 맞지만, 지정된 날에만 구입이 가능하다.
② 만 10살 이하 동거인의 마스크를 구매하기 위해선 주민등록등본 혹은 가족관계증명서와 함께 대리 구매자의 신분증을 제시해야 한다.
③ 지정된 날에만 마스크 구매가 가능하며, 별도의 추가 구매는 불가능하다.
⑤ 대리 구매자의 신분증, 주민등록등본, 임신확인서 3개를 지참해야 대리 구매가 가능하다.

06

시골개, 떠돌이개 등이 지속적으로 유입되었다는 내용으로 미루어 짐작할 수 있는 사실이다.

오답분석

① 2018년 이후부터의 수치를 제시하고 있기 때문에 이전에도 그랬는지는 알 수가 없다.
② 지난해 경기 지역이 가장 많은 유기견 수를 기록했다는 내용만 알 수 있을 뿐, 항상 그랬는지는 알 수가 없다.
③ 2016년부터 2019년까지는 꾸준히 증가하는 추세였으나, 작년에는 12만 8,719마리로 감소했음을 알 수 있다.
⑤ 유기견 번식장에 대한 규제가 필요하다는 말을 미루어 봤을 때 적절한 규제가 이루어지지 않음을 짐작할 수 있다.

07

올해는 보조금 지급 기준을 낮춘다고 한 내용으로 미루어 짐작할 수 있다.

오답분석

① 대상자 선정은 4월 중에 이루어진다.
② 우수물류기업의 경우 예산의 50% 내에서 이루어지며, 중소기업이 예산의 20% 내에서 우선 선정된다.
④ 전체가 아닌 증가 물량의 100%이다.
⑤ 2010년부터 시작된 사업으로 작년까지 감소한 탄소 배출량이 약 194만 톤이다.

08

기타수입은 방송사 매출액의 $\frac{10,568}{942,790} \times 100 ≒ 1.1\%$이다.

오답분석

① 방송사 매출액은 전체 매출액의 $\frac{942,790}{1,531,422} \times 100 ≒ 61.6\%$이다.

② 라이선스 수입은 전체 매출액의 $\frac{7,577}{1,531,422} \times 100 ≒ 0.5\%$이다.

③ 방송사 이외 매출액은 전체 매출액의 $\frac{588,632}{1,531,422} \times 100 ≒ 38.4\%$이다.

⑤ 연도별 매출액 추이를 보면 2013년이 가장 낮다.

09

(가) ~ (마) 중 계산이 가능한 매출을 주어진 정보를 이용하여 구한다. 먼저 (가)는 2015년 총매출액으로 방송사 매출액과 방송사 이외 매출액을 더한 값인 1,143,498십억 원이다. (다)는 방송사 매출액을 모두 더한 값으로 855,874십억 원임을 알 수 있으며, (나)는 2016년 총매출액으로 방송사 매출액과 방송사 이외 매출액을 더한 값인 1,428,813십억 원이 된다. (마)는 방송사 이외 매출액의 소계 정보에서 판매수입을 제한 값인 212,341십억 원이다. 이때, 주어진 정보만으로는 (라)의 매출액을 알 수 없다.

① (가)는 1,143,498십억 원으로, (나)의 1,428,813십억 원보다 작다.
② (다)는 855,874십억 원으로 2015년 방송사 매출액과의 차이는 100,000십억 원 이상이다.
④ (마)는 212,341십억 원으로 2017년 방송사 이외 판매수입보다 작다.
⑤ 2016년 방송사 매출액 판매수입은 819,351십억 원으로 212,341십억 원의 3배 이상이다.

10

A, B, C팀의 사원 수를 각각 a명, b명, c명으로 가정하면 A, B, C의 총 근무 만족도 점수는 각각 $80a$, $90b$, $40c$이다. A팀과 B팀의 근무 만족도, B팀과 C팀의 근무 만족도에 대한 평균 점수가 제공되었으므로 해당 식을 이용하여 방정식을 세운다.
A팀과 B팀의 근무 만족도 평균은 88점인 것을 이용하면 아래의 식을 얻는다.

$$\frac{80a+90b}{a+b}=88 \rightarrow 80a+90b=88a+88b \rightarrow 2b=8a \rightarrow b=4a$$

B팀과 C팀의 근무 만족도 평균은 70점인 것을 이용하면 아래의 식을 얻는다.

$$\frac{90b+40c}{b+c}=70 \rightarrow 90b+40c=70b+70c \rightarrow 20b=30c \rightarrow 2b=3c$$

따라서 $2b=3c$이므로 식을 만족하기 위해서 c는 짝수여야 한다.

② 근무 만족도 평균이 가장 낮은 팀은 C팀이다.
③ B팀의 사원 수는 A팀의 사원 수의 4배이다.
④ C팀은 A팀 사원 수의 $\frac{8}{3}$배이다.
⑤ A, B, C의 근무 만족도 점수는 $80a+90b+40c$이며, 총 사원의 수는 $a+b+c$이다. 이때, b와 c를 a로 정리하여 표현하면 세 팀의 총 근무

만족도 점수 평균은 $\dfrac{80a+90b+40c}{a+b+c}=\dfrac{80a+360a+\dfrac{320}{3}a}{a+4a+\dfrac{8}{3}a}=\dfrac{240a+1,080a+320a}{3a+12a+8a}=\dfrac{1,640a}{23a}≒71.3$이다.

11

한국의 자동차 1대당 인구 수는 2.9로 러시아와 스페인 전체 인구에서의 자동차 1대당 인구 수인 2.8보다 많다.

① 중국의 자동차 1대당 인구 수는 28.3으로 멕시코의 자동차 1대당 인구 수의 $\frac{28.3}{4.2}≒6.7$배이다.
② 폴란드의 자동차 1대당 인구 수는 2이다.
③ 러시아와 스페인 전체 인구에서의 자동차 1대당 인구 수는 $\frac{14,190+4,582}{3,835+2,864}=\frac{18,772}{6,699}≒2.8$이므로 폴란드의 자동차 1대당 인구 수인 2보다 많다.
④ 한국의 자동차 1대당 인구 수는 2.9로, 미국과 일본의 자동차 1대당 인구 수의 합인 $1.2+1.7=2.9$와 같다.

12

4×6 사이즈는 x개, 5×7 사이즈는 y개, 8×10 사이즈는 z개를 인화했다고 하면 $150x+300y+1,000z=21,000$이다. 모든 사이즈를 최소 1장씩은 인화하였으므로 $x+1=x'$, $y+1=y'$, $z+1=z'$라고 하면 $150x'+300y'+1,000z'=19,550$원이다. 십 원 단위는 300원과 1,000원으로 나올 수 없는 금액이므로 4×6 사이즈 1장을 더 구매한 것으로 보고, 나머지 금액을 300원과 1,000원으로 구매할 수 있는지 확인한다. 19,400원에서 백 원 단위는 1,000원으로 구매할 수 없으므로 300원으로 구매해야 한다. 5×7 사이즈인 $300×8=2,400$원을 제외하면 $19,400-2,400=17,000$원이 남는데 나머지는 1,000원으로 구매할 수 있으나, 5×7 사이즈를 최대로 구매해야 하므로 300의 배수인 $300×50=15,000$원을 추가로 구매한다. 나머지 2,000원은 8×10 사이즈로 구매한다. 따라서 5×7 사이즈는 최대 $1+8+50=59$장을 인화할 수 있다.

13

오전 8시에 좌회전 신호가 켜졌으므로 다음 좌회전 신호가 켜질 때까지 20초＋100초＋70초＝190초가 걸린다. 1시간 후인 오전 9시 정각의 신호를 물었으므로 오전 8시부터 60×60＝3,600초 후이다.

3,600초＝190×18＋180이므로 좌회전, 직진, 정지 신호가 순서대로 18번 반복되고 180초 후에는 정지 신호가 켜져 있을 것이다.

180초(남은 시간)－20초(좌회전 신호)－100(직진 신호)＝60초(정지 신호 70초 켜져 있는 중)

14

모두 최소 1개 이상의 알파벳, 숫자, 특수문자로 구성이 되었기 때문에 다른 조건인 비밀번호로 사용된 숫자들이 소수인지를 확인하여야 한다. ① ~ ⑤의 숫자는 2, 3, 5, 7, 17, 31, 41, 59, 73, 91이 있으며, 이 중 91은 7과 13으로 약분이 되어 소수가 아니다. 따라서 비밀번호로 사용이 될 수 없다.

15

$$\mu = \frac{\epsilon'}{\epsilon} = \frac{\dfrac{\delta}{b}}{\dfrac{\sigma}{E}} = \frac{\delta E}{b\sigma}$$

$$\delta = \frac{\mu b\sigma}{E} = \frac{\mu bP}{E(bt)} = \frac{\mu P}{Et} = \frac{0.4 \times (13.5 \times 10^3)}{(230 \times 10^9) \times (30 \times 10^{-3})} \fallingdotseq 0.000783 \times 10^{-3}\,\mathrm{m} = 0.783 \times 10^{-3}\,\mathrm{mm}$$

16

집중 하중이 작용하는 외팔보의 처짐 $\delta = \dfrac{Pl^3}{3EI}$ 에서 $I = \dfrac{bh^3}{12}$ 이다.

$$\therefore \delta = \frac{Pl^3}{3E\dfrac{bh^3}{12}} = \frac{4Pl^3}{Ebh^3} = \frac{4 \times 5,000 \times 2^3}{300 \times 10^9 \times 0.05 \times 0.1^3} \fallingdotseq 10.7\,\mathrm{mm}$$

17

$$[\text{인장응력}(\sigma_t)] = \frac{Q}{A} = \frac{4Q}{\pi d^2}$$

$$[\text{전단응력}(\tau)] = \frac{Q}{A} = \frac{Q}{\pi dH}$$

문제에서 $\tau = 0.8\sigma_t$ 이므로 $\dfrac{Q}{\pi dH} = 0.8 \times \dfrac{4Q}{\pi d^2} = \dfrac{4}{5} \times \dfrac{4Q}{\pi d^2}$

$$H = \frac{Q}{\pi d} \times \frac{5\pi d^2}{16Q} = \frac{5}{16}d$$

$$\therefore d = \frac{16}{5}H$$

18

면적 모멘트로 구하면, 아래 BMD 선도에서 빗금친 면적 $A_m = 6 \times 54,000 \times \dfrac{1}{2} = 162,000 \text{N} \cdot \text{m}^2$이다.

$\theta_A = \theta_C$이므로, $\theta_A = \dfrac{A_m}{EI} = \dfrac{162,000}{(200 \times 10^9) \times (250 \times 10^{-8})} = 0.324 \text{rad}$

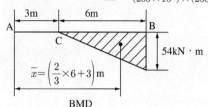

BMD

$\delta_A = \dfrac{A_m}{EI} \times \bar{x} = \theta_A \times \bar{x} = 0.324 \times \left(\dfrac{2}{3} \times 6 + 3\right) = 2.268 \text{m} \to 226.8 \text{cm}$

19

내압을 받는 얇은 원통에서 원주(후프)응력 $\sigma_r = \dfrac{Pd}{2t}$, 축방향의 응력 $\sigma_s = \dfrac{Pd}{4t}$이므로

$\sigma_r = \sigma_y = \dfrac{Pd}{2t} = \dfrac{860,000 \times 3}{2 \times 0.03} = 43,000,000 N/m^2 = 43 \text{MPa}$

$\sigma_s = \sigma_x = \dfrac{Pd}{4t} = \dfrac{860,000 \times 3}{4 \times 0.03} = 21,500,000 N/m^2 = 21.5 \text{MPa}$

2축 응력에서 최대 전단응력은 $\theta = 45°$일 때,

$\tau_{\max} = \dfrac{1}{2}(\sigma_x - \sigma_y) = \dfrac{1}{2}(21.5 - 43) = -10.75 \text{MPa}$

20

압축비 $\epsilon = \dfrac{\nu_1}{\nu_2} = \left(\dfrac{P_2}{P_1}\right)^{\frac{1}{k}} = \left(\dfrac{5,000}{200}\right)^{\frac{1}{1.5}} = 8.55$

단절비 $\sigma = \dfrac{v_3}{v_2} = \dfrac{T_3}{T_2} = \dfrac{T_3}{T_1 \cdot \epsilon^{k-1}} = \dfrac{7,000}{500 \times (8.55)^{1.5-1}} = 4.79$

$\eta_d = 1 - \left(\dfrac{1}{\epsilon}\right)^{k-1} \times \dfrac{\sigma^k - 1}{k(\sigma - 1)} = 1 - \left(\dfrac{1}{8.55}\right)^{1.5-1} \times \dfrac{4.79^{1.5} - 1}{1.5(4.79 - 1)} = 0.430 \to 43\%$

21

$\epsilon_R = \dfrac{Q_2}{W_c} = \dfrac{Q_2}{Q_1 - Q_2} = \dfrac{T_2}{T_1 - T_2} = \dfrac{(273 - 15)}{(273 + 50) - (273 - 15)} = 3.97$

$\epsilon_H = \dfrac{Q_1}{W_c} = \dfrac{Q_1}{Q_1 - Q_2} = \dfrac{Q_1 - Q_2 + Q_2}{Q_1 - Q_2} = 1 + \dfrac{Q_2}{Q_1 - Q_2} = 1 + \epsilon_R = 1 + 3.97 = 4.97$

22

T 작용점에서 좌·우 비틀림 각이 동일하므로 $\theta_1 = \theta_2$이다.

$$\frac{T_1 l_1}{GI_{p_1}} = \frac{T_2 l_2}{GI_{P_2}}$$

$$\therefore \ \frac{T_1}{T_2} = \frac{I_{p_1}}{I_{p_2}} \times \frac{l_2}{l_1} = \left(\frac{D_1}{D_2}\right)^4 \times \frac{l_2}{l_1} = \left(\frac{9}{3}\right)^4 \times \frac{20}{50} = 32.4$$

23

$1\text{atm} = 760\text{Torr} = 760\text{mmHg} = 29.92\text{inHg} = 10.33\text{mAq} = 1.033\text{kg/cm}^2 = 14.7\text{psi} = 1.01325\text{bar} = 101,325\text{Pa}$

24

$$[\text{비중량}(\gamma)] = \frac{W}{V} = \frac{50,000}{10} = 5,000\text{N/m}^3$$

$$[\text{밀도}(\rho)] = \frac{\gamma}{g} = \frac{5,000}{9.81} \fallingdotseq 509.7\text{N} \cdot \text{s}^2/\text{m}^4$$

$$[\text{비중}(S)] = \frac{\gamma}{\gamma_w} = \frac{5,000}{9,800} \fallingdotseq 0.5, \ [\text{비중}(S)] = \frac{\rho}{\rho_w} = \frac{509.7}{1,000} \fallingdotseq 0.5$$

25

CO_2의 기체상수

$$R = \frac{8.314}{M} = \frac{8.314}{44} \fallingdotseq 0.189\text{kJ/kg} \cdot \text{K}$$

$$\gamma = \frac{P}{RT} = \frac{800}{0.189 \times (110 + 273)} \fallingdotseq 11.05\text{N/m}^3$$

26

$$[\text{압축률}(\beta)] = \frac{1}{[\text{체적탄성계수}(E)]} = \frac{1}{\text{N/m}^2} = \text{m}^2/\text{N} \rightarrow L^2 F^{-1} = L^2 (MLT^{-2})^{-1} = L^2 M^{-1} L^{-1} T^2 = M^{-1} L T^2$$

27

$$\rho = \rho_w S = 1,000 \times 0.7 = 700\text{kg/m}^3$$

$$\therefore \ v = \frac{1}{\rho} = \frac{1}{700} \fallingdotseq 1.43 \times 10^{-3}\text{m}^3/\text{kg}$$

28

레이놀즈수는 층류와 난류를 구분하는 척도로서 점성력과 관성력의 비이다. 즉, $Re = \dfrac{(\text{관성력})}{(\text{점성력})}$ 이고, 레이놀즈수가 작은 경우에는 점성력이 관성력에 비해 크게 영향을 미친다. 층류에서 난류로 변하는 레이놀즈수를 상임계 레이놀즈수라 하고, 난류에서 층류로 변하는 레이놀즈수를 하임계 레이놀즈수라고 한다. 유동단면의 형상이 변하면 임계 레이놀즈수도 변화한다.

29

정답 ③

전항력 300kg 중에서 항력은 70%이므로 $D=300\times0.7=210$kg

항력 $D=C_D\dfrac{\rho A V^2}{2}$

$$210=C_D\dfrac{\left(\dfrac{1.25}{9.81}\right)\times4.8\times\left(\dfrac{100}{3.6}\right)^2}{2}$$

$\therefore\ C_D\fallingdotseq0.89$

30

정답 ②

ㄱ. Ir(22.5)>Pb(11.36)>Cu(8.96)

ㄷ. Ir(22.5)>Fe(7.87)>Mg(1.74)

오답분석

ㄴ. Fe(7.87)>Ti(4.5)>Al(2.74)

ㄹ. Pt(21.45)>Ag(10.49)>Fe(7.87)

31

정답 ⑤

• 경금속(비중이 5 이하인 금속) : Li(0.53), Mg(1.74), Al(2.74), Na(0.97), Mo(1.22), Ti(4.5)
• 중금속(비중이 5 이상인 금속) : Fe(7.87), Cu(8.96), Mn(7.43), Pb(11.36), Pt(21.45), W(19.3), Zn(7.13), Sn(7.29), Ag(10.49), Ir(22.5)

32

정답 ②

• 결합용 기계요소 : 나사, 볼트, 너트, 키, 핀, 코터, 리벳 등
• 동력 전달용 기계요소 : 축, 커플링, 클러치, 베어링, 마찰차, 벨트, 체인, 스프로킷 휠, 로프, 기어, 캠 등
• 동력 제어용 기계요소 : 클러치, 브레이크, 스프링 등

33

정답 ⑤

불변강이란 주위의 온도가 변하더라도 재료가 가지는 열팽창계수, 탄성계수 등이 변하지 않는 강을 말한다. 열팽창계수가 작고, 온도 변화에 따른 길이 변화가 없으며, 내식성이 우수하다.

불변강의 종류

인바(Invar), 초인바(Super Invar), 엘린바(Elinvar), 코엘린바(Coelinvar), 플래티나이트(Platinite), 퍼멀로이(Permalloy)

34

정답 ③

미하나이트주철은 회주철에 강을 넣어 탄소량을 적게 하고 접종하여 미세 흑연을 균일하게 분포시킨다. 규소(Si), 칼슘(Ca)-규소(Si) 분말을 첨가하여 흑연의 핵 형성을 촉진시켜 재질을 개선시킨 주철로, 기본조직은 펄라이트 조직이다.

오답분석

① 가단주철 : 보통 주철의 약한 인성을 개선하기 위하여 백주철을 장시간 열처리하여 인성과 연성을 증가시킨 주철이다.
② 합금주철 : 특수 원소(Ni, Cr, Cu 등)를 단독 또는 함께 함유시키거나 Si, Mn, P를 많이 넣어 강도, 내열성, 내부식성, 내마모성을 개조시킨 주철이다.
④ 구상흑연주철 : 용융 상태에서 Mg, Ce, Mg-Cu, Ca(Li, Ba, Sr) 등을 첨가하거나 그 밖의 특수한 용선처리를 하여 편상 흑연을 구상화한 주철이다.
⑤ 칠드주철 : 주조 시 규소(Si)가 적은 용선에 망간(Mn)을 첨가하고 용융 상태에서 철주형에 주입하여 접촉된 면이 급랭되어 아주 가벼운 백주철로 만든 주철이다.

35

정답 ④

니켈 – 크롬강의 경우 550 ~ 580℃에서 뜨임메짐이 발생하는데, 이를 방지하기 위해 Mo, V, W을 첨가한다. 이 중에서 몰리브덴(Mo)이 가장 적합한 원소이다.

36

정답 ④

㉠ 오스템퍼링 : 오스테나이트에서 베이나이트로 완전한 항온변태가 일어날 때까지 특정 온도로 유지 후 공기 중에서 냉각, 베이나이트 조직을 얻는다. 뜨임이 필요 없고, 담금 균열과 변형이 없다.
㉡ 오스포밍 : 과랭 오스테나이트 상태에서 소성 가공을 한 후 냉각 중에 마텐자이트화하는 항온 열처리 방법이다.
㉢ 마템퍼링 : Ms점과 Mf점 사이에서 항온처리하는 열처리 방법으로 마텐자이트와 베이나이트의 혼합 조직을 얻는다.

37

정답 ⑤

쇼어 경도 시험은 낙하시킨 추의 반발 높이를 이용하는 충격 경도 시험이다.

오답분석

① 피로 시험 : 반복되어 작용하는 하중 상태의 성질을 알아낸다.
② 브리넬 경도 시험 : 지름 Dmm인 구형 누르개를 일정한 시험하중으로 시험편에 압입시켜 시험하며, 이때 생긴 압입 자국의 표면적을 시험편에 가한 하중으로 나눈 값이다.
③ 샤르피식 시험 : 금속의 인성과 메짐을 알아보는 충격시험의 일종으로 시험편의 양단을 지탱하고 해머로 중앙에 충격을 가해 1회로 시험편을 판단한다.
④ 로크웰 경도 시험 : 원추각이 120°, 끝단 반지름이 0.2mm인 원뿔형 다이아몬드를 누르는 방법(HRC)과 지름이 1.588mm인 강구를 누르는 방법(HRB) 두 가지가 있다.

38

정답 ②

• 체심입방격자(BCC) : 강도, 경도가 크고 용융점이 높은 반면 연성, 전성이 낮다.
  V, Ta, W, Rb, K, Li, Mo, $\alpha - Fe$, $\delta - Fe$, Cs, Cr, Ba, Na
• 면심입방격자(FCC) : 강도, 경도가 작고 연성, 전성이 좋다(가공성 우수).
  Ag, Cu, Au, Al, Ni, Pb, Pt, $\gamma - Fe$, Pd, Rh, Sr, Ge, Ca
• 조밀육방격자(HCP) : 연성, 전성이 낮고 취성이 있다.
  Mg, Zn, Ce, Zr, Ti, La, Y, Ru, Gd, Co

39

정답 ④

핀의 종류

• 테이퍼 핀 : $\frac{1}{50}$의 테이퍼가 있는 핀으로 구멍에 박아 부품을 고정시키는 데 사용된다.
• 평행 핀 : 테이퍼가 붙어 있지 않은 핀으로 빠질 염려가 없는 곳에 사용된다.
• 조인트 핀 : 2개 부품을 연결할 때 사용되고 조인트 핀을 축으로 회전한다.
• 분할 핀 : 한쪽 끝이 2가닥으로 갈라진 핀으로 축에 끼워진 부품이 빠지는 것을 방지한다.
• 스프링 핀 : 스프링 강대를 원통형으로 성형, 종방향으로 틈새를 부여한 핀으로 외경보다 약간 작은 구멍경에 삽입함으로써 핀의 이탈을 방지한다.

40

정답 ④

아크용접의 종류
- 피복아크 용접 : 피복제를 칠한 용접봉과 피용접물과의 사이에 발생한 아크의 열을 이용하는 용접이다.
- 불활성가스 아크용접 : 아르곤, 헬륨 등 불활성 가스 또는 여기에 소량의 활성 가스를 첨가한 가스 분위기 안에서 하는 아크용접이다.
- 탄산가스 아크용접 : 불활성 가스 아크 용접에서 사용되는 값비싼 아르곤이나 헬륨 대신에 탄산가스를 사용하는 용극식 용접 방법이다.
- 원자수소 용접 : 수소가스 중에서 2개의 금속 전극 간에 발생시킨 아크의 열을 사용하는 용접이다.
- 서브머지드 아크용접 : 두 모재의 접합부에 입상의 용제를 놓고 대기를 차단한 다음 그 속에서 용접봉과 모재 사이에 아크를 발생시켜 그 열로 용접하는 방법이다.

오답분석
- 산소 – 아세틸렌 용접 : 가스용접의 일종으로 토치 끝부분에서 아세틸렌과 산소의 혼합물을 연소시켜 접합에 필요한 열을 제공하는 용접이다.
- 프로젝션 용접 : 전기저항용접의 일종으로 금속 부재의 접합부에 만들어진 돌기부를 접촉시켜 압력을 가하고 여기에 전류를 통하여 저항열의 발생을 비교적 작은 특정 부분에 한정시켜 접합하는 용접이다.

41

정답 ④

$$\frac{dy}{dx} = \frac{-4y}{4x} = \frac{-4 \times 5}{4 \times 3} = -\frac{5}{3}$$

42

정답 ③

원통커플링의 종류
- 슬리브 커플링 : 주철제 원통 속에 키로 고정, 축지름이 작은 경우 및 인장 하중이 없을 때 사용한다.
- 반중첩 커플링 : 원통 속에 전달축보다 약간 크게 한 축 단면에 기울기를 주어 중첩시킨 후 공동의 키로 고정, 인장하중이 작용하는 축에 사용한다.
- 마찰원통 커플링 : 두 개로 분리된 원통의 바깥을 원추형으로 만들어 두 축을 끼우고, 그 바깥에 링을 끼워 고정한다. 축과 원통 사이의 마찰력에 의해 토크를 전달한다.
- 분할 원통 커플링 : 분할된 두 개의 반원통으로 두 축을 덮은 후 볼트와 너트로 고정, 토크가 작을 때 사용한다.
- 셀러 커플링 : 한 개의 외통과 두 개의 내통으로 외통 내부와 내통 외부에 테이퍼가 있어 내통 안에 축을 끼우고 3개의 볼트로 죄면 콜릿 역할을 한다.

오답분석
- 플랜지 커플링 : 키를 사용하여 두 축의 양 끝에 플랜지를 각각 고정하고 맞대어 두 개의 플랜지를 연결한다.
- 올덤 커플링 : 두 축이 평행하나 약간 어긋나는 경우에 사용하며 저속, 편심이 작을 때 사용한다.

43

정답 ③

전단탄성계수(G), 종탄성계수(E), 체적탄성계수(K), 푸아송 수(m) 사이의 관계

$mE = 2G(m+1) = 3K(m-2)$

$$G = \frac{mE}{2(m+1)} = \frac{E}{2(1+\nu)}$$

44

정답 ④

$$e = 1 - \frac{T_L}{T_H} = 1 - \frac{200}{1,000} = 0.8 \rightarrow 80\%$$

45

암모니아의 단점
• 인체에 독성이 있다.
• 가연성 및 폭발성이 있다.
• 동과 접촉 시 부식될 수 있다.

46

에릭슨 사이클은 2개의 등온과정과 2개의 정압과정으로 구성된 사이클로 등온 압축, 등온 연소 및 등온 팽창을 시킨다.

오답분석

① 스털링 사이클 : 2개의 정적과정과 2개의 등온과정이다.
② 디젤 사이클 : 각각 1개씩의 단열압축과정, 정압과정, 단열팽창과정, 정적과정이다.
③ 앳킨스 사이클 : 2개의 단열과정과 1개의 정적과정, 1개의 정압과정이다.
④ 사바테 사이클 : 2개의 단열과정과 2개의 정적과정이다.

47

$$(\text{비눗방울의 표면장력}) = \frac{(\text{압력차}) \times [\text{내경}(m)]}{8} \rightarrow \frac{40 \times 0.05}{8} = 0.25$$

48

냉매 순환경로는 압축 → 응축 → 팽창 → 증발로 이어진다.
• 압축기 : 압력이 낮고, 엔탈피가 높은 기체가 압축기로 이동한다.
• 응축기 : 냉매의 현열과 잠열을 없애는 장치로, 냉매는 응축과정에서 액체상태가 된다.
• 팽창밸브 : 압력이 낮아지며 증발될 수 있는 상태가 된다.
• 증발기 : 냉매는 증발기를 지나면서 주위의 열을 가져오며, 열을 빼앗긴 공기는 증발한다.

49

$R_m = \frac{l}{\mu S}[\Omega]$, $l=$(자로의 길이[m]), $\mu=$(투자율[H/m]), $S=$(철심의 단면적[m^2])이므로 자로의 길이를 4배로, 철심의 단면적을 2배가 되게 하면 자기저항이 2배가 된다.

오답분석

① 자기저항이 $\frac{1}{4}$배가 된다.
② 자기저항이 이전과 변함이 없다.
④ 자기저항이 8배가 된다.
⑤ 자기저항이 $\frac{1}{2}$배가 된다.

50

유전율 $\epsilon = \epsilon_0 \epsilon_s [\text{F/m}]$

비유전율 ϵ_s

공기·진공 중의 유전율 $\epsilon_0 = \dfrac{1}{4\pi} \times \left(\dfrac{1}{9 \times 10^9}\right) = \dfrac{1}{36\pi \times 10^9} = 8.855 \times 10^{-12} [\text{F/m}]$

산화티탄 자기의 비유전율은 115 ~ 5000, 유리의 비유전율은 5.4 ~ 9.9이다.

따라서 옳은 설명은 ㄱ, ㄷ, ㄹ, ㅁ 4개이다.

오답분석

ㄴ. 비유전율은 비율을 나타내기 때문에 단위는 없다.

ㅂ. 진공, 공기 중의 비유전율은 1이다.

ㅅ. 진공 중의 유전율은 $\dfrac{1}{36\pi} \times 10^{-9} [\text{F/m}]$로 나타낼 수 있다.

51

겨울에 전선 위에 눈이 쌓이고 얼음이 되면 그 전선에 쌓인 무게로 인해 전선이 처지게 된다. 봄이 되어 눈이 녹고 얼음이 떨어지면 갑자기 잃어버린 하중으로 인해 전선은 위로 튀어 오르는데 이 현상을 '전선의 도약'이라고 하며, 이에 대한 방지책으로 철탑의 암의 길이를 다르게 하는 오프셋을 주는 방법이 있다.

오답분석

① 아킹혼 : 애자련을 보호하기 위해서 사용된다.

③ 댐퍼 : 송전선에 바람이 불어 전선이 상하로 진동하게 될 때, 진동을 방지하기 위해서 사용된다.

④ 가공지선 : 송전선에의 뇌격에 대한 차폐용으로, 전선로를 보호하는 역할을 한다.

⑤ 매설지선 : 철탑의 접지저항을 낮추어 역섬락을 방지하는 역할을 한다.

52

가공지선을 설치하는 목적에는 직격뢰 차폐, 유도뢰 차폐, 통신선에 대한 전자유도장해 경감이 있다. 전압강하가 아닌 뇌해를 방지하기 위해서 사용된다.

오답분석

① 개폐저항기는 개폐서지의 이상전압 발생을 억제하기 위해서 쓰인다.

③ 차폐각이란 가공지선과 전력선이 이루는 각으로 가공지선의 차폐각이 작을수록 차폐효과가 크다. 일반적으로 15 ~ 30°정도로 하고 있다.

④ 철탑의 탑각 접지저항이 커지면 철탑에서 송전선에 섬락을 일으키는 역섬락이 발생하게 된다. 이를 방지하기 위해서 매설지선을 설치한다.

⑤ 개폐 이상 전압은 일반적으로 투입 시보다 개방 시, 부하가 있는 회로보다 무부하인 회로를 개방할 때 더 크게 작용한다. 이상전압이 가장 큰 경우는 무부하 송전선로의 충전전류를 차단할 때이다.

53

일그너 방식은 전동기의 부하가 급변해도 공급전력의 변동이 적으므로 큰 압연기나 권상기처럼 부하변동이 심한 곳에 사용한다.

직류 전동기의 속도제어법
- 계자 제어 방식
  계자 권선에 접속된 저항을 조정해 계자 전류를 변화시켜 속도를 변화시키는 방식이다. 정출력 제어 특성을 가지고, 속도제어 범위가 좁다.
- 전압 제어 방식
  전동기의 공급전압을 조정하는 방법으로 워드 레오너드 방식과 일그너 방식이 있다. 정토크 제어 특성을 가지고, 제어범위가 넓으며 손실이 매우 적다.
- 직렬 저항 방식
  전기자 회로에 직렬저항을 넣어 속도를 조정하는 방식이다. 효율이 매우 나쁘다.

54

동기발전기에서 기전력의 파형을 좋게 하려면 분포권과 단절권을 사용해야 한다.
- 분포권 : 매극, 매상의 슬롯이 2개 이상이 되는 권선
  집중권 : 매극, 매상의 슬롯이 1개인 권선
  분포권을 채용하면 전기자 권선에 의한 열을 골고루 분포시켜 과열을 방지해 주며, 집중권에 비해서 파형을 좋게 한다.
- 단절권 : 코일 간격이 극 간격보다 작은 것
  전절권 : 코일 간격이 극 간격과 같은 것
  단절권을 채용하면 고조파를 제거하여 기전력의 파형을 좋게 한다.

동기발전기의 기전력 파형 개선 방법
- 매극 매상의 슬롯수를 크게 한다.
- 단절권 및 분포권을 채용한다.
- 전기자 철심을 사구(Skewed Slot)로 한다.
- 공극의 길이를 크게 한다.

오답분석
① 공극의 길이를 크게 하면 공극의 자속분포가 커져 기전력의 파형이 개선된다.
② 전기자 권선을 성형결선으로 하면 제3고조파에 의한 순환전류가 흐르지 않아 기전력의 파형이 개선된다.
③ 매극 매상의 슬롯수를 크게 한다는 것은 분포권을 채용한다는 것과 같다.
⑤ 스큐슬롯은 전자의 축 방향과 평행하지 않고 비스듬한 형태를 갖는 슬롯으로 자극의 자속분포를 완화해 준다.

55

단상 직권 정류자 전동기는 직류와 교류를 모두 사용할 수 있는 만능 전동기(Universal Motor)이다. 직류와 교류전압을 가했을 때 회전 방향이 변하지 않는다. 기동 토크가 크고 회전수가 크기 때문에 전기 드릴, 전기 청소기, 전기 믹서 등의 소형 공구 및 가전제품에 사용되며, 보상권선 설치를 통해 전기자 반작용에 의한 역률저하를 방지하고 정류작용을 개선할 수 있다.

단상 직권 정류자 전동기의 원리
- 전기자와 계자권선의 리액턴스 전압강하로 인해서 역률에 따라 출력이 저하될 수 있다.
- 이의 대책으로 계자의 권수를 작게 하여(약계자) 인덕턴스를 작게 한다.
- 계자권수를 작게 하면 자속감소로 인해 전동기 토크가 감소하게 된다.
- 이의 대책으로 전기자권선수를 증가시킨다(강전기자).
- 전기자권선수를 크게 하면 전기자 반작용이 커져 정류가 곤란해진다.
- 이의 대책으로 보상권선을 채용한다.

오답분석
① 아트킨손형 전동기는 단상 반발 전동기의 일종이다.
② 부하에 관계없이 회전수가 일정한 전동기에는 타여자 전동기, 직류 분권전동기, 농형 유도전동기가 있다.
④ 교류 전압을 가하더라도 회전 방향은 변하지 않는다.
⑤ 직류 직권 전동기는 계자 권선과 전기자 권선이 직렬로 되어 있다.

56

정답 ③

• 이상적인 전압원은 내부 저항이 0이고, 이상적인 전류원은 내부 저항이 ∞이다.
• 전압원과 전류원이 혼합된 회로망에서, 회로 내 어느 한 지로에 흐르는 전류는 각 전원이 단독으로 존재할 때의 전류를 각각 합하여 구하는 정리는 중첩의 정리라고 한다.
• 중첩의 정리에서 먼저, 한 개의 전원을 취하고 나머지 전원은 모두 없앤다. 이때 나머지 전압원은 단락, 전류원은 개방시킨다.

57

정답 ③

Carson의 법칙에서 대역폭 $BW = 2(\Delta f + f_m) = 2\Delta f$이다($\Delta f$는 최대 주파수 편이, f_m은 변조 신호 주파수).
(주파수 변조파의 대역폭)$= (2 \times 10) + (2 \times \Delta f) = 120$KHz이다. 따라서 $\Delta f = 50$KHz이다.

58

정답 ④

위상동기회로(PLL) 구조도

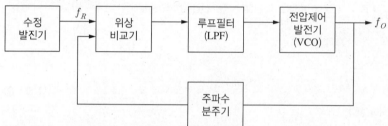

PLL(Phase Locked Loop)은 위상동기회로로 피드백 과정을 통해 위상 변동을 줄여가며, 평균적으로 입력 주파수 및 위상에 동기화시키는 회로이다. 위상 비교기에서 검출된 수정 발진기의 주파수와 주파수 분주기를 통해 피드백된 주파수의 위상차가 LPF를 거쳐 저주파 제어 전압으로 변환되어 VCO에 입력되고 낮은 주파수 성분만 통과시킨다. VCO에서는 그 위상차를 줄이려는 저주파 제어 전압이 입력되면서 커패시터(Capacitor) 용량이 변하면서 LC 공진회로에 의한 발진주파수를 변화시키게 된다. 주파수 분주기를 통해 기존의 주파수와 비교가 가능하도록 주파수를 낮추어 준다. 결국 기존의 주파수와 비교하며 위상차를 점점 줄여나가 동기화시킬 수 있게 해 준다.

59

정답 ①

OFDM은 고속의 송신 신호를 수백 개 이상의 직교하는 협대역 부 반송파로 변조시켜 다중화하는 방식으로 변조신호는 PAPR(Peak to Average Power Ratio)이 상대적으로 크다.

OFDM의 장점
• FFT를 이용하여 고속의 신호처리가 가능하다.
• 이동통신 셀 간 간섭이 없고, 사용자별 자원할당이 용이하다.
• 복잡한 등화기가 필요 없고, 임펄스 잡음에 강하다.
• 협대역 간섭에 강하다.
• 다중경로 페이딩에 강하다.
• 주파수 효율성이 높다.

OFDM의 단점
• 큰 PAPR 값을 갖는다.
• 위상잡음 및 송수신단간의 반송파 주파수 Offset에 민감하다.
• 프레임 동기와 심볼 동기에 민감하다.

60

자기 모멘트는 두 쌍극자가 상호작용할 때 그 힘의 크기를 나타낸다. 서로 다른 두 자극 $\pm m$이 미소거리 l만큼 떨어져 있을 때, 자기모멘트는 $M=ml$ [Wb・m]이다. 미소거리는 자기모멘트에 비례하므로 자기모멘트의 크기도 2배가 된다.

61

키르히호프 제1법칙에서 전하보존법칙에 의거해 전하는 접합점에서 생기거나 없어지지 않는다.

키르히호프의 제1법칙
• 회로 내의 임의의 점에서 들어오고 나가는 전류의 합은 0이다.
• 전로에서 들어오는 전류와 나가는 전류의 합이 같다.
• 전하가 접합점에서 저절로 생기거나 없어지지 않는다는 전하보존법칙에 의거한다.
• 전류원을 직렬연결하면 KCL을 어기게 된다.

키르히호프의 제2법칙
• 임의의 폐회로에서 회로 내의 모든 전위차의 합은 0이다.
• 임의의 폐회로를 따라 한 방향으로 일주할 때, 그 회로의 기전력의 총합은 각 저항에 의한 전압 강하의 총합과 같다.
• 직류와 교류 모두 적용할 수 있다.
• 에너지 보존법칙에 근거를 둔다.

62

수소 냉각 방식에는 수소가스 누설감지 장치가 있어야 한다.

수소 냉각 방식의 장점
• 수소의 비중은 공기의 것보다 작아서 풍손이 공기 냉각 방식에 비해 $\frac{1}{10}$ 정도 감소된다.
• 수소는 공기보다 열전도성이 7배가 좋아서 냉각 효과가 크고 용량을 증가시킬 수 있다.
• 권선의 수명이 증가한다.
• 공기 냉각 방식에 비해 소음이 적다.
• 전폐형이므로 이물질의 유입이 없어 코로나 발생이 어렵다.
• 출력이 25% 증가한다.

수소 냉각 방식의 단점
• 산소와 결합 시 폭발의 위험이 있다.
• 발전기의 점검과 보수가 어렵다.
• 수소가스 누설감지 장치가 필요하다.

63

비투자율과 저항률이 모두 커야 한다(저항률은 고유저항으로 전기저항의 크기에 비례한다).

변압기 철심의 구비조건
• 투자율이 커야 한다.
• 히스테리시스 손실이 작아야 한다(히스테리시스 계수가 작아야 한다).
• 와류손 경감을 위해 성층철심으로 해야 한다.
• 전기저항이 커야 한다.

64

단락비가 큰 기기는 퍼센트 임피던스가 작다. 이는 동기 임피던스가 작음을 의미한다. 동기임피던스가 작으면 전압강하와 전압변동률도 작아진다. 따라서 전압변동률이 작은 기기는 안정도가 좋기 때문에 단락비가 큰 기기를 채용해야 한다.

안정도 향상 대책
- 직렬리액턴스를 작게 한다.
  - 발전기나 변압기의 리액턴스를 작게 한다.
  - 선로의 병행 회선수를 늘리거나 복도체 또는 다도체 방식을 사용한다.
  - 직렬 콘덴서를 삽입하여 선로의 리액턴스를 보상한다.
- 전압 변동을 작게 한다.
  - 속응 여자 방식을 채용한다.
  - 계통 연계를 한다.
- 중간 조상 방식을 채용한다.
- 고장 전류를 줄이고 고장 구간을 신속하게 차단한다.
  - 고속도 계전기, 고속도 차단기를 채용한다.
  - 고속도 재폐로 방식을 채용한다.
- 고장 시 발전기 입, 출력의 불평형을 작게 한다.
  - 조속기의 동작을 빠르게 한다.

[오답분석]
① 중간 조상 방식을 채용하면 전압변동률을 작게 할 수 있다.
② 발전기와 변압기의 임피던스를 작게 하면 계통의 직렬 리액턴스를 감소시킬 수 있다.
③ 복도체 또는 다도체 방식을 사용하면 계통의 직렬 리액턴스를 감소시킬 수 있다.
④ 계통연계를 하면 전압변동률을 작게 할 수 있다.

65

복조는 변조되어 전송되는 중에 손상된 파형을 원래 정보신호 파형으로 복원하는 것이고, 변조는 정보신호를 전송로에 가장 적합한 형태로 변환하는 것을 말한다.

변조의 목적
- 주파수분할, 시분할 등 하나의 전송매체에 여러 정보를 동시에 전송이 가능하게 하기 위한 다중화
- 변조를 하지 않은 낮은 주파수를 직접 보내면 받는 쪽의 안테나는 커야 하기 때문에 안테나의 크기를 작게 하기 위해
- 잡음과 중간 간섭 등의 필요가 없는 신호를 효과적으로 제거하기 위해
- 높은 주파수에서 대역폭을 효율적으로 사용이 가능하게 하기 위해

01	02	03	04	05	06	07	08	09	10	11	12	13	14	15					
④	④	①	④	⑤	③	①	①	③	①	④	⑤	②	②	②					

01
정답 ④

2번 이상 같은 지역을 신청할 수 없고, D는 1년 차와 2년 차 서울 지역에서 근무하였으므로 3년 차에는 지방으로 가야 한다. 따라서 신청지로 배정받지 못할 것이다.

오답분석

① B는 1년 차 근무를 마친 A가 신청한 종로를 제외한 어느 곳이나 갈 수 있으므로 신청지인 영등포로 이동하게 될 것이다.
② C보다 E가 전년도 평가가 높으므로 E는 여의도에, C는 지방으로 이동할 것이다.
③ 1년 차 신입은 전년도 평가 점수가 100점이므로 신청한 근무지에서 근무할 수 있다. 따라서 A는 입사 시 1년 차 근무지로 대구를 선택했음을 알 수 있다.
⑤ D는 규정에 부합하지 않게 신청했으므로 C가 제주로 이동한다면, 남은 지역인 광주나 대구로 이동하게 된다.

02
정답 ④

안정도를 향상시키기 위해서는 선로의 병행 회선수를 늘리거나 복도체 또는 다도체 방식을 사용해야 한다.

안정도 향상 대책
• 직렬리액턴스를 작게 한다.
  – 발전기나 변압기의 리액턴스를 작게 한다.
  – 선로의 병행 회선수를 늘리거나 복도체 또는 다도체 방식을 사용한다.
  – 직렬 콘덴서를 삽입하여 선로의 리액턴스를 보상한다.
• 전압 변동을 작게 한다.
  – 속응 여자 방식을 채용한다.
  – 계통 연계를 한다.
• 중간 조상 방식을 채용한다.
• 고장 전류를 줄이고 고장 구간을 신속하게 차단한다.
  – 고속도 계전기, 고속도 차단기를 채용한다.
  – 고속도 재폐로 방식을 채용한다.
• 고장 시 발전기 입·출력의 불평형을 작게 한다.
  – 조속기의 동작을 빠르게 한다.

오답분석

① 직렬리액턴스를 작게 하는 방법 중 하나이다.
② 고장 구간을 신속하게 차단하는 방법 중 하나이다.
③ 고장 시 발전기 입·출력의 불평형을 작게 하는 방법 중 하나이다.
⑤ 고장 전류를 줄이고 고장 구간을 신속하게 차단하는 방법 중 하나이다.

03

정답 ①

병렬회로에서의 공진 조건은 서셉턴스 B의 허수부가 0이 되는 것이다. 서셉턴스 $B=\dfrac{1}{R+jwL}+jwC=\dfrac{R-jwL}{R^2+w^2L^2}+jwC=\dfrac{R}{R^2+w^2L^2}$

$+j(\dfrac{-wL}{R^2+w^2L^2}+wC)$ 이므로 $\dfrac{wL}{R^2+w^2L^2}=wC$이고, $w^2=\dfrac{1}{LC}-\dfrac{R^2}{L^2}$이다. 따라서 공진 주파수 $f=\dfrac{w}{2\pi}=\dfrac{1}{2\pi\sqrt{LC}}\sqrt{1-\dfrac{R^2\bar{C}}{L}}$

$=\dfrac{1}{2\pi}\sqrt{\dfrac{1}{LC}-\dfrac{R^2}{L^2}}$ 이다.

04

정답 ④

전하는 곡률 반경이 작은 곳에 모이고, 곡률 반경이 작을수록 전하 밀도가 높다. 따라서 도체 표면의 전하 밀도는 표면의 곡률이 클수록 크다.

도체의 성질과 전하분포
• 도체 표면과 내부의 전위는 동일하고, 표면은 등전위면이다.
• 도체 표면에서의 전하밀도는 곡률이 클수록 크다.
• 전하는 도체 표면에만 분포한다.
• 전기력선과 등전위면은 직교한다.
• 두 개의 서로 다른 등전위면은 교차하지 않는다.

05

정답 ⑤

$d[\text{m}]$와 같은 깊이에 선 전하 밀도 $-\rho[\text{C/m}]$인 영상 전하를 고려하여 $F=-\rho E=-\rho\times\dfrac{-\rho}{2\pi\epsilon(2d)}=\dfrac{\rho^2}{4\pi\epsilon d}$ 이다.

06

정답 ③

분극의 세기 $P=\epsilon_0(\epsilon_s-1)E=8.86\times10^{-12}\times50\times10^2=4.43\times10^{-8}$ 이다.

07

정답 ①

테브난의 등가 회로를 그리면 다음과 같다.

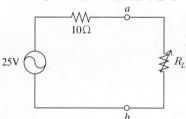

테브난 저항인 R_{TH}는 전압원 단락, 전류원 개방 시의 저항으로 $20\parallel20=10\,\Omega$이다. 테브난 등가전압은 부하 개방 시 a, b에 걸리는 전압으로

전압분배법칙에 의해 $V_{TH}=50\times\dfrac{10}{10+10}=25\text{V}$이다. 최대 전력 전송 조건에 의하면 $R_L=10\,\Omega$이어야 하므로 최대 전력 $P_m=\dfrac{V^2}{4R}=\dfrac{25^2}{4\times10}$

$=15.625\,\Omega$ 이다.

08

$s^2 + 2\zeta w_n s + w_n^2 = 0$에서 $w_n = 9$이고, $\zeta = 0.5$이다. 따라서 최대 오버슈트의 발생시간 $t_p = \dfrac{\pi}{w_n\sqrt{1-\zeta^2}} = \dfrac{\pi}{9\sqrt{1-0.25}} ≒ 0.403\text{sec}$이다.

09

정답 ③

지락 과전압 계전기는 GPT와 함께 설치하여 영상전압을 검출한다.

오답분석

① 영상 변류기 : 지락 사고 시 지락 전류를 검출하는 것으로 지락 계전기와 조합하여 차단기를 차단시킨다.
② 비율차동 계전기 : 동작전류의 비율이 억제전류의 일정치 이상일 때 동작한다.
④ 선택 지락 계전기 : 병행 2회선 송전선로에서 한쪽의 1회선에 지락 사고가 일어났을 경우 이것을 검출하여 고장 회선만을 선택 차단할 수 있게끔 선택 단락 계전기의 동작전류를 특별히 작게 한 것이다.
⑤ 과전류 계전기 : 일정 값 이상의 전류가 흘렀을 때 동작한다.

10

정답 ①

거리 계전기의 특징
• 계전기 설치점에서 고장점까지의 임피던스로 고장여부를 판별한다.
• 송전 선로의 단락 보호에 적합하다.
• 방향성을 가지고 있지 않다.
• 발전기, 변압기의 후비보호를 위해서 사용된다.
• 기억작용을 한다.

오답분석

② 내부 단락사고를 검출하는 계전기에는 과전류 계전기, 방향 단락 계전기, 거리 계전기, 부족전압 계전기 등이 있다.
③ 선택 지락 계전기에 대한 설명이다.
④ 선택 접지 계전기에 대한 설명이다.
⑤ 거리 계전기는 방향성을 가지고 있지 않다.

11

정답 ④

동기 속도 $N_s = \dfrac{120f}{p} = \dfrac{120 \times 120}{24} = 600\text{rpm}$이다.

주변 속도 $v = \pi Dn = \pi D \times \dfrac{N_s}{60} = \pi \times 2 \times \dfrac{600}{60} ≒ 62.8\text{m/s}$이다.

12

정답 ⑤

자동제어계 동작 분류
• P동작은 비례동작으로 정상오차를 수반하며 잔류편차 발생시킨다.
• I동작은 적분동작으로 잔류편차(Offset)를 제거하며 지상을 보상한다.
• D동작은 미분동작으로 오차가 커지는 것을 미리 방지하며 진상을 보상한다.
• PI동작은 비례적분동작으로 잔류편차를 제거한다.
• PD동작은 비례미분동작으로 응답 속응성을 개선한다.
• PID동작은 비례적분미분동작으로 잔류편차를 제거하고 응답의 오버슈트를 감소시키며 응답 속응성을 개선한다. 정상특성을 개선하는 최상의 최적 제어로 안정한 제어가 되도록 한다.

13

정답 ②

최대오버슈트가 발생하는 시간 공식

$$t_P = \frac{\pi}{w_n \sqrt{1-\delta^2}}$$

14

정답 ②

전기력선은 자신만으로 폐곡선이 되는 일이 없다.

전기력선의 성질
- 전하가 없는 곳에서는 전기력선의 발생 및 소멸이 없다.
- 임의 점에서의 전계의 세기는 전기력선의 밀도와 같다(가우스법칙).
- 전기력선은 그 자신만으로 폐곡선을 이루지 않는다.
- 전기력선은 도체 표면과 외부에만 존재하며 수직으로 출입한다.
- 전하밀도는 곡률이 큰 곳 또는 곡률 반경이 작은 곳에 밀도를 이룬다.
- 도체 내부의 전위와 표면 전위는 같다.

15

정답 ②

일반적으로 동기기(발전기)의 기전력은 유기 기전력, 변압기의 기전력은 유도 기전력이라 칭한다.

오답분석

① 동기기 구성에서 고정자코일은 전기자권선으로 유기 기전력을 발생시키는 부분이다.
③ 동기기의 회전자는 회전계자형과 회전전기자형으로 구분되며, 표준으로는 회전계자형을 사용한다.
④ 동기기의 안전도를 증진하는 방법으로는 단락비를 크게 하고, 동기화 리액턴스를 작게 하는 것, 동기 탈조계전기를 사용하는 것, 동기기의 조속기 동작을 신속하게 하는 것, 회전자의 플라이휠효과를 크게 하는 것 등이 있다.
⑤ 동기기 구성에서 여자장치(Exciter)는 전기를 공급하여 전자석을 만드는 부분이다.

안심Touch

PART 2

직업기초능력평가
정답 및 해설

01	02	03	04	05	06	07	08	09	10
④	①	①	①	④	①	③	③	②	③
11	12	13	14	15	16	17	18	19	20
⑤	②	①	④	④	④	⑤	③	⑤	①
21	22	23	24	25					
⑤	①	④	③	②					

01
정답 ④

A는 조선 후기 양반들이 대를 이을 장자에게만 전답을 상속했기 때문에 장자를 제외한 사람들은 영세한 소작인으로 전락했으며, 소작인이었던 대다수의 농민들 역시 제한된 경작지로 인해 이앙법 확산의 효과를 기대하기 어려웠다는 점을 근거로 들며 조선 후기 이앙법의 확산으로 양반과 농민 가운데 다수의 부농이 나타나게 되었다는 주장에 대해 비판하고 있다. 즉, A는 조선 후기 양반과 농민 모두 부농으로 성장할 수 있는 가능성이 낮았다고 본 것이다.

오답분석
① 이앙법의 시기별, 신분별 확산 효과에 대한 내용은 제시문에서 찾아볼 수 없다.
② 자녀 균분 상속제가 사라지면서 장자를 제외한 사람들이 영세한 소작인으로 전락했을 뿐, 이로 인해 농작물 수확량이 급속히 감소한 것은 아니다.
③ 줄어든 경작지로 인해 이앙법 확산의 효과를 기대하기 어려워 집약적 농업이 성행하게 된 것으로, 집약적 농업이 성행하여 이앙법의 확산을 기대하기 어려웠던 것은 아니다.
⑤ 자연재해로 전체적으로 경작지가 줄어들어 광작과 상업적 농업 경영이 어려운 여건이었다.

02
정답 ①

체증이 심한 유료 도로 이용은 다른 사람의 소비를 제한(타인의 원활한 도로 이용 방해)하는 특성을 가지는 것이므로 '경합적'이며, 요금을 지불하지 않고서는 도로 이용을 하지 못하므로 '배제적'이다. 이는 a에 해당한다.

오답분석
② 케이블 TV 시청은 다른 사람의 소비를 제한하지 않으므로(자신이 케이블 TV를 시청한다고 해서 다른 시청자의 방송 시청에 어떠한 영향을 주는 것이 아니다) '비경합적'이며, 시청료를 지불하지 않고서는 TV 시청을 하지 못하므로 '배제적'이다. 이는 c에 해당한다.
③ 사먹는 아이스크림과 같은 사유재는 다른 사람의 소비를 제한하므로(자신이 아이스크림을 먹을 경우 타인이 먹을 수 있는 아이스크림의 개수가 감소한다) '경합적'이며, 대가를 지불하지 않고서는 아이스크림을 사먹을 수 없으므로 '배제적'이다. 이는 a에 해당한다.
④ 국방 서비스는 다른 사람의 소비를 제한하지 않으므로(자신이 국방 서비스의 혜택을 누린다고 하여 다른 사람이 받는 국방 서비스가 줄어드는 것이 아니다) '비경합적'이며, 요금을 지불하지 않더라도 국방서비스는 받을 수 있으므로 '비배제적'이다. 이는 d에 해당한다.
⑤ 제시문에서 영화 관람이라는 소비 행위는 비경합적이지만 배제가 가능하다고 하였으므로 c에 해당한다.

03
정답 ①

• 갑 : (가)는 도덕성의 기초는 이성이지 동정심이 아니라고 한 반면, (다)는 이성이 아니라 동정심이라고 하여 서로 반대되는 주장을 하고 있으므로 양립할 수 없다.
• 을 : (가)는 동정심이 일관적이지 않으며 변덕스럽고 편협하다고 하였는데 (나)는 가족과 모르는 사람의 사례를 들면서 동정심이 신뢰할 만하지 않다고 하여 (가)의 주장을 지지하고 있다.

오답분석
• 병 : (가)는 도덕성의 기초는 이성이지 동정심이 아니라고 하였으나 (라)는 동정심이 전적으로 신뢰할 만한 것은 아니지만 그렇다고 해서 도덕성의 기반에서 완전히 제거하는 것은 옳지 않다고 하였다. 즉, (라)의 경우는 동정심의 도덕적 역할을 전적으로 부정하지는 않았다.
• 정 : (나)는 동정심이 신뢰할 만하지 않다고 하였으며 (라) 역시 같은 입장이다. 다만 (라)는 그렇다고 해서 동정심의 역할을 완전히 부정하는 것은 아니라는 점에서 차이가 있을 뿐이다.

04
정답 ①

제시문의 논지는 자신의 인지 능력이 다른 도구로 인해 보완되는 경우, 그 보강된 인지 능력도 자신의 것이라는 입장이다. 그런데 ①은 메모라는 다른 도구로 기억력을 보완했다고 하더라도 그것은 자신의 인지 능력이 향상된 것으로 볼 수 없다는 의미이므로, 제시문의 논지를 반박한다고 볼 수 있다.

오답분석

② 종이와 연필은 인지 능력을 보완하는 것이 아니라 두뇌에서 일어나는 판단을 시각적으로 드러내 보이는 것에 불과하여 인지 능력 자체에 어떤 영향을 미친다고 보기 어렵다. 따라서 제시문의 논지와는 무관하다.

③ 원격으로 접속하여 스마트폰의 정보를 알아낼 수 있다는 것은 단순히 원격 접속의 도움을 받았다는 것일 뿐 이것과 인지 능력의 변화 여부는 무관하다.

④ 제시문의 내용은 스마트폰의 기능으로 인한 인지 능력의 향상을 사용자의 능력 향상으로 볼 수 있느냐에 대한 것이다. 따라서 스마트폰의 기능이 두뇌의 밖에 있는지 안에 있는지의 여부와는 무관하다.

⑤ 스마트폰이라는 도구의 사용이 인지 능력을 향상시킨다고 보는 견해로서 이는 제시문의 논지를 지지하는 것이다.

05
정답 ④

전선업계는 구릿값이 상승할 경우 기존 계약금액을 동결한 상태에서 결제를 진행하고, 반대로 구릿값이 떨어지면 그만큼의 차액을 계약금에서 차감해줄 것을 요구하는 불공정거래 행태를 보여주고 있다. 이는 자신의 이익만을 꾀하는 행위로 ④가 적절하다.

오답분석

① 지난 일은 생각지 못하고 처음부터 그랬던 것처럼 잘난 체한다는 뜻이다.

② 일이 이미 잘못된 뒤에는 손을 써도 소용이 없다는 뜻이다.

③ 가까이에 있는 것을 도리어 알아보지 못한다는 뜻이다.

⑤ 상대방은 생각지도 않는데 미리부터 다 된 줄로 알고 행동한다는 뜻이다.

06
정답 ①

기술이 내적인 발전 경로를 가지고 있다는 통념을 비판하기 위해 다양한 사례 연구를 논거로 인용하고 있다. 따라서 인용하고 있는 연구 결과를 반박할 수 있는 자료가 있다면 글쓴이의 주장은 설득력을 잃게 된다.

07
정답 ③

텔레비전 시청이 개인의 휴식에 도움이 된다는 사실은 텔레비전 시청의 긍정적인 측면이지만, 텔레비전이 아이와 가정에 부정적 영향을 준다는 제시문의 내용을 비판하는 근거로는 적절하지 않다.

08
정답 ③

제시문은 윤리적 상대주의가 참이라는 결론을 내리기 위한 논증이다. 어떤 행위에 대한 문화 간의 지속적인 시비 논란(윤리적 판단)은 사람들의 윤리적 기준 차이에 의하여 한 문화 안에서 시대마다 다르기도 하고, 동일한 문화와 시대 안에서도 다를 수 있다. 그러므로 올바른 윤리적 기준은 그것을 적용하는 사람에 따라 상대적이므로 윤리적 상대주의가 참이라는 논증이다. 따라서 이 논증의 반박은 '절대적 기준에 의한 보편적 윤리 판단은 존재한다.'가 되어야 한다. 따라서 ③은 '윤리적 판단이 항상 서로 다른 것은 아니다.'라는 내용이므로 논증을 반박하는 내용으로 적절하지 않다.

09
정답 ②

제시문의 경우 글을 잘 쓰기 위한 방법은 글을 읽는 독자에게서 찾을 수 있음을 서술한 글이다. 그러므로 독자가 필요로 하는 것이 무엇인지 알아야 하며, 독자가 필요로 하는 것을 알기 위해서는 구어체로 적어보고, 독자를 구체적으로 한 사람 정해놓고 쓰는 게 좋다는 내용이다. 또한, 빈칸의 뒷 문장에 '대상이 막연하지 않기 때문에 읽는 사람이 공감할 확률이 높아진다.'라고 하였으므로 빈칸에 들어갈 말로 ②가 가장 적절하다.

10
정답 ③

제시문의 네 번째 문단에서 '그러나 엄연히 말하자면 사무엘 빙이 아르누보를 창안한 것은 아니었다.'를 통해 사무엘 빙이 아르누보를 창안한 것이 아님을 알 수 있다.

11
정답 ⑤

도로명주소는 위치정보체계 도입을 위하여 도로에는 도로명을, 건물에는 건물번호를 부여하는 도로방식에 의한 주소체계로 국가교통, 우편배달 및 생활편의시설 등의 위치정보 확인에 활용되고 있다. ⑤는 도로명주소의 활용 분야와 거리가 멀다.

12
정답 ②

직장에서의 프라이버시 침해 위협에 대해 우려하는 것이 제시문의 논지이므로 ②는 제시문의 내용과 일치하지 않는다.

13
정답 ①

S는 자신의 연구 결과를 토대로 가족 구성원이 많은 집에 사는 아이들은 가족 구성원들이 집안으로 끌고 들어오는 병균들에 의한 잦은 감염 덕분에 장기적으로 알레르기 예방에 유리하다고 주장하고 있다. 결국 이는 알레르기에 걸릴 확률은 병균들에 얼마나 많이 노출되었는지에 달려 있으므로 이와 의미가 가장 유사한 ①이 적절하다고 볼 수 있다.

14
정답 ④

제시문은 예비 조건, 진지성 조건, 기본 조건 등 화행 이론에서 말하는 발화의 적절성 조건을 설명하고 있다. 두 번째 문단의 첫 문장 '발화의 적절성 판단은 상황에 의존하고 있다.'는 발화가 적절한지는 그 발화가 일어난 상황에 따라 달라진다는 의미이다.

15
정답 ④

간선도로는 평면 교차로의 수를 최소화하여 접근성을 제한하고, 인구가 많은 지역을 연결하여 차량주행거리가 긴 장거리 통행에 적합하도록 이동성을 높인 도로이다.

16
정답 ④

전자정부 서비스 만족 이유에 대한 답변으로 '신속하게 처리할 수 있어서(55.1%)', '편리한 시간과 장소에서 이용할 수 있어서(54.7%)', '쉽고 간편해서(45.1%)'로 나타났다. 따라서 '신속하게 처리할 수 있어서'의 이유가 55.1%로 가장 높았다.

오답분석

① 전자정부 서비스 실태를 인지도와 이용률, 만족도로 분류하여 조사하였다.
② 전자정부 서비스 이용 목적으로 '정보 검색 및 조회'가 86.7%를 차지했다.
③ 전자정부 서비스를 이용하는 이들의 98.9%가 향후에도 계속 이용할 의향이 있다고 답했다.
⑤ 고령층으로 갈수록 인지도와 이용률은 낮은 반면 만족도는 다른 연령층과 같이 높게 나타났다.

17
정답 ⑤

정규직 전환 대상자 총 6,769명 중 K공사 계열사에서 직접 고용하기로 결정한 근로자는 5,256명으로, 나머지 1,513명은 K공사 계열사가 아닌 K공사에서 직접 고용한다.

오답분석

① K공사는 지난 두 차례의 노사합의로 비정규직 5,492명의 정규직 전환을 결정했고, 이번에는 노사 간 이견이 있었던 나머지 1,230명에 대해서 전문가 조정에 따라 전환방식을 합의했다.
② 기존 K공사에서 직접 고용했던 기간제 근로자 47명과 K공사가 아닌 외부 위탁을 통해 간접 고용되었던 청소·경비·시설관리직종의 근로자 2,282명, 즉 총 2,329명이 이미 정규직으로 전환되어 근무하고 있다.
③ K공사가 외부에 위탁하여 간접고용하는 용역근로자 중 청소·경비·시설관리 직종 종사자 3,750명 중 2,282명은 올해 이미 정규직으로 전환되었으며, 나머지 1,468명은 현재 비정규직이나 내년부터 단계적으로 K공사 계열사로 임용될 예정이다.
④ 정규직 전환 대상 근로자 중 K공사에서 직접 고용하는 근로자는 기존에 K공사에서 직접 고용했던 기간제 근로자 47명과 국민의 생명·안전 업무와 관련된 업무 종사자 1,466명으로 총 1,513명이다.

18
정답 ③

제시문의 논증 과정을 정리하면 다음과 같다.
• 전제 : 제한된 자원을 합리적으로 배분하면 상충하는 연구 프로그램들이 모두 작동할 수 있다.
• 주장 : 연구 프로그램 지원에 있어서 '선택과 집중' 전략보다는 '나누어 걸기' 전략이 바람직하다.
• 논거 : 현재 유망한 연구 프로그램이 쇠락의 길을 걷게 될 수도 있고 반대로 현재 미미한 연구 프로그램이 얼마 뒤 눈부신 성공을 거둘 가능성이 있기 때문이다.

논지를 약화하기 위해서는 전제나 논거를 반박하는 것이 효과적이다. ③의 경우 연구 프로그램들이 모두 작동하기 위해서는 제한된 자원 이상의 자원이 필요할 수 있다는 내용을 통해 제시문의 전제를 반박하고 있으므로 논지를 약화할 수 있다.

오답분석

① 제시문의 주장과 같다.
② 제시문의 논거와 같다.
④ 첫 번째 문단에서 이미 두 개의 연구 프로그램이 모두 실패할 가능성을 언급하고 있으므로 제시문의 논지를 약화한다고 보기 어렵다.
⑤ 제시문의 논증 과정과 관련이 없다.

19
정답 ⑤

C회사의 주권 200주를 X 및 Y증권시장을 통하지 않고 주당 50,000원에 양도할 경우 증권거래세액은 200×50,000×0.005=50,000원이며, Y증권시장에서 양도할 경우 증권거래세액은 200×50,000×0.003=30,000원이다. 따라서 Y증권시장에서 양도할 경우 증권거래세액은 50,000-30,000=20,000원 감소한다.

오답분석

① 증권거래세는 금융투자업자인 乙이 납부하여야 한다.
② 1) A회사 : 100×30,000×0.0015=4,500원
   2) B회사 : 200×10,000×0.003=6,000원
   3) C회사 : 200×50,000×0.005=50,000원
   따라서 납부되어야 할 증권거래세액은 4,500+6,000+50,000=60,500원이다.
③ C회사의 주권은 X 및 Y증권시장을 통하지 않고 양도하였으므로 탄력세율을 적용받지 않는다.
④ A회사의 주권 100주를 주당 30,000원에 양도하였으므로 증권거래세 과세표준은 300만 원이다.

20
정답 ①

첫 번째 문단의 마지막 문장에서 곰돌이 인형이 말하는 사람에게 주의를 기울여 준다고 했으므로 그 다음 내용은 그 이유를 설명하는 〈보기〉가 와야 한다.

21

정답 ⑤

사회적 동조가 있는 상태에서는 개인의 성향과 상관없이, 즉 충동적인 것과는 무관하게 루머를 사실이라고 믿는 경우가 많았다고 하였으므로 옳지 않다.

오답분석

① 사람들이 사회적·개인적 불안감을 해소하기 위한 수단으로 루머에 의지한다고 하였으므로 옳은 내용이다.
② 사회적 동조는 개인이 어떤 정보에 대해 판단하거나 그에 대한 태도를 결정하는 데 정당성을 제공한다고 하였으므로 옳은 내용이다.
③ 집단주의 문화권 사람들은 루머를 믿는 사람들로부터 루머에 대한 정보를 얻고 그것을 근거로 하여 판단하며, 다른 사람들의 의견에 개인의 생각을 일치시키는 경향이 두드러진다고 하였으므로 옳은 내용이다.
④ 루머에 대한 지지 댓글을 많이 본 사람들은 루머에 대한 반박 댓글을 많이 본 사람들에 비해 루머를 사실로 믿는 경향이 더욱 강한 것으로 나타났다고 하였다. 따라서 이를 역으로 생각하면 반박 댓글을 많이 본 사람들이 루머를 사실로 믿는 경향이 더 약함을 알 수 있다.

22

정답 ①

한 개인의 특수한 감각을 지시하는 용어는 올바른 사용 여부를 판단할 수 없기 때문에 아무런 의미를 갖지 않는다고 하였다. 따라서 본인만이 느끼는 감각을 지시하는 용어는 아무 의미도 없을 것이므로 옳은 내용이다.

오답분석

② 구체적 사례 자체가 이미 객관화될 수 있는 감각이기 때문에 구체적 사례를 통해서 어떤 의미도 얻게 될 수 없다는 것은 옳지 않은 내용이다.
③ 감각을 지시하는 용어 모두가 개인만의 특수한 것이 아니므로 사용하는 사람에 따라 상대적인 의미를 갖는다는 것은 옳지 않은 내용이다.
④ 감각을 지시하는 용어의 의미는 존재하고 있으므로 그것이 무엇을 지시하는가와 아무 상관이 없다는 것은 옳지 않은 내용이다.
⑤ 감각을 지시하는 용어의 올바른 사용 여부를 판단하지 못한다면 다른 사람들과 공유하는 의미로 확장될 수 없으므로 옳지 않은 내용이다.

23

정답 ④

한자음 '녀'가 단어 첫머리에 올 때는 두음 법칙에 따라 '여'로 적으나, 의존 명사의 경우는 '녀' 음을 인정한다. 해를 세는 단위의 '년'은 의존 명사이므로 ④의 '연'은 '년'으로 적어야 한다.

오답분석

① 이사장의 말을 직접 인용하고 있으므로 '라고'의 쓰임은 적절하다.
② '말'이 표현을 하는 도구의 의미로 사용되었으므로 '로써'의 쓰임은 적절하다.
③ 받침 'ㅇ'으로 끝나는 말 뒤에 쓰였으므로 '률'의 쓰임은 적절하다.
⑤ 아라비아 숫자만으로 연월일을 모두 표시하고 있으므로 마침표의 사용은 적절하다.

24

정답 ③

전체적인 글을 보면 (가)는 원시인이라는 개념에 대해 설명하면서 그 자체의 의미상 규정이 명확하지 않음을 설명하고, (나)는 문명이나 규범 체계, 과학 지식, 기술적 성과 등의 요소를 표준으로 삼을 때 그 구분이 명확하지 못함을 밝히고 있으며, (다)에서는 종교적인 면에 한해 원시인임을 느낄 수 있다고 하였다. 이때 (나)에서 구분 짓는 것이 무엇과 무엇인지를 먼저 밝혀야 문단 내용의 흐름이 자연스럽다. 따라서 '문명인'과 '원시인'에 대한 정의의 어려움을 언급한 〈보기〉는 (나)의 앞에 오는 것이 적절하다.

25

정답 ②

제시문의 '나'는 세상의 사물이나 현상을 선입견에 사로잡히지 말고 본질을 제대로 파악하여 이해해야 한다고 말하고 있다. 그러므로 ㉠·㉢·㉣은 '나'의 입장에서 비판할 수 있다.

CHAPTER
02
수리능력
기출예상문제 정답 및 해설

01	02	03	04	05	06	07	08	09	10	11	12	13	14	15	16	17	18	19	20
②	④	②	③	⑤	③	①	②	④	①	⑤	②	①	③	②	②	⑤	③	①	①

21	22	23	24	25
②	④	⑤	④	①

01

정답 ②

ㄱ. 습도가 70%일 때 연간소비전력량이 가장 적은 제습기는 A(790kwh)임을 알 수 있다.

ㄷ. 습도가 40%일 때 제습기 E의 연간소비전력량은 660kwh이고, 습도가 50%일 때 제습기 B의 연간소비전력량은 640kwh이므로 옳은 내용이다.

오답분석

ㄴ. 제습기 D와 E를 비교하면, 60%일 때 D(810kwh)가 E(800kwh)보다 소비전력량이 더 많은 반면, 70%일 때에는 E(920kwh)가 D(880kwh)보다 더 많아 순서가 다르게 되므로 옳지 않은 내용이다.

ㄹ. 제습기 E의 경우 습도가 40%일 때의 연간전력소비량은 660kwh이고 습도가 80%일 때의 연간전력소비량은 970kwh이다. 따라서 660×1.5= 990>970이므로 옳지 않다.

02

정답 ④

주어진 상황을 토대로 가능한 상황을 정리하면 다음과 같다.

ⅰ) X : 12일을 포함하여 총 4일을 운행하기 위해서는 홀짝제가 적용되는 3일 중 하루를 운행하지 않아야 한다. 따라서 X는 13일을 제외한 나머지 요일에 모두 운행했음을 알 수 있다. 그렇다면 X의 차량은 짝수차량이라는 것을 알 수 있으며 15일과 16일에도 운행을 하였으므로 끝자리 숫자가 8, 0은 아니라는 것을 끌어낼 수 있다. 따라서 X의 차량은 2, 4, 6 중 하나의 숫자로 끝나는 차량임을 알 수 있다.

ⅱ) Y : 운행이 가능한 날은 모두 자신의 자동차로 출근했다고 하였으므로 12 ~ 14일 중 하루는 반드시 운행을 했을 것이다. 모든 숫자는 홀수와 짝수 둘 중 하나에 포함되기 때문이다. 결국 Y는 13일에 운행했을 것이다. 나머지 하루는 15일 혹은 16일인데 15일에 운행을 하고 16일에 하지 않았다면 끝자리 숫자는 9일 것이며, 15일에 운행을 하지 않고 16일에 운행을 했다면 끝자리 숫자는 7이 될 것이다.

ⅲ) Z : 13일에 운행을 했다는 부분에서 홀수차량임을 알 수 있으며 15, 16일에 운행했다는 부분에서 끝자리가 7, 9가 아님을 알 수 있다. 따라서 Z의 차량은 1, 3, 5 중 하나의 숫자로 끝나는 차량임을 알 수 있다.

따라서 끝자리 숫자의 합의 최댓값은 6+9+5=20이다.

03

정답 ②

입장료와 사우나 유무에 따른 피트니스 클럽의 이용객 선호도를 정리하면 다음과 같다.

입장료	사우나	선호도
5,000원	유	4.0+3.3=7.3
	무	4.0+1.7=5.7
10,000원	유	3.0+3.3=6.3
	무	3.0+1.7=4.7
20,000원	유	0.5+3.3=3.8
	무	0.5+1.7=2.2

따라서 이용객 선호도가 세 번째로 큰 조합은 '입장료가 5,000원'이고 '사우나가 없는' 조합임을 알 수 있다.

04

정답 ③

먼저, 그래프 1에서 A변리사의 전체 특허출원 건수가 30건이라고 하였고 그래프 3에서 A변리사의 2020년의 구성비가 20%, 2021년이 80%라고 하였으므로, A변리사의 2020년 건수는 6건이고, 2021년은 24건임을 알 수 있다.

다음으로 그래프 1에서 A변리사와 B변리사의 2년간의 특허출원 건수의 총합이 45건임을 알 수 있으며, 그래프 2에서 이 중 2020년의 구성비가 20%, 2021년이 80%라고 하였으므로, 2020년 A변리사와 B변리사의 특허출원 건수는 9건, 2021년은 36건임을 알 수 있다.

마지막으로, 2020년 A변리사의 특허출원 건수가 6건이라고 하였으므로 B변리사의 건수는 3건임을 이끌어낼 수 있으며 B변리사의 2년간 총 출원 건수가 15건이므로 2021년의 출원 건수는 12건임을 알 수 있다. 따라서 2021년 B변리사의 특허출원 건수(12건)는 2020년 건수(3건)의 4배이다.

05

정답 ⑤

'건설업' 분야의 취업자 수는 2017년과 2020년에 전년 대비 감소했다.

오답분석

① 2012년 '도소매·음식·숙박업' 분야에 종사하는 사람의 수는 총 취업자 수의 $\frac{5,966}{21,156} \times 100 ≒ 28.2\%$이므로 30% 미만이다.

② 2012 ~ 2020년 '농·임·어업' 분야의 취업자 수는 꾸준히 감소하는 것을 확인할 수 있다.

③ 2012년 대비 2020년 '사업·개인·공공서비스 및 기타' 분야의 취업자 수는 7,633−4,979=265만 4천 명으로 가장 많이 증가했다.

④ 2012년 대비 2019년 '전기·운수·통신·금융업' 분야 취업자 수의 증감률은 $\frac{7,600-2,074}{2,074} \times 100 ≒ 266.4\%$ 증가했고, '사업·개인·공공서비스 및 기타' 분야 취업자 수의 증감률은 $\frac{4,979-2,393}{4,979} \times 100 ≒ 51.9\%$ 감소했다.

06

정답 ③

ㄱ. 2015년 '어업' 분야의 취업자 수는 '농·임·어업' 분야의 취업자 수 합계에서 '농·임업' 분야 취업자 수를 제외한다. 따라서 1,950−1,877=7만 3천 명이다.

ㄴ. '전기·운수·통신·금융업' 분야의 취업자 수가 760만 명으로 가장 많다.

오답분석

ㄷ. '농·임업' 분야 종사자와 '어업' 분야 종사자 수는 계속 감소하기 때문에 '어업' 분야 종사자 수가 현상을 유지하거나 늘어난다고 보기 어렵다.

07

정답 ①

2018년 휴대폰 / 스마트폰 성인 사용자 수는 0.128×47≒6명으로, 2019년 태블릿 PC 성인 사용자 수인 0.027×112≒3명보다 많으므로 옳은 설명이다.

오답분석

② 개인용 정보 단말기(PDA) 학생 사용자 수는 2019년 1,304×0.023≒30명, 2020년 1,473×0.002≒3명으로 전년 대비 감소하였다.

③ 2020년 전자책 전용 단말기 사용자 수는 (338×0.005)+(1,473×0.004)≒2+6=8명이다. 따라서 20명 미만이므로 옳지 않은 설명이다.

④ • 2019년 컴퓨터 성인 사용자 수 : 112×0.67≒75명
   • 2019년 컴퓨터 학생 사용자 수 : 1,304×0.432≒563명
   따라서 2019년 컴퓨터 성인 사용자 수는 학생 사용자 수의 563×0.2≒113>75이므로 20% 미만이다.

⑤ 2019 ~ 2020년 동안 전년 대비 성인 사용자 비율이 지속적으로 증가한 전자책 이용 매체는 휴대폰 / 스마트폰, 태블릿 PC 2가지 매체인 것을 확인할 수 있다.

08

2012 ~ 2016년 전통사찰 지정·등록 수의 평균은 $(17+15+12+7+4) \div 5 = 11$개소이므로 옳은 설명이다.

오답분석

① 2017년 전통사찰 지정·등록 수는 전년 대비 동일하고, 2020년 전통사찰 지정·등록 수는 전년 대비 증가했으므로 옳지 않은 설명이다.
③ 2014년 전년 대비 지정·등록 감소폭은 3개소, 2018년 전년 대비 지정·등록 감소폭은 2개소이므로 옳지 않은 설명이다.
④ 주어진 자료만으로는 2020년 전통사찰 총 등록현황을 파악할 수 없다.
⑤ 2014년 전통사찰 지정·등록 수는 전년 대비 3개소 감소했으므로 옳지 않은 설명이다.

09
정답 ④

ㄱ. 초등학생의 경우 남자의 스마트폰 중독 비율이 33.35%로 29.58%인 여자보다 높은 것을 알 수 있지만, 중학생·고등학생의 경우 남자의 스마트폰 중독 비율이 32.71%로 32.72%인 여자보다 0.01%p가 낮다.
ㄷ. 대도시에 사는 초등학생 수를 a명, 중학생·고등학생 수를 b명, 전체 인원을 $(a+b)$명이라고 하면, 대도시에 사는 학생 중 스마트폰 중독 인원에 관한 방정식은 다음과 같다.
$30.80 \times a + 32.40 \times b = 31.95 \times (a+b) \rightarrow 1.15 \times a = 0.45 \times b \rightarrow b \risingdotseq 2.6a$
따라서 대도시에 사는 중학생·고등학생 수가 초등학생 수보다 2.6배 많다.
ㄹ. 초등학생의 경우 기초수급가구의 경우 스마트폰 중독 비율이 30.35%로, 31.56%인 일반가구의 경우보다 스마트폰 중독 비율이 낮다. 중학생·고등학생의 경우에도 기초수급가구의 경우 스마트폰 중독 비율이 31.05%로, 32.81%인 일반가구의 경우보다 스마트폰 중독 비율이 낮다.

오답분석

ㄴ. 한부모·조손 가족의 스마트폰 중독 비율은 초등학생의 경우가 28.83%로, 중학생·고등학생의 70%인 $31.79 \times 0.7 \risingdotseq 22.3\%$ 이상이므로 옳은 설명이다.

10
정답 ①

• 남성 중학교 졸업자의 고등학교 진학률 : $\dfrac{861,517}{908,428} \times 100 \risingdotseq 94.8\%$

• 여성 중학교 졸업자의 고등학교 진학률 : $\dfrac{838,650}{865,323} \times 100 \risingdotseq 96.9\%$

11
정답 ⑤

진학자를 제외한 남성 중학교 졸업자 중 취업자는 $\dfrac{21,639}{908,428} \times 100 \risingdotseq 2.4\%$이다.

12
정답 ②

2020년 1 ~ 8월 동안 판매된 F자동차는 (2021년 1 ~ 8월의 F자동차 판매량)÷(변동지수)×100 = 723,575÷103×100 = 702,500대이다.

13
정답 ①

2020년 1 ~ 8월 동안 판매된 G자동차는 (2021년 1 ~ 8월의 G자동차 판매량)÷(변동지수)×100 = 630,912÷95.9×100 ≒ 657,885대이다.

14
정답 ③

• 시행기업 수 증가율 : $\dfrac{7,686 - 2,802}{2,802} \times 100 \risingdotseq 174.3\%$

• 참여직원 수 증가율 : $\dfrac{21,530 - 5,517}{5,517} \times 100 \risingdotseq 290.2\%$

따라서 2020년 시행기업 수의 2018년 대비 증가율이 참여직원 수의 증가율보다 낮다.

① 2020년 남성육아휴직제 참여직원 수는 2018년의 $\frac{21,530}{5,517} ≒ 3.9$배이다.

② • 2017년 : $\frac{3,197}{2,079} ≒ 1.5$명   • 2018년 : $\frac{5,517}{2,802} ≒ 2.0$명

  • 2019년 : $\frac{10,869}{5,764} ≒ 1.9$명   • 2020년 : $\frac{21,530}{7,686} ≒ 2.8$명

  따라서 시행기업당 참여직원 수가 가장 많은 해는 2020년이다.

④ 2017년부터 2020년까지 연간 참여직원 수 증가 인원의 평균은 $\frac{21,530-3,197}{3}=6,111$명이다.

⑤ 참여직원 수 그래프의 기울기와 시행기업 수 그래프의 길이를 참고하면, 참여직원 수는 2020년에 가장 많이 증가했고, 시행기업 수는 2019년에 가장 많이 증가했다.

15

[정답] ②

(B빌라 월세)+(한 달 교통비)=250,000+2.1×2×20×1,000=334,000원이다. 따라서 B빌라에 거주할 경우 회사와 집만 왕복한다면, 고정지출비용은 한 달에 334,000원이다.

① • A빌라의 고정지출비용 : 280,000+2.8×2×20×1,000=392,000원

  • B빌라의 고정지출비용 : 250,000+2.1×2×20×1,000=334,000원

  • C빌라의 고정지출비용 : 300,000+1.82×2×20×1,000=372,800원

  따라서 월 예산이 40만 원일 때, 세 거주지의 고정지출비용은 모두 예산을 초과하지 않는다.

③ C아파트에서 회사까지의 거리(편도)는 1.82km이므로 교통비가 가장 적게 지출된다.

④ C아파트에 거주한다면, A빌라에 거주했을 때보다 한 달 고정지출비용이 392,000−372,800=19,200원 적게 지출된다.

⑤ B빌라에서 두 달 거주할 경우의 고정지출비용은 334,000×2=668,000원이고, A빌라와 C아파트에서의 한 달 고정지출비용을 각각 합한 비용은 392,000+372,800=764,800원이므로 옳지 않은 설명이다.

16

[정답] ②

오존전량의 증감추이는 '감소 − 감소 − 감소 − 증가 − 증가 − 감소'이므로 옳지 않은 설명이다.

① 이산화탄소의 농도는 계속해서 증가하고 있는 것을 확인할 수 있다.

③ 2020년 오존전량은 2014년 대비 335−331=4DU 증가했다.

④ 2020년 이산화탄소의 농도는 2015년 대비 395.7−388.7=7ppm 증가했다.

⑤ 2020년 오존전량의 전년 대비 감소율은 $\frac{343-335}{343}×100 ≒ 2.33\%$이므로 2.5% 미만이다.

17

[정답] ⑤

㉠ 전년 동월 대비 등록률은 2021년 2월에 가장 많이 낮아진 것을 확인할 수 있다.

㉡ 제시된 자료의 심사건수는 전년 동월 대비 325건 증가하였다는 의미이므로 2021년 6월의 심사건수는 알 수 없다.

㉢ 제시된 자료의 등록률은 전년 동월 대비 3.3%p 증가하였다는 의미이므로 2021년 5월의 등록률은 알 수 없다.

㉣ 2020년 1월의 심사건수가 100건이라면, 2021년 1월의 심사건수는 전년 동월 대비 125건이 증가했으므로 100+125=225건이다.

18 정답 ③

남성 합격자 수는 1,003명, 여성 합격자 수는 237명이고, 1,003÷237≒4.23이므로 남성 합격자 수는 여성 합격자 수의 5배 미만이다.

오답분석

① 세 개의 모집단위 중 총 지원자 수가 가장 많은 집단은 A집단인 것을 확인할 수 있다.
② 세 개의 모집단위 중 합격자 수가 가장 적은 집단은 C집단인 것을 확인할 수 있다.
④ 경쟁률은 $\frac{(지원자\ 수)}{(모집정원)} \times 100$ 이므로 B집단의 경쟁률은 $\frac{585}{370} \times 100 ≒ 158\%$ 이다.
⑤ • C집단 남성의 경쟁률 : $\frac{417}{269} \times 100 ≒ 155\%$

  • C집단 여성의 경쟁률 : $\frac{375}{269} \times 100 ≒ 139\%$

  따라서 C집단에서는 남성의 경쟁률이 여성의 경쟁률보다 높다.

19 정답 ①

• 2021년 국내 입국 아시아 국적 외국인의 2020년 대비 인원 비율 : $\frac{428,368}{346,303} \times 100 ≒ 123.70\%$

• 2021년 국내 입국 미국 국적 외국인의 2020년 대비 인원 비율 : $\frac{49,225}{42,159} \times 100 ≒ 116.76\%$

∴ 123.70−116.76=6.94%p

20 정답 ①

2021년 내국인의 2020년 대비 대륙별 해외 출국 증가율은 다음과 같다.
• 아시아 : $\frac{553,875-454,102}{454,102} \times 100 ≒ 22.0\%$

• 오세아니아 : $\frac{31,347-28,165}{28,165} \times 100 ≒ 11.3\%$

• 북아메리카 : $\frac{52,372-54,973}{54,973} \times 100 ≒ -4.7\%$

• 유럽 : $\frac{46,460-42,160}{42,160} \times 100 ≒ 10.2\%$

• 아프리카 : $\frac{1,831-1,830}{1,830} \times 100 ≒ 0.1\%$

따라서 내국인의 대륙별 해외 출국 증가율은 아시아가 가장 크고, 아시아 국가 중 2021년에 내국인이 가장 많이 방문한 국가는 중국이다.

21 정답 ②

2020년과 2021년 총 매출액에 대한 비율은 차이가 없는 기타 영역이 가장 적다.

오답분석

① 2021년 총 매출액은 2020년 총 매출액보다 2,544−1,903=641억 원 더 많다.
③ 애니메이션 영역의 매출액 비중은 전년 대비 2021년에 12.6−9.7=2.9%p 감소하였고, 게임 영역의 매출액 비중은 2021년에 전년 대비 56.2−51.4=4.8%p 감소하였으므로 옳은 설명이다.
④ 2020년과 2021년 모두 매출액에서 게임 영역이 차지하는 비율은 각각 56.2%, 51.4%이므로 옳은 설명이다.
⑤ 모든 분야의 2021년 매출액은 각각 전년 대비 증가한 것을 확인할 수 있다.

22

④

ㄴ. 대구의 순환계통 질환 전체 사망자 수는 남성 사망자 수와 여성 사망자 수의 합과 같으므로 대구의 순환계통 질환 남성 사망자 수를 a명, 여자 사망자 수를 b명이라고 하면, 순환계통 질환으로 사망한 전체 인원 $(a+b)$명에 대한 방정식은 다음과 같다.

$23.08a+29.43b=26.65(a+b)$ → $2.78b=3.57a$ → $b≒1.28a$

따라서 대구의 순환계통 질환 여자 사망자 수는 순환계통 질환 남자의 사망자 수의 1.28배이다.

ㄹ. 인천의 외부적 요인으로 인한 남성의 증가기대여명 1.79년은 여성의 증가기대여명의 1.5배인 0.78×1.5=1.17년보다 크다.

오답분석

ㄱ. 악성 신생물로 인한 사망확률은 남성의 경우 부산이 27.96%로 가장 높으나, 여성의 경우 제주가 18.04%로 가장 높다.

ㄷ. 외부적 요인으로 인한 전체 사망확률이 가장 높은 지역은 제주(7.34%)이나, 순환계통 질환으로 인한 전체 사망확률이 가장 높은 지역은 대구 (26.65%)이다.

23

정답 ⑤

첫 번째 조건에 따라 ㉠ ~ ㉣ 국가 중 연도별 8위를 두 번 한 국가는 ㉠과 ㉣이므로 한 국가는 한국, 다른 한 국가는 캐나다이다. 두 번째 조건에 따라 2018년 대비 이산화탄소 배출량 증가율은 ㉡이 $\frac{556-535}{535}\times100≒3.93\%$이고, ㉢이 $\frac{507-471}{471}\times100≒7.64\%$이므로 ㉢이 사우디이고, ㉡은 이란이다. 세 번째 조건에 따라 이란과 한국 및 캐나다의 이산화탄소 배출량의 합은 이란의 이산화탄소 배출량과 관계 없이 한국과 캐나다의 이산화탄소 배출량을 비교하면 되므로 2010년을 기점으로 ㉣보다 배출량이 커지는 ㉠이 한국이고, ㉣이 캐나다이다. 따라서 ㉠ ~ ㉣은 순서대로 한국, 이란, 사우디, 캐나다이다.

24

정답 ④

ㄴ. 2020년 11월 건설업의 상용 근로일 수는 20.7일로, 광업의 상용 근로일 수의 80%인 21.9×0.8≒17.5일 이상이다.

ㄹ. 월 근로시간이 가장 높은 산업은 2020년 11월(179.1시간)과 2020년 12월(178.9시간) 모두 부동산 및 임대업으로 동일하다.

오답분석

ㄱ. 2020년 10월부터 2020년 12월까지 전체 월 근로시간은 163.3시간, 164.2시간, 163.9시간으로, 2020년 11월에는 전월 대비 증가하였지만, 2020년 12월에는 전월 대비 감소하였으므로 옳지 않은 설명이다.

ㄷ. 2020년 10월에 임시 일용근로일 수가 가장 높은 산업은 금융 및 보험업으로 19.3일이며, 2020년 12월 임시 일용근로일 수는 19.2일로 10월 대비 0.1일 감소하였으므로 옳지 않은 설명이다.

25

정답 ①

㉠ 2018년 의료 폐기물의 2017년 대비 증감율이므로 $\frac{48,934-49,159}{49,159}\times100≒-0.5\%$이다.

㉡ 2016년 사업장 배출시설계 폐기물의 2015년 대비 증감율이므로 $\frac{123,604-130,777}{130,777}\times100≒-5.5\%$이다.

01	02	03	04	05	06	07	08	09	10
③	③	④	③	②	①	④	⑤	①	④
11	12	13	14	15	16	17	18	19	20
①	⑤	②	④	④	④	①	④	③	③
21	22	23	24	25					
②	①	②	④	②					

오답분석

① SO전략은 기회를 활용하면서 강점을 더욱 강화시키는 전략이므로 옳다.

② WO전략은 외부의 기회를 사용해 약점을 보완하는 전략이므로 옳다.

③ ST전략은 외부 환경의 위협을 회피하며 강점을 적극 활용하는 전략이므로 옳다.

⑤ WT전략은 외부 환경의 위협 요인을 회피하고 약점을 보완하는 전략이므로 옳다.

01 　　　　　　　　　　　　　　　　　정답 ③

• 민주 : 습력이 가장 뛰어난 것은 반짝이와 수분톡톡인데, 두 제품 모두 발림성도 별이 3개로 동일하다. 따라서 민주는 반짝이와 수분톡톡 어느 것을 선택해도 무방하다.

• 호성 : 발림성, 보습력, 향이 모두 우수한 것은 반짝이와 수분톡톡인데, 이 중 제품 가격이 낮은 것은 수분톡톡이므로 호성은 수분톡톡을 선택한다.

• 유진 : 향이 가장 좋은 것은 반짝이, 수분톡톡, 솜구름인데, 세 제품 모두 발림성도 별이 3개로 동일하다. 그러나 제품 크기가 가장 작은 것은 용량이 가장 작은 반짝이이므로 유진은 반짝이를 선택한다.

02 　　　　　　　　　　　　　　　　　정답 ③

편의상 표의 순서대로 단계를 구분한다고 하면 1단계부터 4단계까지는 필수적으로 진행해야 하는 것이고, 4단계까지의 매력 지수는 30점, 총 10.5분이 소요된다. 그리고 전체 8단계 중 7단계만을 선택한다고 하였으므로 순차적으로 하나씩 제거하며 판단해 보면 다음과 같다.

생략단계	감점 전 점수	소요 시간	감점	매력 지수
눈썹 그리기	125	36	-64	61
눈화장 하기	112	29	-36	76
립스틱 그리기	127	38.5	-74	53
속눈썹 붙이기	77	24	-16	61

따라서 A의 최대 매력 지수는 눈화장 하기를 생략한 상황에서 얻은 76점이다.

03 　　　　　　　　　　　　　　　　　정답 ④

WT전략은 외부 환경의 위협 요인을 회피하고 약점을 보완하는 전략을 적용해야 한다. ④는 강점(S)을 강화하는 방법에 대해 이야기하고 있다.

04 　　　　　　　　　　　　　　　　　정답 ③

가장 먼저 살펴보아야 할 것은 '3번 전구'인데, 이에 대해 언급된 사람은 A와 C 두 사람이다. 먼저 C는 3번 전구를 그대로 둔다고 하였고, A는 이 전구가 켜져있다면 전구를 끄고, 꺼진 상태라면 그대로 둔다고 하였다. 그리고 B는 3번 전구에 대해 어떠한 행동도 취하지 않는다. 즉 3번 전구에 영향을 미치는 사람은 A뿐이며 이를 통해 3번 전구는 A, B, C가 방에 출입한 순서와 무관하게 최종적으로 꺼지게 된다는 것을 알 수 있다.

그렇다면 나머지 1, 2, 4, 5, 6이 최종적으로 꺼지게 되는 순서를 찾으면 된다. C의 단서에 이 5개의 전구가 모두 꺼지는 상황이 언급되어 있으므로, C를 가장 마지막에 놓고 A－B－C와, B－A－C를 판단해 보면 다음과 같다.

1) A－B－C의 순서인 경우

전구번호	1	2	3	4	5	6
상태	○	○	○	×	×	×
A	○	○	×	×	×	×
B	○	×	×	○	×	○
C	○	×	×	×	×	×

2) B－A－C의 순서인 경우

전구번호	1	2	3	4	5	6
상태	○	○	○	×	×	×
B	○	×	×	○	×	○
A	○	×	×	○	×	×
C	×	×	×	×	×	×

따라서 방에 출입한 사람의 순서는 B－A－C이다.

05
정답 ②

먼저 A의 말이 거짓이라면 A, E 두 명이 드라큘라 가면을 쓰게 되고, E의 말이 거짓이라면 드라큘라 가면을 아무도 쓰지 않게 되므로 둘 다 세 번째 조건에 어긋난다. 또한, C의 말이 거짓이라면 식품영양학과에 다니는 학생이 없으므로 두 번째 조건에 어긋나며, D의 말이 거짓이라면 A, B, C, D, E 다섯 명 모두 남학생이 되므로 첫 번째 조건에 어긋난다. 따라서 거짓만을 말하고 있는 사람은 B이며, 이때 B는 경제학과에 다니는 여학생으로 가면파티에서 유령 가면을 쓸 것이다.

06
정답 ①

먼저 청소 횟수가 가장 많은 C구역을 살펴보면, 청소를 한 구역은 바로 다음 영업일에는 청소를 하지 않는다고 하였으므로 일요일 전후인 월요일과 토요일은 청소를 하지 않는다. 따라서 C구역은 휴업일인 수요일을 제외하고 화요일, 목요일, 금요일에 청소가 가능하다. 그러나 목요일과 금요일에 연달아 청소를 할 수 없으므로 반드시 화요일에 청소를 해야 하며, 다음 영업일인 목요일에는 청소를 하지 않는다. 따라서 C구역 청소를 하는 요일은 일요일, 화요일, 금요일이다.

일요일	월요일	화요일	수요일	목요일	금요일	토요일
C		C	휴업		C	

다음으로 B구역을 살펴보면, B구역은 나머지 월요일, 목요일, 토요일에 청소가 가능하다. 그러나 B구역의 경우 청소를 한 후 이틀간 청소를 하지 않으므로 다음 청소일과의 사이가 이틀이 되지 않는 토요일에는 청소를 할 수 없다. 따라서 B구역 청소를 하는 요일은 월요일, 목요일이다.

일요일	월요일	화요일	수요일	목요일	금요일	토요일
C	B	C	휴업	B	C	

A구역은 남은 토요일에 청소하므로 甲레스토랑의 청소 일정표는 다음과 같다.

일요일	월요일	화요일	수요일	목요일	금요일	토요일
C	B	C	휴업	B	C	A

따라서 B구역 청소를 하는 요일은 월요일과 목요일이다.

07
정답 ④

세 진술이 모두 거짓이라고 하였으므로 각각의 진술을 다시 정리하면 다음과 같다.
ⅰ) 첫 번째 진술 : A와 B 둘 중 하나만 전시되는 경우도 거짓이고, 둘 중 어느 것도 전시되지 않는 경우도 거짓이므로 A와 B 둘 다 전시된다.
ⅱ) 두 번째 진술 : B와 C 중 적어도 하나가 전시되면 D는 전시되지 않는다.
ⅲ) 세 번째 진술 : C와 D 둘 중 적어도 하나는 전시된다.
먼저 첫 번째 진술을 통해 A와 B가 전시됨을 알 수 있으며, 두 번째 진술을 통해 D는 전시되지 않는다는 것을 추론할 수 있다. 마지막으로, 세 번째 진술을 통해 C가 전시되는 것을 알 수 있다.
따라서 전시되는 유물은 A, B, C 세 개이다.

08
정답 ⑤

두 번째 조건과 세 번째 조건을 통해 김 팀장의 오른쪽에 정 차장이 앉고, 양 사원은 한 대리의 왼쪽에 앉는다. 이때, 오 과장은 정 차장과 나란히 앉지 않으므로 오 과장은 김 팀장의 왼쪽에 앉아야 한다. 따라서 김 팀장을 기준으로 시계방향으로 '김 팀장 – 오 과장 – 한 대리 – 양 사원 – 정 차장' 순서로 앉는다.

09
정답 ①

ㄱ. 456은 키보드와 휴대폰 어느 배열을 선택하더라도 동일한 키가 사용된다.
ㄴ. 키보드의 789는 휴대폰의 1230이고, 키보드의 123은 휴대폰의 7890이다. 이 둘을 더하는 경우 덧셈의 전항과 후항의 순서만 달라질 뿐이므로 둘은 같은 결과를 가져온다.
ㄷ. 키보드의 159는 휴대폰의 7530이고, 키보드의 753은 휴대폰의 1590이다. 위의 ㄴ과 같은 논리로 이 둘을 합한 것은 같은 결과를 가져온다.

오답분석
ㄹ. 키보드의 753은 휴대폰의 1590이고, 키보드의 951은 휴대폰의 3570이다. 이 숫자들의 경우는 위와 달리 키보드와 휴대폰 각각의 숫자가 완전히 달라지므로 둘을 합한 결과값은 달라지게 된다.
ㅁ. 키보드의 789는 휴대폰의 1230이고, 키보드의 123은 휴대폰의 7890이다. ㄴ과 달리 이 둘을 빼는 경우 결과값은 달라지게 되므로 옳지 않은 내용이다.

10
정답 ④

- 영희 : 갑A(○) → 을B(○)
  ∴ 을B(×) → 갑A(×)
  원 명제의 대우명제로 나타낸 것이므로 반드시 참이다.
- 현주 : 갑A(×) ∨ [을C(○) ∧ 병C(○)]
  ∴ 갑A(○) → [을C(○) ∧ 병C(○)]
  현주의 주장이 참이 되기 위해서는 적어도 둘 중 하나는 반드시 참이 되어야 한다. 그런데 갑이 A부처에 발령을 받았다고 하여 전자가 거짓으로 판명되었다면 후자인 '을과 병이 C부처에 발령받았다.'가 반드시 참이 되어야 한다. 따라서 주어진 논증은 타당하다.

오답분석
- 철수 : 갑A(○) → 을A(○)
  ∴ 을A(○) → 갑A(○)
  원 명제의 역명제로 나타낸 것이므로 반드시 참이 된다고 할 수 없다.

11

ㄱ. 5의 배수는 A×5로 표현되므로 30은 6×5, 즉 여섯 개의 다섯으로 바꿔서 나타낼 수 있다. 이에 따라 30은 otailuna(6×5)로 표현된다.

ㄴ. 중간에 i가 들어있다는 것은 i의 앞과 뒤를 더한 숫자라는 것을 의미하므로 ovariluna i tolu는 ovari+tolu로 나타낼 수 있다. 여기서 ovari는 다시 o+vari로 분해되어 9임을 알 수 있고, ovari+luna는 ㄱ에서 살펴본 것과 같은 논리로 아홉 개의 다섯으로 해석할 수 있으므로 45임을 알 수 있다. 여기에 i 뒤의 tolu(3)을 더하면 결과적으로 해당되는 숫자는 48이 된다.

12
정답 ⑤

정책팀이 요구한 인원은 2명이나 1지망에서 정책팀을 지원한 F가 먼저 배치된 상태이므로 남은 자리는 한 자리뿐임을 알 수 있다. 그런데 D보다 점수가 높은 A와 G가 모두 2지망으로 정책팀을 지원한 상황이어서 어느 상황에서도 D가 정책팀에 배치될 수는 없음을 알 수 있다.

오답분석

① A의 입사성적이 90점이라면 국제팀을 1지망으로 선택한 또 다른 직원인 G(93점)보다 점수가 낮으므로 국제팀에는 배치될 수 없다. 그러나 G와 1지망으로 정책팀을 지원한 F를 제외한 나머지 직원만을 놓고 볼 때 정책팀에 지원한 직원(A, C, D) 중 A의 성적이 가장 높으므로 A는 2지망인 정책팀에 배치된다.
② ①과 반대로 A의 입사성적이 95점이라면 G(93점)보다 점수가 높으므로 국제팀에 배치된다.
③ B의 점수가 81점에 불과하여 1지망인 국제팀에는 배치될 수 없으나 재정팀의 요구인원과 지원인원이 4명으로 모두 동일하므로 어떤 상황이든 B는 재정팀에 배치된다.
④ 재정팀의 요구인원은 4명인데 반해 1지망에 재정팀을 지원한 직원은 2명(C와 E)뿐이어서 C는 재정팀에 배치된다.

13
정답 ②

두 번째 조건에서 D는 A의 바로 왼쪽에 앉으며, 마지막 조건에서 B는 E의 바로 오른쪽에 앉으므로 'D-A', 'E-B'를 각각 한 묶음으로 생각할 수 있다. 세 번째 조건에서 C는 세 번째 자리에 앉아야 하며, 마지막 조건에 의해 'D-A'는 각각 첫 번째, 두 번째 자리에 앉아야 한다. 이를 표로 정리하면 다음과 같다.

첫 번째	두 번째	세 번째	네 번째	다섯 번째
D	A	C	E	B

따라서 올바르게 추론한 것은 ②이다.

오답분석

① D는 첫 번째 자리에 앉는다.
③ C는 세 번째 자리에 앉는다.
④ C는 E의 왼쪽에 앉는다.
⑤ B는 다섯 번째 자리에 앉는다.

14
정답 ④

근무 경력이 5년에 미달하는 정을 제외하고 나머지 3명의 직원에 대해 각각의 기준을 적용하면 다음과 같다.

구분	현행			개정안		
	B	C	D	B	C	D
외국어 성적	15	15	24	25	25	40
근무 경력	40	40	28	20	20	14
근무 성적	a	20	a	a	10	a
포상	5	10	0	10	20	0
합계	$60+a$	85	$52+a$	$55+a$	75	$54+a$

이때 근무 성적은 C만 만점이라고 하였으므로 B·D·E의 근무 성적을 a라고 할 때, a는 20(개정안 10)보다 작아야 한다. 따라서 어느 기준을 적용하더라도 총점이 가장 높은 C의 선발 가능성이 가장 높다.

15
정답 ④

주어진 평균을 이용하여 빈칸을 채우면 심사위원 A의 '라'와 '차' 정책에 대한 점수는 모두 0점이고, 심사위원 B의 '마' 정책에 대한 점수는 1점, 심사위원 C의 '자' 정책에 대한 점수는 1점, 마지막으로 심사위원 D의 '라', '아' 정책에 대한 점수는 모두 0점으로 계산할 수 있다. 이에 따라 각 정책별 평가점수를 정리하면 다음과 같다.

가	나	다	라	마	바	사	아	자	차
2.5	3.5	2	1.5	3.5	2.5	2.5	2	3	1.5

총점이 낮은 순서대로 4개 정책을 폐기한다고 하였으므로 라(1.5), 차(1.5), 다(2), 아(2) 정책이 폐기된다.

16
정답 ④

R(Realistic)은 현실성을 의미하므로 실현 가능한 것을 계획해야 한다. 삶을 영위하는 데 있어 교통비나 식비 등의 생활비가 발생하므로 모든 수입을 저금하는 것은 사실상 불가능하다.

SMART 법칙
• S(Specific) : 구체적
• M(Measurable) : 측정 가능한
• A(Action-oriented) : 행동 지향적
• R(Realistic) : 현실성
• T(Time limited) : 기간

17

정답 ①

점수부여기준에 따라 각각의 선택지에 대해 점수를 계산하면 다음과
같다.

구분	패스워드	글자수	동일 문자	인접키	아이디	점수
①	10H&20Mzw	10	0	0	0	10
②	KDHong!	8	0	0	−3	5
③	asjpeblove	10	0	−2	0	8
④	SeCutiTy*	10	0	−2	0	8
⑤	1249dhqtgml	10	0	−2	0	8

따라서 점수가 가장 높은 ①이 가장 안전하다.

18

정답 ④

주어진 조건을 살펴보면 명확하게 고정되는 경우는 A의 왼쪽에 앉은
사람이 파란 모자를 쓰고 있다는 것과 C의 맞은편에 앉은 사람이 빨간
모자를 쓰고 있다는 것이다. 따라서 이 두 조건을 먼저 표시하면 다음
의 두 가지의 경우로 나누어 볼 수 있다.

먼저 C가 A의 왼쪽에 앉게 되는 경우를 살펴보면 이는 다시 B와 D가
어디에 앉느냐에 따라 다음의 ⅰ)과 ⅱ) 두 가지로 나누어 볼 수 있으며
각각에 대해 살펴보면 다음과 같다.

ⅰ)

이 경우는 A가 초록 모자와 노란 모자 두 개 중 어느 것도 쓰지
않는다는 모순된 결과가 나오므로 성립하지 않는다.

ⅱ)

이 경우는 A와 B에 노랑과 초록 모자를 쓴 사람이 앉아야 한다.
그런데 A와 B는 여자라는 조건과 노란 모자와 초록 모자 중 한
명만 여자라는 조건은 서로 모순되는 상황이다. 따라서 이 역시
성립하지 않는다.

다음으로 C가 A의 맞은 편에 앉는 경우를 생각해 보면, 역시 다음의
ⅲ)과 ⅳ) 두 가지의 경우로 나누어 볼 수 있다.

ⅲ)

이 경우는 노란 모자와 초록 모자(C와 D) 중 한 명은 남자, 나머지
한 명은 여자라는 조건에 위배되므로 성립하지 않는다.

ⅳ)

마지막으로 이 경우는 주어진 조건을 모두 만족하고 있는 상황이
다. 따라서 초록 모자를 쓰고 있는 사람은 B이고, A 입장에서 왼쪽
에 앉은 사람은 D이다.

19

정답 ③

(단위 : 달러)

구분	일비	숙박비	식비
1일째	80	-(∵ 항공이동)	-(∵ 항공이동)
2일째	80	233	102
3일째	80 (∵ 많은 금액 기준)	164	102
4일째	70	164	85
5일째	70	-(∵ 항공이동)	85
6일째	70	-(∵ 항공이동)	-(∵ 항공이동)
합계	450	561	374

20

정답 ③

주어진 조건을 토대로 가능한 상황을 정리해 보면 다음과 같다.

구분	A	B	C	D
첫 해	장미	진달래	튤립	×
둘째 해	진달래	장미	×	나팔꽃 or 백합
셋째 해(1)	장미	×		튤립, (나팔꽃 or 백합)
셋째 해(2)	×	진달래		

따라서 3년 차에 가능한 것은 ③이다.

21

정답 ②

SWOT 분석이란 조직의 환경을 분석하기 위해 사용되는 정책환경분석기법으로, 조직 내부환경과 관련된 강점(Strength), 약점(Weakness), 조직 외부환경과 관련된 기회(Opportunity), 위협(Threat)을 분석하는 방법이다. 이를 가장 잘 반영한 것은 ②이다.

22

정답 ①

우선 제품 특성표를 ★의 개수로 수치화하면 다음과 같다.

구분	가격	브랜드 가치	무게	디자인	실용성
A	3	5	4	2	3
B	5	4	4	3	2
C	3	3	3	4	3
D	4	5	2	3	3
E	4	3	3	2	3

이때, 50대 고객이 선호하는 특성인 브랜드가치, 무게, 실용성 점수만 더하여 계산하면 다음과 같다.

- A : 5+4+3=12
- B : 4+4+2=10
- C : 3+3+3=9
- D : 5+2+3=10
- E : 3+3+3=9

따라서 점수가 가장 높은 A제품을 판매하는 것이 가장 합리적인 판매 전략이다.

23

정답 ②

22번의 표로부터 20대와 30대 고객이 선호하는 특성인 가격, 무게, 디자인, 실용성 점수만 더하여 계산하면 다음과 같다.

- A : 3+4+2+3=12
- B : 5+4+3+2=14
- C : 3+3+4+3=13
- D : 4+2+3+3=12
- E : 4+3+2+3=12

따라서 점수가 가장 높은 B제품을 판매하는 것이 가장 합리적인 판매 전략이다.

24

정답 ④

i) 사용목적이 '사업 운영'인 경우에 지출할 수 있다고 하였으므로 '인형탈' 품목에 사업비 지출이 허용된다.

ii) 품목당 단가가 10만 원 이하로 사용목적이 '서비스 제공'인 경우에 지출할 수 있다고 하였으므로 '블라인드' 품목에 사업비 지출이 허용된다.

iii) 사용연한이 1년 이내인 경우에 지출할 수 있다고 하였으므로 '프로그램 대여' 품목에 사업비 지출이 허용된다.

25

정답 ②

제시된 조건을 기호화하면 다음과 같다.

- A(×) → B(○)
- B(○) → C(×)

따라서 이 둘을 결합하면 'A(×) → B(○) → C(×)'를 도출할 수 있으며 이의 대우명제는 'C(○) → B(×) → A(○)'로 나타낼 수 있다. 따라서 C시가 채택되면 B시는 채택되지 않지만 A시는 채택되는 상황이 되어 A와 C가 모두 채택되게 된다. 이를 해결하기 위해서는 A시나 C시 중 하나가 선정된다는 조건이 필요하다. 왜냐하면 A시나 C시 중 하나가 선정된다는 조건이 추가되었을 때 C가 채택된다면 A도 채택되어 모순이 발생하므로 결국은 A만 선정되기 때문이다.

PART 3

직무수행능력평가
정답 및 해설

01	02	03	04	05	06	07	08	09	10
②	①	①	②	②	①	③	⑤	⑤	③
11	12	13	14	15	16	17	18	19	20
①	④	④	②	④	⑤	⑤	③	①	④
21	22	23	24	25					
①	②	③	①	①					

01 　　　　　정답 ②

목표시장 선정은 한 개의 시장만을 선정하는 것이 아니라 다수의 세분
시장을 선정할 수 있다.

02 　　　　　정답 ①

소비재 중 편의품은 소비자가 손쉽게 바로 구매하는 제품으로 일반적
으로 개방적 유통경로를 활용한다. 전속적 유통경로를 활용하는 것은
전문품에 해당한다.

03 　　　　　정답 ①

BCG 매트릭스 제품수명주기
물음표(도입기, 개발사업) → 별(성장기, 성장사업) → 현금젖소(성숙
기, 수익창출원) → 개(쇠퇴기, 사양사업)

04 　　　　　정답 ②

아웃소싱은 외부의 업체나 인력을 활용하는 것이므로 조직에서 핵심
및 비핵심 분야를 포괄하는 다양한 인재의 역량육성은 불가능하다.

05 　　　　　정답 ②

오답분석
① 직접서열법 : 종합적인 성과수준별로 최고 성과자부터 순서대로 1
　위, 2위, 3위 등의 순서를 정해 나가는 방법이다.
③ 분류법 : 서열법의 발전된 방법으로 사전에 만들어 놓은 제 등급에
　각 직무를 적절히 판정하여 해당 등급에 맞추어 넣는 평가방법이다.

④ 요인비교법 : 기업이나 조직에 있어서 핵심이 되는 몇 개의 기준
　직무를 선정하고 각 직무의 평가요소를 기준으로 직무의 평가요
　소와 결부시켜 비교함으로써 모든 직무의 가치를 결정하는 방법
　이다.
⑤ 쌍대비교법 : 피고과자를 둘씩 짝지어 상대적 서열을 정한 뒤, 이
　렇게 결정된 쌍들 간의 비교결과를 종합하여 서열을 정하는 고과
　법이다.

06 　　　　　정답 ①

모든 손실에 대해 책임을 지는 사원은 무한책임사원이다. 유한책임사
원은 회사의 채무에 대하여 회사채권자에게 출자가액 한도에서만 책임
을 지는 사원이다.

07 　　　　　정답 ③

이윤극대화의 1차 조건은 $MR = MC$를 만족할 때이다. 즉, 재화 1단
위를 더 판매할 때 추가로 얻는 수입과 재화 1단위를 더 생산할 때 추가
비용이 같아져야 함을 의미한다. 한편, 이윤극대화의 2차 조건은 한계
수입곡선의 기울기보다 한계비용곡선의 기울기가 더 커야 한다는 것이
다. 이는 한계비용곡선이 한계수입곡선을 아래에서 위로 교차해야 함
을 의미한다. 평균수입곡선과 평균비용곡선이 교차하는 것은 이윤극대
화 조건과 아무런 관계가 없다.

08 　　　　　정답 ⑤

오답분석
① 종합적 품질경영은 문제를 예방하는데 초점을 맞춘다.
② 종합적 품질경영을 위해서는 종업원에 대한 교육을 실시하고, 권한
　을 이양한다.
③ 종합적 품질경영 기법은 장기간의 시행을 전제하고 있으며, 점진적
　인 개선방식과 리엔지니어링 방식을 혼용하여 사용한다.
④ 6 시그마의 단계는 정의, 측정, 분석, 개선, 통제 등 5단계를 통하여
　프로세스가 진행된다.

09

정답 ⑤

마이클 포터는 원가우위전략과 차별화전략을 동시에 추구하는 것을 이도저도 아닌 어정쩡한 상황이라고 언급하였으며, 둘 중 한 가지를 선택하여 추구하는 것이 효과적이라고 주장했다.

10

정답 ③

국가별로 과세 여부가 일치하지 않는 '혼성불일치' 효과 제거, 투명성과 실질을 고려한 유해조세제도 대응, 조세조약혜택 남용 방지, 고정사업장 지위의 인위적 회피 방지 등의 과제는 한국의 과세기반 확보에 유리하게 작용할 것이다.

BEPS 방지 프로젝트의 주요 과제별 국내영향

과제	국내영향
혼성불일치 효과 제거	과세기반 확보 측면에서 유리
투명성과 실질을 고려한 유해조세제도 대응	
조세조약혜택 남용방지	
고정사업장 지위의 인위적 회피 방지	
가치창출과 이전가격 적용 결과의 합치	국세청 준비 등에 따라 유리 또는 불리
이전가격 자료구비 및 국별 보고서 제출	
이자공제 및 기타금융비용을 통한 세원 잠식 방지	한국에 큰 파장 예상 (신중한 도입 검토 필요)
공격적 조세회피 보고의무	한국 도입은 시기 상조

11

정답 ①

표본설계 방법

- 층화표본추출 : 모집단을 하위집단으로 구분하고 각 집단에서 무작위로 표본을 추출하는 방법이다. 군집표본추출은 모집단을 하위집단으로 구분하고, 그중에서 하나의 집단을 선택하여 표본을 추출하는 방법이다.
- 편의표본추출 : 조사자가 정보를 얻기 가장 편리한 구성원을 모집단에서 선정하는 방법이다.
- 판단표본추출 : 조사자의 판단에 따라 정확한 정보를 줄 것으로 예상되는 모집단 구성원을 조사대상으로 선정하는 방법이다. 또한, 할당표본추출은 조사자가 응답자 범주별로 미리 정해진 수의 사람을 추출하는 방법이다.
- 군집표본추출 : 모집단이 특성이 서로 유사한 다수의 그룹으로 구성되어 있는 경우, 무작위로 한 그룹 전체를 표본으로 추출하거나, 한 그룹 중에서 확률표본추출로 표본을 추출하는 방법이다.

12

정답 ④

A기업이 오염물질을 배출하여 B기업에 나쁜 영향을 미치는 외부불경제가 발생하는 상황이다. 이 경우 A기업은 오염물질 처리비용을 부담하지 않으므로 생산량이 사회적 적정생산량보다 많아지고, B기업은 강물을 정화하기 위한 비용을 부담해야 하므로 생산량이 사회적 적정생산량보다 적어진다. 코즈의 정리(Coase Theorem)에 따르면 외부성에 대한 소유권이 적절히 설정되면 A기업과 B기업의 협상을 통해 오염물질 배출량이 사회적인 최적수준으로 감소할 수 있다. 이처럼 협상을 통해 외부성 문제가 해결되기 위해서는 반드시 한 당사자가 다른 당사자에게 보상을 하여야 한다.

13

정답 ④

EOQ 모델에서는 재고부족비용의 발생이 없다고 가정하고 있다.

14

정답 ②

오답분석

① 내부 벤치마킹 : 기업 내부의 부문 간 또는 관련회사 사이의 벤치마킹으로, 현재의 업무를 개선하기 위한 것이며 외부 벤치마킹을 하기 위한 사전단계이다.
③ 산업 벤치마킹 : 산업 벤치마킹은 경쟁기업과의 비교가 아니라 산업에 속해 있는 전체 기업을 대상으로 하기 때문에 그 범위가 매우 넓다.
④ 선두그룹 벤치마킹 : 새롭고 혁신적인 업무방식을 추구하는 기업을 비교 대상으로 한다. 이것은 단순히 경쟁에 대처하는 것이 아니라 혁신적인 방법을 모색하는 것을 목표로 한다.

15

정답 ④

전통적인 마케팅에서는 20%의 주력 제품이 매출의 80%를 이끌고 간다는 80:20의 파레토의 법칙이 성립했지만, 롱테일 법칙 또는 역파레토 법칙은 인터넷의 활성화 등으로 상대적으로 판매량이 적은 상품의 총합이 전체의 매출에서 더 큰 비중을 차지하게 된다는 이론이다. 과거에는 유통비용과 진열공간의 한계 등으로 소수의 잘 팔리는 상품이 필요했다면, 인터넷 공간에서는 매장에 진열되지 못했던 제품들도 모두 진열된 공간을 가지기 때문이다.

16

정답 ⑤

대비오류(Contrast Error)는 대조효과라고도 하며, 연속적으로 평가되는 두 피고과자 간의 평가점수 차이가 실제보다 더 큰 것으로 느끼게 되는 오류를 말한다. 면접 시 우수한 후보의 바로 뒷 순서에 면접을 보는 평범한 후보가 중간 이하의 평가점수를 받는 경우가 바로 그 예라고 할 수 있다.

17

정답 ⑤

오답분석
① 데이터베이스 관리시스템은 데이터의 중복성을 최소화하면서 조직에서의 다양한 정보요구를 충족시킬 수 있도록 상호 관련된 데이터를 모아놓은 통합된 데이터 집합체이다.
② 전문가시스템은 특정 전문분야에서 전문가의 축적된 경험과 전문지식을 시스템화하여 의사결정을 지원하거나 자동화하는 정보시스템이다.
③ 전사적 자원관리시스템은 구매, 생산, 판매, 회계, 인사 등 기업의 모든 인적·물적 자원을 효율적으로 관리하여 기업의 경쟁력을 강화시켜 주는 통합정보시스템이다.
④ 의사결정지원시스템은 경영관리자의 의사결정을 도와주는 시스템이다.

18

정답 ③

종합적 품질관리의 원칙은 고객중심 경영, 지속적인 개선, 장기간의 시행, 문제 예방에 중점, 조직원 전체의 의무인 품질업무 등이 있다.

19

정답 ①

페이욜은 일반관리론에서 어떠한 경영이든 '경영의 활동'에는 다음 6가지 종류의 활동 또는 기능이 있다고 보았다.
• 기술적 활동 : 생산, 제조, 가공
• 상업적 활동 : 구매, 판매, 교환
• 재무적 활동 : 자본의 조달과 운용
• 보호적 활동 : 재화와 종업원의 보호
• 회계적 활동 : 재산목록, 대차대조표, 원가, 통계 등
• 관리적 활동 : 계획, 조직, 명령, 조정, 통제

20

정답 ④

직무기술서는 직무수행과 관련된 과업 및 직무행동을 직무요건을 중심으로 기술한 양식이다.

구분	직무기술서	직무명세서
개념	직무수행과 관련된 과업 및 직무 행동을 직무요건을 중심으로 기술한 양식	특정 직무를 수행하기 위해 요구되는 지식, 기능, 육체적 정신적 능력 등 인적요건을 중심으로 기술한 양식
포함 내용	• 직무 명칭, 직무코드, 소속 직군, 직렬 • 직급(직무등급), 직무의 책임과 권한 • 직무를 이루고 있는 구체적 과업의 종류 및 내용 등	• 요구되는 교육 수준 • 요구되는 지식, 기능, 기술, 경험 • 요구되는 정신적, 육체적 능력 • 인정 및 적성, 가치, 태도 등
작성 요건	명확성, 단순성, 완전성, 일관성	

21

정답 ①

콘체른(Konzern)은 기업결합이라고 하며 법률상으로 독립되어 있으나 지분 결합 등의 방식으로 경영상 실질적으로 결합되어 있는 기업결합형태를 말한다. 일반적으로는 거대기업이 여러 산업의 다수의 기업을 지배할 목적으로 형성된다.

오답분석
② 카르텔 : 한 상품 또는 상품군의 생산이나 판매를 일정한 형태로 제한하고자 경제적, 법률적으로 서로 독립성을 유지하며, 기업간 상호 협정에 의해 결합하는 담합 형태이다.
③ 트러스트 : 카르텔보다 강력한 집중의 형태로서, 시장독점을 위해 각 기업체가 개개의 독립성을 상실하고 합동하는 것이다.
④ 콤비나트 : 기술적으로 연관성 있는 생산부문이 가까운 곳에 입지하여 형성된 기업의 지역적 결합형태이다.
⑤ 조인트 벤처 : 특정 경제적 목적을 달성하기 위한 2인 이상의 업자가 공동으로 결성한 사업체이다.

22

정답 ②

오답분석
① 횡축은 상대적 시장점유율, 종축은 시장성장률이다.
③ 별 영역은 시장성장률이 높고, 상대적 시장점유율도 높다.
④ 자금젖소 영역은 시장점유율이 높아 자금투자보다 자금산출이 많다.
⑤ 개 영역은 시장성장률과 상대적 시장점유율이 낮은 쇠퇴기에 접어든 경우이다.

23

정답 ③

곱셈의 법칙이란 각 서비스 항목에 있어서 처음부터 점수를 우수하게 받았어도, 마지막 단계의 마무리에서 0이면 결과는 0으로서 형편없는 서비스가 되는 것을 의미한다.

24

정답 ①

JIT(적시생산시스템)는 무재고 생산방식 또는 도요타 생산방식이라고도 하며, 필요한 것을 필요한 만큼 필요한 때에 만드는 생산방식을 의미한다.

25

정답 ①

임프로쉐어 플랜은 단위당 소요되는 표준노동시간과 실제노동시간을 비교하여 절약된 노동시간만큼 시간당 임률을 노사가 1 : 1로 배분하는 것으로, 개인별 인센티브 제도에 쓰이는 성과측정방법을 집단의 성과 측정에 이용한 방식이다. 산업공학의 원칙을 이용하여 보너스를 산정한다는 특징이 있다.

오답분석

② 스캔론 플랜 : 노사협력에 의한 생산성 향상에 대한 대가를 지불하는 방식의 성과배분계획 모형이다.
③ 럭커 플랜 : 매출액에서 각종 비용을 제한 일종의 부가가치 개념인 생산가치로부터 임금상수를 도출하여, 실제 부가가치 발생규모를 표준부가가치와 비교하여 그 절약분에 임금상수를 곱한 만큼 종업원에게 배분하는 방식이다.
④ 메리크식 복률성과급 : 표준작업량의 83%와 100%를 기준으로 하여 83% 미만의 성과자들에게는 낮은 임률을, 83 ~ 100% 사이의 성과자들에게는 표준임금률을 약간 상회하는 수준을, 100% 이상의 성과자들에게는 더 높은 수준의 임률을 제공하여 중간 정도의 목표를 달성하는 종업원을 배려하고 있다.
⑤ 테일러식 차별성과급 : 표준작업량을 기준으로 임률을 고·저로 나누는 방식이다.

01	02	03	04	05	06	07	08	09	10
④	②	③	④	③	②	④	①	②	②
11	12	13	14	15	16	17	18	19	20
①	④	③	①	③	①	①	③	④	④
21	22	23	24	25					
⑤	①	①	②	②					

01 정답 ④

$$P_{cr}=\frac{\pi^2 EI}{(KL)^2}$$

양단고정일 경우 $K=0.5$

$$I=\frac{bh^2}{12}=\frac{30\times 20^3}{12}=20{,}000\text{cm}^4$$

$$P_{cr}=\frac{\pi^2 EI}{(KL)^2}=\frac{\pi\times 2\times 10^8\times 20{,}000\times 10^{-8}}{(0.5\times 8)^2}=24{,}649\text{kN}$$

02 정답 ②

최대 휨응력 $\sigma_{\max}=\dfrac{M}{Z}=\dfrac{M}{\dfrac{\pi D^3}{32}}=\dfrac{32M}{\pi D^3}=\dfrac{32M}{\pi(2r)^3}=\dfrac{4M}{\pi r^3}$ 이다.

03 정답 ③

$$P=\frac{AE}{l}\delta=\frac{1\times 2.1\times 10^4}{100}\times 1=210\text{kN}$$

04 정답 ④

좌굴하중 $P_{cr}=\dfrac{\pi^2 EI}{(KL)^2}$ 에서 양단이 고정되어 있으므로 $K=0.5$이다.

즉, $P_{cr}=\dfrac{\pi^2 EI}{(KL)^2}=\dfrac{\pi^2 EI}{(0.5L)^2}=\dfrac{4\pi^2 EI}{L^2}$ 이다.

05 정답 ③

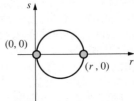

응력원 그림에서 $90°$ 회전시키면, 전단응력은 $\tau=\tau_{\max}=\dfrac{\sigma}{2}$ 가 되고,

$\sigma_n=\dfrac{\sigma}{2}$ 이다.

$\therefore\ \sigma_n=\tau$

06 정답 ②

$M_c=0\ \rightarrow\ -10P+30\times 20+50\times 10=0$

$\therefore\ P=110\text{kg}$

07 정답 ④

$$\frac{1}{R}=\frac{M}{EI}$$

$$R=\frac{EI}{M}=\frac{1\times 10^5\times \dfrac{20\times 30^3}{12}}{2\times 10^5}=22{,}500\text{cm}=225\text{m}$$

08 정답 ①

$\sum V=0$

$\text{BC}\sin 30°-P=0$

$\text{BC}=\dfrac{P}{\sin 30°}=\dfrac{10}{\dfrac{1}{2}}=20\text{t(압축)}$

$\sum H=0$

$BC\cos30°-AB=0$

$AB=BC\cos30°=20\times\cos30°=20\times\dfrac{\sqrt{3}}{2}=10\sqrt{3}\,t(인장)$

09
정답 ②

노선측량의 일반적인 작업 순서는 계획 – 답사(ㄹ) – 선점 – 중심선 측량(ㄴ) – 종·횡단 측량(ㄱ) – 공사 측량(ㄷ) 순서이다.

10
정답 ②

완화곡선의 접선은 시점에서는 직선에 접하고, 종점에서는 원호에 접한다.

11
정답 ①

다각측량의 순서는 '도상계획 → 답사 및 선점 → 조표 → 거리관측 → 각관측 → 거리 및 각의 오차 배분 → 좌표계산 및 측점 전개'의 순서이다.

12
정답 ④

면적은 축척의 분모수의 제곱에 비례하므로

$500^2:38.675=600^2:A \to 600^2\times38.675=500^2\times A$

∴ $A=55.692$

13
정답 ③

표고가 53.85m인 A점의 표척이 1.34m이므로 전시 F·S는 다음과 같다.

$53.85+1.34=50+F\cdot S \to F\cdot S=5.19$

따라서 전시를 5.19m로 관측한 점을 연결했을 때 50m 등고선이 된다.

14
정답 ①

오차의 범위를 제외한 면적을 $A_0\,\text{m}^2$이라 하면,

$A_0=75\times100=7,500$이다. 이때, 면적 A의 오차의 범위

$dA=\pm\sqrt{(100\times0.003)^2+(75\times0.008)^2}\fallingdotseq\pm0.67$이므로

$A=7,500\pm0.67$이다.

15
정답 ③

철근과 콘크리트의 단위질량은 다르기 때문에 무게가 같지 않다. 또한 철근과 콘크리트의 내구성도 다르다.

16
정답 ①

서로 다른 크기의 철근을 압축부에서 겹침이음하는 경우의 이음길이는 크기가 큰 철근의 정착길이와 크기가 작은 철근의 겹침이음길이 중 큰 값 이상이다.

17
정답 ①

1방향 슬래브의 두께는 최소 100mm 이상으로 해야 한다.

18
정답 ③

리벳값은 전단강도와 지압강도 중 작은 값이다.

- 전단강도 : $\rho_S=v_{sa}\dfrac{\pi d^2}{4}$
- 지압강도 : $\rho_b=f_{ba}\times dt$

$\rho_s=100\times\dfrac{0.022^2\times\pi}{4}\fallingdotseq0.038\text{MN}$

$\rho_b=210\times0.022\times0.01=0.0462\text{MN}$

∴ $\rho=\rho_s=0.038\text{MN}$

19
정답 ④

나선철근으로 둘러싸인 경우 축방향 주철근의 최소 개수는 6개이다.

축방향 주철근의 최소 개수

- 삼각형 띠철근 : 3개
- 사각형 및 원형 띠철근 : 4개
- 나선철근 : 6개

20
정답 ④

현장의 건조단위중량 $\gamma_d=\dfrac{W_s}{V}=\dfrac{1,700}{1,000}=1.7$이다.

따라서 간극비(공극비)는 $e=\dfrac{G_s\gamma_w}{\gamma_d}-1=\dfrac{2.65\times1}{1.7}-1\fallingdotseq0.560$이다.

21
정답 ⑤

다짐된 사질지반에서는 압밀현상이 일어나지 않으므로 부마찰력이 발생되지 않는다.

22
정답 ①

현장 타설 콘크리트 말뚝 기초는 정역학적 방법으로 지지력을 추정한다.

23

토립자의 비중은 투수계수에 영향을 주는 요인이 아니다.

투수계수에 영향을 주는 요인
• 토립자의 크기
• 포화도
• 간극의 형상과 배열
• 유체의 점성

24

$$T_{cr} = 0.33 \sqrt{f_{ck}} \times \frac{(A_{cp})^2}{P_{cp}} \quad (A_{cp} : b \times h, \ P_{cp} : 2b + 2h)$$

$$T_{cr} = 0.33 \sqrt{36} \times \frac{(0.2 \times 0.2)^2}{(0.4 + 0.4)} = 0.00396 \text{MN} \cdot \text{m} = 3.96 \text{kN} \cdot \text{m}$$

25

P_1이 하는 일

$$w_1 = \frac{P_1 \delta_1}{2} + P_1 \delta_2 = \frac{150 \times 50}{2} + 150 \times 20 = 6,750 \text{kN} \cdot \text{mm}$$

01	02	03	04	05	06	07	08	09	10	11	12	13	14	15	16	17	18	19	20
③	④	④	①	④	①	①	③	③	③	②	④	③	⑤	⑤	③	④	③	③	②

21	22	23	24	25															
③	⑤	②	①	⑤															

01
정답 ③

탱크의 체적이 1.2m^3이므로 $v=v'+x(v''-v')$, $v=\dfrac{V}{m}$

$$x=\frac{v-v'}{v''-v'}=\frac{\dfrac{V}{m}-v'}{v''-v'}=\frac{\dfrac{1.2}{50}-0.0017468}{0.008811-0.0017468}≒3.15$$

02
정답 ④

혼합기체의 정적비열 $(C_v)=\dfrac{m_a C_{va}+m_w C_{vw}}{m}=\dfrac{35\times0.718+12\times1.3982}{32}=1.3096375\text{kJ/kg}\cdot\text{K}$

체적이 일정$(v=C)$하므로 $Q=mC_v(t_2-t_1)$에서 $t_2=\dfrac{Q}{mC_v}+t_1$

$$\therefore\ t_2=\frac{3,240}{32\times1.3096375}+95≒172.3℃$$

03
정답 ④

$$\text{U}=\frac{1}{2}P\lambda=\frac{\sigma^2}{2E}Al=\frac{P^2l}{2AE}=\frac{(50\times10^3)^2\times1}{2\times\dfrac{\pi}{4}\times30^2\times303.8\times10^3}≒5.8209\text{J}$$

04
정답 ①

오답분석

② 나사 피치 게이지 : 피치 나사산의 형상을 한 홈을 만드는 게이지이다.
③ 반지름 게이지 : 둥근 모양의 측정에 사용하는 게이지이다.
④ 센터 게이지 : 선반으로 나사를 절삭할 때 사용하는 게이지이다.
⑤ 플러그 게이지 : 직접 공작품의 구멍이나 지름을 검사하는 게이지이다.

05

이상기체 상태방정식 $PV = mRT$ (P : 압력, V : 부피, m : 질량, R : 기체상수, T : 절대온도)이므로 [상태방정식에서 질량(m)]$= \dfrac{PV}{RT}$ 임을

알 수 있다. 따라서 공기의 질량은 $m = \dfrac{PV}{RT} = \dfrac{101 \times 5^3}{0.287 \times (273 + 27)} = 146.6 \text{kg}$이다.

※ (절대온도)=(섭씨온도)+273

06

$Re = \dfrac{Vd}{\nu} = \dfrac{0.2 \times 0.1}{1.37 \times 10^{-5}} = 1,460 < 2,100(\text{층류})$

$f = \dfrac{64}{Re} = \dfrac{64}{1460} = 0.0438$

$h_L = f\dfrac{L}{d} \cdot \dfrac{V^2}{2g} = 0.0438 \times \dfrac{50}{0.1} \times \dfrac{(0.2)^2}{2 \times 9.8} = 0.045 \text{m}$

07

정상류 : 유체가 흐르고 있는 과정에서 임의의 한 점에서 유체의 모든 특성(속도, 압력, 밀도, 온도)이 시간이 경과하여도 변화하지 않는 흐름의
상태를 말한다.

$\dfrac{\partial V}{\partial t} = 0,\ \dfrac{\partial p}{\partial t} = 0,\ \dfrac{\partial T}{\partial t} = 0,\ \dfrac{\partial \rho}{\partial t} = 0$

08

㉠ 스토크스 법칙을 이용한 점도계 : 낙구식 점도계
㉡ 하겐-푸아죄유 법칙을 이용한 점도계 : 오스트발트 점도계, 세이볼트 점도계
㉢ 뉴턴의 점성 법칙을 이용한 점도계 : 맥미첼 점도계, 스토머 점도계

09

비틀림각$(\theta) = \dfrac{Tl}{GI_P} [\text{rad}] = \dfrac{584Tl}{Gd^4} [°]$에서 $T = \dfrac{Gd^4\theta}{584l} [\text{N} \cdot \text{mm}]$

$T = 7.02 \times 10^6 \dfrac{PS}{N} [\text{N} \cdot \text{mm}]$

$PS = \dfrac{TN}{7.02 \times 10^6} = \dfrac{\left(\dfrac{Gd^4\theta}{584l}\right)N}{7.02 \times 10^6} = \dfrac{(80.4 \times 10^3) \times 200^4 \times 0.2 \times 400}{7.02 \times 10^6 \times 584 \times 1000} = 2,510PS$

10

공동현상(Cavitation) 방지책
• 펌프의 운전속도는 규정속도(3.5m/s) 이하가 되도록 할 것
• 흡입관의 굵기는 유압 펌프 본체의 연결구의 크기와 같은 것을 사용할 것
• 흡입구의 양정은 1m 이하로 할 것
• 기름탱크 내 기름의 점도는 800ct를 넘지 않도록 할 것

11

정답 ②

X축에 대한 단면의 회전반지름$(k_x) = \sqrt{\dfrac{I_x}{A}} = \sqrt{\dfrac{\frac{bh^3}{12}}{bh}} = \sqrt{\dfrac{h^2}{12}}$

Y축에 대한 단면의 회전반지름$(k_y) = \sqrt{\dfrac{I_y}{A}} = \sqrt{\dfrac{\frac{bh^3}{12}}{bh}} = \sqrt{\dfrac{b^2}{12}}$

$b=5$m, $h=10$m이므로, 최소 회전 반지름은 Y축에 대한 회전반지름이다.

$\therefore \ k_y = \sqrt{\dfrac{b^2}{12}} = \dfrac{b}{2\sqrt{3}} = \dfrac{5}{2\sqrt{3}} \fallingdotseq 1.44$m

12

정답 ④

$\sigma = \dfrac{P}{A}, \ \sigma_t = E\alpha\triangle T$

냉각으로 인해 수축하는 응력만큼 길이방향으로 인장하는 응력이 작용해야 하므로 $\sigma = \sigma_t$

$\dfrac{P}{A} = E\alpha\triangle T, \ P = AE\alpha\triangle T$

$\therefore \ P = AE\alpha\triangle T = (10\times10^{-4})\times(300\times10^9)\times(17\times10^{-6})\times(0-20) = -102,000\text{N} = -102\text{kN}$

13

정답 ③

절삭 속도를 빠르게 하면 구성인선이 작아진다.

14

정답 ⑤

변형량 $\lambda = \dfrac{Pl}{AE} = \dfrac{5\times10^3\times30}{\frac{\pi}{4}\times0.015^2\times210\times10^9} = 4.0$mm

변형률 $\epsilon = \dfrac{\lambda}{l} = \dfrac{4.0}{20\times10^3} = 2.0\times10^{-4}$

15

정답 ⑤

유압 작동유의 구비조건
• 동력을 확실히 전달하기 위해 비압축성 유체일 것
• 장치의 운전온도범위에서 적절한 점도를 유지할 것
• 장시간 사용하여도 화학적으로 안정적일 것
• 녹이나 부식 발생을 방지할 수 있을 것
• 열을 빠르게 방출시킬 수 있을 것(방열성)
• 외부로부터의 불순물을 침전 분리시키고 기름 중의 공기를 신속히 분리시킬 수 있을 것
• 비중과 열팽창계수는 작고 비열은 클 것

16

슈퍼 피니싱은 공작물 표면에 숫돌을 낮은 압력으로 누르고, 진동을 주면서 공작물을 회전시켜 표면을 마무리하는 가공법이다.

오답분석

① 버니싱 : 다듬질 면을 파괴하지 않고 다듬질하는 방법이다.
② 방전 가공 : 가공 전극과 같은 단면의 형상을 공작물에 가공하는 방법이다.
④ 초음파 가공 : 공구에 초음파 진동을 주어 숫돌립과 물 또는 기름의 혼합액을 이용한 공작물의 구멍을 뚫는 가공법이다.
⑤ 브로칭 : 복잡한 모양의 가공물의 표면을 절삭하는 가공법이다.

17

질화법과 침탄법의 비교

침탄법	질화법
경도가 낮음	경도가 높음
침탄 후 열처리(담금질)가 필요함	질화 후 열처리(담금질)가 필요하지않음
침탄 후에도 수정이 가능	질화 후에도 수정이 불가
표면 경화시간이 짧음	표면 경화시간이 김
변형이 큼	변형이 적음
침탄층이 단단함(두꺼움)	질화층이 여림(얇음)

18

구성인선의 방지법
- 절삭 속도를 크게(120m/min 이상)한다(절삭저항 감소).
- 마찰계수가 작은 초경합금과 같은 절삭공구를 사용한다(SWC 바이트 사용).
- 윤활성이 좋은 절삭유를 사용한다.
- 절삭공구의 인선을 예리하게 한다.
- 공구(바이트) 윗면 경사각을 크게(30° 이상) 한다.
- 절삭 깊이를 작게 한다.

19

$\sum F_t = 0$
$m_1 g \times \sin 60° + \mu m_1 g \times \cos 60° = mg$
$25 \times (\sin 60° + 0.5 \times \cos 60°) = m$
$\therefore m \fallingdotseq 27.9 \text{kg}$

20

라이저(Riser)의 설치 목적
- 쇳물 주입 시 쇳물에 압력을 줌
- 주형 내 공기를 제거
- 주형 내의 불순물과 용재 배출

21

운동방정식 $m\ddot{x}+c\dot{x}+kx=0$에서 $m=5$, $c=3$, $k=6$

감쇠비$(\zeta)=\dfrac{c}{c_c}=\dfrac{\sqrt{c}}{2\sqrt{mk}}=\dfrac{3}{2\sqrt{5\times6}}≒0.274$

대수감쇠율$(\delta)=\dfrac{2\pi\zeta}{\sqrt{1-\zeta^2}}=\dfrac{2\pi\times0.274}{\sqrt{1-(0.274)^2}}≒1.794$

22

정답 ⑤

정밀한 제품을 얻고자 할 경우 일반적으로 냉간 압연을 한다.

압연가공의 특징
• 생산비가 저렴하다.
• 주조 및 단조에 비하여 작업속도가 빠르다.
• 금속조직의 주조조직을 파괴하고 기포(기공)를 압착하여 우수한 조직을 얻을 수 있다.
• 정밀한 제품을 얻고자 할 경우 일반적으로 냉간 압연을 한다.
• 열간 압연 재료는 재질에 방향성이 생기지 않는다.
• 냉간 압연한 재료는 방향성이 생겨 세로방향과 가로방향과의 기계적, 물리적 성질이 달라 풀림하여 사용한다.

23

정답 ②

와이어 컷 방전가공은 가는 와이어를 사용해 전기를 통하게 하여 특정 형상의 윤곽을 잘라낸다.

오답분석
① 버니싱 가공 : 다듬질 면을 파손시키지 않고 강압하여 롤러를 밀어붙이면서 반듯하게 만드는 작업이다.
③ 초음파 가공 : 숫돌립과 물 또는 기름을 혼합하여 공구에 초음파 진동으로 공작물에 구멍을 뚫는다.
④ 플라즈마 가공 : 가공 정밀도가 낮아 초벌 가공용 공구로 사용한다.
⑤ 압출 가공 : 가열된 재료를 용기 안에 넣고 높은 압력으로 구멍 쪽으로 밀어내어 선재 등의 형상을 만들 수 있다.

24

정답 ①

실린더 게이지는 측미계를 이용한 내경 측정기이다.

오답분석
② 버니어 캘리퍼스 : 원형 물체의 외경, 내경, 깊이 등의 측정기이다.
③ 측장기 : 고정도의 길이 측정기이다.
④ 블록 게이지 : 길이 측정의 표준이 되는 게이지이다.
⑤ 센터 게이지 : 선반으로 나사를 절삭할 때 사용하는 게이지이다.

25

정답 ⑤

시퀀스 밸브의 일종으로 원방 제어(4형) 내부 드레인에 해당된다.

CHAPTER
04

전기일반(차량직 · 운전직)
기출예상문제 정답 및 해설

01	02	03	04	05	06	07	08	09	10	11	12	13	14	15	16	17	18	19	20
②	④	③	④	②	②	①	①	②	②	②	②	①	②	③	②	④	③	④	②

21	22	23	24	25															
②	②	②	③	②															

01
정답 ②

두 개의 긴 직선도체가 평행하게 놓여 있을 때 단위길이당 두 도선 사이에 작용하는 힘은 $F = 2 \times \dfrac{I_1 I_2}{r} \times 10^{-7}$ N/m이므로,

$$F = 2 \times \frac{I_1 I_2}{r} \times 10^{-7} \text{N/m} = 2 \times \frac{10 \times 15}{0.06} \times 10^{-7} = 5.0 \times 10^{-4} \text{N/m}$$

02
정답 ④

스위치를 닫기 전의 저항이 5Ω이므로 전류가 2배가 되려면 5Ω을 $\dfrac{1}{2}$로 하면 된다. 즉, $2 + \dfrac{3R}{3+R} = \dfrac{5}{2}$

$$\therefore R = \frac{3}{5} \Omega$$

03
정답 ③

석출량은 $W = kIt$[g]이므로 $W = 1.1 \times 10^{-3} \times 1 \times 2 \times 3,600 = 7.92$g이다.

04
정답 ④

줄의 법칙에 따라 $H = I^2 Rt$[J]$= 10^2 \times 5 \times 1 \times 60 = 30,000$J이다.

05
정답 ②

평행판 콘덴서의 정전용량 $C = \dfrac{\varepsilon A}{d}$[F]

• 면적을 크게 하면 커패시턴스 증가
• 거리를 짧게 하면 커패시턴스 증가
• 병렬로 연결하면 커패시턴스 증가
• 유전율이 작으면 커패시턴스 감소

06

정답 ②

$\tau = \dfrac{P}{2\pi n} = \dfrac{3,000}{2 \times 3.14 \times \dfrac{1,500}{60}} \fallingdotseq 19.11\text{N} \cdot \text{m}$

$\therefore \; \tau = \dfrac{19.11}{9.8} = 1.95\text{kg} \cdot \text{m}$

07

정답 ①

절연저항은 전동기 권선의 온도, 과열 상태, 먼지의 부착 상태에 따라 현저하게 달라진다. 먼지 등을 제거하면 절연저항은 상승한다. 따라서 절대적으로 정확한 절연저항값을 나타내기는 어렵지만, 대체적인 지침으로 삼을 수 있는 절연저항의 계산식은 다음과 같다.

$R = \dfrac{(\text{정격전압})}{1,000 + (\text{정격출력})}$

08

정답 ①

유기 기전력식

$E = \dfrac{pZ}{60a}\Phi n[\text{V}]$ (E : 전기자의 유도 기전력[V], p : 자극 수, Z : 전기자총도체 수, a : 권선의 병렬회로 수, Φ : 1극당 자속[Wb], n : 전기자의 회전속도[min^{-1}])

이때, $p = 4$, $Z = 400$, $a = 2$(파권의 병렬회로수는 항상 2), $\Phi = 0.01$, $n = 600$이므로 $E = \dfrac{pZ}{60a}\Phi n = \dfrac{4 \times 400}{60 \times 2} \times 0.01 \times 600 = 80\text{V}$

09

정답 ②

$P = \sqrt{3}\,VI\cos\theta \cdot \eta$에서 $I = \dfrac{P}{\sqrt{3}\,V\cos\theta \cdot \eta} = \dfrac{10,000}{\sqrt{3} \times 200 \times 0.85 \times 0.85} \fallingdotseq 40\text{A}$

10

정답 ②

$P = 1.026NT = 1.026 \times 1,000 \times 1 \fallingdotseq 1\text{kW}$

11

정답 ②

$P = \sqrt{3}\,VI$ 식에서 $I = \dfrac{P}{\sqrt{3}\,V} = \dfrac{10,000}{\sqrt{3} \times 200} \fallingdotseq 29\text{A}$

12

정답 ②

제5고조파에 관한 단절 계수는 $K_{p5} = \sin\left(\dfrac{5\beta\pi}{2}\right)$이다.

제5고조파를 제거하려면 $K_{p5} = 0$으로 하여야 한다.

따라서, $\dfrac{5\beta\pi}{2} = n\pi \, (\because \; \sin n\pi = 0, \; n$은 정수$)$

$n=0$, 1, 2, 3을 대입하면,

$n=0$일 때 $\beta=0$(이 경우 권선 계수는 이루어지지 않는다)

$n=1$일 때 $\beta=\dfrac{2}{5}=0.4$

$n=2$일 때 $\beta=\dfrac{4}{5}=0.8$

$n=3$일 때 $\beta=\dfrac{6}{5}=1.2$

이때, $\beta<1$이므로 $\beta=0.8$이 가장 적절하다.

13 정답 ①

고정손이란 철손, 기계손 등 부하 전류의 증감과는 관계없이 일어나는 전력손실을 말한다. 따라서 '계자 철심의 철손'이 고정손에 해당한다.

오답분석
- 전기손 : 기계손 등에 대응하여 표현하는 경우 각종 전력 손실의 합을 말한다.
- 저항손 : 저항을 가진 도체에 흐르는 전류에 의한 전력 손실(동손)이나 브러시의 접촉 저항을 통해서 흐르는 전류에 의한 전력손실을 말한다.

14 정답 ②

- 직류전력 $P_{DC}=VI=100\times40=4,000$W
- 교류 기본파 전력

$$P_1=VI\cos\theta=\left(\dfrac{80}{\sqrt{2}}\angle 0°\times\dfrac{30}{\sqrt{2}}\angle 60°\right)=\dfrac{2,400}{2}\angle 60°$$

위상차 $60°=1,200\times\cos 60°=1,200\times\dfrac{1}{2}=600$W
- 교류 7고조파 전력

$$P_7=VI\cos\theta=\left(\dfrac{40}{\sqrt{2}}\angle 60°\times\dfrac{10}{\sqrt{2}}\angle 60°\right)=\dfrac{400}{2}\angle 0°$$

위상차 $0°=200\times\cos 0°=200\times1=200$W
∴ 전력 $P=P_{DC}+P_1+P_7=4,000+600+200=4,800$W

15 정답 ③

- 1상당 임피던스 $Z=3+j4[\Omega]$

$|Z|=\sqrt{3^2+4^2}=5\Omega$

△결선(상전압 $V_p=$ 선전압 V_l)이므로 $V_p=V_l=200$V

1상당 임피던스이므로
- 상전류 $I_p=\dfrac{V_l}{|Z|}=\dfrac{200}{5}=40$A
- 3상 무효전력 $P_r=3I_p{}^2X[\mathrm{Var}]=3\times40^2\times4=19,200\mathrm{Var}$

16

정답 ②

실효전류

$$I = \sqrt{(\text{직류분})^2 + \left(\frac{\text{기본파 전류}}{\sqrt{2}}\right)^2 + \left(\frac{\text{고조파 전류}}{\sqrt{2}}\right)^2}$$

$$= \sqrt{3^2 + \left(\frac{10\sqrt{2}}{\sqrt{2}}\right)^2 + \left(\frac{4\sqrt{2}}{\sqrt{2}}\right)^2} = \sqrt{9 + 100 + 16}$$

$$= \sqrt{125}\,\text{A}$$

코일에 축적되는 에너지

$$W_L = \frac{1}{2}LI^2[\text{J}]$$

$$125 = \frac{1}{2} \times L \times (\sqrt{125})^2$$

$$L = \frac{125}{125} \times 2 = 2\text{H}$$

17

정답 ④

$$X_L = 2\pi f L = 2 \times 3.14 \times 60 \times 20 \times 10^{-3} \fallingdotseq 7.54\,\Omega$$

18

정답 ③

$$\dot{Z} = \frac{\dot{V}}{\dot{I}} = \frac{100}{4 + j3} = \frac{400 - j300}{4^2 + 3^2} = 16 - j12[\Omega]$$

19

정답 ④

$$H = \frac{I}{2\pi r} \text{에서 } r = \frac{I}{2\pi H} \fallingdotseq \frac{5}{2 \times 3.14 \times 10} \fallingdotseq 0.08 = 8\text{cm이다.}$$

20

정답 ②

전력량은 줄[J]로 환산되며, 전력이 와트[W]로 환산된다.

오답분석

전력은 단위시간당 소비하는 전기에너지이며, 전력량은 정해진 시간 동안 소비한 총 전기에너지를 말한다. 또한 전력량은 1cal=4.186J로 나타낼 수 있다.

21

정답 ②

전속밀도 $\mathrm{D} = \frac{Q}{S} = \frac{Q}{4\pi r^2} = \varepsilon\mathrm{E}[\text{C/m}^2]$이므로 전기장 $\mathrm{E} = \frac{D}{\epsilon}[\text{V/m}]$를 이용하여 전기장 세기를 구할 수 있다. 먼저 ε는 물체의 유전율로 $\varepsilon = \varepsilon_0 \varepsilon_s$, 즉 진공유전율($\varepsilon_0$)과 비유전율($\varepsilon_s$)의 곱이다.

진공유전율의 값은 8.85×10^{-12}이므로 물체의 유전율 $\varepsilon = \varepsilon_0 \varepsilon_s = 8.85 \times 10^{-12} \times 2.5 = 22.125 \times 10^{-12}\text{C}^2/\text{N} \cdot \text{m}^2$이다.

따라서 전기장의 세기는 $\mathrm{E} = \frac{D}{\epsilon} = \frac{2 \times 10^{-6}\text{C/m}^2}{22.125 \times 10^{-12}\text{C}^2/\text{N} \cdot \text{m}^2} \fallingdotseq 9 \times 10^4\,\text{V/m이다.}$

22

원형코일의 자계 : $H = \dfrac{NI}{2r}$ (r : 원형 코일의 반지름)

$H = \dfrac{NI}{2r} = \dfrac{20 \times 1}{2 \times 5 \times 10^{-2}} = 200 \mathrm{AT/m}$

23

렌츠의 법칙은 유도 전류는 자속의 증가 또는 감속을 방해하는 방향으로 나타난다는 법칙이다. 즉 증가하려고 하면 감소시키고 감소하려고 하면 증가시키는 것이다.

오답분석

① 쿨롱의 법칙 : 정지해 있는 두 개의 점전하 사이에 작용하는 힘은 거리의 제곱에 반비례하고 두 전하량 곱의 비례한다.
③ 패러데이의 법칙 : 자기장 세기의 변화로 유도 기전력이 발생한다는 법칙이다.
④ 플레밍의 왼손법칙 : 전동기 원리와 관련있는 법칙으로 자기장과 전류의 방향을 알고 있을 때 힘의 방향을 알 수 있다.
⑤ 줄의 법칙 : 전류에 의해 단위시간에 발생하는 열량은 도체의 저항과 전류의 제곱에 비례한다.

24

$\varepsilon = \dfrac{V_{20} - V_{2n}}{V_{2n}} \times 100$에서 $V_{20} = \dfrac{V_1}{15}$, $V_{2n} = \dfrac{V_1}{15.5}$

$\therefore \epsilon = \dfrac{\dfrac{V_1}{15} - \dfrac{V_1}{15.5}}{\dfrac{V_1}{15.5}} \times 100 \fallingdotseq 3.3\%$

25

$m^2 P_c = P_i$

$m^2 = \dfrac{P_i}{P_c}$

$\therefore m = \sqrt{\dfrac{P_i}{P_c}} = \sqrt{\dfrac{40}{90}} \fallingdotseq 0.667 \fallingdotseq 67\%$

01	02	03	04	05	06	07	08	09	10	11	12	13	14	15	16	17	18	19	20
④	②	②	⑤	②	④	④	②	②	⑤	③	③	①	⑤	①	②	⑤	③	④	④

21	22	23	24	25															
④	⑤	②	②	③															

01

[정답] ④

$C_s = \dfrac{0.4 \times 0.6}{0.4 + 0.6} = 0.24 \mu F$ 이므로 $W = \dfrac{1}{2} CV^2$ 이고 $W = \dfrac{1}{2} \times 0.24 \times 10^{-6} \times 100^2 = 1.2 \times 10^{-3} J$ 이다.

02

[정답] ②

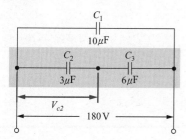

합성 정전용량

$C_0 = \dfrac{C_2 \times C_3}{C_2 + C_3} = \dfrac{3 \times 6}{3 + 6} = \dfrac{18}{9} = 2 \mu F$

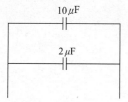

$C_0 = 10 + 2 = 12 \mu F$

양단 전압(C_2)

$V_{c2} = \dfrac{C_3}{C_2 + C_3} \times V = \dfrac{6}{3 + 6} \times 180 = 120 V$

03

등가회로 - 콘덴서 병렬연결 상태

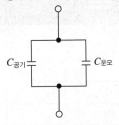

$C_{공기}$　　$C_{운모}$

평행판 콘덴서 정전용량

$C = \dfrac{\varepsilon_0 S}{d} = 6\mu\text{F}$, 면적 $S = L$

• $C_{공기} = \dfrac{\varepsilon_0 \varepsilon_s S}{d}$

　$S = \dfrac{1}{3}L$, $\varepsilon_s = 1$을 대입하면 $= \dfrac{1}{3}\dfrac{\varepsilon_0 L}{d} = \dfrac{1}{3}C = \dfrac{1}{3}\times 6 = 2\mu\text{F}$

• $C_{운모} = \dfrac{\varepsilon_0 \varepsilon_s S}{d}$

　$S = \dfrac{2}{3}L$, $\varepsilon_s = 3$을 대입하면 $= \dfrac{\varepsilon_0 \times 3 \times \dfrac{2}{3}L}{d} = 2\dfrac{\varepsilon_0 L}{d} = 2C = 2\times 6 = 12\mu\text{F}$

∴ $C_0 = C_{공기} + C_{운모} = 14\mu\text{F}$

04

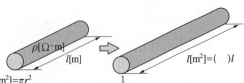

$\rho[\Omega\cdot\text{m}]$　$l[\text{m}]$　　$l[\text{m}^2] = (\quad)l$

$A[\text{m}^2] = \pi r^2$　　$r = \dfrac{1}{2}r$

• 도체의 저항

　$R = \rho\dfrac{l}{A}[\Omega]$, $A = \pi r^2$에서 $r = \dfrac{1}{2}$로 한다.

　∴ $R = \rho\dfrac{l}{\pi r^2}$, $r = \dfrac{1}{2}r$ 대입 $\rho\dfrac{l}{\pi\left(\dfrac{1}{2}r\right)^2} = \rho\dfrac{l}{\pi\left(\dfrac{1}{4}r^2\right)}$

• 체적이 고정되어 있는 상태에서 단면적 $A = \dfrac{1}{4}$이 되면, 길이 l은 비례해서 4배가 된다.

　$R = \rho\dfrac{4l}{\dfrac{\pi r^2}{4}} = \rho\dfrac{16l}{\pi r^2}$

∴ 도체의 저항은 16배 커진다.

05

정답 ②

- 진동 상태 : $R^2 < \dfrac{4L}{C}$

- 비진동 상태 : $R^2 > \dfrac{4L}{C}$

- 임계 상태 : $R^2 = \dfrac{4L}{C}$

$R^2 = 100^2 = 10,000, \quad \dfrac{4L}{C} = \dfrac{4 \times 0.1 \times 10^{-3}}{0.1 \times 10^{-6}} = 4,000$

따라서 $R^2 > \dfrac{4L}{C}$ 이므로 비진동 상태이다.

06

정답 ④

거리를 s, 시간을 t, 속도를 v라 하면, $t = 10\mu s = 10 \times 10^{-6}(s)$이고, $v = 3 \times 10^8$(전파속도)이다.
$s = vt = 3 \times 10^8 \times 10 \times 10^{-6} = 3,000m$
거리 s는 왕복거리이므로 목표물까지의 거리는 이의 절반에 해당하는 1,500m이다.

07

정답 ④

임피던스 $Z = \sqrt{R^2 + (X_L - X_C)^2} = \sqrt{16^2 + (2-14)^2} = 20\,\Omega$
※ $X_C > X_L$ 이므로 용량성이다.

08

정답 ②

전지의 용량은 10Ah이며, 6개를 직렬로 접속하면 전압은 높아지지만 전류는 일정하므로 전지의 용량은 같다.

09

정답 ②

정저항 회로

$R^2 = \dfrac{L}{C}, \quad C = \dfrac{L}{R^2}$

$\therefore C = \dfrac{L}{R^2} = \dfrac{1 \times 10^{-3}}{10^2} = 1 \times 10^{-5}F = 10 \times 10^{-6}F = 10\mu F$

정저항 회로 유형

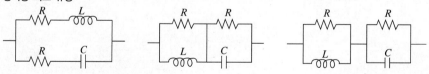

10

⑤

정삼각형 한 변에서 중심($\frac{a}{2}$[m] 떨어진 점)에 미치는 자계의 세기(H_1)는 $H_1 = \dfrac{I}{4\pi\frac{a}{2}}(\sin\beta_1 + \sin\beta_2)$ 이고, 여기서 $\beta_1 = \beta_2 = 45°$이므로 $H_1 =$

$\dfrac{I}{4\pi\frac{a}{2}}(\sin45° + \sin45°) = \dfrac{I}{4\pi\frac{a}{2}} \times 2 \times \dfrac{1}{\sqrt{2}} = \dfrac{I}{\sqrt{2}\,\pi a}$[AT/m]이다.

정삼각형 단일 코일의 중심에서 자계의 세기는 4개의 변이 있으므로 $H = 4H_1$ 이다. 따라서 $H = 4 \times \dfrac{I}{\sqrt{2}\,\pi a} = \dfrac{2\sqrt{2}\,I}{\pi a}$ AT/m이다.

11

정답 ③

전자파의 속도는 $v = \dfrac{\omega}{\beta} = \dfrac{\omega}{\omega\sqrt{LC}} = \dfrac{1}{\sqrt{\varepsilon_o\varepsilon_r\mu_o\mu_r}}$ 이며, 광속도 $c = \dfrac{1}{\sqrt{\epsilon_o\mu_o}}$ 이므로 $v = \dfrac{1}{\sqrt{\varepsilon_o\varepsilon_r\mu_o\mu_r}} = \dfrac{1}{\sqrt{\varepsilon_o\mu_o}} \times \dfrac{1}{\sqrt{\varepsilon_r}} \fallingdotseq \dfrac{3\times10^8}{\sqrt{80}}$

$\fallingdotseq 3.35\times10^7$ m/s이다.

12

정답 ③

렌츠의 법칙에서 기전력 $e = L\dfrac{di}{dt}$ [V]에서 자기인덕턴스를 유도하면 $L = e\dfrac{dt}{di}$ 이다. 따라서 자기인덕턴스 L의 단위는 공식을 바탕으로 $V \cdot sec/A$

$= \Omega \cdot sec =$ H이다.

오답분석

① 전류(I)의 단위이다.
② 전압(V)의 단위이다.
④ 자기장(B)의 단위이다.
⑤ 자속(ϕ)의 단위이다.

13

정답 ①

비돌극형(원통형) 동기발전기의 1상 출력은 $P = \dfrac{EV}{X_s}\sin\delta$[W]이다.

14

정답 ⑤

분당 동기속도(회전수)는 $N_s = \dfrac{120f}{P} = \dfrac{120\times50Hz}{10} = 600$rpm이다.

15

정답 ①

직류 발전기의 유기 기전력 $E = \dfrac{PZ}{60a}\phi N$[V]이므로 유기 기전력은 자속 및 회전속도와 비례함을 알 수 있다($E \propto \phi N$).

16

정답 ②

인덕턴스에 축적되는 에너지는 $W = \dfrac{1}{2}LI^2$이므로, $W = \dfrac{1}{2}\times0.1\times5^2 = 1.25$J이다.

17

정답 ⑤

R-C직렬회로 과도현상에서의 기울기 $\tan\theta = \dfrac{I}{\tau}$ 이다.

과도현상

하나의 정상상태에서 다른 정상상태로 변화하는 현상, R-C직렬회로에서 기전력 E를 가해 줬을 경우 처음 시간이 0일 때의 전압은 E이지만 시간이 지나 커패시터에 전하가 가득 충전이 되면 양단의 전압은 0이 된다. 따라서 $t=0$일 때 $V=E$의 정상상태에서 $t=\infty$일 때 $V=0$인 정상상태로 시간에 따라 상태가 변하는 것을 말하며 변화하는 사이에 정상상태인 경우는 없다.

18

정답 ③

전자 결합회로에서 상호인덕턴스 $M=k\sqrt{L_1 L_2}$ 이므로 자체 인덕턴스 L_2를 구하면 다음과 같다.

$$M = k\sqrt{L_1 L_2} \rightarrow \sqrt{L_1 L_2} = \frac{M}{k} = \frac{10}{0.25} = 40 \rightarrow L_1 L_2 = 40^2 = 1,600 \rightarrow L_2 = \frac{1,600}{L_1} = \frac{1,600}{80} = 20$$

따라서 전자 결합회로에서 자체 인덕턴스 $L_2=20$mH이다.

19

정답 ④

패러데이의 전자유도법칙에 의해 코일과 콘덴서에서의 기전력(전압) 크기는 각각 다음과 같다.

• 코일

$V = L\dfrac{di_{(t)}}{dt}$[V], 전류가 급격히 변화하지 않는다.

• 콘덴서

$V_{(t)} = \dfrac{1}{C}\displaystyle\int i_{(t)}dt$[V] $\rightarrow i_{(t)} = C\dfrac{dV_{(t)}}{dt}$[A], 전압이 급격히 변화하지 않는다.

20

정답 ④

R-L직렬 회로에 직류 전압을 가했을 경우 시정수 $\tau = \dfrac{L}{R}$이며, 시간 $t=3\tau=3\dfrac{L}{R}$초일 때의 회로에 흐르는 전류는 다음과 같다(E는 직류 전압, R은 저항).

$$i_{(t)} = \frac{E}{R}(1-e^{-\frac{R}{L}t}) = \frac{E}{R}(1-e^{-\frac{R}{L}\times 3\tau}) = \frac{E}{R}(1-e^{-\frac{R}{L}\times 3\times\frac{L}{R}}) = \frac{E}{R}(1-e^{-3})$$

$$\fallingdotseq \frac{E}{R}(1-\frac{1}{20}) = \frac{E}{R}(1-0.05) = \frac{E}{R}\times 0.95$$

따라서 시간 $t=3\tau$초일 때의 회로에 흐르는 전류는 최종값 전류$\left(\dfrac{E}{R}\right)$의 약 95%를 차지한다.

시정수

물리량이 시간에 대해 계속적으로 변화하여 정상치에 달하는 경우, 양이 정상치의 63.2%에 달할 때까지의 시간을 말한다.

21

정답 ④

중첩의 정리에 따라 정전압원이 단락되었을 때 저항에 걸리는 전압 $V_1 = IR = 0\times 7 = 0$V, 정전류원이 개방되었을 때 걸리는 전압 $V_2 = IR = \dfrac{8}{7}\times 7$ $=8$V이다. 따라서 정전압원과 정전류원이 동시에 있을 때 걸리는 전압 $V = V_1 + V_2 = 0+8 = 8$V이다.

22

⑤

렌츠의 법칙에 따라 코일의 유도 기전력 $e(t) = -L\dfrac{di}{dt}$ 이며, 0.1초 동안 60A에서 20A로 변할 때 유도 기전력이 50V가 되었다. 이에 따라 유도 기전력 공식에 해당되는 수치를 대입하면 $e(t) = -L\dfrac{di}{dt} = -L\dfrac{20-60}{0.1} = L\dfrac{40}{0.1} = 500$이다. 따라서 자기 인덕턴스 $L = \dfrac{50}{400} = 0.125 = 125\text{mH}$이다.

23

정답 ②

전력 $P = V \times I = I^2 \times R = \dfrac{V^2}{R}$ [W]이며(V : 전압, I : 전류, R : 저항), 제시된 문제에서 소비전력 $P \fallingdotseq V^2 = 2,000\text{W}$이다. $V' = 0.7\,V$[V]일 경우의 소비전력이며, $P' = (V')^2 = (0.7\,V)^2 = 0.49\,V^2 = 0.49 \times 2,000 = 980\text{W}$이다.

24

정답 ②

$P_R = P_T \cdot G_T$에 대입할 때 문제의 구하는 단위가 W/m^2이므로

거리 50m에서의 $P_y = \dfrac{P_R}{A}$ 에 대입해 보면 $P_y = \dfrac{2 \times 10^6 \times 10^{-3}}{4\pi \times 50^2} = \dfrac{2,000}{10,000\pi} = \dfrac{1}{5\pi}$ 이다.

25

정답 ③

전파의 진행방향과 반대일 때 최대 도플러 편이가 된다.

이때 도플러 편이는 $f_0 = \dfrac{(v \times t)}{\lambda}$ 이다. 차량속도를 v라 할 때 속도의 단위를 시속(km/h)에서 초속(m/s)으로 변환하면 $v = \dfrac{80 \times 10^3}{3,600} = \dfrac{200}{9}$ (m/s)

$\therefore f_0 = \dfrac{\left(\dfrac{200}{9} \times 900 \times 10^6\right)}{3 \times 10^8} = \dfrac{200}{3} \fallingdotseq 67\text{Hz}$

116 • NCS 코레일 한국철도공사

PART 4

최종점검 모의고사
정답 및 해설

모의고사 정답 및 해설

| 01 | 직업기초능력평가

01	02	03	04	05	06	07	08	09	10	11	12	13	14	15	16	17	18	19	20
⑤	⑤	①	③	④	②	③	③	②	④	③	④	④	②	③	③	①	④	④	④
21	22	23	24	25															
①	③	③	③	⑤															

01
정답 ⑤

제시문에서 언급한 '진리성 논제'란 어떠한 자료가 단지 올바른 문법 형식을 갖추고 있다는 것에 그치지 않고 그 내용 또한 참이어야 한다는 것이다. 이에 대해 '진리 중립성'을 주장하는 사람들은 그 '정보'가 틀린 내용을 담고 있더라도 이해하는 주체의 인지 행위에서 분명한 역할을 할 수 있으므로 꼭 '참'이어야 하는 것은 아니라고 하였다. 따라서 ㉠에 대한 비판으로 ⑤가 가장 적절하다.

02
정답 ⑤

브랜다이스는 독점 규제를 통해 소비자의 이익이 아닌 독립적 소생산자의 경제를 보호함으로써 시민 자치를 지키고자 하였다.

오답분석
① 첫 번째 문단과 두 번째 문단에 따르면 셔먼과 브랜다이스의 견해는 모두 시민 자치를 중시하는 공화주의 전통에 기반을 두고 있음을 알 수 있다.
② 브랜다이스는 집중된 부와 권력이 시민 자치를 위협한다고 보고 반독점법이 경제와 권력의 집중을 막는 데 초점을 맞추어야 한다고 주장하였으나, 아놀드는 시민 자치권을 근거로 하는 반독점 주장을 거부하고 독점 규제의 목적이 권력 집중에 대한 싸움이 아닌 경제적 효율성의 향상에 맞춰줘야 한다고 주장하였다.
③ 반독점법의 목적을 셔먼은 소비자의 이익 보호와 소생산자의 탈집중화된 경제 보호로, 아놀드는 소비자 복지 증진으로 보았다. 따라서 셔먼과 아놀드는 소비자 이익을 보호한다는 점에서 반독점법을 지지했다는 것을 알 수 있다.
④ 1930년대 후반 아놀드가 법무부 반독점국의 책임자로 임명되면서 반독점법의 근거로 소비자 복지를 주장하는 아놀드의 견해가 널리 받아들여졌다.

03
정답 ①

한국의 2020년 스포츠 소비 비용의 2019년 대비 증가율은 다음과 같다.

• 용품 소비 비용 증가율 : $\frac{17,002-14,426}{14,426} \times 100 ≒ 17.86\%$

• 시설 이용료 · 강습 비용 증가율 : $\frac{29,195-28,680}{28,680} \times 100 ≒ 1.80\%$

• 운동경기 관람 비용 증가율 : $\frac{342-171}{171} \times 100 = 100\%$

따라서 스포츠 소비 비용이 가장 큰 비율로 증가한 운동경기 관람 비용의 차이는 342-171=171억 원이다.

04

정답 ③

2018년 일본의 용품 소비 비용은 23,090억 엔이고, 일본의 운동경기 관람 비용은 1,230억 엔이다. 따라서 2018년 일본의 용품 소비 비용 대비 운동경기 관람 비용이 차지하는 비율은 $\frac{1,230}{23,090} \times 100 ≒ 5.33\%$이다.

05

정답 ④

A, B, C에 해당되는 청소 주기 6, 8, 9일의 최소공배수는 $2 \times 3 \times 4 \times 3 = 72$이다. 9월은 30일, 10월은 31일까지 있으므로 9월 10일에 청소를 하고 72일 이후인 11월 21일에 세 사람이 같이 청소하게 된다.

06

정답 ②

ㄱ. 기술개발을 통해 연비를 개선하는 것은 막대한 R&D 역량이라는 강점으로 휘발유의 부족 및 가격의 급등이라는 위협을 회피하거나 최소화하는 전략에 해당하므로 적절하다.

ㄹ. 생산설비에 막대한 투자를 했기 때문에 차량모델 변경의 어려움이라는 약점이 있는데, 레저용 차량 전반에 대한 수요 침체 및 다른 회사들과의 경쟁이 심화되고 있으므로 생산량 감축을 고려할 수 있다.

ㅁ. 생산 공장을 한 곳만 가지고 있다는 약점이 있지만 새로운 해외시장이 출현하고 있는 기회를 살려서 국내 다른 지역이나 해외에 공장들을 분산 설립할 수 있을 것이다.

ㅂ. 막대한 R&D 역량이라는 강점을 이용하여 휘발유의 부족 및 가격의 급등이라는 위협을 회피하거나 최소화하기 위해 경유용 레저 차량 생산을 고려할 수 있다.

[오답분석]

ㄴ. 소형 레저용 차량에 대한 수요 증대라는 기회 상황에서 대형 레저용 차량을 생산하는 것은 적절하지 않은 전략이다.

ㄷ. 차량모델 변경의 어려움이라는 약점을 보완하는 전략도 아니고, 소형 또는 저가형 레저용 차량에 대한 선호가 증가하는 기회에 대응하는 전략도 아니다. 또한, 차량 안전 기준의 강화 같은 규제 강화는 기회 요인이 아니라 위협 요인이다.

ㅅ. 기회는 새로운 해외시장의 출현인데 내수 확대에 집중하는 것은 기회를 살리는 전략이 아니다.

07

정답 ③

발전소별 수문 자료를 보면 이날 온도가 27℃를 초과한 발전소는 춘천, 섬진강, 보성강, 괴산이다. 춘천을 제외한 나머지 발전소의 출력량의 합은 다음과 같다.

- 섬진강 : $9.8 \times 6.9 \times 20 \times 0.9 = 1,217.16$
- 보성강 : $9.8 \times 1.1 \times 20 \times 0.9 = 194.04$
- 괴산 : $9.8 \times 74.2 \times 20 \times 0.9 = 13,088.88$
- ∴ (합계)$= 1,217.16 + 194.04 + 13,088.88 = 14,500.08$kW

이때, 춘천의 출력량은 총 출력량 15,206.08kW에서 나머지 발전소의 출력량의 합을 뺀 $15,206.08 - 14,500.08 = 706$kW이다.

춘천의 초당 유량을 $x[\text{m}^3/\text{sec}]$라 하였을 때,

$706 = 9.8 \times x \times 20 \times 0.9 \rightarrow x = 706 \div (9.8 \times 20 \times 0.9) \rightarrow x ≒ 4$

따라서 춘천 발전소의 분당 유량은 $60 \times 4 = 240\text{m}^3/\text{min}$이다.

08

정답 ③

주어진 내용을 그림으로 정리하면 다음과 같다.

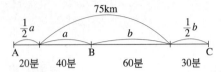

여기서 중요한 것은 첫 번째 대화지점부터 B까지의 소요시간이 40분이고, B부터 두 번째 대화지점까지의 소요시간이 60분이라는 점이다. 이는 이 자동차가 '일정한 속력'으로 달린다는 정보를 이용해 추론 가능하다. 즉, 속력이 일정할 때에는 거리가 2배 늘어나면 소요시간도 2배 늘어나게 되는 것이다. 그림에서 볼 수 있듯이 75km를 이동하는 데 100분이 소요되었으므로 A에서 B까지의 소요시간인 60분간 이동한 경우에는 45km를 이동했음을 알 수 있다.

09

정답 ②

먼저 주어진 조건을 통해 A에서 ☆△□<☆○△이므로 △<○이고, B에서 □☆○>□△☆이므로 ☆>△이며, C에서 ○□☆<○△☆이므로 □<△임을 알 수 있다. 이를 정리하면 결국 각 변수들의 관계를 □<△<○와 □<△<☆로 정리할 수 있는데, 이를 통해 □이 백의 자리에 위치한 □☆○은 가장 높은 수익률인 532가 될 수 없음을 알 수 있다. 따라서 ○△☆과 ☆○△ 둘 중 하나가 532가 된다. 그런데 만약 ○△☆이 532라면 △<☆이라는 조건에 모순되므로 결국 가장 높은 수익률은 ☆○△가 되며 이의 값은 532가 된다. 이때 △이 2이고 △보다 □이 작다고 하였으므로 □은 1임을 알 수 있다(첫 번째 조건에서 각 기호가 모두 자연수라고 하였다).

10

정답 ④

서울 대표를 기준으로 하여 시계 방향으로 '서울 – 대구 – 춘천 – 경인 – 부산 – 광주 – 대전 – 속초' 순서로 앉아 있다. 따라서 경인 대표의 맞은편에 앉은 사람은 속초 대표이다.

11

정답 ③

제시문을 살펴보면 전반적으로 민속음악이 가지는 특징에 대해 설명하고 있음을 알 수 있다.

12

정답 ④

민속음악은 곱고 예쁘게 다듬어 내는 음이 아니라 힘있고 역동적으로 표출되는 음이 아름답다고 여긴다. 판소리 명창이 고함치듯 질러대는 높은 소리에 청중들은 기다렸다는 듯이 '얼씨구'라는 추임새로 호응한다.

13

정답 ④

ㄴ. '나'는 암석에서 발견된 산소의 동위원소 조성이 지구와 다르며, 화성에서 기원한 다른 운석에서 나타나는 동위원소 조성과 일치한다는 점을 통해 수집한 암석을 화성의 것으로 추론한다. 즉, 지구와 화성에서 산소의 동위원소 조성이 다르다는 것을 전제하고 있다.

ㄷ. '나'는 암석에서 발견된 탄산염 광물이 지구의 퇴적물과 닮았고, 광물 내의 자철석 결정이 지구에서 발견되는 A종류 박테리아에 의해 생성된 것과 같은 특징을 보인다는 점을 통해 화성에도 A종류의 박테리아가 있었음을 추론한다. 즉, 특이한 형태의 자철석 결정은 A종류 박테리아에 의해서만 생성된다는 것을 전제하고 있다.

오답분석

ㄱ. '나'는 암석에서 발견된 100나노미터의 작은 세포 구조를 증거로 화성에서 생명체가 실재하였음을 주장한다. 즉, 100나노미터 이하의 구조를 생명체로 본 것이다.

14

확장형에 해당하며 일련번호가 '로'와만 결합되었으므로 옳은 도로명이다.

오답분석

①·③ 확장형에서 일련번호는 '로'와만 결합된다고 했으므로 옳지 않은 도로명이다.
④·⑤ 방위형에서 어휘는 '동, 서, 남, 북'으로만 한정되고 '골목'과만 결합되었다고 하였으므로 옳지 않은 도로명이다.

15

인구성장률 그래프의 경사가 완만할수록 인구 수 변동이 적다.

오답분석

① 인구성장률은 1970년 이후 계속 감소하고 있다.
② 총인구가 감소하려면 인구성장률 그래프가 (−)값을 가져야 하는데 2011년과 2015년에는 (+)값을 갖는다.
④ 그래프를 통해 1990년 인구가 더 적다는 것을 알 수 있다.
⑤ 그래프를 통해 2020년부터 총인구가 감소하는 모습을 보이고 있음을 알 수 있다.

16

글에서는 우리나라가 지식기반 산업 위주의 사회로 바뀌면서 내부 노동시장에 의존하던 인력 관리 방식이 외부 노동시장에서의 채용으로 변화함에 따라 지식 격차에 의한 소득 불평등과 국가 간 경제적 불평등 현상이 심화되고 있다고 말하고 있다.

오답분석

① 정보통신 기술을 통해, 전 지구적 노동시장이 탄생하여 기업을 비롯한 사회 조직들이 국경을 넘어 인력을 충원하고 재화와 용역을 구매하고 있다고 언급했다. 하지만 이러한 국가 간 노동 인력의 이동이 가져오는 폐해에 대해서는 언급하고 있지 않다.
② 지식기반 경제로의 이행은 지식 격차에 의한 소득 불평등 심화 현상을 일으킨다. 하지만 이것에 대한 해결책은 언급하고 있지 않다.
④ 생산 기능은 저개발국으로 이전되고 연구 개발 기능은 선진국으로 모여들어 정보 격차가 확대되고 있다. 하지만 국가 간의 격차 축소 정책의 필요성은 언급하고 있지 않다.
⑤ 사회 불평등 현상은 지식기반 산업 위주로 변화하는 국가에서 나타나거나 나라와 나라 사이에서 나타나기도 한다. 제시문에서 언급한 내용이지만 전체 주제를 포괄하고 있지 않으므로 적절하지 않다.

17

제시문의 내용은 죽은 뒤에도 지각이 있을 경우에만 윤회설이 맞고, 지각이 없다고 한다면 제사를 드리는 것에 실질적 근거가 없다고 하였다. 정기가 흩어지고 나면 지각이 있을 수 없으므로 결국 불가의 윤회설은 저절로 무너지게 된다고 한다. 하지만 죽은 뒤에는 지각이 없다고 할지라도 이치를 통해 제사를 지낼 수 있다고 하였다. 따라서 이를 포괄하는 것으로 ①이 가장 적절하다.

18

그래프만으로는 회귀율 변화의 원인을 알 수 없다.

오답분석

① $0.1 = \dfrac{x}{600} \times 100 \rightarrow x = 6,000$

② $\dfrac{1.3 + 1.3 + 1.0 + 0.7}{4} = 1.075$

③ $\dfrac{0.1 + 0.2 + 0.3 + 0.2 + 0.5 + 0.2 + 0.3 + 0.8}{8} = 0.325$

⑤ 2015년 포획량은 $0.2 \times 6 = 1.2$만 마리이고, 2017년 포획량은 $0.2 \times 10 = 2$만 마리이다.

19

정답 ④

참여율이 4번째로 높은 해는 2017년이므로 2017년 참여율의 전년 대비 증가율은 $\frac{14.6-12.9}{12.9} \times 100 ≒ 13.2\%$이다.

20

정답 ④

2016년과 2020년에는 출생아 수와 사망자 수의 차이가 20만 명이 되지 않는다.

오답분석

① 출생아 수는 2014년 이후 감소하다가 2017년, 2018년에 증가한 이후 다시 감소하는 추이를 보이고 있다.
② 매년 기대수명은 증가하는 추이를 보이고 있는 것을 확인할 수 있다.
③ 매년 남성과 여성의 수명 차이는 다음과 같다.

- 2014년 : 80.81−73.86=6.95년
- 2015년 : 81.35−74.51=6.84년
- 2016년 : 81.89−75.14=6.75년
- 2017년 : 82.36−75.74=6.62년
- 2018년 : 82.73−76.13=6.60년
- 2019년 : 83.29−76.54=6.75년
- 2020년 : 83.77−76.99=6.78년

따라서 남성과 여성의 수명은 매년 5년 이상의 차이를 보이고 있다.
⑤ 여성의 수명과 기대수명의 차이는 다음과 같다.

- 2014년 : 80.81−77.44=3.37년
- 2015년 : 81.35−78.04=3.31년
- 2016년 : 81.89−78.63=3.26년
- 2017년 : 82.36−79.18=3.18년
- 2018년 : 82.73−79.56=3.17년
- 2019년 : 83.29−80.08=3.21년
- 2020년 : 83.77−80.55=3.22년

따라서 여성의 수명과 기대수명의 차이는 2018년이 가장 적다.

21

정답 ①

네 번째 조건에 따라 K팀장은 토마토 파스타, S대리는 크림 리소토를 주문한다. 이때, L과장은 다섯 번째 조건에 따라 토마토 리소토나 크림 리소토를 주문할 수 있는데, 만약 L과장이 토마토 리소토를 주문한다면, 두 번째 조건에 따라 M대리는 토마토 파스타를 주문해야 하고, 사원들은 둘 다 크림소스가 들어간 메뉴를 주문할 수밖에 없으므로 조건과 모순이 된다. 따라서 L과장은 크림 리소토를 주문했다. 다음으로 사원 2명 중 1명은 크림 파스타, 다른 한 명은 토마토 파스타나 토마토 리소토를 주문해야 하는데, H사원이 파스타면을 싫어하므로 J사원이 크림 파스타, H사원이 토마토 리소토, M대리가 토마토 파스타를 주문했다. 다음으로 일곱 번째 조건에 따라 J사원이 사이다를 주문하였고, H사원은 J사원과 다른 음료를 주문해야 하지만 여덟 번째 조건에 따라 주스를 함께 주문하지 않으므로 콜라를 주문했다. 또한, 여덟 번째 조건에 따라 주스를 주문한 사람은 모두 크림소스가 들어간 메뉴를 주문한 사람이어야 하므로 S대리와 L과장이 주스를 주문했다. 마지막으로 여섯 번째 조건에 따라 M대리는 사이다를 주문하고, K팀장은 콜라를 주문했다. 이를 정리하면 다음과 같다.

구분	K팀장	L과장	S대리	M대리	H사원	J사원
토마토 파스타	○			○		
토마토 리소토					○	
크림 파스타						○
크림 리소토		○	○			
콜라	○				○	
사이다				○		○
주스		○	○			

따라서 사원들 중 주스를 주문한 사람은 없다.

22

정답 ③

21번의 결과로부터 S대리와 L과장은 모두 주스와 크림 리소토를 주문한 것을 알 수 있다.

다음의 논리 순서를 따라 주어진 조건을 정리하면 쉽게 접근할 수 있다.

• 첫 번째 조건 : 0, 1, 2, 3, 4, 5, 6, 7, 8, 9 중 소수인 2, 3, 5, 7을 제외하면 0, 1, 4, 6, 8, 9가 남는다.
• 두 번째, 세 번째, 네 번째 조건 : 9를 제외하여 0, 1, 4, 6, 8이 남고 6과 8중에 하나만 사용된다.

이 사실을 종합하여 가능한 경우의 수를 정리하면 다음과 같다.

구분	첫 번째	두 번째	세 번째	네 번째
경우 1	8	4	1	0
경우 2	6	4	1	0

따라서 주어진 정보를 모두 만족하는 비밀번호는 8410과 6410으로 두 개다.

오답분석

① 두 비밀번호 모두 0으로 끝나므로 짝수이다.
② 두 비밀번호의 앞에서 두 번째 숫자는 4이다.
④ 두 비밀번호 모두 1을 포함하지만 9는 포함하지 않는다.
⑤ 두 비밀번호 중에서 작은 수는 6410이다.

ㄱ. '각기'는 ㄱ이 3회 사용되어 단어점수는 $\frac{2^3}{1}=8$이며, '논리'는 ㄴ이 2회 사용되었고 ㄹ이 1회 사용되어 $\frac{2^2+2^1}{2}=3$이므로 옳은 내용이다.

ㄴ. 예를 들어 '글자'의 단어점수는 $\frac{2^1+2^1+2^1}{3}=2$이며, '곳'의 단어점수 역시 $\frac{2^1+2^1}{2}=2$이다. 즉 단어의 글자 수와 자음점수가 달라도 단어점수가 같을 수 있다.

오답분석

ㄷ. 글자 수가 4개인 단어 중 단어점수가 최대로 나오는 경우는 '난난난난'과 같이 하나의 자음이 총 8회 나오는 경우이다. 이 경우의 단어점수는 $\frac{2^8}{1}=256$이므로 250점을 넘을 수 있다.

ㄱ・ㄷ. 후추의 매운맛은 피페린이라는 성분에 영향을 받는다. 따라서 피페린이 더 많이 함유되어 있을수록 더 맵다. 또한, 검은 후추보다 흰 후추가 피페린의 함유량이 더 적으므로, 매운 후추 맛을 원하는 사람은 검은 후추를 선택할 것이다.
ㄹ. 통후추 상태로는 향미가 오랫동안 보존되지만 갈아놓으면 향미를 빨리 잃게 된다.

오답분석

ㄴ. 흰 후추는 열매가 완전히 익은 후에 따서 따뜻한 물에 담가 과피와 과육을 제거한 것이다.

01 경영학(사무영업직)

26	27	28	29	30	31	32	33	34	35	36	37	38	39	40	41	42	43	44	45
①	①	⑤	②	①	⑤	⑤	⑤	③	②	⑤	③	④	③	①	④	⑤	①	③	⑤

46	47	48	49	50															
④	②	③	③	③															

26
정답 ①

초기고가전략은 가격 변화에 둔감한 경우, 즉 수요의 가격탄력성이 낮은 경우에 채택해야 한다.

27
정답 ①

오답분석

② 적시(JIT) 생산시스템 : 필요한 때에 맞추어 물건을 생산·공급하는 것으로 제조업체가 부품업체로부터 부품을 필요한 시기에 필요한 수량만큼만 공급받아 재고가 없도록 해 주는 재고관리시스템이다.
③ 린(Lean) 생산 : 작업 공정 혁신을 통해 비용은 줄이고 생산성은 높이는 것으로 숙련된 기술자의 편성과 자동화 기계의 사용으로 적정량의 제품을 생산하는 방식이다.
④ 공급사슬관리(SCM) : 어떤 제품을 판매하는 경우 자재 조달, 제품 생산, 유통, 판매 등의 흐름을 적절히 관리하여 공급망 체인을 최적화함으로써 조달 시간 단축, 재고 비용이나 유통 비용 삭감, 고객 문의에 대한 빠른 대응을 실현하는 것이다.
⑤ 칸반(Kanban) 시스템 : JIT 시스템의 생산통제수단으로 낭비를 제거하고 필요한 때에 필요한 물건을 필요한 양만큼만 만들어서 보다 빨리, 보다 싸게 생산하기 위한 목적으로 활용되는 시스템이다.

28
정답 ⑤

윤리경영에서는 윤리적 책임, 자선적 책임, 경제적 책임, 법적 책임을 모두 기업의 사회적 책임활동으로 보고 있다.

29
정답 ②

오답분석

① 지주회사(Holding Company) : 다른 회사의 주식을 소유함으로써 사업 활동을 지배하는 것을 주된 사업으로 하는 회사이다.
③ 컨글로메리트(Conglomerate) : 복합기업, 다종기업이라고도 하며, 서로 업종이 다른 이종기업 간의 결합에 의한 기업형태이다.
④ 트러스트(Trust) : 동일산업 부문에서의 자본의 결합을 축으로 한 독점적 기업결합이다.
⑤ 콘체른(Concern) : 법률적으로 독립하고 있는 몇 개의 기업이 출자 등의 자본적 연휴를 기초로 하는 지배·종속 관계에 의해 형성되는 기업결합이다.

30
정답 ①

포터(M. Porter)의 경쟁전략 유형
• 원가우위 전략
• 차별화 전략
• 원가집중화 전략
• 차별적 집중화 전략

31

행위기준고과법(BARS)은 피평가자의 실제 행동을 관찰하여 평가하는 방식이다. 이는 평정척도법과 주요사건기록법을 혼용하여 평가직무에 직접 적용되는 행동묘사문을 다양한 척도의 수준으로 평가하는 방법이다. 주관적인 특성을 보이며 신뢰할 만한 자료를 얻기 어렵다는 단점을 가진 인사고과 방법은 자율 서술법이다.

32

평가센터법 안에서 다양한 방법의 평가기법들이 사용되기 때문에 표준화가 어렵고 상대적 비교도 어려우며, 시간과 비용이 많이 든다.

33

최저임금제의 필요성
• 계약자유의 원칙 한계 보완 : 계약의 자유가 소유권과 결합하여 오히려 경제적 강자를 보호하고 경제적 약자를 지배하는 제도로, 전환되는 한계를 보완한다.
• 사회적 약자 보호 : 생존임금과 생활임금을 보장하여 저임금 노동자 등의 사회적 약자들을 보호한다.
• 시장실패 보완 : 임금이 하락함에도 불구하고 노동공급은 줄어들지 않고 계속 증가하여 임금이 계속 떨어지는 현상인 왜곡된 임금구조를 개선한다.
• 유효수요 증대 : 저소득층의 한계소비성향을 높여 사회 전반적인 수요를 증대시킨다.

34

오답분석
① 서열법 : 피평정자의 근무성적을 서로 비교해서 그들 간의 서열을 정하여 평정하는 방법이다.
② 평정척도법 : 관찰하려는 행동에 대해 어떤 질적 특성의 차이를 몇 단계로 구분하여 판단하는 방법이다.
④ 중요사건기술법 : 피평정자의 근무실적에 큰 영향을 주는 중요 사건들을 평정자로 하여금 기술하게 하거나 또는 주요 사건들에 대한 설명구를 미리 만들고 평정자로 하여금 해당되는 사건에 표시하게 하는 평정방법이다.
⑤ 목표관리법 : 전통적인 충동관리나 상사위주의 지식적 관리가 아닌 공동목표를 설정·이행·평가하는 전 과정에서 아랫사람의 능력을 인정하고 그들과 공동노력을 함으로써 개인목표와 조직목표 사이, 상부목표와 하부목표 사이에 일관성이 있도록 하는 관리방법이다.

35

역할연기법은 경영관리상의 문제해결이나 이해를 위해 당사자가 문제의 주인공처럼 실연해서 문제의 핵심을 파악하는 것으로, 감독자 훈련이나 세일즈맨에 대한 기술훈련 등에 사용되고 있다. 따라서 역할연기법은 훈련방법이지 훈련의 필요성을 분석하는 방법이 아니다.

36

소비자의 제품 주문 정보가 공급망 상류로 갈수록 수요 정보가 왜곡되는 현상은 채찍 효과이다.

37

• A : $3 \times 9 + 2 \times 8 + 5 \times 6 = 73$
• B : $3 \times 6 + 2 \times 9 + 5 \times 7 = 71$
• C : $3 \times 5 + 2 \times 7 + 5 \times 10 = 79$
• D : $3 \times 9 + 2 \times 6 + 5 \times 7 = 74$
• E : $3 \times 3 + 2 \times 5 + 5 \times 6 = 49$
따라서 평가점수가 가장 높은 C가 선택된다.

38

오답분석

① 연봉제 : 개별 구성원의 능력·실적 및 조직 공헌도 등을 평가해 계약에 의해 연간 임금액을 책정하는 보수 체계이다.
② 개인성과급제 : 노동의 성과를 측정하여 그 결과에 따라 임금을 지급하는 제도이다.
③ 임금피크제 : 근로자들의 임금을 삭감하지 않고 고용을 유지하기 위해 근무시간을 줄여 고용을 보장하기 위한 제도이다.
⑤ 스캔론 플랜 : 생산액의 변동에 임금을 연결시켜 산출하는 것으로 일정기간 동안 구성원과 조직이 기대한 원가절감액에서 실제 절약한 비용을 뺀 나머지를 모든 구성원들에게 금전적 형태로 제공하는 제도이다.

39

오답분석

① 편의품(Convenience Goods) : 최소한의 노력으로 적합한 제품을 구매하려는 행동의 특성을 보이는 제품으로, 주로 일상생활에서 소비빈도가 가장 높으며 가장 인접해 있는 점포에서 구매하는 상품이다.
② 선매품(Shopping Goods) : 여러 점포를 방문하거나 다양한 제품들의 가격수준, 품질, 스타일 등에 대한 적합성을 비교하여 최선의 선택으로 결정하는 제품이다.
④ 자본재(Capital Items) : 다른 재화를 생산하기 위해 사용되는 재화이다.
⑤ 원자재(Raw Materials) : 공업 생산의 원료가 되는 자재이다.

40

기업의 지배권을 가진 소유경영자가 전문경영자에 비해 상대적으로 더 강력한 리더십을 발휘할 수 있다. 주식회사의 대형화와 복잡화에 따라 조직의 경영을 위한 전문지식과 기술을 가진 전문경영자를 고용하여 기업의 운영을 전담시키게 된다. 전문경영자의 장점은 합리적 의사결정이 가능, 기업문화와 조직 혁신에 유리, 지배구조의 투명성 등이 있다. 단점으로는 책임에 대한 한계, 느린 의사결정, 단기적인 이익에 집착, 대리인 문제의 발생이 있다.

41

시장세분화의 요건
• 측정가능성 : 세분시장의 특성(고객 수, 구매력)이 측정 가능해야 한다.
• 접근가능성 : 유통경로나 매체를 통한 접근이 가능해야 한다.
• 실행가능성 : 세분시장을 공략하기 위한 효과적 마케팅 프로그램을 개발할 수 있어야 한다.
• 충분한 세분시장의 규모 : 충분한 이익을 얻을 수 있어야 한다.
• 차별화 가능성 : 세분시장 내는 동질적, 세분시장 간은 이질적이어야 한다.

42

촉진믹스(Promotion Mix) 활동
• 광고
• 인적판매
• 판매촉진
• PR(Public Relationship)
• 직접마케팅
• 간접마케팅

43

클로즈드 숍은 노동조합에 가입하지 않는다면 구성원으로 채용될 수 없는 제도이기 때문에 노동조합에 대한 권한이 가장 강하게 우선시 될 수 있는 제도이다.

44

- $\text{EOQ}=\sqrt{\dfrac{2\times(\text{주문당 소요비용})\times(\text{연간 수요량})}{(\text{연간단위 재고비용})}}=\sqrt{\dfrac{2\times10\text{만}\times500}{1\text{만}}}=100$

- $(\text{최적주문횟수})=\dfrac{(\text{연간 수요량})}{\text{EOQ}}=\dfrac{500}{100}=5$

45

정답 ⑤

[오답분석]
① A등급은 재고가치가 높은 품목들이 속한다.
② A등급 품목은 로트 크기를 작게 유지한다.
③ C등급 품목은 재고유지비가 낮다.
④ ABC등급 분석을 위해 파레토 법칙을 활용한다.

ABC 재고관리
재고품목을 연간 사용금액에 따라 A등급, B등급, C등급으로 나눈다.
• A등급 : 상위 15% 정도, 연간 사용금액이 가장 큰 항목, 아주 엄격한 재고 통제
• B등급 : 35% 정도, 연간 사용금액이 중간인 항목, 중간 정도의 재고 통제
• C등급 : 50% 정도, 연간 사용금액이 작은 항목, 느슨한 재고 통제

46

정답 ④

도매상, 소매상 등을 활용하는 유통 방식을 간접유통 방식이라고 한다.

47

정답 ②

인건비, 운송비 등 제조 비용을 줄이기 위해 해외로 생산기지를 옮겼던 기업들이 해당 국가에서도 비용 상승의 문제에 직면하면서 본국으로 돌아오기를 결정하는 것은 리쇼어링에 대한 설명이다.

48

정답 ③

$Q=\sqrt{\dfrac{2OD}{C}}=\sqrt{\dfrac{2\times100\times10,000}{200}}=100$이다. 최적 주문횟수는 연간수요량을 최적 주문량으로 나누면 구할 수 있다.

따라서 (최적 주문횟수)$=\dfrac{D}{Q}=\dfrac{10,000}{100}=100$회이다.

경제적 주문량(EOQ)에 의한 최적 주문횟수
$Q=\sqrt{\dfrac{2OD}{C}}$ [Q=(최적 주문량), C=(단위당 연간 재고유지비용), D=(연간수요량), O=(1회 주문비용)]

49

정답 ③

기업의 사회적 책임이란 기업의 의사결정 과정에서 모든 이해자 집단에 끼치게 될 의사결정의 영향력을 고려하고, 그 이해자 집단들에게 최선의 결과가 주어질 수가 있는 의사결정을 내릴 수 있도록 하기 위한 노력이라 할 수 있다. 구체적인 내용으로 기업유지 및 존속에 대한 책임, 이해자 집단에 대한 이해 조정 책임, 후계자 육성의 책임, 정부에 대한 책임, 지역사회 발전의 책임 등이 있다.

50

정답 ③

메릭식 복률성과급은 표준작업량의 83%와 100%선을 기준으로 하여 83% 미만의 성과자들에게는 낮은 임률을 적용하지만 83 ~ 100% 사이의 성과자들에게는 표준임금률을 약간 상회하는 수준을, 100% 이상의 성과자들에게는 더 높은 수준의 임률을 제공하여 중간 정도의 목표를 달성하는 종업원을 배려하고 있다(3단계 임금구조).

26	27	28	29	30	31	32	33	34	35	36	37	38	39	40	41	42	43	44	45
④	④	①	②	③	④	②	④	④	③	②	⑤	③	④	②	②	④	③	③	④

46	47	48	49	50															
②	②	①	④	③															

26 정답 ④

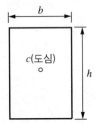

$$I_p = I_x + I_y = \frac{bh^3}{12} + \frac{b^3h}{12} = \frac{bh}{12}(h^2 + b^2)$$

27 정답 ④

$$f_t = \frac{P}{A} - \frac{P \times e}{I} \times \frac{h}{2} = \frac{3,000}{0.6 \times 1.0} - \frac{3,000 \times 0.2}{\frac{1.0 \times 0.6^3}{12}} \times \frac{0.6}{2} = -5,000 \text{KN/m}^2 = -5 \text{N/mm}^2 = -5 \text{MPa(인장 응력)}$$

28 정답 ①

세장비 $\lambda = \dfrac{kl}{r}$

양단 고정이므로 $kl = 0.5l$이다.

$\therefore \ \lambda = \dfrac{0.5l}{r} = \dfrac{l}{2r}$

29 정답 ②

오답분석

① 플랫 트러스

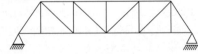

③ 와렌 트러스

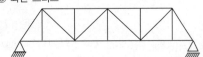

30

정답 ③

정사각형 토지의 면적을 $A \text{m}^2$ 라 하면, 정사각형 토지의 면적은 $A = 150 \times 150 = 22,500$이다. 이때, 면적과 거리의 오차는 $\dfrac{dA}{A} = 2\dfrac{d\ell}{\ell} \rightarrow \dfrac{dA}{22,500} = 2\dfrac{0.03}{30} \rightarrow dA = 45$

31

정답 ④

(해당 측선의 배횡거)=(전 측선의 배횡거)+(전 측선의 경거)+(해당 측선의 경거)이다.
- (AB의 배횡거)=83.57
- (BC의 배횡거)=83.57+83.57+19.68=186.82

따라서 (CD의 배횡거)=186.82+19.67−40.60=165.89

32

정답 ②

VRS 측위는 수신기 1대를 이용한 절대측위 방법이 아닌, 전국의 위성 기준점을 이용하여 가상의 기준점을 생성하고, 이 가상의 기준점과 이동국과 통신하여 정밀한 이동국의 위치를 결정하는 측량방법으로, 상대측위 방식의 RTK 측량의 일종이다.

33

정답 ④

지형측량은 '측량계획 – 골조측량 – 세부측량 – 측량원도작성'의 순서로 진행한다.

34

정답 ④

상향력 $u = \dfrac{8 \times P \times s}{L^2} = \dfrac{8 \times 2,000 \times 0.10}{10^2} = 16 \text{kN/m}$

35

정답 ③

$V_u \leq \dfrac{1}{2}\phi V_c = \dfrac{1}{2}\phi\left(\dfrac{\lambda\sqrt{f_{ck}}}{6}\right)b_w d$ 이므로 $d \geq \dfrac{12V_u}{\phi\lambda\sqrt{f_{ck}}b_w} = \dfrac{12 \times (70 \times 10^3)}{0.75 \times 1.0 \times \sqrt{21} \times 400} \fallingdotseq 611 \text{mm}$ 이다.

따라서 최소 유효깊이 d는 약 611mm이다.

36

정답 ②

$A = \dfrac{\Delta u_f}{\Delta\sigma_f} = \dfrac{2.1}{2.8} = 0.75$

37

정답 ⑤

오답분석

ㄱ. 분리형 원통 시료기는 교란시료 채취가 가능하다.

38

정답 ③

압밀시간 t는 배수거리 d의 제곱에 비례하고, 양면배수이므로 $d_1 = 10$, $d_2 = 40$이다.

$$t_1 : t_2 = {d_1}^2 : {d_2}^2 \rightarrow t_2 = \frac{{d_2}^2}{{d_1}^2} \times t_1 = \frac{40^2}{10^2} \times 10 = 160$$

39

정답 ④

$$A_r = \frac{D_w^2 - D_e^2}{D_e^2} \times 100 = \frac{6^2 - 5.5^2}{5.5^2} \times 100 ≒ 19\%\text{이다.}$$

40

정답 ②

편심거리 $e = 0.4 < \frac{B}{6} = \frac{4}{6} ≒ 0.67$이다. 이때, 최대압축응력 $q_{\max} = \frac{Q}{B} \times \left(1 + \frac{6e}{B}\right) = \frac{10}{4} \times \left(1 + \frac{6 \times 0.4}{4}\right) = 4\text{t/m}^2$ 이다.

41

정답 ②

습윤측 다짐을 하면 흙의 구조가 이산구조가 되기 쉽다.

42

정답 ④

3등교(DB 13.5)

$$\frac{L + 0.6}{9.6} P_{13.5} = \frac{4.2 + 0.6}{9.6} \times 5,400 = 2,700\text{kgf} \cdot \text{m/m}$$

43

정답 ③

$$a = \frac{A_s \cdot f_y}{0.85 f_{ck} b} = \frac{2,550 \times 300}{0.85 \times 300 \times 30} = 100$$

44

정답 ③

$$U = 2F \cdot \sin\theta = 2 \times 200 \times \frac{1}{2} = 200\text{kN}$$

45

정답 ④

$$f_{ci} = \frac{(3 \times 10^{-4} \times 3) \times 1,000}{0.3 \times 0.3} = 10$$

$$\triangle f_p = n f_{ci} = 6 \times 10 = 60$$

$$\therefore \ \triangle f = \frac{1}{2} \triangle f_p = \frac{1}{2} \times 60 = 30$$

46

정답 ②

1), 2), 3) 중의 가장 작은 값이 플랜지 유효폭이 된다.

1) $16t_f + b_w = (16 \times 150) + (500) = 2,900$mm

2) (양쪽 슬래브 중심간 거리) = 2,200mm

3) 보 경간의 $\frac{1}{4} = (12 \times 10^3) \times \frac{1}{4} = 3,000$mm

따라서 플랜지의 유효폭은 2,200mm이다.

47

정답 ②

사인장 응력은 45°로 발생한다.

48

정답 ①

T형교 슬래브(바닥판)의 두께

• 차도 부분 바닥판의 두께 : 최소 22cm 이상
• 보도 부분 바닥판의 두께 : 최소 14cm 이상

49

정답 ④

3차 중첩 내삽법(Cubic Convolution)은 위성영상의 기하학적 왜곡을 보정하는 방법으로, 보간하고 싶은 점의 주의 16개 관측점의 화소값을 이용하여 3차회선함수를 이용하여 보간한다. 3차 중첩 내삽법은 보정 전 자료와 통계치 및 특성의 손상이 많으므로 계산시간이 많이 소요된다. 그러나 화상의 평활화와 동시에 선명성의 효과가 있어 고화질을 얻을 수 있는 장점을 가진다.

50

정답 ③

콘크리트의 설계기준 강도

• 프리텐션 방식 : 35MPa
• 포스트텐션 방식 : 30MPa

26	27	28	29	30	31	32	33	34	35	36	37	38	39	40	41	42	43	44	45
③	③	⑤	②	①	⑤	③	②	②	④	②	③	③	⑤	①	④	③	③	③	④

46	47	48	49	50															
①	①	③	③	⑤															

26
정답 ③

$$M_{\max} = \frac{1}{8}wl^2 = \frac{1}{8} \times 450 \times 1^2 = 56.25 \text{N} \cdot \text{m}$$

$$Z = \frac{1}{6}bh^2 = \frac{1}{6} \times 0.05 \times 0.06^2 = 30 \times 10^{-6} \text{m}^3$$

최대굽힘응력 $\sigma_{\max} = = \dfrac{M_{\max}}{Z} = \dfrac{56.25}{30 \times 10^{-6}} = 1.875 \text{MPa}$

27
정답 ③

칠드주조는 냉경주조라고도 하며, 용융 백주철을 급랭한 금형에 넣고 표면은 시멘타이트로 내부는 인성이 있는 재료를 만들 때 사용한다.

28
정답 ⑤

비틀림각$(\theta) = \dfrac{Tl}{GI_p} = \dfrac{32Tl}{G\pi d^4}$

$$T = \frac{G\pi d^4\theta}{32l} = \frac{(100 \times 10^9) \times \pi \times 0.15^4 \times \frac{1}{20}}{32 \times 1} = 248,504.9 \text{N} \cdot \text{m} \rightarrow 248.5 \text{kN} \cdot \text{m}$$

29
정답 ②

전단탄성계수

$G = \dfrac{E}{2(1+\mu)}$ (E : 탄성계수, μ : 푸아송 비)

따라서 전단탄성계수는 $G = \dfrac{E}{2(1+\mu)} = \dfrac{200}{2(1+0.3)} = 76.9 \text{GPa}$이다.

30
정답 ①

$S = \dfrac{\sigma_{\max}}{\sigma_a}$, $\sigma_a = \dfrac{\sigma_{\max}}{S} = \dfrac{600}{7} = 85.71 \text{MPa}$

$\sigma_a = \dfrac{P}{A} = \dfrac{4P}{\pi d^2}$

$\therefore d = \sqrt{\dfrac{4P}{\pi \sigma_a}} = \sqrt{\dfrac{4 \times 50 \times 10^3}{\pi \times 85.71 \times 10^6}} = 0.027 \text{m} \rightarrow 2.7 \text{cm}$

31

정답 ⑤

보일 – 샤를의 법칙에 의하여 $\dfrac{P_1 V_1}{T_1} = \dfrac{P_2 V_2}{T_2} = C,\ V_1 = V_2 = V$

$$\dfrac{50 \times V}{(25 + 273.15)} = \dfrac{(50 \times 1.5) \times V}{T_2}$$

$\therefore\ T_2 = 447.2\text{K} = 174.1\,℃$

32

정답 ③

$m_물 = \sigma_물 \times V_물 = 1{,}000\text{kg/m}^3 \times (30\text{L} \times 10^{-3}\,\text{m}^3/\text{L}) = 30\text{kg}$

$(mC\triangle T)_물 + (mC\triangle T)_물 + (mC\triangle T)_강 = (mC\triangle T)_{물체}$

$30 \times 4.2 \times (50 - 18) + 7 \times 0.46 \times (50 - 18) = 3 \times C_{물체} \times (200 - 50)$

$\therefore\ C_{물체} ≒ 9.2\text{kJ/(kg} \cdot \text{K)}$

33

정답 ②

$(1\text{kg당 엔트로피}) = \dfrac{4.82}{7} ≒ 0.689\text{kJ/(kg} \cdot \text{K)}$

$\triangle s = C_v \times \ln\dfrac{T_2}{T_1}$

$T_2 = T_1 e^{\frac{\triangle s}{C_v}} = (10 + 273.15)e^{\frac{0.689}{0.717}} ≒ 740.2\text{K}$

34

정답 ②

엔탈피 변화$(dh) = C_p dT = dq + vdP = dq(\because\ dP = 0)$

$\triangle h = C_p (T_2 - T_1)[kJ/kg]$

$T_2 = T_1 + \dfrac{\triangle h}{C_p} = (70 + 273.15) + \dfrac{\frac{450}{2}}{4} = 399.4\text{K}$

보일 – 샤를의 법칙에 의하여, $\dfrac{P_1 V_1}{T_1} = \dfrac{P_2 V_2}{T_2} = C,\ P_1 = P_2 = P$

$\dfrac{PV_1}{343.15} = \dfrac{PV_2}{399.4}$

$\therefore\ V_2 ≒ 1.16\,V_1$

35

정답 ④

열효율$(\eta_c) = \dfrac{W}{Q_1} = 1 - \dfrac{T_2}{T_1}$

$W = Q_1 \times \left(1 - \dfrac{T_2}{T_1}\right) = 400 \times \left(1 - \dfrac{50 + 273.15}{300 + 273.15}\right) ≒ 174.5\text{kJ}$

36

②

$$h_L = \frac{\Delta P}{\gamma} = f\frac{L}{d}\frac{V^2}{2g}$$

$$h_L' = \frac{\Delta P'}{\gamma} = \frac{f}{\sqrt{3}}\frac{L}{d}\frac{(3V)^2}{2g} = \frac{9}{\sqrt{3}}h_L = 3\sqrt{3}\,h_L$$

$$\Delta P = \gamma h_L$$

$$\Delta P' = \gamma h_L' = \gamma(3\sqrt{3}\,h_L) = 3\sqrt{3}\,(\gamma h_L) = 3\sqrt{3}\,\Delta P$$

37

정답 ③

실리코나이징은 강철표면에 규소를 확산 침투시키는 방법으로 산류에 대한 내부식성, 내마멸성이 큰 표면 경화법이다.

오답분석

① 질화법 : 질화용 강의 표면층에 질소를 확신시켜, 표면층을 경화하는 방법이다.
② 청화법 : 시안화물을 사용한 표면 경화법이다.
④ 크로마이징 : 표면에 크롬을 침투 확산하고 내열, 내마모, 내식성을 부여하는 금속 침투법이다.
⑤ 하드 페이싱 : 표면의 합금층을 만드는 것으로 마모나 부식을 방지하는 방법이다.

38

정답 ③

$$(V-u) = 15-5 = 10\text{m/s}$$

$$Q = A(V-u) = \frac{\pi}{4}0.03^2 \times 10 \fallingdotseq 0.007\text{m}^3/\text{s}$$

$$F = \rho Q(V-u) = (0.83 \times 1,000) \times 0.007 \times 10 = 58.1\text{N}$$

39

정답 ⑤

$$(Re)_p = (Re)_m \text{ 이므로 } \left(\frac{Vl}{\nu}\right)_p = \left(\frac{Vl}{\nu}\right)_m$$

$$\therefore\ V_m = V_p\frac{\nu_m}{\nu_p} \times \frac{l_p}{l_m}$$

여기서, $\nu_p = \nu_m$ 이므로 $V_m = V_p\frac{l_p}{l_m} = 30 \times 10 = 300\text{km/h}$이다.

40

정답 ①

$$P_B = P_c$$

$$P_A + \gamma_물 \times S_{기름} \times h = \gamma_물 \times S_{수은} \times H$$

$$P_A + 9,800 \times 0.9 \times 0.09 = 9,800 \times 13.6 \times 0.2$$

$$\therefore\ P_A = 25,862.2\text{Pa} \fallingdotseq 25.86\text{kPa}$$

41

정답 ④

가공도$(= \dfrac{A'}{A_0} \times 100\%)$가 커 거친 가공에 적합한 것은 열간가공의 특징이다.

냉간가공의 특징
- 가공면이 아름답다(치수 정밀도가 높다).
- 기계적 성질이 개선된다.
- 가공방향으로 섬유조직이 되어 방향에 따라 강도가 달라진다.
- 인장강도, 항복점, 탄성한계, 경도가 증가한다.
- 연신율(신장률), 단면수축률, 인성 등은 감소한다.

42

정답 ③

노멀라이징(불림, 소준)은 미세한 조직을 얻기 위해 변태점 이상 가열 후 공기 중에서 냉각시키는 것으로, 연질화되며 항복점 강도가 증가된다.

오답분석

① 템퍼링(뜨임, 소려) : 변형점 이하(600℃)로 가열 후 서서히 냉각시켜 안정시킨다. 담금질한 강의 취성 개선이 목적이며, 경도와 강도가 감소되고 신장률, 수축율이 증가한다.
② 퀜칭(담금질, 소입) : 고온가열 후(오스테나이트 상태) 물이나 기름으로 급냉시켜 마텐자이트 조직을 얻는다. 경도, 내마모성이 증가되고 신장률, 수축율은 감소한다.
④ 어닐링(풀림, 소둔) : 고온(800℃)으로 가열하여 노중에서 서서히 냉각하여 강의 조직이 표준화, 균질화되어 내부변형이 제거된다. 인장강도가 저하되고 신율과 점성이 증가된다.
⑤ 오스포밍 : 과랭 오스테나이트 상태에서 소성가공하고, 그 후의 냉각 중에 마텐자이트화하는 방법으로 인장강도 300kg/mm^2, 신장 10%의 초강력성이 발생된다.

43

정답 ③

도시된 공압기호는 복동 실린더(한쪽 피스톤 로드)를 나타낸 것이다.

복동 실린더(양쪽 피스톤 로드)

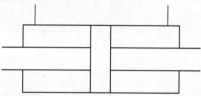

44

정답 ③

유압장치의 경우 인화에 따른 폭발 위험이 있다.

유압기기의 특징
- 입력에 대한 출력의 응답이 빠르다.
- 작동유량을 조절하여 무단변속을 할 수 있다.
- 원격 조작이 가능하다.
- 방청과 윤활이 자동적으로 이루어진다.
- 전기적인 조작, 조합이 간단하다.
- 작은 장치로 큰 출력을 얻을 수 있다.
- 인화에 따른 폭발 위험이 있다.
- 온도 변화에 대한 점도 변화가 있으며, 기름이 누출될 수 있다.
- 회전 운동과 직선 운동 자유롭다.

45

스톱 밸브는 유량 제어 밸브이다.
• 유압 제어 밸브 : 릴리프 밸브, 시퀀스 밸브, 카운터 밸런스 밸브, 언로더 밸브, 감압 밸브, 압력 스위치
• 유량 제어 밸브 : 스톱 밸브, 스로틀 밸브, 스로틀 체크 밸브
• 방향 제어 밸브 : 체크 밸브, 셔틀 밸브, 로터리, 스풀 밸브

46

정답 ①

운동량 보존법칙에 의하여 $m_1 v_1 + m_2 v_2 = (m_1 + m_2) v'$

$5 \times 25 + 8 \times 0 = (5+8) \times v'$

$\therefore v' \fallingdotseq 9.6 \text{m/s}$

47

정답 ①

청열 취성은 철이 산화되어 푸른빛으로 보이는 상태를 말하며, 탄소강이 200℃ ~ 300℃에서 인장강도와 경도 값이 상온일 때보다 커지지만 연신율이 낮아져 취성이 커지는 현상이다.

48

정답 ③

슈퍼 피니싱은 입도가 작고 연한 숫돌을 가벼운 압력으로 공작물 표면에 가압하면서 피드를 주고 또한 숫돌을 진동시키면서 가공물을 완성・가공하는 방법으로 가공면이 깨끗하고, 방향성이 없고, 가공에 의한 표면의 변질부가 극히 적어 주로 원통의 외면, 내면은 물론 평면도 가공 가능하다.

오답분석
① 배럴(Barrel) 가공 : 공작물, 연삭입자, 가공액, 컴파운드를 상자(배럴) 속에 넣고 회전 또는 진동시켜 공작물 표면의 요철을 없애고 평평한 가공면을 얻는 가공법이다.
② 호닝(Honing) : 몇 개의 숫돌을 공작물에 대고 압력을 가하면서 회전운동과 왕복운동을 시켜 보링 또는 연삭 다듬질한 원통 내면의 미세한 돌기를 없애고, 극히 아름다운 표면으로 다듬질하는 방법이다.
④ 숏 피닝(Shot Peening) : 금속재료의 표면에 강이나 주철의 작은 입자들을 고속으로 분사시켜 표면층의 경도를 높이는 방법으로 피로한도, 탄성한계를 향상시킨다.
⑤ 래핑(Lapping) : 공작물과 랩공구 사이에 미세한 분말 상태의 랩제와 윤활유를 넣고, 이들 사이에 상대운동을 시켜 정밀한 표면으로 가공하는 방법이다.

49

정답 ③

등온과정에서 엔탈피는 0으로 불변이다.

엔탈피(H)
내부에너지(U)와 일(W)의 합으로 나타낸 값으로, 열의 이동과 상태변화로 인한 물질의 에너지 변화를 설명한다.

50

정답 ⑤

냉동사이클의 성적계수 $\epsilon_r = \dfrac{(저온체에서 흡수한 열량)}{(공급열량)} = \dfrac{Q}{W}$이다. 따라서 필요한 동력은 $W = \dfrac{Q}{\epsilon_r} = \dfrac{6}{3} = 2$냉동톤이므로 $2 \times 3.85 = 7.7$kW이다.

26	27	28	29	30	31	32	33	34	35	36	37	38	39	40	41	42	43	44	45
③	④	④	④	③	③	④	⑤	③	①	③	②	③	④	④	③	③	①	②	②

46	47	48	49	50															
①	⑤	②	③	②															

26
정답 ③

망상(Network) 배전방식의 특징
- 플리커, 전압 변동률이 작다.
- 정전이 적고, 배전 신뢰도가 높다.
- 인축의 접촉사고가 증가한다.
- 전력 손실이 감소된다.
- 부하 증가에 대한 적응성이 좋다.
- 변전소의 수를 줄일 수 있다.
- 건설비가 비싸다.

27
정답 ④

방식	소요 전선량
$1\phi 2W$	$100\% = 1$
$1\phi 3W$	$37.5\% = \dfrac{3}{8}$
$3\phi 3W$	$75\% = \dfrac{3}{4}$
$3\phi 4W$	$33.3\% \fallingdotseq \dfrac{1}{3}$

따라서 $\dfrac{\frac{3}{4}}{\frac{1}{3}} = \dfrac{9}{4}$ 배가 된다.

28
정답 ④

$E_S = AE_R + BI_R$, $I_S = CE_R + DI_R$에서 부하 단락 시 $E_R = 0$이다. 따라서 $E_S = BI_R = \dfrac{B}{D}E_S$이다.

29
정답 ④

전압을 임피던스로 나누어 단락전류를 구하는 옴법에 의해서 $I_S = \dfrac{\dfrac{6,600}{\sqrt{3}}}{\sqrt{0.64^2 + (4 + 1.63 + 1.37)^2}} \fallingdotseq 542\mathrm{A}$이다.

30

정답 ③

철손은 24시간 내내 적용되는 손실이므로 (철손)= W_i =300×24=7,200W이다.

동손은 부하율의 제곱에 비례하므로 다음과 같이 계산한다.

$W_c = \sum \left(\frac{1}{m}\right)^2 P_c \times t = \left(\frac{30}{30}\right)^2 \times 900 \times 21 + \left(\frac{10}{30}\right)^2 \times 300 \times 3 = 19,000$W이므로 총손실 $W_i + W_c = 7,200 + 19,000 = 26,200$W이다.

※ $\frac{1}{m}$ =(부하율)= $\frac{(부하크기[kW])}{(변압기용량[kVA])}$

31

정답 ③

권수비는 무부하 시의 전압비이므로 $\frac{V_1}{V_{20}}=12$, $\frac{V_1}{V_{2n}}=13.5$이다. 식을 정리해 $V_{20}=\frac{13.5 V_{2n}}{12}=1.125 V_{2n}$ 가 되면 전압 변동률은 $\epsilon = \frac{V_{20}-V_{2n}}{V_{2n}}$

$\times 100 = \frac{1.125 V_{2n} - V_{2n}}{V_{2n}} \times 100 = 12.5$%이다.

32

정답 ④

$E_1 = \frac{Z_1}{Z_1 + Z_2} \times E = \frac{4}{4+6} \times 3,300 = 1,320$V이다.

33

정답 ⑤

병렬 연결이므로 $V_1 = V_2 = 1.5$V

$\therefore Q = Q_1 + Q_2 = C_1 V_1 + C_2 V_2 = 3 \times 10^{-6} \times 1.5 + 6 \times 10^{-6} \times 1.5 = 13.5 \times 10^{-6}$C

34

정답 ③

콘덴서 직렬연결에서 합성 정전용량 $C = \frac{C_1 \times C_2}{C_1 + C_2}$ 이며, 각 콘덴서에 있는 전하량은 $Q = C_1 V_1 = C_2 V_2 = CV$이다.

따라서 $V_1 = \frac{Q}{C_1} = \frac{CV}{C_1} = \frac{C_1 \times C_2}{C_1 + C_2} \times \frac{V}{C_1} = \frac{C_2 \times V}{C_1 + C_2} = \frac{10 \times 30}{5 + 10} = 20$V임을 알 수 있다.

35

정답 ①

Y결선 ⇒ △결선으로 변형

• 상전압 $V_p = \frac{V_l}{\sqrt{3}} = \frac{20}{\sqrt{3}}$ kV

• 선전류 $I_l = \sqrt{3}\, I_p = \sqrt{3} \times 6 = 6\sqrt{3}$ A

36

정답 ③

$$E = \frac{6,600}{\sqrt{3}} \fallingdotseq 3,810.5$$

$$f = \frac{pN_s}{120} = \frac{20 \times 360}{120} = 60\text{Hz}$$

$w = 240[\because$ 각 코일의 권수가 4이므로 전체코일의 권수 180×4, 그리고 3상이므로 각 상의 권수는 $\frac{(180 \times 4)}{3} = 240]$

$$E = 4.44 K f w \Phi$$

$$\therefore \ \Phi = \frac{E}{4.44 \times K f w} = \frac{3,810.5}{4.44 \times 0.9 \times 60 \times 240} \fallingdotseq 0.0662\text{Wb}$$

37

정답 ②

단락비 $K_s = \dfrac{I_s}{I_n}$

단락전류 $I_s = \dfrac{V}{\sqrt{3}\, Z_s}\ (Z_s : 동기임피던스) = \dfrac{3,000}{\sqrt{3} \times 2} \fallingdotseq 866.03$

정격전류 $I_n = \dfrac{P}{\sqrt{3} \times V} = \dfrac{5,000,000}{\sqrt{3} \times 3,000} \fallingdotseq 962.25$

$\therefore$ 단락비 $K_s = \dfrac{866.03}{966.25} \fallingdotseq 0.90$

38

정답 ③

동기 발전기의 유기 기전력

$E = 4.44 f \Phi W K_w\ (W : 권선수,\ K_w : 권선계수)$

주파수 $f = \dfrac{pN}{120} = \dfrac{4 \times 1800}{120} = 60\text{Hz}$

$\therefore\ E = 4.44 \times 60 \times 0.062 \times 100 \times 1 = 1,651.68\text{V}$

39

정답 ④

$v = \pi D \cdot \dfrac{N}{60} = \pi D \cdot \dfrac{120f}{60P}$ 이고, 회전자 둘레 $\pi D = 2\pi$ 이므로, $v = \pi D \cdot \dfrac{120f}{60P} = 2\pi \times \dfrac{120 \times 60}{60 \times 12} \fallingdotseq 62.8\text{m/s}$이다.

40

정답 ④

(부하 용량)$= \dfrac{V_h}{V_h - V_l} \times$(자기 용량)$= \dfrac{3,300}{3,300 - 3,000} \times 10 = 110$이다. 이때, 역률이 80%이므로 부하 전력 $P = 110 \times 0.8 = 88\text{kW}$이다.

41

정답 ③

- 최대의 전압 변동률 $\epsilon = \sqrt{p^2 + q^2} = \sqrt{1.8^2 + 2^2} \fallingdotseq 2.7\%$
- 역률 $\cos\phi = \dfrac{p}{\sqrt{p^2 + q^2}} = \dfrac{1.8}{2.7} \times 100 \fallingdotseq 67\%$

42
정답 ③

$(\text{여자 콘덕턴스}) = \dfrac{P_i}{3V_1^2} = \dfrac{1,020}{3\left(\dfrac{3,300}{\sqrt{3}}\right)^2} \fallingdotseq 9.37 \times 10^{-5}\,\Omega$

43
정답 ①

$E_1 = 4.44fN_1\varPhi_m$

$\therefore \varPhi_m = \dfrac{E_1}{4.44fN_1} = \dfrac{60}{4.44 \times 60 \times 200} \fallingdotseq 1.126 \times 10^{-3}\,Wb$

44
정답 ②

$T \propto V^2$ 이므로, $210 : 220^2 = 100 : V^2$,

$V = \sqrt{\dfrac{220 \times 100}{210}} \fallingdotseq 152\text{V}$

45
정답 ②

$n = \dfrac{120f}{p}$ 에서 $p = p_1 + p_2$

$\therefore n = \dfrac{120f}{p_1 + p_2} = \dfrac{120 \times 50}{12 + 8} = 300,\ 300 \times \dfrac{1}{60} = 5\text{rps}$

46
정답 ①

키르히호프의 제1법칙에 따르면 회로망 중의 임의의 접속점에 유입하는 전류의 총합과 유출하는 전류의 총합은 서로 같으므로, $\varSigma I = 0$

$\therefore I_1 + I_2 - I_3 - I_4 - I_5 = 0$

47
정답 ⑤

리플 주파수
• 3상 반파 정류 : 180Hz
• 3상 전파 정류 : 360Hz

48
정답 ②

정전압 다이오드는 '제너 다이오드'라고도 하며, PN접합의 역방향 특성을 이용한 다이오드이다. 역방향 전압을 천천히 올리면 PN접합부 주위에 전기력이 높아져 일정한 전압에 도달하여 큰 전류가 흐르게 된다.

오답분석
① 터널 다이오드 : 불순물 첨가 농도를 높여주면 접합 사이에서 터널 효과가 일어나는 다이오드이다.
③ 쇼트키 베리어 다이오드 : n형 반도체와 금속을 접속시켜 금속 부분이 반도체와 같은 기능을 하도록 만든 다이오드이다.
④ 바렉터 다이오드 : 전압을 역방향으로 가했을 경우 다이오드의 접합용량이 변화하는 다이오드이다.
⑤ 감압 다이오드 : 압력에 의해 전압이나 전류 특성이 크게 변하는 다이오드이다.

49

정답 ③

테브난의 정리에 의하여 부하에 흐르는 전류 $I=\dfrac{V_{ab}}{R_0+R}$ (V_{ab} : R을 제거하였을 때 a, b단자 간에 나타나는 기전력, R_0 : 회로망의 전기 전력을 제거 단락하고 A, B에서 본 회로망의 등가 저항)이므로, $I=\dfrac{50}{5+15}=2.5$A이다.

50

정답 ②

$I=\dfrac{E}{r+R}=\dfrac{12}{3+3}=2$A

$\therefore P=I^2R=2^2\times3=12$W

26	27	28	29	30	31	32	33	34	35	36	37	38	39	40	41	42	43	44	45
③	①	⑤	⑤	④	③	②	③	④	⑤	③	④	②	⑤	①	⑤	③	②	②	③

46	47	48	49	50															
①	⑤	⑤	③	②															

26

정답 ③

회로의 임피던스의 허수부가 0이면 정저항 회로가 성립한다.

회로의 임피던스 $Z = \dfrac{6 \times (-j8)}{6 - j8} + jwL = \dfrac{-j48(6 + j8)}{36 + 64} + jwL = 3.84 + j(-2.88 + wL)$ 이므로 $wL = 2.88[\Omega]$이다.

27

정답 ①

(합성 인덕턴스의 최대) $= L_a + L_b + 2M = 127\text{mH}$이고, (합성 인덕턴스의 최소) $= L_a + L_b - 2M = 27\text{mH}$이다.

$4M = 100\text{mH}$이므로 $M = 25\text{mH}$이다. $L_b = 127 - 50 - 25 = 52\text{mH}$이므로 결합계수 $k = \dfrac{25}{\sqrt{25 \times 52}} \fallingdotseq 0.7$이다.

28

정답 ⑤

도체구 A의 정전용량을 C_A, 도체구 B의 정전용량을 C_B라고 하면 B의 반지름은 A의 반지름의 4배이므로 $C = 4\pi\epsilon r$에 의하여 $C_B = 4C_A$이다. 또한, A와 B가 병렬로 연결되어 있기 때문에 접속하기 전과 후의 전하량 Q는 동일하다.

도체구 A가 도체구 B와 접속하기 전의 에너지는 $W = \dfrac{Q^2}{2C_A}$이다.

도체구 A가 도체구 B와 접속한 후의 에너지는 $W^i = \dfrac{Q^2}{2(C_A + C_B)} = \dfrac{Q^2}{2 \times 5C_A} = \dfrac{Q^2}{10C_A}$이다.

따라서 처음 갖고 있던 전계 에너지로부터의 손실량은 $\dfrac{\dfrac{Q^2}{2C_A} - \dfrac{Q^2}{10C_A}}{\dfrac{Q^2}{2C_A}} = \dfrac{\dfrac{2Q^2}{5C_A}}{\dfrac{Q^2}{2C_A}} = \dfrac{4}{5}$이다.

29

정답 ⑤

공간전하의 에너지는 $W = \dfrac{1}{2}QV = \dfrac{1}{2}CV^2 = \dfrac{Q^2}{2C}$이다. 따라서 $W = \dfrac{1}{2}QV = \dfrac{1}{2}\rho v V = \dfrac{1}{2}\int_v \rho V dv = \dfrac{1}{2}\int_v V \text{div} D dv [\rho = (\text{공간전하밀도}[\text{C/m}^3])$ 이고, $v = (\text{공간의 체적}[\text{m}^3])]$이다. 또한, 가우스의 정리에 의해서 $\rho = \text{div} D [\text{C/m}^3]$이다.

30

정답 ④

내부자계의 세기 $= \dfrac{rI}{2\pi a^2} = \dfrac{\dfrac{a}{4} \times 1}{2\pi a^2} = \dfrac{1}{8\pi a}$이다. 이때, $\dfrac{1}{8\pi a} = \dfrac{1}{2\pi}$이므로 $a = \dfrac{1}{4}$이다.

31

정답 ③

진공 시 전자파의 전파속도 $v=\lambda \times f=\lambda \times 10 \times 10^6=3 \times 10^8$ 이다. 따라서 $\lambda=30\text{m}$이다.

32

정답 ②

경계면 조건에서 $\dfrac{\mu_1}{\mu_2}=\dfrac{\tan\theta_1}{\tan\theta_2}$ 이다. 단, θ_1은 경계면의 법선에 대한 각도로서 입사각이고, θ_2는 경계면의 법선에 대한 각도로서 굴절각이다. 즉, $\theta_2=90-60=30°$이므로 $\tan\theta_1=\dfrac{500}{250}\times\tan30=\dfrac{2}{\sqrt{3}}$ 이다. 이때, $\tan^{-1}\dfrac{2}{\sqrt{3}}=49.107$이므로 답은 ②이다.

33

정답 ③

$\varDelta$결선에서 선전류는 상전류의 $\sqrt{3}$ 배이고 선간 전압과 상전압은 동일하다. 상전류 $I_p=\dfrac{V_l}{Z}=\dfrac{390}{\sqrt{12^2+5^2}}=30\text{A}$이고, 선전류 $I_l=\sqrt{3}\times I_p=\sqrt{3}\times30≒52\text{A}$이다.

34

정답 ④

(왜형률)$=\dfrac{(\text{전 고조파의 실효값})}{(\text{기본파의 실효값})}$이므로 $\dfrac{\sqrt{V_3^2+V_5^2}}{V_1}=\sqrt{0.5^2+0.5^2}≒0.7$이다.

35

정답 ⑤

다음의 파형은 구형파이므로 파고율이 1이다. 파고율은 $\dfrac{(\text{최댓값})}{(\text{실효값})}$인데, 구형파에서 최댓값과 실효값이 동일하다.

파형	정현파	정현반파	삼각파	구형파	구형반파
파고율	$\sqrt{2}=1.414$	2	$\sqrt{3}$	1	$\sqrt{2}=1.414$

36

정답 ③

최대 전력을 얻으려면 전원 측의 내부 저항과 부하 저항(외부 저항)이 같아야 하므로 부하 저항(외부 저항)은 내부 저항과 같은 0.1Ω이다.

즉, $I=\dfrac{V}{R}=\dfrac{1.2}{0.1+0.1}=\dfrac{1.2}{0.2}=6\text{A}$

$P_{\max}=I^2R=6^2\times0.1=3.6\text{W}$

37

정답 ④

• 4단자 회로망(역방향 기준)의 기초방정식 : $V_1=AV_2+BI_2$, $I_1=CV_2+DI_2$

• L형 4단자 망에서 4단자 정수 : $\begin{vmatrix} V_1 \\ I_1 \end{vmatrix}=\begin{vmatrix} A & B \\ C & D \end{vmatrix}\begin{vmatrix} V_2 \\ I_2 \end{vmatrix}=\begin{vmatrix} \text{전압비(전압이득)} & \text{임피던스} \\ \text{어드미턴스} & \text{전류비(전류이득)} \end{vmatrix}\begin{vmatrix} V_2 \\ I_2 \end{vmatrix}$

$\begin{vmatrix} A & B \\ C & D \end{vmatrix}=\begin{vmatrix} 1 & Z_1 \\ 0 & 1 \end{vmatrix}\begin{vmatrix} 1 & 0 \\ \dfrac{1}{Z_2} & 1 \end{vmatrix}=\begin{vmatrix} 1+\dfrac{Z_1}{Z_2} & Z_1 \\ \dfrac{1}{Z_2} & 1 \end{vmatrix}$, 따라서 $A=1+\dfrac{Z_1}{Z_2}$ 이다.

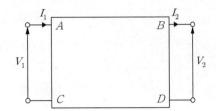

38

정답 ②

전기각속도 $\omega = 2\pi f[\text{rad/s}]$, 코일의 유도 리액턴스 $X_L = \omega L = 400 = 2\pi f L[\Omega]$이므로 주파수 $f = \dfrac{X_L}{2\pi L} = \dfrac{400}{2\times 3.14 \times 2,000 \times 10^{-3}} = 31.8\text{Hz}$가 된다.

39

정답 ⑤

렌츠의 법칙에 따라 코일의 유도 기전력 $e(t) = -L\dfrac{di}{dt}$이며, 0.1초 동안 60A에서 20A로 변할 때 유도 기전력이 50V가 되었다. 이에 따라 유도 기전력 공식에 해당되는 수치를 대입하면 $e(t) = -L\dfrac{di}{dt} = -L\dfrac{20-60}{0.1} = L\dfrac{40}{0.1} = 50$이다. 따라서 자기 인덕턴스 $L = \dfrac{50}{400} = 0.125 = 125\text{mH}$이 된다.

40

정답 ①

이상적인 전압원의 내부 임피던스 $Z=0$이고, 이상적인 전류원의 내부 임피던스 $Z=\infty$이다. 이상적인 전류원, 즉 정전류원은 부하가 변화해도 전류는 일정한 전원이며, 내부 임피던스(저항)가 무한대이고, 개방회로이다.

41

정답 ⑤

RLC 병렬공진회로의 전류확대비 $Q_0 = \dfrac{I_C}{I} = \dfrac{I_L}{I} = \dfrac{R}{\omega_0 L} = \omega_0 CR$이다. w_0(공진각속도)를 제거하기 위해 전류확대비를 제곱하면 $Q_0^2 = Q_0 \times Q_0 = \dfrac{R}{\omega_0 L} \times \omega_0 CR = \dfrac{CR^2}{L}$이다. 따라서 $Q_0 = R\sqrt{\dfrac{C}{L}}$이 된다.

42

정답 ③

오답분석

① $\delta(t) = \lim\limits_{a\to 0}\dfrac{1}{a}\{u(t) - u(t-a)\}$

② 임펄스 함수는 $t=0$에서만 값이 존재하므로 임의의 연속 함수 $x(t)$를 곱해도 그 결과는 임펄스 함수가 된다.

④ 단위 계단 함수(Unit Step Function)를 미분한 것이다.

⑤ 임의 회로망의 입력 전압으로 $\delta(t)$를 가하면 출력 전압은 전압비 전달 함수와 같게 된다.

43

자연대수의 라플라스 변환에서 복소미분 정리 $L(t^n f(t)) = (-1)^n \dfrac{d^n}{ds^n} F(s)$ 를 이용해 $te^{-t} = (-1)^1 \dfrac{d}{ds} F(s) = -\dfrac{d}{ds}\left(\dfrac{1}{s+1}\right) = (-1) \times \dfrac{-1}{(s+1)^2}$

$= \dfrac{1}{(s+1)^2}$ 이다.

라플라스 변환

$t^n f(t) = te^{-at} \rightarrow (-1)^1 \cdot \dfrac{d}{ds}\left(\dfrac{1}{s+a}\right)$

44

상호 인덕턴스 $M = K\sqrt{L_1 L_2}$ 에 자체 인덕턴스와 결합계수를 대입하면 $M = K\sqrt{L_1 L_2} = 0.7\sqrt{40 \times 10} = 14\text{H}$ 가 된다.

45

실효치는 $\dfrac{(최댓값)}{\sqrt{2}} = \dfrac{220\sqrt{2}}{\sqrt{2}} = 220\text{V}$ 이며, 전기각속도는 $\omega = 2\pi f = 140\pi$ 이므로 $f = 70\text{Hz}$ 이다.

46

피상전력 $P_a = \dfrac{P}{\cos\theta} = \dfrac{60}{0.6} = 100\text{kVar}$ 이고, 역률 $\cos\theta = \dfrac{(유효전력)}{(피상전력)} = \dfrac{P}{P_a} = 0.6$, 무효율 $\sin\theta = \dfrac{(무효전력)}{(피상전력)} = \dfrac{P_r}{P_a} = \sqrt{1 - \cos^2\theta} = \sqrt{1 - (0.6)^2}$

$= 0.8$ 이다. 따라서 무효전력 $P_r = P_a \sin\theta = 100 \times 0.8 = 80\text{kVar}$ 이다.

47

전류비(N)를 이용하여 Neper 단위와 국제표준단위인 [dB] 단위의 식을 다음과 같다.

• Neper 단위 : $N = \ln\dfrac{I_1}{I_2} = \log_e \dfrac{I_1}{I_2} = \dfrac{1}{\log_e} \log \dfrac{I_1}{I_2} = 2.3026 \log \dfrac{I_1}{I_2}$

• [dB] 단위 : $N' = 20\log \dfrac{I_1}{I_2}$

따라서 1dB을 Neper 단위로 환산하면 다음과 같다.

$\dfrac{N}{N'} = \dfrac{\ln_e \dfrac{I_1}{I_2}}{20\log_{10} \dfrac{I_1}{I_2}} = \dfrac{2.3026 \log_{10} \dfrac{I_1}{I_2}}{20\log_{10} \dfrac{I_1}{I_2}} = \dfrac{2.3026}{20} = 0.115\text{Nep/dB}$

48

RC 직렬회로에 직류전압 15V를 인가하고 $t = 0$ 에서 스위치를 컸을 때 커패시터 C 에 충전된 전하 $q = CE(1 - e^{-\frac{1}{CR}t})$[C]이고, 커패시터 양단에 걸리는 전압 $V_c = \dfrac{q}{C} = \dfrac{CE}{C}(1 - e^{-\frac{1}{CR}t}) = E(1 - e^{-\frac{1}{CR}t})$[V]이다. 따라서 커패시터 양단에 걸리는 전압 $V_c = 15(1 - e^{-\frac{t}{2 \times 0.5}}) = 15(1 - e^{-t})$[V] 이다.

49

RL 직렬회로의 임피던스 $Z=\sqrt{R^2+(\omega L)^2}=\dfrac{V_m}{I_m}\,\Omega$이므로 $Z=\dfrac{160}{4}=40\,\Omega$이다. 또한, $\omega L=\sqrt{Z^2-R^2}$ 이므로 $\omega L=\sqrt{40^2-(10\sqrt{15}\,)^2}=$

$\sqrt{1,600-1,500}=\sqrt{100}=10\,\Omega$이다. 따라서 인덕턴스 $L=\dfrac{10}{\omega}=\dfrac{10}{10^4}=10^{-3}=1\text{mH}$이다.

50

전력 $P=V\times I=I^2\times R=\dfrac{V^2}{R}$[W]($V$: 전압, I : 전류, R : 저항)이며, 제시된 문제에서 소비전력 P는 $V^2=2{,}000\text{W}$이다. $V'=0.7\,V$[V]일

경우의 소비전력이며, $P'=(V')^2=(0.7\,V)^2=0.49\,V^2=0.49\times2{,}000=980\text{W}$이다.

코레일 한국철도공사 필기시험 답안카드

성 명

지원 분야

문제지 형별기재란

( )형   Ⓐ Ⓑ

수험번호
◎ ① ② ③ ④ ⑤ ⑥ ⑦ ⑧ ⑨
◎ ① ② ③ ④ ⑤ ⑥ ⑦ ⑧ ⑨
◎ ① ② ③ ④ ⑤ ⑥ ⑦ ⑧ ⑨
◎ ① ② ③ ④ ⑤ ⑥ ⑦ ⑧ ⑨
◎ ① ② ③ ④ ⑤ ⑥ ⑦ ⑧ ⑨
◎ ① ② ③ ④ ⑤ ⑥ ⑦ ⑧ ⑨
◎ ① ② ③ ④ ⑤ ⑥ ⑦ ⑧ ⑨

감독위원 확인
(인)

번호	①	②	③	④	⑤	번호	①	②	③	④	⑤	번호	①	②	③	④	⑤
1	①	②	③	④	⑤	21	①	②	③	④	⑤	41	①	②	③	④	⑤
2	①	②	③	④	⑤	22	①	②	③	④	⑤	42	①	②	③	④	⑤
3	①	②	③	④	⑤	23	①	②	③	④	⑤	43	①	②	③	④	⑤
4	①	②	③	④	⑤	24	①	②	③	④	⑤	44	①	②	③	④	⑤
5	①	②	③	④	⑤	25	①	②	③	④	⑤	45	①	②	③	④	⑤
6	①	②	③	④	⑤	26	①	②	③	④	⑤	46	①	②	③	④	⑤
7	①	②	③	④	⑤	27	①	②	③	④	⑤	47	①	②	③	④	⑤
8	①	②	③	④	⑤	28	①	②	③	④	⑤	48	①	②	③	④	⑤
9	①	②	③	④	⑤	29	①	②	③	④	⑤	49	①	②	③	④	⑤
10	①	②	③	④	⑤	30	①	②	③	④	⑤	50	①	②	③	④	⑤
11	①	②	③	④	⑤	31	①	②	③	④	⑤						
12	①	②	③	④	⑤	32	①	②	③	④	⑤						
13	①	②	③	④	⑤	33	①	②	③	④	⑤						
14	①	②	③	④	⑤	34	①	②	③	④	⑤						
15	①	②	③	④	⑤	35	①	②	③	④	⑤						
16	①	②	③	④	⑤	36	①	②	③	④	⑤						
17	①	②	③	④	⑤	37	①	②	③	④	⑤						
18	①	②	③	④	⑤	38	①	②	③	④	⑤						
19	①	②	③	④	⑤	39	①	②	③	④	⑤						
20	①	②	③	④	⑤	40	①	②	③	④	⑤						

※ 본 답안지는 마킹연습용 모의 답안지입니다.

〈절취선〉

코레일 한국철도공사 필기시험 답안카드

성 명		지원분야		문제지 형별기재란		수험번호		감독위원 확인

문제지 형별기재란: Ⓐ Ⓑ (형)

1	① ② ③ ④ ⑤	21	① ② ③ ④ ⑤	41	① ② ③ ④ ⑤
2	① ② ③ ④ ⑤	22	① ② ③ ④ ⑤	42	① ② ③ ④ ⑤
3	① ② ③ ④ ⑤	23	① ② ③ ④ ⑤	43	① ② ③ ④ ⑤
4	① ② ③ ④ ⑤	24	① ② ③ ④ ⑤	44	① ② ③ ④ ⑤
5	① ② ③ ④ ⑤	25	① ② ③ ④ ⑤	45	① ② ③ ④ ⑤
6	① ② ③ ④ ⑤	26	① ② ③ ④ ⑤	46	① ② ③ ④ ⑤
7	① ② ③ ④ ⑤	27	① ② ③ ④ ⑤	47	① ② ③ ④ ⑤
8	① ② ③ ④ ⑤	28	① ② ③ ④ ⑤	48	① ② ③ ④ ⑤
9	① ② ③ ④ ⑤	29	① ② ③ ④ ⑤	49	① ② ③ ④ ⑤
10	① ② ③ ④ ⑤	30	① ② ③ ④ ⑤	50	① ② ③ ④ ⑤
11	① ② ③ ④ ⑤	31	① ② ③ ④ ⑤		
12	① ② ③ ④ ⑤	32	① ② ③ ④ ⑤		
13	① ② ③ ④ ⑤	33	① ② ③ ④ ⑤		
14	① ② ③ ④ ⑤	34	① ② ③ ④ ⑤		
15	① ② ③ ④ ⑤	35	① ② ③ ④ ⑤		
16	① ② ③ ④ ⑤	36	① ② ③ ④ ⑤		
17	① ② ③ ④ ⑤	37	① ② ③ ④ ⑤		
18	① ② ③ ④ ⑤	38	① ② ③ ④ ⑤		
19	① ② ③ ④ ⑤	39	① ② ③ ④ ⑤		
20	① ② ③ ④ ⑤	40	① ② ③ ④ ⑤		

수험번호: ⓪ ① ② ③ ④ ⑤ ⑥ ⑦ ⑧ ⑨

감독위원 확인: (인)

※ 본 답안지는 마킹연습용 모의 답안지입니다.

코레일 한국철도공사 필기시험 답안카드

코레일 한국철도공사 필기시험 답안카드

	①	②	③	④	⑤
1	①	②	③	④	⑤
2	①	②	③	④	⑤
3	①	②	③	④	⑤
4	①	②	③	④	⑤
5	①	②	③	④	⑤
6	①	②	③	④	⑤
7	①	②	③	④	⑤
8	①	②	③	④	⑤
9	①	②	③	④	⑤
10	①	②	③	④	⑤
11	①	②	③	④	⑤
12	①	②	③	④	⑤
13	①	②	③	④	⑤
14	①	②	③	④	⑤
15	①	②	③	④	⑤
16	①	②	③	④	⑤
17	①	②	③	④	⑤
18	①	②	③	④	⑤
19	①	②	③	④	⑤
20	①	②	③	④	⑤

	①	②	③	④	⑤
21	①	②	③	④	⑤
22	①	②	③	④	⑤
23	①	②	③	④	⑤
24	①	②	③	④	⑤
25	①	②	③	④	⑤
26	①	②	③	④	⑤
27	①	②	③	④	⑤
28	①	②	③	④	⑤
29	①	②	③	④	⑤
30	①	②	③	④	⑤
31	①	②	③	④	⑤
32	①	②	③	④	⑤
33	①	②	③	④	⑤
34	①	②	③	④	⑤
35	①	②	③	④	⑤
36	①	②	③	④	⑤
37	①	②	③	④	⑤
38	①	②	③	④	⑤
39	①	②	③	④	⑤
40	①	②	③	④	⑤

	①	②	③	④	⑤
41	①	②	③	④	⑤
42	①	②	③	④	⑤
43	①	②	③	④	⑤
44	①	②	③	④	⑤
45	①	②	③	④	⑤
46	①	②	③	④	⑤
47	①	②	③	④	⑤
48	①	②	③	④	⑤
49	①	②	③	④	⑤
50	①	②	③	④	⑤

성 명

지원분야

문제지 형별기재란
(   )형   Ⓐ Ⓑ

수 험 번 호

⓪	①	②	③	④	⑤	⑥	⑦	⑧	⑨
⓪	①	②	③	④	⑤	⑥	⑦	⑧	⑨
⓪	①	②	③	④	⑤	⑥	⑦	⑧	⑨
⓪	①	②	③	④	⑤	⑥	⑦	⑧	⑨
⓪	①	②	③	④	⑤	⑥	⑦	⑧	⑨
⓪	①	②	③	④	⑤	⑥	⑦	⑧	⑨
⓪	①	②	③	④	⑤	⑥	⑦	⑧	⑨

감독위원 확인

㊞

좋은 책을 만드는 길
독자님과 함께하겠습니다.

도서나 동영상에 궁금한 점, 아쉬운 점, 만족스러운 점이
있으시다면 어떤 의견이라도 말씀해 주세요.
시대고시기획은 독자님의 의견을 모아 더 좋은 책으로 보답하겠습니다.

www.sidaegosi.com

2021 최신판 All-New 코레일 한국철도공사
최신기출 + NCS + 전공 + 최종점검 모의고사 3회 + 무료코레일특강

개정19판1쇄 발행	2022년 02월 10일 (인쇄 2021년 11월 30일)
초 판 발 행	2010년 05월 06일 (인쇄 2010년 04월 21일)
발 행 인	박영일
책 임 편 집	이해욱
편 저	NCS직무능력연구소
편 집 진 행	이은빈
표 지 디 자 인	조혜령
편 집 디 자 인	배선화 · 곽은슬
발 행 처	(주)시대고시기획
출 판 등 록	제 10-1521호
주 소	서울시 마포구 큰우물로 75 [도화동 538 성지 B/D] 9F
전 화	1600-3600
팩 스	02-701-8823
홈 페 이 지	www.sidaegosi.com
I S B N	979-11-383-1240-0 (13320)
정 가	22,000원

2022 · **All New** 100% 전면 개정

NCS
코레일
한국철도
공사

최신기출 + NCS + 전공 + 모의고사 3회

+ 무료코레일특강